MW00615941

COMENTARIO MACARTHUR

DEL
NUEVO TESTAMENTO

APOCALIPSIS

J OHN M AC A RTHUR

EDITORIAL
PORTAVOZ

La misión de *Editorial Portavoz* consiste en proporcionar productos de calidad —con integridad y excelencia—, desde una perspectiva bíblica y confiable, que animen a las personas a conocer y servir a Jesucristo.

Título del original: *The MacArthur New Testament Commentary: Revelation 1–11,* © 1999 por John MacArthur y publicado por The Moody Bible Institute of Chicago / Moody Press, 820 N. LaSalle Blvd., Chicago, Illinois 60610-3284.

Título del original: *The MacArthur New Testament Commentary: Revelation 12–22,* © 2000 por John MacArthur y publicado por The Moody Bible Institute of Chicago / Moody Press, 820 N. LaSalle Blvd., Chicago, Illinois 60610-3284.

Edición en castellano: *Comentario MacArthur del Nuevo Testamento: Apocalipsis,* © 2010 por John MacArthur y publicado por Editorial Portavoz, filial de Kregel, Inc., Grand Rapids, Michigan 49505. Todos los derechos reservados.

Ninguna parte de esta publicación podrá reproducirse de cualquier forma sin permiso escrito previo de los editores, con la excepción de citas breves en revistas o reseñas.

Traducción: Luis Bernal Lumpuy

EDITORIAL PORTAVOZ
2450 Oak Industrial Dr. NE
Grand Rapids, MI 49505 USA

Visítenos en: www.portavoz.com

ISBN 978-0-8254-1803-7

3 4 5 6 7 edición / año 25 24 23 22 21 20 19 18 17

Impreso en los Estados Unidos de América
Printed in the United States of America

APOCALIPSIS
I—II

Dedicatoria

A mi madre, Irene MacArthur,
que este año se unió al coro de los adoradores celestiales.

Contenido

Prólogo 9

Introducción 11

1. Hacia el futuro 23
2. Un avance de la Segunda Venida 37
3. La visión del Hijo glorificado 47
4. Éfeso: Cuando el amor se enfría 63
5. Esmirna: La iglesia sufriente 77
6. Pérgamo: La iglesia mundana 91
7. Tiatira: La iglesia que toleraba el pecado 103
8. Sardis: La iglesia muerta 117
9. Filadelfia: La iglesia fiel 127
10. Laodicea: La iglesia tibia 139
11. Un viaje al cielo 153
12. Una visión del cordero 169
13. El principio del fin: Los primeros cuatro sellos 181
14. Oraciones de venganza: El quinto sello 191
15. Temor de la ira venidera: El sexto sello 203
16. Sobrevivientes de la ira de Dios 215
17. Los santos de la tribulación 225
18. El séptimo sello 239
19. Destrucción divina de la ecología terrestre:
    Las primeras cuatro trompetas 247
20. El infierno en la tierra: La quinta trompeta 257
21. Matanza satánica: La sexta trompeta 269
22. Cuando Dios rompe su silencio 279
23. Dos testigos 293
24. La séptima trompeta 309

Bibliografía 325

Índice de palabras griegas 327

Índice temático 329

Prólogo

Sigue siendo para mí una provechosa experiencia espiritual el predicar de forma expositiva a través del Nuevo Testamento. Mi propósito es tener siempre una profunda comunión con el Señor en el conocimiento de su Palabra, y con esa experiencia explicarle a su pueblo lo que un pasaje significa. Como dice Nehemías 8:8, me esfuerzo por "[ponerle] el sentido" de modo que puedan verdaderamente oír a Dios hablar y, al hacerlo, le respondan.

Es obvio que el pueblo de Dios necesita comprenderlo, lo que exige conocer su Palabra de verdad (2 Ti. 2:15) y el permitir que esa Palabra more en abundancia en nosotros (Col. 3:16). La fuerza propulsora dominante de mi ministerio, por lo tanto, es contribuir a que la Palabra viva de Dios se avive en su pueblo. Es una aventura placentera.

Esta serie de comentarios del Nuevo Testamento refleja ese objetivo de explicar y aplicar las Escrituras. Algunos comentarios son principalmente lingüísticos, otros son mayormente teológicos y algunos son principalmente homiléticos. Este es esencialmente explicativo o expositivo. No es técnico desde el punto de vista lingüístico, pero trata acerca de la lingüística cuando eso parece útil a la interpretación apropiada. No es teológicamente extensivo, sino que se concentra en las doctrinas principales en cada texto y en cómo se relacionan con toda la Biblia. No es primordialmente homilético, aunque cada unidad de pensamiento por lo general se trata como un capítulo, con un claro bosquejo y un flujo lógico de pensamiento. Casi todas las verdades se ilustran y aplican con otros pasajes. Después de establecer el contexto de un pasaje, he tratado de seguir fielmente el desarrollo y el razonamiento del escritor.

Mi oración es que cada lector comprenda plenamente lo que el Espíritu Santo dice a través de esta parte de su Palabra, de modo que su revelación pueda morar en la mente de los creyentes, dando como resultado una mayor obediencia y fidelidad, para la gloria de nuestro gran Dios.

Introducción

El que fuera primer ministro inglés Winston Churchill una vez describió a la antigua Unión Soviética como "un acertijo envuelto en un misterio dentro de un enigma". Muchos cristianos consideran el libro de Apocalipsis casi de la misma manera. Desconcertados por su místico simbolismo e impresionantes imágenes, muchos creyentes (entre ellos algunos pastores, que nunca predican acerca de Apocalipsis) eluden el estudio serio del libro. Incluso Juan Calvino, el comentarista más importante de la Reforma, que escribió comentarios sobre los otros libros, no intentó escribir un comentario sobre Apocalipsis. Tal falta de visión priva a los creyentes de las bendiciones que el libro promete a quienes lo leen con diligencia (1:3; 22:7).

Los que pasan por alto Apocalipsis se privan del rico tesoro de la verdad divina. Apocalipsis ofrece una elevada perspectiva de la Palabra inspirada de Dios. Reclama por sí mismo la inspiración divina (1:2), y se ha calculado que doscientos setenta y ocho de sus cuatrocientos cuatro versículos aluden a pasajes inspirados del Antiguo Testamento. Apocalipsis revela a Dios el Padre en toda su gloria y majestad, describiéndolo como santo (4:8), verdadero (6:10), omnipotente (4:11), sabio (7:12); soberano (4:11) y eterno (4:10). Apocalipsis ofrece detalles de las profundidades de la depravación humana. A pesar de sufrir el último derramamiento de la devastadora ira y del juicio de Dios sobre la humanidad pecadora, las personas endurecerán su corazón (como lo hizo Faraón antes que ellas; 1 S. 6:6) y no querrán arrepentirse (9:20-21; 16:9, 11). Las Escrituras no tienen un resumen más claro de la doctrina de la redención que el de Apocalipsis 1:5, que declara que "Jesucristo... nos amó, y nos lavó de nuestros pecados con su sangre". También el ministerio de los ángeles figura de forma destacada en Apocalipsis, que contiene una de cada cuatro referencias a los ángeles en las Escrituras. Apocalipsis advierte a la iglesia de los peligros del pecado y de entrar en arreglos con el mundo (caps. 2-3), y le enseña cómo adorar correctamente a Dios (caps. 4-5).

Algunos que estudian Apocalipsis lo hacen en busca de evidencia que respalde sus propias opiniones escatológicas (muchas veces extravagantes o sensacionales). Pero fracasan al hacerlo así. Apocalipsis es una rica fuente de verdad sobre la escatología; en realidad, contiene más detalles sobre los postreros tiempos que cualquier otro libro de la Biblia. Apocalipsis describe la victoria final de Cristo sobre Satanás, reseña el establecimiento político del postrer sistema del mundo y relata la carrera del más poderoso dictador en la historia humana, el último anticristo. También menciona el arrebatamiento de la iglesia (3:10), y describe el tiempo de siete años de la tribulación, entre ellos los tres años y medio de la gran tribulación (7:14; cp. Mt. 24:21), la segunda venida de Cristo, la batalla culminante de la historia humana (Armagedón), los mil años del reino terrenal de Jesucristo, el juicio final de los pecadores no arrepentidos (el juicio ante el gran trono blanco), y el estado final de los malvados en el infierno (el lago de fuego) y de los redimidos en el cielo nuevo y la tierra nueva.

Pero el libro de Apocalipsis es sobre todo la "revelación de Jesucristo" (1:1). Lo describe con muchos títulos, entre ellos "el testigo fiel" (1:5); "el primogénito de los muertos" (1:5); "el soberano de los reyes de la tierra" (1:5); "el Alfa y la Omega" (1:8; 21:6); "el primero y el postrero" (1:17); "el que vivo" (1:18); "el que tiene las siete estrellas en su diestra, el que anda en medio de los siete candeleros de oro" (2:1); "el que tiene la espada aguda de dos filos" (2:12); "el Hijo de Dios" (2:18); el "que tiene ojos como llama de fuego, y pies semejantes al bronce bruñido" (2:18); el "que tiene los siete espíritus de Dios, y las siete estrellas" (3:1); "el Santo, el Verdadero" (3:7); "el que tiene la llave de David, el que abre y ninguno cierra, y cierra y ninguno abre" (3:7); "el Amén, el testigo fiel y verdadero" (3:14); "el principio de la creación de Dios" (3:14); "el León de la tribu de Judá" (5:5); "la raíz de David" (5:5); el Cordero de Dios (p. ej. 5:6; 6:1; 7:9-10; 8:1; 12:11; 13:8; 14:1; 15:3; 17:14; 19:7; 21:9; 22:1); el "Señor, santo y verdadero" (6:10); el llamado "Fiel y Verdadero" (19:11); "la Palabra de Dios" (19:13); el "Rey de reyes y Señor de señores" (19:16); Cristo (Mesías), reinando en la tierra con sus santos glorificados (20:6); y "Jesús... la raíz y el linaje de David, la estrella resplandeciente de la mañana" (22:16).

Apocalipsis también afirma la plena deidad de Jesucristo. Él posee los atributos y prerrogativas de Dios, que incluyen soberanía (1:5), eternidad (1:17-18), el derecho de juzgar a los hombres (19:11) y el decidir quién vive y quien muere (1:18; 2:23). Él también recibe adoración (5:13) y reina desde el trono de Dios (22:1, 3). Por último, Apocalipsis afirma su igualdad de esencia con Dios el Padre al aplicar a Jesucristo los pasajes del Antiguo Testamento que describen a Dios (cp. Dt. 10:17 con 19:16; Pr. 3:12 con 3:19; Dn. 7:9 con 1:14; Is. 44:6 con 1:17; también cp. 1:8 con 22:12-13).

Lejos de ser el libro misterioso e incomprensible que muchos piensan que es, el propósito de Apocalipsis es revelar la verdad, no ocultarla. El hecho es evidente al leer en el primer versículo, "La revelación de Jesucristo", sobre todo en la gloria de su Segunda Venida. *Apokalupsis* ("Apocalipsis") pudiera traducirse "un descubrimiento", "una revelación" o "una manifestación". Se emplea en el Nuevo

Testamento para referirse a la revelación de la verdad espiritual (Ro. 16:25; Gá. 1:12; Ef. 1:17; 3:3), la manifestación de los hijos de Dios (Ro. 8:19), y de la manifestación de Cristo tanto en la primera (Lc. 2:32) como en la segunda (2 Ts. 1:7; 1 P. 1:7) venida. En cada caso, *apokalupsis* describe algo (o a alguien) que antes estaba oculto, pero ahora se hace visible. Apocalipsis revela verdades acerca de Jesucristo y pone en claro características de la verdad profética de la que solo hay referencia indirecta en el Antiguo Testamento y otros libros del Nuevo Testamento. Esta claridad se opaca muchas veces por un rechazo de los principios de la interpretación literal en favor de un método hermenéutico alegórico o espiritualizado. Tal enfoque trata de poner el relato de Apocalipsis en el pasado y en el presente, en vez de ponerlo en el futuro. Pero una vez que se rechaza el sentido del texto, el intérprete queda a su propia imaginación y las verdades de este libro se pierden en un laberinto de las invenciones humanas sin autenticidad alguna. Vea un análisis adicional sobre este asunto más adelante bajo Interpretación.

AUTOR

Cuatro veces en Apocalipsis el autor se identifica como Juan (1:1, 4, 9; 22:8). La iglesia primitiva (hasta el siglo III) afirmó unánimemente que era Juan el hijo de Zebedeo, uno de los doce apóstoles y autor del cuarto Evangelio y las epístolas de Juan.

Escribiendo a principios del siglo II (posiblemente alrededor de 135 d.C.) Justino Mártir declaró: "Hubo un cierto hombre con nosotros, cuyo nombre era Juan, uno de los apóstoles de Cristo, quien profetizó, por una revelación que le fue dada, que los que creyeron en nuestro Cristo morarían mil años en Jerusalén; y que de allí en adelante tendría lugar la resurrección general y eterna y el juicio de todos los hombres" (*Diálogo con Trifón*, cap. 81). Como Justino vivió durante algún tiempo en Éfeso, una de las siete iglesias a las que se dirige Apocalipsis, su testimonio es muy importante.

Más o menos del mismo tiempo que Justino (c. 100-150 d.C.) es el escrito gnóstico conocido como el apócrifo de Juan. Ese documento cita Apocalipsis 1:19 y lo atribuye a Juan el hermano de Jacobo e hijo de Zebedeo (Robert H. Mounce, *The Book of Revelation, The New International Commentary on the New Testament* [El libro de Apocalipsis, El Nuevo Comentario Internacional sobre el Nuevo Testamento] [Grand Rapids: Eerdmans, 1977], 28).

Otra confirmación del siglo II de que el apóstol Juan escribió Apocalipsis viene de Ireneo, quien introdujo una serie de citas del Apocalipsis con la declaración "también Juan, el discípulo del Señor, cuando presenciaba el sacerdotal y glorioso advenimiento de su reino, dice en el Apocalipsis" (*Against Heresies,* [Contra las herejías] 4.20.11). Más adelante en esa misma obra añadió: "Y si alguno dedica especial atención a esas cosas que están indicadas por los profetas respecto al tiempo del fin, y las que Juan el discípulo del Señor vio en el Apocalipsis, hallará que las naciones van a recibir las mismas plagas de forma universal, que las que recibió Egipto de forma particular" (*Against Heresies*, [Contra las herejías] 4.30.4). El testimonio de Ireneo es valioso porque él era oriundo de Esmirna, otra de las siete iglesias a las que Juan dirigió Apocalipsis. Además, cuando era niño, Ireneo había sido discípulo de Policarpo, que a su vez había sido discípulo del apóstol Juan.

Escribiendo también en el siglo II, Clemente de Alejandría observó que fue Juan el apóstol que había estado desterrado en Patmos (*Who Is the Rich Man That Shall Be Saved?* [¿Qué rico se salvará?], 42). Es obvio que era el Juan que había sido desterrado a Patmos el que escribió Apocalipsis (1:9).

Escribiendo a fines del siglo II o a principios del siglo III, Tertuliano declaró: "Pero sí confesamos que se nos ha prometido un reino en la tierra, aunque antes del cielo, solo en otro estado de existencia; en vista de que será después de la resurrección por mil años en la divinamente construida ciudad de Jerusalén, 'la cual desciende del cielo', a la cual el apóstol también llama 'nuestra madre de arriba'; [cp. Gá. 4:26]... De esto Ezequiel tuvo conocimiento y el apóstol Juan la contempló [cp. Ap. 21:2]" (*Against Marcion* [Contra Marción], 3.24).

Otro testimonio de la paternidad literaria del apóstol Juan del Apocalipsis viene de Orígenes (*De Principiis*, 1.2.10; cp. 1.2.7), Hipólito (*Treatise on Christ and Antichrist*, [Tratado sobre Cristo y el anticristo] 36), y Victorino, autor de un comentario sobre el Apocalipsis del siglo III (en su comentario sobre Apocalipsis 10:3).

El fuerte y firme testimonio de la paternidad literaria del apóstol Juan confirma los reclamos propios del libro (1:1, 4, 9; 22:8) y no puede echarse a un lado fácilmente. El testimonio de Justino y de Ireneo es muy importante, ya que vivieron en Éfeso y en Esmirna cuando algunos de los lectores originales de Apocalipsis aun habrían estado vivos. Es inconcebible que la iglesia pudiera haber estado equivocada con relación a quién escribió el Apocalipsis prácticamente desde el tiempo en el que se escribió.

No fue hasta la segunda mitad del siglo III que Dionisio, el obispo (pastor) de la iglesia de Alejandría, pusiera en duda la paternidad literaria de Juan el apóstol del libro de Apocalipsis. Preocupado porque algunos estaban enseñando que habría un literal milenio terrenal (lo cual él rechazaba), Dionisio intentó desacreditar tal enseñanza al negar que Juan escribiera Apocalipsis. (Como Dionisio aceptaba Apocalipsis como inspirado y parte del *canon* bíblico, no está claro lo que esperaba obtener al negar que el apóstol Juan era su autor.) Sus argumentos contra la paternidad apostólica radicaba primordialmente en la diferencia en estilo y vocabulario entre el Evangelio según San Juan y las epístolas juaninas (que Dionisio creía que las había escrito Juan el apóstol) y Apocalipsis.

Esos argumentos son los mismos que usan hoy los que niegan que el apóstol Juan escribiera Apocalipsis (vea el análisis de este punto más adelante). En cuanto a quién escribió Apocalipsis, Dionisio solo pudo especular que hubo dos Juanes en Éfeso cuando se escribió Apocalipsis. Sin embargo, todo lo que pudo ofrecer para apoyar esa hipótesis fue el testimonio de rumores de que "ellos dicen de que hay dos monumentos [sepulcros] en Éfeso, y que cada uno lleva el nombre de Juan" (citado en Eusebio, *Ecclesiastical History,* [Historia eclesiástica] 7.25). Donald Guthrie comenta:

> La proposición alternativa de Dionisio no inspira confianza, ya que su "segundo Juan" tiene un testimonio de existencia notablemente frágil. Es extraño que un estudioso como Dionisio haya dado crédito a historias de viajeros acerca de dos sepulcros de Juan en Éfeso, sin abrigar la idea de la posibilidad de que el sepulcro rival pudiera deberse a algún oportunista local, detrás de la norma de la extraordinaria multiplicación de reliquias en la historia subsiguiente. En todo caso, la deducción de Dionisio de que habrían existido dos Juanes es una interpretación de la historia que parece haberse extraído de ese dilema crucial. Si Juan el apóstol no fue el escritor, debieron haber dos Juanes en Éfeso y la historia pudiera, por lo tanto, haberse creado para que sirviera de apoyo a esa idea. Con eso Dionisio vislumbró, como hombre adelantado a su tiempo, esas modernas escuelas de la crítica que han poblado la historia primitiva del cristianismo con todo un ejército de escritores desconocidos, cuyas obras tuvieron tan poca importancia como sus autores. (*New Testament Introduction,* [Introducción al Nuevo Testamento], edición revisada. [Downers Grove, Ill: InterVarsity, 1990], 934-35)

Valiéndose de la teoría de Dionisio de que un Juan que no fue el apóstol escribió Apocalipsis, el historiador de la iglesia Eusebio publicó la tesis de que Apocalipsis fue en realidad escrito por un "Juan el anciano" (*Ecclesiastical History,* [Historia eclesiástica] 3.39). La existencia de tal sombría figura radica por completo en una afirmación muy disputada y que atribuye Eusebio a Papías, quien, como Policarpo, fue discípulo del apóstol Juan. Eusebio cita a Papías como que dijo: "Si llegaba alguien que había estado con los ancianos, le preguntaba con detalles sobre sus enseñanzas, lo que Andrés o Pedro dijeron, o lo que dijo Felipe, o Tomás, o Jacobo, o Juan, o Mateo, o cualquiera de los demás discípulos del Señor: cuáles cosas Aristión y el presbítero [anciano] Juan, los discípulos del Señor, dicen" (*Exposition of the Oracles of the Lord,* [Exposición de los oráculos del Señor] 1).

Sin embargo, es dudoso que Papías tuviera en mente a dos Juanes. Vuelve a mencionar a Juan con Aristión porque ellos aun estaban vivos (como lo indica el verbo en tiempo presente "dicen"). Repite la palabra "presbítero" antes de mencionar otra vez a Juan a fin de mostrar que se está refiriendo al Juan que había descrito anteriormente como observa uno de los ancianos [presbíteros]. R. C. H. Lenski:

> En la segunda mención de Juan, Papías cuidadosamente repite la frase "el presbítero Juan" para mostrar más allá de cualquier duda que tenía en mente al Juan relacionado entre los siete a quienes acaba de llamar "los presbíteros"; porque si en este segundo caso hubiera escrito solamente "Juan", el lector pudiera tomarlo como un Juan diferente del mencionado en la lista de los siete llamados "los presbíteros". Papías se asegura de que pensemos en el mismo Juan cuando "se menciona al presbítero Juan", uno de los siete presbíteros que acababa de mencionar. (*The Interpretation of St. John's Apocalypse* [La interpretación del Apocalipsis de Juan] [Minneápolis: Augsburg, 1943], 9)

Aun cuando pudiera probarse que Papías hablara de dos Juanes, eso no probaría que "Juan el anciano" escribió Apocalipsis. Es improbable que dos hombres tan destacados llamados Juan vivieran en Éfeso al mismo tiempo. Más allá de toda especulación, el escritor de Apocalipsis sencillamente se identifica como "Juan", implicando que era tan conocido para sus lectores que no era necesaria ninguna identificación adicional. Tampoco es probable que la iglesia se equivocara prácticamente desde el tiempo en el que se escribió Apocalipsis con relación a su autor. Justino Mártir e Ireneo, como se observó antes, pudieron haber conocido a algunos de los lectores originales de Apocalipsis, haciendo muy improbable tal caso de equivocación en la identidad del autor.

Las diferencias en estilo entre Apocalipsis y los otros escritos inspirados de Juan que menciona Dionisio aún conforman los principales argumentos de los que niegan que el apóstol escribiera Apocalipsis. Aunque hay esas diferencias, como la naturaleza del material es tan diferente, no son tan importantes como para probar que el apóstol Juan no pudo haber escrito Apocalipsis. Algunas de esas discrepancias pueden también explicarse, como se observó antes, por el diferente lenguaje literario de Apocalipsis. Y también es posible que Juan usara a un amanuense (secretario) cuando escribió el Evangelio y las epístolas (como hizo Pablo; Ro. 16:22), algo que no podía haber hecho mientras escribió Apocalipsis en el destierro en Patmos.

A pesar de las diferencias, hay notables paralelos entre Apocalipsis y los otros escritos del apóstol Juan. Solamente el Evangelio según San Juan y Apocalipsis se refieren a Cristo como el Verbo (Jn. 1:1; Ap. 19:13). En varias ocasiones Apocalipsis describe a Cristo como el Cordero; un título que solo se encuentra, además de aquí, en el Evangelio según San Juan. Tanto el Evangelio según San Juan como

Apocalipsis se refieren a Jesucristo como testigo (Jn. 5:31-32; Ap. 1:5). Apocalipsis 1:7 y Juan 19:37 citan a Zacarías 12:10 de manera diferente de la Septuaginta (la traducción griega del Antiguo Testamento) pero de acuerdo entre sí. (Para ejemplos adicionales de las similitudes entre Apocalipsis y los otros escritos de Juan, vea Robert L. Thomas, *Apocalypse 1-7, An Exegetical Commentary* [Apocalipsis 1-7, Un comentario exegético] [Chicago: Moody, 1992], 11ss; Henry Barclay Swete, *Commentary on Apocalypse* [Comentario sobre Apocalipsis] [Reimpreso; Grand Rapids: Kregel, 1977], cxxvi-cxxx; Leon Morris, *The Apocalypse of St. John* [El Apocalipsis de San Juan], The Tyndale New Testament Commentaries [Grand Rapids: Eerdmans, 1969], 30.) Al comentar las similitudes entre Apocalipsis y los otros escritos de Juan, Guthrie escribe: "Debe observarse, entre paréntesis, que a pesar de las diferencias lingüísticas y gramaticales, el Apocalipsis tiene más afinidad con el griego de los otros libros juaninos que cualquier otro libro del Nuevo Testamento" (*New Testament Introduction* [Introducción al Nuevo Testamento], 940).

Los argumentos de algunos críticos antiguos y modernos pasan por alto la opinión tradicional de que el apóstol Juan fue el Juan identificado como el autor inspirado de Apocalipsis, y que esto se ajusta mejor a las evidencias. El fuerte testimonio de la iglesia casi desde el tiempo en el que se escribió Apocalipsis, las similitudes entre Apocalipsis y los otros escritos de Juan, la ausencia de algún autor alternativo creíble, y lo improbable que dos hombres destacados llamados Juan vivieran al mismo tiempo en Éfeso, son argumentos convincentes para la paternidad apostólica.

Las circunstancias bajo las cuales Juan escribió Apocalipsis se analizan en el capítulo 3 de este volumen. Las siete iglesias, a las que el apóstol dirigió el libro, se describen en detalles en los capítulos 4-10.

FECHA

Las dos opciones principales que se han propuesto como fechas para Apocalipsis son: durante la dominación de Nerón (c. 68 d.C.), o la de Domiciano (c. 96 d.C.). La fecha más temprana la sostienen fundamentalmente los que adoptan la interpretación preterista de Apocalipsis (vea *Interpretación* más adelante). Esta se basa mayormente en la cuestionable exégesis de varios pasajes en el libro, e intenta relegar su cumplimiento profético totalmente al período antes de la destrucción de Jerusalén en 70 d.C. Los que sostienen la fecha más temprana ven en la destrucción de Jerusalén la profetizada segunda venida de Jesucristo en su primera fase. Apenas hay evidencia externa para la fecha neroniana.

Por otra parte, la iglesia primitiva sostuvo ampliamente la opinión de que el apóstol Juan escribió Apocalipsis casi al final del Imperio de Domiciano. Ireneo, el padre de la iglesia del siglo II, escribió: "Sin embargo, no correremos el riesgo de pronunciar afirmativamente en lo que respecta al nombre del anticristo; porque si hubiera sido necesario que su nombre se revelara claramente en este tiempo presente, hubiera sido anunciado por aquel que contempló la visión apocalíptica [el libro de Apocalipsis]. Porque no hace tanto tiempo de que fue vista, sino casi en nuestro tiempo, hacia el fin del Imperio de Domiciano" (*Against Heresies*, [Contra las herejías] 5.30.3). Los padres de la iglesia Clemente de Alejandría, Orígenes, Victorino, Eusebio y Jerónimo también afirman que se escribió Apocalipsis durante el Imperio de Domiciano (cp. Mounce, *Apocalypse* [Apocalipsis], 32; Swete, *Commentary on Apocalypse* [Comentario sobre Apocalipsis], xcix-c). El testimonio de la iglesia primitiva de que se escribió Apocalipsis durante el reinado de Domiciano es difícil de explicar si realmente se escribió durante la dominación de Nerón.

Se escribió Apocalipsis durante un tiempo en el que la iglesia estaba sufriendo persecución. Juan había sido desterrado a Patmos; al menos un creyente ya había sufrido martirio (2:13), y en el horizonte se avecinaba más persecución (2:10). La extensión de la persecución bajo Domiciano parece haber alcanzado mayores proporciones que bajo Nerón, que mayormente estuvo confinada a la ciudad de Roma. De modo que la persecución de los cristianos mencionada en Apocalipsis se ajusta mejor a la fecha del Imperio de Domiciano.

La condición de las siete iglesias a las que Juan dirigió Apocalipsis también ofrece argumentos a favor de una fecha posterior. Como se ve en Efesios, Colosenses, y 1 y 2 Timoteo, esas iglesias estaban espiritualmente saludables a mediados de los años sesenta, cuando Pablo por última vez predicó en aquella región. Sin embargo, para el tiempo que se escribió Apocalipsis, esas iglesias habían sufrido una seria decadencia espiritual. Éfeso había abandonado su primer amor, y muchas de las restantes habían sufrido la intromisión de falsas doctrinas y pecado. Tal decadencia debió producirse en un período de tiempo más largo que la breve etapa entre el final del ministerio de Pablo en Asia Menor y el fin del dominio de Nerón. De la misma manera, algunos han afirmado que la falta de mención alguna de Pablo en las cartas a las siete iglesias, implica un intervalo de al menos una generación entre su muerte y la redacción de Apocalipsis (Guthrie, *New Testament Introduction* [Introducción al Nuevo Testamento], 954 n. 1).

En ninguna parte Pablo menciona la secta hereje conocida como los nicolaítas que atormentaron las iglesias de Éfeso y Pérgamo (2:6, 15). Sin embargo, para el tiempo en el que se escribió Apocalipsis la secta era tan notoria que Juan simplemente pudo mencionarla. Es evidente que los nicolaítas eran tan bien conocidos para sus lectores que ninguna descripción era necesaria. Esto una vez más denota un gran lapso de tiempo entre Pablo y la fecha en la que se escribió Apocalipsis.

Laodicea, una de las siete iglesias, fue devastada por un terremoto alrededor de 60 d.C. Durante el resto del reinado de Nerón, la ciudad participó en la reconstrucción, y difícilmente pudiera haberse considerado "rica... enriquecida" y de no tener necesidad "de ninguna cosa" (3:17). Una fecha durante el reinado de Domiciano daría tiempo para que Laodicea recuperara su riqueza.

Hay evidencia de que la iglesia en Esmirna no se fundó, sino hasta después de la muerte de Pablo (alrededor del 67 d.C. [Guthrie, *New Testament Introduction* [Introducción al Nuevo Testamento], 954]). Difícilmente habría comenzado, llegado a la madurez y decaído en un breve intervalo entre la muerte del apóstol y el fin del dominio de Nerón casi al mismo tiempo.

Una razón final para preferir la fecha más tardía (95-96 d.C.) para Apocalipsis es el tiempo de la llegada de Juan al Asia Menor. Según la tradición, Juan no salió de Palestina hacia Asia Menor hasta la época de la revuelta judía contra Roma (66-70 d.C.) Ubicar el escrito de Apocalipsis durante Nerón no daría tiempo suficiente para que el ministerio de Juan llegara a un punto en el que los romanos hayan sentido la necesidad de desterrarlo (Thomas, *Apocalypse 1-7* [Apocalipsis 1-7], 22). G. R. Beasley-Murray observa que:

> El exilio de Juan como predicador cristiano... refleja una política de hostilidad activa por parte del estado hacia la Iglesia. No puede mostrarse que tales medidas legales se tomaran por parte del estado en contra de los cristianos antes de los últimos años de Domiciano. Apocalipsis refleja una situación en la que el culto al emperador era una fuerza contemporánea y se proponía como algo mundial. La persecución de Nerón nada tuvo que ver con este asunto. (*The Book of Apocalypse*, The New Century Bible [El libro de Apocalipsis, La Biblia del Nuevo Siglo] [Londres: Oliphants, 1974], 38)

El peso de la evidencia favorece claramente la fecha de la redacción de Apocalipsis a mediados de los noventa, casi al fin del Imperio de Domiciano. Esto es de importancia fundamental, porque elimina la posibilidad de que las profecías en Apocalipsis se cumplieran en la destrucción de Jerusalén en 70 d.C.

INTERPRETACIÓN

Las imágenes pintorescas de Apocalipsis, sus símbolos misteriosos y su lenguaje apocalíptico lo hacen uno de los libros más difíciles de interpretar en las Escrituras. Hay cuatro métodos fundamentales de interpretación para el libro.

El método preterista ve a Apocalipsis no como una profecía futura, sino como un registro histórico de sucesos en el Imperio Romano del primer siglo. El punto de vista preterista pasa por alto de esa manera los reclamos del libro mismo de que es una profecía (1:3; 22:7, 10, 18-19). No todos los acontecimientos profetizados y descritos en Apocalipsis se cumplieron en el primer siglo. La segunda venida de Cristo descrita en el capítulo 19 es obvio que está por ocurrir.

Pero el punto de vista preterista requiere que uno vea las palabras acerca de la segunda venida de Cristo como cumplidas en la destrucción del templo en el 70 d.C., aunque no apareció en esa oportunidad. Tampoco hay ninguna persecución en el primer siglo que se ajuste a la descripción de los horrendos acontecimientos mencionados en los capítulos 6-19.

El método historicista encuentra en Apocalipsis un registro de la historia de la Iglesia desde los tiempos de los apóstoles hasta el presente. Los intérpretes historicistas a veces recurren a la alegorización del texto a fin de hallar en él los varios acontecimientos históricos que creen que el texto describe (p. ej. la caída de Roma ante los bárbaros, el surgimiento de la Iglesia Católica Romana, la llegada del Islam, incluso la Revolución Francesa). No es sorprendente que tal método subjetivo y arbitrario haya dado origen a un gran número de interpretaciones conflictivas de los reales acontecimientos históricos en Apocalipsis. Como el método preterista, el historicista pasa por alto los propios reclamos de Apocalipsis de ser una profecía. También priva al libro de cualquier significado para aquellos creyentes del primer siglo a quienes estaba dirigido. Y elimina la interpretación de Apocalipsis del dominio de la hermenéutica literal e histórica, dejándola a merced de significados alegóricos y espiritualizados inventados por cada uno de los que interpretan.

El método idealista ve descrita en Apocalipsis la batalla sin fin entre el bien y el mal que tiene lugar en cada etapa. Según esta opinión, Apocalipsis no es un registro histórico ni una profecía. Como los dos primeros puntos de vista, el idealista pasa por alto el reclamo de Apocalipsis de ser una profecía. Además, si se lleva a su conclusión lógica, separa a Apocalipsis de cualquier relación con los acontecimientos históricos actuales. El libro se reduce de esta manera a una colección de mitos ideados para comunicar la verdad espiritual.

El método futurista ve en los capítulos 4-22 predicciones de personas y acontecimientos aún por venir en el futuro. Solo este enfoque permite que se interprete Apocalipsis siguiendo el mismo método hermenéutico gramatical e histórico por el cual se interpretan las porciones de la Biblia que no son proféticas. Como se ha observado antes, quienes proponen los otros tres métodos se ven a veces obligados a recurrir a alegorizaciones o espiritualizaciones del texto para sostener sus interpretaciones. El método futurista, a diferencia de los otros tres, reconoce plenamente el reclamo de Apocalipsis de ser una profecía. El método futurista se critica a menudo por robar a Apocalipsis de cualquier significado para aquellos a quienes se escribió, ya que ve el libro describiendo en buena medida sucesos en el futuro lejano. En respuesta a esto Juan F. Walvoord observa:

> Gran parte de la profecía de la Biblia tiene que ver con el futuro lejano, incluso las promesas del Antiguo Testamento del Mesías venidero, las profecías de Daniel respecto a los futuros imperios mundiales, toda la

verdad relacionada con el reino venidero en la tierra, así como otras incontables profecías. Si los sucesos de los capítulos 4 al 19 son futuros, incluso desde nuestro punto de vista hoy, enseñan la bendita verdad de la supremacía final de Dios y el triunfo de los rectos. La aplicación inmediata de sucesos distantes es algo normal en las Escrituras, como por ejemplo 2 Pedro 3:10-12, que habla de la postrera disolución de la tierra; no obstante el pasaje que le sucede hace una aplicación inmediata: "Por lo cual, oh amados, estando en espera de estas cosas, procurad con diligencia..." (2 P. 3:14). (*The Revelation of Jesus Christ* [La revelación de Jesucristo] [Chicago: Moody, 1966], 22)

Algún método que no sea el futurista deja el significado del libro a la ingeniosidad y a la opinión humanas. El método futurista toma el significado del libro como Dios lo dio. Al estudiar Apocalipsis, tomaremos este sencillo punto de vista y aceptaremos lo que el texto dice. Es casi imposible considerar todas las opciones de interpretación que ofrecen las personas que sostienen los otros tres puntos de vista, así que no trataremos de adentrarnos en ese laberinto de opciones. Más bien, tomaremos el libro tal y como lo tenemos en su estilo normal de lenguaje.

BOSQUEJO

    I. Las cosas que has visto (1:1-20)
        A. Prólogo (1:1-8)
        B. La visión del Cristo glorificado (1:9-18)
        C. Juan recibe la encomienda de escribir (1:19-20)

    II. Las cosas que son (2:1–3:22)
        A. La carta a la iglesia en Éfeso (2:1-7)
        B. La carta a la iglesia en Esmirna (2:8-11)
        C. La carta a la iglesia en Pérgamo (2:12-17)
        D. La carta a la iglesia en Tiatira (2:18-29)
        E. La carta a la iglesia en Sardis (3:1-6)
        F. La carta a la iglesia en Filadelfia (3:7-13)
        G. La carta a la iglesia en Laodicea (3:14-22)

    III. Las cosas que ocurrirán después de esto (4:1–22:21)
        A. Adoración ante el trono celestial de Dios (4:1–5:14)
        B. La tribulación (6:1–18:24)
        C. La segunda venida del Señor Jesucristo (19:1-21)
        D. El milenio (20:1-10)
        E. El juicio ante el gran trono blanco (20:11-15)
        F. La condición eterna (21:1–22:21)

Hacia el futuro

La revelación de Jesucristo, que Dios le dio, para manifestar a sus siervos las cosas que deben suceder pronto; y la declaró enviándola por medio de su ángel a su siervo Juan, que ha dado testimonio de la palabra de Dios, y del testimonio de Jesucristo, y de todas las cosas que ha visto. Bienaventurado el que lee, y los que oyen las palabras de esta profecía, y guardan las cosas en ella escritas; porque el tiempo está cerca. Juan, a las siete iglesias que están en Asia: Gracia y paz a vosotros, del que es y que era y que ha de venir, y de los siete espíritus que están delante de su trono; y de Jesucristo el testigo fiel, el primogénito de los muertos, y el soberano de los reyes de la tierra. Al que nos amó, y nos lavó de nuestros pecados con su sangre, y nos hizo reyes y sacerdotes para Dios, su Padre; a él sea gloria e imperio por los siglos de los siglos. Amén. (1:1-6)

Muchos se fascinan y hasta se obsesionan con el futuro. Leen fielmente los horóscopos, buscan a los lectores de las cartas Tarot, dejan que lean la palma de sus manos, se alimentan de materiales futuristas de ciencia ficción o llaman a una de las muchas "líneas directas de los psíquicos" que se anuncian en la televisión. Algunas personas investigan más a fondo el ocultismo, buscando a médiums (como hizo el rey Saúl), intentando inútil y pecaminosamente obtener información sobre lo porvenir al "[consultar] a los muertos por los vivos" (Is. 8:19). Los muertos no pueden, desde luego, responder a tales esfuerzos de comunicación, pero los demonios sí, enmascarados como el muerto y propagando mentiras.

Sin embargo, todos estos intentos por conocer el futuro son en vano. Solo hay uno que conoce y declara el futuro: Dios (Is. 44:7; 45:21; 46:9-10). Solo en las Escrituras puede encontrarse la verdad acerca del futuro. Los profetas del Antiguo Testamento, particularmente Isaías, Ezequiel, Daniel y Zacarías, proporcionaron vistazos del futuro. Así lo hizo nuestro Señor en su discurso del Monte de los Olivos, junto con Pedro y Pablo en sus escritos inspirados. Pero el libro de Apocalipsis proporciona la mirada más detallada en el futuro en toda la Biblia. El capítulo final de la revelación de Dios al hombre en la

Biblia, el libro de Apocalipsis, revela la historia futura del mundo, hasta la culminación de la historia en la venida de Cristo y el establecimiento de su reino glorioso, terrenal y eterno.

A modo de introducción, Juan relaciona once características de su maravilloso libro: su naturaleza esencial, tema central, origen divino, destinatarios humanos, carácter profético, entrega sobrenatural, autor humano, bendición prometida, urgencia apremiante, bendición trinitaria, y sublime doxología.

SU NATURALEZA ESENCIAL

La revelación (1:1a)

Estas dos palabras son esenciales para entender este libro. Muchos se confunden con el libro de Apocalipsis, porque lo ven como un misterio extravagante e indescifrable. Pero nada pudiera estar más lejos de la verdad. Lejos de esconder la verdad, el libro de Apocalipsis la revela. Este es el último capítulo en la historia de Dios de la redención. Nos dice como termina todo. Como el relato del principio de la creación no fue vago o impreciso, sino claro, así Dios ha dado un registro detallado y claro del final. Es impensable creer que Dios hablaría con precisión y claridad desde Génesis hasta Judas, y luego cuando se trata del final abandonara toda precisión y claridad. Sin embargo, muchos teólogos hoy día piensan que Apocalipsis no es el relato preciso del fin, a pesar de lo que dice. También están convencidos de que sus misterios son tan vagos que el fin queda confuso. Como veremos en este comentario, ese es un serio error que priva a la epopeya de la redención de su culminación como Dios la dio.

Apokalupsis (**revelación**) aparece dieciocho veces en el Nuevo Testamento, siempre, cuando se usa para una persona, con el significado de "hacerse visible". En Lucas 2:32, Simeón alabó a Dios por el niño Jesús, describiéndolo como "Luz para revelación a los gentiles, y gloria de tu pueblo Israel". Simeón se regocijó porque el Mesías se había hecho visible a los hombres. Pablo habló en Romanos 8:19 de la manifiesta transformación de los creyentes en gloria como "la manifestación de los hijos de Dios". Tanto Pablo (1 Co. 1:7) como Pedro (1 P. 1:7) emplearon *apokalupsis* para referirse a la revelación de Cristo en su segunda venida.

El libro de Apocalipsis contiene verdades que han sido encubiertas, pero que ahora se han revelado. Aunque en ningún lugar cita directamente el Antiguo Testamento, doscientos setenta y ocho de sus cuatrocientos cuatro versículos se refieren o aluden a verdades proféticas del Antiguo Testamento, y amplía lo que solo se sugirió inicialmente en el Antiguo Testamento.

El Apocalipsis revela muchas verdades divinas. Advierte a la iglesia del peligro del pecado e instruye sobre la necesidad de santidad. Revela la fuerza que Cristo y los creyentes poseen para vencer a Satanás. Revela la gloria y majestad de Dios y reseña la adoración reverente que constantemente se rinde ante su trono. El libro de Apocalipsis revela el fin de la historia humana, e incluye la organización política final del mundo, la carrera del anticristo, y la batalla culminante del Armagedón. Revela la gloria venidera del reino terrenal de Cristo durante el reino milenario, el juicio ante el gran trono blanco, y reseña el gozo eterno de los nuevos cielos y la nueva tierra. Revela la victoria definitiva de Jesucristo sobre toda oposición humana y demoníaca. El libro de Apocalipsis describe la derrota definitiva de Satanás y el pecado, y la condición eterna de los malvados (tormento eterno en el infierno) y de los justos (gozo eterno en el cielo). En resumen, es una historia de primera página del futuro del mundo, escrita por alguien que la ha visto toda.

Pero como algo supremo, por encima de todas estas características, el libro de Apocalipsis muestra la majestad y la gloria del Señor Jesucristo. Describe en detalles los acontecimientos relacionados con su Segunda Venida, revelando su gloria que un día resplandecerá tan sorprendente e inequívocamente como un relámpago que centellea en un cielo oscuro (Mt. 24:27).

SU TEMA CENTRAL

de Jesucristo, (1:1*b*)

Aunque toda la Biblia es revelación de Dios (2 Ti. 3:16), de una manera excepcional el libro de Apocalipsis es la revelación de Jesucristo. Aunque este libro es sin duda la revelación de Jesucristo (cp. 22:16), es también la revelación acerca de Él. Los otros usos del Nuevo Testamento de la frase *apokalupsis Iēsou Christou* (**revelación de Jesucristo**) sugieren que la declaración de Juan en este versículo se entiende mejor en el sentido de revelación acerca de Jesucristo (cp. 1 Co. 1:7; Gá. 1:12; 2 Ts. 1:7; 1 P. 1:7). Los Evangelios son también acerca de Jesucristo, pero lo presentan en su primera venida en humildad; el libro de Apocalipsis lo presenta en su Segunda Venida en exaltación. Cada visión y descripción de Él en Apocalipsis es de majestad, poder y gloria.

La revelación de Cristo comienza en 1:5-20, donde se revela en su majestad. Esos versículos proporcionan también una vista anticipada de la gloria de su Segunda Venida. En los capítulos 2 y 3, como exaltado Señor de la Iglesia, Él exhorta y alienta a su Iglesia. Por último, los capítulos 4-22 proporcionan una mirada detallada a su Segunda Venida; el establecimiento de su reino milenario, durante el cual reinará personalmente en la tierra; y el anuncio de un estado de eternidad.

W. A. Criswell, pastor por mucho tiempo de la Primera Iglesia Bautista de Dallas, dio la siguiente explicación de por qué Cristo debe, no obstante, revelarse en gloria:

La primera vez que nuestro Señor vino a este mundo, vino cubierto de nuestra carne. Su deidad estuvo cubierta con su hombría. Su divinidad ocultada por su humanidad. Solo de cuando en cuando resplandeció su deidad, como en el Monte de la Transfiguración, o en sus obras milagrosas. Pero la mayoría de las veces la gloria, la majestad, la deidad, la maravilla y grandeza del Hijo de Dios, la segunda persona de la santa Trinidad, estuvieron cubiertas. Estos atributos estuvieron cubiertos de carne, de nuestra humanidad. Nació en un establo. Creció en pobreza. Supo lo que era tener hambre y sed. Fue abofeteado, golpeado y lastimado. Fue crucificado y levantado como un criminal ante la mirada burlona de toda la tierra. La última vez que este mundo vio a Jesús fue cuando lo hizo colgando en vergüenza, miseria y angustia en la cruz. Luego apareció a algunos de sus discípulos, pero la última vez que este mundo incrédulo vio a Jesús fue cuando lo hizo como un malhechor, como un criminal, crucificado en una cruz romana. Eso era parte del plan de Dios, parte de la gracia y amor de Dios que son inmensurables e ilimitados. "Por su llaga fuimos nosotros curados".

Pero entonces, ¿es que todo el mundo siempre debe ver a nuestro Salvador, muriendo con vergüenza en una cruz? ¡No! Es también parte del plan de Dios que un día este mundo blasfemo, incrédulo e impío vea al Hijo de Dios en toda su personalidad, en gloria, en majestad, en toda la maravilla y portento de su divinidad. Entonces todos los hombres mirarán a Él como realmente es. Lo verán sosteniendo en sus manos el título de propiedad del universo, sosteniendo en sus manos la autoridad de toda la creación en el universo sobre nosotros, en el universo que nos rodea, y en el universo debajo de nosotros; sosteniendo este mundo y su destino en sus horadadas y amorosas manos. (*Expository Sermons on Revelation* [Sermones expositivos sobre el Apocalipsis] [Grand Rapids: Zondervan, 1969], 1:16-17)

Incluso un vistazo superficial a través del libro de Apocalipsis muestra que Jesucristo es su tema principal. Él es "el testigo fiel" (1:5); "el primogénito de los muertos" (1:5); "el soberano de los reyes de la tierra" (1:5); "el Alfa y la Omega" (1:8; 21:6); el "que es y que era y que ha de venir" (1:8); "el Todopoderoso" (1:8); "el primero y el postrero" (1:17); "el que vivo" (1:18); "El que tiene las siete estrellas en su diestra, el que anda en medio de los siete candeleros de oro" (2:1); "el que tiene la espada aguda de dos filos" (2:12); "el Hijo de Dios" (2:18); el "que tiene ojos como llama de fuego, y pies semejantes al bronce bruñido" (2:18); el "que tiene los siete espíritus de Dios, y las siete estrellas" (3:1); "el Santo, el Verdadero" (3:7); "el que tiene la llave de David, el que abre y ninguno cierra, y cierra y ninguno abre" (3:7); "el Amén, el testigo fiel y verdadero" (3:14);

"el principio de la creación de Dios" (3:14); "el León de la tribu de Judá" (5:5); "la raíz de David" (5:5); el Cordero de Dios (p. ej. 5:6; 6:1; 7:9-10; 8:1; 12:11; 13:8; 14:1; 15:3; 17:14; 19:7; 21:9; 22:1); el "Señor, santo y verdadero" (6:10); el llamado "Fiel y Verdadero" (19:11); "El Verbo" (19:13); el "Rey de reyes y Señor de señores" (19:16); Cristo (Mesías), reinando en la tierra con sus santos glorificados (20:6); y "Jesús... la raíz y el linaje de David, la estrella resplandeciente de la mañana" (22:16). El libro de Apocalipsis revela la majestad y gloria del Señor Jesucristo en canción, poesía, simbolismo y profecía. En Él los cielos se abren y sus lectores ven, como vio Esteban (Hch. 7:56), visiones del Hijo de Dios resucitado y glorificado.

SU ORIGEN DIVINO

que Dios le dio (1:1*c*)

¿En qué sentido es el libro de Apocalipsis algo que el Padre le dio a Jesucristo? Algunos interpretan la frase **que Dios le dio** respecto a las palabras de Jesús en Marcos 13:32: "Pero de aquel día y de la hora nadie sabe, ni aun los ángeles que están en el cielo, ni el Hijo, sino el Padre". En la humillación de su encarnación, cuando Él "se despojó a sí mismo, tomando forma de siervo" (Fil. 2:7), Jesús limitó el uso independiente de sus atributos divinos. En el libro de Apocalipsis, argumentan los que sostienen este punto de vista, el Padre finalmente le dio a Jesucristo la información que le faltaba en su encarnación y humillación.

Sin embargo, hay dos insuperables dificultades en este punto de vista. La más obvia es que el libro de Apocalipsis en ninguna parte da el día y la hora de la venida de Cristo. Así que no tiene la información que el Padre presuntamente debía revelar al Hijo. Además de eso, el Hijo glorificado que ascendió a los cielos volvió a tener el pleno uso de sus atributos divinos más de medio siglo antes de escribirse el libro de Apocalipsis. Siendo plenamente Dios y omnisciente, no tenía necesidad de que alguien le diera alguna información.

En realidad, el libro de Apocalipsis es el regalo del Padre al Hijo en un sentido mucho más profundo y maravilloso. En recompensa de su servicio perfecto, humilde, fiel y santo, el Padre prometió exaltar al Hijo. Pablo explica:

...Cristo Jesús... siendo en forma de Dios, no estimó el ser igual a Dios como cosa a que aferrarse, sino que se despojó a sí mismo, tomando forma de siervo, hecho semejante a los hombres; y estando en la condición de hombre, se humilló a sí mismo, haciéndose obediente hasta la muerte, y muerte de cruz. Por lo cual Dios también le exaltó hasta lo sumo, y le dio un nombre que es sobre todo nombre, para que en el nombre de Jesús se doble toda rodilla de los que están en

los cielos, y en la tierra, y debajo de la tierra; y toda lengua confiese que
Jesucristo es el Señor, para gloria de Dios Padre (Fil. 2:5-11).

La exaltación de Cristo, prometida en los últimos tres versículos (9-11) de
ese pasaje, se describe en detalles en el libro de Apocalipsis. Por consiguiente
contiene la completa divulgación de la gloria que tendrá Cristo en su venida: la
recompensa final de parte del Padre por su fidelidad durante su humillación.
La primera señal de la complacencia del Padre con el Hijo obediente fue su
resurrección; la segunda fue su ascensión; la tercera fue el envío del Espíritu
Santo; y la última fue el regalo del libro de Apocalipsis, que promete y revela la
gloria que tendrá Cristo en su segunda venida.

El libro de Apocalipsis detalla la herencia que el Padre dio al Hijo. Sin embargo,
a diferencia de la mayoría de los testamentos humanos, este documento puede
leerse, porque no es un documento sellado y privado. Pero no todos tienen el
privilegio de comprenderlo, solo aquellos a quienes Dios se le revela por medio
de su Espíritu.

SUS DESTINATARIOS HUMANOS

para manifestar a sus siervos, (1:1d)

Para exaltar y glorificar aun más a su Hijo, el Padre ha concedido misericordiosamente, a un grupo especial de personas, el privilegio de comprender las
verdades halladas en este libro. Juan describe a esas personas como **sus siervos**
[siervos de Cristo]. *Doulois* (**siervos**) literalmente significa "esclavos" (cp. Mt.
22:8; Mr. 13:34). Sin embargo, el *doulos* (siervo) era un tipo especial de esclavo,
uno que servía por amor y devoción a su amo. Éxodo 21:5-6 describe a tales
esclavos: "Y si el siervo dijere: Yo amo a mi señor, a mi mujer y a mis hijos, no
saldré libre; entonces su amo lo llevará ante los jueces, y le hará estar junto a la
puerta o al poste; y su amo le horadará la oreja con lesna, y será su siervo para
siempre".

Por eso los incrédulos encuentran incomprensible el libro de Apocalipsis; no
se escribió para ellos. El Padre lo dio al Hijo para **manifestar** a los que
voluntariamente le sirven. Los que no quieren reconocer a Jesucristo como Señor,
no pueden aspirar a comprender este libro. "El hombre natural", explica Pablo,
"no percibe las cosas que son del Espíritu de Dios, porque para él son locura, y
no las puede entender, porque se han de discernir espiritualmente" (1 Co. 2:14).
A sus discípulos, cuando estaba en la tierra, dijo Jesús: "A vosotros os es dado
saber los misterios del reino de los cielos; mas a ellos no les es dado... Por eso les
hablo por parábolas: porque viendo no ven, y oyendo no oyen, ni entienden"
(Mt. 13:11, 13). Los inconversos no pueden entender lo que Jesús quiso decir

cuando estaba enseñando acerca de realidades espirituales presentes. Ni tampoco podían comprender las realidades futuras. La verdad divina está escondida para la sabiduría terrenal. Los incrédulos solo hallan caos y confusión en el libro de Apocalipsis, pero para los **siervos** de Jesucristo, amorosos y dispuestos, este libro es la revelación comprensible de la verdad profética sobre el futuro del mundo.

SU CARÁCTER PROFÉTICO

las cosas que deben suceder pronto; (1:1*e*)

El énfasis del libro de Apocalipsis en los acontecimientos futuros lo pone aparte de todos los otros libros del Nuevo Testamento. Aunque contienen referencias al futuro, los Evangelios se centran principalmente en la vida y el ministerio terrenal del Señor Jesucristo. Los Hechos narra la historia de la Iglesia desde sus inicios el día de Pentecostés hasta el encarcelamiento en Roma del apóstol Pablo. Las epístolas del Nuevo Testamento, como los Evangelios, contienen vistazos acerca del futuro. Sin embargo, su énfasis primordial es explicar el significado de la vida, la muerte y la resurrección de Jesucristo y aplicarlo a la vida de la iglesia en el presente. Así que los primeros cinco libros del Nuevo Testamento son sobre el pasado, y los próximos veintiuno sobre el presente. El último libro, aunque tiene alguna información acerca del pasado (cap. 1) y del presente (las siete iglesias en los capítulos 2-3; aunque fueron iglesias reales e históricas de los tiempos de Juan, representan los tipos de iglesias que se han hallado durante toda la era de la Iglesia), se centra en el futuro (caps. 4-22).

Como en toda literatura profética, hay un énfasis dual en el libro de Apocalipsis. Refleja a Jesucristo en su gloria futura junto a los santos bienaventurados. También describe el juicio de los que no creyeron en Jesucristo, llevándoles a la condenación a castigo eterno. El comentarista Charles Erdman apunta:

> Este es un libro de juicios y de condena. No se encubre ni por un momento la cara oscura del cuadro. Dios es justo. El pecado debe recibir castigo. La impenitencia y la rebelión emanan miseria y derrota. No hay confusión sentimental en lo que respecta a lo bueno y lo malo. No hay una débil tolerancia a la maldad. Hay una mención de "El Cordero que fue inmolado", pero también de "la ira del Cordero". Hay un "río limpio de agua de vida", pero también un "lago de fuego". Se revela un Dios de amor que ha de morar con los hombres, que enjugará toda lágrima y eliminará la muerte y el sufrimiento y el dolor; pero primero debe someter a sus enemigos. En realidad, Apocalipsis es en gran medida un cuadro del último gran conflicto entre las fuerzas del mal y el poder de Dios. Los colores son vivos y son tomados prestados de las convulsiones de la

naturaleza y de las escenas de la historia humana, con sus batallas y sus matanzas. La batalla es titánica. Incontables hordas de guerreros demoníacos se levantan en contra del que es "Rey de reyes y Señor de señores". Sobre ellos se pronuncian "ayes", se derraman "copas" de ira y les visita una destrucción abrumadora. Un brillante día está por venir, pero hay truenos antes del amanecer. (*The Revelation of John* [El Apocalipsis de Juan] [Filadelfia: Westminster, 1966], 12)

Las verdades profundas y apremiantes en el libro de Apocalipsis son, por lo tanto, agridulces (cp. 10:9-10).

...pronto traduce *tachos,* que puede significar "en breve tiempo" o "rápidamente". Es cierto que hay innegable brevedad para los acontecimientos futuros narrados en este libro. Los juicios sin precedente e inimaginables que arrasan la tierra lo hacen en un corto tiempo. En solo siete años, el malvado sistema mundial es destruido por la ira de Dios. Aun el reino terrenal de mil años es breve, según lo que Dios tiene establecido (cp. 2 P. 3:8). También es cierto que el arrebatamiento, cuando vuelva Cristo por su Iglesia, tiene lugar "en un instante, en un abrir y cerrar de ojos" (1 Co. 15:52).

Pero ese no es el significado fundamental de *tachos* en este contexto. La idea no es la velocidad con la que Cristo se moverá cuando Él venga, sino la proximidad de su venida. El empleo de *tachos* y las palabras relacionadas en Apocalipsis apoyan la comprensión de su significado aquí como "pronto". En 2:16, Jesucristo advirtió a la iglesia en Pérgamo que se arrepintiera "pues si no, vendré a ti pronto", mientras que en 3:11 consoló a la iglesia fiel de Filadelfia al decirle: "Yo vengo pronto". En el capítulo 11, versículo 14, declara: "El segundo ay pasó; he aquí, el tercer ay viene pronto". Un ángel le dijo a Juan que "el Señor, el Dios de los espíritus de los profetas, ha enviado su ángel, para mostrar a sus siervos las cosas que deben suceder pronto" (22:6). El Señor Jesucristo tres veces declaró: "Vengo pronto" (22:7, 12, 20) y una vez: "Vengo en breve" (3:11), pero todos corresponden a la misma frase en el original. En todos estos casos *tachos* se refiere claramente a la inminencia o cercanía de un suceso, no a la velocidad con la que sucede. Las palabras del grupo de *tachos* se emplean en un sentido similar a lo largo del Nuevo Testamento (p. ej. Hch. 17:15; 25:4; Ro. 16:20; 1 Co. 4:19; Fil. 2:19, 24; 1 Ti. 3:14; 2 Ti. 4:9; He. 13:19, 23; 2 P. 1:14). De esta manera, **las cosas que deben suceder pronto** sobre las que Juan escribió, no suceden en un breve intervalo de tiempo, sino que son inminentes (cp. 1:3; 22:6).

A los creyentes no les corresponde establecer "los tiempos o las sazones, que el Padre puso en su sola potestad" (Hch. 1:7), sino que en todo tiempo deben prestar atención a la advertencia de su Señor de que deben velar "porque no [saben] a qué hora ha de venir [su] Señor" (Mt. 24:42). El conocimiento de que los sucesos descritos en el libro de Apocalipsis van a **suceder pronto** ha motivado y debe motivar a los cristianos a vivir en santidad y obediencia (2 P. 3:14).

SU ENTREGA SOBRENATURAL

y la declaró enviándola por medio de su ángel (1:1*f*)

El libro de Apocalipsis es excepcional en la literatura del Nuevo Testamento, porque es el único libro **declarado y enviado** a su autor humano por un ángel. En 22:16 Jesús confirmó la verdad enseñada aquí al declarar: "Yo Jesús he enviado mi ángel para daros testimonio de estas cosas en las iglesias". Los ángeles participaron al darle el libro de Apocalipsis a Juan tal y como lo hicieron al dar la ley a Moisés (Hch. 7:53; Gá. 3:19; He. 2:2). Los ángeles no solo están implicados en el dar el libro de Apocalipsis a Juan, sino que también tienen una función destacada en las escenas que describe. Los ángeles aparecen en cada capítulo de Apocalipsis, salvo en el 4 y en el 13. Las palabras *ángel* o *ángeles* se emplean setenta y una vez en el libro de Apocalipsis, más que cualquier otro libro de la Biblia. En realidad, una de cada cuatro veces que aparecen en las Escrituras está en el libro de Apocalipsis. Este libro es una fuente importante de información sobre el ministerio de los ángeles.

SU AUTOR HUMANO

a su siervo Juan, que ha dado testimonio de la palabra de Dios, y del testimonio de Jesucristo, y de todas las cosas que ha visto. (1:1g-2)

El agente humano a quien los mensajeros angelicales comunicaron el libro de Apocalipsis se identifica aquí como **su** [de Cristo] **siervo Juan.** Como se observa en la *Introducción,* este era Juan el apóstol, el hijo de Zebedeo y hermano de Jacobo. Como también se observa en la *Introducción,* Juan escribió el libro de Apocalipsis mientras estaba desterrado en la isla de Patmos (1:9).

La inmensidad de la visión que Juan recibió en esa desértica isla lo dejó perplejo. A lo largo de su Evangelio, Juan nunca se refirió a él mismo. Sin embargo, aquí él acompaña su visión con la frase "Yo Juan" (1:9; 22:8), una exclamación que expresaba su asombro al haber recibido tan abrumadoras visiones.

Como había **dado testimonio** lealmente de la primera venida de Cristo (Jn. 19:35; 21:24; 1 Jn. 1:2; 4:14), así Juan fielmente, bajo la inspiración del Espíritu, dio testimonio **de todas las cosas que** [había] **visto** respecto a su Segunda Venida. Específicamente, Juan dio testimonio **de la palabra de Dios, y del testimonio de Jesucristo.** Esas frases vuelven a aparecer juntas en 1:9 (cp. 12:17), y se emplean como sinónimos, ya que "el testimonio de Jesús es el espíritu de la profecía"

(19:10). La **palabra de Dios** expresada en el libro de Apocalipsis es el **testimonio** acerca de la gloria venidera de **Jesucristo** dada a su Iglesia (cp. 22:16) y registrada por su fiel testigo, Juan.

SU BENDICIÓN PROMETIDA

Bienaventurado el que lee, y los que oyen las palabras de esta profecía, y guardan las cosas en ella escritas; (1:3*a*)

El libro de Apocalipsis inicia y termina con promesas de bendición (bienaventuranzas, como en Mt. 5:3-12) para quienes lo leen y lo obedecen (cp. 22:7; Lc. 11:28). Pero estas son solo dos de las siete promesas de bendición que contiene el libro; el resto son igualmente maravillosas: "Bienaventurados de aquí en adelante los muertos que mueren en el Señor. Sí, dice el Espíritu, descansarán de sus trabajos, porque sus obras con ellos siguen" (14:13). "He aquí, yo vengo como ladrón. Bienaventurado el que vela, y guarda sus ropas, para que no ande desnudo, y vean su vergüenza" (16:15); "Bienaventurados los que son llamados a la cena de las bodas del Cordero" (19:9); "Bienaventurado y santo el que tiene parte en la primera resurrección" (20:6); "Bienaventurados los que lavan sus ropas, para tener derecho al árbol de la vida, y para entrar por las puertas en la ciudad" (22:14).

Los tres verbos traducidos **lee, oyen** y **guardan** están en tiempo presente. El leer, oír y obedecer las verdades enseñadas en el libro de Apocalipsis (y en el resto de la Biblia) deben ser una forma de vida para los creyentes. El cambio del singular **el que lee** al plural **los que oyen las palabras de esta profecía, y guardan las cosas en ella escritas** describe un culto de la iglesia del primer siglo. Era una práctica común cuando la iglesia se reunía, que una persona leyera las Escrituras en voz alta para que todos oyeran (cp. 1 Ti. 4:13). El doctor Robert L. Thomas explica que "como los materiales para escribir eran caros y escasos, así también lo eran las copias de los libros que formaban parte del *canon* bíblico. Por regla general, una copia por asamblea era lo mejor a lo que se podía aspirar. La lectura pública era el único medio por el que los cristianos que eran personas comunes y corrientes podían conocer el contenido de esos libros" (*Revelation 1-7: An Exegetical Commentary* [Apocalipsis 1-7: Un comentario exegético] [Chicago: Moody, 1992], 60). Como solamente las Escrituras debían leerse públicamente, para Juan su "intención obvia de que el Apocalipsis debía leerse públicamente, ofreció un argumento convincente desde el principio de que debía incluirse entre esos libros que con el tiempo serían reconocidos como parte del *canon* neotestamentario" (Thomas, *Revelation 1-7* [Apocalipsis 1-7], 62-63).

El libro de Apocalipsis es la palabra final de Dios al hombre, la culminación de la revelación divina. Su escrito marca la conclusión del *canon* bíblico (cp.

22:18-19), y su alcance abarca el futuro completo de la historia de la redención (1:19). Por lo tanto, es imprescindible que los creyentes presten diligente atención a las verdades que contiene.

SU URGENCIA APREMIANTE

porque el tiempo está cerca. (1:3*b*)

Esta frase reitera la verdad que se enseñó en 1:1, que los sucesos narrados en el libro de Apocalipsis son inminentes; **tiempo** no traduce *chronos,* que se refiere al tiempo en un reloj o calendario, sino *kairos,* que se refiere a estaciones, épocas o eras. La próxima gran era de la historia de la redención de Dios está **cerca.**

Que la venida de Cristo es inminente, el próximo acontecimiento en el calendario profético de Dios, ha sido siempre la esperanza de la Iglesia. Jesús les ordenó a sus discípulos que velaran expectantes por su venida:

> *Estén ceñidos vuestros lomos, y vuestras lámparas encendidas; y vosotros sed semejantes a hombres que aguardan a que su señor regrese de las bodas, para que cuando llegue y llame, le abran en seguida. Bienaventurados aquellos siervos a los cuales su señor, cuando venga, halle velando; de cierto os digo que se ceñirá, y hará que se sienten a la mesa, y vendrá a servirles. Y aunque venga a la segunda vigilia, y aunque venga a la tercera vigilia, si los hallare así, bienaventurados son aquellos siervos. Pero sabed esto, que si supiese el padre de familia a qué hora el ladrón había de venir, velaría ciertamente, y no dejaría minar su casa. Vosotros, pues, también, estad preparados, porque a la hora que no penséis, el Hijo del Hombre vendrá (Lc. 12:35-40).*

"La noche está avanzada", escribió Pablo a los romanos, "y se acerca el día" (Ro. 13:12). El apóstol pensaba que él pudiera estar vivo cuando volviera el Señor, como lo indica el empleo del pronombre plural en pasajes como 1 Corintios 15:51-58 y 1 Tesalonicenses 4:15-18. El escritor de Hebreos exhortó a sus lectores a que se alentaran los unos a los otros "tanto más, cuanto veis que aquel día se acerca" (He. 10:25). Santiago anima a los creyentes que luchan con la realidad de que la venida de Cristo era inminente: "Por tanto, hermanos, tened paciencia hasta la venida del Señor... Tened también vosotros paciencia, y afirmad vuestros corazones; porque la venida del Señor se acerca... He aquí, el juez está delante de la puerta" (Stg. 5:7-9). "El fin de todas las cosas se acerca", les recordó Pedro a sus lectores (1 P. 4:7), mientras que en 1 Juan 2:18 el apóstol Juan añadió: "Hijitos, ya es el último tiempo".

A pesar del escepticismo de los que se burlan y exigen: "¿Dónde está la promesa de su advenimiento? Porque desde el día en el que los padres durmieron, todas las cosas permanecen así como desde el principio de la creación" (2 P. 3:4), el Señor Jesucristo volverá. Y su venida está **cerca.**

SU BENDICIÓN TRINITARIA

Juan, a las siete iglesias que están en Asia: Gracia y paz a vosotros, del que es y que era y que ha de venir, y de los siete espíritus que están delante de su trono; y de Jesucristo el testigo fiel, el primogénito de los muertos, y el soberano de los reyes de la tierra. (1:4-5*a*)

A diferencia de las cartas modernas, en las que los remitentes ponen su nombre al final de la carta, las cartas antiguas acertadamente ponían el nombre de sus escritores al principio. Así que **Juan** se identifica como el escritor y menciona **las siete iglesias** (relacionadas en 1:11) **que están** en la provincia romana de **Asia** (la moderna Turquía) como los destinatarios. **Gracia y paz a vosotros** eran un saludo acostumbrado en las cartas del Nuevo Testamento (cp. Ro. 1:7; 1 Co. 1:3; 2 Co. 1:2; Gá. 1:3; Ef. 1:2; Fil. 1:2; Col. 1:2; 1 Ts. 1:1; 2 Ts. 1:2; Flm. 3), pero este saludo presenta una bendición de la gloriosa Trinidad (cp. 2 Co. 13:14).

La frase **del que era y que ha de venir** identifica a la primera persona de la Trinidad, Dios el Padre, descrito aquí en términos antropomórficos. Como es la única manera que podemos entender, la triple descripción (cp. 1:8; 4:8) ve a Dios en dimensiones de tiempo (pasado, presente y futuro), aunque Él es eterno. El eterno Dios es la fuente de todas las bendiciones de la salvación, toda gracia, y toda paz.

...los siete espíritus que están delante de su trono se refiere al Espíritu Santo. Es obvio que hay un solo Espíritu Santo; el número **siete** lo describe en su plenitud (cp. 5:6; Is. 11:2; Zac. 4:1-10). El Espíritu Santo en toda su gloria y plenitud envía gracia y paz a los creyentes; Él es el espíritu de gracia (He. 10:29) y produce paz en la vida de los creyentes (Gá. 5:22). Aquí se ve en la gloria de su lugar en la presencia del Padre en el cielo.

Gracia y paz también fluyen **de Jesucristo el testigo fiel, el primogénito de los muertos, y el soberano de los reyes de la tierra.** Él también se ve en la gloria de su exaltación. Es apropiado que Juan mencione a Cristo al final, y dé una completa descripción de Él, ya que es el tema del libro de Apocalipsis. Un **fiel testigo** es alguien que siempre dice y representa la verdad, y esto sin duda caracteriza al Señor Jesucristo. Él fue un perfecto testigo para la naturaleza de Dios. Apocalipsis 3:14 lo llama "el Amén, el testigo fiel y verdadero". "Yo para esto he nacido, y para esto he venido al mundo, para dar testimonio a la verdad" (Jn. 18:37). Jesucristo, el testigo fiel que no puede mentir y que vivió y habló perfectamente la voluntad de Dios, promete a los creyentes salvación, gracia y paz.

La segunda descripción de Jesucristo, **el primogénito de los muertos,** no significa que Él fuera cronológicamente el primero en resucitar de los muertos. Hubo resurrecciones antes de la suya en el Antiguo Testamento (1 R. 17:17-23; 2 R. 4:32-36; 13:20-21), y Él mismo resucitó a otros durante su ministerio terrenal (Mt. 9:23-25; Lc. 7:11-15; Jn. 11:30-44). *Prōtotokos* no significa **primogénito** en secuencia de tiempo, sino más bien primero en preeminencia. De todos los que han resucitado y resucitarán, Él es el más importante. Dios habla del Mesías en el Salmo 89:27: "Yo también le pondré por primogénito, el más excelso de los reyes de la tierra". El libro de Apocalipsis registra el cumplimiento de esa promesa.

El tercer título, **el soberano de los reyes de la tierra,** describe a Cristo como soberano absoluto sobre los asuntos de este mundo, del cual ostenta el título de propiedad (cp. 5:1ss). Se enseña varias veces en las Escrituras que Jesucristo es el Rey soberano de la tierra (p. ej. 19:16; Sal. 2:6-8; Jer. 23:5; Zac. 9:9; Mt. 2:2; 21:5; Lc. 19:38; 23:3; Jn. 1:49). Él es Señor y tiene un nombre que es "sobre todo nombre" (Fil. 2:9-11), quien, de acuerdo con el plan del Padre y la obra del Espíritu, otorga a los creyentes su real bendición de gracia y paz.

SU SUBLIME DOXOLOGÍA

Al que nos amó, y nos lavó de nuestros pecados con su sangre, y nos hizo reyes y sacerdotes para Dios, su Padre; a él sea gloria e imperio por los siglos de los siglos. Amén. (1:5*b*-6)

La obra de Cristo a favor de los creyentes hizo que Juan prorrumpiera en una inspirada doxología de alabanza a Él. En el presente, Cristo ama a los creyentes con un amor inquebrantable (Ro. 8:35-39). La más grande expresión de ese amor llegó cuando **nos lavó de nuestros pecados con su sangre,** una alusión a la expiación provista por su muerte por nosotros en la cruz.

Aquí está el corazón del evangelio. Los pecadores reciben el perdón de Dios, son librados del pecado, la muerte y el infierno, por el sacrificio de Jesucristo en la cruz. Dios lo hizo nuestro sustituto, llevándolo a la muerte por nuestros pecados, de modo que Él pagara plenamente por nuestra culpa. La justicia de Dios se satisfizo y Dios fue capaz entonces de conceder justicia a los pecadores arrepentidos por quienes Cristo murió.

También el amor de Cristo lo llevó a hacernos **reyes** (no del reino milenario, sino del campo de acción del gobierno de Dios en el que los creyentes entran en la salvación; cp. Col. 1:13) y disfrutamos de su amoroso y misericordioso gobierno y de su todopoderosa y soberana protección. Por último, nos hizo **sacerdotes para Dios, su Padre,** dándonos el privilegio de tener acceso directo al Padre (cp. 1 P. 2:9-10).

Juan termina su doxología con la única respuesta apropiada a la luz de la magnitud de las bendiciones que Cristo ha dado a los creyentes: ...**a él sea**

gloria e imperio por los siglos de los siglos. Amén. Esta debe ser la respuesta de todo el que lea este maravilloso libro en el que se presenta con toda claridad esa gloria y ese imperio futuro.

Un avance de la Segunda Venida

2

He aquí que viene con las nubes, y todo ojo le verá, y los que le traspasaron; y todos los linajes de la tierra harán lamentación por él. Sí, amén. Yo soy el Alfa y la Omega, principio y fin, dice el Señor, el que es y que era y que ha de venir, el Todopoderoso. (1:7-8)

El libro de Apocalipsis es el último espectáculo emocionante y de acción. A cualquiera que le gusten los libros llenos de aventura y emoción, sin duda le gustará este libro. El asombroso Apocalipsis contiene drama, suspenso, misterio, pasión y horror. Habla de apostasía por parte de la Iglesia. Cuenta acerca de un desplome sin precedentes de la economía y de la guerra final de la historia humana, la guerra que realmente dará fin a todas las guerras. Describe desastres naturales que compiten en intensidad solamente con el diluvio universal en la época de Noé, cuando Dios derramará su ira sobre la tierra maldita por el pecado. Habla de intrigas políticas que conducirán a la llegada al trono del más malvado y poderoso dictador que el mundo haya conocido jamás. Por último, y lo más aterrador de todo, describe el juicio final y la sentencia de todos los rebeldes, angelicales y humanos, a tormento eterno en el infierno. El libro de Apocalipsis es de esta manera un libro de asombroso drama, horror y patetismo. Sin embargo, de modo sorprendente, es también un libro de esperanza y gozo con un final feliz, ya que el pecado, la tristeza y la muerte son desterradas para siempre. (21:4; 22:3)

El desarrollo del drama llevará su tiempo, así que, como cualquier buen escritor, Juan da a sus lectores un avance de lo que vendrá después en el libro. Al hacerlo, revela el tema del libro de Apocalipsis: Es un libro acerca de la segunda venida del Señor Jesucristo. En los versículos 7 y 8 Juan presenta cinco verdades sobre su Segunda Venida: su necesidad, gloria, alcance, respuesta y certeza.

LA NECESIDAD DE LA SEGUNDA VENIDA

He aquí que viene (1:7*a*)

Después de la introducción y los saludos (vv. 1-6), el versículo 7 comienza el primer gran oráculo profético en el libro de Apocalipsis. La exclamación *idou* (**He aquí**) es un atrayente llamado de atención. Está dirigido a despertar la mente y el corazón para considerar lo que sigue. Este es el primero de sus veinticinco usos en Apocalipsis, un libro lleno de sorprendentes verdades que exigen cuidadosa atención. Apropiadamente, a lo primero que Juan llama la atención es a la gloriosa verdad de que Jesucristo **viene**. El tiempo presente de *erchomai* (**viene**) sugiere que Cristo ya está en camino, y por lo tanto, su venida es cierta. El tiempo presente también subraya la inminencia de su venida (cp. el análisis de la inminencia en el capítulo uno de este libro).

El "que había de venir" era un título para el Mesías. Juan el Bautista, al oír "en la cárcel, los hechos de Cristo, le envió dos de sus discípulos, para preguntarle: ¿Eres tú aquel que había de venir [de *erchomai*], o esperaremos a otro?" (Mt. 11:2-3; cp. Lc. 7:19-20; Jn. 3:31; 6:14; 11:27). *Erchomai* se emplea nueve veces en Apocalipsis para referirse a Jesucristo; siete veces por nuestro Señor respecto a sí mismo. Así que el tema del libro de Apocalipsis es el que viene, el Señor Jesucristo.

A pesar de los burladores que niegan la Segunda Venida (2 P. 3:3-4), la Biblia afirma reiteradas veces que Jesucristo volverá. Esa verdad aparece en más de quinientos versículos a lo largo de la Biblia. Se ha calculado que uno de cada veinticinco versículos en el Nuevo Testamento se refiere a la Segunda Venida. Jesús habló varias veces de su venida (p. ej. Mt. 16:27; 24-25; 26:64; Mr. 8:38; Lc. 9:26) y advirtió a los creyentes que estuvieran listos (p. ej. Mt. 24:42, 44; 25:13; Lc. 12:40; 21:34-36). La venida del Señor Jesucristo a esta tierra es, por lo tanto, un tema central en las Escrituras.

Además de las profecías explícitas de la Segunda Venida, hay varias razones apremiantes por las que Cristo debe volver.

En primer lugar, las promesas de Dios requieren que Jesucristo vuelva. Génesis 49:10, la primera profecía sobre el dominio del Mesías, dice: "No será quitado el cetro de Judá, ni el legislador de entre sus pies, hasta que venga Siloh; Y a él se congregarán los pueblos". El Salmo 2:6-9 declara:

> *Pero yo he puesto mi rey*
> *Sobre Sion, mi santo monte.*
> *Yo publicaré el decreto;*
> *Jehová me ha dicho: Mi hijo eres tú;*
> *Yo te engendré hoy.*
> *Pídeme, y te daré por herencia las naciones,*

Y como posesión tuya los confines de la tierra.
Los quebrantarás con vara de hierro;
Como vasija de alfarero los desmenuzarás.

Isaías también predijo el gobierno terrenal del Mesías:

Porque un niño nos es nacido, hijo nos
es dado, y el principado sobre su hombro; y
se llamará su nombre Admirable, Consejero,
Dios Fuerte, Padre Eterno, Príncipe de Paz.
Lo dilatado de su imperio y la paz no
tendrán límite, sobre el trono de David y sobre
su reino, disponiéndolo y confirmándolo
en juicio y en justicia desde ahora y para
siempre. El celo de Jehová de los ejércitos hará
esto (Is. 9:6-7).

Jeremías anticipó la bienaventuranza del futuro de Israel bajo el reinado del Mesías:

He aquí que vienen días, dice Jehová, en
que levantaré a David renuevo justo, y reinará
como Rey, el cual será dichoso, y hará juicio
y justicia en la tierra.
En sus días será salvo Judá, e Israel habitará
confiado; y este será su nombre con el cual
le llamarán: Jehová, justicia nuestra.

Por tanto, he aquí que vienen días, dice Jehová, en los que no dirán más: Vive
Jehová que hizo subir a los hijos de Israel de la tierra de Egipto, sino: Vive
Jehová que hizo subir y trajo la descendencia de la casa de Israel de tierra del
norte, y de todas las tierras adonde yo los había echado; y habitarán en su
tierra (Jer. 23:5-8).

Esas predicciones y muchas otras que se refieren al reinado terrenal del Mesías (p. ej. Dn. 7:13-14, 18; Zac. 14:4-9; Mal. 4:1-4) no se cumplieron en la primera venida de Cristo. Por lo tanto, Él debe venir nuevamente para cumplirlas, ya que "Dios no es hombre, para que mienta, ni hijo de hombre para que se arrepienta. Él dijo: ¿y no hará? Habló, ¿y no lo ejecutará?" (Nm. 23:19).

En segundo lugar, la promesa de Jesús requiere su venida. Como se observó antes, Jesús predijo varias veces que volvería (cp. Ap. 2:16; 3:11; 22:7, 12, 20). Juan 14:2-3 da una importante razón para su venida: "En la casa de mi Padre muchas moradas hay; si así no fuera, yo os lo hubiera dicho; voy, pues, a preparar lugar para vosotros. Y si me fuere y os preparare lugar, vendré otra vez, y os tomaré a mí mismo, para que donde yo estoy, vosotros también estéis". En una parábola (Lc. 19:11-27), Jesús se describió como un hombre noble que un día volvería a su reino y destruiría a los que rechazaron su gobierno. Las promesas de Jesús, tanto para recompensar a los que creen en Él como para juzgar a quienes lo rechazan, exigen su venida.

En tercer lugar, la garantía del Espíritu Santo requiere que Jesucristo vuelva. El Espíritu Santo es "el Espíritu de verdad" (Jn. 15:26; 16:13), que enseñaría a los inspirados autores del Nuevo Testamento "todas las cosas, y [les recordaría] todo lo que [Jesús les había] dicho" (Jn. 14:26). De modo que toda promesa neotestamentaria de la Segunda Venida (cp. además de las ya mencionadas, 1 Co. 1:4-8; Fil. 3:20-21; Col. 3:4; 1 Ts. 2:19; Stg. 5:8; 1 P. 1:13; 1 Jn. 3:2) es una promesa del Espíritu de verdad. Jesucristo debe volver porque está en juego la veracidad de la Trinidad.

En cuarto lugar, el plan de Dios para la iglesia exige la venida de Cristo. En Apocalipsis 3:10 Jesucristo prometió: "Por cuanto has guardado la palabra de mi paciencia, yo también te guardaré de la hora de la prueba que ha de venir sobre el mundo entero, para probar a los que moran sobre la tierra". Para cumplir esa promesa, Él debe volver por su Iglesia antes del comienzo de "la hora de la prueba". Ese acontecimiento, conocido como el arrebatamiento de la Iglesia, es un aspecto de la segunda venida de Cristo.

Después del arrebatamiento, Cristo recompensará a su Iglesia por su fiel servicio a Él (Ro. 14:10; 1 Co. 3:12-15; 4:5; 2 Co. 5:10; Fil. 1:6, 10; 2 Ti. 1:12, 18; 4:8; Ap. 11:18). Ese tiempo de recompensa presupone que Cristo haya regresado ya por su Iglesia.

Al cabo del período de siete años de tribulación, la iglesia glorificada, la Esposa de Cristo (Ap. 19:7-9; cp. 2 Co. 11:2; Ef. 5:22-30), volverá triunfante con Él (Ap. 19:14; cp. v. 8). En aquel tiempo la Iglesia será vindicada ante el mundo incrédulo, dejando claro quién realmente pertenece al Señor (cp. 2 Ti. 2:19).

El plan de Dios para la Iglesia, rescatarla del terror de la tribulación, recompensarla por su fiel servicio y vindicarla en exaltación en su reino ante el mundo, requiere que Cristo vuelva.

En quinto lugar, el plan de Cristo para las naciones no creyentes requiere su venida. El Salmo 2 predice un tiempo en el que Cristo gobernará a las naciones, algo que no tuvo lugar en su primera venida. De igual manera, Joel 3:1-2, 9-17 (cp. Is. 11:1-5; Mi. 4:1-8; Sof. 3:8; Mt. 25:31-46) describe su juicio de las naciones incrédulas. Como tal juicio no tuvo lugar en la primera venida de Cristo, tiene que volver para llevarlo a cabo.

En sexto lugar, el plan de Dios para Israel exige que Cristo vuelva. La Biblia enseña que Dios no ha terminado aún con Israel, su pueblo del pacto. Aunque era el apóstol a los gentiles (Ro. 11:13; 1 Ti. 2:7), Pablo escribió: "¿Ha desechado Dios a su pueblo? En ninguna manera... No ha desechado Dios a su pueblo, al cual desde antes conoció" (Ro. 11:1-2). Hablando por medio del profeta Jeremías, Dios declaró en términos muy fuertes que nunca desecharía de modo permanente a Israel:

> *Así ha dicho Jehová, que da el sol para*
> *luz del día, las leyes de la luna y de las estrellas*
> *para luz de la noche, que parte el mar, y*
> *braman sus ondas; Jehová de los ejércitos es*
> *su nombre:*
> *Si faltaren estas leyes delante de mí,*
> *dice Jehová, también la descendencia de Israel*
> *faltará para no ser nación delante de mí*
> *eternamente*
> *Así ha dicho Jehová: Si los cielos arriba*
> *se pueden medir, y explorarse abajo los fundamentos*
> *de la tierra, también yo desecharé*
> *toda la descendencia de Israel por todo lo que*
> *hicieron, dice Jehová (Jer. 31:35-37).*

> *Así ha dicho Jehová: Si no permanece mi pacto con el día y la noche, si yo no*
> *he puesto las leyes del cielo y la tierra, también desecharé la descendencia de*
> *Jacob, y de David mi siervo, para no tomar de su descendencia quien sea señor*
> *sobre la posteridad de Abraham, de Isaac y de Jacob. Porque haré volver sus*
> *cautivos, y tendré de ellos misericordia (Jer. 33:25-26).*

Además de la existencia continua como nación, Dios le prometió a Israel salvación, paz, prosperidad, seguridad y un reino (p. ej. Dt. 4:30-31; Is. 9:6-7; 11:11-12; 60:10-14; Jer. 23:5-8; 30-33; 46:28; Ez. 36-37; 40-48; Dn. 9:20-27; 12:1-3; Os. 2:14-23; 3:4-5; 14:4-7; Jl. 3:18-21; Am. 9:8-15; Abd. 17, 21; Mi. 4:8; 7:14-20; Sof. 3:14-20; Zac. 13-14; Mt. 19:28; Hch. 1:6-7). Como estas promesas no se cumplieron en la primera venida de Cristo, Él debe volver para cumplirlas.

En séptimo lugar, la humillación de Cristo exige que Él vuelva. En su primera venida, fue rechazado, vituperado, ultrajado y ejecutado como un delincuente común. Pero esa no puede ser la forma en la que termine la historia. Un día, "en el nombre de Jesús se [doblará] toda rodilla de los que están en los cielos, y en la tierra, y debajo de la tierra; y toda lengua [confesará] que Jesucristo es el Señor, para gloria de Dios Padre" (Fil. 2:10-11). En aquel falso juicio, el sumo sacerdote le dijo: Te conjuro por el Dios viviente, que nos digas si eres tú el Cristo, el Hijo de Dios. Jesús le dijo: "Tú lo has dicho; y además os digo, que desde ahora veréis al Hijo del Hombre sentado a la diestra del poder de Dios, y viniendo en las nubes del cielo" (Mt. 26:63-64). Es inconcebible que la última visión que el mundo tenga del Hijo de Dios sea la de un criminal sangrante, moribundo y crucificado. Jesucristo debe volver para revelar su gloria.

En octavo lugar, el juicio de Satanás exige que Cristo vuelva. Satanás es el gobernante temporal de este mundo (Jn. 12:31; 14:30; 16:11), el "dios de este siglo" (2 Co. 4:4), que emplea el poder de la muerte para esclavizar a los hombres (He. 2:14-15). Pero Jesucristo, el legítimo soberano (cp. Ap. 5:1ss), vendrá para destruirlo (un proceso que comenzó con su primera venida; Ro. 16:20; 1 Jn. 3:8) y reclamará lo que es suyo.

En noveno lugar, la expectativa de los creyentes exige que Cristo vuelva. "Si en esta vida solamente esperamos en Cristo", escribió Pablo a los corintios, "somos los más dignos de conmiseración de todos los hombres" (1 Co. 15:19). Los creyentes son los que constantemente están "aguardando la esperanza bienaventurada y la manifestación gloriosa de nuestro gran Dios y Salvador Jesucristo" (Tit. 2:13); "los que aman su venida" (2 Ti. 4:8). La expectativa de que Cristo vuelva un día y lleve a los creyentes al cielo para que vivan en su presencia para siempre da esperanza y consuelo (Jn. 14:1-3; 1 Ts. 4:18).

LA GLORIA DE LA SEGUNDA VENIDA

con las nubes, (1:7*b*)

A veces en las Escrituras las **nubes** simbolizan la presencia de Dios. Se empleó una nube como la manifestación visible de la presencia de Dios con Israel durante el vagar por el desierto (Éx. 13:21-22; 16:10; Nm. 10:34). Al dar la ley en el Monte Sinaí, una "espesa nube sobre el monte" simbolizó la presencia de Dios (Éx. 19:16; cp. 20:21; 24:15-18). Cuando el Señor hablaba con Moisés en el tabernáculo, "la columna de nube descendía y se ponía a la puerta del tabernáculo, y Jehová hablaba con Moisés" (Éx. 33:9; cp. 34:5). Tanto el tabernáculo (Éx. 40:34-38) como el templo (1 R. 8:10-12) estuvieron llenos de una nube que simbolizaba la gloria de Dios en sus dedicaciones. Jesucristo ascendió a los cielos en una nube (Hch. 1:9); los creyentes ascenderán con nubes en el arrebatamiento (1 Ts. 4:17), y, como lo indica el presente versículo, Cristo vendrá con las **nubes** (cp. Dn. 7:13; Mt. 24:30).

Las **nubes** describen el descenso de Cristo del cielo. De manera más significativa simbolizan la luz brillante que acompaña la presencia de Dios, una luz tan poderosa que nadie puede ver y vivir (Éx. 33:20). La apariencia de la gloria deslumbrante de Jesucristo, "el resplandor de su gloria [la de Dios] y la imagen misma de su sustancia" (He. 1:3), y el brillo menor de los incontables ángeles y de los redimidos que lo acompañan, será un desfile tanto indescriptible como atemorizante.

EL ALCANCE DE LA SEGUNDA VENIDA

y todo ojo le verá, y los que le traspasaron; y todos los linajes de la tierra harán lamentación por él. (1:7c)

Durante la encarnación, estuvo velada la gloria de Cristo. Solo Pedro, Jacobo y Juan captaron un reflejo de ella en la transfiguración. Pero en su Segunda Venida **todo ojo le verá;** su gloria será evidente para todo el género humano.

Juan divide en dos grupos a los que verán la Segunda Venida; **los que le traspasaron** no se refiere a los soldados romanos implicados en la crucifixión de Cristo, sino a los judíos incrédulos que instigaron su muerte. En Zacarías 12:10 Dios dice: "Y derramaré sobre la casa de David, y sobre los moradores de Jerusalén, espíritu de gracia y de oración; y mirarán a mí, a quien traspasaron, y llorarán como se llora por hijo unigénito, afligiéndose por él como quien se aflige por el primogénito". Pedro afirmó que el pueblo judío era culpable de la ejecución de Cristo, declarando valientemente:

> *Varones israelitas, oíd estas palabras: Jesús nazareno, varón aprobado por Dios entre vosotros con las maravillas, prodigios y señales que Dios hizo entre vosotros por medio de él, como vosotros mismos sabéis; a éste, entregado por el determinado consejo y anticipado conocimiento de Dios, prendisteis y matasteis por manos de inicuos, crucificándole (Hch. 2:22-23; cp. 3:14-15).*

El lamento de Israel que se registra en Zacarías 12:10, será uno de genuino arrepentimiento. Muchos judíos se salvarán durante la tribulación, tanto los ciento cuarenta y cuatro mil como sus convertidos. Pero para muchos otros, la Segunda Venida será el tiempo de su salvación. Habrá en aquel tiempo "un manantial abierto para la casa de David y para los habitantes de Jerusalén, para la purificación del pecado y de la inmundicia" (Zac. 13:1).

Juan describe al segundo grupo como **todos los linajes de la tierra,** una alusión a las naciones gentiles incrédulas. Como el pueblo judío, ellos también **harán lamentación por** Cristo. Parte de ese lamento puede estar relacionado con el arrepentimiento de los que son salvos en aquel tiempo (7:9-10, 14). Pero a diferencia de la nación judía, el lamento de los gentiles no traerá como resultado general un arrepentimiento genuino; **lamentación** viene de *koptō*, que literalmente significa "cortar". La palabra se asoció con el lamento debido a la práctica pagana de cortarse a sí mismos cuando estaban en aflicción o desesperación extremas. Primero Reyes 18:28 registra que los frenéticos y aterrorizados profetas de Baal "se sajaban con cuchillos y con lancetas conforme a su costumbre, hasta chorrear la sangre sobre ellos" en un intento desesperado por lograr la atención de su dios. A los israelitas se les prohibía tajantemente participar en tales rituales paganos (Lv. 19:28; Dt. 14:1).

El lamento de los gentiles, en su mayor parte, será motivado por el terror, no por el arrepentimiento. Se lamentarán no por el Cristo que rechazaron, sino por su condena. Ellos "no se [arrepentirán] de sus homicidios, ni de sus hechicerías, ni de su fornicación, ni de sus hurtos" (9:21).

LA RESPUESTA A LA SEGUNDA VENIDA

Sí. Amén. (1:7d)

Habiendo ofrecido la respuesta tanto de creyentes como de incrédulos a la segunda venida de Cristo, Juan interpone su propia respuesta. Utilizando las palabras más fuertes para afirmar tanto en griego (*nai;* **sí**) como en hebreo (**amén**), Juan aboga por la venida del Señor Jesucristo.

LA CERTEZA DE LA SEGUNDA VENIDA

Yo soy el Alfa y la Omega, principio y fin, dice el Señor, el que es y que era y que ha de venir, el Todopoderoso. (1:8)

En este versículo **el Señor** pone su firma en la profecía de la Segunda Venida mencionada en el versículo anterior. Tres de sus atributos divinos garantizan la certeza del compromiso de la venida de Cristo; **el Alfa y la Omega** subraya la omnisciencia de Dios. **Alfa** es la primera letra del alfabeto griego, y **Omega** es la última. Todo el conocimiento se transmite a través de las letras del alfabeto; así que la designación que de sí mismo hace Dios como **el Alfa y la Omega** afirma que Él lo sabe todo. Por lo tanto, Él conoce la certeza de su promesa.

Como **el que es y que era y que ha de venir,** la trascendente y eterna presencia de Dios no está limitada por el tiempo, ni el espacio, ni ningún aspecto o suceso en ellos. No hay contingencia posible con relación a la Segunda Venida de la cual Él no tenga conocimiento. Así que su promesa de que el Señor Jesucristo volverá arregla el asunto.

La designación de Dios como **el Todopoderoso** (cp. 4:8; 11:17; 15:3; 16:7, 14; 19:6, 15; 21:22) afirma su omnipotencia. Como Él es Todopoderoso, nada puede impedir que Él lleve a cabo su voluntad soberana. Nada ni nadie puede impedir que Cristo vuelva en gloria como lo describe el versículo 7.

Jesucristo vino la primera vez en humillación; Él volverá en exaltación. Vino la primera vez para que lo mataran; volverá para matar a sus enemigos. Vino la primera vez para servir; volverá para que le sirvan. Vino la primera vez como el Siervo Sufriente; volverá como el Rey vencedor. El llamado que el libro de Apocalipsis hace a toda persona es que esté preparada para su venida. John Phillips escribe:

Una de las páginas más conmovedoras en las páginas de la historia inglesa narra de las conquistas y cruzadas de Ricardo I, Corazón de León. Mientras Ricardo estaba fuera derrotando a Saladino, su reino pasó por tiempos malos. Su astuto y falto de gracia hermano, Juan, usurpó todas las prerrogativas del rey y gobernó mal en su reino. El pueblo de Inglaterra sufría, deseando el regreso del rey, y orando porque eso ocurriera pronto. Entonces un día llegó Ricardo, tocó suelo inglés y marchó directamente por su trono. Alrededor de tan deslumbrante llegada se cuentan muchas historias, entretejidas entre las leyendas de Inglaterra. (Una de ellas es la historia de Robin Hood.) Los castillos de Juan cayeron como naipes. El Gran Ricardo reclamó su trono, y ninguno se atrevió a interponerse en su camino. El pueblo gritó de alegría. Repicaron una y otra vez las campanas. ¡El león había regresado! ¡Larga vida al rey!

Un día un Rey más grande que Ricardo reclamará un reino mayor que el de Inglaterra. Los que han abusado de la tierra en su ausencia, se han apoderado de sus dominios y administrado mal su mundo, serán barridos por completo. (*Exploring Revelation*, [Explorando el Apocalipsis] edición revisada. [Chicago: Moody, 1987; reimpreso, Neptune, N.J.: Loizeaux, 1991], 22-23)

Solamente "los que aman su venida" (2 Ti. 4:8), que lo aman y lo reconocen como el legítimo rey, disfrutarán de las bendiciones de su reino.

La visión del Hijo glorificado

3

Yo Juan, vuestro hermano, y copartícipe vuestro en la tribulación, en el reino y en la paciencia de Jesucristo, estaba en la isla llamada Patmos, por causa de la palabra de Dios y el testimonio de Jesucristo. Yo estaba en el Espíritu en el día del Señor, y oí detrás de mí una gran voz como de trompeta, que decía: Yo soy el Alfa y la Omega, el primero y el último. Escribe en un libro lo que ves, y envíalo a las siete iglesias que están en Asia: a Efeso, Esmirna, Pérgamo, Tiatira, Sardis, Filadelfia y Laodicea. Y me volví para ver la voz que hablaba conmigo; y vuelto, vi siete candeleros de oro, y en medio de los siete candeleros, a uno semejante al Hijo del Hombre, vestido de una ropa que llegaba hasta los pies, y ceñido por el pecho con un cinto de oro. Su cabeza y sus cabellos eran blancos como blanca lana, como nieve; sus ojos como llama de fuego; y sus pies semejantes al bronce bruñido, refulgente como en un horno; y su voz como estruendo de muchas aguas. Tenía en su diestra siete estrellas; de su boca salía una espada aguda de dos filos; y su rostro era como el sol cuando resplandece en su fuerza. Cuando le vi, caí como muerto a sus pies. Y él puso su diestra sobre mí, diciéndome: No temas; yo soy el primero y el último; y el que vivo, y estuve muerto; mas he aquí que vivo por los siglos de los siglos, amén. Y tengo las llaves de la muerte y del Hades. Escribe las cosas que has visto, y las que son, y las que han de ser después de estas. El misterio de las siete estrellas que has visto en mi diestra, y de los siete candeleros de oro: las siete estrellas son los ángeles de las siete iglesias, y los siete candeleros que has visto, son las siete iglesias. (1:9-20)

Para fines del primer siglo, el cristianismo se había convertido en una secta religiosa odiada y despreciada en el Imperio Romano. Escribiendo al emperador Trajano a principios del segundo siglo, Plinio, el gobernador romano de Bitinia, se refirió al cristianismo como una "depravada y extravagante superstición". Plinio siguió quejándose de que "el contagio de esta superstición [el cristianismo] se había extendido no solo en las ciudades, sino también en las aldeas y en los distritos rurales" (citado en Henry Bettenson, ed., *Documents of the Christian Church* [Documentos de la iglesia cristiana] [Londres: Oxford University Press, 1967], 4). El historiador romano Tácito, un contemporáneo de Plinio, describió a los cristianos como "una clase odiada por sus abominaciones" (citado en Bettenson, *Documents*, [Documentos] 2), aunque Suetonio, otro contemporáneo de Plinio, los desechó como "un grupo de hombres que se aferran a una novela y alborotadora superstición" (citado en Bettenson, *Documents*, [Documentos] 2).

Además de la hostilidad lógica a la verdad del evangelio por parte de los hombres caídos, a los cristianos se les odiaba por otras razones también. Políticamente, los romanos los veían como desleales, porque se negaron a reconocer a César como la autoridad suprema. Tal deslealtad se confirmó ante los ojos de los funcionarios romanos por el rechazo de los cristianos a ofrecer sacrificios obligatorios para adorar al emperador. Además, muchas de sus reuniones se realizaban en privado, en las noches, provocando que los funcionarios romanos los acusaran de tramar complots contra el gobierno.

Desde el punto de vista religioso, a los cristianos se les acusaba de ateos, porque rechazaban el panteón romano de los dioses y porque adoraban a un Dios invisible, no a un ídolo. Rumores salvajes, que tenían como fundamento la mala interpretación de la fe y las prácticas cristianas, falsamente los acusaban de canibalismo, incesto y otras perversiones sexuales.

Socialmente, los cristianos, la mayoría de los cuales eran de la clase baja (cp. 1 Co. 1:26), eran despreciados por la aristocracia romana. La enseñanza cristiana de que todas las personas son iguales (Gá. 3:28; Col. 3:11) amenazaba con socavar la estructura jerárquica de la sociedad romana y destronar la elite de su condición privilegiada. También acrecentó el temor de la aristocracia romana a una rebelión de esclavos. Los cristianos no se oponían abiertamente a la esclavitud, pero lo que se percibía era que la socavaban al enseñar que amos y esclavos eran iguales en Cristo (cp. Filemón). Por último, los cristianos se negaban a participar en las diversiones mundanas que formaban parte de la sociedad pagana, eludiendo los festivales, los teatros y otros acontecimientos paganos.

Económicamente, se veía a los cristianos como una amenaza para los numerosos sacerdotes, artesanos y mercaderes que se beneficiaban de la adoración a los ídolos. La hostilidad resultante, que se vio primero en el alboroto que ocurrió en Éfeso (Hch. 19:23ss), se hizo más profunda a medida que el cristianismo se extendió. En su carta al Emperador Trajano citada anteriormente, Plinio se quejaba de que los templos paganos estaban desiertos y que los que vendían animales para el sacrificio encontraban pocos compradores.

En tal era de superstición, muchos romanos temían que los desastres naturales eran el resultado del descuido de los dioses paganos. El apologista cristiano del tercer siglo, Tertuliano, comentaba sarcásticamente: "Si el Tíber alcanza los muros, si el Nilo no crece hasta los campos, si el cielo no se mueve o la tierra lo hace, si hay hambruna, si hay plaga, se grita a una voz, 'ilos cristianos al león!' ¿Qué, todos ellos a un león?" (citado en M. A. Smith, *From Christ to Constantine* [De Cristo a Constantino] [Downers Grove, Ill.: InterVarsity, 1973], 86).

Durante las primeras décadas después de la muerte de Cristo, el gobierno romano consideraba al cristianismo simplemente como una secta del judaísmo (cp. Hch. 18:12-16). Por último, fue la hostilidad que los judíos mostraron contra los cristianos lo que hizo que los romanos reconocieran al cristianismo como una religión distinta del judaísmo. Esto identificaba a los cristianos como adoradores de un religión ilícita (el judaísmo era una religión lícita). A pesar de eso, no hubo persecución oficial por las autoridades romanas hasta el tiempo de Nerón. Buscando desviar la sospecha pública de que él había sido el causante del gran incendio en Roma (jul. 19, 64 d.C.), Nerón culpó a los cristianos. Como resultado, muchos cristianos fueron ejecutados en Roma (entre ellos, según la tradición, a Pedro y a Pablo), pero todavía no había una persecución por todo el imperio.

Tres décadas más tarde, el emperador Domiciano instigó una persecución oficial a los cristianos. Se sabe poco de los detalles, pero se extendió a la provincia de Asia (la moderna Turquía). El apóstol Juan había sido desterrado a la isla de Patmos, y al menos una persona, un pastor, había sufrido el martirio (Ap. 2:13). Los cristianos perseguidos, asediados y desalentados de Asia Menor, a quienes Juan dirigió el libro de Apocalipsis, necesitaban desesperadamente ánimo. Ya habían pasado años desde que Jesús ascendió. Jerusalén había sufrido destrucción e Israel estaba desolado. La iglesia estaba perdiendo su primer amor, haciendo concesiones, tolerando el pecado, perdiendo poder y desagradando al Señor mismo (esto se describe en Apocalipsis 2 y 3). Los demás apóstoles estaban muertos, y Juan había sido desterrado. El cuadro total resultaba muy sombrío. Por eso la primera visión que recibió Juan por inspiración del Espíritu Santo es del ministerio de Cristo en la iglesia.

Los lectores de Juan recibieron consuelo por el conocimiento de que Cristo un día vendrá en gloria y derrotará a sus enemigos. La descripción de esos acontecimientos trascendentales ocupa la mayor parte del libro de Apocalipsis. Pero la visión de Jesucristo que comienza el libro, no describe a Jesucristo en su gloria futura, sino que lo representa en la actualidad como el Señor glorificado de la Iglesia. A pesar de toda la desilusión, el Señor no ha abandonado a su Iglesia ni sus promesas. Esa poderosa visión del ministerio de Cristo hacia ellos debe haber provisto gran esperanza y consuelo a las sufridas iglesias a las que Juan escribió. Los versículos 9-20 proporcionan el escenario de la visión, revelan la propia visión y describen sus efectos.

EL ESCENARIO DE LA VISIÓN

Yo Juan, vuestro hermano, y copartícipe vuestro en la tribulación, en el reino y en la paciencia de Jesucristo, estaba en la isla llamada Patmos, por causa de la palabra de Dios y el testimonio de Jesucristo. Yo estaba en el Espíritu en el día del Señor, y oí detrás de mí una gran voz como de trompeta, que decía: Yo soy el Alfa y la Omega, el primero y el último. Escribe en un libro lo que ves, y envíalo a las siete iglesias que están en Asia: a Efeso, Esmirna, Pérgamo, Tiatira, Sardis, Filadelfia y Laodicea. (1:9-11)

Esta es la tercera vez en los primeros nueve versículos de este libro que **Juan** menciona su nombre (cp. los vv. 1, 4). Esta vez, su asombro al recibir esta visión le hizo añadir el pronombre personal **Yo.** Juan estaba asombrado de que, a pesar de su total indignidad, tuvo el inestimable privilegio de recibir esta extraordinaria visión.

Juan era un apóstol, miembro del círculo íntimo de los doce, junto con Pedro y Jacobo, y el autor humano de un Evangelio y tres epístolas. Pero con humildad se identifica sencillamente como **vuestro hermano.** No escribió como alguien impresionado con su autoridad como apóstol, que ordena, exhorta o define doctrina, sino como un testigo de la revelación de Jesucristo, que comienza a revelar con esta visión.

Juan, mostrando gran humildad, se identifica con sus lectores describiéndose como **copartícipe** de ellos, compartiendo con ellos ante todo en **la tribulación.** Al igual que ellos, en aquel momento Juan estaba sufriendo una severa persecución por la causa de Cristo, habiendo sido desterrado con otros que eran delincuentes. De esta forma podía identificarse con los aquejados creyentes a quienes escribía. Juan formaba parte del mismo **reino** que sus lectores, la esfera de la salvación; la comunidad redimida sobre la cual Jesucristo reina como Señor y Rey (cp. el v. 6). Él compartía como alguien igual a ellos y sujeto a Jesucristo. Por último, Juan se identificó con sus lectores en cuanto a **la paciencia.** *Hupomonē* (**paciencia**) significa literalmente "permanecer bajo". Habla de soportar con paciencia las dificultades sin renunciar.

Juan además describió esas experiencias como **de Jesucristo.** Sufrir persecución por causa de Cristo, pertenecer a su reino y soportar con paciencia las pruebas, son experiencias cristianas muy señaladas.

Cuando recibió esta visión, Juan **estaba** desterrado **en la isla llamada Patmos.** Patmos es una isla desértica y volcánica en el mar Egeo, que tiene unos quince kilómetros de largo y unos diez kilómetros de ancho. Está situada a unos sesenta y cuatro kilómetros de la costa de Mileto (una ciudad en Asia Menor a unos cuarenta y ocho kilómetros de Éfeso; cp. Hch. 20:15-17). Según el historiador romano Tácito, el destierro a tales islas era una forma común de castigo en el primer siglo. Casi al mismo tiempo que Juan fue desterrado a Patmos, el emperador Domiciano desterró a su propia sobrina, Flavia Domitilla, a otra isla (F. F. Bruce, *New Testament History* [Historia del Nuevo Testamento] [Garden City, N.Y.: Doubleday, 1972], 413). A diferencia de Flavia Domitilla, cuyo destierro fue por motivos políticos, es probable que a Juan se le enviara a Patmos como un delincuente (como cristiano, era miembro de una secta religiosa ilícita). De ser así, las condiciones bajo las que vivía habrían sido muy duras. Trabajo extenuante bajo la vigilancia (y presto látigo) de un capataz romano, comida y ropa insuficientes, y el tener que dormir sobre el suelo descubierto estarían cobrando su impuesto a un anciano de noventa años. Fue en esa sombría y desértica isla, bajo esas brutales condiciones, que Juan recibió la revelación más extensa que se haya ofrecido sobre el futuro.

El único delito de Juan era la fidelidad a **la palabra de Dios y el testimonio de Jesucristo.** Como se observa en el análisis del versículo 2, en el capítulo 1 de este volumen, esas dos frases parecen ser sinónimas. Juan sufrió el destierro por su predicación fiel, inequívoca e inflexible del evangelio de Jesucristo.

Juan recibió su visión mientras **estaba en el Espíritu;** su experiencia trascendió los límites de la comprensión humana normal. Bajo el control del Espíritu Santo, Juan fue trasladado a un nivel de experiencia y percepción más allá del de los sentidos humanos. En ese estado, Dios le reveló cosas de manera sobrenatural. Ezequiel (Ez. 2:2; 3:12, 14), Pedro (Hch. 10:9ss) y Pablo (Hch. 22:17-21; 2 Co. 12:1ss) tuvieron experiencias similares.

Juan recibió su visión **en el día del Señor.** Aunque algunos argumentan que esto se refiere al tiempo del juicio escatológico llamado el Día del Señor, es mejor entenderlo como una alusión al domingo. La frase griega traducida aquí **el día del Señor** (*tē kuriakē hēmera*) es diferente de (*tē hēmerea tou kuriou, o hēmerea kuriou;* cp. 1 Co. 5:5; 1 Ts. 5:2; 2 Ts. 2:2; 2 P. 3:10) también traducidas "el día del Señor" y aparece solo aquí en el Nuevo Testamento. Además de eso, la visión que Juan recibió no tenía nada que ver con el escatológico Día del Señor; era una visión del actual ministerio de Cristo en la iglesia. Por último, en el segundo siglo la frase *kuriakē hēmera* se empleaba ampliamente para referirse al domingo (cp. R. J. Bauckham, *"The Lord's Day"* [El Día del Señor], en D. A. Carson, ed., *From Sabbath to Lord's Day* [Del sábado al Día del Señor] [Grand Rapids: Zondervan, 1982], 221ss). La frase **el día del Señor** vino a ser la forma acostumbrada de referirse al domingo, ya que la resurrección de Cristo ocurrió un domingo.

Juan recibió de modo espectacular su encomienda de registrar la visión: **oí detrás de mí una gran voz como de trompeta, que decía: Yo soy el Alfa y la Omega, el primero y el último. Escribe en un libro lo que ves, y envíalo a las siete iglesias que están en Asia: a Efeso, Esmirna, Pérgamo, Tiatira, Sardis, Filadelfia y Laodicea. La gran voz** (cp. Ez. 3:12) era la del Señor Jesucristo (cp. los vv. 12-13, 17-18), sonando a Juan en su penetrante y autoritaria claridad **como**

de trompeta. En todo el libro de Apocalipsis, **una gran voz** o sonido indica la solemnidad de lo que está a punto de revelarse (cp. 5:2, 12; 6:10; 7:2, 10; 8:13; 10:3; 11:12, 15; 12:10; 14:2, 15, 18; 16:1, 17; 19:1, 17; 21:3). La escena evoca la ocasión en la que se dio la ley en el Sinaí: "Aconteció que al tercer día, cuando vino la mañana, vinieron truenos y relámpagos, y espesa nube sobre el monte, y sonido de bocina muy fuerte; y se estremeció todo el pueblo que estaba en el campamento" (Éx. 19:16).

La voz soberana y poderosa del cielo le ordenó a Juan: **"Escribe en un libro** (o rollo) **lo que ves".** Esta es la primera de doce órdenes en el libro de Apocalipsis para que Juan escribiera lo que veía (cp. el v. 19; 2:1, 8, 12, 18; 3:1, 7, 14; 14:13; 19:9; 21:5); en otra ocasión se le prohibió escribir (10:4).

Después de escribir la visión, Juan debía enviarla **a las siete iglesias que están en Asia: a Efeso, Esmirna, Pérgamo, Tiatira, Sardis, Filadelfia y Laodicea.** Como se observa en el análisis del versículo 4, esas ciudades estaban situadas en la provincia romana de Asia (la moderna Turquía). Esas siete iglesias fueron escogidas porque estaban situadas en ciudades importantes de los siete distritos postales en los que se dividía Asia. Ellas eran, por lo tanto, los puntos centrales para diseminar esa información.

Las siete ciudades aparecen en el orden en el que un mensajero, viajando por una gran carretera circular que las unía, las visitaría. Después de llegar a Mileto, el mensajero o los mensajeros que llevaban el libro de Apocalipsis, habrían viajado al norte hasta **Efeso** (la ciudad más cerca de Mileto), luego, en el sentido del reloj, **Esmirna, Pérgamo, Tiatira, Sardis, Filadelfia** y **Laodicea.** Se habrían repartido copias de Apocalipsis a cada iglesia.

LA REVELACIÓN DE LA VISIÓN

Y me volví para ver la voz que hablaba conmigo; y vuelto, vi siete candeleros de oro, y en medio de los siete candeleros, a uno semejante al Hijo del Hombre, vestido de una ropa que llegaba hasta los pies, y ceñido por el pecho con un cinto de oro. Su cabeza y sus cabellos eran blancos como blanca lana, como nieve; sus ojos como llama de fuego; y sus pies semejantes al bronce bruñido, refulgente como en un horno; y su voz como estruendo de muchas aguas. Tenía en su diestra siete estrellas; de su boca salía una espada aguda de dos filos; y su rostro era como el sol cuando resplandece en su fuerza... El misterio de las siete estrellas que has visto en mi diestra, y de los siete candeleros de oro: las siete estrellas son los ángeles de las siete iglesias, y los siete candeleros que has visto, son las siete iglesias. (1:12-16, 20)

Después de describir las circunstancias en las que la recibió, Juan describe la visión misma. Esa reveladora e instructiva mirada a la obra del Hijo de Dios glorificado, deja al descubierto siete aspectos del constante ministerio del Señor Jesucristo en su Iglesia: le da poder, intercede por ella, la purifica, le habla con autoridad, la domina, la protege y refleja su gloria por medio de su Iglesia.

CRISTO DA PODER A SU IGLESIA

Y me volví para ver la voz que hablaba conmigo; y vuelto, vi siete candeleros de oro, y en medio de los siete candeleros, a uno semejante al Hijo del Hombre,... los siete candeleros... son las siete iglesias. (1:12-13*a*, 20*b*)

Al principio de la visión Juan estaba de espaldas a la voz, de modo que [**se volvió**] **para ver la voz que hablaba con** él. Al volverse, primero vio **siete candeleros de oro,** identificados en el versículo 20 como **las siete iglesias.** Eran lámparas portátiles comunes, ubicadas en sus bases y que se usaban para alumbrar las habitaciones en las noches. Simbolizan las iglesias como las luces del mundo (Fil. 2:15). Son **de oro** porque el oro era el metal más precioso. La Iglesia es para Dios lo más bello y valioso en la tierra, tan valiosa que Jesucristo estuvo dispuesto a comprarla con su propia sangre (Hch. 20:28); **siete** es el número de la perfección (cp. Éx. 25:31-40; Zac. 4:2); de modo que las siete iglesias simbolizan las iglesias en general. Esas eran iglesias reales en lugares reales, pero simbolizan los tipos de iglesias que hay a través de toda la historia de la Iglesia; **en medio de los siete candeleros** Juan vio **a uno semejante al Hijo del Hombre** (cp. Dn. 7:13), el Señor glorificado de la Iglesia moviéndose entre sus iglesias. Jesucristo prometió su continua presencia con su Iglesia. En Mateo 28:20 dijo: "Yo estoy con vosotros todos los días, hasta el fin del mundo". Este pasaje promete la presencia de Cristo durante la difícil tarea de enfrentar el pecado en la Iglesia. La noche antes de su muerte, Jesús les prometió a sus discípulos: "No os dejaré huérfanos; vendré a vosotros... El que me ama, mi palabra guardará; y mi Padre le amará, y vendremos a él, y haremos morada con él" (Jn. 14:18, 23). Hebreos 13:5 registra su promesa: "No te desampararé, ni te dejaré".

Los cristianos no adoran a un mártir bienintencionado, a un líder religioso y heroico muerto. El Cristo vivo mora en su Iglesia para guiarla y darle poder. Los creyentes, tanto personal como colectivamente, tienen el inestimable privilegio de obtener de ese poder mediante una constante comunión con Él. Pablo escribió acerca de la Cena del Señor: "La copa de bendición que bendecimos, ¿no es la comunión de la sangre de Cristo? El pan que partimos, ¿no es la comunión del cuerpo de Cristo?" (1 Co. 10:16). La presencia del Señor Jesucristo en su Iglesia les da poder, capacita a los creyentes para decir triunfalmente con el apóstol Pablo, "Todo lo puedo en Cristo que me fortalece" (Fil. 4:13).

CRISTO INTERCEDE POR SU IGLESIA

vestido de una ropa que llegaba hasta los pies, y ceñido por el pecho con un cinto de oro. (1:13*b*)

Lo primero que Juan observó fue que Cristo estaba **vestido de una ropa que llegaba hasta los pies** (cp. Is. 6:1). Tal ropa la usaba la realeza (p. ej. los reyes de Madián, Jue. 8:26; Jonatán, 1 S. 18:4; Saúl, 1 S. 24:4; Acab y Josafat, 1 R. 22:10; y Ester, Est. 5:1;) y los profetas (cp. 1 S. 28:14). Pero la palabra traducida **ropa** se empleó con más frecuencia (en seis de los siete pasajes) en la Septuaginta (la traducción griega del Antiguo Testamento) para describir la ropa usada por el sumo sacerdote. Aunque a Cristo se le presenta bíblicamente como profeta y rey, y se hace énfasis en su majestad y dignidad, aquí la **ropa** describe a Cristo en su función de gran Sumo Sacerdote de su pueblo. Que Él estaba **ceñido por el pecho con un cinto de oro** respalda esa interpretación, ya que el sumo sacerdote en el Antiguo Testamento usaba ese cinto (cp. Éx. 28:4; Lv. 16:4).

El libro de Hebreos dice mucho acerca de la función de Cristo como nuestro gran Sumo Sacerdote. En 2:17-18 el escritor de Hebreos observa: "Por lo cual debía ser en todo semejante a sus hermanos, para venir a ser misericordioso y fiel sumo sacerdote en lo que a Dios se refiere, para expiar los pecados del pueblo. Pues en cuanto él mismo padeció siendo tentado, es poderoso para socorrer a los que son tentados". En Hebreos 3:1 se refiere a Cristo como el "sumo sacerdote de nuestra profesión", mientras que en Hebreos 4:14 recuerda a los creyentes que "[tenemos] un gran sumo sacerdote que traspasó los cielos, Jesús el Hijo de Dios". Nuestro gran sumo sacerdote "puede también salvar perpetuamente a los que por él se acercan a Dios, viviendo siempre para interceder por ellos" (He. 7:25). Su ofrenda fue infinitamente superior a la de cualquier sumo sacerdote humano: "Pero estando ya presente Cristo, sumo sacerdote de los bienes venideros, por el más amplio y más perfecto tabernáculo, no hecho de manos, es decir, no de esta creación, y no por sangre de machos cabríos ni de becerros, sino por su propia sangre, entró una vez para siempre en el Lugar Santísimo, habiendo obtenido eterna redención" (He. 9:11-12).

Como nuestro sumo sacerdote, Cristo ofreció una vez el perfecto y completo sacrificio por nuestros pecados, e intercede fielmente por nosotros de manera permanente (Ro. 8:33-34). Él tiene una capacidad sin igual de compadecerse de nosotros en nuestros peligros, tristezas, pruebas y tentaciones: "Pues en cuanto él mismo padeció siendo tentado, es poderoso para socorrer a los que son tentados... No tenemos un sumo sacerdote que no pueda compadecerse de nuestras debilidades, sino uno que fue tentado en todo según nuestra semejanza, pero sin pecado" (He. 2:18; 4:15). El conocimiento de que su Sumo sacerdote se estaba moviendo en medio de ellos con compasión para cuidarlos y protegerlos, proporcionó un gran consuelo y esperanza a las iglesias perseguidas.

CRISTO PURIFICA A SU IGLESIA

Su cabeza y sus cabellos eran blancos como blanca lana, como nieve; sus ojos como llama de fuego; y sus pies semejantes al bronce bruñido, refulgente como en un horno; (1:14-15*a*)

Después de describir la ropa de Cristo en el versículo 13, Juan describió su persona en los versículos 14 y 15. Las primeras características describen la obra de Cristo de corregir y purificar a su Iglesia.

El Nuevo Testamento con toda claridad proclama la norma santa que Cristo ha establecido para su Iglesia. "Sed, pues, vosotros perfectos", ordenó Jesús, "como vuestro Padre que está en los cielos es perfecto" (Mt. 5:48). En 2 Corintios 11:2 Pablo escribió: "Os he desposado con un solo esposo, para presentaros como una virgen pura a Cristo". Les recordó a los efesios que "Cristo amó a la iglesia y se entregó a sí mismo por ella, para santificarla, habiéndola purificado en el lavamiento del agua por la palabra, a fin de presentársela a sí mismo, una iglesia gloriosa, que no tuviese mancha ni arruga ni cosa semejante, sino que fuese santa y sin mancha" (Ef. 5:25-27). En Colosenses 1:21-22 Pablo puso en claro que Cristo "ahora os ha reconciliado en su cuerpo de carne, por medio de la muerte, para presentaros santos y sin mancha e irreprensibles delante de él". Pedro les recuerda a los lectores que Dios espera que "como aquel que os llamó es santo, sed también vosotros santos en toda vuestra manera de vivir; porque escrito está: Sed santos, porque yo soy santo" (1 P. 1:15-16).

A fin de mantener esa norma divina, Cristo disciplinará a su iglesia (Mt. 18:15-17; Jn. 15:2; He. 12:5ss), incluso hasta el punto de tomar la vida de algunos cristianos que persisten en pecar y no se arrepienten (Hch. 5:1-11; 1 Co. 11:28-30). Aun Pedro, que comprendía bien el poder de la tentación, advirtió: "es tiempo de que el juicio comience por la casa de Dios" (1 P. 4:17).

La descripción de Juan de la **cabeza** y los **cabellos** de Cristo **blancos como blanca lana, como nieve,** es una clara alusión a Daniel 7:9, donde una terminología similar describe al Anciano de días (Dios el Padre). Las descripciones paralelas confirman la deidad de Cristo; Él posee el mismo atributo de conocimiento y sabiduría santos como el Padre; **blancos** traduce *leukos,* que tiene la connotación de "brillante", "deslumbrante" o "radiante". Simboliza la veracidad eterna, gloriosa y santa de Cristo.

Al continuar su descripción del Cristo glorificado, Juan observó que eran **sus ojos como llama de fuego** (cp. 2:18; 19:12). Su mirada escrutadora, reveladora e infalible penetra hasta las mismas profundidades de su Iglesia, revelándole con penetrante claridad la realidad de todo lo que debe saberse. Jesús dijo: "Nada hay encubierto, que no haya de ser manifestado; ni oculto, que no haya de saberse" (Mt. 10:26). Como dice el autor de Hebreos: "No hay cosa creada que no sea manifiesta en su presencia; antes bien todas las cosas están desnudas y abiertas a los ojos de aquel a quien tenemos que dar cuenta" (He. 4:13). El omnisciente Señor de la Iglesia no fallará al reconocer y tratar con el pecado en su Iglesia.

Que los **pies** de Cristo fueran **semejantes al bronce bruñido, refulgente como en un horno,** continúa la clara secuencia al hacer una evidente alusión al juicio sobre los pecadores en la Iglesia. Los reyes en los tiempos antiguos se sentaban en tronos altos, de modo que los que eran juzgados siempre estarían bajo los pies del rey. Los pies de un rey, por tanto, vinieron a ser símbolos de su autoridad. Los pies candentes y resplandecientes del Señor Jesucristo lo describen moviéndose entre la Iglesia para ejercer su autoridad de castigar, listo para hacer llegar dolor correctivo, si se necesitara, a los cristianos que pecan.

Hebreos 12:5-10 habla de este asunto:

> y habéis ya olvidado la exhortación que como a hijos se os dirige, diciendo: Hijo mío, no menosprecies la disciplina del Señor, ni desmayes cuando eres reprendido por él; porque el Señor al que ama, disciplina, y azota a todo el que recibe por hijo. Si soportáis la disciplina, Dios os trata como a hijos; porque ¿qué hijo es aquel a quien el padre no disciplina? Pero si se os deja sin disciplina, de la cual todos han sido participantes, entonces sois bastardos, y no hijos. Por otra parte, tuvimos a nuestros padres terrenales que nos disciplinaban, y los venerábamos. ¿Por qué no obedeceremos mucho mejor al Padre de los espíritus, y viviremos? Y aquéllos, ciertamente por pocos días nos disciplinaban como a ellos les parecía, pero éste para lo que nos es provechoso, para que participemos de su santidad.

Es el amor del Señor por sus pecadores redimidos el que exige la santidad de ellos.

CRISTO HABLA CON AUTORIDAD A SU IGLESIA

y su voz como estruendo de muchas aguas. (1:15b)

Cuando Cristo volvió a hablar ya no fue con el sonido como de trompeta del versículo 10. Para Juan, ahora era **su voz como estruendo de muchas aguas** (cp. 14:2; 19:6), como el poderoso y conocido sonido de las olas que chocan contra las rocosas costas de Patmos en una tormenta. La voz del Dios eterno fue de igual manera descrita en Ezequiel 43:2, y es otro paralelo afirmando la deidad de Cristo. Esta es la voz de poder soberano, la voz de autoridad suprema, la misma voz que un día ordenará a los muertos que salgan de los sepulcros (Jn. 5:28-29).

Cuando Cristo habla, la Iglesia debe escuchar. En la transfiguración Dios dijo: "Este es mi Hijo amado,... a él oíd" (Mt. 17:5). "Dios, habiendo hablado muchas veces y de muchas maneras en otro tiempo a los padres por los profetas", escribió el autor de Hebreos, "en estos postreros días nos ha hablado por el Hijo" (He. 1:1-2). Cristo habla a su Iglesia directamente por medio de las Escrituras inspiradas por el Espíritu Santo.

CRISTO DOMINA A SU IGLESIA

Tenía en su diestra siete estrellas... las siete estrellas son los ángeles de las siete iglesias, (1:16*a*, 20*a*)

Como cabeza de su Iglesia (Ef. 4:15; 5:23; Col. 1:18), y el soberano del "reino de su amado Hijo [de Dios]" (Col. 1:13), Cristo ejerce autoridad en su Iglesia. En la visión de Juan, Cristo tiene **en su diestra** las **siete estrellas** (cp. 2:1; 3:1), identificadas en el versículo 20 como **los ángeles de las siete iglesias,** que simbolizaban a aquellas autoridades. El que las tuviera **en su diestra** no describe seguridad y protección, sino dominio. *Angeloi* (**ángeles**) es la palabra común en el Nuevo Testamento para ángeles, llevando a algunos intérpretes a concluir razonablemente que se habla de ángeles en este pasaje. Pero en ninguna parte el Nuevo Testamento enseña que los ángeles participen en el liderazgo de la iglesia. Los ángeles no pecan y por lo tanto, no tienen que arrepentirse, como se les exhorta a los mensajeros y a las congregaciones que representan (cp. 2:4-5, 14, 20; 3:1-3, 15, 17, 19). El doctor Robert L. Thomas observa una dificultad adicional con este punto de vista: "Supone que Cristo está enviando un mensaje a seres celestiales a través de Juan, un agente terrenal, para que llegue a iglesias terrenales a través de representantes angelicales" (*Revelation 1-7: An Exegetical Commentary* [Apocalipsis 1-7: Un comentario exegético] [Chicago: Moody, 1992], 117). Por lo tanto, es mejor traducir *angeloi* como "mensajeros", como en Lucas 7:24; 9:52; y Santiago 2:25. Algunos sugieren que esos mensajeros eran representantes de cada una de las siete iglesias que fueron a visitar a Juan en Patmos y se llevaron de vuelta consigo el libro de Apocalipsis. Pero como se dice que Cristo los tiene en su mano derecha, es más probable que fueran ancianos y pastores (aunque no líderes únicos, ya que el Nuevo Testamento enseña una pluralidad de ancianos), uno de cada una de las siete iglesias.

Esos siete hombres muestran la función de los guías espirituales en la iglesia. Deben ser instrumentos por medio de los cuales Cristo, la cabeza de la Iglesia, establezca su dominio. Por eso las normas para el liderazgo en el Nuevo Testamento son tan elevadas. Tener el encargo de ser como un intermediario por medio del cual el Señor Jesucristo domina a su iglesia es tener el llamado a una responsabilidad muy seria (cp. 1 Ti. 3:1-7; Tit. 1:5-9 para los requisitos de tales hombres).

CRISTO PROTEGE A SU IGLESIA

de su boca salía una espada aguda de dos filos; (1:16*b*)

La presencia del Señor Jesucristo también brinda protección a su iglesia; **de su boca sale una espada aguda** que se emplea para defender a la iglesia contra las amenazas externas (cp. 19:15, 21). Pero aquí se refiere primordialmente al juicio contra los enemigos de dentro de la iglesia (cp. 2:12, 16; Hch. 20:30). Los que atacan la Iglesia de Cristo, los que siembran mentiras, crean discordias o de lo contrario dañan a su pueblo, tendrán que enfrentarse personalmente al Señor de la Iglesia. Su Palabra es potente (cp. He. 4:12-13), y la usará contra los enemigos de su pueblo (cp. 2 Ts. 2:8), para que todo el poder de la potestad de las tinieblas, incluso la muerte misma (las "puertas del Hades"; Mt. 16:18), sean incapaces de impedir que el Señor Jesucristo edifique su Iglesia.

CRISTO REFLEJA SU GLORIA POR MEDIO DE SU IGLESIA

y su rostro era como el sol cuando resplandece en su fuerza. (1:16*c*)

La visión que tuvo Juan del glorificado Señor de la Iglesia culminó en esta descripción de la gloria radiante que se veía en su rostro, y que Juan solo pudo describir **como el sol cuando resplandece en su fuerza.** Juan tomó prestada esa frase de Jueces 5:31, donde describe a los que aman al Señor (cp. Mt. 13:43). La gloria de Dios a través del Señor Jesucristo brilla en su Iglesia y mediante su Iglesia, reflejando su gloria al mundo (cp. 2 Co. 4:6). Y el resultado es que Él es glorificado (Ef. 3:21).

LOS EFECTOS DE LA VISIÓN

Cuando le vi, caí como muerto a sus pies. Y él puso su diestra sobre mí, diciéndome: No temas; yo soy el primero y el último; y el que vivo, y estuve muerto; mas he aquí que vivo por los siglos de los siglos, amén. Y tengo las llaves de la muerte y del Hades. Escribe las cosas que has visto, y las que son, y las que han de ser después de estas. (1:17-19)

La abrumadora visión que presenció Juan lo cambió de forma total. Inicialmente, su respuesta fue de temor devastador, el cual el Señor quitó dando confianza y luego dando a Juan un sentido de responsabilidad.

TEMOR

Cuando le vi, caí como muerto a sus pies. (1:17*a*)

En una forma similar a su experiencia con la gloria de Jesús en el Monte de la Transfiguración más de seis décadas antes (cp. Mt. 17:6), Juan se sintió una vez más abrumado y temeroso ante la manifestación de la gloria de Cristo y cayó **como muerto a sus pies.** Tal temor era una norma en todos los que experimentaban tales excepcionales visiones del cielo. Cuando se le apareció un ángel, Daniel dijo que "no quedó fuerza en mí, antes mi fuerza se cambió en desfallecimiento, y no tuve vigor alguno... y al oír el sonido de sus palabras, caí sobre mi rostro en un profundo sueño, con mi rostro en tierra" (Dn. 10:8-9; cp. 8:17). Abrumado por la visión de Dios que vio en el templo, Isaías exclamó: "¡Ay de mí! que soy muerto; porque siendo hombre inmundo de labios, y habitando en medio de pueblo que tiene labios inmundos, han visto mis ojos al Rey, Jehová de los ejércitos" (Is. 6:5). Ezequiel tuvo varias visiones de la gloria de Dios y su reacción siempre fue la misma: se postró sobre su rostro (Ez. 1:28; 3:23; 9:8; 43:3; 44:4). Después que el Ángel del Señor les apareció y les anunció el nacimiento de Sansón, "dijo Manoa [el padre de Sansón] a su mujer: Ciertamente moriremos, porque a Dios hemos visto" (Jue. 13:22). Job tuvo una reacción similar después que Dios habló con él: "De oídas te había oído; mas ahora mis ojos te ven. Por tanto me aborrezco, y me arrepiento en polvo y ceniza" (Job 42:5-6). Mientras iba rumbo a Damasco a fin de perseguir a los cristianos, Saulo de Tarso (mejor conocido como el apóstol Pablo) vio "una luz del cielo que sobrepasaba el resplandor del sol, la cual [lo] rodeó a [él] y a los que iban [con él]" (Hch. 26:13). Como reacción, Saulo y sus compañeros cayeron en tierra (v. 14). Luego de ser testigos de las aterradoras calamidades que ocurren al abrirse el sexto sello, los incrédulos durante la tribulación dirán aterrados "a los montes y a las peñas: Caed sobre nosotros, y escondednos del rostro de aquel que está sentado sobre el trono, y de la ira del Cordero; porque el gran día de su ira ha llegado; ¿y quién podrá sostenerse en pie?" (Ap. 6:16-17).

En marcado contraste con los reclamos necios, frívolos, falsos y jactanciosos de muchos en la actualidad que dicen haber visto a Dios, la reacción de los que, en las Escrituras, vieron realmente a Dios fue inevitablemente la de temor. Los que se han enfrentado cara a cara con la gloria santa y deslumbrante del Señor Jesucristo se atemorizan, al comprender que su pecaminosa indignidad está en su santa presencia. Resumiendo la respuesta adecuada a la santidad y majestad de Dios, el escritor de Hebreos exhorta a los creyentes a que sirvan "a Dios agradándole con temor y reverencia; porque nuestro Dios es fuego consumidor" (He. 12:28-29).

SEGURIDAD

Y él puso su diestra sobre mí, diciéndome: No temas; yo soy el primero y el último; y el que vivo, y estuve muerto; mas he aquí que vivo por los siglos de los siglos, amén. Y tengo las llaves de la muerte y del Hades. (1:17b-18)

Como había hecho hacía tiempo en la transfiguración (Mt. 17:7), Jesucristo **puso su diestra sobre** Juan y lo consoló. Este es un toque de consuelo y seguridad. Hay consuelo para los cristianos anonadados ante la gloria y la majestad de Cristo, en la seguridad de su amor y su perdón misericordiosos. Las palabras consoladoras de Jesucristo **"No temas"** (lit. "Deja de temer") muestran su compasión al brindar seguridad al atemorizado apóstol. Palabras similares de consuelo son la respuesta de Dios a lo largo de las Escrituras a todos los que se sienten anonadados ante su majestuosa presencia (p. ej. Gn. 15:1; 26:24; Jue. 6:23; Mt. 14:27; 17:7; 28:10).

El consuelo que Jesús ofrece se basa en quién es Él y en la autoridad que posee. En primer lugar, se identificó como **yo soy** (*egō eimi*), el nombre de pacto de Dios (cp. Éx. 3:14). Fue este el nombre con el que consoló a los atemorizados discípulos que lo vieron caminar sobre el Mar de Galilea (Mt. 14:27). Jesús tomó ese nombre para sí en Juan 8:58, un reclamo directo de deidad que no dejaron de reconocer sus oponentes (v. 59).

Acto seguido Jesucristo se identificó como **el primero y el último** (cp. 2:8; 22:13), un título para referirse a Dios en el Antiguo Testamento (Is. 44:6; 48:12; cp. 41:4). Cuando todos los falsos dioses se hayan ido, solo Él permanecerá. Él existía antes que ellos y seguirá existiendo eternamente, mucho después que sean olvidados. El que Jesús se haya atribuido ese título es otra prueba convincente de su deidad.

El tercer título de la deidad que Jesucristo reclamó es el de **el que vivo** (cp. Jn. 1:4; 14:6). Este también es un título que se emplea a lo largo de las Escrituras para describir a Dios (p. ej. Jos. 3:10; 1 S. 17:26; Sal. 84:2; Os. 1:10; Mt. 16:16; 26:63; Hch. 14:15; Ro. 9:26; 2 Co. 3:3; 6:16; 1 Ts. 1:9; 1 Ti. 3:15; 4:10; He. 3:12; 9:14; 10:31; Ap. 7:2). Él es el Eterno, el no créado, el que existe por sí mismo. En Juan 5:26 Jesús dijo a sus adversarios judíos: "Como el Padre tiene vida en sí mismo, así también ha dado al Hijo el tener vida en sí mismo", reclamando así plena igualdad con Dios el Padre.

Aquel cuya presencia puso temor en el corazón de Juan, el yo soy, el primero y el último, el que vive, aquel cuya muerte lo libró de sus pecados (Ap. 1:5) es el mismo que consoló y le dio seguridad a Juan. Como dijera el apóstol Pablo: "¿Qué, pues, diremos a esto? Si Dios es por nosotros, ¿quién contra nosotros?" (Ro. 8:31).

La aparente declaración paradójica de Cristo **estuve muerto; mas he aquí que vivo por los siglos de los siglos** proporciona mayor fundamento para la seguridad. El texto griego literalmente dice "me hice muerto". El que vive, el eterno, el existente en sí mismo, el que nunca puede morir, se hizo hombre y murió. Como explica Pedro en 1 Pedro 3:18, Cristo fue "muerto en la carne, pero vivificado en espíritu". En su humanidad Él murió sin dejar de vivir como Dios; **he aquí** presenta una declaración de asombro y admiración: **vivo por los siglos de los siglos.** Cristo vive para siempre en una unión de humanidad glorificada y deidad, "según el poder de una vida indestructible" (He. 7:16). "Cristo, habiendo resucitado de los muertos", escribió Pablo, "ya no muere; la muerte no se enseñorea más de él" (Ro. 6:9). Esta verdad brinda consuelo y seguridad, porque Jesucristo "puede también salvar perpetuamente a los que por él se acercan a Dios, viviendo siempre para interceder por ellos" (He. 7:25). A pesar de su carácter pecaminoso en la presencia del glorioso Señor del cielo, Juan no tenía nada que temer, porque el mismo Señor había pagado con su muerte la culpa por los pecados de Juan (y los de todos los que creen en Él) y se había levantado para ser su eterno abogado.

Como el eterno yo soy, el primero y el último, el que vive, Jesucristo tiene **las llaves de la muerte y del Hades.** Esos términos son esencialmente sinónimos, ya que la **muerte** es la condición y el **Hades** es el lugar. **Hades** es el equivalente neotestamentario del término *Seol* del Antiguo Testamento y se refiere al lugar de los muertos; **llaves** denota acceso y autoridad. Jesucristo tiene la autoridad para decidir quién muere y quién vive; Él controla la vida y la muerte. Y Juan, como todos los redimidos, no tiene de qué temer, porque Cristo ya lo libró de la muerte y el Hades por su propia muerte.

El saber que Cristo tiene autoridad sobre la muerte proporciona seguridad, porque los creyentes ya no tienen que temerla. Jesús dijo: "Yo soy la resurrección y la vida; el que cree en mí, aunque esté muerto, vivirá... porque yo vivo, vosotros también viviréis" (Jn. 11:25; 14:19). Morir, observó Pablo, es "estar ausentes del cuerpo, y presentes al Señor" (2 Co. 5:8; cp. Fil. 1:23). Jesucristo venció a Satanás y le quitó las llaves de la muerte: "Por medio de la muerte [Cristo destruyó] al que tenía el imperio de la muerte, esto es, al diablo, y... [libró] a todos los que por el temor de la muerte estaban durante toda la vida sujetos a servidumbre" (He. 2:14-15). El conocimiento de que Cristo "nos amó, y nos lavó de nuestros pecados con su sangre" (Ap. 1:5) proporciona seguridad, que es el equilibrio con el temor reverencial que evoca su gloria y majestad.

DEBER

Escribe las cosas que has visto, y las que son, y las que han de ser después de estas. (1:19)

La asombrosa visión inspiró en Juan una saludable tensión entre temor y seguridad. Pero a esto se le sumó un recordatorio de su responsabilidad. La anterior orden de Cristo de que **escriba** se amplía ahora, al decírsele a Juan que registrara tres cosas. En primer lugar, **las cosas que has visto,** la visión que Juan acababa de ver y de contar en los versículos 10-16. Después, **las que son,** una alusión a las cartas a las siete iglesias en los capítulos 2 y 3, que describen la condición actual de la Iglesia. Por último, Juan debía escribir las cosas **que han de ser después de estas,** la revelación profética de los acontecimientos futuros que se muestran en los capítulos 4-22. Esta orden triple proporciona un bosquejo para el libro de Apocalipsis, abarcando (desde la perspectiva de Juan) el pasado, presente y futuro.

Al igual que Juan, todos los cristianos tenemos una responsabilidad de transmitir las verdades que hemos aprendido de las visiones que se registran en este libro. Esas visiones pueden al principio ser alarmantes, inquietantes o fascinantes, pero ellas, como todas las Escrituras, son "[inspiradas] por Dios, y útil para enseñar, para redargüir, para corregir, para instruir en justicia, a fin de que el hombre de Dios sea perfecto, enteramente preparado para toda buena obra" (2 Ti. 3:16-17). Cuando los creyentes estudiamos la gloria de Cristo reflejada en el libro de Apocalipsis, "nosotros todos, mirando a cara descubierta como en un espejo la gloria del Señor, [seremos] transformados de gloria en gloria en la misma imagen, como por el Espíritu del Señor" (2 Co. 3:18).

Éfeso: Cuando el amor se enfría

4

Escribe al ángel de la iglesia en Éfeso: El que tiene las siete estrellas en su diestra, el que anda en medio de los siete candeleros de oro, dice esto: Yo conozco tus obras, y tu arduo trabajo y paciencia; y que no puedes soportar a los malos, y has probado a los que se dicen ser apóstoles, y no lo son, y los has hallado mentirosos; y has sufrido, y has tenido paciencia, y has trabajado arduamente por amor de mi nombre, y no has desmayado. Pero tengo contra ti, que has dejado tu primer amor. Recuerda, por tanto, de dónde has caído, y arrepiéntete, y haz las primeras obras; pues si no, vendré pronto a ti, y quitaré tu candelero de su lugar, si no te hubieres arrepentido. Pero tienes esto, que aborreces las obras de los nicolaítas, las cuales yo también aborrezco. El que tiene oído, oiga lo que el Espíritu dice a las iglesias. Al que venciere, le daré a comer del árbol de la vida, el cual está en medio del paraíso de Dios. (2:1-7)

El difunto Francis Schaeffer observó una vez que "el significado de la palabra *cristiano* se ha reducido a casi nada... Como a la palabra *cristiano,* como símbolo, se le ha hecho significar tan poco, ha venido a significar todo y nada" (*The Mark of the Christian* [El distintivo del cristiano] [Downers Grove, Ill: InterVarsity, 1970], 11). El término cristiano en el uso contemporáneo puede significar alguien que no es judío, alguien que vive en una nación "cristiana" (como alguien opuesto, por ejemplo, a un budista o a un islámico), o alguien que dice tener cierta lealtad a Jesucristo. El término evangélico está siguiendo la misma tendencia hacia la imprecisión.

Aunque la palabra pudiera ser confusa con relación a lo que es un cristiano, la Biblia es clara. Los cristianos somos los que estamos unidos a Dios por medio de la salvación que obtenemos por Jesucristo, a quienes Dios nos ha "escogido desde el principio para salvación, mediante la santificación por el Espíritu y la fe en la verdad" (2 Ts. 2:13; cp. Lc. 18:7; Ro. 8:33; Ef. 1:4; Col. 3:12; 1 Ts. 1:4; 2 Ti. 2:10; Tit. 1:1; 1 P. 1:1-2; 2:10). Como resultado, hemos puesto la fe salvadora en el único Salvador (Hch. 4:12), el Señor Jesucristo (Jn. 3:15-18, 36; 5:24; 6:47; Ro. 1:16; 4:5; 10:10; 1 Jn. 5:1), y nos hemos arrepentido de nuestros pecados (Ro. 2:4; 2 P. 3:9). Dios ha perdonado nuestros pecados (Hch. 10:43; Ef. 1:7; 1 Jn. 1:7, 9; Ap. 1:5), nos ha hecho sus hijos (Ro. 8:16-17; Gá. 4:7; Ef. 1:5; 5:1, 8; Fil. 2:15; 1 Jn. 3:2), y nos ha transformado en nuevas criaturas (2 Co. 5:17) en las que mora el Espíritu Santo (Jn. 14:17; Ro. 8:4, 9, 11, 14; 1 Co. 3:16; 6:19; Gá. 4:6; 2 Ti. 1:14; 1 Jn. 3:24).

Muchas cosas caracterizan a los cristianos, entre ellas el temor reverencial a Dios (2 Co. 7:1; Fil. 2:12; 1 P. 1:17), el deseo de imitarlo (Ef. 5:1; 1 Jn. 2:6), la santidad (Mt. 5:48; 2 Co. 7:1; Tit. 2:11-12; He. 12:14; 1 P. 1:15-16; 2:24; 2 P. 3:11), y la obediencia (Jn. 10:27; 14:21; 15:14; Ro. 1:5; 16:26; He. 5:9; 1 P. 1:2; 1 Jn. 3:24). Pero la característica suprema de un cristiano es amor a su Señor y Dios. Cuando se le pidió a Jesús que dijera cuál era el mayor mandamiento de la ley, respondió: "Amarás al Señor tu Dios con todo tu corazón, y con toda tu alma, y con toda tu mente. Este es el primero y grande mandamiento" (Mt. 22:37-38). Él llamó a sus discípulos a que hicieran del amor a Él la máxima prioridad en la vida de cada uno de ellos: "El que ama a padre o madre más que a mí, no es digno de mí; el que ama a hijo o hija más que a mí, no es digno de mí; y el que no toma su cruz y sigue en pos de mí, no es digno de mí" (Mt. 10:37-38). En Juan 14:21, 23 añadió: "El que tiene mis mandamientos, y los guarda, ése es el que me ama; y el que me ama, será amado por mi Padre, y yo le amaré, y me manifestaré a él... El que me ama, mi palabra guardará; y mi Padre le amará, y vendremos a él, y haremos morada con él". Los verdaderos hijos de Dios, dijo Jesús, lo amarán (Jn. 8:42; cp. 1 P. 1:8) y serán conocidos por Él (1 Co. 8:3). Para conocer la condición espiritual de Pedro, Jesús le preguntó tres veces: "¿Me amas?" (Jn. 21:15-17). Pablo definió a los cristianos como los que están dominados por "el amor de Cristo" (2 Co. 5:14). Los que aman a Jesucristo son benditos (Ef. 6:24); los que no, son anatema (1 Co. 16:22). Aunque el amor al Señor Jesucristo siempre estará presente en los verdaderos cristianos, puede fluctuar en su intensidad. Los cristianos no siempre amarán a Jesucristo con todo su corazón, alma, mente y fuerzas, y dejar de hacerlo es pecado. No hay mejor ilustración en las Escrituras de la seriedad de permitir que mengüe el amor a Cristo, que esta carta a la iglesia en Éfeso.

Las siete iglesias mencionadas en los capítulos 2 y 3 eran iglesias existentes cuando Juan escribió. Aunque no precisamente duplicadas, ellas también representan los tipos de iglesias que por lo general, están presentes en toda la época de la Iglesia. A cinco de las siete iglesias (salvo Esmirna y Filadelfia) se les reprendió por tolerar el pecado en medio de ellas, algo característico en las iglesias desde entonces. Los problemas en estas cinco iglesias van en aumento desde el menguar en su amor en Éfeso hasta la total apostasía en Laodicea. Además de eso, cualquier iglesia en cualquier época pudiera tener una mezcla de los pecados que tenían esas cinco iglesias.

Aunque Cristo pudo haberse dirigido primero a la iglesia de Éfeso porque estaba primero en la ruta postal, también era la iglesia más importante de las siete. Era la iglesia madre por cuyo ministerio las otras seis se fundaron (cp. Hch. 19:10) y dio su nombre a la inspirada carta a los Efesios, escrita cuatro décadas antes por el apóstol Pablo. El contenido de esa primera carta constituye la norma para las otras seis. Contiene siete características: el escritor, la iglesia, la ciudad, el elogio, el reproche, el mandato y el consejo.

EL ESCRITOR

El que tiene las siete estrellas en su diestra, el que anda en medio de los siete candeleros de oro, (2:1*c*)

Aunque no se menciona por nombre al escritor, la descripción hace evidente quién es. Es el presentado como el glorioso Señor de la Iglesia en 1:9-20, el Jesucristo exaltado. Las frases **El que tiene las siete estrellas en su diestra, el que anda en medio de los siete candeleros de oro,** se toman de la descripción de Cristo en la visión de Juan (cp. 1:13, 16). En realidad, Cristo se identifica ante cada una de las primeras cinco iglesias empleando frases de esa visión (cp. 2:8 con 1:18; 2:12 con 1:16; 2:18 con 1:14-15; 3:1 con 1:16). Esto reafirma la verdad de que Él es el Autor de las cartas; son sus palabras directas, a través del apóstol Juan, a esas congregaciones locales y a las iglesias como ellas en los años posteriores.

Como se observa en el capítulo 3 de este volumen, **las siete estrellas** representan a los pastores de las siete iglesias. El que Cristo las **[tenga] en [su] diestra** indica que son sus ministros, bajo su poder, ya que Él aplica su gobierno soberano en la iglesia mediante sus líderes humanos. Cristo, además, se describe como **el que anda en medio de los siete candeleros de oro** (las siete iglesias; 1:20); escudriñando, examinando, valorando y evaluando. Como su gobernante soberano, tiene la autoridad para dirigirse a la iglesia.

LA IGLESIA

la iglesia en Efeso (2:1*a*)

Quizá ninguna otra iglesia en la historia haya tenido la herencia tan rica que tuvo la congregación de Éfeso. Priscila y Aquila, los amigos cercanos de Pablo y compañeros en el ministerio, fueron los que introdujeron el evangelio en la ciudad (Hch. 18:18-19). A ellos pronto se les unió el elocuente predicador y poderoso polemista Apolos (Hch. 18:24-26). Priscila, Aquila y Apolos pusieron el fundamento para el ministerio de Pablo en Éfeso.

El apóstol Pablo se detuvo brevemente en Éfeso ya finalizando su segundo viaje misionero (Hch. 18:19-21), pero su ministerio real en esa ciudad tuvo lugar en su tercer viaje misionero. Al llegar a Éfeso, primero se encontró a un grupo de los santos del Antiguo Testamento, discípulos de Juan el Bautista (Hch. 19:1-7). Luego de predicarles el evangelio, los bautizó en el nombre del Señor Jesucristo (Hch. 19:5). Este fue el comienzo de la obra de Pablo de edificar la iglesia en Éfeso, una tarea que duraría tres años (Hch. 20:31). Más adelante, en su viaje a Jerusalén, casi al fin de su tercer viaje misionero, enseñó a los ancianos de la iglesia de Éfeso los principios fundamentales del liderazgo de la iglesia (Hch. 20:17-38), lo esencial de lo que luego ampliaría en sus epístolas pastorales. Timoteo, el protegido de Pablo, era pastor de la iglesia en Éfeso (1 Ti. 1:3). Onesíforo (2 Ti. 1:16, 18) y Tíquico (2 Ti 4:12), dos más de los compañeros de Pablo, también predicaron en Éfeso. Por último, según el testimonio de la iglesia primitiva, el apóstol Juan pasó las últimas décadas de su vida en Éfeso, desde donde probablemente escribió sus tres epístolas, en las cuales se identifica como "el anciano" (cp. 2 Jn. 1; 3 Jn. 1). No hay dudas de que pastoreaba la iglesia de Éfeso cuando fue arrestado y desterrado a Patmos.

Sucesos espectaculares y memorables acompañaron el nacimiento de la iglesia de Éfeso. El ministerio de Pablo afectó profundamente no solo a la ciudad de Éfeso, sino también a toda la provincia de Asia (Hch. 19:10). Como se observó antes, fue sin duda durante este tiempo que se fundó el resto de las siete iglesias. De manera sobrenatural Dios confirmó a Pablo como su vocero mediante una serie de milagros espectaculares (Hch. 19:11-12). Tratando de imitar el éxito de Pablo, un grupo de judíos, presuntos exorcistas, fueron golpeados y humillados por un individuo poseído por demonios (Hch. 19:13-16). Esta situación hizo que la consternación y el temor se esparcieran por toda la ciudad, logrando que fuera "magnificado el nombre del Señor Jesús" (Hch. 19:17). Al darse cuenta de lo inútil de confiar en las prácticas paganas, "muchos de los que habían creído venían, confesando y dando cuenta de sus hechos. Asimismo muchos de los que habían practicado la magia trajeron los libros y los quemaron delante de todos; y hecha la cuenta de su precio, hallaron que era cincuenta mil piezas de plata" (vv. 18-19). Esta asombrosa suma, equivalente al salario de un obrero de cincuenta mil días, revela cuán implicada estaba la ciudad de Éfeso en la práctica de la magia.

Las notables conversiones de muchísimos efesios representaban una grave amenaza económica para los artesanos paganos de la ciudad. Éfeso era el centro de la adoración de la diosa Artemisa (conocida por los romanos como Diana), cuyo muy bien adornado templo era una de las siete maravillas del mundo antiguo. Ante la instigación de un platero llamado Demetrio, quien vio en peligro su lucrativo negocio, reaccionó violentamente. El alboroto resultante llevó a Éfeso al caos (Hch. 19:23-41).

Por el tiempo de esta carta, habían pasado cuatro décadas desde el tumultuoso nacimiento de la iglesia de Éfeso. El apóstol Pablo ya no estaba, como tampoco muchos de la primera generación de creyentes que se convirtieron con su ministerio. Una nueva situación exigía otra carta inspirada a los efesios, esta del Señor mismo, escrita por el apóstol Juan.

LA CIUDAD

Efeso (2:1*b*)

Aunque no su capital (Pérgamo era la capital oficial de la provincia), Éfeso era la ciudad más importante en Asia Menor. (Como el gobernador romano residía allí, se pudiera argumentar que Éfeso era de hecho la capital.) Su población en la época del Nuevo Testamento estaba estimada entre las doscientas cincuenta mil y las quinientas mil personas. El teatro de la ciudad, visible en la actualidad, hacia dentro del cual los frenéticos alborotadores arrastraron a los compañeros de Pablo, Gayo y Aristarco (Hch. 19:29), alojaba a unas veinticinco mil personas. Éfeso era una ciudad libre (es decir, con gobierno propio, dentro de límites), y no había allí guarnición de tropas romanas. La ciudad era sede de eventos deportivos, que rivalizaban con los juegos olímpicos.

Éfeso era el puerto principal en la provincia de Asia. (Según la ley, los gobernadores romanos que entraban en Asia tenían que hacerlo a través de Éfeso.) La ciudad estaba ubicada junto al río Caístro, a unos cinco kilómetros río arriba desde donde corría hacia el mar. Los que desembarcaban en el puerto viajaban a lo largo de una excelente y amplia carretera, rodeada de columnas (la Vía Arcadiana) que conducía al centro de la ciudad. En la época de Juan, el sedimento que depositaba el río Caístro estaba llenando lentamente el puerto, obligando a la ciudad a luchar para mantener abierto el canal. La batalla finalmente se perdería, y hoy las ruinas de Éfeso están a unos diez kilómetros tierra adentro desde el mar.

Éfeso estaba también estratégicamente ubicada en el cruce de cuatro de las carreteras romanas más importantes en Asia Menor. Esto, junto con su puerto, incitó al geógrafo Estrabón (un contemporáneo de Cristo) a describir a Éfeso como el mercado de Asia.

Pero Éfeso era más famosa como el centro de la adoración de la diosa Artemisa (Diana), motivo de gran orgullo ciudadano (Hch. 19:27, 35). El templo de Artemisa era el lugar más conocido de Éfeso. Como su altar interior era presuntamente inviolable, el templo servía como uno de los bancos más importantes del mundo mediterráneo. El templo y sus alrededores también proporcionaban santuario para los delincuentes. Además de eso, la venta de artículos que se usaban en la adoración de Artemisa proporcionaba una importante fuente de ingresos para la ciudad (cp. Hch. 19:24). Cada primavera se celebraba una fiesta que duraba todo un mes, en honor de la diosa, en el que se incluían eventos deportivos, dramáticos y musicales. Pablo pudo haber previsto este acontecimiento anual como una oportunidad única para el evangelismo y haber estado esperándolo cuando escribió a los corintios que tenía el propósito de quedarse en Éfeso (1 Co. 16:8).

La adoración de Artemisa era inefablemente vil. Su ídolo era una monstruosidad grotesca de muchos pechos y se creía popularmente que había caído del cielo (Hch. 19:35). El templo estaba atendido por numerosos sacerdotes, eunucos y esclavos. Millares de sacerdotisas, que eran poco más que prostitutas rituales, desempeñaban una función principal en la adoración de Artemisa. El terreno del templo era una caótica cacofonía de sacerdotes, prostitutas, banqueros, delincuentes, músicos, bailarines y adoradores frenéticos. Al filósofo Heráclito se le llamó el filósofo llorón porque nadie, dijo él, podía vivir en Éfeso y no llorar por su inmoralidad (vea William Barclay, *The Revelation of John* [El Apocalipsis de Juan] [Filadelfia: Westminster, 1976], 1:60).

En medio de la pagana idolatría que caracterizaba a Éfeso, había un fiel grupo de cristianos. Fue a ellos a quienes Cristo dirigió la primera de sus siete cartas.

EL ELOGIO

Yo conozco tus obras, y tu arduo trabajo y paciencia; y que no puedes soportar a los malos, y has probado a los que se dicen ser apóstoles, y no lo son, y los has hallado mentirosos; y has sufrido, y has tenido paciencia, y has trabajado arduamente por amor de mi nombre, y no has desmayado... Pero tienes esto, que aborreces las obras de los nicolaítas, las cuales yo también aborrezco. (2:2-3, 6)

Oida (**conozco**) indica el conocimiento del Señor en cada una de las siete cartas (cp. 2:9; 13, 19; 3:1, 8, 15). A diferencia de *ginōskō,* que se refiere a una adquisición progresiva de conocimiento, *oida* se refiere a un pleno y absoluto conocimiento. El Señor de la iglesia sabe todo lo que hay que saber acerca de la iglesia, tanto lo bueno como lo malo. Tal conocimiento perfecto se hace evidente en cada carta cuando el Señor censura y elogia a las iglesias.

Antes de reprenderlos por sus faltas, el Señor Jesucristo elogió a los efesios por lo que estaban haciendo bien. Comenzó reconociendo sus **obras,** un término general que resume todo lo que sigue. Específicamente, Cristo primero elogia a los creyentes de Éfeso por su **arduo trabajo.** *Kopos* (**arduo trabajo**) denota trabajo hasta el punto del sudor y de la extenuación. Describe un esfuerzo general, que exige todo lo que una persona tiene para dar, física, mental y emocionalmente. Los efesios eran obreros diligentes para la causa de Cristo. La mentalidad de ellos no era la de un espectador; no deseaban simplemente recibir entretenimiento. Tampoco estaban contentos con comer el fruto del trabajo de otros, sino que estaban dispuestos a arar, sembrar y recoger su propia cosecha. En medio de las tinieblas paganas que los rodeaban, estaban activamente evangelizando a los perdidos, edificando a los santos y cuidando de los que tenían necesidad.

La palabra **paciencia** traduce *hupomonē*, que denota paciencia en las circunstancias penosas. En cambio, su sinónimo, *makrothumia,* por lo general, subraya la paciencia con las personas (cp. Richard C. Trench, *Synonyms of the New Testament* [Sinónimos del Nuevo Testamento] [reimpreso; Grand Rapids: Eerdmans, 1983], 195ss). *Hupomonē* no denota una resignación sombría y fatalista, sino la aceptación valiente de la adversidad, el sufrimiento y las pérdidas. Este elogio indica que, a pesar de sus circunstancias difíciles, los creyentes de Éfeso permanecieron fieles a su Señor.

Otro aspecto digno de alabanza de los creyentes de Éfeso era que se negaban a **soportar a los malos.** Ellos mantenían una elevada y santa norma de conducta y eran sensibles al pecado, sin duda siguiendo el mandato del Señor de practicar la disciplina de la iglesia (Mt. 18:15ss). Cuatro décadas antes Pablo les había ordenado que no "[dieran] lugar al diablo" (Ef. 4:27), y aún estaban renuentes a hacerlo.

Tampoco le faltaba a la iglesia de Éfeso discernimiento espiritual, ya que había **probado a los que se dicen ser apóstoles, y no lo son, y los has hallado mentirosos.** Los efesios nunca olvidaron la exhortación que les hiciera Pablo a sus pastores muchos años antes:

> *Por tanto, mirad por vosotros, y por todo el rebaño en que el Espíritu Santo os ha puesto por obispos, para apacentar la iglesia del Señor, la cual él ganó por su propia sangre. Porque yo sé que después de mi partida entrarán en medio de vosotros lobos rapaces, que no perdonarán al rebaño. Y de vosotros mismos se levantarán hombres que hablen cosas perversas para arrastrar tras sí a los discípulos. Por tanto, velad, (Hch. 20:28-31).*

Los falsos maestros son un peligro constante para la iglesia. Jesús advirtió de "los falsos profetas, que vienen a vosotros con vestidos de ovejas, pero por dentro son lobos rapaces" (Mt. 7:15). En su segunda epístola, Juan advirtió de los "muchos engañadores [que] han salido por el mundo" (2 Jn. 7) y advirtió a los creyentes: "Si alguno viene a vosotros, y no trae esta doctrina, no lo recibáis en casa, ni le digáis: ¡Bienvenido!" (2 Jn. 10). Pablo confrontó a los falsos "apóstoles" en Corinto y los desenmascaró con esta descripción: "Éstos son falsos apóstoles, obreros fraudulentos, que se disfrazan como apóstoles de Cristo. Y no es maravilla, porque el mismo Satanás se disfraza como ángel de luz. Así que no es extraño si también sus ministros se disfrazan como ministros de justicia; cuyo fin será conforme a sus obras" (2 Co. 11:13-15). La *Didajé*, un manual de los primeros cristianos acerca del orden en la iglesia, también advirtió del peligro de los falsos maestros:

> Den la bienvenida a cada apóstol que llegue, como si fuera el Señor. Pero no debe quedarse más de un día. Sin embargo, en caso de necesidad, al día siguiente también. Si se queda tres días, es un falso profeta. Al partir, un apóstol no debe aceptar nada, salvo comida suficiente para llevar con él hasta su próximo hospedaje. Si pide dinero, es un falso profeta. (11.4-6; citado en Cyril C. Richardson, ed., *Early Christian Fathers* [Los padres de la iglesia primitiva] [Nueva York: Macmillan, 1970], 176)

Ignacio, el padre de la iglesia primitiva, escribiendo poco después de que Juan escribiera el libro de Apocalipsis, elogió también a los efesios por su vigilancia: "Ustedes no prestan atención a nadie fuera de lo que tenga que decir de veras acerca de Jesucristo... He oído que algunos forasteros llegaron a ustedes con malas enseñanzas. Pero no los dejaron sembrar entre ustedes. Taparon sus oídos para no aceptar lo que ellos difundieron" (Ef. 6.2; 9.1; citado en Richardson, *Early Christian Fathers* [Los padres de la iglesia primitiva], 89, 90).

A través de todas las dificultades que los efesios afrontaron más de cuarenta años, a través de todo su arduo trabajo y firmeza soportando las pruebas, su negativa a tolerar el mal y su discernimiento espiritual, mantuvieron su **paciencia.** Habían **sufrido**, declaró Jesucristo, por el más elevado de los motivos: **por amor** de su **nombre.** Y lo habían hecho sin haber **desmayado** (cp. Gá. 6:9); no se habían entregado a la decepción, a la ingratitud o a la crítica. Permanecieron fieles al Señor, leales a su Palabra y a la obra a la cual Él los había llamado.

Jesucristo añade un elogio final en el versículo 6: **Pero tienes esto, que aborreces las obras de los nicolaítas, las cuales yo también aborrezco.** Los **nicolaítas,** mencionados también en la carta a Pérgamo (2:12-15), no se pueden identificar con certeza. Las pocas referencias a esa herejía en los escritos de los padres de la iglesia, la vinculan a Nicolás, uno de los siete hombres designados para supervisar la distribución de comida en Hechos 6. Algunos decían que Nicolás fue un falso creyente que llegó a ser un apóstata, pero retuvo su influencia en la iglesia debido a sus credenciales. Otros sugirieron que los **nicolaítas** desvirtuaron su enseñanza. Cualquiera que sea su origen, el nicolaísmo condujo a las personas a la inmoralidad y a la maldad. La carta a Pérgamo la vincula con la falsa enseñanza de Balaam que hizo descarriarse a Israel. De este modo las **obras de los nicolaítas** implicaban tentaciones sensuales que conducían a la inmoralidad sexual y a comer cosas sacrificadas a los ídolos (2:14), sin considerar la ofensa de tal conducta (cp. Ro. 14:1-15:3), todo en el nombre de la libertad cristiana. Se ha sugerido que "la enseñanza de los nicolaítas era una exageración de la doctrina de la libertad cristiana, que intentaba concesiones éticas con el paganismo" (Merrill C. Tenney, *Interpreting Revelation* [Interpretando el Apocalipsis] [Grand Rapids: Eerdmans, 1957], 61). Ireneo escribió de los nicolaítas que "llevaban una vida de desenfrenada indulgencia" (citado en Tenney, *Interpreting Revelation* [Interpretando el Apocalipsis], 61). Clemente de Alejandría añadió que los nicolaítas "se entregaban al placer como las cabras... llevando a la vida a la falta de moderación" (citado en Barclay, *The Revelation of John* [El Apocalipsis de Juan], 1:67).

A diferencia de la iglesia en Pérgamo, la iglesia de Éfeso no toleraba a los **nicolaítas,** sino que aborrecían sus enseñanzas heréticas. Por eso el Señor Jesucristo los elogió. El aborrecimiento era una actitud adecuada y exactamente la reacción opuesta a la tolerancia de la iglesia de Pérgamo con los nicolaítas (2:14-15). La Biblia muestra que Dios aborrece la impureza (Is. 61:8; Jer. 44:4; Am. 5:21; Zac. 8:17).

EL REPROCHE

Pero tengo contra ti, que has dejado tu primer amor. (2:4)

A pesar de todos los aspectos dignos de alabanza en la iglesia de Éfeso, la mirada penetrante y omnisciente del Señor Jesucristo había avistado una falta funesta. Aunque mantuvieron su ortodoxia doctrinal y continuaron su servicio a Cristo, ese servicio había degenerado en ortodoxia mecánica. Aunque en otro tiempo habían amado (Ef. 1:15; 3:17-19; 6:23), cuarenta años después el amor de la primera generación de creyentes se había enfriado. La actual generación estaba manteniendo la doctrina que se les había dejado en herencia, pero habían **dejado su primer amor.** Ese amor podía incluir amor a Dios y a Cristo, amor a los unos por los otros y amor a los perdidos. Es amor definido como obediencia (2 Jn. 6). Se habían sumergido hasta un lugar donde estaban llevando a cabo sus responsabilidades cristianas con un decreciente amor a su Señor y a los demás.

El grave peligro de esa situación se ilustra acertadamente en el desastre que ocurrió cuando se enfrió el amor de Israel a Dios. Por medio de Jeremías, Dios reprendió a su pueblo por olvidarse de Él:

Anda y clama a los oídos de Jerusalén, diciendo: Así dice Jehová: Me he acordado de ti, de la fidelidad de tu juventud, del amor de tu desposorio, cuando andabas en pos de mí en el desierto, en tierra no sembrada. Santo era Israel a Jehová, primicias de sus nuevos frutos. Todos los que le devoraban eran culpables; mal venía sobre ellos, dice Jehová.

Oíd la palabra de Jehová, casa de Jacob, y todas las familias de la casa de Israel. Así dijo Jehová: ¿Qué maldad hallaron en mí vuestros padres, que se alejaron de mí, y se fueron tras la vanidad y se hicieron vanos? Y no dijeron: ¿Dónde está Jehová, que nos hizo subir de la tierra de Egipto, que nos condujo por el desierto, por una tierra desierta y despoblada, por tierra seca y de sombra de muerte, por una tierra por la cual no pasó varón, ni allí habitó hombre? Y os introduje en tierra de abundancia, para que comieseis su fruto y su bien; pero entrasteis y contaminasteis mi tierra, e hicisteis abominable mi heredad. Los sacerdotes no dijeron: ¿Dónde está Jehová? y los que tenían la ley no me conocieron; y los pastores se rebelaron contra mí, y los profetas profetizaron en nombre de Baal, y anduvieron tras lo que no aprovecha. Por tanto, contenderé aún con vosotros, dijo Jehová, y con los hijos de vuestros hijos pleitearé. Porque pasad a las costas de Quitim y mirad; y enviad a Cedar, y considerad cuidadosamente, y ved si se ha hecho cosa semejante a esta. ¿Acaso alguna nación ha cambiado sus dioses, aunque ellos no son dioses? Sin embargo, mi pueblo ha trocado su gloria por lo que no aprovecha. Espantaos, cielos, sobre esto, y horrorizaos; desolaos en gran manera, dijo Jehová. Porque dos males ha hecho mi pueblo: me dejaron a mí, fuente de agua viva, y cavaron para sí cisternas, cisternas rotas que no retienen agua (Jer. 2:2-13).

En un poderoso y conmovedor mensaje, Ezequiel también describió el abandono de Israel de su primer amor a Dios:

Y pasé yo otra vez junto a ti, y te miré, y he aquí que tu tiempo era tiempo de amores; y extendí mi manto sobre ti, y cubrí tu desnudez; y te di juramento y entré en pacto contigo, dice Jehová el Señor, y fuiste mía. Te lavé con agua, y lavé tus sangres de encima de ti, y te ungí con aceite; y te vestí de bordado, te calcé de tejón, te ceñí de lino y te cubrí de seda. Te atavié con adornos, y puse brazaletes en tus brazos y collar a tu cuello. Puse joyas en tu nariz, y zarcillos en tus orejas, y una hermosa diadema en tu cabeza. Así fuiste adornada de oro y de plata, y tu vestido era de lino fino, seda y bordado; comiste flor de harina de trigo, miel y aceite; y fuiste hermoseada en extremo, prosperaste hasta llegar a reinar. Y salió tu renombre entre las naciones a causa de tu hermosura; porque era perfecta, a causa de mi hermosura que yo puse sobre ti, dice Jehová el Señor.

Pero confiaste en tu hermosura, y te prostituiste a causa de tu renombre, y derramaste tus fornicaciones a cuantos pasaron; suya eras (Ez. 16:8-15).

Como sucedió en Israel, la luna de miel había terminado en Éfeso. La pérdida de una esencial relación de amor con el Señor Jesucristo abrió las puertas a la apatía espiritual, la indiferencia hacia los demás, el amor al mundo, las concesiones ante la maldad, el juicio, y, finalmente, la muerte de toda la iglesia. A pesar de su robusta apariencia externa, un mortal cáncer espiritual estaba creciendo en el corazón de la iglesia de Éfeso.

EL MANDATO

Recuerda, por tanto, de dónde has caído, y arrepiéntete, y haz las primeras obras; pues si no, vendré pronto a ti, y quitaré tu candelero de su lugar, si no te hubieres arrepentido. (2:5)

El Gran Médico le recetó algo a los efesios que, si lo cumplían, los curaría de su malestar espiritual. En primer lugar, tenían que **[recordar]** (lit. "mantenerse recordando") **de dónde** habían **caído.** El olvido es con frecuencia la causa inicial de decadencia espiritual, y los efesios necesitaban reconocer la seriedad de tal error. En segundo lugar, tenían que **[arrepentirse]** en un deliberado rechazo de sus pecados, porque dejar de amar a Dios de todo corazón, alma, mente y fuerzas es pecado (Mt. 22:36-38). Por último, tenían que mostrar la autenticidad de su arrepentimiento y hacer **las primeras obras,** las que habían hecho al principio. Tenían que rescatar la riqueza del estudio bíblico, de la dedicación a la oración y de la pasión por la adoración que los había caracterizado.

Richard Mayhue escribe que la confrontación de Jesucristo con la iglesia de Éfeso sirve de modelo sobre cómo deben confrontar los creyentes:

> En primer lugar, se confrontó con amor y con la meta de la restauración (2:4-5).

> En segundo lugar, el estímulo precedió a la corrección (2:2-3, 6).

> En tercer lugar, Cristo declaró el problema concisa y abiertamente (2:4-5).

> En cuarto lugar, Él les dijo cómo ser restaurados (2:5): recuerda tu pasado, arrepiéntete de tu error, regresa a tus buenos pasos.

> En quinto lugar, Cristo claramente los impuso de las consecuencias si no obedecían (2:5).

> En sexto lugar, Él escribió con la esperanza de que responderían positivamente (2:7). (What Would Jesus Say About Your Church? [¿Qué diría Jesús sobre su iglesia?] [Scotland, G.B.: Christian Focus Publishers, 1995], 51)

Acentuando la seriedad de la situación, Cristo advierte a los efesios que den los pasos necesarios para recuperar su primer amor a Él. O cambiaban, o serían castigados: **vendré pronto a ti, y quitaré tu candelero de su lugar, si no te hubieres arrepentido.** El **vendré** al que Cristo se refiere no es su segunda venida, sino su venida a ellos en juicio local sobre esa iglesia. No hacer caso a la advertencia, haría que Él **[quitara]** el **candelero** (símbolo de la iglesia; Ap. 1:20) de ellos **de su lugar.** Trágicamente, Cristo amenazó con juicio divino que pondría fin a la iglesia de Éfeso.

EL CONSEJO

El que tiene oído, oiga lo que el Espíritu dice a las iglesias. Al que venciere, le daré a comer del árbol de la vida, el cual está en medio del paraíso de Dios. (2:7)

La carta termina con una exhortación y una promesa. La exhortación de Cristo **el que tiene oído, oiga lo que el Espíritu dice a las iglesias** termina cada una de las siete cartas (cp. 2:11, 17, 29; 3:6, 13, 22). Subraya la seria responsabilidad que tienen los creyentes de prestar atención a la voz de Dios en las Escrituras. El empleo del sustantivo plural **iglesias** significa la naturaleza universal de esta invitación cada vez que aparece. Este llamado no se puede limitar solo a un grupo de vencedores en una única iglesia; debe aplicarse a todas las iglesias. Cada iglesia necesita escuchar cada mensaje.

La promesa, como las demás asociadas a las otras seis cartas (cp. 2:11, 17, 26; 3:5, 12, 21), se dirige **al que venciere.** La frase no se refiere a los que han alcanzado un nivel superior de la vida cristiana, sino que identifica a todos los cristianos. En su primera epístola, el apóstol Juan lo define de esta manera: "Porque todo lo que es nacido de Dios vence al mundo; y esta es la victoria que ha vencido al mundo, nuestra fe. ¿Quién es el que vence al mundo, sino el que cree que Jesús es el Hijo de Dios?" (1 Jn. 5:4-5). Todos los creyentes verdaderos son vencedores, quienes por la gracia y el poder de Dios han vencido el maldito poder del malvado sistema mundial.

Cristo les promete a los vencedores de Éfeso que comerán **del árbol de la vida, el cual está en medio del paraíso de Dios.** El **árbol de la vida** se menciona primero en Génesis 2:9, donde se ubica en el Huerto del Edén. Se perdió ese árbol terrenal debido al pecado del hombre y que se le prohibiera que comiera de él (Gn. 3:22), pero el árbol celestial de la vida (Ap. 22:2, 14, 19) durará por toda la eternidad. Así que el **árbol de la vida** simboliza la vida eterna. El **paraíso de Dios** es el cielo (cp. Lc. 23:43; 2 Co. 12:4).

El ejemplo de la iglesia de Éfeso advierte que la ortodoxia doctrinal y el servicio externo no pueden compensar un corazón frío. Los creyentes debemos prestar cuidadosa atención al consejo de Salomón: "Sobre toda cosa guardada, guarda tu corazón; Porque de él mana la vida" (Pr. 4:23). Aquellos cuyo amor a Dios se ha enfriado hacen bien en atender a la exhortación que Oseas dirigió al reincidente Israel:

> *Vuelve, oh Israel, a Jehová tu Dios; porque por tu pecado has caído. Llevad con vosotros palabras de súplica, y volved a Jehová, y decidle: Quita toda iniquidad, y acepta el bien, y te ofreceremos la ofrenda de nuestros labios. No nos librará el asirio; no montaremos en caballos, ni nunca más diremos a la obra de nuestras manos: Dioses nuestros; porque en ti el huérfano alcanzará misericordia (Os. 14:1-3).*

Y a quienes vuelven a Él, Dios les promete: "Yo sanaré su rebelión, los amaré de pura gracia" (Os. 14:4).

Esmirna: La iglesia sufriente   **5**

Y escribe al ángel de la iglesia en Esmirna: El primero y el postrero, el que estuvo muerto y vivió, dice esto: Yo conozco tus obras, y tu tribulación, y tu pobreza (pero tú eres rico), y la blasfemia de los que se dicen ser judíos, y no lo son, sino sinagoga de Satanás. No temas en nada lo que vas a padecer. He aquí, el diablo echará a algunos de vosotros en la cárcel, para que seáis probados, y tendréis tribulación por diez días. Sé fiel hasta la muerte, y yo te daré la corona de la vida. El que tiene oído, oiga lo que el Espíritu dice a las iglesias. El que venciere, no sufrirá daño de la segunda muerte. (2:8-11)

A lo largo de su historia, la aparente verdad paradójica ha sido que cuanto más se ha perseguido a la iglesia tanto mayor ha sido su pureza y su fuerza. Durante décadas, las iglesias en la antigua Unión Soviética y Europa oriental fueron oprimidas por sus gobiernos ateos y comunistas. Los creyentes siguen siendo perseguidos en los países musulmanes y en algunas otras partes hasta hoy día. Se les prohíbe proclamar abiertamente su fe. Muchos son encarcelados y algunos han sufrido el martirio. En la antigua Unión Soviética los libros, incluso la Biblia, eran escasos. Sin embargo, esas iglesias no solo sobrevivieron, prosperaron. El levantamiento de la cortina de hierro reveló una iglesia pura y poderosa, caracterizada por una fe genuina, una profunda espiritualidad, humildad, celo, amor a la verdad y una firme devoción al Señor.

Las Escrituras vinculan la persecución con la fortaleza espiritual. "Hermanos míos, tened por sumo gozo", escribió Santiago, "cuando os halléis en diversas pruebas, sabiendo que la prueba de vuestra fe produce paciencia. Mas tenga la paciencia su obra completa, para que seáis perfectos y cabales, sin que os falte cosa alguna" (Stg. 1:2-4). Pedro alentó a los cristianos que sufrían con la verdad de que "después que hayáis padecido un poco de tiempo, él mismo os perfeccione, afirme, fortalezca y establezca" (1 P. 5:10). Las bendiciones cristianas más puras son las que se fraguan en el horno de la adversidad.

La iglesia de Esmirna demostró el poder y la pureza que resultan de soportar la persecución debidamente. La persecución la había purificado y depurado de pecado y había afirmado la realidad de la fe de sus miembros. Los hipócritas no permanecen al enfrentar la persecución, porque los falsos creyentes no quieren soportar dolor. Las pruebas y las persecuciones fortalecen y refinan la genuina fe salvadora, pero descubren y destruyen la falsa fe.

Aunque ellos sufrieron privaciones físicas y pobreza, los cristianos de Esmirna se aferraron a sus inmensurables riquezas espirituales. Acertadamente, la iglesia en Esmirna es una de las dos iglesias (junto con Filadelfia) que no recibió represión en su carta del Señor Jesucristo.

Como las Escrituras ponen en claro, la persecución y las pruebas son una parte inevitable y esencial de la vida cristiana (Hch. 14:22; 2 Ti. 3:12). El ejemplo de la iglesia en Esmirna enseña a todas las iglesias sobre cómo responder adecuadamente cuando hay que enfrentarlas. La carta de Cristo elogiando a esta iglesia se muestra en siete aspectos sucesivos: el escritor, la iglesia, la ciudad, el elogio, el reproche, el mandato y el consejo.

EL ESCRITOR

El primero y el postrero, el que estuvo muerto y vivió, dice esto: (2:8c)

Como se acostumbraba en las cartas antiguas, el escritor se identifica al comienzo de la carta, en vez de firmar su nombre al final. La descripción del escritor como **El primero y el postrero, el que estuvo muerto y vivió** lo identifica como el Señor Jesucristo glorificado y exaltado, descrito por la frase en la visión de 1:12-20 (cp. 1:18). **El primero y el postrero** es un título del Antiguo Testamento para Dios (Is. 44:6; 48:12; cp. 41:4), y su aplicación aquí (y en 22:13) a Cristo afirma que Él es igual en naturaleza a Dios. Él es el eterno e infinito Dios, que ya existía cuando todas las cosas fueron creadas, y que seguirá existiendo después que sean destruidas. Jesucristo trasciende el tiempo, el espacio y la creación.

Sin embargo, asombrosamente, el Dios eterno se hizo hombre y **estuvo muerto y vivió.** Aquí hay un misterio profundo: ¿Cómo pudo morir el que siempre vive, el que trasciende el tiempo, el espacio y la historia? Pedro presenta la respuesta en 1 Pedro 3:18: Cristo fue "muerto en la carne, pero vivificado en espíritu". Murió en su encarnada humanidad como el sacrificio perfecto por el pecado, pero ahora **[vive]** (gracias a su resurrección) y vive para siempre "según el poder de una vida indestructible" (He. 7:16; cp. Ro. 6:9).

Esta designación de Cristo era para traer consuelo a los perseguidos creyentes de Esmirna. Conocedor de que pasarían tiempos difíciles, Cristo les estaba recordando que Él trasciende los asuntos temporales, y que, mediante su unión con Él, ellos también. Y aunque deban enfrentar la muerte a manos de sus perseguidores, junto a ellos está el que venció la muerte (He. 2:14) y quien prometió: "Yo soy la resurrección y la vida; el que cree en mí, aunque esté muerto, vivirá. Y todo aquel que vive y cree en mí, no morirá eternamente" (Jn. 11:25-26). Jesucristo también soportó la persecución más injusta y severa que alguien haya jamás sufrido (cp. He. 12:3-4), de forma que puede servir como una compasiva y comprensiva fuente de poder (He. 2:17-18; 4:15). Él es el que dirigió esta carta de consuelo y aliento a la iglesia en Esmirna.

LA IGLESIA

la iglesia en Esmirna (2:8*a*)

Las Escrituras no mencionan la fundación de la iglesia en Esmirna, ni se menciona la ciudad en el libro de Hechos. Todo lo que se dice acerca de esa congregación está en esta carta. Se supone que se fundó esa iglesia en Esmirna durante el ministerio de Pablo en Éfeso (Hch. 19:10), ya haya sido por el propio Pablo o por alguno de los que se convirtieron a través de él.

A fines del primer siglo, la vida era difícil y peligrosa para la iglesia en Esmirna. La ciudad, aliada de Roma, era un semillero de adoración al emperador. Bajo el Emperador Domiciano, llegó a ser un pecado capital el negarse a ofrecer el sacrificio anual al emperador. No es sorprendente que muchos cristianos enfrentaron la muerte. El más famoso de los mártires de Esmirna fue Policarpo, ejecutado medio siglo después del tiempo de Juan.

Se empleó en la Septuaginta la palabra griega traducida "Esmirna" para traducir la palabra hebrea para *mirra,* una sustancia resinosa que se usaba como un perfume durante la vida (Mt. 2:11) y en la muerte (Jn. 19:39). Su asociación con la muerte perfectamente describe a la iglesia sufriente de Esmirna. Como la mirra, que se producía al machacar una planta aromática, la iglesia en Esmirna, oprimida por la persecución, despidió el aroma fragante de fidelidad a Dios. En Esmirna, a diferencia de Éfeso, no hubo disminución del amor a Jesucristo. Como los creyentes de Esmirna lo amaban, permanecían fieles a Él; debido a esa fidelidad, los odiaban; como los odiaban, eran perseguidos; esa persecución, a su vez, los motivaba a amar más a Cristo.

LA CIUDAD

Esmirna (2:8*b*)

Esmirna era una ciudad antigua cuyos orígenes se pierden en el mundo antiguo. Puede haberse fundado alrededor de 3000 A.C., pero el primer asentamiento griego data de alrededor de 1000 A.C. Alrededor de 600 A.C., Esmirna fue destruida por los lidios, y quedó en ruinas por más de tres siglos, hasta que dos de los sucesores de Alejandro Magno reedificaron la ciudad en 290 A.C. Fue esa ciudad reedificada la Esmirna de la época de Juan.

Como se observó antes, Esmirna era una incondicional aliada de Roma. En realidad, sus ciudadanos estaban tan infatuados con Roma que en 195 A.C. construyeron un templo en el que se adoraba a Roma. Un siglo después el mal pertrechado ejército del general romano Sulla se enfrentó a un crudo invierno. Cuando se anunció en una asamblea general de los ciudadanos de Esmirna la situación difícil por la que atravesaban los soldados romanos, ellos, según se dice, tomaron sus propias ropas y se las enviaron. Roma recompensó la lealtad de Esmirna escogiéndola sobre todas las demás candidatas como el sitio del nuevo templo dedicado al Emperador Tiberio (26 d.C.). Y cuando un terremoto destruyó la ciudad a fines del segundo siglo, el Emperador Marco Aurelio la reconstruyó.

Aunque Éfeso y Pérgamo la igualaban o sobrepasaban en importancia económica y política, se decía que Esmirna era la ciudad más hermosa en Asia. Estaba situada en un golfo del Mar Egeo y, a diferencia de Éfeso, tenía la bendición de un excelente puerto. Esmirna también se beneficiaba de su ubicación en el extremo occidental de la carretera que corría a través del rico valle del Hermo. Además de la belleza natural de sus alrededores, la ciudad misma estaba bien diseñada. Se expandía desde la bahía hasta la ladera del Pagos, una gran colina cubierta de templos y otros edificios públicos. Las calles estaban bien trazadas, y las alejadas de la periferia tenían hileras de árboles. La más famosa calle de Esmirna, la "Calle de Oro", hacía un arco alrededor de las laderas del Pagos. En un extremo estaba el templo de Cibeles, y en el otro, el templo de Zeus. Entre ambos extremos se hallaban los templos de Apolo, Esculapio y Afrodita.

Esmirna fue un centro notable de ciencia y medicina. Como Éfeso, se le concedió el privilegio de tener un gobierno propio. Era también una de las varias ciudades que reclamaban ser el lugar de nacimiento del poeta Homero. Como se observa en el capítulo anterior, con el tiempo se obstruyó el puerto de Éfeso y dejó de existir la ciudad. Sin embargo, Esmirna sobrevivió a numerosos terremotos y fuegos, y existe en la actualidad como la ciudad turca de Izmir.

EL ELOGIO

Yo conozco tus obras, y tu tribulación, y tu pobreza (pero tú eres rico), y la blasfemia de los que se dicen ser judíos, y no lo son, sino sinagoga de Satanás. (2:9)

Nada escapa a la visión del glorioso Señor de la iglesia de Esmirna, que conoce cada detalle acerca de las iglesias bajo su cuidado. Comenzó a elogiar a esos creyentes asegurándoles que Él conocía su **tribulación**. *Thlipsis* (**tribulación**) literalmente significa "presión", y es la palabra que por lo regular se emplea en el Nuevo Testamento para persecución o tribulación. La iglesia en Esmirna estaba enfrentando una intensa presión por causa de su fidelidad a Jesucristo. Había tres razones para tal hostilidad.

En primer lugar, como se ha observado, Esmirna había sido fanáticamente devota a Roma durante varios siglos. No es sorprendente que la ciudad fuera un centro principal de culto y adoración al emperador. Los ciudadanos de Esmirna de buena gana ofrecían la adoración que el Emperador Domiciano ahora estaba exigiendo de sus súbditos en todas partes. Aunque los cristianos voluntariamente se sometían a la autoridad civil del emperador (cp. Ro. 13:1ss), se negaban a ofrecerle sacrificios y adorarlo. Por rechazar esto, se les acusó de rebeldes y enfrentaron la ira del gobierno romano.

En segundo lugar, los cristianos rechazaban participar en religiones paganas en general. Como se observó antes, Esmirna adoraba a una mezcla de dioses, entre ellos Zeus, Apolo, Afrodita, Esculapio y, sobre todo, Cibeles. El rechazo de los cristianos al panteón pagano de ídolos, unido a su adoración de un Dios invisible, hizo que se les considerara ateos. La mayor parte de la vida social de Esmirna giraba alrededor de la adoración pagana, y a los cristianos se les veía como elitistas antisociales por su rechazo a participar en ella.

Por último, los creyentes en Esmirna afrontaban **la blasfemia de los que se dicen ser judíos, y no lo son, sino sinagoga** del más grande blasfemo, **Satanás.** Esa dolorosa declaración afirmaba que los judíos que odiaban y rechazaban a Jesucristo eran tan seguidores de Satanás como los adoradores de ídolos (cp. Jn. 8:44). El uso que hace Jesús de un término fuerte, **blasfemia,** reservado por lo general para palabras hostiles contra Dios, indica la maldad, intensidad y severidad de la calumnia.

Por lo general, los judíos incrédulos acusaban a los cristianos de canibalismo (basándose en una mala interpretación de la Cena del Señor), de inmoralidad (basándose en una perversión del ósculo santo con el que se saludaban los creyentes; cp. Ro. 16:16; 1 Co. 16:20; 2 Co. 13:12; 1 Ts. 5:26), de desbaratar hogares (cuando uno de los esposos se convertía al cristianismo y el otro no, esto muchas veces causaba conflicto; cp. Lc. 12:51-53), de ateísmo (porque, como ya se dijo, los cristianos rechazaban el panteón pagano de deidades), y de deslealtad política y rebelión (porque los cristianos se negaban a ofrecer sacrificios al emperador). Con la esperanza de destruir la fe cristiana, algunos de los judíos ricos e influyentes de Esmirna informaron de esas blasfemas y falsas acusaciones a los romanos. Esos aborrecedores del evangelio eran una **sinagoga de Satanás,** queriendo decir que ellos se reunieron para planificar su ataque sobre la iglesia, haciendo así la voluntad de Satanás. Pudieran haber dicho que eran sinagoga de Dios, pero eran todo lo contrario.

Lamentablemente, la hostilidad de la población judía de Esmirna hacia el cristianismo no era nada nuevo. El libro de Hechos a veces registra tal oposición inspirada por Satanás (p. ej. 2:13; 4:2-3, 18; 5:17-18, 28, 40; 6:9ss; 7:54-60; 8:1ss; 9:20-23; 12:1-3; 13:6, 45; 14:2, 19; 17:5ss, 13; 18:6, 12-13; 19:9; 20:3; 21:27ss; 23:12ss). En Esmirna, como había ocurrido tan a menudo antes, la hostil población judía hizo que la opinión pública se volviera contra los cristianos.

La persecución de la iglesia en Esmirna alcanzó su punto culminante medio siglo después de esta carta, con la ejecución de su anciano obispo, Policarpo, en la que los judíos no creyentes tuvieron una participación fundamental. La traducción de un documento del segundo siglo titulado *The Encyclical Epistle of the Church at Smyrna Concerning the Martyrdom of the Holy Polycarp* [La epístola encíclica de la iglesia en Esmirna con relación al martirio del santo Policarpo] relata la conmovedora historia del martirio de Policarpo:

> Toda la multitud, maravillándose ante la nobleza de mente mostrada por el devoto y santo linaje de cristianos, gritó: "¡Fuera con los ateos! ¡Busquemos a Policarpo!"
>
> Pero el muy admirable Policarpo, al oírlo [que lo buscaban], no se perturbó en modo alguno, sino que decidió permanecer en la ciudad. Sin embargo, en respeto al deseo de muchos, fue convencido de que la abandonara. Partió, por lo tanto, a una casa de campo no muy distante de la ciudad. Allí permaneció con algunos [amigos], ocupándose noche y día solamente en la oración por todos los hombres y por las iglesias en todo el mundo, como era su costumbre. Y mientras oraba, se le presentó una visión tres días antes de ser prendido; y, mirad, la almohada bajo su cabeza le parecía que estaba ardiendo. Luego de esto, volviéndose a los que estaban con él, les dijo proféticamente: "Debo ser quemado vivo".
>
> Y cuando quienes lo buscaban estaban cerca, partió para otra casa, hacia donde sus perseguidores lo persiguieron de inmediato. Y cuando no lo encontraron, apresaron a dos jóvenes [que estaban allí], uno de los cuales, cuando fue sometido a tortura, confesó. Así que fue imposible que pudiera seguir oculto, ya que quienes lo traicionaron eran de su propia familia. Entonces el Irenarch (cuyo oficio es el mismo que el de Cleronomus), nombrado Herodes, se apresuró a llevarlo al estadio. [Todo esto ocurrió] para que él pudiera cumplir su especial porción, ser hecho participante con Cristo, y para que quienes lo traicionaron pudieran experimentar el castigo del mismo Judas.
>
> Entonces sus perseguidores, junto con los jinetes, y tomando al joven con ellos, siguieron adelante a la hora de la cena el día de la preparación, con sus armas habituales, como si salieran contra un ladrón. Y llegando cerca del anochecer [al lugar donde él estaba], lo encontraron acostado

en el aposento alto de cierta casa pequeña, desde donde pudiera haber escapado a otro lugar; pero no quiso, y dijo: "Que se haga la voluntad de Dios". Así que cuando escuchó que habían llegado, descendió y habló con ellos. Y como los que estaban presentes se maravillaron por su edad y constancia, algunos de ellos dijeron: "¿Se ha hecho todo ese esfuerzo por capturar a este venerable hombre?" De inmediato, en esa misma hora, ordenó que se les pusiera delante algo de comer y de beber, sin duda tanto como necesitaran, mientras les imploró que le permitieran una hora para orar sin que lo molestaran. Y al dejarlo ir, estuvo de pie y oró, estando lleno de la gracia de Dios, de forma tal que pudo hacerlo dos horas completas, para asombro de quienes le escuchaban, de modo que muchos comenzaron a arrepentirse de haber salido contra tan piadoso y venerable anciano.

Ahora bien, apenas hubo dejado de orar, habiendo hecho mención de todo el que en algún momento había estado en contacto con él, tanto grande como pequeño, ilustre u oscuro, así como también toda la Iglesia Católica en todo el mundo, habiendo llegado el tiempo de su partida, lo pusieron encima de un asno y lo condujeron dentro de la ciudad, siendo el día del gran Shabat. Y el Irenarch Herodes, acompañado de su padre Nicetes (ambos montados en un carruaje), al encontrarlo, lo subieron al carruaje, se sentaron junto a él e intentaron persuadirlo, diciéndole: "¿Qué hay de malo en decir, Señor César, y en sacrificar, con las otras ceremonias que se observan en tales ocasiones, y de esta manera garantizar la seguridad?" Pero él al principio no les respondió; y cuando siguieron apremiándolo, dijo: "No haré lo que me están aconsejando". Así que ellos, sin esperanzas de persuadirlo, comenzaron a decirle palabras llenas de resentimiento y lo lanzaron violentamente del carruaje, de manera que, al bajar del carruaje, se dislocó la pierna [por la caída]. Pero sin perturbarse, y como si no sufriera nada, siguió con entusiasmo y a toda prisa, y lo condujeron al estadio donde el tumulto era tan grande que no había posibilidad de ser escuchado.

Al entrar Policarpo al estadio, oyó una voz del cielo que decía: "¡Sé fuerte, y muéstrate como un hombre, Policarpo!" Nadie vio quién le habló; pero algunos de nuestros hermanos que estaban presentes escucharon la voz. Y cuando lo trajeron adelante, el tumulto se hizo grande al escuchar que habían arrestado a Policarpo. Y cuando él se acercó, el procónsul le preguntó si él era Policarpo. Al confesar que lo era, [el procónsul] trató de persuadirlo de que negara [a Cristo], diciendo: "Tenga consideración de su anciana edad", y otras cosas similares, de acuerdo con su costumbre, [como], "Jure por la suerte de César; arrepiéntase, y diga, "fuera con los ateos". Pero Policarpo, contemplando con semblante severo a toda la multitud de perversos paganos que estaban en el estadio, y agitando sus manos hacia ellos, con gemidos miró al cielo, y dijo: "Fuera con los ateos". Entonces, el procónsul lo apremió, diciendo: "Jure, y lo libertaré, reniegue de Cristo". Policarpo declaró: "Ochenta y seis años le he servido, y Él nunca me ha hecho mal alguno: ¿cómo entonces puedo blasfemar a mi Rey y mi Salvador?" Y cuando el procónsul, a pesar de eso, lo presionó otra vez y le dijo: "Jure por la suerte de César", él respondió: "Como usted en vano me apremia con esto, como usted dice, debo jurar por la suerte de César, y pretende desconocer quién y qué soy yo, declaro aquí con denuedo, soy cristiano. Y si usted quiere conocer cuáles son las doctrinas del cristianismo, desígneme un día, y las escuchará". El procónsul respondió: "Persuada a las personas". Pero Policarpo dijo: "A usted considero que es correcto ofrecer una explicación [de mi fe]; porque se nos enseña dar el debido honor (lo cual implica que no haya agravio sobre nosotros mismos) a las potestades y autoridades que son ordenadas por Dios. Pero en cuanto a esos, no los estimo dignos de recibir ninguna explicación de mi parte". Entonces el procónsul le dijo: "Tengo bestias salvajes en mi mano; a ellas lo arrojaré, a menos que se arrepienta". Pero él respondió: "Entonces llámelas, porque no estamos acostumbrados a arrepentirnos de lo que es bueno a fin de adoptar lo que es malo; y para mí es bueno cambiar de lo que es malo a lo que es correcto". Pero una vez más el procónsul le dijo: "Haré que el fuego lo consuma, para que lo destrocen las bestias salvajes si no se arrepiente". Pero Policarpo dijo: "Usted me amenaza con fuego que arde durante una hora, y después de un poco se extingue, pero ignora del fuego del juicio venidero y del castigo eterno, reservado para los impíos. Pero ¿por qué se tarda usted? Lleve a cabo lo que desea".

Mientras hablaba estas y otras cosas similares, fue lleno de confianza y gozo, y su semblante lleno de gracia, de modo que no solo no se desplomó como si lo afligieran las cosas que le habían dicho, sino, por el contrario, el procónsul se quedó asombrado, y envió a su heraldo a proclamar en medio del estadio tres veces: "Policarpo ha confesado que es cristiano". Cuando el heraldo proclamó esto, toda la multitud, tanto de paganos como de judíos, que moraban en Esmirna, clamaron con incontrolable furia, y en voz alta: "Este es el maestro de Asia, el padre de los cristianos, y el que derriba nuestros dioses, el que ha estado enseñando a muchos que no hagan sacrificios, o adoren a los dioses". Hablando de esta manera, clamaron, e imploraron a Felipe el Asiarca que soltara un león sobre Policarpo. Pero Felipe respondió que no era lícito que él hiciera esto, entendiendo que los espectáculos de bestias salvajes ya habían finalizado. Entonces les pareció bien clamar por que se les concediera algo, que a Policarpo se le quemara vivo. Porque esto era necesario para que se cumpliera la visión que se le reveló en cuanto a su almohada, cuando, al verla ardiendo mientras oraba, se volvió y dijo proféticamente a los fieles que estaban con él: "Debo ser quemado vivo". Esto entonces se llevó a cabo con mayor brevedad que la que tomó decirlo. De inmediato las multitudes recogieron madera y leña de las tiendas y los baños; en especial los judíos, de acuerdo con su costumbre, los ayudaron en esto con entusiasmo. Y cuando la pira funeraria estuvo lista, Policarpo, dejando a un lado sus vestiduras, y zafando su cinturón, buscó también quitarse sus sandalias, algo que no se acostumbraba hacer, en vista de que cada uno de los fieles estaba siempre deseoso de ver quién debía primero tocar su piel. Porque, a causa de su vida santa, él estaba, incluso antes de su martirio, adornado con todo bien. De inmediato lo rodearon con esas sustancias que se preparaban para la pira funeraria. Pero cuando estaban a punto de asegurarlo con clavos, él dijo: "Déjenme como estoy; porque Él, que me ha dado fuerza para soportar el fuego, también me capacitará, sin que ustedes me aseguren con clavos, para permanecer sin moverme en la pira".

Entonces no lo sujetaron con clavos, sino que sencillamente lo amarraron. Y él, poniendo las manos detrás de sí, y siendo amarrado como un carnero distinguido [reservado] de entre un gran rebaño para el sacrificio, y preparado para ser una ofrenda quemada agradable a Dios, miró al cielo, y dijo: "Oh Señor Dios Todopoderoso, Padre de tu amado y bendito Hijo Jesucristo, por quien hemos recibido el conocimiento de ti, el Dios de ángeles y principados, y de toda criatura, y de todo linaje de justos que viven delante de ti, te doy gracias porque me has tenido por digno de este día y esta hora, de que tendré parte en el número de tus mártires, en la copa de Cristo, a la resurrección de vida eterna, del alma y del cuerpo, mediante la incorruptibilidad [impartida] por el Espíritu Santo. Entre los cuales pueda ser aceptado este día ante ti como un sacrificio engordado y aceptable, de acuerdo con lo que tú, el siempre fiel Dios, has ordenado previamente, me has revelado de antemano, y ahora has cumplido. Por lo cual, también te adoro por todas las cosas, te bendigo, te glorifico, junto con el eterno y celestial Jesucristo, tu amado Hijo, con quien, a ti, y al Espíritu Santo, sea gloria tanto ahora como en los siglos venideros. Amén".

Cuando hubo pronunciado este amén, y de esa forma terminado su oración, los que habían sido designados encendieron el fuego. Y mientras la llama avanzaba con gran furia, nosotros, a quienes nos fue dado el ser testigos, contemplamos un gran milagro, y ha sido conservado para que podamos informar a otros lo que entonces ocurrió. Porque el fuego, tomando forma de un arco, como la vela de un barco cuando se hincha con el viento, circundó como en un círculo el cuerpo del mártir. Y él apareció dentro no como carne que se quema, sino como pan que se hornea, o como oro o plata que resplandece en el crisol. Además, percibimos una dulce fragancia [que venía de la pira], como si allí estuviera despidiendo humo de incienso o alguna especia preciosa.

Al fin, cuando aquellos hombres malvados vieron que su cuerpo no podía ser consumido por el fuego, ordenaron a un verdugo que se acercara y lo traspasara con una daga. Y al hacerlo, llegó una paloma, y una gran cantidad de sangre, de modo que se extinguió el fuego; y todas las personas se cuestionaban que debía haber tal diferencia entre los incrédulos y los elegidos, de quienes este tan admirable Policarpo era uno, habiendo sido en nuestra propia época un maestro apostólico y profético, y obispo de la Iglesia Católica que está en Esmirna. Porque cada palabra que salió de su boca ha sido o será cumplida.

La declaración de Jesús de que los judíos que perseguían a la iglesia de Esmirna **[decían] ser judíos, y no lo [eran]** ha hecho que algunos se pregunten si eran racialmente judíos. Desde luego que eran descendientes físicos de Abraham, pero no verdaderos judíos según la definición de Pablo: "No es judío el que lo es exteriormente, ni es la circuncisión la que se hace exteriormente en la carne; sino que es judío el que lo es en lo interior, y la circuncisión es la del corazón, en espíritu, no en letra; la alabanza del cual no viene de los hombres, sino de Dios" (Ro. 2:28-29). Aunque esos eran judíos como raza, espiritualmente eran paganos. Se aliaban a los gentiles enemigos de Dios en un intento de desarraigar el cristianismo en Esmirna.

No solo el Señor estaba consciente de la persecución que enfrentaba la iglesia de Esmirna, sino también de su **pobreza.** A diferencia de su sinónimo *penēs*, que denota a quienes luchan por suplir sus necesidades fundamentales, *ptocheia* (**pobreza**) describe a limosneros, que no viven de su propio trabajo, sino de limosnas de otros (cp. Richard C. Trench, *Synonyms of the New Testament* [Sinónimos del Nuevo Testamento] [reimpreso; Grand Rapids: Eerdmans, 1983], 128-29). Muchos de los creyentes en Esmirna eran esclavos; la mayoría estaban desamparados. Los pocos que habían tenido posesiones, sin duda las habían perdido en la persecución.

La iglesia de Esmirna tenía todos los motivos, desde el punto de vista humano, para derrumbarse. En vez de esto, permaneció fiel a su Señor, nunca (a diferencia de Éfeso) dejó su primer amor a Él. Por eso Jesús le dijo: **tú eres rico.** Ellos tenían lo que realmente importaba: la salvación, la santidad, la gracia, la paz, el compañerismo, un compasivo Salvador y Consolador. La iglesia de Esmirna era la rica iglesia pobre, a diferencia de la iglesia de Laodicea, que era la iglesia materialmente rica, pero espiritualmente pobre (cp. 3:17). La iglesia en Esmirna tipifica la riqueza espiritual de las fieles iglesias que han sufrido a lo largo de la historia.

EL MANDATO

No temas en nada lo que vas a padecer. He aquí, el diablo echará a algunos de vosotros en la cárcel, para que seáis probados, y tendréis tribulación por diez días. (2:10*a*)

Luego de elogiarlos por soportar fielmente la persecución, Jesús advirtió a los creyentes que aún faltaban cosas por venir. Antes de especificar su naturaleza, les ordenó que **no [temieran]** lo que **[iban]** a padecer. Él les daría la fuerza para soportarla. Como les dijo a sus discípulos en Juan 16:33: "En el mundo tendréis aflicción; pero confiad, yo he vencido al mundo". Por lo tanto, los creyentes que sufren en ese rebaño pudieran decir como David: "En Dios he confiado; no temeré; ¿qué puede hacerme el hombre?" (Sal. 56:11).

Específicamente, el Señor predijo que **el diablo** iba a echar **en la cárcel** a **algunos** de ellos. El propósito de Dios en permitir ese encarcelamiento era **para que** fueran **probados**. Al soportar esa prueba satisfactoriamente, probarían la realidad de su fe, serían fortalecidos (cp. 2 Co. 12:9-10) y probarían una vez más que Satanás no puede destruir la genuina fe salvadora.

La batalla sobrenatural en Esmirna era solo una escaramuza en la perenne guerra de Satanás contra Dios. El plan de Satanás siempre ha sido atacar a los hijos de Dios y tratar de destruir su fe. Por eso uno de sus títulos en las Escrituras es el "acusador de [los] hermanos" (12:10). Sin embargo, sus ataques contra los verdaderos hijos de Dios no pueden tener éxito. Jesús declaró: "Yo les doy vida eterna; y no perecerán jamás, ni nadie las arrebatará de mi mano. Mi Padre que me las dio, es mayor que todos, y nadie las puede arrebatar de la mano de mi Padre" (Jn. 10:28-29); y "Esta es la voluntad del Padre, el que me envió: Que de todo lo que me diere, no pierda yo nada, sino que lo resucite en el día postrero" (Jn. 6:39). Como su gran Sumo Sacerdote, Jesucristo "puede también salvar perpetuamente a los que por él se acercan a Dios, viviendo siempre para interceder por ellos" (He. 7:25). En Romanos 8:28-29 Pablo describe la inquebrantable cadena desde el preconocimiento a la predestinación, al eficaz llamado, a la justificación, a la glorificación; nadie se pierde a lo largo del camino. A todos los llamados se les guardará hasta que sean semejantes a Cristo en gloria.

El conocimiento de que sus esfuerzos para destruir la fe salvadora están condenados al fracaso, no disuade a Satanás de intentarlo. Su más destacado ataque contra la fe salvadora se registra en el libro de Job, donde (con la autorización de Dios) tomó de Job su familia, sus posesiones y su salud física.

Todo lo que le quedó a Job fue una irascible mujer y amigos cuyos ineficaces consejos lo llevaron a no prestar atención. Pero "en todo esto no pecó Job, ni atribuyó a Dios despropósito alguno" (Job 1:22; cp. 2:10). La declaración triunfante de Job, "aunque él me matare, en él esperaré" (Job 13:15), señalaba tanto el triunfo de la verdadera fe salvadora, como la absoluta derrota de Satanás.

En el Nuevo Testamento, Satanás procuró destruir la fe de Pedro. Jesús le advirtió: "Simón, Simón, he aquí Satanás os ha pedido para zarandearos como a trigo; pero yo he rogado por ti, que tu fe no falte; y tú, una vez vuelto, confirma a tus hermanos" (Lc. 22:31-32). Al igual que a los creyentes de Esmirna, Jesús predijo el ataque de Satanás contra Pedro, pero también que Pedro lo soportaría debidamente. Pablo también sobrevivió a lo peor que Satanás pudo lanzarle:

Y me ha dicho: Bástate mi gracia; porque mi poder se perfecciona en la debilidad. Por tanto, de buena gana me gloriaré más bien en mis debilidades, para que repose sobre mí el poder de Cristo. Por lo cual, por amor a Cristo me gozo en las debilidades, en afrentas, en necesidades, en persecuciones, en angustias; porque cuando soy débil, entonces soy fuerte (2 Co. 12:9-10).

Dios, quien controla de manera soberana todas las circunstancias de la vida, no permitiría a Satanás atormentar a la iglesia de Esmirna por mucho tiempo. Jesús prometió que tendrían tribulación durante solo diez días. Aunque algunos ven los **diez días** como representando simbólicamente todo lo de los diez períodos de persecución bajo los romanos, o como un período indeterminado de tiempo, a como un tiempo de diez años, no hay razón exegética para interpretarlos como algo que no sea los reales diez días. El mayor asalto de Satanás sobre la iglesia local sería intenso, pero breve.

EL CONSEJO

Sé fiel hasta la muerte, y yo te daré la corona de la vida. El que tiene oído, oiga lo que el Espíritu dice a las iglesias. El que venciere, no sufrirá daño de la segunda muerte. (2:10*b*-11)

Como se observó antes, Cristo no tenía motivos para amonestar a la iglesia fiel de Esmirna. Termina su carta con unas palabras finales de alentador consejo. El que prueba la autenticidad de su fe al permanecer **fiel** al Señor **hasta la muerte,** recibirá como recompensa **la corona** (*stephanos;* la corona del triunfador) **de la vida** (cp. Stg. 1:12). La **corona** (recompensa, culminación, logro) de la genuina fe salvadora es la **vida** eterna, y la paciencia prueba la autenticidad de su fe al soportar el sufrimiento. Las Escrituras enseñan que los verdaderos cristianos perseverarán. Los autores de la Confesión de Fe de Westminster comprendieron esta verdad bíblica al escribir "Ellos, a quienes Dios ha aceptado en su Amado, ciertamente llamados, y santificados por su Espíritu, no pueden, ni totalmente ni al final, caer del estado de gracia, sino que realmente perseverarán en él hasta el final, y serán salvos eternamente". Esa es la inequívoca enseñanza de la Biblia (p. ej. Mt. 10:22; 24:13; Mr. 4:13-20; Jn. 8:31; Col. 1:21-23; 1 Jn. 2:19).

Como se observa en el capítulo 4 de este volumen, cada una de las siete cartas termina con la frase **El que tiene oído, oiga lo que el Espíritu dice a las iglesias.** Esto destaca el significado primordial de lo que Dios dice en las Escrituras, y subraya la responsabilidad del cristiano de prestarle atención. La promesa al **que venciere** (todos los cristianos; cp. el análisis en el capítulo 4 de este volumen) es que **no sufrirá daño de la segunda muerte.** Aunque los creyentes perseguidos pudieran sufrir la primera muerte (física), nunca experimentarán **la segunda muerte** (que no es aniquilación, sino consciente y eterna condenación en el infierno; Ap. 20:14; 21:8); **no** es la forma más fuerte en la que se puede negar en el idioma griego.

La perseguida, sufrida, pero fiel iglesia de Esmirna, se levanta en todo tiempo como ejemplo de quienes "con corazón bueno y recto retienen la palabra oída, y dan fruto con perseverancia" (Lc. 8:15). Como fielmente lo confesaron delante de los hombres, Jesús los confesará delante del Padre (Mt. 10:32).

Pérgamo: La iglesia mundana

6

Y escribe al ángel de la iglesia en Pérgamo: El que tiene la espada aguda de dos filos dice esto: Yo conozco tus obras, y dónde moras, donde está el trono de Satanás; pero retienes mi nombre, y no has negado mi fe, ni aun en los días en que Antipas mi testigo fiel fue muerto entre vosotros, donde mora Satanás. Pero tengo unas pocas cosas contra ti: que tienes ahí a los que retienen la doctrina de Balaam, que enseñaba a Balac a poner tropiezo ante los hijos de Israel, a comer de cosas sacrificadas a los ídolos, y a cometer fornicación. Y también tienes a los que retienen la doctrina de los nicolaítas, la que yo aborrezco. Por tanto, arrepiéntete; pues si no, vendré a ti pronto, y pelearé contra ellos con la espada de mi boca. El que tiene oído, oiga lo que el Espíritu dice a las iglesias. Al que venciere, daré a comer del maná escondido, y le daré una piedrecita blanca, y en la piedrecita escrito un nombre nuevo, el cual ninguno conoce sino aquel que lo recibe. (2:12-17)

Para muchas personas en la iglesia actual, la palabra *mundanalidad* tiene una connotación antigua, pasada de moda. La asocian con prohibiciones de cosas como bailar, ir al cine o jugar a las cartas. Las iglesias de hoy día, amigables, orientadas a buscar personas y movidas por el mercado, no predican mucho contra la mundanalidad. Hacerlo pudiera provocar que los incrédulos (sin mencionar a muchos creyentes) se sintieran incómodos, y por lo tanto, se elimina por ser una pobre estrategia de mercado.

Pero a diferencia de muchas de las iglesias contemporáneas, la Biblia no titubea en condenar la mundanalidad, por ser un pecado muy serio. La mundanalidad es cualquier preocupación o interés en el sistema de vida temporal, que pone algo perecedero antes de lo que es eterno. Como los creyentes no somos parte del sistema del mundo (Jn. 15:19), no debemos actuar como si lo fuéramos. "No os conforméis a este siglo", escribió el apóstol Pablo, "sino transformaos por medio de la renovación de vuestro entendimiento, para que comprobéis cuál sea la buena voluntad de Dios, agradable y perfecta" (Ro. 12:2). Como hemos sido redimidos por la gracia de Dios, a los creyentes se nos llama a "que, renunciando a la impiedad y a los deseos mundanos, vivamos en este siglo sobria, justa y piadosamente" (Tit. 2:12). "La religión pura y sin mácula", observa Santiago, es "guardarse sin mancha del mundo" (Stg. 1:27), porque "la amistad del mundo es enemistad contra Dios... [El] que quiera ser amigo del mundo, se constituye enemigo de Dios" (Stg. 4:4). Primera Juan 2:15-17 pone en claro el deber de los creyentes de evitar la mundanalidad:

> *No améis al mundo, ni las cosas que están en el mundo. Si alguno ama al mundo, el amor del Padre no está en él. Porque todo lo que hay en el mundo, los deseos de la carne, los deseos de los ojos, y la vanagloria de la vida, no proviene del Padre, sino del mundo. Y el mundo pasa, y sus deseos; pero el que hace la voluntad de Dios permanece para siempre.*

La iglesia en Pérgamo, como gran parte de las iglesias actuales, había dejado de prestar atención a las advertencias bíblicas contra la mundanalidad. Por consiguiente, estaba cediendo ante el mundo y en peligro de mezclarse con él. Este sería el próximo paso en la espiral descendente, luego de la pérdida del primer amor a Jesucristo que tuvo la iglesia de Éfeso.

En concordancia con la norma general de las siete cartas, la de Pérgamo revela siete aspectos: el escritor, la iglesia, la ciudad, el elogio, el reproche, el mandato y el consejo.

EL ESCRITOR

El que tiene la espada aguda de dos filos dice esto: (2:12*c*)

El que tiene la espada aguda de dos filos es el Señor Jesucristo resucitado y glorificado, como se indica en 1:16. Él, por medio del inspirado apóstol Juan, es el autor de esta carta. En esta carta, como en las dirigidas a Éfeso y a Esmirna, Cristo se identifica empleando una de las frases descriptivas de la visión de Juan en 1:12-17; **la espada aguda de dos filos** se refiere a la Palabra de Dios. Hebreos 4:12 observa que "la palabra de Dios es viva y eficaz, y más cortante que toda espada de dos filos; y penetra hasta partir el alma y el espíritu, las coyunturas y los tuétanos, y discierne los pensamientos y las intenciones del corazón". El apóstol Pablo también emplea la metáfora de una espada para describir la Palabra (Ef. 6:17). Que la espada sea **de dos filos** muestra la potencia y el poder de la Palabra para descubrir y juzgar los pensamientos más íntimos del corazón humano. La Palabra nunca tiene un filo embotado.

Esta descripción del Señor Jesucristo lo muestra como juez y ejecutor. Describiendo su apariencia en la Segunda Venida, Juan escribe que "de su boca sale una espada aguda, para herir con ella a las naciones, y él las regirá con vara de hierro; y él pisa el lagar del vino del furor y de la ira del Dios Todopoderoso" (19:15). Esa no es una presentación positiva y promisoria; es amenazante. Es la primera presentación negativa de Cristo, porque la iglesia de Pérgamo enfrentaba un juicio inminente. Se divisaba en el horizonte un desastre para esa mundana iglesia; había, y hay, solo un corto paso de las concesiones con el mundo al abandono total a Dios y el enfrentar su ira.

La iglesia en Pérgamo simboliza a muchas iglesias, a lo largo de la historia, que han cedido ante el mundo. Este espíritu de hacer concesiones fue muy evidente durante el período de los siglos cuarto al séptimo. En 313 d.C. el Emperador Constantino promulgó el Edicto de Milán, concediendo libertad religiosa a los cristianos y dando fin a dos siglos y medio de salvaje persecución. Adoptó el cristianismo y lo hizo la religión favorecida del imperio. Esto comenzó el proceso por el cual el cristianismo se fusionó con el estado romano. Sacerdotes paganos se convirtieron en sacerdotes cristianos; templos paganos se convirtieron en iglesias cristianas; las fiestas paganas se convirtieron en fiestas cristianas. El cristianismo dejó de ser un asunto personal, sino una identidad nacional. La iglesia contrajo matrimonio con el sistema político, de forma tal que la mundanalidad fue un sinónimo de la iglesia.

En ciertos aspectos, hoy la mundanalidad se sigue extendiendo en la iglesia. Iglesias, aun denominaciones completas, se han apartado de la verdadera fe y han abrazado al mundo filosófica y moralmente. Y en algunos lugares hay aún iglesias estatales, en formas espiritualmente impotentes. Al igual que la iglesia de Pérgamo, caen bajo el juicio del Señor de la verdadera iglesia.

LA IGLESIA

la iglesia en Pérgamo (2:12*a*)

El libro de Hechos no registra la fundación de la iglesia en Pérgamo. Según Hechos 16:7-8, Pablo pasó por Misia (la región en la que estaba situada Pérgamo) en su segundo viaje misionero, pero no se menciona que el apóstol predicara el evangelio ni que fundara una iglesia allí en ese momento. Lo más probable es que la iglesia de Pérgamo fuera fundada durante el ministerio de Pablo en Éfeso, cuando el evangelio salió desde allí y se predicó por toda la provincia de Asia (Hch. 19:10). Como la iglesia estaba rodeada de cultura pagana, estuvo expuesta continuamente a sus atractivos, intensificado por los pecados de los familiares. También enfrentó mucha enemistad por parte de los adoradores del emperador que los perseguían.

LA CIUDAD

Pérgamo (2:12*b*)

Pérgamo quedaba a unos mil seiscientos kilómetros al norte de Éfeso, con Esmirna ubicada casi a mitad de camino entre las dos. A diferencia de Éfeso y de Esmirna, Pérgamo no era una ciudad portuaria, sino que estaba situada a unos veintidós kilómetros tierra adentro desde el Mar Egeo. Tampoco estaba en ninguna de las grandes rutas comerciales. Sin embargo, como su antigua capital, a Pérgamo se le consideraba la ciudad más grande de Asia. El escritor romano Plinio la llamó "la ciudad más distinguida de Asia" (citado en Robert H. Mounce, *The book of Revelation, The New International Commentary on the New Testament* [El libro de Apocalipsis, El nuevo comentario internacional sobre el Nuevo Testamento [Grand Rapids: Eerdmans, 1977], 95). Para la época en la que Juan escribió Apocalipsis, Pérgamo había sido la capital de Asia por casi doscientos cincuenta años (desde 133 A.C., cuando su último rey dejó su reino en herencia a Roma). Pérgamo sobrevive hoy en la ciudad turca de Bergama.

La mayor parte de Pérgamo se construyó en una gran colina cónica, alzándose a unos trescientos metros por encima de la llanura. Tan impresionante es el sitio hasta en los tiempos modernos, que el afamado arqueólogo del siglo diecinueve Sir William Ramsay comentó: "Más allá de todos los otros lugares de Asia Menor, ofrece al viajero la impresión de una ciudad real, la sede de la autoridad: la colina rocosa sobre la que se levanta es muy grande, y domina el gran valle del Caico [El valle del río] muy arrogante y audazmente" (*The Letters to the Seven Churches of Asia* [Las cartas a las siete iglesias de Asia] (Albany, Oreg.: AGES Software; reimpreso de la edición de 1904], 226).

La enorme biblioteca de Pérgamo (doscientos mil volúmenes escritos a mano) era superada solo por la de Alejandría. Tan impresionante era, que Marco Antonio más tarde la envió a su amante, la reina Cleopatra de Egipto. Según la leyenda, fueron los de Pérgamo los que inventaron el pergamino (o vitela), para proporcionar materia escrita a su biblioteca. En la búsqueda por construir una biblioteca que rivalizara con la de Alejandría, el rey de Pérgamo del tercer siglo A.C. trató de atraer al bibliotecario de la biblioteca de Alejandría a su ciudad. Lamentablemente, el gobernador egipcio se enteró del plan, se negó a la salida del bibliotecario, y en desquite prohibió que se siguiera exportando papiro a Pérgamo. Por la necesidad, los de Pérgamo desarrollaron pergaminos, hechos de pieles de animales tratadas, para usarlos como material para escritura. Aunque los pergaminos ya eran conocidos desde mil años antes en Egipto, fueron los habitantes de Pérgamo los encargados de diseminar su uso en el mundo antiguo. En realidad, la palabra *pergamino* se deriva de la palabra *Pérgamo*.

Debido a su biblioteca, Pérgamo era un importante centro cultural y de aprendizaje. El médico Galeno, el más destacado después de Hipócrates, nació y estudió en Pérgamo. La ciudad se consideraba la defensora de la cultura griega en Asia Menor. Una gran moldura alrededor de la base del altar de Zeus conmemora la victoria de los moradores de Pérgamo sobre los bárbaros invasores galos.

Pérgamo era un importante centro de adoración a cuatro de las principales deidades del mundo grecorromano, y allí se encontraban templos dedicados a Atenea, Esculapio, Dionisio y Zeus. Pero eclipsando la adoración de todas esas deidades, estaba la devoción de Pérgamo al culto en el que se adoraba al emperador. Pérgamo edificó el primer templo dedicado a la adoración del emperador en Asia (29 A.C.), en honor del Emperador Augusto. Más adelante, la ciudad construiría dos templos más como esos, en honor de los emperadores Trajano y Séptimo Severo. Así que la ciudad se convirtió en el centro de adoración al emperador en la provincia, y allí, más que en cualquier otra ciudad de Asia, los cristianos estaban en peligro de recibir daño, producto del culto de adoración al emperador. En otros lugares, los cristianos estaban fundamentalmente en peligro en el día al año en el que se les exigía que ofrecieran sacrificios al emperador; en Pérgamo estaban en peligro todos los días. Es probable que el mártir Antipas (2:13) fuera ejecutado, al menos en parte, por no querer rendir adoración al emperador.

EL ELOGIO

Yo conozco tus obras, y dónde moras, donde está el trono de Satanás; pero retienes mi nombre, y no has negado mi fe, ni aun en los días en que Antipas mi testigo fiel fue muerto entre vosotros, donde mora Satanás. (2:13)

A pesar de las circunstancias difíciles en las que se hallaban, los creyentes en Pérgamo mantuvieron valientemente su fe en Jesucristo. Él los elogió por seguir **[reteniendo]** su **nombre,** aun cuando vivían **donde está el trono de Satanás.** Se han ofrecido muchas sugerencias con relación a la identificación del **trono de Satanás.** Algunos lo identifican con el espléndido altar de Zeus que dominaba la acrópolis de Pérgamo. Esto no era sencillamente un altar, como observa Edwin Yamauchi:

> La palabra *altar* despista un poco. La estructura es monumental y con columnatas, en forma de una herradura, de treinta y seis por treinta y cuatro metros. El podio del altar estaba casi a cinco metros y medio de altura. La gran moldura, que corría en la base de la estructura unos ciento treinta y seis metros, representaba una gigantomaquia, es decir, una batalla de los dioses y los gigantes. Era una de las más grandes obras del arte helénico. (*New Testament Cities in Western Asia Minor* [Ciudades

del Nuevo Testamento en Asia Menor Occidental] [Grand Rapids: Baker, 1980], 35-36)

Tal impresionante estructura pudiera fácilmente merecer la designación de **trono de Satanás.**

Otros relacionan **el trono de Satanás** con la adoración del dios Esculapio, que era predominante en Pérgamo. Esculapio era el dios de la sanidad, y las personas iban de todas partes del mundo antiguo hasta Pérgamo en busca de ser sanadas en su altar. A Esculapio se le describía como una serpiente, y en su templo deambulaban libremente serpientes no venenosas. Los suplicantes buscadores de sanidad dormían o se acostaban en el piso del templo, esperando que una de esas serpientes los tocara (representando simbólicamente al mismo dios) y en consecuencia recibir sanidad. Tal simbolismo sin dudas les recordaría a los cristianos a Satanás (cp. Ap. 12:9, 14, 15; 20:2). Durante el dominio del Emperador Diocleciano, algunos cristianos trabajadores de canteras fueron ejecutados por no querer esculpir una imagen de Esculapio (Mounce, *Revelation* [Apocalipsis], 96, n. 36).

Otros señalan que, como se mencionó anteriormente, Pérgamo era un centro principal de culto al emperador en la provincia de Asia. Y el culto de adoración al emperador sin duda representaba la más grave amenaza para el cristianismo en Pérgamo. Fue por su negativa a adorar al emperador, no a los ídolos paganos, que los cristianos enfrentaron la muerte. Se podía entender fácilmente **el trono de Satanás** como una referencia al poderío de Roma bajo el "dios de este siglo" (2 Co. 4:4), blasfemando al verdadero Dios por medio del culto al emperador.

Por cualquiera de estas razones, se podía justificadamente llamar a Pérgamo la ciudad **donde está el trono de Satanás.** En medio de esas difíciles y penosas circunstancias, los creyentes siguieron **[morando],** una palabra que habla de residencia permanente y no simplemente de un lugar de paso, en Pérgamo. En términos modernos, ellos residían allí. A pesar de la persecución y del sufrimiento que soportaron, los creyentes en Pérgamo siguieron **[reteniendo]** el **nombre** de Cristo, **y no [negaron]** la **fe.** No se desviaron de la fidelidad a Cristo ni de las verdades principales de la fe cristiana. Los creyentes fieles en Pérgamo ejemplificaron la verdad de las palabras de Cristo en Mateo 16:18: "Edificaré mi iglesia; y las puertas del Hades no prevalecerán contra ella". No hay oposición satánica que pueda destruir la genuina fe salvadora como la que poseían esos creyentes.

La iglesia en Pérgamo mantuvo su fidelidad **aun en los días en que Antipas,** a quien Cristo describe como **mi testigo fiel fue muerto entre vosotros.** Nada se sabe con certeza acerca de Antipas aparte de lo que dice este texto. Es probable que fuera uno de los líderes de la iglesia de Pérgamo. Según la tradición, fue asado hasta morir dentro de un toro de metal, durante la persecución instigada por el Emperador Domiciano. La palabra **testigo** traduce *martus,* una palabra que con el tiempo se transliteró al castellano como la palabra *mártir,* ya que muchos testigos de Cristo pagaron con su vida.

He aquí un hombre que pagó el precio máximo por no querer hacer concesiones. Debido a su fidelidad, el Señor resucitado elogió a Antipas con el título empleado en otros pasajes para referirse a sí mismo (Ap. 1:5; 3:14). La fidelidad y el valor de Antipas fueron una amonestación para los que estaban en Pérgamo, que estaban siendo tentados a ceder ante el mundo.

EL REPROCHE

Pero tengo unas pocas cosas contra ti: que tienes ahí a los que retienen la doctrina de Balaam, que enseñaba a Balac a poner tropiezo ante los hijos de Israel, a comer de cosas sacrificadas a los ídolos, y a cometer fornicación. Y también tienes a los que retienen la doctrina de los nicolaítas, la que yo aborrezco. (2:14-15)

La iglesia en Pérgamo seguía fiel a Cristo y a la verdad cristiana. Perseveró fielmente en el cuartel general, por decirlo así, de la oposición satánica, incluso ante la posibilidad del martirio. Sin embargo, todo no andaba bien en Pérgamo. Luego de elogiar a los creyentes de allí, Cristo les informó: **tengo unas pocas cosas contra ti.** Su reproche era porque tenían **ahí a los que retienen** la falsa **doctrina.** Aunque la mayoría de los creyentes en Pérgamo eran fieles y leales a la verdad, había algunos asociados con la iglesia que comenzaron a creer falsas doctrinas. Aunque muchos de los que están en el cristianismo en la actualidad hacen poco caso de la doctrina, y se le da poca importancia al error bíblico y teológico, esa no es la perspectiva del Señor de la Iglesia. Nuestro Señor sostiene esto contra cualquiera en su iglesia que se desvía tras el error. Trágicamente, el resto estaba tolerando a estos que estaban en el error, en vez de enfrentarlos y, si se negaban a arrepentirse, sacarlos de la iglesia (cp. Tit. 3:10-11). Como muchas iglesias en la actualidad, la iglesia en Pérgamo dejó de obedecer el mandato bíblico de practicar la disciplina de la iglesia (cp. Mt. 18:15-18).

Específicamente, Cristo estaba preocupado con dos herejías que se estaban tolerando en Pérgamo, una asociada con un personaje del Antiguo Testamento, la otra con una persona del Nuevo Testamento. En primer lugar, algunos estaban siguiendo **la doctrina de Balaam.** La historia de Balaam, un destacado profeta a sueldo del Antiguo Testamento, se encuentra en Números 22-25. Temeroso de los israelitas por lo que les habían hecho a los amorreos, Balac, rey de Moab, contrató a Balaam para que los maldijera. Después de tratar tres veces, sin ningún éxito, de maldecir a Israel, a Balaam se le ocurrió otro plan. Como no podía maldecir a los israelitas, decidió corromperlos enseñando **a Balac a poner**

tropiezo ante los hijos de Israel, a comer cosas sacrificadas a los ídolos, y a cometer fornicación. Tramó usar a las mujeres moabitas para que sirvieran de señuelo a los israelitas e incitarlos a la conducta del mundo impío que los rodeaba: la inmoralidad sexual y la idolatría (Nm. 25; 31:16). Esa blasfema unión con Satanás y con los falsos dioses corrompería a los israelitas y destruiría su poder espiritual. El plan de Balaam tuvo éxito, aunque no hasta el punto que él esperaba. Dios intervino y castigó severamente a Israel, exterminando a veinticuatro mil (Nm. 25:9), entre ellos a muchos de los líderes (Nm. 25:4-5). Esa drástica acción detuvo en seco el descenso de los israelitas hacia la inmoralidad y la idolatría.

Al igual que los israelitas, quienes fueron seducidos por la falsa enseñanza de Balaam, algunos en la iglesia en Pérgamo fueron seducidos a mezclarse con el sistema pagano (cp. Jud. 10-11). Pedro reprendió a los balaamitas en 2 Pedro 2:15-16: "Han dejado el camino recto, y se han extraviado siguiendo el camino de Balaam hijo de Beor, el cual amó el premio de la maldad, y fue reprendido por su iniquidad; pues una muda bestia de carga, hablando con voz de hombre, refrenó la locura del profeta". Pero de la misma forma en la que Dios castigó severamente a Israel por tal unión, así el Señor Jesucristo amenazó con hacer lo mismo en este pasaje. En 2 Corintios 6:14-17, el apóstol Pablo señala el pecaminoso desatino de que los creyentes busquen unidad con el mundo:

No os unáis en yugo desigual con los incrédulos; porque ¿qué compañerismo tiene la justicia con la injusticia? ¿Y qué comunión la luz con las tinieblas? ¿Y qué concordia Cristo con Belial? ¿O qué parte el creyente con el incrédulo? ¿Y qué acuerdo hay entre el templo de Dios y los ídolos? Porque vosotros sois el templo del Dios viviente, como Dios dijo: Habitaré y andaré entre ellos, y seré su Dios, y ellos serán mi pueblo. Por lo cual, salid de en medio de ellos, y apartaos, dice el Señor, y no toquéis lo inmundo; y yo os recibiré.

A pesar del ejemplo gráfico de Israel y de la clara enseñanza del apóstol Pablo, que probablemente conocieran, algunos en Pérgamo persistían en seguir la enseñanza de Balaam. Ellos creían que se podía asistir a las fiestas paganas, con toda su depravación e inmoralidad sexual, y aún unirse a la iglesia para adorar a Jesucristo. Pero eso es imposible, ya que "la amistad del mundo es enemistad contra Dios... [El] que quiera ser amigo del mundo, se constituye enemigo de Dios" (Stg. 4:4). "Yo os ruego como a extranjeros y peregrinos", escribió Pedro, "que os abstengáis de los deseos carnales que batallan contra el alma" (1 P. 2:11). El asunto de si los cristianos pueden participar en fiestas idolátricas se había establecido décadas antes en el Concilio de Jerusalén, que publicó una orden para que los creyentes se abstuvieran "de lo sacrificado a ídolos, de sangre, de ahogado y de fornicación" (Hch. 15:29).

Tales concesiones aún continúan hoy día, con personas que, como Balaam, parecen hablar de parte de Dios, pero su motivación es la avaricia y el engrandecimiento propio, que conduce a la iglesia al pecado.

Una segunda herejía que se toleraba en Pérgamo implicaba a una figura del Nuevo Testamento. Había allí **los que** retenían **la doctrina de los nicolaítas.** La palabra **también** indica que la enseñanza de los **nicolaítas** condujo a la misma malvada actitud que tenían los seguidores de Balaam. Como se analizó en el capítulo 4 de este volumen, los nicolaítas derivan su nombre de Nicolás, uno de los siete hombres escogidos para encargarse de la distribución de alimentos en Hechos 6. No se sabe si se volvió apóstata (como creían algunos padres de la iglesia primitiva) o si los **nicolaítas,** sus seguidores, pervirtieron sus enseñanzas. Abusando de la enseñanza bíblica sobre la libertad cristiana, los **nicolaítas** también enseñaban que los cristianos podían participar en las orgías paganas. Ellos sedujeron a la iglesia con la inmoralidad e idolatría.

La mayoría de los creyentes en Pérgamo no participaban en los errores de ninguno de esos dos grupos heréticos. Ellos permanecieron resueltamente fieles a Cristo y a la fe cristiana. Pero por tolerar a esos grupos y no ejercer la disciplina de la iglesia, ellos compartieron su culpa, que trajo el juicio del Señor.

EL MANDATO

Por tanto, arrepiéntete; pues si no, vendré a ti pronto, y pelearé contra ellos con la espada de mi boca. (2:16)

El único remedio para cualquier conducta pecaminosa es **[arrepentirse]. Arrepiéntete** viene de *metanoeō,* una palabra empleada en las Escrituras para describir un cambio de mente que tiene como resultado un cambio de conducta. Aunque la tolerancia es encomiada en nuestra cultura moderna, tolerar enseñanzas heréticas o actitudes pecaminosas en la iglesia no es una virtud, sino un pecado. El asunto es tan serio que, si no se arrepienten o dejan de imponer disciplina, Cristo les advierte: **vendré a ti pronto, y pelearé contra ellos con la espada de mi boca** (cp. Nm. 22:23). Toda la iglesia enfrentó la espada de batalla del juicio de Cristo, los herejes por practicar su herejía e iniquidad, y el resto de la iglesia por tolerarlo. El cambio en los pronombres de **ti** a **ellos** refleja una expresión idiomática del griego que se encuentra por lo general en la Septuaginta; ambos pronombres se refieren a toda la iglesia.

La iglesia no puede tolerar el mal en forma alguna. A los jactanciosos corintios, que orgullosamente toleraban a un hombre culpable de incesto, Pablo les escribió: "No es buena vuestra jactancia. ¿No sabéis que un poco de levadura leuda toda la masa? Limpiaos, pues, de la vieja levadura, para que seáis nueva masa, sin levadura como sois" (1 Co. 5:6-7). A los creyentes que están en pecado se les debe hacer sentirse mal en el compañerismo y adoración de la iglesia, al ser confrontados poderosamente con la Palabra de Dios. Tampoco la meta de la iglesia es proporcionar un ambiente en el que los incrédulos se sientan cómodos; debe ser un lugar donde ellos puedan escuchar la verdad y sentirse culpables de sus pecados para que puedan ser salvos (Ro. 10:13-17). Amable (cp. 2 Ti. 2:24-26) y amorosamente, con gentileza, pero con firmeza, a los incrédulos se les debe confrontar con la realidad de su pecado y la misericordiosa provisión de Dios mediante la muerte expiatoria del Señor Jesucristo. El error nunca se suprimirá haciendo concesiones con él. Las iglesias de la actualidad, a las que no les gusta confrontar el pecado, están en su mayoría repitiendo el error de la iglesia de Pérgamo en una gran escala, y enfrentan el juicio del Señor de la iglesia.

EL CONSEJO

El que tiene oído, oiga lo que el Espíritu dice a las iglesias. Al que venciere, daré a comer del maná escondido, y le daré una piedrecita blanca, y en la piedrecita escrito un nombre nuevo, el cual ninguno conoce sino aquel que lo recibe. (2:17)

Cristo concluye su carta con palabras de consejo y aliento. Como se observa en el capítulo 4 de este volumen, la frase **El que tiene oído, oiga lo que el Espíritu dice a las iglesias** subraya la gran importancia de las palabras de Cristo y la responsabilidad de los creyentes de oírlas y prestarles atención. Como sucede con las otras seis cartas, las promesas se dirigen **al que venciere,** una frase que abarca a todos los creyentes (1 Jn. 5:4-5). Cristo promete tres cosas a los miembros fieles de la iglesia en Pérgamo.

En primer lugar, Él promete **darles** a comer **del maná escondido.** El maná era un pan con sabor a miel con el que Dios alimentó a los israelitas durante sus años de vagar por el desierto (Éx. 16:14ss). Según Éxodo 16:33, los israelitas debían recordar esa divina provisión guardando una vasija con maná dentro del arca del pacto durante sus viajes. El **maná escondido** representa a Jesucristo, el pan de vida que descendió del cielo (Jn. 6:48-51). Él proporciona sustento espiritual a los que ponen en Él su fe. El **maná escondido** simboliza todas las bendiciones y los beneficios de conocer a Cristo (Ef. 1:3).

Ha habido mucha especulación acerca de lo que simboliza la **piedrecita blanca.** Algunos la vinculan con el Urim y Tumim en el pectoral del sumo sacerdote (Éx. 28:15, 30; Lv. 8:8; Nm. 27:21; Dt. 33:8). Esas piedras se usaban para determinar la voluntad de Dios y representaban el derecho del sumo sacerdote a solicitar dirección de Dios para el líder que no podía acercarse a Dios directamente, sino que tenía que usar la estructura sacerdotal. De alguna forma, Dios hizo que esas piedras comunicaran su voluntad en una forma más allá de un simple sí, y no de echar suertes. Según esta opinión, por esta **piedrecita blanca** Dios promete a los vencedores el conocimiento de su voluntad. Otros identifican la **piedrecita blanca** como un diamante, la más preciosa de las piedras, simbolizando el precioso don de la vida eterna que Dios da a los creyentes. Sin embargo, parece mejor entender la **piedrecita blanca** a la luz de la costumbre romana de recompensar con piedras blancas a los que vencían en las competencias deportivas. Una piedra blanca, en la que se inscribía el nombre del deportista, servía como su boleto para un banquete especial de premios. Según ese punto de vista, Cristo promete a los vencedores entrada en la celebración en el cielo por la victoria eterna.

Habrá **un nombre nuevo, el cual ninguno conoce sino aquel que lo recibe.** Como se hace evidente en esa frase, no podemos saber cuál es ese **nombre nuevo** hasta que lo recibamos (cp. Dt. 29:29). *Kainos* (**nuevo**) no significa nuevo en contraposición a viejo en tiempo, sino nuevo en el sentido de cualitativamente diferente. El **nombre nuevo** servirá como el pase de cada creyente a la gloria eterna. Reflejará únicamente el especial amor y adopción de Dios por cada hijo verdadero.

La iglesia de Pérgamo enfrentó la misma decisión que enfrenta cada iglesia similar. Podía arrepentirse y recibir la bendición de la vida eterna en la gloria del cielo, o podía no arrepentirse y enfrentar la atemorizante realidad de que el Señor Jesucristo le declarara la guerra. Mantener el camino de las concesiones lleva al final al juicio.

Tiatira: La iglesia que toleraba el pecado

7

Y escribe al ángel de la iglesia en Tiatira: El Hijo de Dios, el que tiene ojos como llama de fuego, y pies semejantes al bronce bruñido, dice esto: Yo conozco tus obras, y amor, y fe, y servicio, y tu paciencia, y que tus obras postreras son más que las primeras. Pero tengo unas pocas cosas contra ti: que toleras que esa mujer Jezabel, que se dice profetisa, enseñe y seduzca a mis siervos a fornicar y a comer cosas sacrificadas a los ídolos. Y le he dado tiempo para que se arrepienta, pero no quiere arrepentirse de su fornicación. He aquí, yo la arrojo en cama, y en gran tribulación a los que con ella adulteran, si no se arrepienten de las obras de ella. Y a sus hijos heriré de muerte, y todas las iglesias sabrán que yo soy el que escudriña la mente y el corazón; y os daré a cada uno según vuestras obras. Pero a vosotros y a los demás que están en Tiatira, a cuantos no tienen esa doctrina, y no han conocido lo que ellos llaman las profundidades de Satanás, yo os digo: No os impondré otra carga; pero lo que tenéis, retenedlo hasta que yo venga. Al que venciere y guardare mis obras hasta el fin, yo le daré autoridad sobre las naciones, y las regirá con vara de hierro, y serán quebradas como vaso de alfarero; como yo también la he recibido de mi Padre; y le daré la estrella de la mañana. El que tiene oído, oiga lo que el Espíritu dice a las iglesias. (2:18-29)

El Señor Jesucristo ha llamado a su iglesia a ser santa y mantener la pureza al enfrentar el pecado en medio de ella. En realidad, la misma primera instrucción que Él dio a la iglesia fue sobre la confrontación del pecado. En Mateo 18:15-17 Jesús ordenó:

> Por tanto, si tu hermano peca contra ti, ve y repréndele estando tú y él solos; si te oyere, has ganado a tu hermano. Mas si no te oyere, toma aún contigo a uno

o dos, para que en boca de dos o tres testigos conste toda palabra. Si no los oyere a ellos, dilo a la iglesia; y si no oyere a la iglesia, tenle por gentil y publicano.

La práctica de la disciplina de la iglesia, que Cristo instituyó para mantener la santidad de la iglesia, tiene un doble propósito: "Llamar a los creyentes que pecan a que regresen a una conducta correcta, y purificar a la iglesia de los que obstinadamente se aferran a su pecado". En cualquier caso, se mantiene la pureza de la iglesia.

Luego del nacimiento de la iglesia el día de Pentecostés, el Señor dejó constancia de su empeño de tener una iglesia pura al exterminar a Ananías y Safira (Hch. 5:1-11). El Concilio de Jerusalén ordenó a los creyentes que observaran "estas cosas necesarias: que os abstengáis de lo sacrificado a ídolos, de sangre, de ahogado y de fornicación; de las cuales cosas si os guardareis, bien haréis" (Hch. 15:28-29).

El apóstol Pablo tenía también una ardiente preocupación por la pureza de la iglesia. Horrorizado ante la actitud de los corintios hacia el pecado flagrante en su asamblea, Pablo escribió:

De cierto se oye que hay entre vosotros fornicación, y tal fornicación cual ni aun se nombra entre los gentiles; tanto que alguno tiene la mujer de su padre. Y vosotros estáis envanecidos. ¿No debierais más bien haberos lamentado, para que fuese quitado de en medio de vosotros el que cometió tal acción? Ciertamente yo, como ausente en cuerpo, pero presente en espíritu, ya como presente he juzgado al que tal cosa ha hecho. En el nombre de nuestro Señor Jesucristo, reunidos vosotros y mi espíritu, con el poder de nuestro Señor Jesucristo, el tal sea entregado a Satanás para destrucción de la carne, a fin de que el espíritu sea salvo en el día del Señor Jesús (1 Co. 5:1-5).

El mismo Pablo sacó a dos líderes no arrepentidos de la iglesia de Éfeso: "Himeneo y Alejandro, a quienes entregué a Satanás para que aprendan a no blasfemar" (1 Ti. 1:20).

En la segunda epístola que les escribió, Pablo explicó a los corintios qué lo motivaba a desear la pureza de la iglesia: "Porque os celo con celo de Dios; pues os he desposado con un solo esposo, para presentaros como una virgen pura a Cristo" (2 Co. 11:2). Efesios 5:25-27 también enseña que la iglesia ha de ser una esposa pura para el Señor Jesucristo: "Cristo amó a la iglesia, y se entregó a sí mismo por ella, para santificarla, habiéndola purificado en el lavamiento del agua por la palabra, a fin de presentársela a sí mismo, una iglesia gloriosa, que no tuviese mancha ni arruga ni cosa semejante, sino que fuese santa y sin mancha".

A pesar de la clara enseñanza bíblica a hacer lo contrario, las iglesias a lo largo de la historia han tolerado el pecado, siguiendo una norma como la de la congregación de Tiatira, cuyos miembros estaban implicados tanto en adulterio espiritual como físico. Mediante los insidiosos esfuerzos de un falso maestro, esos pecados se habían extendido en la iglesia en Tiatira. La carta que Cristo dirige a sus miembros fue muy sobria, y marca una nueva fase en las cartas a las siete iglesias. El comentarista Charles Erdman presenta esta perspectiva sobre el lugar de esta carta entre las siete:

> La carta a la iglesia de Tiatira comienza el segundo grupo de mensajes a las iglesias de Asia. En el primer grupo, la iglesia de Éfeso se caracterizaba por la lealtad a Cristo que estaba carente de amor. En la iglesia de Esmirna la lealtad se probó con fuego. En la iglesia de Pérgamo a la lealtad le faltaba pasión por lo moral. Pero esas tres iglesias eran fieles a la fe, y no se habían rendido ante los ataques del mal.
>
> En cuanto a la iglesia de Tiatira, como las iglesias de Sardis y de Laodicea, la situación era mucho más grave. Aquí no era simplemente una minoría la que era indiferente, sino que una gran mayoría había cedido a las influencias desmoralizantes de las falsas enseñanzas. (*The Revelation of John* [El Apocalipsis de Juan] [Filadelfia: Westminster, 1966], 56)

Hay un empeoramiento progresivo en las características de esas siete iglesias, en las que se muestran como cada vez más influenciadas por el mal. Esa espiral descendente alcanza su punto más bajo en Laodicea.

La frase **las profundidades de Satanás** (2:24) revela cuánto había descendido la iglesia de Tiatira con relación a las de Esmirna y Pérgamo. La iglesia de Esmirna afrontaba la hostilidad de la "sinagoga de Satanás", es decir, de los judíos incrédulos (2:9). La iglesia en Pérgamo estaba en el lugar donde estaba el trono de Satanás (2:13), simbolizando la religión falsa gentil (particularmente la adoración al emperador). Pero la iglesia en Tiatira se había hundido de cabeza en las mismas profundidades del engaño satánico.

La carta a esta iglesia es la más larga de las siete, aunque se dirige a la iglesia en la más pequeña de las siete ciudades. Tiene un mensaje importante para la iglesia actual: la falsa doctrina y el pecado no deben permitirse; incluso bajo la bandera del amor, la tolerancia y la unidad. Pudiera haber mucho que elogiar en una iglesia. Pudiera parecer a primera vista que tiene un ministerio eficaz, que crece numéricamente e incluso que tiene un amistoso compañerismo. Pero la inmoralidad y la falsa doctrina, si no se confrontan, traerán juicio por parte del Señor de la Iglesia.

Los mismos siete aspectos constituyen la carta a Tiatira: El escritor, la iglesia, la ciudad, el elogio, el reproche, el mandato y el consejo.

EL ESCRITOR

El Hijo de Dios, el que tiene ojos como llama de fuego, y pies semejantes al bronce bruñido, dice esto: (2:18c)

El título **Hijo de Dios** y las dos frases descriptivas extraídas de la visión del Cristo resucitado en 1:12-17 identifican al escritor como el Señor Jesucristo. Como se observa, al identificarse en las siete cartas, Cristo escoge las frases de esa anterior visión que mejor se adaptan a su enfoque de cada iglesia. Las frases que se escogen aquí se centran en su papel como Juez divino.

Hijo de Dios destaca la deidad de Cristo, subrayando la verdad de que Él es uno en esencia con el Padre (cp. Jn. 5:18). Este es un cambio significativo en la forma de expresarse. En la visión registrada en el capítulo 1, se describe a Cristo como el Hijo del Hombre (1:13). Ese título subraya su humillación, su compasiva identificación con los creyentes como su misericordioso Sumo Sacerdote. Ofrece aliento a los cristianos perseguidos: "[Cristo] debía ser en todo semejante a sus hermanos, para venir a ser misericordioso y fiel Sumo Sacerdote en lo que a Dios se refiere, para expiar los pecados del pueblo. Pues en cuanto él mismo padeció siendo tentado, es poderoso para socorrer a los que son tentados" (He. 2:17-18). El título Hijo del Hombre ve a Cristo en su capacidad para compadecerse de las necesidades, pruebas y tentaciones de su Iglesia.

Sin embargo, en este pasaje se identifica a Jesús como **Hijo de Dios** (la única vez que aparece esta frase en Apocalipsis); el énfasis no está en su humildad, sino en su deidad, porque su manera de llegarse a la iglesia en Tiatira no es como compasivo Sumo Sacerdote, sino como Juez divino. Lo que está reservado para la iglesia en Tiatira no es consuelo, sino juicio cuando el poder divino de Cristo se mueva contra esa adúltera asamblea.

Como el divino Hijo de Dios, Jesucristo **tiene ojos como llama de fuego.** Su visión penetrante, como de láser, lo distingue todo; nada puede encubrirse u ocultarse de Él. Al describir a Jesucristo en la gloria de su segunda venida, Apocalipsis 19:12 dice que "sus ojos eran como llama de fuego" (cp. Dn. 10:6). Una iglesia puede sentirse satisfecha consigo misma, tener una buena reputación en la comunidad, o incluso entre otras iglesias, pero los ojos penetrantes del Señor Jesucristo la ven tal y como realmente es.

La descripción de sus **pies** como **semejantes al bronce bruñido** recuerda Apocalipsis 19:15, donde dice de Cristo que "él pisa el lagar del vino del furor y de la ira del Dios Todopoderoso". Que los pies de Cristo resplandezcan de forma brillante **semejantes al bronce bruñido** describe su pureza y santidad al pisotear la impureza.

Esa aterradora descripción del Señor Jesucristo debe haber creado conmoción, consternación y temor cuando se leyó esta carta a la congregación en Tiatira.

Vino como un entendimiento solemne para ellos, como lo debe ser para todos los cristianos que están en pecado, de que Cristo juzgará el pecado continuado y por el cual no haya habido arrepentimiento. Como dice el apóstol Pedro, "es tiempo de que el juicio comience por la casa de Dios" (1 P. 4:17).

LA IGLESIA

la iglesia en Tiatira (2:18*a*)

Como es el caso de las iglesias en Esmirna y Pérgamo, la Biblia no registra nada acerca de la fundación de la iglesia en Tiatira. Según Hechos 16:14, "una mujer llamada Lidia, vendedora de púrpura, de la ciudad de Tiatira, que adoraba a Dios", se convirtió bajo el ministerio de Pablo en Filipos. El versículo 15 registra que los miembros de su familia también abrazaron la fe en Cristo y fueron bautizados. Es posible que Lidia y su familia participaran en el inicio de la iglesia en Tiatira. Lo más probable es que la iglesia allí se fundó como parte del ministerio de Pablo en Éfeso (Hch. 19:10).

LA CIUDAD

Tiatira (2:18*b*)

Desde Pérgamo, la más septentrional de las siete ciudades, el camino romano se desviaba al este y luego al sudeste hacia **Tiatira,** a una distancia de unos sesenta y cuatro kilómetros. Tiatira estaba situada en un gran valle de norte a sur, que unía a los valles de los ríos Caico y Hermo. A diferencia de Esmirna o de Pérgamo, Tiatira se construyó en un país relativamente llano y desprovisto de una acrópolis. La ausencia de fortificaciones naturales desempeñaría una función importante en su historia.

A Tiatira la fundó uno de los sucesores de Alejandro Magno, Seleuco, como un puesto militar para guardar la carretera que iba de norte a sur. Luego hubo un cambio y vino a estar bajo el control de Lisímaco, quien gobernó en Pérgamo. Tiatira era la puerta a Pérgamo, y la tarea de los defensores de Tiatira era demorar a los atacantes y de esta forma ganar tiempo para Pérgamo. Lamentablemente, como Tiatira no tenía defensas naturales, la guarnición que había allí no podía esperar resistir por mucho tiempo. Así que la ciudad fue varias veces destruida y reconstruida; las escasas referencias a ella en la literatura antigua, por lo general, describen su conquista por un ejército invasor.

Por último, alrededor de 190 A.C., Tiatira fue conquistada y anexada por los romanos y disfrutó de la paz romana. La ciudad entonces llegó a ser un floreciente centro comercial. Su ubicación en la carretera principal de norte a sur, anteriormente un problema, ahora llegó a ser algo bueno. Ese camino se hizo aún más importante en tiempos del Imperio Romano, ya que unía a Pérgamo con Laodicea, Esmirna y las regiones interiores de la provincia de Asia. También sirvió como ruta de correo para los romanos. En el tiempo en el que se escribió el libro de Apocalipsis, Tiatira estaba entrando en su período de mayor prosperidad.

Tiatira fue célebre por sus numerosos gremios (más o menos el equivalente de los sindicatos obreros de la actualidad). La principal industria de Tiatira era la producción de lana y de artículos teñidos (sobre todo de púrpura, teñidos con tinte púrpura que se extraía de la raíz de un tipo de planta), pero inscripciones mencionan también gremios de trabajadores de lino, fabricantes de prendas exteriores, tintoreros, los que trabajaban el cuero, curtidores, alfareros, panaderos, comerciantes de esclavos y herreros que trabajaban el bronce (William Ramsay, *The Letters to the seven churches of Asia* [Las cartas a las siete iglesias de Asia] (Albany, Oreg.: AGES Software; reimpreso de la edición de 1904], 260). Es probable que Lidia representara a su gremio en Filipos (Hch. 16:14), mostrando que el mercado de Tiatira se extendía a través del Mar Egeo a la región de Grecia.

A diferencia de Pérgamo o de Esmirna, Tiatira no era un centro religioso importante. El dios principal que adoraban sus moradores era el dios griego del sol, Apolo. Tampoco parece haber habido una considerable población judía. La presión que enfrentaron los cristianos en Tiatira vino de parte de los gremios. Para mantener un trabajo o echar a andar un negocio, era necesario ser miembro de un gremio. Cada gremio tenía su deidad patrona, en cuyo honor se celebraban fiestas, que culminaban con sacrificios de carne a los ídolos y con inmoralidad sexual. Los cristianos enfrentaron el dilema de asistir a esas fiestas o posiblemente perder su sustento. La forma en la que algunos en la iglesia de Tiatira estaban manejando la situación, hizo que el Señor Jesucristo se preocupara mucho.

EL ELOGIO

Yo conozco tus obras, y amor, y fe, y servicio, y tu paciencia, y que tus obras postreras son más que las primeras. (2:19)

Como hizo con las iglesias en Éfeso y en Pérgamo, Cristo elogió a la iglesia en Tiatira antes de expresarle su reproche. Él les aseguró que no había olvidado sus justas **obras** (cp. He. 6:10), las cuales dividió en cuatro categorías.

En primer lugar, los creyentes de Tiatira estaban demostrando **amor** a Dios y amor los unos por los otros; aunque ese amor era al parecer frágil, ya que no había un fuerte fundamento de una sana doctrina unificada. En ciertos aspectos, Tiatira era fuerte en lo que Éfeso era débil; en realidad, es la primera de las siete iglesias en ser elogiada por su amor.

En segundo lugar, Cristo los elogió por su **fe**. *Pistis* (**fe**) se traduce mejor "fidelidad" o "lealtad". Los verdaderos cristianos de Tiatira eran responsables, confiables y constantes (cp. el v. 25). La fe y el amor se vinculan a menudo en el Nuevo Testamento (p. ej. 1 Co. 13:2, 13; 2 Co. 8:7; Gá. 5:6; Ef. 1:15; 3:17; Col. 1:4; 1 Ts. 1:3; 3:6; 5:8; 2 Ts. 1:3; 1 Ti. 1:14; 2:15; 6:11; 2 Ti. 1:13; 2:22; 3:10; Tit. 2:2). Por la fe y el amor crecen **servicio** y **paciencia**. Los que aman expresarán ese amor al suplir las necesidades de los demás. Los que son fieles resueltamente perseverarán en la fe (cp. Mt. 16:24-26; 24:13).

Los cristianos de Tiatira no solo poseían esas virtudes, sino que también sus **obras postreras** eran **más** en número **que las primeras**. Su amoroso servicio se hizo más constante y su fiel perseverancia se hizo más fuerte. Estaban creciendo en gracia, madurando en su vida cristiana y haciendo prosperar la causa de Cristo (cp. 2 P. 1:8). Por tal actitud debían ser elogiados.

EL REPROCHE

Pero tengo unas pocas cosas contra ti: que toleras que esa mujer Jezabel, que se dice profetisa, enseñe y seduzca a mis siervos a fornicar y a comer cosas sacrificadas a los ídolos. Y le he dado tiempo para que se arrepienta, pero no quiere arrepentirse de su fornicación. He aquí, yo la arrojo en cama, y en gran tribulación a los que con ella adulteran, si no se arrepienten de las obras de ella. Y a sus hijos heriré de muerte, y todas las iglesias sabrán que yo soy el que escudriña la mente y el corazón; y os daré a cada uno según vuestras obras. (2:20-23)

A pesar del elogio que recibieron, no todo andaba bien con la iglesia en Tiatira. El problema no era la persecución externa, sino de concesiones internas; no había lobos rapaces fuera del rebaño, sino personas malvadas dentro (cp. Hch. 20:29-30). La mirada penetrante del Señor de la Iglesia había reconocido un serio error, haciendo que Él advirtiera **tengo unas pocas cosas contra ti**. El empleo del pronombre singular señala su amonestación en especial al líder de la congregación. La acusación es **que toleras que esa mujer Jezabel, que se dice profetisa, enseñe y seduzca a mis siervos a fornicar y a comer cosas sacrificadas a los ídolos**. El pecado, que al parecer implicaba a la mayoría de los miembros de la iglesia de Tiatira, era doble. En primer lugar, violaron la enseñanza bíblica de que las mujeres no deben ser maestras o predicadoras en la iglesia (1 Ti. 2:12). Eso los llevó a tolerar a la **mujer Jezabel, que se dice profetisa**. Ellos combinaron su error al permitirle enseñar, y enseñar algo erróneo. Como resultado, Jesús declara que ella enseña y seduce **a mis siervos a fornicar y a comer cosas sacrificadas a los ídolos**.

109

Jezabel sin duda no era el nombre verdadero de la falsa profetisa, pero como la infame esposa del rey Acab, era el agente de Satanás para corromper al pueblo de Dios. Por lo tanto, el Señor la calificó con el nombre simbólico de Jezabel. La Jezabel del Antiguo Testamento fue una mujer indescriptiblemente perversa, tanto que la Biblia dice que el casarse con ella fue lo peor que hiciera el malvado rey Acab: "Y Acab hijo de Omri hizo lo malo ante los ojos de Jehová, más que todos los que reinaron antes de él. Porque le fue ligera cosa andar en los pecados de Jeroboam hijo de Nabat, y tomó por mujer a Jezabel, hija de Et-baal rey de los sidonios, y fue y sirvió a Baal, y lo adoró" (1 R. 16:30-31). Gracias a la malvada influencia de Jezabel, la adoración a Baal se extendió por Israel.

Al igual que su homóloga en el Antiguo Testamento, la mujer en Tiatira **que** falsamente se decía **profetisa** tuvo éxito en seducir a los **siervos** de Cristo para que **[fornicaran y comieran] cosas sacrificadas a los ídolos.** Se pudiera especular que pudo haber adoptado el dualismo filosófico tan predominante en la filosofía griega del momento. Al llevarla a la iglesia, esta enseñanza sostiene que el espíritu es bueno y la carne es mala. Como Dios está interesado solo en el espíritu, según planteaban sus propulsores, no importa lo que uno haga con el cuerpo. De esta forma, según Jezabel, no importa si los cristianos **fornican** o comen **cosas sacrificadas a los ídolos.** Ella incluso pudo haber adoptado un punto de vista torcido y antinómico de la gracia de Dios, sosteniendo la idea de que no importa si el cristiano peca, ya que Dios misericordiosamente lo perdona. Tal vez ella también alentó a los cristianos a experimentar las profundidades de Satanás para que pudieran ser mejores testigos a los inconversos. Cualquiera que haya sido el contenido específico de su falsa enseñanza, condujo a la mayoría de los creyentes de Tiatira lejos de la verdad y la justicia.

La Biblia enseña que los verdaderos cristianos pueden caer en la inmoralidad sexual (cp. 1 Co. 6:15-20) y en la idolatría (cp. 1 Co. 10:21). Pero guiar a otros cristianos a las falsas doctrinas o a un modo de vida inmoral es un pecado muy grave, que merece el más severo castigo. En Mateo 18:6-10, Jesús describió gráficamente las graves consecuencias de quienes llevan a otros creyentes a pecar:

Y cualquiera que haga tropezar a alguno de estos pequeños que creen en mí, mejor le fuera que se le colgase al cuello una piedra de molino de asno, y que se le hundiese en lo profundo del mar. ¡Ay del mundo por los tropiezos! porque es necesario que vengan tropiezos, pero ¡ay de aquel hombre por quien viene el tropiezo! Por tanto, si tu mano o tu pie te es ocasión de caer, córtalo y échalo de ti; mejor te es entrar en la vida cojo o manco, que teniendo dos manos o dos pies ser echado en el fuego eterno. Y si tu ojo te es ocasión de caer, sácalo y échalo de ti; mejor te es entrar con un solo ojo en la vida, que teniendo dos ojos ser echado en el infierno de fuego. Mirad que no menospreciéis a uno de estos pequeños; porque os digo que sus ángeles en los cielos ven siempre el rostro de mi Padre que está en los cielos.

Los "pequeños que creen" en Cristo no son niños físicamente, sino niños espirituales, creyentes. Es tan serio llevar a otro creyente a pecar, que el Señor dijo que era mejor morir ahogado. La imagen de mutilarse a uno mismo describe la necesidad de acciones radicales al enfrentarse al pecado.

En el Antiguo Testamento, Jezabel enfrentó un horripilante final, apropiado para quien hizo apartarse a Israel:

Vino después Jehú a Jezreel; y cuando Jezabel lo oyó, se pintó los ojos con antimonio, y atavió su cabeza, y se asomó a una ventana. Y cuando entraba Jehú por la puerta, ella dijo: ¿Sucedió bien a Zimri, que mató a su señor? Alzando él entonces su rostro hacia la ventana, dijo: ¿Quién está conmigo? ¿quién? Y se inclinaron hacia él dos o tres eunucos. Y él les dijo: Echadla abajo. Y ellos la echaron; y parte de su sangre salpicó en la pared, y en los caballos; y él la atropelló. Entró luego, y después que comió y bebió, dijo: Id ahora a ver a aquella maldita, y sepultadla, pues es hija de rey. Pero cuando fueron para sepultarla, no hallaron de ella más que la calavera, y los pies, y las palmas de las manos. Y volvieron, y se lo dijeron. Y él dijo: Esta es la palabra de Dios, la cual él habló por medio de su siervo Elías tisbita, diciendo: En la heredad de Jezreel comerán los perros las carnes de Jezabel, y el cuerpo de Jezabel será como estiércol sobre la faz de la tierra en la heredad de Jezreel, de manera que nadie pueda decir: Esta es Jezabel (2 R. 9:30-37).

Misericordiosamente el Señor le había **dado** a la falsa profetisa de Tiatira **tiempo para que se [arrepintiera],** pero ilustrando la triste realidad de que las personas aman las tinieblas más que la luz (Jn. 3:19), no quiso **arrepentirse de su fornicación.** Su rudo y final rechazo al arrepentimiento la llevaría a un juicio terrible, que se presenta con la llamativa frase **He aquí.** Como Jezabel no quiso arrepentirse, Cristo declaró: **yo la arrojo en cama.** A la luz del carácter definitivo del rechazo de Jezabel a arrepentirse, lo más probable es que la **cama** se refiera a la muerte y al infierno, el lugar de descanso final para los que no quieren arrepentirse.

El juicio divino estaba a punto de caer no solo sobre Jezabel, sino también sobre **los que con ella adulteran.** El Señor amenaza con arrojarlos **en gran tribulación;** no la tribulación escatológica descrita en Apocalipsis 4-19, sino aflicción y problemas. Como fueron los cristianos pecadores los que habían creído sus mentiras, el Señor no amenaza con lanzarlos al infierno como hizo con la falsa profetisa. Él les promete un severo castigo, posiblemente aun la muerte física (cp. 1 Co. 11:30; 1 Jn. 5:16), **si no se arrepienten de las obras de ella.**

Entonces Cristo menciona a un tercer grupo que enfrenta el juicio divino, al declarar: **a sus hijos heriré de muerte.** Los **hijos** de Jezabel no eran hijos biológicos, sino espirituales. La iglesia tenía unos cuarenta años cuando Juan escribió, así que la falsa enseñanza de Jezabel había permanecido mucho tiempo para que surgiera una segunda generación de seguidores del error. Como hizo con Ananías y Safira, el Señor amenaza con **[herirlos] de muerte** (literalmente "matarlos con muerte"). Era demasiado tarde para Jezabel; su corazón estaba endurecido por el pecado del que no se había arrepentido. Pero el Señor Jesucristo, en su misericordia, advierte a sus discípulos que se arrepientan mientras todavía hay tiempo.

El juicio severo prometido a la falsa profetisa y a sus seguidores revela una vez más la pasión de Cristo por una iglesia con doctrina y comportamiento puros. Él hará lo que sea necesario para limpiar a su Iglesia de pecado, incluso hasta el punto de tomar la vida de los falsos maestros. Esta severa realidad debe motivar a todos los que pretenden ser maestros y predicadores en la iglesia a estar seguros de que hablan la verdad (cp. Stg. 3:1). También es una advertencia a los cristianos que siguen a los falsos maestros a que se arrepientan de sus pecados, para que no enfrenten el castigo divino.

Cristo recibiría gloria cuando juzgara a Jezabel y a sus seguidores. Cuando eso ocurriera, **todas las iglesias** sabrían que Él es **el que escudriña la mente y el corazón.** Esa frase ofrece confirmación adicional de la deidad de Cristo, ya que se emplea en el Antiguo Testamento respecto a Dios (p. ej. 1 Cr. 28:9; Sal. 7:9; Pr. 24:12; Jer. 11:20; 17:10; 20:12). Después de juzgar a la iglesia de Tiatira, todas las demás iglesias serían advertidas del mal de tolerar el pecado. También entenderían que no hay nada oculto de la penetrante vista del Señor de las iglesias.

No se sabe cuántos en esa congregación respondieron a la advertencia de Cristo; pero trágicamente la iglesia de Tiatira, en su conjunto, al parecer no le prestó atención. La historia registra que cayeron víctimas de la herejía montanista (un movimiento dirigido por un falso profeta que reclamaba constante revelación de Dios aparte de las Escrituras) y que dejó de existir a fines del segundo siglo.

Cristo entonces dirige una palabra de aliento a los verdaderos creyentes en la iglesia de Tiatira, que no habían seguido la falsa enseñanza de Jezabel: **os daré a cada uno según vuestras obras.** El juicio infalible de Cristo se basaría en las **obras** de cada persona; los que fueran inocentes no recibirían castigo junto con los culpables. Es un tema frecuente en las Escrituras que cada uno será juzgado por sus propias obras. En Mateo 7:16 Jesús dijo de los falsos profetas: "Por sus frutos los conoceréis". Hablando de su segunda venida, Jesús advirtió: "Porque el Hijo del Hombre vendrá en la gloria de su Padre con sus ángeles, y entonces pagará a cada uno conforme a sus obras" (Mt. 16:27; cp. Ap. 22:12). Dios es el Juez justo "el cual pagará a cada uno conforme a sus obras" (Ro. 2:6). Pablo escribió acerca de su enconado adversario Alejandro el calderero: "El Señor le pague conforme a sus hechos" (2 Ti. 4:14).

Siempre las obras han sido el fundamento del juicio divino. Sin embargo, eso no quiere decir que la salvación sea por obras (cp. Ef. 2:8-9; 2 Ti. 1:9; Tit. 3:5). Los hechos de una persona revelan su condición espiritual. Eso es lo que quiso decir Santiago cuando dijo: "yo te mostraré mi fe por mis obras" (Stg. 2:18). La fe salvadora se expresará inevitablemente en buenas obras, por lo que Santiago declara que "la fe, si no tiene obras, es muerta en sí misma" (Stg. 2:17, cp. el v. 26). Los cristianos son nuevas criaturas (2 Co. 5:17), "creados en Cristo Jesús para buenas obras, las cuales Dios preparó de antemano para que anduviésemos en ellas" (Ef. 2:10). Las obras no pueden salvar, pero sí nos pueden condenar.

El juicio debe comenzar por la casa de Dios (1 P. 4:17). Pero el juicio de Cristo reflejará imparcialmente las obras de cada persona; una realidad que debe traer temor a los que enseñan falsas doctrinas, pero aliento y esperanza a los que tienen una fe genuina.

EL MANDATO

Pero a vosotros y a los demás que están en Tiatira, a cuantos no tienen esa doctrina, y no han conocido lo que ellos llaman las profundidades de Satanás, yo os digo: No os impondré otra carga; pero lo que tenéis, retenedlo hasta que yo venga. (2:24-25)

Después de advertir a los que practicaban las falsas doctrinas que se arrepintieran, Cristo dirige palabras de consuelo **a los demás que están en Tiatira, a cuantos** no tenían la falsa **doctrina** de Jezabel. Recuerdan las palabras de consuelo de Dios a los de la época de Malaquías, que temían ser barridos por el juicio divino:

Entonces los que temían a Jehová hablaron cada uno a su compañero; y Jehová escuchó y oyó, y fue escrito libro de memoria delante de él para los que temen a Jehová, y para los que piensan en su nombre. Y serán para mí especial tesoro, ha dicho Jehová de los ejércitos, en el día en que yo actúe; y los perdonaré, como el hombre que perdona a su hijo que le sirve (Mal. 3:16-17).

Cristo además definió a los verdaderos creyentes como aquellos que **no tienen esa doctrina, y no han conocido lo que ellos llaman las profundidades de Satanás.** Jezabel y sus seguidores decían poder estar relacionados con las mismas profundidades de los dominios de Satanás y permanecer espiritualmente ilesos. En su perversa, libertina y licenciosa falsa teología, ellos creían que podían hacerlo impunemente. Esta enseñanza, previa al gnosticismo, decía que se era libre para vincularse en el mundo de Satanás y participar en pecados del cuerpo sin dañar el espíritu. Como el espíritu pertenece a Dios, su torcida lógica planteaba, ¿qué importancia tiene si el cuerpo va a una fiesta idolátrica y participa en la inmoralidad sexual? Se creían libres para explorar el mundo satánico y luego descaradamente venir a adorar a Dios.

A los verdaderos creyentes que no habían experimentado ese presunto conocimiento más profundo que proclamaban esos herejes, Cristo dijo: **No os impondré otra carga.** Llevar la carga de ver esta evidente falsa enseñanza y esta forma inmoral de vida extendiéndose en su iglesia, y tener que soportar las constantes insinuaciones y burlas de los del partido de Jezabel, era una carga suficiente para ellos. Pero para que no se confiaran demasiado, Cristo los exhorta: **lo que tenéis, retenedlo hasta que yo venga** (cp. 1 Co. 10:12). El uso de la palabra enérgica *krateō* (**retened**) indica que no sería fácil. La venida de Cristo, como se describe a la iglesia de Tiatira, era su venida a ellos para juicio. Pero en un sentido más amplio todos los creyentes deben "[seguir] lo bueno" (Ro. 12:9) hasta la venida de Cristo.

EL CONSEJO

Al que venciere y guardare mis obras hasta el fin, yo le daré autoridad sobre las naciones, y las regirá con vara de hierro, y serán quebradas como vaso de alfarero; como yo también la he recibido de mi Padre; y le daré la estrella de la mañana. El que tiene oído, oiga lo que el Espíritu dice a las iglesias. (2:26-29)

Al que venciere (es decir, un verdadero cristiano; cp. 1 Jn. 5:5) **y guardare** las **obras** de Cristo (en contraste con los del v. 22 que practicaban las malas obras de Jezabel) **hasta el fin** (la obediencia inconmovible distingue a un cristiano genuino), Cristo le promete dos cosas. En primer lugar, Cristo le **[dará] autoridad sobre las naciones, y las regirá con vara de hierro,** y ellas **serán quebradas como vaso de alfarero.** Esa promesa, tomada del Salmo 2:7-9, es de la participación en el reino milenario. Los que siguen siendo fieles a Cristo, a pesar de ser golpeados y despreciados en esta vida, gobernarán con Él en su reino terrenal. Ejercerán **autoridad sobre las naciones,** gobernándolas **con vara de hierro** (cp. Ap. 12:5; 19:15). Esas naciones en el reino milenario, que se rebelarán contra el gobierno de Cristo y amenazarán a su pueblo, serán destruidas. Esas personas que reinarán con Él protegerán a su pueblo y fomentarán santidad y rectitud. Cristo delegará autoridad en ellos **como** Él **también** ha **recibido** autoridad de su **Padre** (cp. Jn. 5:22, 27).

Cristo también prometió **dar** a sus fieles seguidores **la estrella de la mañana.** Algunos relacionan **la estrella de la mañana** con pasajes como Daniel 12:3 y Mateo 13:43. La promesa es que los creyentes reflejarán la gloria de Cristo.

Aunque los cristianos reflejarán la gloria de Cristo, es mejor ver **la estrella de la mañana** como Cristo mismo, un título que Él asume en Apocalipsis 22:16 (cp. 2 P. 1:19). Cristo prometió darse a conocer a los creyentes en toda su plenitud; aquel que "ahora [conocemos] en parte; pero entonces [lo conoceremos] como [fuimos] conocidos" (1 Co. 13:12).

Las palabras finales, **El que tiene oído, oiga lo que el Espíritu dice a las iglesias,** son un pedido a prestar atención al mensaje de la carta a la iglesia en Tiatira. Se destacan tres importantes verdades. En primer lugar, esta carta revela la gravedad de practicar y tolerar el pecado, y que Dios juzgará en la iglesia el pecado continuado y por el que no haya arrepentimiento. En segundo lugar, los verdaderos cristianos se identifican por un modelo de obediencia. Por último, la promesa misericordiosa de Dios a los suyos es que, a pesar de las luchas contra el pecado y el error en las iglesias, experimentarán toda la plenitud de Cristo al reinar con Él. Esas iglesias, como Tiatira, que no prestan atención al mensaje, recibirán juicio divino; las que sí prestan atención a su mensaje, recibirán bendición divina.

Sardis:
La iglesia muerta

8

Escribe al ángel de la iglesia en Sardis: El que tiene los siete espíritus de Dios, y las siete estrellas, dice esto: Yo conozco tus obras, que tienes nombre de que vives, y estás muerto. Sé vigilante, y afirma las otras cosas que están para morir; porque no he hallado tus obras perfectas delante de Dios. Acuérdate, pues, de lo que has recibido y oído; y guárdalo, y arrepiéntete. Pues si no velas, vendré sobre ti como ladrón, y no sabrás a qué hora vendré sobre ti. Pero tienes unas pocas personas en Sardis que no han manchado sus vestiduras; y andarán conmigo en vestiduras blancas, porque son dignas. El que venciere será vestido de vestiduras blancas; y no borraré su nombre del libro de la vida, y confesaré su nombre delante de mi Padre, y delante de sus ángeles. El que tiene oído, oiga lo que el Espíritu dice a las iglesias. (3:1-6)

Las enormes distancias del espacio interestelar son inimaginablemente inmensas. Las estrellas más cercanas a nosotros están a trillones de kilómetros de distancia. Esas grandes distancias han obligado a los astrónomos a idear unidades de medida apropiadas, como los años luz. Un año luz es igual a la distancia que la luz, viajando a casi trescientos mil kilómetros por segundo, recorre en un año, más de nueve billones de kilómetros.

La distancia enorme, incluso a la estrella más cercana, presenta una posibilidad interesante. Si una estrella que está a treinta años luz de la tierra hubiera explotado y desaparecido hace cinco años, no podríamos decirlo, mirándola desde la tierra, hasta los próximos veinticinco años. Aunque ya no existe, la luz de esa estrella seguiría brillando como si nada hubiera cambiado.

Esa ilustración resume perfectamente la situación en muchas iglesias. Ellas aún brillan con la luz que reflejaron en un brillante pasado. Mirándolas desde lejos, se pudiera pensar que nada había cambiado. Pero las tinieblas espirituales de las falsas enseñanzas y la vida de pecado han extinguido la luz que había dentro, aunque algo de su reputación pudiera aun permanecer.

La iglesia de Sardis era una de estas iglesias. Tenía reputación de estar viva, pero el Señor Jesucristo dijo que estaba muerta. La espiral descendente que reflejaban esas iglesias, comenzando con la pérdida de su primer amor a Cristo de la iglesia de Éfeso y siguiendo con la mundanalidad de la de Pérgamo y la tolerancia del pecado de la de Tiatira, alcanzó un nuevo punto bajo en Sardis. A la iglesia de Sardis se le pudiera muy bien apodar "La primera iglesia de las cizañas". Era una iglesia dominada por el pecado, la incredulidad y la falsa doctrina. Como la higuera en la historia de Jesús, daba hojas, pero no fruto (Mt. 21:19).

Como el resto de las siete iglesias, la iglesia de Sardis era una iglesia existente en la época de Juan. Pero también simboliza las iglesias muertas que han existido a lo largo de la historia, y que lamentablemente siguen existiendo en la actualidad. La apariencia de luz es solo una ilusión.

La carta del Señor Jesucristo a la iglesia en Sardis puede dividirse en las ya conocidas siete secciones: El escritor, la iglesia, la ciudad, el reproche, el elogio, el mandato y el consejo.

EL ESCRITOR

El que tiene los siete espíritus de Dios, y las siete estrellas, dice esto: (3:1*c*)

Las descripciones del autor divino en cada una de las siete cartas se toman de la visión de 1:12-17. La carta a Sardis toma un componente adicional del saludo en 1:4, donde también aparece la frase **siete espíritus.** Esa frase pudiera referirse a Isaías 11:2, donde se describe al Espíritu Santo como "el Espíritu de Jehová; espíritu de sabiduría y de inteligencia, espíritu de consejo y de poder, espíritu de conocimiento y de temor de Jehová". También pudiera referirse a la descripción simbólica del Espíritu Santo como un candelabro con siete lámparas (una *menorah*), presentada en Zacarías 4:1-10. En ambos casos, la alusión es a la plenitud del Espíritu. Jesucristo es representado en su iglesia por medio del Espíritu Santo.

Las **siete estrellas** son los siete mensajeros o ancianos (cp. 1:20), uno de cada una de las siete iglesias, quienes probablemente llevaron una copia del libro de Apocalipsis a sus respectivas iglesias. La metáfora muestra a Jesucristo, el soberano Señor de la iglesia, haciendo valer su gobierno por medio de esos guías espirituales y pastores.

La presentación que Cristo hace de sí mismo nos da una idea de la severidad de la situación en Sardis. Es sorprendente que no se presenta como el Juez divino (como lo hizo en 2:18 a la iglesia en Tiatira), aunque la iglesia en Sardis enfrentaba un juicio inminente. En su lugar, Él se describe como aquel que obra de forma soberana en su iglesia por medio del Espíritu Santo y los guías espirituales. Esa presentación sirvió de recordatorio a la iglesia de Sardis de lo que le faltaba. Necesitada del Espíritu, la iglesia en Sardis estaba muerta, poblada pero irredenta.

LA IGLESIA

la iglesia en Sardis (3:1*a*)

Aunque en las Escrituras no se dan los detalles, es probable que la iglesia en Sardis fuera fundada como parte del ministerio de Pablo en Éfeso (Hch. 19:10). La persona más importante de la iglesia de Sardis que conozca la historia es Melitón. Fue un apologista (alguien que escribió en defensa del cristianismo) que sirvió como obispo de Sardis a fines del segundo siglo. También escribió el primero de los comentarios de Apocalipsis que se conocen. La carta no habla de persecución (¿por qué se molestaría Satanás con perseguir a una iglesia muerta?), falsas doctrinas, falsos maestros o forma de vida corrupta. Sin embargo, algunas combinaciones de estas cosas estaban obviamente presentes en Sardis, ya que la iglesia había muerto.

LA CIUDAD

Sardis (3:1*b*)

En grado notable, la historia de la iglesia en Sardis es paralela a la de la ciudad. Sardis se fundó alrededor de 1200 A.C., y había sido una de las más grandes ciudades en el mundo antiguo, capital del fabulosamente rico reino de Lidia. (El nombre del rey más famoso de ese reino, Creso, vive en el dicho "Tan rico como Creso".) Esopo, el famoso escritor de fábulas, pudiera haber sido de Sardis. La mayoría de la riqueza de Sardis venía del oro que se extraía del cercano río Pactolos; los arqueólogos han encontrado centenares de crisoles, usados para refinar oro, en las ruinas de Sardis (Edwin M. Yamauchi, *New Testament Cities in Western Asia Minor* [Ciudades del Nuevo Testamento en Asia Menor Occidental] [Grand Rapids: Baker, 1980], 65). Al parecer, las monedas de oro y plata se acuñaron primeramente en Sardis. La ciudad también se beneficiaba de su ubicación en el extremo occidental de la carretera real que conducía hacia el este a Susa, la ciudad capital persa, y de su proximidad a otras importantes rutas de comercio. También fue un centro de producción de lana y de la industria del vestido; en realidad, Sardis reclamaba el haber descubierto cómo teñir la lana.

Sardis estaba ubicada a unos cincuenta kilómetros al sur de Tiatira, en el fértil valle del río Hermo. Una serie de espolones o colinas sobresalían de la cumbre del Monte Tmolos, al sur del río Hermo. En una de esas colinas, a unos quinientos metros sobre el nivel del valle, se alzaba Sardis. Su ubicación hacía que la ciudad fuera casi inexpugnable. La colina sobre la que Sardis estaba construida tenía muros de roca lisos, casi perpendiculares en tres de sus lados. Solo desde el sur se podía llegar a la ciudad, por un camino abrupto y difícil. El inconveniente para que, de otra manera, fuera un lugar ideal, era que el espacio para que la ciudad se expandiera era limitado. Con el tiempo, cuando Sardis creció, una nueva ciudad surgió al pie de la colina. El lugar antiguo permaneció como refugio a donde retirarse cuando hubiera amenaza de algún peligro.

Su aparente ubicación inexpugnable hizo que los pobladores de Sardis se volvieran muy confiados. Esa satisfacción de sí mismos, a la larga resultó en la caída de la ciudad. Por causa de descuidos, sucedió lo inimaginable: Sardis fue conquistada. La noticia de su caída fue como una onda expansiva a través del mundo griego. Incluso en la época de Juan, varios siglos después, un proverbio igualaba el "tomar la acrópolis de Sardis" con "lograr lo imposible" (Colin J. Hemer, *The Letters to the Seven Churches of Asia in Their Local Setting* [Las cartas a las siete iglesias de Asia en su trasfondo local] [Sheffield: JSOT Press, 1986], 133). El doctor Robert L. Thomas describe el relato de la caída de Sardis:

> A pesar de una presunta advertencia contra la autosatisfacción de un dios griego al que consultó, Creso, el rey de Lidia, inició un ataque contra Ciro rey de Persia, pero recibió una contundente derrota. Regresando a Sardis para recuperarse y reconstruir su ejército para otro ataque, fue perseguido de inmediato por Ciro, quien puso sitio a Sardis. Creso se sintió completamente seguro en su inexpugnable situación en lo alto de la acrópolis y vislumbró una fácil victoria sobre los persas, quienes estaban acorralados entre las rocas perpendiculares de la ciudad de abajo, presa fácil para que el ejército de Lidia, que se estaba reagrupando, la aplastara. Luego de retirarse una noche cuando el drama se estaba desarrollando, se despertó para descubrir que los persas habían logrado el control de la acrópolis escalando una por una las abruptas murallas (549 A.C.). Los de Sardis se sentían tan seguros, que dejaron sus medios de acceso totalmente indefensos, permitiendo a quienes escalaban que ascendieran sin ser vistos. Se dice que aun un muchacho pudo haber defendido la ciudad de ese tipo de ataque, pero ni siquiera había un vigilante designado para velar el lado que se creía inaccesible.
>
> La historia se repitió más de tres siglos y medio después, cuando Antíoco el Grande conquistó Sardis aprovechando los servicios de un experimentado escalador de montañas de Creta (195 A.C.). Su ejército entró a la ciudad por otra ruta, mientras los defensores, con despreocupada confianza, se sentían satisfechos con solo cuidar el camino conocido, el istmo de tierra que se une al Monte Tmolo en el sur. (*Revelation 1-7: An Exegetical Commentary* [Apocalipsis 1-7: Un comentario exegético] [Chicago: Moody, 1992], 241)

Sardis nunca recuperó su independencia, y con el tiempo cayó bajo el dominio de Roma, en 133 A.C. Un terremoto catastrófico destruyó la ciudad en 17 d.C., pero fue reconstruida con la generosa ayuda económica del Emperador Tiberio. Como gratitud, los pobladores de Sardis edificaron un templo en su honor. Sin embargo, el objeto fundamental de adoración de la ciudad era la diosa Cibeles, la misma diosa que adoraban en Éfeso como Artemisa (Diana). Se celebraban las aguas termales que se hallaban no lejos de Sardis como un lugar en el que los dioses manifestaban su presunto poder de dar vida a los muertos, una nota irónica para una ciudad cuya iglesia estaba muerta. En la época de Juan, Sardis era próspera, pero estaba decayendo, sus días de gloria ya habían pasado. Tanto la ciudad, como la iglesia dentro de ella, habían perdido su vitalidad.

EL REPROCHE

Yo conozco tus obras, que tienes nombre de que vives, y estás muerto... porque no he hallado tus obras perfectas delante de Dios. (3:1*d*, 2*b*)

Como la iglesia de Sardis estaba muerta, Cristo salta de momento el acostumbrado elogio y va directamente a su reproche por ella. Aunque su apariencia externa pudiera engañar a los hombres (tenía un **nombre** o reputación, de estar **viva**), la iglesia de Sardis no podía engañar al omnisciente Señor Jesucristo, que conocía sus **obras**. Con su infalible conocimiento, dijo que la iglesia de Sardis estaba **muerta**. Al igual que tantas iglesias en la actualidad, estaba mancillada por el mundo, caracterizada por una decadencia interior, y poblada de personas no redimidas que imitaban ser una iglesia.

La muerte espiritual en el Nuevo Testamento está siempre relacionada con su causa: el pecado. Efesios 2:1 describe a los no regenerados como "muertos en [sus] delitos y pecados" (cp. Lc. 9:60; 15:24, 32; Col. 2:13; 1 Ti. 5:6; 1 Jn. 3:14). La iglesia en Sardis era como un museo en el que se exhiben animales disecados en su hábitat natural. Todo parece estar normal, pero nada está vivo. El pecado mató a la iglesia en Sardis.

¿Cuáles son las señales de peligro que indican que una iglesia está muriendo? Una iglesia está en peligro cuando está satisfecha con descansar en sus logros pasados, cuando está más preocupada en las formas litúrgicas que en la realidad espiritual, cuando se centra en remediar las enfermedades sociales, en vez de cambiar el corazón de las personas mediante la predicación del evangelio de Jesucristo, que da vida, cuando se preocupa más por las cosas materiales que por las espirituales, cuando se preocupa más por lo que piensan los hombres que por lo que Dios dijo, cuando está más enamorada de sus credos doctrinales y sus sistemas de teología que de la Palabra de Dios, o cuando pierde su convicción de que cada palabra de la Biblia es la Palabra de Dios misma. Sin que importe la asistencia que tenga, ni lo impresionante de sus edificios, a pesar de su prestigio en la comunidad, tal iglesia, al haber negado la única fuente de vida espiritual, está muerta.

La congregación de Sardis estaba realizando **obras;** estaban yendo directo a la salida. Pero aquellas obras, declaró Cristo, no eran **perfectas delante de Dios.** Aunque suficientes para dar a la iglesia de Sardis una reputación ante los hombres, aquellas obras eran insuficientes e inaceptables ante los ojos de Dios. No era más que movimientos sin sentido y sin vida de cuerpos muertos; las buenas obras de la congregación de Sardis simplemente cubrían de ropas a los inconversos. Los cadáveres espirituales (cp. Ef. 2:1-2) que poblaban la iglesia de Sardis estaban viviendo una mentira. Habían sido pesados en balanzas por el Juez justo y hallados faltos (cp. Dn. 5:27).

El héroe Sansón del Antiguo Testamento presenta una ilustración apropiada del dilema de la iglesia de Sardis. A pesar de sus espectaculares hechos y su asombrosa fuerza, su vida terminó triste y trágicamente. La tentadora Dalila presionaba a "[Sansón] cada día con sus palabras" y lo importunaba (Jue. 16:16) para que le revelara el secreto de su fuerza. Al fin, después que "su alma fue reducida a mortal angustia" (v. 16) por su constante curiosidad, Sansón le dijo la verdad a Dalila. Ella le cortó el cabello, y él perdió toda su fuerza, no por el corte de cabello, sino por su desobediencia a Dios. Luego vino el momento más triste de la trágica historia. Los filisteos vinieron a apresar a Sansón y, despreocupado, él fue a enfrentarlos. Sin embargo, lo capturaron, lo ataron, y le sacaron los ojos. Trágicamente, Sansón "no sabía que Jehová ya se había apartado de él" (v. 20). Aunque era el mismo hombre, con el mismo nombre, su poder se había ido. El resultado para Sansón fue encarcelamiento, ceguera, humillación y por último, la muerte.

Así también la iglesia en Sardis, que estuvo una vez espiritualmente viva y fuerte, ahora estaba ciega y débil, sin darse cuenta de que Dios hacía tiempo que había partido.

EL ELOGIO

Pero tienes unas pocas personas en Sardis que no han manchado sus vestiduras; y andarán conmigo en vestiduras blancas, porque son dignas. (3:4)

En medio de esa iglesia muerta, llena de personas no regeneradas, **unos pocos** cristianos verdaderos estaban esparcidos como flores en un desierto. Sin embargo, no eran suficientes como para cambiar la evaluación global de Cristo de que la iglesia estaba muerta. Pero Él no se había olvidado de los que permanecieron fieles a Él (cp. Mal. 3:16-17; He. 6:10).

El que Dios preserva a su remanente fiel es un tema frecuente de la Biblia. Pablo escribe en Romanos 11:1-5:

Digo, pues: ¿Ha desechado Dios a su pueblo? En ninguna manera. Porque también yo soy israelita, de la descendencia de Abraham, de la tribu de Benjamín. No ha desechado Dios a su pueblo, al cual desde antes conoció. ¿O no sabéis qué dice de Elías la Escritura, cómo invoca a Dios contra Israel, diciendo: Señor, a tus profetas han dado muerte, y tus altares han derribado; y sólo yo he quedado, y procuran matarme? Pero ¿qué le dice la divina respuesta? Me he reservado siete mil hombres, que no han doblado la rodilla delante de Baal. Así también aun en este tiempo ha quedado un remanente escogido por gracia.

Dios tenía su remanente aun en la iglesia muerta de Sardis. Había algunos sinceros entre los hipócritas, algunos humildes entre los orgullosos, algunos separados entre los mundanos y algunas espigas de trigo entre la cizaña.

Cristo describió al fiel remanente como los **que no han manchado sus vestiduras.** La palabra **manchado** viene de *molunō,* que significa "manchar", "amancillar", "embarrar" o "contaminar". Era una palabra que habría sido conocida para los lectores en Sardis debido a la industria de teñir lana que había en la ciudad; **vestiduras** simboliza el carácter en las Escrituras (p. ej. Is. 64:6; Jud. 23). El remanente fiel podía venir ante la presencia de Dios, porque no se habían contaminado o corrompido, sino que habían manifestado su carácter piadoso.

Específicamente, Cristo dice de esas personas que **andarán conmigo en vestiduras blancas, porque son dignas.** En los tiempos antiguos, tales vestiduras se usaban para las celebraciones y las fiestas. Como ellos no quisieron contaminar sus vestiduras, Cristo reemplazaría esas vestiduras limpias, preservadas humanamente, con otras divinamente puras (cp. 7:14). Las vestiduras blancas de pureza que Cristo promete aquí y en el versículo 5 (cp. 6:11; 7:9, 13; 19:8, 14) son las que usa el mismo Cristo en otra parte (Mt. 17:2; Mr. 9:3) y los santos ángeles (Mt. 28:3; Mr. 16:5; Hch. 1:10). A los que tienen ahora santidad y pureza se les dará perfecta santidad y pureza en el futuro.

EL MANDATO

Sé vigilante, y afirma las otras cosas que están para morir;... Acuérdate, pues, de lo que has recibido y oído; y guárdalo, y arrepiéntete. Pues si no velas, vendré sobre ti como ladrón, y no sabrás a qué hora vendré sobre ti. (3:2a, 3)

Cristo dirige el mandato al remanente fiel de los verdaderos cristianos en Sardis; no tiene sentido hablar a quienes están muertos. Si su iglesia iba a sobrevivir, necesitaba desesperadamente vida. Cristo puso delante de ellos el camino de la restauración espiritual al darles cinco pasos a seguir.

En primer lugar, tenían que ser **vigilantes.** No había tiempo para la indiferencia; no podían sencillamente ir con la corriente, tenían que ir al revés. El remanente de creyentes tenía que observar lo que estaba sucediendo en su iglesia, evaluar la situación, participar en el cambio de las cosas, confrontar el pecado y el error, e influir en la comunidad.

En segundo lugar, tenían que **afirmar las otras cosas que están para morir; cosas** es un sustantivo neutro en el griego y no se refiere a personas, sino a realidades espirituales. Cristo exhortó a los verdaderos cristianos de Sardis que soplaran la llama de las ascuas moribundas, que representaban las gracias espirituales que aún quedaban en la iglesia.

El tercer paso para el remanente fiel era que debían **acordarse de lo que** habían **recibido y oído.** Necesitaban volver a las verdades de la Palabra de Dios, recordar el evangelio y la enseñanza de los apóstoles. Por aquel tiempo ya estaban circulando las cartas de Pablo (cp. 2 P. 3:15-16) y se había escrito el resto del Nuevo Testamento. Los creyentes en Sardis necesitaban reafirmar su fe en la verdad acerca de Cristo, en lo relacionado con el pecado, la salvación y la santificación. Como le dice Pablo a Timoteo, debían guardar lo que se les había confiado (1 Ti. 6:20). Ellos necesitaban establecer un sólido fundamento doctrinal que les sirviera de base para el avivamiento.

En cuarto lugar, luego de volver a las verdades bíblicas, tenían que **guardar**las. La teología ortodoxa sin una vida obediente, no traerá como resultado un avivamiento.

Por último, tenían que [**arrepentirse**]. Con remordimiento y pesar, los creyentes en Sardis debían confesar sus pecados y apartarse de ellos. Esos cinco pasos, si se practicaban diligentemente, traerían como resultado la renovación.

Serían severas las consecuencias si no llegaba el avivamiento. Cristo les advirtió que **si no velas, vendré sobre ti como ladrón, y no sabrás a qué hora vendré sobre ti.** La descripción de Jesucristo que viene **como ladrón** siempre denota el concepto de juicio inminente (Mt. 24:43; Lc. 12:39; 1 Ts. 5:2, 4; 2 P. 3:10; Ap. 16:15). La amenaza aquí no se relaciona con su segunda venida, sino con que el Señor vendría y destruiría la iglesia de Sardis si no había un avivamiento. Eso puede también añadirse a las advertencias del juicio que enfrentan todas las iglesias muertas en la venida de Cristo.

La única manera de evitar el severo juicio que aguarda a los que conocen la verdad y se apartan de ella (He. 10:29-30) es seguir el camino de la vida espiritual.

EL CONSEJO

El que venciere será vestido de vestiduras blancas; y no borraré su nombre del libro de la vida, y confesaré su nombre delante de mi Padre, y delante de sus ángeles. El que tiene oído, oiga lo que el Espíritu dice a las iglesias. (3:5-6)

Como estímulo, Cristo describe las recompensas que esperan a los que participaron en el avivamiento. Los verdaderos cristianos, como se ha observado, serán **vestidos de vestiduras blancas.** En el mundo antiguo, las **vestiduras blancas** también se usaban para ocasiones festivas como las bodas. Los verdaderos cristianos usarían las suyas en la cena de las bodas del Cordero (19:7-9). También usaban vestiduras blancas los que celebraban victoria en la batalla. Todo verdadero cristiano es victorioso por medio de Cristo sobre el pecado, la muerte y Satanás. Sin embargo, como se observó antes en el análisis del versículo 4, las **vestiduras blancas** de los creyentes representan fundamentalmente pureza y santidad. Cristo promete vestir a los cristianos con la brillantez de la pureza y santidad eternas.

Cristo promete además a cada verdadero cristiano que Él **no borrará su nombre del libro de la vida,** sino que **confesará su nombre delante** del **Padre, y delante de sus ángeles.** Increíblemente, aunque el texto dice todo lo contrario, algunas personas suponen que este versículo enseña que puede borrarse el nombre de un cristiano del **libro de la vida.** De esta manera ellos neciamente cambian una promesa en una amenaza. Éxodo 32:33, señalan algunos, apoya la idea de que Dios puede quitar el nombre de alguien del libro de la vida. En ese pasaje el Señor le dice a Moisés que "al que pecare contra mí, a éste raeré yo de mi libro". Sin embargo, no hay contradicción alguna entre ese pasaje y la promesa de Cristo en Apocalipsis 3:5. El libro mencionado en Éxodo 32:33 no es el libro de la vida descrito aquí, en Filipenses 4:3, y después en Apocalipsis (13:8; 17:8; 20:12,15; 21:27), sino que se refiere al libro donde está el registro de los que están vivos (cp. Sal. 69:28). La amenaza entonces no es la condenación al castigo eterno, sino la muerte física.

En la época de Juan, los gobernantes tenían un registro de los ciudadanos de una ciudad. Si alguno moría o cometía un grave delito, se borraba su nombre de ese registro. Cristo, el Rey del cielo, promete que nunca borrará el nombre de un verdadero cristiano del libro de aquellos cuyos nombres estaban "escritos en el libro de la vida del Cordero que fue inmolado desde el principio del mundo" (13:8).

Por el contrario, Cristo **confesará** el **nombre** de cada creyente **delante** de Dios el **Padre, y delante de sus ángeles.** Él confirmará que le pertenecen. Aquí Cristo confirmó la promesa que hizo durante su ministerio terrenal: "A cualquiera, pues, que me confiese delante de los hombres, yo también le confesaré delante de mi Padre que está en los cielos" (Mt. 10:32). La consoladora verdad de que la salvación de los verdaderos cristianos es eternamente segura, es la inequívoca enseñanza de la Biblia. En ningún otro lugar se declara esta verdad más firmemente que en Romanos 8:28-39:

> *Y sabemos que a los que aman a Dios, todas las cosas les ayudan a bien, esto es, a los que conforme a su propósito son llamados. Porque a los que antes conoció,*

125

también los predestinó para que fuesen hechos conformes a la imagen de su Hijo, para que él sea el primogénito entre muchos hermanos. Y a los que predestinó, a éstos también llamó; y a los que llamó, a éstos también justificó; y a los que justificó, a éstos también glorificó. ¿Qué, pues, diremos a esto? Si Dios es por nosotros, ¿quién contra nosotros? El que no escatimó ni a su propio Hijo, sino que lo entregó por todos nosotros, ¿cómo no nos dará también con él todas las cosas? ¿Quién acusará a los escogidos de Dios? Dios es el que justifica. ¿Quién es el que condenará? Cristo es el que murió; más aun, el que también resucitó, el que además está a la diestra de Dios, el que también intercede por nosotros. ¿Quién nos separará del amor de Cristo? ¿Tribulación, o angustia, o persecución, o hambre, o desnudez, o peligro, o espada? Como está escrito: Por causa de ti somos muertos todo el tiempo; somos contados como ovejas de matadero. Antes, en todas estas cosas somos más que vencedores por medio de aquel que nos amó. Por lo cual estoy seguro de que ni la muerte, ni la vida, ni ángeles, ni principados, ni potestades, ni lo presente, ni lo por venir, ni lo alto, ni lo profundo, ni ninguna otra cosa creada nos podrá separar del amor de Dios, que es en Cristo Jesús Señor nuestro.

La carta a Sardis termina, como las otras seis, con una exhortación a prestar atención al consejo, los mandamientos y las promesas que contiene: **El que tiene oído, oiga lo que el Espíritu dice a las iglesias.** Los cadáveres espirituales, que aparentaban ser una iglesia, necesitaban prestar atención a la advertencia de Cristo de un juicio inminente. Los creyentes indiferentes tienen que despertar para salvar a su iglesia antes de que sea demasiado tarde. Y los pocos fieles pueden tomar aliento en el conocimiento de que su salvación está eternamente asegurada.

¿Qué le sucedió a Sardis? ¿Prestaron atención a la advertencia? ¿Llegó el avivamiento? El que un hombre destacado como Melitón sirviera como obispo de Sardis, varias décadas después que Juan escribió, hace pensar que al menos hubo algún avivamiento en Sardis. Hasta que vuelva Cristo, nunca es demasiado tarde para que otras iglesias muertas encuentren el camino de la renovación espiritual.

Filadelfia: La iglesia fiel

9

Escribe al ángel de la iglesia en Filadelfia: Esto dice el Santo, el Verdadero, el que tiene la llave de David, el que abre y ninguno cierra, y cierra y ninguno abre: Yo conozco tus obras; he aquí, he puesto delante de ti una puerta abierta, la cual nadie puede cerrar; porque aunque tienes poca fuerza, has guardado mi palabra, y no has negado mi nombre. He aquí, yo entrego de la sinagoga de Satanás a los que se dicen ser judíos y no lo son, sino que mienten; he aquí, yo haré que vengan y se postren a tus pies, y reconozcan que yo te he amado. Por cuanto has guardado la palabra de mi paciencia, yo también te guardaré de la hora de la prueba que ha de venir sobre el mundo entero, para probar a los que moran sobre la tierra. He aquí, yo vengo pronto; retén lo que tienes, para que ninguno tome tu corona. Al que venciere, yo lo haré columna en el templo de mi Dios, y nunca más saldrá de allí; y escribiré sobre él el nombre de mi Dios, y el nombre de la ciudad de mi Dios, la nueva Jerusalén, la cual desciende del cielo, de mi Dios, y mi nombre nuevo. El que tiene oído, oiga lo que el Espíritu dice a las iglesias. (3:7-13)

A veces me preguntan jóvenes que buscan una iglesia para pastorear, si sé de una iglesia sin ningún problema. Les respondo que "si lo supiera, no se los diría, porque irían allí y la echarían a perder". El caso es que no hay iglesias perfectas. Las iglesias luchan porque todas están constituidas por personas imperfectas y pecadoras. La iglesia no es un lugar para personas que no tienen debilidades; es una confraternidad de los que están conscientes de sus debilidades y desean que la fuerza y la gracia de Dios llene la vida de cada uno de ellos. Es un tipo de hospital para los que saben que están enfermos y necesitados.

Como todas las iglesias, la de Filadelfia tenía sus imperfecciones. Sin embargo, el Señor elogia a sus miembros por su fidelidad y lealtad. Ellos y la congregación de Esmirna fueron las únicas dos de las siete iglesias que no recibieron represión de parte del Señor de la Iglesia. A pesar de sus luchas carnales, los cristianos de

Filadelfia fueron fieles y obedientes, sirviendo y adorando al Señor. Ellos son un buen modelo para una iglesia fiel.

Para ayudar a comprender la carta a la iglesia de Filadelfia, esta puede dividirse en seis epígrafes: El escritor, la iglesia, la ciudad, el elogio, el mandato y el consejo.

EL ESCRITOR

Esto dice el Santo, el Verdadero, el que tiene la llave de David, el que abre y ninguno cierra, y cierra y ninguno abre: (3:7c)

El Señor Jesucristo, el autor divino de las siete cartas, siempre se presenta con una descripción que refleja su carácter. En las cinco anteriores, esas descripciones venían de la visión registrada en 1:12-17. Pero esa descripción es exclusiva y no se toma de esa previa visión. Esta tiene inconfundibles rasgos del Antiguo Testamento.

La expresión **el Santo** se refiere a Dios, quien solo posee absoluta santidad. El Antiguo Testamento describe varias veces a Dios como el Santo (p. ej. 2 R. 19:22; Job 6:10; Sal. 71:22; 78:41; Is. 43:15; 54:5; Hab. 3:3). Isaías 6:3 declara solemnemente: "Santo, santo, santo, Jehová de los ejércitos, toda la tierra está llena de su gloria" (cp. Ap. 4:8). Decir que Dios es santo es decir que Él está totalmente separado del pecado; por lo tanto, su carácter es absolutamente inmaculado y sin tacha.

El título "el Santo" se emplea en el Nuevo Testamento como un título mesiánico para el Señor Jesucristo. En Marcos 1:24 un atemorizado demonio gritó: "¡Ah! ¿qué tienes con nosotros, Jesús nazareno? ¿Has venido para destruirnos? Sé quién eres, el Santo de Dios" Al anunciar su nacimiento a María, el ángel describió a Jesús como "el Santo Ser" (Lc. 1:35). Más adelante Pedro reprendió a los judíos incrédulos porque negaron "al Santo y al Justo, y [pidieron] que se [les] diese un homicida" (Hch. 3:14).

La identificación de Jesucristo como **el Santo** no puede ser menos que una confirmación de su deidad. El Señor Jesucristo posee, sin alteración ni disminución, la naturaleza santa y pura de Dios. Como Cristo es santo, su iglesia debe serlo también. "Como aquel que os llamó es santo", escribió Pedro, "sed también vosotros santos en toda vuestra manera de vivir" (1 P. 1:15). El que el Omnisciente y Santo no haya reprendido, censurado o hecho alguna advertencia a la iglesia de Filadelfia, habla en verdad muy bien de ella.

No solo es Jesucristo el Santo; también se describe a sí mismo como **el Verdadero**. Se emplea la verdad en combinación con la santidad para describir a Dios en Apocalipsis 6:10; 15:3; 16:7; 19:2, 11. *Alēthinos* (**verdadero**) denota lo que es genuino, auténtico y real. En medio de la falsedad, la perversión y el error que llena al mundo, el Señor Jesucristo es la verdad (Jn. 14:6).

En tercer lugar, Cristo se describe como **el que tiene la llave de David.** Como se evidencia en Apocalipsis 5:5 y 22:16, **David** simboliza el oficio mesiánico. Una **llave** en las Escrituras representa autoridad; el que tiene las llaves tiene el control (cp. 1:18; 9:1; 20:1; Mt. 16:19). La frase **la llave de David** también aparece en Isaías 22:22, donde se refiere a Eliaquim, el mayordomo o primer ministro del rey de Israel. Debido a su oficio, él controlaba el acceso al monarca. Como el que tiene **la llave de David,** es Jesús quien tiene la autoridad soberana para determinar quién entra en su reino mesiánico (cp. Jn. 10:7, 9; 14:6; Hch. 4:12). Apocalipsis 1:18 revela que Jesús tiene las llaves de la muerte y el infierno; aquí se le describe como el que tiene las llaves de la salvación y las bendiciones.

Por último, Jesucristo se identifica como **el que abre y ninguno cierra, y cierra y ninguno abre.** Esa descripción subraya la omnipotencia de Cristo; no hay otro con más poder que pueda trastornar lo que Él hace. "Lo que hago yo, ¿quién lo estorbará?" declaró el Señor en Isaías 43:13 (cp. Is. 46:9-11; Jer. 18:6; Dn. 4:35). Nadie puede cerrar las puertas del reino ni de las bendiciones si Él las mantiene abiertas, y nadie puede lograr que se abran si Él las tiene cerradas. A la luz de la promesa en el versículo 8, también Cristo pudiera referirse a abrir y cerrar puertas para el servicio. En cualquier caso, el énfasis está en que su soberanía tiene el control sobre su Iglesia.

El hecho de que Jesucristo, el santo, verdadero, soberano y omnipotente Señor de la Iglesia, no haya encontrado nada de que condenar a la iglesia de Filadelfia, debió haber sido de gozoso aliento para ellos.

LA IGLESIA

la iglesia en Filadelfia (3:7a)

Poco se sabe acerca de la iglesia de Filadelfia aparte de este pasaje. Al igual que la mayoría de las otras siete iglesias, probablemente se fundó durante el ministerio de Pablo en Éfeso (Hch. 19:10). Algunos años después de que Juan escribiera Apocalipsis, el padre de la iglesia primitiva, Ignacio, pasó por Filadelfia, cuando iba rumbo a su martirio en Roma. Más adelante escribió a la iglesia una carta de aliento e instrucción. Algunos cristianos de Filadelfia fueron martirizados con Policarpo en Esmirna (vea el capítulo 5 de este volumen). La iglesia permaneció durante siglos. Los cristianos en Filadelfia permanecieron firmes, incluso luego de que la región fuera conquistada por los musulmanes; finalmente sucumbe en la mitad del siglo catorce.

LA CIUDAD

Filadelfia (3:7*b*)

Desde el valle del río Hermo, donde estaban situadas Sardis y Esmirna, un valle más pequeño (el del río Cogamis) se bifurcaba hacia el sudeste. Una carretera a través de este valle proporcionaba el mejor medio de ascender los 760 metros desde el valle Hermo hasta la extensa meseta central. En este valle, a unos cincuenta kilómetros de Sardis, estaba la ciudad de Filadelfia.

Filadelfia era la más joven de las siete ciudades, se fundó después de 189 A.C. o por el rey Eumenes de Pérgamo o por su hermano, Atalo II, quien lo sucedió como rey. En cualquier caso, la ciudad tomó su nombre del apodo de Atalo II: Filadelfo ("amado hermano"), que había ganado por la fidelidad a su hermano Eumenes.

Aunque estaba situada en un lugar fácilmente defendible, en una colina de más de doscientos metros que dominaba una importante carretera, Filadelfia no era fundamentalmente un puesto militar (como había sido Tiatira). Sus fundadores quisieron que fuera un centro de la cultura y el idioma griegos, un puesto misionero para diseminar el helenismo a las regiones de Lidia y Frigia. Filadelfia tuvo tanto éxito en su misión, que por el 19 d.C. el idioma de Lidia se había reemplazado por completo por el griego.

Filadelfia se benefició de su ubicación en la unión de varias importantes rutas de comercio (y también por ser una parada en la carretera imperial de correo), ganando el título de "puerta al este" (Robert H. Mounce, *The Book of Revelation, The New International Commentary on the New Testament* [El libro de Apocalipsis, El nuevo comentario internacional sobre el Nuevo Testamento] [Grand Rapids: Eerdmans, 1977], 114-15). La ciudad estaba ubicada al borde del *Katakekaumene* (la "tierra quemada"), una región volcánica cuyo fértil suelo era muy conveniente para viñedos. Sin embargo, el estar cerca de esta región volcánica activa, tenía sus inconvenientes. En 17 d.C. un poderoso terremoto sacudió a Filadelfia, junto a Sardis y otras diez ciudades vecinas. Aunque la destrucción inicial fue mayor en Sardis, Filadelfia, al estar más cerca del epicentro, experimentó temblores frecuentes durante los próximos años. Esta experiencia tan desgarradora dejó cicatrices psicológicas en los habitantes de Filadelfia, como apunta Sir William Ramsay:

> Muchos de los habitantes permanecieron fuera de la ciudad, viviendo en cabañas y pequeñas casas sobre el valle, y los que fueron lo bastante temerarios (como pensaban los de mente más sobria) como para permanecer en la ciudad, experimentaron con varios dispositivos para servir de apoyo y fuerza a los muros y a las casas, frente a los repetidos

choques. La memoria de este desastre perduró mucho... las personas vivieron en constante peligro y amenaza, siempre temerosas de un nuevo desastre; y la costumbre de salir a campo abierto probablemente no había desaparecido cuando se escribieron las siete cartas. (*The Letters to the seven churches of Asia* [Las cartas a las siete iglesias de Asia] [Albany, Oreg.: AGES Software; reimpreso de la edición de 1904], 316-17)

Como gratitud a la ayuda económica de Tiberio César en la reconstrucción de su ciudad, los habitantes de Filadelfia se unieron a otras ciudades para levantarle un monumento. Filadelfia fue más allá del resto de las ciudades y cambiaron su nombre a Neocesarea por varios años. Varias décadas después, la ciudad cambió su nombre nuevamente a Flavia, en honor de la familia imperial romana. Se conocería con ambos nombres, Filadelfia y Flavia, durante los siglos segundo y tercero.

EL ELOGIO

Yo conozco tus obras; he aquí, he puesto delante de ti una puerta abierta, la cual nadie puede cerrar; porque aunque tienes poca fuerza, has guardado mi palabra, y no has negado mi nombre. He aquí, yo entrego de la sinagoga de Satanás a los que se dicen ser judíos y no lo son, sino que mienten; he aquí, yo haré que vengan y se postren a tus pies, y reconozcan que yo te he amado. Por cuanto has guardado la palabra de mi paciencia, yo también te guardaré de la hora de la prueba que ha de venir sobre el mundo entero, para probar a los que moran sobre la tierra. He aquí, yo vengo pronto; (3:8-11a)

Al no hallar nada en sus **obras** que le causaran preocupación, el Señor Jesucristo siguió elogiando a los cristianos de Filadelfia por cuatro características de la congregación.

En primer lugar, la iglesia de Filadelfia tenía **poca fuerza.** Ese no fue un comentario negativo por causa de su debilidad, sino un elogio por su fuerza; la iglesia de Filadelfia era pequeña en número (cp. Lc. 12:32), pero tenía una poderosa influencia en su ciudad. La mayoría de sus miembros pudieron haber sido pobres, de las clases más bajas de la sociedad (cp. 1 Co. 1:26). Pero junto con Pablo podían decir: "Por lo cual, por amor a Cristo me gozo en las debilidades, en afrentas, en necesidades, en persecuciones, en angustias; porque cuando soy débil, entonces soy fuerte" (2 Co. 12:10). A pesar de su pequeño tamaño, de la iglesia de Filadelfia fluía poder espiritual. Las personas alcanzaban la redención, se transformaban vidas y se predicaba el evangelio de Jesucristo.

También los creyentes de Filadelfia se caracterizaban por la obediencia; **guardaban** la **palabra** de Cristo. Al igual que Job, podían decir: "Del mandamiento de sus labios nunca me separé; guardé las palabras de su boca más que mi comida" (Job 23:12). Al igual que Martín Lutero, en el juicio ante el régimen imperial, podían decir: "Mi conciencia está cautivada por la Palabra de Dios". No se desviaron del modelo de obediencia, probando de ese modo la autenticidad de su amor a Cristo (Jn. 14:23-24; 15:13-14).

Cristo además elogió a la congregación de Filadelfia por no haber **negado** su **nombre,** a pesar de las presiones que enfrentaron para que lo hicieran. Seguían siendo fieles sin importarles el costo. Apocalipsis 14:12 describe a los santos de la tribulación que se negaron a recibir la marca de la bestia: "Aquí está la paciencia de los santos, los que guardan los mandamientos de Dios y la fe de Jesús". Al igual que ellos, la iglesia de Filadelfia no se retractaría de su fe.

Por último, Cristo elogió a la iglesia de Filadelfia **por cuanto** sus miembros habían **guardado la palabra de** su **paciencia.** Una traducción reciente aclara lo que quiso decir Cristo: "has guardado mi mandato de ser constante". Los cristianos de Filadelfia perseveraron fielmente a través de sus pruebas y dificultades.

La firme paciencia que caracterizó la vida terrenal de Jesús (He. 12:2-4) debe ser un modelo para todos los cristianos. Pablo escribió a los tesalonicenses: "Y el Señor encamine vuestros corazones al amor de Dios, y a la paciencia de Cristo" (2 Ts. 3:5). Tanto el mandato como el ejemplo de Cristo deben motivar a los cristianos a soportar con paciencia. En realidad, la paciencia es un aspecto esencial de la fe salvadora (Mt. 10:22).

Debido a su fidelidad, el Señor Jesucristo le hizo a la iglesia de Filadelfia algunas asombrosas promesas. En primer lugar, **puso delante** de ellos **una puerta abierta, la cual nadie puede cerrar.** Su salvación estaba segura; su entrada a las bendiciones de la salvación por gracia y al futuro reino mesiánico de Cristo estaba garantizada. El cuadro de Cristo abriendo la puerta simboliza también las oportunidades de servicio que Él da a la fiel iglesia de Filadelfia. En otra parte en las Escrituras una puerta refleja libertad para predicar el evangelio. Explicando sus planes de viaje a los corintios, Pablo les informó: "Estaré en Éfeso hasta Pentecostés; porque se me ha abierto puerta grande y eficaz, y muchos son los adversarios" (1 Co. 16:8-9). En su segunda carta les escribió: "Cuando llegué a Troas para predicar el evangelio de Cristo, aunque se me abrió puerta en el Señor" (2 Co. 2:12). Pablo escribió a los colosenses: "Perseverad en la oración, velando en ella con acción de gracias; orando también al mismo tiempo por nosotros, para que el Señor nos abra puerta para la palabra" (Col. 4:2-3). La ubicación estratégica de su ciudad les daba a los cristianos de Filadelfia una oportunidad excelente de difundir el evangelio.

El versículo 9 registra una segunda promesa hecha por Jesucristo a la iglesia de Filadelfia: **He aquí, yo entrego de la sinagoga de Satanás a los que se dicen ser judíos y no lo son, sino que mienten; he aquí, yo haré que vengan y se postren a tus pies, y reconozcan que yo te he amado.** Como en el caso de Esmirna (cp. 2:9), los cristianos en Filadelfia enfrentaron hostilidad de los judíos no creyentes. Ignacio posteriormente contendió con algunos judíos hostiles durante su visita a Filadelfia. Como rechazaban a Jesucristo como el Mesías, ellos no eran sinagoga de Dios, sino **sinagoga de Satanás.** Aunque decían que eran **judíos,** esa afirmación era mentira. Racial, cultural y ceremonialmente eran judíos, pero espiritualmente no lo eran. Pablo define a un verdadero judío en Romanos 2:28-29: "Pues no es judío el que lo es exteriormente, ni es la circuncisión la que se hace exteriormente en la carne; sino que es judío el que lo es en lo interior, y la circuncisión es la del corazón, en espíritu, no en letra; la alabanza del cual no viene de los hombres, sino de Dios" (cp. Ro. 9:6-7).

Asombrosamente, Cristo prometió que algunos de los mismos judíos que estaban persiguiendo a los cristianos en Filadelfia **vendrían y se postrarían a** sus **pies, y reconocerían que** Dios los había **amado.** Inclinarse ante los pies de alguien refleja derrota total y sumisión. Los enemigos de la iglesia de Filadelfia sufrirían una derrota total y tendrían que humillarse. Esta imagen proviene del Antiguo Testamento, la cual describe el aún futuro día cuando los gentiles incrédulos se postrarán ante el remanente creyente de Israel (cp. Is. 45:14; 49:23; 60:14). La fidelidad de la iglesia de Filadelfia recibiría como recompensa la salvación de algunos de los muchos judíos que la estaban persiguiendo.

Otras iglesias fieles a lo largo de la historia han recibido del Señor la capacidad para alcanzar al pueblo judío con el evangelio del Mesías, Jesucristo. Y en el futuro llegará el día en el que "todo Israel será salvo" (Ro. 11:26), cuando Dios derramará "sobre la casa de David, y sobre los moradores de Jerusalén, espíritu de gracia y de oración; y mirarán a mí, a quien traspasaron, y llorarán como se llora por hijo unigénito, afligiéndose por él como quien se aflige por el primogénito" (Zac. 12:10).

El versículo 10 tiene una última promesa para la fiel iglesia de Filadelfia: **Por cuanto has guardado la palabra de mi paciencia, yo también te guardaré de la hora de la prueba que ha de venir sobre el mundo entero, para probar a los que moran sobre la tierra.** Como los creyentes de Filadelfia habían pasado satisfactoriamente tantas pruebas, Jesús prometió que los guardaría de la prueba postrera. La naturaleza arrolladora de esta promesa se extiende más allá de la congregación de Filadelfia y abarca a todas las iglesias fieles a lo largo de la historia. Este versículo promete que la iglesia no pasará por la tribulación, dando apoyo de esta manera al arrebatamiento antes de la tribulación. El arrebatamiento es el tema de tres pasajes del Nuevo Testamento (Jn. 14:1-4; 1 Co. 15:51-54; 1 Ts. 4:13-17), ninguno de los cuales habla de juicio, sino más bien de la iglesia que es llevada al cielo. Hay tres puntos de vista con relación al tiempo del arrebatamiento en referencia a la tribulación: que ocurre al final de la tribulación (postribulacionismo), en medio de la tribulación (mesotribulacionismo), y el *punto* de vista que parece recibir apoyo de este texto, que el arrebatamiento tiene lugar antes de la tribulación (pretribulacionismo).

Pueden observarse varios aspectos de esa maravillosa promesa. En primer lugar, la prueba está todavía en el futuro. En segundo lugar, la prueba es por un tiempo definido y limitado; Jesucristo la describió como **la hora de la prueba.** En tercer lugar, es una prueba que pondrá al descubierto a las personas como son realmente. En cuarto lugar, la prueba de alcance mundial, ya que **ha de venir sobre el mundo entero.** Por último, y de manera muy significativa, su propósito es **probar a los que moran sobre la tierra,** una frase empleada como término técnico en el libro de Apocalipsis para los incrédulos (cp. 6:10; 8:13; 11:10; 13:8, 12, 14; 14:6; 17:2, 8). La **hora de la prueba** es la semana setenta de Daniel (Dn. 9:25-27), el tiempo de angustia para Jacob (Jer. 30:7), el período de siete años de tribulación. El Señor promete guardar a su Iglesia del futuro tiempo de prueba que vendrá sobre los incrédulos.

Los incrédulos rebasarán la prueba si se arrepienten o fracasarán si se niegan a arrepentirse. Apocalipsis 6:9-11; 7:9-10, 14; 14:4; y 17:14 describen a los que se arrepienten durante la tribulación y reciben la salvación, rebasando de esta forma la prueba; Apocalipsis 6:15-17; 9:20; 16:11; y 19:17-18 describen a los que se niegan a arrepentirse, de este modo fracasan y reciben condenación.

Se ha debatido mucho el significado de la frase *tēreō ek* (**guardar de**). Los que defienden la idea de que la iglesia pasará por la tribulación, sostienen que esta frase significa preservación en medio de y emerger de. Consideran que la iglesia pasará por los juicios de la tribulación y que Dios la preservará en medio de ellos, de modo que la iglesia emerja satisfactoriamente al final de la hora de la prueba. Sin embargo, este punto de vista es improbable tanto en el terreno lingüístico como en el bíblico. El sentido esencial de la preposición *ek* es "de", "fuera de" o "lejos de". Si el Señor tuviera la intención de dar a conocer que la iglesia sería preservada en medio de la tribulación, las preposiciones *en* ("en") o *dia* ("a través de") habrían sido más apropiadas. *En* se emplea tres veces con el verbo *tēreō* en el Nuevo Testamento (Hch. 12:5; 1 P. 1:4; Jud. 21) y *eis* una vez (Hch. 25:4), siempre denotando previa existencia dentro con el propósito de continuar dentro. *Tēreō* con *ek* implica todo lo contrario: existencia continua fuera de.

La única otra ocasión en la que aparece la frase *tēreō ek* en la Biblia es en Juan 17:15. En su oración como sumo sacerdote, Jesús dijo: "No ruego que los quites del mundo, sino que los guardes del mal". Claro que no oró para que los creyentes fueran preservados dentro del poder de Satanás, ya que los creyentes han sido "[librados]... de la potestad de las tinieblas" y "[trasladados] al reino de su amado Hijo" (Col. 1:13). Los cristianos son los que se han convertido "de las tinieblas a la luz, y de la potestad de Satanás a Dios" (Hch. 26:18). Primera Juan 5:19 dice que es el mundo irredento el que yace bajo el poder de Satanás, no los creyentes.

El significado de *tēreō ek* en Juan 17:15, ser guardado completamente fuera de, es un poderoso argumento para abogar por un significado similar en Apocalipsis 3:10. El apóstol Juan escribió ambos pasajes, y ambos son citas directas del Señor Jesucristo. Interpretar *tēreō ek* como una promesa de preservación en medio de la tribulación presenta otra dificultad: la iglesia de Filadelfia nunca estuvo en la tribulación, esta todavía pertenece al futuro.

Otra evidente objeción a interpretar *tēreō ek* como una promesa de preservación en medio de la tribulación es que los creyentes en este tiempo terrible no serán preservados. En realidad, muchos sufrirán el martirio (6:9-11; 7:9-14), llevándonos esto a la conclusión de que la promesa de preservación no tiene sentido si los creyentes enfrentan la misma suerte que los pecadores durante la tribulación.

Algunos sostienen que la promesa de liberación es solo de la ira de Dios durante la tribulación. Pero una promesa de que Dios no matará a los creyentes, sino que permitirá a Satanás y al anticristo hacerlo, proporcionaría poco aliento a la iglesia sufriente de Filadelfia.

El **vengo** al que Cristo se refiere se distingue de los que prometió a otras de las siete iglesias (p. ej. 2:5, 16; 3:3). Las anteriores promesas fueron advertencias de inminentes juicios temporales sobre las congregaciones en pecado (cp. Hch. 5:1-11; 1 Co. 11:28-30). Sin embargo, aquí el **vengo** es para traer la hora de la prueba, que culmina con la segunda venida del Señor. Es la venida de Cristo para liberar a su iglesia (cp. 2 Ts. 2:1), no para traer juicio sobre ella; **pronto** describe la inminencia de la venida de Cristo por su Iglesia; pudiera ocurrir en cualquier momento. La respuesta de todo creyente debe ser: "Amén; sí, ven, Señor Jesús" (22:20).

EL MANDATO

retén lo que tienes, para que ninguno tome tu corona. (3:11*b*)

Debido a la inminente venida del Señor por su Iglesia, los creyentes deben **[retener] lo que [tienen].** Los miembros de la iglesia de Filadelfia habían sido fieles y leales a Cristo; Él les ordena que sigan siéndolo. Los que perseveran hasta el final probarán por ese medio la autenticidad de su salvación (Mt. 10:22; 24:13).

Es cierto que los creyentes están eternamente seguros gracias al poder de Dios. Pero el medio por el que los asegura es al darles a los creyentes una fe que persevera. Los cristianos son salvos por el poder de Dios, pero no sin su fe constante e imperecedera. Pablo escribe en Colosenses 1:21-23 que "ahora os ha reconciliado en su cuerpo de carne, por medio de la muerte, para presentaros santos y sin mancha e irreprensibles delante de él; si en verdad permanecéis fundados y firmes en la fe, y sin moveros de la esperanza del evangelio que habéis oído". Según 1 Juan 2:19, los que abandonan la fe muestran que nunca fueron realmente salvos: "Salieron de nosotros, pero no eran de nosotros; porque si hubiesen sido de nosotros, habrían permanecido con nosotros; pero salieron para que se manifestase que no todos son de nosotros".

La promesa de Cristo al que fielmente persevera es que **ninguno tome tu corona** (cp. Stg. 1:12). Apocalipsis 2:10 define esta **corona** como la "corona de la vida" o como dice literalmente el texto griego, "la corona que es vida". La **corona** o recompensa, para los que fielmente resistan hasta el final es vida eterna con todas las recompensas a esta asociadas (2 Jn. 8). Segunda Timoteo 4:8 la describe como una corona de justicia, y 1 Pedro 5:4 como una de gloria. En nuestro estado glorificado, seremos perfectamente justos, y de este modo perfectamente capaces de reflejar la gloria de Dios. Aquellos a quienes su fiel perseverancia los distingue como verdaderos hijos de Dios, no deben temer nunca el perder su salvación.

EL CONSEJO

Al que venciere, yo lo haré columna en el templo de mi Dios, y nunca más saldrá de allí; y escribiré sobre él el nombre de mi Dios, y el nombre de la ciudad de mi Dios, la nueva Jerusalén, la cual desciende del cielo, de mi Dios, y mi nombre nuevo. El que tiene oído, oiga lo que el Espíritu dice a las iglesias. (3:12-13)

Mientras terminaba la carta a la fiel iglesia de Filadelfia, Cristo prometió cuatro bendiciones eternas **al que venciere** (otro nombre para un cristiano; 1 Jn. 5:5).

La primera promesa es que Cristo **lo [hará] columna en el templo de mi Dios, y nunca más saldrá de allí.** Una **columna** representa estabilidad, permanencia e inmovilidad. También las columnas pueden representar honra; en los templos paganos muchas veces se esculpían de manera tal que rindieran honor a una deidad particular. La maravillosa promesa que Cristo da a los creyentes es que tendrán un eterno lugar de honor **en el templo de mi Dios** (cielo). Para personas acostumbradas a huir de su ciudad, producto de los terremotos y los enemigos, la promesa de que **nunca más [saldrán]** del cielo se entendió como seguridad en gloria eterna.

La segunda promesa de Cristo al que venciere es que escribirá **sobre él el nombre de** su **Dios.** Esto refleja propiedad, significando que todos los verdaderos cristianos pertenecemos a Dios. Habla esto también de la relación personal íntima que tenemos con Él por siempre.

En tercer lugar, Cristo promete escribir sobre los creyentes **el nombre de la ciudad de mi Dios, la nueva Jerusalén, la cual desciende del cielo, de mi Dios.** Los cristianos tenemos ciudadanía eterna en la **ciudad** capital del cielo, **la nueva Jerusalén,** descrita detalladamente en Apocalipsis 21. Esa es no obstante otra promesa de seguridad y gloria.

Por último, Cristo promete a los creyentes su **nombre nuevo.** El nombre de Cristo representa la plenitud de su persona. En el cielo, los creyentes "le [verán] tal como él es" (1 Jn. 3:2), y cualquier cosa que pudiéramos haber conocido de Él, palidecerá ante la realidad en la cual le veremos. El **nombre nuevo** por el cual tendremos el privilegio de llamarle reflejará esa gloriosa revelación de su persona.

La exhortación **El que tiene oído, oiga lo que el Espíritu dice a las iglesias** termina todas las cartas. Los creyentes deben prestar atención a las verdades que se encuentran en cada carta, ya que las siete iglesias representan los tipos de iglesias que han existido a lo largo de la historia. La carta a la fiel iglesia de Filadelfia revela que el Dios santo, verdadero, soberano y omnipotente derrama sus bendiciones sobre las iglesias que permanecen fieles a Él. Las bendecirá con puertas abiertas para el evangelismo, con salvación eterna, con bendiciones del reino y con liberación del gran tiempo de prueba que vendrá en la tierra. Finalmente Él traerá a todos los que perseveren en su fe a la dicha eterna del cielo, donde Él se les revelará plenamente. La promesa de estas ricas bendiciones debe motivar a cada iglesia y a cada cristiano a seguir el ejemplo de fidelidad de la iglesia de Filadelfia.

Laodicea: La iglesia tibia **10**

Y escribe al ángel de la iglesia en Laodicea: He aquí el Amén, el testigo fiel y verdadero, el principio de la creación de Dios, dice esto: Yo conozco tus obras, que ni eres frío ni caliente. ¡Ojalá fueses frío o caliente! Pero por cuanto eres tibio, y no frío ni caliente, te vomitaré de mi boca. Porque tú dices: Yo soy rico, y me he enriquecido, y de ninguna cosa tengo necesidad; y no sabes que tú eres un desventurado, miserable, pobre, ciego y desnudo. Por tanto, yo te aconsejo que de mí compres oro refinado en fuego, para que seas rico, y vestiduras blancas para vestirte, y que no se descubra la vergüenza de tu desnudez; y unge tus ojos con colirio, para que veas. Yo reprendo y castigo a todos los que amo; sé, pues, celoso, y arrepiéntete. He aquí, yo estoy a la puerta y llamo; si alguno oye mi voz y abre la puerta, entraré a él, y cenaré con él, y él conmigo. Al que venciere, le daré que se siente conmigo en mi trono, así como yo he vencido, y me he sentado con mi Padre en su trono. El que tiene oído, oiga lo que el Espíritu dice a las iglesias. (3:14-22)

Tal vez el más trágico tema en toda la historia de la redención sea la triste historia del desobediente Israel. El pueblo judío fue el beneficiario de privilegios espirituales sin precedentes: "los cuales son la adopción, la gloria, el pacto, la promulgación de la ley, el culto y las promesas; de quienes son los patriarcas, y de los cuales, según la carne, vino Cristo, el cual es Dios sobre todas las cosas, bendito por los siglos" (Ro. 9:4-5). Dios los escogió de entre todos los pueblos del mundo, los sacó de Egipto, los llevó a la Tierra Prometida, los amó y los cuidó y protegió (cp. Dt. 4:37; 7:7-8).

A pesar de esos privilegios, la historia de Israel fue de continua rebelión contra Dios. Después de la liberación milagrosa de Egipto, la rebelión de los israelitas trajo juicio severo de parte de Dios, e hizo que toda una generación pereciera en el desierto. El ciclo del pecado de Israel, el juicio de Dios y el arrepentimiento y restauración de Israel corren por todo el libro de Jueces. La pecaminosa arrogancia del pueblo judío los condujo a rechazar a Dios como su Rey y pedir un rey humano. El primer rey fue el desobediente Saúl, y la nación estuvo en confusión la mayor parte de este reinado. Luego de un período de relativa paz y obediencia bajo David y Salomón, Israel se dividió en dos reinos. Todos los reyes del norte (de Israel) y la mayoría de los reyes del sur (de Judá) fueron hombres malvados, que condujeron al pueblo a las horribles abominaciones de la idolatría.

A través de siglos de desobediencia, rebeldía y apostasía, Dios misericordiosamente llamó a Israel a que se volviera a Él: "Desde el día que vuestros padres salieron de la tierra de Egipto hasta hoy", dijo Dios en Jeremías 7:25, "os envié todos los profetas mis siervos, enviándolos desde temprano y sin cesar". Pero en vez de arrepentirse y volverse a Dios, los israelitas "no [le] oyeron ni inclinaron su oído, sino que endurecieron su cerviz, e hicieron peor que sus padres" (Jer. 7:26; cp. 25:4; 29:19; 35:15; 44:4-5; Zac. 7:12).

Por último, Dios trajo juicio devastador sobre su pueblo rebelde y no arrepentido. Primero Israel cayó ante los asirios, después Judá fue llevado al cautiverio por los babilonios y Jerusalén fue destruida. Segundo Reyes 17:7-23 relata la triste lista de pecados que provocó el juicio de Dios sobre su pueblo:

> *Porque los hijos de Israel pecaron contra Jehová su Dios, que los sacó de tierra de Egipto, de bajo la mano de Faraón rey de Egipto, y temieron a dioses ajenos, y anduvieron en los estatutos de las naciones que Jehová había lanzado de delante de los hijos de Israel, y en los estatutos que hicieron los reyes de Israel. Y los hijos de Israel hicieron secretamente cosas no rectas contra Jehová su Dios, edificándose lugares altos en todas sus ciudades, desde las torres de las atalayas hasta las ciudades fortificadas, y levantaron estatuas e imágenes de Asera en todo collado alto, y debajo de todo árbol frondoso, y quemaron allí incienso en todos los lugares altos, a la manera de la naciones que Jehová había traspuesto de delante de ellos, e hicieron cosas muy malas para provocar a ira a Jehová. Y servían a los ídolos, de los cuales Jehová les había dicho: Vosotros no habéis de hacer esto. Jehová amonestó entonces a Israel y a Judá por medio de todos los profetas y de todos los videntes, diciendo: Volveos de vuestros malos caminos, y guardad mis mandamientos y mis ordenanzas, conforme a todas las leyes que yo prescribí a vuestros padres, y que os he enviado por medio de mis siervos los profetas. Mas ellos no obedecieron, antes endurecieron su cerviz, como la cerviz de sus padres, los cuales no creyeron en Jehová su Dios. Y desecharon sus estatutos, y el pacto que él había hecho con sus padres, y los testimonios que él había prescrito a ellos; y siguieron la vanidad, y se hicieron vanos, y fueron en pos de las naciones que estaban alrededor de ellos, de las cuales Jehová les había mandado que no hiciesen a la manera de ellas. Dejaron todos los mandamientos de Jehová su Dios, y se hicieron imágenes fundidas de dos becerros, y también imágenes de Asera, y adoraron a todo el ejército de los cielos, y sirvieron a Baal; e hicieron pasar a sus hijos y a sus*

hijas por fuego; y se dieron a adivinaciones y agüeros, y se entregaron a hacer lo malo ante los ojos de Jehová, provocándole a ira. Jehová, por tanto, se airó en gran manera contra Israel, y los quitó de delante de su rostro; y no quedó sino sólo la tribu de Judá. Mas ni aun Judá guardó los mandamientos de Jehová su Dios, sino que anduvieron en los estatutos de Israel, los cuales habían ellos hecho. Y desechó Jehová a toda la descendencia de Israel, y los afligió, y los entregó en manos de saqueadores, hasta echarlos de su presencia. Porque separó a Israel de la casa de David, y ellos hicieron rey a Jeroboam hijo de Nabat; y Jeroboam apartó a Israel de en pos de Jehová, y les hizo cometer gran pecado. Y los hijos de Israel anduvieron en todos los pecados de Jeroboam que él hizo, sin apartarse de ellos, hasta que Jehová quitó a Israel de delante de su rostro, como él lo había dicho por medio de todos los profetas sus siervos; e Israel fue llevado cautivo de su tierra a Asiria, hasta hoy.

La apostasía de Israel afligió el corazón de Dios. En la parábola de Isaías 5:1-3, a Israel se le describe como una viña bien cuidada que no obstante produjo solo uvas silvestres. En el versículo 4 el Señor dijo quejumbrosamente: "¿Qué más se podía hacer a mi viña, que yo no haya hecho en ella? ¿Cómo, esperando yo que diese uvas, ha dado uvas silvestres?" En Isaías 48:18 exclamó: "¡Oh, si hubieras atendido a mis mandamientos! Fuera entonces tu paz como un río, y tu justicia como las ondas del mar". En el Salmo 78:40 el salmista se lamentaba: "¡Cuántas veces se rebelaron contra él en el desierto, lo enojaron en el yermo!" Isaías repitió ese mismo pensamiento: "Ellos fueron rebeldes, e hicieron enojar su santo espíritu; por lo cual se les volvió enemigo, y él mismo peleó contra ellos" (Is. 63:10). En Ezequiel 6:9 Dios dijo de Israel: "Me quebranté a causa de su corazón fornicario que se apartó de mí, y a causa de sus ojos que fornicaron tras sus ídolos".

El Nuevo Testamento también registra el quebranto de Dios por la rebeldía de Israel. Acercándose a Jerusalén por última vez, el Señor Jesucristo exclamó: "¡Jerusalén, Jerusalén, que matas a los profetas, y apedreas a los que te son enviados! ¡Cuántas veces quise juntar a tus hijos, como la gallina a sus polluelos debajo de sus alas, y no quisiste!" (Lc. 13:34). La larga historia de los judíos, de insensible rechazo a la persona de Dios, a sus mandamientos y mensajeros, culminó pocos días después, cuando clamaron por la ejecución de su Mesías.

El apóstol Pablo sintió la tristeza de Dios por la incredulidad de sus compatriotas. A los romanos escribió: "Hermanos, ciertamente el anhelo de mi corazón, y mi oración a Dios por Israel, es para salvación. Porque yo les doy testimonio de que tienen celo de Dios, pero no conforme a ciencia" (Ro. 10:1-2). En Romanos 9:2 escribió de su "gran tristeza y continuo dolor en [su] corazón" por la incredulidad de Israel. Tan intensa era la tristeza de Pablo por esa incredulidad, que declaró, consternado, que si fuera posible, habría estado dispuesto a "ser anatema, separado de Cristo, por amor a mis hermanos, los que son mis parientes según la carne" (v. 3).

Trágicamente, la entristecedora incredulidad de Israel encuentra paralelo en la iglesia. Hay muchos en las iglesias, incluso congregaciones enteras, que están perdidos. Pudieran ser sinceros, celosos y exteriormente religiosos, pero rechazan la verdad del evangelio. Tienen toda la riqueza de la enseñanza del nuevo pacto sobre la vida, muerte y resurrección de Cristo, que se encuentra en diferentes versiones de la Biblia que ni creen ni obedecen. Como resultado, están condenados, al igual que lo estaba el incrédulo Israel. Pablo los describió como los que tienen "apariencia de piedad, pero negarán la eficacia de ella", y luego aconsejó sabiamente a los creyentes que evitaran a esos hombres (2 Ti. 3:5).

La iglesia en Laodicea representa a estas iglesias apóstatas que han existido a lo largo de la historia. Es la última y la peor de las siete iglesias a las que se dirige nuestro Señor. La espiral descendente que comenzó en Éfeso, y continuó a través de Pérgamo, Tiatira, y Sardis, alcanzó su lugar más bajo en Laodicea. Incluso en Sardis quedaron algunos verdaderos creyentes; hasta donde se puede determinar, la iglesia en Laodicea era totalmente falsa, de personas no regeneradas. Tiene la sombría distinción de ser la única de las siete iglesias a quienes escribió Cristo, que no tuvo una palabra positiva de elogio. Debido a la drástica naturaleza de la situación en Laodicea, esta es también la más amenazante de las siete cartas.

El contenido de esta carta puede dividirse en seis partes: El escritor, la iglesia, la ciudad, el reproche, el mandato y el consejo.

EL ESCRITOR

el Amén, el testigo fiel y verdadero, el principio de la creación de Dios, dice esto: (3:14*c*)

Como en la carta a la iglesia de Filadelfia, Cristo no se identificó empleando ninguna de las frases de la visión mencionadas en 1:12-17. En vez de esto, se identificó con tres títulos divinos.

En primer lugar, el Señor Jesucristo se describió como **el Amén.** Ese título excepcional, empleado solo aquí en las Escrituras para describir a Cristo, recuerda Isaías 65:16, donde a Dios se le llama dos veces el "Dios de verdad" [Heb. *amen*]". **Amén** es una transliteración de una palabra hebrea que significa "verdad", "confirmación" o "certidumbre". Se refiere a lo que es firme, estable e inmutable. A menudo se emplea **Amén** en las Escrituras para confirmar la veracidad de una afirmación (p. ej. Nm. 5:22; Neh. 8:6; Mt. 6:13; Ro. 16:27; 1 Co. 16:24; y también Mt. 5:18; 6:2; Mr. 9:1; Lc. 4:24; Jn. 1:51; 3:3, 5, 11; 5:19; donde el subyacente amén griego se traduce "de cierto" en la RVR-60 y "en verdad" en la BLA. Todo lo que Dios dice es verdadero y cierto; por lo tanto, Él es el Dios de la verdad.

Cristo es sin duda el **Amén** en el sentido de que Él es el Dios de verdad encarnado. Pero hay más en este magnífico título que solo una confirmación de su deidad. En 2 Corintios 1:20 Pablo escribe respecto a Jesucristo: "Porque todas las promesas de Dios son en él Sí, y en él Amén, por medio de nosotros, para la gloria de Dios". Es por medio de la persona y de la obra de Cristo que todos los pactos y promesas de Dios se cumplen y se garantizan. Todas las promesas del Antiguo Testamento de perdón, misericordia, benignidad, gracia, esperanza y vida eterna están estrechamente ligadas a la vida, muerte y resurrección de Jesucristo. Él es el **Amén** porque es el que confirmó todas las promesas de Dios.

Cristo también se identificó como **el testigo fiel y verdadero.** Ese título aclara aun más el pensamiento que se expresa en el primer título. Jesucristo no solo es el Amén por su obra, sino también porque todo lo que dice es la verdad. Es absolutamente digno de confianza, perfectamente exacto, y su testimonio siempre es fidedigno. Jesucristo es "el camino, *y la verdad*, y la vida" (Jn. 14:6; cursivas añadidas).

Esta era una forma muy apropiada de comenzar la carta a los de Laodicea, porque les aseguraba que Cristo había evaluado con precisión su condición irredenta. También les aseguraba que su ofrecimiento de compañerismo y salvación en el versículo 20 era cierto, porque las promesas de Dios se confirmaban a través de su obra.

Por último, Cristo se refirió a sí mismo como **el principio de la creación de Dios.** La traducción castellana es algo ambigua y despista un poco. Como resultado, los falsos maestros que tratan de negar la deidad de Cristo han procurado usar este versículo para probar que Él es un ser creado. Sin embargo, no hay ambigüedad alguna en el texto griego. *Archē* (principio) no significa que Cristo sea la primera persona que Dios creó, sino más bien que Cristo mismo es el origen de la creación (cp. Ap. 22:13). Todo se creó mediante su poder (Jn. 1:3; He. 1:2).

Esta carta a los laodicenses tiene mucho en común con la carta de Pablo a la iglesia de Colosas. Colosas no estaba lejos de Laodicea, así que es probable que la misma herejía plagaba a los colosenses y se abrió paso en Laodicea (cp. Col. 4:16). Esa herejía, una forma del incipiente gnosticismo (de la palabra griega *gnōsis*, "conocimiento"), enseñaba que Cristo era un ser creado, uno de una serie de emanaciones de Dios. Los que proponían esto también decían tener un conocimiento secreto y más espiritual que las simples palabras de la Biblia. Combatiendo esa herejía, Pablo escribió acerca de Cristo:

> *Él es la imagen del Dios invisible, el primogénito de toda creación. Porque en él fueron creadas todas las cosas, las que hay en los cielos y las que hay en la tierra, visibles e invisibles; sean tronos, sean dominios, sean principados, sean*

potestades; todo fue creado por medio de él y para él. Y él es antes de todas las cosas, y todas las cosas en él subsisten (Col. 1:15-17).

"Primogénito" (*prōtotokos*) no se limita solo al primero que ha nacido cronológicamente, sino que se refiere al supremo o preeminente, el que recibe el más alto honor (cp. Sal. 89:27). Así que Cristo es la fuente (*archē*) de la creación, y la persona suprema (*prōtotokos*) en ella.

Esta terrible herejía sobre la persona de Cristo era la razón por la que la iglesia de Laodicea estaba espiritualmente muerta. Su herética cristología había producido una iglesia no regenerada. La falsa enseñanza sobre Cristo, específicamente la negación de su deidad, es un sello de las sectas modernas también.

LA IGLESIA

la iglesia en Laodicea (3:14*a*)

El Nuevo Testamento no menciona nada acerca de la función de la iglesia en Laodicea. Como en la mayoría de las otras seis iglesias, es probable que se estableciera durante el ministerio de Pablo en Éfeso (Hch. 19:10). No la fundó Pablo, ya que cuando les escribió a los colosenses, algunos años después, aún no había visitado Laodicea (Col. 2:1). Como Epafras, el colaborador de Pablo, fundó la iglesia de la cercana Colosas (Col. 1:6-7), también pudo haber fundado la iglesia de Laodicea. Algunos han sugerido que Arquipo, el hijo de Filemón (Flm. 2), era su pastor (cp. Col. 4:17), ya que la Constitución Apostólica del siglo cuarto menciona a Arquipo como el obispo de Laodicea (vii, 46).

LA CIUDAD

Laodicea (3:14*b*)

Una de las ciudades de la tríada (con Colosas y Hierápolis) en el valle del Lico, a unos ciento sesenta kilómetros al este de Éfeso, Laodicea era, de las siete, la que estaba más al sudeste, a unos sesenta kilómetros de Filadelfia. Sus ciudades hermanas eran Colosas, unos quince kilómetros al este y Hierápolis, unos diez kilómetros al norte. Al estar ubicada en una meseta de varias decenas de metros de altura, Laodicea era geográficamente casi inexpugnable. Su vulnerabilidad a los ataques era debido al hecho de que tenía que traer el agua a la ciudad por un acueducto de varios kilómetros, que podía bloquearse o desviarse con facilidad por las fuerzas atacantes.

Laodicea fue fundada por el gobernante seléucida Antíoco II y le dio el nombre de su primera esposa. Como se divorció de ella en 253 A.C., lo más probable es que fundara la ciudad antes de esa fecha. Aunque sus pobladores originales eran mayormente de Siria, también había un considerable número de judíos allí. Un gobernador local, en una oportunidad, prohibió a los judíos enviar el impuesto del templo a Jerusalén. Cuando trataron de hacerlo a pesar de la prohibición, él confiscó el oro que llevaban para el impuesto. De la cantidad del envío confiscado, se calcula que en Laodicea vivían siete mil quinientos judíos hombres; habría también varios miles de mujeres y niños. Incluso el Talmud hablaba despectivamente de la vida de comodidad y negligencia que llevaban los judíos de Laodicea.

Con la llegada de la Paz Romana (paz bajo el control de Roma), Laodicea prosperó. Estaba estratégicamente ubicada en la unión de dos importantes carreteras: la carretera que iba de este a oeste, que llevaba desde Éfeso hacia el interior, y la que iba de norte a sur, desde Pérgamo hasta el Mar Mediterráneo. Esa ubicación la hizo una importante ciudad comercial. El que el estadista y filósofo romano del primer siglo A.C. Cicerón cobrara allí sus cartas de crédito revela que Laodicea fue un centro estratégico de actividades bancarias. Tan rica llegó a ser Laodicea, que pagó por su propia reconstrucción luego del devastador terremoto en 60 d.C., rechazando ofrecimientos de ayuda económica por parte de Roma.

La ciudad también era famosa por la lana negra y suave que producía. La lana se utilizaba para hacer vestidos o se tejía para hacer alfombras, ambas cosas muy codiciadas. Laodicea eran también un centro importante de la medicina antigua. El templo cercano del dios frigio Men Karou tenía una importante facultad de medicina asociada a él. Esa escuela fue muy famosa por un colirio que había desarrollado y que se exportaba por todo el mundo grecorromano. Esas tres industrias, las finanzas, la lana y la producción del colirio, se hallan presentes en esta carta a la iglesia de Laodicea.

EL REPROCHE

Yo conozco tus obras, que ni eres frío ni caliente. ¡Ojalá fueses frío o caliente! Pero por cuanto eres tibio, y no frío ni caliente, te vomitaré de mi boca. Porque tú dices: Yo soy rico, y me he enriquecido, y de ninguna cosa tengo necesidad; y no sabes que tú eres un desventurado, miserable, pobre, ciego y desnudo. (3:15-17)

Como no había nada que elogiar en esta iglesia no regenerada, Cristo va directamente a sus reproches. Las **obras** siempre muestran el verdadero estado espiritual de las personas, como indicó el Señor al decir "por sus frutos los conoceréis" (Mt. 7:16; cp. Ro. 2:6-8). Aunque la salvación es totalmente por la gracia de Dios mediante la fe, las **obras** confirman o niegan la presencia de la salvación genuina (Stg. 2:14ss). El omnisciente Señor Jesucristo conocía las obras de los laodicenses y que ellas indicaban que era una iglesia no regenerada.

Cristo los reprendió por no ser **[fríos] ni [calientes]** sino **[tibios].** Su lenguaje metafórico viene del suministro de agua para Laodicea. Como viajaba varios kilómetros por un acueducto subterráneo antes de llegar a la ciudad, el agua llegaba impura y sucia. No era lo bastante caliente como para relajar y rehabilitar, como las aguas termales de Hierápolis. Tampoco era fría y refrescante, como la corriente de agua en Colosas. El agua tibia de Laodicea estaba en una condición en la que no podía usarse.

Comparando su estado espiritual con el agua impura y sucia de la ciudad, Cristo dio a la iglesia de Laodicea una reprensión poderosa y estremecedora: **por cuanto eres tibio, y no frío ni caliente, te vomitaré de mi boca.** Algunas iglesias hacen al Señor llorar, otras lo hacen disgustarse; la iglesia de Laodicea lo enfermó.

Las personas calientes son las que están espiritualmente vivas y tienen el fervor de una vida transformada. Las espiritualmente frías, por otra parte, las podemos ver como las que rechazan a Jesucristo. El evangelio no las afecta; no produce en ellas respuesta espiritual alguna. No tienen interés en Cristo, su Palabra, o su Iglesia. Y no pretenden serlo; no son hipócritas.

Las personas tibias no se ajustan a ninguna categoría. No son genuinamente salvas, pero no rechazan abiertamente el evangelio. Asisten a la iglesia y dicen conocer al Señor. Como los fariseos, se contentan con practicar una religión de justicia propia; son hipócritas y viven como si jugaran a ser cristianos. El Señor Jesucristo describió a tales personas en Mateo 7:22-23: "Muchos me dirán en aquel día: Señor, Señor, ¿no profetizamos en tu nombre, y en tu nombre echamos fuera demonios, y en tu nombre hicimos muchos milagros? Y entonces les declararé: Nunca os conocí; apartaos de mí, hacedores de maldad" Los tibios son como los judíos incrédulos de quienes Pablo decía: "Porque yo les doy testimonio de que tienen celo de Dios, pero no conforme a ciencia" (Ro. 10:2). Son los que tienen "apariencia de piedad, pero negarán la eficacia de ella" (2 Ti. 3:5). Tal insoportable hipocresía le produce náuseas a Cristo.

Estas personas hipócritas y presumidas, que se creen justas, son mucho más difíciles de alcanzar con el evangelio que las de frío corazón que lo rechazan. A estas últimos, al menos, se les puede mostrar que están perdidas. Pero las que piensan que por su propia justicia son salvas, muchas veces ocultan sus sentimientos religiosos y no están dispuestas a reconocer su verdadera condición. No son lo bastante frías como para sentir el amargo aguijón de su pecado. Por consiguiente, no es más que aquel que hace una profesión sin pensarlo bien, pero que nunca experimentan la genuina fe salvadora. No hay otra persona más difícil de alcanzar para Cristo que un falso cristiano. Jesús criticó una situación paralela al decir a los falsos e ilusos fariseos y saduceos que "los publicanos y las rameras [iban] delante de [ellos] al reino de Dios" (Mt. 21:31).

Lamentablemente, esas iglesias tibias abundan en la actualidad, lo que da gran importancia a la carta a Laodicea. Como observa Juan R. W. Stott:

> Tal vez ninguna de las siete cartas sea más apropiada para la iglesia del siglo veintiuno que esta. Describe vívidamente la religión respetable, sentimental, nominal y superficial que está tan extendida entre nosotros en la actualidad. Nuestro cristianismo está debilucho y anémico. Parece que hemos tomado un baño tibio de religión. (*What Christ Thinks of the Church* [Lo que piensa Cristo de la Iglesia] [Grand Rapids: Eerdmans, 1980], 116)

La tibieza de los de Laodicea estaba combinada con el engaño de sí mismos. Cristo los reprendió por la valoración desastrosamente equivocada que tenían de sí mismos: **Porque tú dices: Yo soy rico, y me he enriquecido, y de ninguna cosa tengo necesidad; y no sabes que tú eres un desventurado, miserable, pobre, ciego y desnudo.** Sus acciones demostraron la mentira de sus vacías palabras. "No todo el que me dice: Señor, Señor, entrará en el reino de los cielos", declaró Jesús, "sino el que hace la voluntad de mi Padre que está en los cielos" (Mt. 7:21). Como el joven rico (Mt. 19:16-22), estaban engañados con relación a su condición espiritual.

Como se observó antes, Laodicea era una ciudad muy rica. Esta riqueza les dio a los miembros de la iglesia una falsa sensación de seguridad, ya que imaginaban que su salud espiritual era un reflejo de la riqueza material de la ciudad. Eran ricos en orgullo espiritual, pero estaban arruinados en lo que tenía que ver con la gracia salvadora. Creyendo que se les debía envidiar, en realidad eran dignos de compasión. Su incipiente gnosticismo, analizado anteriormente, los llevó a creer que habían alcanzado un elevado nivel de conocimiento. Ellos sin duda tenían en poco a las personas sencillas que aceptaban plenamente y se sentían satisfechas con la enseñanza bíblica sobre la persona y la obra de Jesucristo. Pero la realidad es, como señaló Jesucristo, que son espiritualmente **desventurados, miserables, pobres, ciegos y desnudos.**

EL MANDATO

Por tanto, yo te aconsejo que de mí compres oro refinado en fuego, para que seas rico, y vestiduras blancas para vestirte, y que no se descubra la vergüenza de tu desnudez; y unge tus ojos con colirio, para que veas. Yo reprendo y castigo a todos los que amo; sé, pues, celoso, y arrepiéntete. He aquí, yo estoy

a la puerta y llamo; si alguno oye mi voz y abre la puerta, entraré a él, y cenaré con él, y él conmigo. (3:18-20)

El Señor Jesucristo pudo haber juzgado y destruido instantáneamente a esa iglesia llena de hipócritas irredentos. En vez de eso, les ofreció misericordiosamente la genuina salvación. La triple solicitud de Cristo tiene como fundamento las tres características de la ciudad de Laodicea que la hacía más famosa y de las cuales estaba más orgullosa: su riqueza, su industria de la lana y la producción de colirio. Cristo les ofreció oro espiritual, vestiduras espirituales y vista espiritual.

Desde luego que el Señor no enseñó que la salvación pudiera ganarse con buenas obras; los pecadores perdidos no tienen con qué **comprar** la salvación (Is. 64:5-6). Aquí el comprar es lo mismo que la invitación a la salvación en Isaías 55:1: "A todos los sedientos: Venid a las aguas; y los que no tienen dinero, venid, comprad y comed. Venid, comprad sin dinero y sin precio, vino y leche". Lo único que los pecadores tienen que dar es su condición miserable y perdida. A cambio de eso, Cristo ofrece su justicia a los que verdaderamente se arrepienten.

Cristo les aconsejó a los de Laodicea que **compraran** de él tres cosas, todas las cuales simbolizan la redención verdadera. En primer lugar, tenían que comprar **oro refinado en fuego, para que** fueran **ricos.** Necesitaban oro que estuviera fuera de impurezas, representando la inestimable riqueza de la verdadera salvación. Pedro escribió acerca de una "fe mucho más preciosa que el oro" (1 P. 1:7), mientras Pablo describió a los poseedores de fe salvadora como "ricos en buenas obras... atesorando para sí buen fundamento para lo por venir" (1 Ti. 6:18-19). Cristo ofreció a los laodicenses una salvación pura y verdadera que podía llevarlos a una real relación con Él.

En segundo lugar, Cristo les aconsejó que compraran **vestiduras blancas para** que se **vistieran, y que no se descubriera la vergüenza de su desnudez.** La famosa lana negra de Laodicea simbolizaba los vestidos inmundos y pecaminosos con los que están vestidos los no regenerados (Is. 64:6; Zac. 3:3-4). En cambio, Dios viste a los redimidos con **vestiduras blancas** (3:4-5; 4:4; 6:11; 7:9, 13-14; cp. Is. 61:10), simbolizando las obras justas que siempre acompañan a la genuina fe salvadora (19:8).

Por último, Cristo les dijo que **[ungieran sus] ojos con colirio** para que **vieran.** Aunque ellos se sentían orgullosos por su presunto conocimiento espiritual superior, los laodicenses estaban de hecho espiritualmente ciegos por completo. La ceguera representa la falta de comprensión y conocimiento de la verdad espiritual (cp. Mt. 15:14; 23:16-17, 19, 24, 26; Lc. 6:39; Jn. 9:40-41; 12:40; Ro. 2:19; 2 Co. 4:4; 1 Jn. 2:11). Como todas las personas no regeneradas, los de Laodicea necesitaban desesperadamente a Cristo "para que [abrieran] sus ojos, para que se [convirtieran] de las tinieblas a la luz, y de la potestad de Satanás a

Dios; para que [recibieran], por la fe que es en [Él], perdón de pecados y herencia entre los santificados" (Hch. 26:18; cp. 1 P. 2:9).

Algunos dicen que el lenguaje de la apelación directa de Cristo a los laodicenses en el versículo 19, **Yo reprendo y castigo a todos los que amo,** indica que eran creyentes. Sin embargo, los versículos 18 y 20 parecen indicar mejor que no eran personas regeneradas, desesperadamente necesitadas del oro de la verdadera riqueza espiritual, los vestidos de verdadera justicia y el colirio que trae la verdadera comprensión espiritual (v. 18).

Cristo **ama** de manera excepcional a sus elegidos. Sin embargo, pasajes como Marcos 10:21 y Juan 3:16 revelan que Él también ama a los no redimidos. Como los de Laodicea se identificaban exteriormente con la iglesia de Cristo y su reino, estaban en la esfera de su interés; **reprendo** significa dejar al descubierto y declarar culpable. Es un término general para la forma en la que Dios trata con los pecadores (cp. Jn. 3:18-20; 16:8; 1 Co. 14:24; Tit. 1:9; Jud. 15). De modo que la terminología del versículo 19 no indica que Cristo se esté refiriendo a creyentes. El Señor compasiva y tiernamente llamaba a los de aquella iglesia irredenta a la fe salvadora, para no declararlos culpables y juzgarlos (cp. Ez. 18:30-32; 33:11).

Pero a fin de que los laodicenses fueran salvos, tenían que ser **celosos, y arrepentirse.** Esto es equivalente a la actitud de pesar por el pecado y hambre y sed de justicia, de la que habló Jesús (Mt. 5:4, 6). Aunque el arrepentimiento no es una obra meritoria, el llamado a salvación del Nuevo Testamento siempre lo incluye (p. ej. Mt. 3:2, 8; 4:17; Mr. 6:12; Lc. 13:3, 5; 15:7, 10; Hch. 2:38; 3:19; 8:22; 11:18; 17:30; 20:21; 26:20; Ro. 2:4; 2 Co. 7:10; 2 Ti. 2:25; 2 P. 3:9). En el arrepentimiento, el pecador se aparta del pecado para servir a Dios (1 Ts. 1:9).

> Arrepentimiento significa que usted reconoce que es un pecador vil y culpable en la presencia de Dios, que merece la ira y el castigo de Dios, que está destinado al infierno. Significa que comienza a darse cuenta de que eso llamado pecado está dentro de usted, que se quiere librar de él, y que le da la espalda en cada estado y forma. Usted renuncia al mundo cueste lo que cueste, el mundo en su mente y perspectiva, así como en su práctica, y usted se niega a sí mismo, y toma la cruz y sigue a Cristo. (D. Martyn Lloyd-Jones, *Studies in the Sermon on the Mount* [Estudios del Sermón del Monte [Grand Rapids: Eerdmans, 1974], 2:248)

El mensaje a esa iglesia perdida, como a todos los no salvos, es a que busquen el "arrepentimiento para vida" (Hch. 11:18).

El Señor Jesucristo continúa con el llamado al arrepentimiento del versículo 19 con una tierna invitación en el versículo 20. La apóstata iglesia de Laodicea solo podía esperar que Cristo viniera en juicio. Pero la sorprendente realidad, presentada por la llamativa frase **he aquí,** era que Cristo estaba **a la puerta** de la iglesia de Laodicea **y llamaba; si alguno** en la iglesia oía su **voz y abría la puerta, Él entraría a él, y cenaría con él, y él con** Cristo.

Aunque este versículo se haya empleado en muchos tratados y en muchos mensajes evangelísticos para describir el toque de Cristo a la puerta del corazón del pecador, es más amplio que esto. La puerta a la cual Cristo está llamando no es la puerta de un simple corazón humano, sino de la iglesia de Laodicea. Cristo estaba fuera de esta iglesia apóstata y quería entrar, algo que solo sucedería si las personas se arrepentían.

La invitación es ante todo personal, ya que la salvación es individual. Pero Él toca a la puerta de la iglesia, llamando a muchos a la fe salvadora, para que Él pueda entrar en la iglesia. Si alguna persona (**alguno**) abría la puerta por el arrepentimiento y la fe, Cristo entraría a esa iglesia a través de esa persona. El cuadro de Cristo fuera de la iglesia de Laodicea buscando entrar, denota fuertemente que, a diferencia de Sardis, no había allí ningún creyente.

El ofrecimiento de Cristo a [**cenar**] con la iglesia arrepentida habla de compañerismo, comunión, e intimidad. Compartir una comida, en los tiempos antiguos, simbolizaba la unión de las personas en amoroso compañerismo. Los creyentes cenarán con Cristo en la cena de las bodas del Cordero (19:9), y en el reino milenario (Lc. 22:16, 29-30). Cenar viene de *deipneō*, que se refiere a la comida de la tarde, la última comida del día (cp. Lc. 17:8; 22:20; 1 Co. 11:25, donde el griego subyacente se traduce "cena" o "cenado"). El Señor Jesucristo los exhortó a que se arrepintieran y tuvieran comunión con Él antes de que cayera la noche del juicio y fuera demasiado tarde.

EL CONSEJO

Al que venciere, le daré que se siente conmigo en mi trono, así como yo he vencido, y me he sentado con mi Padre en su trono. El que tiene oído, oiga lo que el Espíritu dice a las iglesias. (3:21-22)

La maravillosa promesa **Al que venciere** (todos los creyentes; 2:7, 11, 26; 3:5, 12; 1 Jn. 5:5) es que Cristo **le dará que se siente con** Él **en su trono, así como** Él **ha vencido, y se ha sentado con** el **Padre en su trono.** Disfrutar de compañerismo con Cristo en el reino y por toda la eternidad es una bendición suficiente, más allá de toda comprensión. Pero Cristo ofrece más, prometiendo sentar a los creyentes en el trono que Él comparte con el Padre (cp. Mt. 19:28; Lc. 22:29-30). Esto simboliza la verdad de que reinaremos con Él (2 Ti. 2:12; Ap. 5:10; 20:6; cp. 1 Co. 6:3).

El derecho a sentarse con Cristo en su trono celestial no es más que una de las muchas promesas que se hacen a los vencedores en las cartas a las siete iglesias. A los vencedores se les promete el privilegio de comer del árbol de la vida (2:7), la corona de la vida (2:10), protección de la segunda muerte (2:11), el maná escondido (2:17), una piedra blanca con un nombre nuevo escrito en ella (2:17), autoridad para gobernar a las naciones (2:26-27), la estrella de la mañana (2:28), vestiduras blancas, que simbolizan pureza y santidad (3:5), el honor de que Cristo confiese sus nombres delante de Dios el Padre y de los santos ángeles en el cielo (3:5), ser hechos columnas en el templo de Dios (3:12), y tener escrito en ellos el nombre de Dios, de la nueva Jerusalén, y de Cristo (3:12).

Al igual que las otras seis cartas, esta a los laodicenses termina con la exhortación de Cristo: **El que tiene oído, oiga lo que el Espíritu dice a las iglesias.** El mensaje a la iglesia apóstata es obvio: arrepentimiento y entrega a Cristo antes de que caiga la noche del juicio. La implicación para los verdaderos creyentes es que, como Cristo, debemos llamar compasivamente a los que están en iglesias apóstatas a arrepentirse y recibir la salvación en Jesucristo (cp. Jud. 23).

Un viaje al cielo

11

Después de esto miré, y he aquí una puerta abierta en el cielo; y la primera voz que oí, como de trompeta, hablando conmigo, dijo: Sube acá, y yo te mostraré las cosas que sucederán después de estas. Y al instante yo estaba en el Espíritu; y he aquí, un trono establecido en el cielo, y en el trono, uno sentado. Y el aspecto del que estaba sentado era semejante a piedra de jaspe y de cornalina; y había alrededor del trono un arco iris, semejante en aspecto a la esmeralda. Y alrededor del trono había veinticuatro tronos; y vi sentados en los tronos a veinticuatro ancianos, vestidos de ropas blancas, con coronas de oro en sus cabezas. Y del trono salían relámpagos y truenos y voces; y delante del trono ardían siete lámparas de fuego, las cuales son los siete espíritus de Dios. Y delante del trono había como un mar de vidrio semejante al cristal; y junto al trono, y alrededor del trono, cuatro seres vivientes llenos de ojos delante y detrás. El primer ser viviente era semejante a un león; el segundo era semejante a un becerro; el tercero tenía rostro como de hombre; y el cuarto era semejante a un águila volando. Y los cuatro seres vivientes tenían cada uno seis alas, y alrededor y por dentro estaban llenos de ojos; y no cesaban día y noche de decir: Santo, santo, santo es el Señor Dios Todopoderoso, el que era, el que es, y el que ha de venir. Y siempre que aquellos seres vivientes dan gloria y honra y acción de gracias al que está sentado en el trono, al que vive por los siglos de los siglos, los veinticuatro ancianos se postran delante del que está sentado en el trono, y adoran al que vive por los siglos de los siglos, y echan sus coronas delante del trono, diciendo: Señor, digno eres de recibir la gloria y la honra y el poder; porque tú creaste todas las cosas, y por tu voluntad existen y fueron creadas. (4:1-11)

Hay una fascinación sin precedente en estos días, tanto entre cristianos como entre incrédulos, con lo relacionado a la vida venidera. Entre los libros más vendidos están los que tratan de presuntas experiencias después o cerca de la muerte. Los programas de televisión exploran el reino misterioso de lo sobrenatural, muchas veces centrándose en ángeles y su presunta interacción con los seres humanos. Muchos, tanto de los que profesan ser cristianos como los que no, dicen haber visitado el cielo y regresado para contar sus experiencias.

A diferencia de los inventos fantasiosos, extravagantes y muchas veces insensatos de los que falsamente dicen haber estado en el cielo (lo que critico en mis libros *Charismatic Chaos* [Caos carismático] [Grand Rapids: Zondervan, 1992] y *The Glory of Heaven* [La gloria del cielo] [Wheaton, Ill.: Crossway, 1996]), la Biblia menciona la historia de dos personas que verdaderamente fueron llevadas allí en visiones. En 2 Corintios 12, el apóstol Pablo escribió que había sido trasladado al tercer cielo (la morada de Dios). Pero se le prohibió que contara lo que allí vio (2 Co. 12:4).

El apóstol Juan también tuvo el inestimable privilegio de visitar el cielo. A diferencia de Pablo, a Juan se le permitió dar una detallada descripción de su visión, lo que hizo en los capítulos 4 y 5 de Apocalipsis. En esos dos capítulos, Juan registró la segunda visión que vio, siendo la primera su visión del Señor Jesucristo glorificado en 1:12-17. La Biblia menciona el cielo más de quinientas veces, y otros, como Pablo (2 Co. 12) y Ezequiel (Ez. 1), escribieron descripciones del cielo. Pero la descripción de Juan en los capítulos 4 y 5 es la más completa e informativa de toda la Biblia. Escoltados por el amado apóstol, se traslada a los lectores mucho más allá de las características mundanales de este reino temporal para contemplar las realidades del cielo eterno. Mediante la visión de Juan, los creyentes tienen el privilegio de ver con antelación el lugar donde vivirán por siempre.

La primera aparición de la frase **Después de esto** (v. 1) se relaciona con la propia cronología de Juan. También denota que esta segunda visión siguió inmediatamente a la visión que tuvo Juan del Cristo resucitado y glorificado (1:9-20) y de las cartas a las siete iglesias (2:1-3:22). La frase **Después de esto** se emplea a lo largo de Apocalipsis para marcar el comienzo de una nueva visión (cp. 7:9; 15:5; 18:1; 19:1).

La segunda aparición de **Después de esto** se relaciona con la cronología de Dios. Su empleo marca una transición importante en el libro de Apocalipsis de la era de la iglesia ("las [cosas] que son"; 1:19), descritas en los capítulos 2-3, a la tercera gran división del libro ("las [cosas] que han de ser después de estas"; 1:19), que se hallan en los capítulos 4-22. La escena se mueve de cosas relacionadas con la iglesia (que no se vuelve a mencionar en los caps. 4-19) en la tierra a una impresionante escena en el cielo. Tal escena se concentra en el trono de Dios y forma el prólogo de los futuros acontecimientos históricos (la tribulación, el reino milenario, y la condición eterna) que se revela en los capítulos 6-22. En armonía con la promesa del Señor de guardar a su Iglesia de la hora de la prueba (el derramamiento de la ira antes de que venga el Señor) que se da en 3:10, la iglesia será arrebatada antes de que comience ese tiempo de tribulación (descrito en detalles en los capítulos 6-19).

Cuando Juan miró, para su asombro (indicado por la exclamación **he aquí**) vio **una puerta abierta en el cielo** (cp. Ez. 1:1; Hch. 7:56). Esta puerta ya abierta permitió la entrada de Juan al tercer **cielo** (cp. 2 Co. 12:2; siendo el primero la atmósfera de la tierra y el segundo el espacio interplanetario e interestelar), a la habitación misma del trono de Dios. Era el **cielo** al que Cristo subió después de su resurrección y donde ha estado desde entonces sentado a la diestra de Dios (Jn. 14:2-3; Hch. 1:9-11; 3:20-21; 7:55-56; Ro. 10:6; Col. 3:1; 1 Ts. 4:16). El cielo vino a ser la posición ventajosa de Juan para el resto del libro de Apocalipsis.

Después de ver la puerta abierta, la **primera voz** que Juan oyó fue la conocida voz **como de trompeta** que le había hablado en su primera visión (1:10). Como se observa en el análisis de ese pasaje en el capítulo 3 de este volumen, esta fue la voz del resucitado y exaltado Señor Jesucristo. Su voz es **como de trompeta** por su característica autoritativa y dominante. El Señor específicamente ordenó a Juan que [subiera] **acá,** es decir, al cielo. Juan no fue arrebatado a una mística tierra de fantasía, sino trasladado espiritualmente a la realidad del cielo. Algunos ven en esa orden una alusión al arrebatamiento de la Iglesia. Sin embargo, el versículo no describe a la Iglesia ascendiendo al cielo en su gloria tras la resurrección, sino a Juan yendo al cielo a recibir revelación.

El tema central de la visión de Juan es el trono de Dios, el cual menciona once veces en este capítulo. Todas las características del capítulo pueden bosquejarse teniendo como fundamento la forma en la que se relacionan con ese trono de gloria divina. Luego de describir el trono, Juan nos dice quién está en el trono, lo que sucede alrededor del trono, lo que sale del trono, lo que está delante del trono, quién está junto y alrededor del trono, y lo que se dirige hacia el trono.

EL TRONO

Y al instante yo estaba en el Espíritu; y he aquí, un trono establecido en el cielo, (4:2*a*)

La mayoría de las personas de nuestros tiempos que dicen haber tenido visiones del cielo, tienden a hacer énfasis en lo trivial y extravagante. Pero la visión de Juan se centró en el glorioso trono de Dios y en la inefable majestad del que se sienta en él. Al ser llevado de la dimensión de tiempo y espacio que conocía hasta el cielo de la presencia de Dios en el poder del Espíritu (cp. 1:10), Juan estaba asombrado y sobrecogido por lo que vio, lo que lo hizo exclamar **he aquí.**

La causa del asombro de Juan era el **trono** de Dios que vio **establecido en el cielo.** Esto no era un mueble, sino un símbolo del gobierno y de la autoridad soberanos de Dios (cp. Sal. 11:4; 103:19; Is. 66:1) situado en el templo del cielo (cp. 7:15; 11:19; 14:15, 17; 15:6-8; 16:17). Según Apocalipsis 21:22, el templo celestial no es un verdadero edificio: "el Señor Dios Todopoderoso es el templo de ella, y el Cordero". El empleo del término *templo* simboliza la presencia de Dios. Se dijo que el trono estaba **establecido** porque el gobierno soberano de Dios está firme, permanente e inmovible. Una visión del trono inconmovible de Dios muestra que Él tiene permanente, inalterable y completo control del universo. Esto produce aliento a la luz del horror y el trauma de los acontecimientos de los postreros tiempos que están por revelarse (caps. 6-19). Casi de la misma manera, Isaías recibió aliento durante un tiempo de crisis en la historia de Israel, por su visión de la gloria de Dios (Is. 6).

EN EL TRONO

y en el trono, uno sentado. Y el aspecto del que estaba sentado era semejante a piedra de jaspe y de cornalina; (4:2*b*-3*a*)

Las fuerzas caprichosas, sin discernimiento ni propósito, de la casualidad no gobiernan el universo, como algunos neciamente creen. En vez de esto, el soberano y omnipotente Creador del universo está **sentado** en su **trono** como su soberano. A diferencia de su empleo en Hebreos (cp. He. 1:3; 10:12; 12:2), donde refleja la posición de reposo de Cristo, aquí el término **sentado** indica la postura del que reina. La idea no es de reposo porque la obra de la redención se ha cumplido, sino de reinar porque está a punto de imponerse justicia.

Aunque Juan no le da nombre al que estaba sentado en el trono, es evidente quién es. Es al que Isaías vio en su visión: "Vi yo al Señor sentado sobre un trono alto y sublime, y sus faldas llenaban el templo" (Is. 6:1). El profeta Micaías también lo vio en su trono glorioso: "Yo vi a Jehová sentado en su trono, y todo el ejército de los cielos estaba junto a él, a su derecha y a su izquierda" (1 R. 22:19). "Reinó Dios sobre las naciones", declaró el salmista, "Se sentó Dios sobre su santo trono" (Sal. 47:8). Daniel también vio una visión del trono celestial:

> *Estuve mirando hasta que fueron puestos tronos, y se sentó un Anciano de días, cuyo vestido era blanco como la nieve, y el pelo de su cabeza como lana limpia; su trono llama de fuego, y las ruedas del mismo, fuego ardiente. Un río de fuego procedía y salía de delante de él; millares de millares le servían, y millones de millones asistían delante de él (Dn. 7:9-10).*

Pero tal vez la mirada a Dios con más detalles en su trono celestial, aparte de la de Apocalipsis, sea la que ofrece Ezequiel:

> *Y sobre la expansión que había sobre sus cabezas se veía la figura de un trono que parecía de piedra de zafiro; y sobre la figura del trono había una semejanza que parecía de hombre sentado sobre él. Y vi apariencia como de bronce refulgente,*

como apariencia de fuego dentro de ella en derredor, desde el aspecto de sus lomos para arriba; y desde sus lomos para abajo, vi que parecía como fuego, y que tenía resplandor alrededor. Como parece el arco iris que está en las nubes el día que llueve, así era el parecer del resplandor alrededor (Ez. 1:26-28).

En marcado contraste con las narraciones fortuitas, irrespetuosas, altaneras, casi blasfemas de los que hoy dicen tener visiones de Dios, Isaías (Is. 6:5), Ezequiel (Ez. 1:28) y Daniel (Dn. 7:15) se quedaron asustados y humillados por sus visiones.

Juan describió al **que estaba sentado** en el trono como **semejante a piedra de jaspe y de cornalina.** Esa descripción recuerda la luz centelleante, el fuego flameante y los vívidos colores en la visión de Ezequiel. Apocalipsis 21:11 describe la piedra de **jaspe** "diáfana como el cristal"; por lo tanto, es mejor identificar esta piedra como diamante. Todas las facetas brillantes y centelleantes de la gloria de Dios se comparan a un diamante, que refracta brillantemente todos los colores del espectro. Una cornalina, de donde Sardis tomó su nombre, es un rubí llameante, rojo como la sangre. También expresa la resplandeciente belleza de la gloria de Dios, y pudiera también simbolizar la ira flameante de Dios, a punto de derramarse sobre el mundo rebelde y pecaminoso (caps. 6-19).

Hay otro posible simbolismo en la selección de estas dos piedras. La **cornalina** y el **jaspe** eran la primera y la última piedras en el pectoral del sumo sacerdote (Éx. 28:17-20; "piedra sárdica", "jaspe"), que representaban al primogénito (Rubén) y al más pequeño (Benjamín) de los doce hijos de Jacob. Pudiera ser que esas dos piedras describan la relación de pacto de Dios con Israel; su ira y juicio no invalidarán esa relación. En realidad, es durante la tribulación que, en gran parte gracias a los esfuerzos evangelísticos de los ciento cuarenta y cuatro mil (Ap. 7:3ss), "todo Israel será salvo" (Ro. 11:26). También es posible que los nombres de Rubén ("ved, un hijo") y de Benjamín ("hijo de mi mano derecha") describan a Dios el Hijo, el Señor Jesucristo, sentado a la diestra de su Padre en gloria.

La visión que tuvo Juan del trono de Dios no es de paz y consuelo. Su resplandeciente, gloriosa y esplendorosa magnificencia revela los terrores del juicio de Dios. En realidad, "nuestro Dios es fuego consumidor" (He. 12:29; cp. Dt. 4:24).

ALREDEDOR DEL TRONO

y había alrededor del trono un arco iris, semejante en aspecto a la esmeralda. Y alrededor del trono había veinticuatro tronos; y vi sentados en los tronos a veinticuatro ancianos, vestidos de ropas blancas, con coronas de oro en sus cabezas. (4:3*b*-4)

Apartándose de su descripción del trono, comienza a describir lo que estaba

157

alrededor de él. Juan observó primero que **había alrededor del trono un arco iris.** El que Juan lo describiera como **semejante en aspecto a la esmeralda** muestra que el verde era el color dominante. Eso se presenta otra vez para mostrar la muy esplendorosa gloria de Dios (cp. Ez. 1:28). El **arco iris** ofrece un reconfortante equilibrio para los flameantes destellos de juicio vistos anteriormente emanando del trono de Dios. Según Génesis 9:13-17, un arco iris simboliza el pacto de fidelidad, misericordia y gracia de Dios. Los atributos de Dios siempre operan en armonía perfecta. Su ira nunca obra a expensas de su fidelidad; sus juicios nunca invalidan sus promesas. El poder y la santidad de Dios nos harían vivir en un angustioso terror de no ser por su fidelidad y misericordia. Dios dijo del fiel remanente de Israel que temía ser eliminado en su juicio sobre la nación: "Y serán para mí especial tesoro... en el día en que yo actúe; y los perdonaré, como el hombre que perdona a su hijo que le sirve" (Mal. 3:17).

Juan también vio alrededor del trono **veinticuatro tronos; y vi sentados en los tronos a veinticuatro ancianos, vestidos de ropas blancas, con coronas de oro en sus cabezas.** Se ha debatido mucho la identidad de los **veinticuatro ancianos.** Aunque algunos los consideran como un orden de seres angelicales, es mejor verlos como representantes humanos de la iglesia. Varios elementos apuntan a esa conclusión.

En primer lugar, la referencia a los **veinticuatro tronos** en los que están sentados los **veinticuatro ancianos,** indica que reinan con Cristo. En ningún lugar en las Escrituras los ángeles se sientan en tronos ni se muestran gobernando o reinando. La función de ellos es servir como "espíritus ministradores, enviados para servicio a favor de los que serán herederos de la salvación" (He. 1:14; cp. Mt. 18:10). A la iglesia, por otra parte, se le promete varias veces una corregencia con Cristo (2:26-27; 3:21; 5:10; 20:4; Mt. 19:28; Lc. 22:30; 1 Co. 6:2-3; 2 Ti. 2:12).

Presbuteroi (ancianos) nunca se emplea en las Escrituras para referirse a los ángeles, sino siempre a los hombres. Se emplea para referirse a los ancianos en general, y de gobernantes tanto de Israel como de la iglesia. No hay dudas de que no hay uso de *presbuteroi* fuera de Apocalipsis para referirse a ángeles. (Algunos creen que "ancianos" en Isaías 24:23 se refiere a ángeles, pero muy bien pudiera referirse a seres humanos.) Además de eso, "ancianos" sería un término inapropiado para describir ángeles, quienes no envejecen.

Aunque los ángeles aparecen vestidos de blanco (p. ej. Jn. 20:12; Hch. 1:10), por lo general las **ropas blancas** son las vestiduras de los creyentes. Eso es particularmente cierto en el contexto inmediato de Apocalipsis. Cristo les prometió a los creyentes de Sardis que serían "vestido[s] de vestiduras blancas" (3:5). Les aconsejó a los apóstatas de Laodicea que "[compraran]... vestiduras blancas para vestir[se]" (3:18). En la cena de las bodas del Cordero, su Esposa se vestirá "de lino fino, limpio y resplandeciente" (19:8). Las **ropas blancas** simbolizan la justicia de Cristo que se imputa a los creyentes en la salvación.

El que los ancianos usen **coronas de oro en sus cabezas** proporciona evidencia adicional de que eran seres humanos. En las Escrituras nunca se prometen coronas a los ángeles, ni nunca se ve a los ángeles usándolas. *Stephanos* (**corona**) es la corona del triunfador, usada por los que satisfactoriamente soportaron la prueba, los que compitieron y ganaron la victoria. Cristo les prometió tal corona a los fieles creyentes de Esmirna: "Sé fiel hasta la muerte, y yo te daré la corona de la vida" (2:10). "Todo aquel que lucha, de todo se abstiene", escribió Pablo. "ellos, a la verdad, para recibir una corona corruptible [*stephanos*], pero nosotros, una incorruptible" (1 Co. 9:25). Volvió a escribir de esa corona incorruptible en 2 Timoteo 4:8: "Me está guardada la corona de justicia, la cual me dará el Señor, juez justo, en aquel día; y no sólo a mí, sino también a todos los que aman su venida". Santiago escribió de "la corona de vida, que Dios ha prometido a los que le aman" (Stg.1:12), y Pedro de "la corona incorruptible de gloria" (1 P. 5:4). Los santos ángeles no luchan personalmente con el pecado, ni triunfan sobre él; así que la corona de vencedor, la corona de los que han corrido con éxito la carrera y han terminado victoriosos, no sería apropiada para ellos.

Suponiendo entonces que los veinticuatro ancianos sean seres humanos, permanece la pregunta de a qué seres humanos representan. En primer lugar, debe notarse que el número veinticuatro se usa en las Escrituras para hablar de consumación y representación. Había veinticuatro príncipes del santuario representando a los veinticuatro grupos de los sacerdotes levíticos (1 Cr. 24:4-5, 7-18), así como veinticuatro divisiones de cantantes en el templo (1 Cr. 25). Quienesquiera sean los veinticuatro ancianos, ellos probablemente representen un grupo mayor.

Algunos creen que los ancianos representan a Israel. Aunque ha habido judíos redimidos a lo largo de la historia y seguirá habiéndolos, en el momento de la visión la nación en su conjunto aún no había sido redimida. Su juicio y salvación nacionales (Ro. 11:26) llegan durante la tribulación (caps. 6-19), mayormente como resultado de los esfuerzos evangelísticos de los ciento cuarenta y cuatro mil (presentados en el capítulo 7). La primera vez que se presentan los veinticuatro ancianos, esos sucesos no han ocurrido todavía.

De igual manera, los ancianos no pueden ser los santos que han salido de la tribulación, ya que ellos aún no se habían convertido. Ya los ancianos están en el cielo cuando llega la tribulación. Apocalipsis 7:11-14 describe la escena:

Y todos los ángeles estaban en pie alrededor del trono, y de los ancianos y de los cuatro seres vivientes; y se postraron sobre sus rostros delante del trono, y adoraron a Dios, diciendo: Amén. La bendición y la gloria y la sabiduría y la acción de gracias y la honra y el poder y la fortaleza, sean a nuestro Dios por los siglos de los siglos. Amén. Entonces uno de los ancianos habló, diciéndome: Estos que están vestidos de ropas blancas, ¿quiénes son, y de dónde han venido? Yo le

dije: Señor, tú lo sabes. Y él me dijo: Estos son los que han salido de la gran
tribulación, y han lavado sus ropas, y las han emblanquecido en la sangre del
Cordero.

También se ve a los ancianos en el cielo cuando tienen lugar otros acontecimientos trascendentales de la tribulación, como cuando los reinos del mundo pasan a ser el reino de Cristo (11:15-18), cuando los ciento cuarenta y cuatro mil se reúnan en el monte de Sion (14:1-3), y cuando Dios destruye el sistema económico y religioso de Babilonia (19:1-4).

Algunos dividirían a los veinticuatro ancianos en dos grupos de doce, uno representando a la iglesia y el otro a Israel. Sin embargo, no hay una razón convincente desde el punto de vista exegético para dividirlos de esa manera. En todas sus apariciones en Apocalipsis se muestran como un grupo unido de veinticuatro, nunca como dos grupos de doce.

No es probable entonces que los veinticuatro ancianos sean ángeles, que representen a Israel, a los santos que salen de la tribulación o a una combinación de Israel y la Iglesia. Esto deja una posibilidad más aceptable, que representen a la iglesia arrebatada, glorificada y coronada, que canta el cántico de la redención (5:8-10). Tienen sus coronas y viven en el lugar preparado para ellos, a donde han ido para estar con Jesucristo (cp. Jn. 14:1-4).

DEL TRONO

Y del trono salían relámpagos y truenos y voces; (4:5a)

Saliendo de la presencia de Dios, simbolizada por el **trono,** Juan vio un adelanto de la tormenta de furia divina a punto de estallar sobre el mundo pecador. Los **relámpagos y truenos** están asociados con la presencia de Dios en Éxodo 19:16 y en Ezequiel 1:13. Se asocian también con el juicio de Dios durante la tribulación. En Apocalipsis 8:5 "el ángel tomó el incensario, y lo llenó del fuego del altar, y lo arrojó a la tierra; y hubo truenos, y voces, y relámpagos". En Apocalipsis 11:19 "el templo de Dios fue abierto en el cielo, y el arca de su pacto se veía en el templo. Y hubo relámpagos, voces, truenos". Cuando el séptimo ángel derrame su copa, habrá "relámpagos y voces y truenos" (16:18). Juan vio un avance de la ira divina que será derramada en la tierra, descrita en los capítulos 6-19.

DELANTE DEL TRONO

y delante del trono ardían siete lámparas de fuego, las cuales son los siete espíritus de Dios. Y delante del trono había como un mar de vidrio semejante al cristal; (4:5b-6a)

Mientras miraba la escena del cielo, Juan vio dos cosas **delante del trono.** Primero había **siete lámparas de fuego.** A diferencia de los candeleros que se mencionan en 1:12-13, estas eran antorchas exteriores, que emitían no la luz suave y apacible de una lámpara de interior, sino la luz intensa y resplandeciente de una llameante antorcha. Juan las identifica como **los siete espíritus de Dios.** Como se observa en el análisis de 1:4 en el capítulo 1 de este volumen, esta frase describe al Espíritu Santo en toda su plenitud (cp. Is. 11:2; Zac. 4:1-10). La séptupla representación del Espíritu Santo en Isaías habla de sabiduría, comprensión, consejo, fuerza, conocimiento, reverencia y deidad; en Zacarías de poder; en Apocalipsis 1:4 de la gracia y la paz; y aquí de juicio severo. Las antorchas están asociadas con la guerra en Jueces 7:16, 20 y Nahúm 2:3-4. La visión de Juan describe a Dios como listo para hacer la guerra contra la humanidad rebelde y pecadora, y al Espíritu Santo como su antorcha de guerra. El que conforta a los que aman a Cristo será el que consuma a quienes lo rechazan.

También delante del trono de Dios había **como un mar de vidrio semejante al cristal.** Ese **mar** es metafórico, ya que allí no hay mar en el cielo (21:1). Lo que vio Juan en la base del trono fue una vasta calzada de **vidrio,** que brillaba como centelleante **cristal.** Éxodo 24:10 presenta una escena similar cuando Moisés, Aarón y los ancianos de Israel "vieron al Dios de Israel; y había debajo de sus pies como un embaldosado de zafiro, semejante al cielo cuando está sereno" (cp. Ez. 1:22, 26). El cielo no es un mundo sombrío de nieblas y apariciones borrosas. Es un mundo de luz de un brillo deslumbrante, que se refracta y brilla como a través de joyas y cristales en una forma que va más allá de nuestra capacidad para describir o imaginar (cp. Ap. 21:10-11, 18).

JUNTO Y ALREDEDOR DEL TRONO

y junto al trono, y alrededor del trono, cuatro seres vivientes llenos de ojos delante y detrás. El primer ser viviente era semejante a un león; el segundo era semejante a un becerro; el tercero tenía rostro como de hombre; y el cuarto era semejante a un águila volando. Y los cuatro seres vivientes tenían cada uno seis alas, y alrededor y por dentro estaban llenos de ojos; (4:6*b*-8*a*)

Este pasaje presenta a los **cuatro seres vivientes** que desempeñarán una importante función en los acontecimientos que se desarrollan en Apocalipsis. El que se diga que están **junto al trono, y alrededor del trono** significa que su lugar está en el círculo interior más cercano al trono. El pasaje similar en Ezequiel 1:12, 17 sugiere que están en movimiento constante alrededor de él. La traducción **seres vivientes** no se refiere a animales. La frase se deriva de una sola palabra en el texto griego, la forma sustantiva del verbo *zaō,* que significa "vivir".

Ezequiel presenta una descripción detallada de estos increíbles seres y de la gloriosa magnificencia del cielo y del trono de Dios:

Y miré, y he aquí venía del norte un viento tempestuoso, y una gran nube, con un fuego envolvente, y alrededor de él un resplandor, y en medio del fuego algo que parecía como bronce refulgente, y en medio de ella la figura de cuatro seres vivientes. Y esta era su apariencia: había en ellos semejanza de hombre. Cada uno tenía cuatro caras y cuatro alas. Y los pies de ellos eran derechos, y la planta de sus pies como planta de pie de becerro; y centelleaban a manera de bronce muy bruñido. Debajo de sus alas, a sus cuatro lados, tenían manos de hombre; y sus caras y sus alas por los cuatro lados. Con las alas se juntaban el uno al otro. No se volvían cuando andaban, sino que cada uno caminaba derecho hacia adelante. Y el aspecto de sus caras era cara de hombre, y cara de león al lado derecho de los cuatro, y cara de buey a la izquierda en los cuatro; asimismo había en los cuatro cara de águila. Así eran sus caras. Y tenían sus alas extendidas por encima, cada uno dos, las cuales se juntaban; y las otras dos cubrían sus cuerpos. Y cada uno caminaba derecho hacia adelante; hacia donde el espíritu les movía que anduviesen, andaban; y cuando andaban, no se volvían. Cuanto a la semejanza de los seres vivientes, su aspecto era como de carbones de fuego encendidos, como visión de hachones encendidos que andaba entre los seres vivientes; y el fuego resplandecía, y del fuego salían relámpagos. Y los seres vivientes corrían y volvían a semejanza de relámpagos.

Mientras yo miraba los seres vivientes, he aquí una rueda sobre la tierra junto a los seres vivientes, a los cuatro lados. El aspecto de las ruedas y su obra era semejante al color del crisólito. Y las cuatro tenían una misma semejanza; su apariencia y su obra eran como rueda en medio de rueda. Cuando andaban, se movían hacia sus cuatro costados; no se volvían cuando andaban. Y sus aros eran altos y espantosos, y llenos de ojos alrededor en las cuatro. Y cuando los seres vivientes andaban, las ruedas andaban junto a ellos; y cuando los seres vivientes se levantaban de la tierra, las ruedas se levantaban. Hacia donde el espíritu les movía que anduviesen, andaban; hacia donde les movía el espíritu que anduviesen, las ruedas también se levantaban tras ellos; porque el espíritu de los seres vivientes estaba en las ruedas. Cuando ellos andaban, andaban ellas, y cuando ellos se paraban, se paraban ellas; asimismo cuando se levantaban de la tierra, las ruedas se levantaban tras ellos; porque el espíritu de los seres vivientes estaba en las ruedas.

Y sobre las cabezas de los seres vivientes aparecía una expansión a manera de cristal maravilloso, extendido encima sobre sus cabezas. Y debajo de la expansión las alas de ellos estaban derechas, extendiéndose la una hacia la otra; y cada uno tenía dos alas que cubrían su cuerpo. Y oí el sonido de sus alas cuando andaban, como sonido de muchas aguas, como la voz del

Omnipotente, como ruido de muchedumbre, como el ruido de un ejército. Cuando
se paraban, bajaban sus alas. Y cuando se paraban y bajaban sus alas, se oía
una voz de arriba de la expansión que había sobre sus cabezas (Ez. 1:4-25).

La descripción de Ezequiel parece incomprensible, casi incoherente, mientras
él luchaba por hallarle sentido a la escena espectacular y sobrenatural que había
presenciado. Tanto la descripción de Ezequiel como la de Apocalipsis 4, describen
lo que pudiera llamarse la máquina de guerra divina, lista para desencadenar
juicios.

Ezequiel 10:15 identifica específicamente a esos cuatro seres vivientes: "Y se
levantaron los querubines; este es el ser viviente que vi en el río Quebar". Así que
los **cuatro seres vivientes** son querubines, un orden exaltado de ángeles que se
asocian a menudo en las Escrituras con el santo poder de Dios (p. ej. 1 S. 4:4; 2 S.
6:2; 22:11; Sal. 80:1; 99:1; Is. 37:16). Después que Adán y Eva pecaron, Dios los
expulsó del Edén y puso querubines en la entrada para evitar que regresaran
(Gn. 3:24). Dos querubines esculpidos ubicados en el lugar santísimo, guardando
simbólicamente la santidad de Dios (1 R. 6:23-28). Satanás, antes de su caída, era
el "querubín grande, protector"; su deber era estar en el monte de Dios (Ez.
28:14; cp. el v. 16).

Juan, al igual que Ezequiel, luchó por captar la realidad en términos
comprensibles, para describir la indescriptible escena que tenía ante sí. En primer
lugar, dijo que los seres vivientes estaban **llenos de ojos delante y detrás** (cp. el
v. 8; Ez. 1:18; 10:12), simbolizando su conciencia, su estado alerta y su abarcador
conocimiento. Aunque no son omniscientes, nada de lo que tiene que ver con su
deber escapa a su atenta mirada.

La descripción de Ezequiel de esos ángeles observa que cada uno tenía cuatro
caras (Ez. 1:6). Pero desde el punto de vista de Juan, **el primer ser viviente era**
semejante a un león; el segundo era semejante a un becerro; el tercero tenía
rostro como de hombre; y el cuarto era semejante a un águila volando. Esas
descripciones ven a los cuatro querubines con relación al mundo creado; el **león**
representa a las criaturas salvajes, el **becerro** a los animales domésticos, el **águila**
a las criaturas que vuelan, y el **hombre** la cumbre de la creación. Simbólicamente,
el **león** representa la fuerza, el **becerro** el servicio, el **hombre** la razón y el **águila**
la velocidad. El Talmud vio en estas cuatro criaturas las cuatro formas principales
de vida en la creación de Dios. También observó que las doce tribus de Israel
acampaban bajo estas cuatro banderas; algunas con Rubén (simbolizadas por un
hombre), otras con Dan (simbolizadas por un águila), otras con Efraín
(simbolizadas por un becerro o buey), y el resto con Judá (simbolizadas por un
león).

Los **cuatro seres vivientes,** como los ángeles en general (Mt. 13:40-43, 49;
25:31ss; Ap. 15:1, 7), están muy relacionados con los juicios venideros de la

tribulación, en los cuales tienen una función principal. Estarán allí al principio de los juicios divinos, ya que uno que se contaba entre ellos llama al jinete del caballo blanco (6:1-2). Otro decretará el desastre económico en la tierra (6:6), mientras que otro dará las copas a los siete ángeles que participan en los juicios de las copas (15:7).

Sus **seis alas** denotan que su responsabilidad suprema y su privilegio es adorar constantemente a Dios. De la visión de Isaías, aprendemos que los serafines (posiblemente los mismos seres que los querubines) usaban sus seis alas de la siguiente forma: "con dos cubrían sus rostros, con dos cubrían sus pies, y con dos volaban" (Is. 6:2). Cuatro de sus seis alas se relacionaban con la adoración; con dos cubrían sus rostros, ya que incluso las más exaltadas criaturas no pueden mirar la gloria plena de Dios sin ser consumidos. Ellos también usaban dos alas para cubrir sus pies, ya que estaban en terreno santo. Así que la adoración es su privilegio, llamamiento y ocupación permanente.

HACIA EL TRONO

y no cesaban día y noche de decir: Santo, santo, santo es el Señor Dios Todopoderoso, el que era, el que es, y el que ha de venir. Y siempre que aquellos seres vivientes dan gloria y honra y acción de gracias al que está sentado en el trono, al que vive por los siglos de los siglos, los veinticuatro ancianos se postran delante del que está sentado en el trono, y adoran al que vive por los siglos de los siglos, y echan sus coronas delante del trono, diciendo: Señor, digno eres de recibir la gloria y la honra y el poder; porque tú creaste todas las cosas, y por tu voluntad existen y fueron creadas. (4:8b-11)

Apropiadamente, la escena en el cielo culmina en adoración dirigida hacia Dios en su trono. En este pasaje y en el capítulo 5 hay cinco grandes himnos de alabanza, y mientras cada uno se canta, el tamaño del coro se incrementa gradualmente. Los himnos de alabanza comienzan en el versículo 8 con un cuarteto, los cuatro seres vivientes. En el versículo 10, los veinticuatro ancianos se unen, y en 5:8, se añaden arpas a la alabanza vocal. El resto de los ángeles unen sus voces en 5:11. Por último, en 5:13, todos los seres creados en el universo se suman al poderoso coro de alabanza a Dios. La adoración está reservada solo para Dios, ya que no hay nadie en el universo como Él. En 1 Crónicas 17:20 David oró: "Jehová, no hay semejante a ti, ni hay Dios sino tú" (cp. Sal. 86:8-10; 89:6-8).

Este poderoso oratorio de alabanza y adoración puede dividirse en dos movimientos: el himno de la creación (cap. 4), y el himno de la redención (cap. 5). El himno de la creación, el primer movimiento, puede dividirse en varios aspectos.

Los cuatro seres vivientes comienzan el oratorio de adoración centrándose en la santidad de Dios; **y no cesaban día y noche de decir: Santo, santo, santo es el Señor Dios Todopoderoso.** La triple repetición de santo se halla también en Isaías 6:3; la santidad es el único de los atributos de Dios que se repite de esta forma, ya que es la suma de todo lo que Él es. La santidad de Dios es su total y completa separación del mal en cualquier forma. Él no tiene mancha alguna del mal, el error, o equivocación, a diferencia de los ángeles (algunos de los cuales pecaron) o de los seres humanos (que todos pecaron). En 1 Samuel 2:2, Ana dijo: "No hay santo como Jehová", porque solamente Él es "magnífico en santidad" (Éx. 15:11). El profeta Habacuc alabó a Dios porque "muy limpio [es] de ojos para ver el mal, ni [puede] ver el agravio" (Hab. 1:13). "Se sentó Dios sobre su santo trono", declaró el salmista (Sal. 47:8), mientras que el Salmo 111:9 añade: "Santo y temible es su nombre". En 1 Pedro 1:16, Dios mismo declaró: "Sed santos, porque yo soy santo".

Pero esta vez la alabanza es por la santidad de Dios mostrada específicamente mediante juicio. Al ser santo, Dios aborrece el pecado, y derrama su ira sobre él. "De cierto su alteza os habría de espantar" les dijo Job a sus presuntos consejeros (Job 13:11). Después que Dios dio muerte a algunos de los hombres de Bet-semes por mirar irreverentemente el arca, los sobrevivientes exclamaron: "¿Quién podrá estar delante de Jehová el Dios santo?" (1 S. 6:20). Después que Uza fue ejecutado por tocar el arca, "temiendo David a Jehová aquel día, dijo: ¿Cómo ha de venir a mí el arca de Jehová?" (2 S. 6:9). Abrumado por su visión de la majestuosa santidad de Dios, Isaías exclamó: "¡Ay de mí! que soy muerto; porque siendo hombre inmundo de labios, y habitando en medio de pueblo que tiene labios inmundos" (Is. 6:5).

Debido a su gracia y misericordia, Dios se abstiene de juzgar a nivel mundial a todos los pecadores, como ellos merecen. Pero en el tiempo futuro de la tribulación, la oportunidad para la misericordia y la gracia pasarán, y el mundo rebelde y pecador sentirá la furia de la ira de Dios. Tan aterrador será ese tiempo que los pecadores incontritos clamarán "a los montes y a las peñas: Caed sobre nosotros, y escondednos del rostro de aquel que está sentado sobre el trono, y de la ira del Cordero; porque el gran día de su ira ha llegado; ¿y quién podrá sostenerse en pie?" (6:16-17).

No solo es la santidad de Dios causa de adoración, sino también su poder. En su canción de alabanza, los cuatro seres vivientes se refieren a Dios como el **Todopoderoso,** un título por el cual Dios se identificó a Abraham (Gn. 17:1). Ese término identifica a Dios como el ser más poderoso y fuerte, totalmente carente de cualquier maldad o debilidad, a cuyo poder conquistador y avasalladora fortaleza nadie puede oponerse. Como Dios es Todopoderoso, puede sin mucho esfuerzo hacer cualquier cosa que su santa voluntad se proponga hacer (cp. Is. 40:28). En medio de sus pruebas, Job afirmó: "Si habláremos de su potencia, por cierto es fuerte" (Job 9:19). El salmista declaró: "Nuestro Dios está en los cielos; todo lo que quiso ha hecho" (Sal. 115:3). En Isaías 46:10 Dios dijo: "Mi consejo permanecerá, y haré todo lo que quiero". Luego de experimentar el juicio devastador y humillante de Dios, el rey Nabucodonosor reconoció: "Él hace según su voluntad en el ejército del cielo, y en los habitantes de la tierra, y no hay quien detenga su mano, y le diga: ¿Qué haces?" (Dn. 4:35). Jesús enseñó que "para Dios todo es posible" (Mt. 19:26).

El poder de Dios se ve en la creación. El Salmo 33:9 dice: "Porque él dijo, y fue hecho; él mandó, y existió". Habiendo creado el universo, Dios también lo controla. En 1 Crónicas 29:11-12 David dijo:

Tuya es, oh Jehová, la magnificencia y el poder, la gloria, la victoria y el honor; porque todas las cosas que están en los cielos y en la tierra son tuyas. Tuyo, oh Jehová, es el reino, y tú eres excelso sobre todos. Las riquezas y la gloria proceden de ti, y tú dominas sobre todo; en tu mano está la fuerza y el poder, y en tu mano el hacer grande y el dar poder a todos.

La frase "es poderoso" expresa el poder de Dios hacia sus hijos elegidos y redimidos. En Efesios 3:20 Pablo alaba a Dios porque "es poderoso para hacer todas las cosas mucho más abundantemente de lo que pedimos o entendemos, según el poder que actúa en nosotros", añadiendo en 2 Corintios 9:8: " Y poderoso es Dios para hacer que abunde en vosotros toda gracia, a fin de que, teniendo siempre en todas las cosas todo lo suficiente, abundéis para toda buena obra". Pablo le escribió a Timoteo expresándole su confianza en el poder de Dios que obraba en él: "Yo sé a quién he creído, y estoy seguro que es poderoso para guardar mi depósito para aquel día" (2 Ti. 1:12). Hebreos 2:18 revela que el Señor Jesucristo "es poderoso para socorrer a los que son tentados", mientras que en Hebreos 7:25 asegura nuevamente a los creyentes que "puede también salvar perpetuamente a los que por él se acercan a Dios, viviendo siempre para interceder por ellos". Judas termina su breve epístola con una doxología de alabanza: "Y a aquel que es poderoso para guardaros sin caída, y presentaros sin mancha delante de su gloria con gran alegría, al único y sabio Dios, nuestro Salvador, sea gloria y majestad, imperio y potencia, ahora y por todos los siglos. Amén" (Jud. 24-25).

Pero como era el caso con su santidad, el aspecto del poder de Dios que se muestra más claramente aquí es su poder que se exhibe en juicio. Por ejemplo, Él juzgó a Satanás y a los ángeles que pecaron, expulsándolos del cielo; ahogó al mundo en el diluvio; destruyó a Sodoma, Gomorra y las ciudades de la llanura; ahogó al ejército de Faraón e hizo pedazos al más poderoso rey en el mundo, Nabucodonosor, reduciéndolo a comer hierba como un animal durante siete años. Muchas veces el poder de Dios ha destruido a los malos. Y será el poder de Dios el que desencadene los juicios terribles e irresistibles sobre la pecaminosa humanidad durante la tribulación, antes de la venida del Señor.

Hablando del poder del juicio de Dios, el profeta Nahúm dijo: "¿Quién permanecerá delante de su ira? ¿y quién quedará en pie en el ardor de su enojo? Su ira se derrama como fuego, y por él se hienden las peñas" (Nah. 1:6; cp. Mal. 3:2). Dios juzgará a los gobernantes humanos que piensan neciamente que pueden levantarse contra Él (Sal. 2:2-6). "¿Quién conoce el poder de tu ira", preguntó Moisés, "y tu indignación según que debes ser temido?" (Sal. 90:11). "Aullad, porque cerca está el día de Jehová" clamó Isaías. "vendrá como asolamiento del Todopoderoso" (Is. 13:6). En Joel 1:15, también Joel advirtió del futuro juicio de Dios: "¡Ay del día! porque cercano está el día de Jehová, y vendrá como destrucción por el Todopoderoso".

Los cuatro seres vivientes también alaban a Dios por su eternidad, ensalzándolo como **el que era, el que es, y el que ha de venir** (cp. el análisis de esta frase en los caps. 1 y 2 de este volumen), **que vive por los siglos de los siglos** (cp. 10:6; 15:7; Dn. 4:34). Las Escrituras reiteradas veces confirman la eternidad de Dios, que Él trasciende el tiempo, que no tiene ni principio ni final (p. ej. Sal. 90:2; 93:2; 102:24-27; Is. 57:15; Mi. 5:2; Hab. 1:12; 1 Ti. 1:17; 6:15-16). Eso lo distingue de los animales, que tienen principio y fin, y de los ángeles y de los seres humanos, que tuvieron un principio, pero que no tendrán fin.

Saber que Dios es eterno proporciona consuelo a sus hijos, ya que, a diferencia de un padre humano, Él siempre está ahí para cuidar de ellos. La eternidad de Dios es la garantía de que nuestra vida eterna en el cielo nunca cesará, que recibiremos "un cada vez más excelente y eterno peso de gloria" (2 Co. 4:17). Pero también significa que el castigo de los malvados en el infierno durará para siempre, que su llanto, lamento y rechinar de dientes nunca cesará, que "el humo de su tormento sube por los siglos de los siglos" (Ap. 14:11). Tal destrucción de los pecadores es una vindicación de la justicia de Dios.

La alabanza de los cuatro seres vivientes, cuando **dan gloria y honra y acción de gracias al que está sentado en el trono,** provoca una respuesta de los **veinticuatro ancianos.** Ellos **se postran delante del que está sentado en el trono, y adoran al que vive por los siglos de los siglos.** Esta es la primera de seis veces que los ancianos se postran delante de Dios (5:8, 14; 7:11; 11:16; 19:4). Esta es una posición de adoración reverente, una reacción natural ante la majestuosa, santa e imponente gloria de Dios (cp. Gn. 17:3; Jos. 5:14; Ez. 1:28; 3:23; 43:3; 44:4; Mt. 17:6; Hch. 9:4).

De modo sorprendente, después de postrarse, los veinticuatro ancianos **echan sus coronas delante del trono.** No están preocupados en su propia excelencia. No les interesa su propia santidad, honor o recompensa. Todas estas cosas palidecen insignificantes y dejan de tener valor a la luz de la gloria de Dios.

Los ancianos añaden su propia nota al coro de alabanza que iniciaron los cuatro seres vivientes, diciendo en voz alta: **Señor, digno eres de recibir la gloria y la honra y el poder; porque tú creaste todas las cosas, y por tu voluntad existen y fueron creadas.** *Axios* (**digno**) se empleaba para referirse al emperador romano cuando marchaba en una procesión triunfal. La canción de los ancianos tiene como centro la gloria de Dios manifestada en la creación; Él se presenta como el Creador a lo largo de las Escrituras (cp. 10:6; Gn. 1:1; Éx. 20:11; Is. 40:26, 28; Jer. 10:10-12; 32:17; Col. 1:16). Los ancianos están confesando que Dios tiene el derecho de redimir y de juzgar a su creación. Su canción anuncia al paraíso perdido que se convierte en paraíso recobrado.

El primer movimiento del oratorio de alabanza describe a Dios a punto de juzgar a Satanás, a los demonios y a los pecadores, y retomando su creación. Tanto los seres vivientes como los veinticuatro ancianos, solo pueden adorar en sobrecogimiento y asombro mientras Dios se prepara para el glorioso día del que Pablo escribió:

Porque el anhelo ardiente de la creación es el aguardar la manifestación de los hijos de Dios. Porque la creación fue sujetada a vanidad, no por su propia voluntad, sino por causa del que la sujetó en esperanza; porque también la creación misma será libertada de la esclavitud de corrupción, a la libertad gloriosa de los hijos de Dios. Porque sabemos que toda la creación gime a una, y a una está con dolores de parto hasta ahora (Ro. 8:19-22).

Una visión del cordero

12

Y vi en la mano derecha del que estaba sentado en el trono un libro escrito por dentro y por fuera, sellado con siete sellos. Y vi a un ángel fuerte que pregonaba a gran voz: ¿Quién es digno de abrir el libro y desatar sus sellos? Y ninguno, ni en el cielo ni en la tierra ni debajo de la tierra, podía abrir el libro, ni aun mirarlo. Y lloraba yo mucho, porque no se había hallado a ninguno digno de abrir el libro, ni de leerlo, ni de mirarlo. Y uno de los ancianos me dijo: No llores. He aquí que el León de la tribu de Judá, la raíz de David, ha vencido para abrir el libro y desatar sus siete sellos. Y miré, y vi que en medio del trono y de los cuatro seres vivientes, y en medio de los ancianos, estaba en pie un Cordero como inmolado, que tenía siete cuernos, y siete ojos, los cuales son los siete espíritus de Dios enviados por toda la tierra. Y vino, y tomó el libro de la mano derecha del que estaba sentado en el trono. Y cuando hubo tomado el libro, los cuatro seres vivientes y los veinticuatro ancianos se postraron delante del Cordero; todos tenían arpas, y copas de oro llenas de incienso, que son las oraciones de los santos; y cantaban un nuevo cántico, diciendo: Digno eres de tomar el libro y de abrir sus sellos; porque tú fuiste inmolado, y con tu sangre nos has redimido para Dios, de todo linaje y lengua y pueblo y nación; y nos has hecho para nuestro Dios reyes y sacerdotes, y reinaremos sobre la tierra. Y miré, y oí la voz de muchos ángeles alrededor del trono, y de los seres vivientes, y de los ancianos; y su número era millones de millones, que decían a gran voz: El Cordero que fue inmolado es digno de tomar el poder, las riquezas, la sabiduría, la fortaleza, la honra, la gloria y la alabanza. Y a todo lo creado que está en el cielo, y sobre la tierra, y debajo de la tierra, y en el mar, y a todas las cosas que en ellos hay, oí decir: Al que está sentado en el trono, y al Cordero, sea la alabanza, la honra, la gloria y el poder, por los siglos de los siglos. Los cuatro seres vivientes decían: Amén; y los veinticuatro ancianos se postraron sobre sus rostros y adoraron al que vive por los siglos de los siglos. (5:1-14)

A lo largo de la historia ha habido muchos pretendientes a tronos terrenales que han procurado conquistar y gobernar el mundo. El primero y más poderoso usurpador fue Satanás. Después de rebelarse contra Dios, fue aplastado, él y sus seguidores angelicales fueron echados del cielo (Lc. 10:18; Ap. 12:3-4) y se convirtió en el "dios de este siglo" (2 Co. 4:4). Él inspiró a multitudes de seres humanos a probar la conquista, hombres como Nabucodonosor, Darío, Alejandro Magno, los emperadores romanos, Atila el huno, Gengis Kan, Napoleón, Lenin, Stalin y Hitler. En el futuro vendrá el más poderoso de todos los conquistadores humanos poseídos por Satanás, el anticristo final.

Todos esos hombres, y una multitud de otros de menor influencia, tienen algo en común: fracasaron. Solo uno tiene el derecho, el poder y la autoridad para gobernar la tierra: el Señor Jesucristo. Un día Él tomará de Satanás el usurpador, y de todos los rebeldes diabólicos y humanos, lo que por derecho es suyo. Ningún otro es digno de gobernar el mundo; ningún hombre malo o bueno, ningún demonio ni santo ángel. Apocalipsis 5 presenta a Jesucristo, el legítimo gobernador de la tierra, quien se describe a punto de volver para redimir al mundo del pecado, de Satanás, de la muerte y la maldición. Él es el tema central de la segunda visión que Juan tuvo del cielo.

Los sucesos del capítulo 5 ocurren inmediatamente después de los del capítulo 4. El escenario, como en el capítulo 4, es el trono de Dios en el cielo. Están presentes los querubines, los veinticuatro ancianos (que representan a la iglesia arrebatada y glorificada), y el Espíritu Santo en su séptupla gloria (4:5). Los acontecimientos descritos en estos dos capítulos anuncian el holocausto del juicio divino a punto de derramarse sobre la pecaminosa, rebelde y maldita tierra (caps. 6-19). Sobrecogido por la indescriptible majestad del trono de Dios, y los destellos de relámpagos y truenos que salían de él, los querubines y los ancianos comienzan una serie de himnos de alabanza a Dios. Esos himnos celebran a Dios como Creador y Redentor, y se regocijan porque Él está a punto de recuperar lo que legítimamente le pertenece. Este es el momento que todos los cristianos (Ef. 1:14) y la creación toda (Ro. 8:19-22) anhelan.

Mientras se acerca ese momento, Dios comienza a moverse. La palabra **vi** presenta las diversas escenas descritas en este capítulo (cp. los vv. 2, 6, 11) y subraya la función de Juan como testigo. En su visión, Juan vio **en la mano derecha del que estaba sentado en el trono un libro escrito por dentro y por fuera, sellado con siete sellos.** Dios extendió la mano, por decirlo así, y tenía en ella un **libro.** *Biblion* (**libro**) no se refiere a un libro en el sentido moderno, sino a un rollo (cp. 6:14). Un rollo era un pedazo grande de papiro o piel de animal, enrollada desde los dos extremos hacia el medio. Por lo general esos rollos se usaban antes de la invención del códice, o libro al estilo moderno, que consiste en páginas cuadradas unidas entre sí.

Aunque los testamentos romanos eran **sellados con siete sellos,** este rollo no era un testamento, sino un documento legal o contrato. El doctor Robert L. Thomas explica:

Este tipo de contrato se conocía por todo el Oriente Medio en los tiempos antiguos, y los romanos lo usaban desde la época de Nerón. Todo el contrato se escribía en las páginas interiores y se sellaba con siete sellos. Entonces el contenido del contrato se describía brevemente por la parte exterior. Todo tipo de transacciones se efectuaban de esa forma, entre ellas los contratos de matrimonio, los contratos de alquileres, la liberación de esclavos, las facturas de contratos y fianzas. Hay apoyo para esto también de las prácticas hebreas. El documento hebreo que tenía mayor parecido a este rollo era un título de propiedad que se doblaba y se sellaba, y que requería de, al menos, tres testigos. Una porción del texto se escribía, se doblaba y se sellaba, con un testigo diferente firmando en cada dobléz. A mayor número de testigos, mayor era la importancia que se le concedía al documento. (*Revelation 1-7: An Exegetical Commentary* [Apocalipsis 1-7: Un comentario exegético] [Chicago: Moody, 1992], 378)

Jeremías 32 presenta una buena ilustración del uso de tal documento. En los decadentes días del reino del sur, poco antes de la caída de Jerusalén, a Jeremías fue a verlo su primo Hanameel, que estaba desesperado por vender un campo que tenía en la ciudad de Anatot, donde había nacido Jeremías, no lejos de Jerusalén. Hanameel sabía que una vez que el ejército babilónico la conquistara (en realidad, los babilonios pudieran haber ocupado ya la tierra en cuestión; cp. Jer. 32:2, 24-25), perdería su pedazo de tierra. Jeremías, en obediencia al mandato de Dios (Jer. 32:6-7), compró el campo, a pesar de su posible pérdida, como señal de que el cautiverio babilónico no sería permanente (Jer. 32:15). Jeremías 32:9-15 registra los detalles de esa compra:

> *Y compré la heredad de Hanameel, hijo de mi tío, la cual estaba en Anatot, y le pesé el dinero; diecisiete siclos de plata. Y escribí la carta y la sellé, y la hice certificar con testigos, y pesé el dinero en balanza. Tomé luego la carta de venta, sellada según el derecho y costumbre, y la copia abierta. Y di la carta de venta a Baruc hijo de Nerías, hijo de Maasías, delante de Hanameel el hijo de mi tío, y delante de los testigos que habían suscrito la carta de venta, delante de todos los judíos que estaban en el patio de la cárcel. Y di orden a Baruc delante de ellos, diciendo: Así ha dicho Jehová de los ejércitos, Dios de Israel: Toma estas cartas, esta carta de venta sellada, y esta carta abierta, y ponlas en una vasija de barro, para que se conserven muchos días. Porque así ha dicho Jehová de los ejércitos, Dios de Israel: Aún se comprarán casas, heredades y viñas en esta tierra.*

El libro que Juan vio en la mano de Dios es el título de propiedad de la tierra, que le dará a Cristo. Sin embargo, a diferencia de otros documentos legales, este no recoge los detalles descriptivos de lo que Cristo va a heredar, sino cómo Él recobrará su legítima heredad. Lo hará mediante los juicios divinos que estaban por derramarse sobre la tierra (6:1ss). Aunque es un rollo de condena y juicio, es también un rollo de redención. Dice cómo Cristo redimirá al mundo del usurpador, Satanás, y los hombres y demonios que han colaborado con él. Ezequiel describe ese mismo libro en su visión del cielo: "Y miré, y he aquí una mano extendida hacia mí, y en ella había un rollo de libro. Y lo extendió delante de mí, y estaba escrito por delante y por detrás; y había escritas en él endechas y lamentaciones y ayes" (Ez. 2:9-10).

El capítulo se divide en tres secciones: la búsqueda de alguien digno, la selección del digno y el cántico del digno.

LA BÚSQUEDA DE ALGUIEN DIGNO

Y vi a un ángel fuerte que pregonaba a gran voz: ¿Quién es digno de abrir el libro y desatar sus sellos? Y ninguno, ni en el cielo ni en la tierra ni debajo de la tierra, podía abrir el libro, ni aun mirarlo. Y lloraba yo mucho, porque no se había hallado a ninguno digno de abrir el libro, ni de leerlo, ni de mirarlo. (5:2-4)

No se menciona por nombre al **ángel fuerte** (cp. 10:1; 18:21). Algunos lo identifican como Gabriel, otros como Miguel, pero como el texto no lo menciona, debe permanecer anónimo. Hablaba **a gran voz** para que su proclama pudiera llegar hasta el último rincón del universo. El ángel buscaba a alguien que fuera **digno** y capaz **de abrir el libro y desatar sus sellos.** ¿Quién, pregunta él, tiene la dignidad innata y virtuosa y el derecho divino que lo capacita para abrir los sellos? Y ¿quién tiene el poder de derrotar a Satanás y a sus huestes demoníacas, para eliminar el pecado y sus efectos, y revocar la maldición sobre toda la creación?

Pero mientas los ecos de su clamor se alejan, solo hay silencio. Los poderosos arcángeles Miguel y Gabriel no responden. Millares y millares de otros ángeles permanecen en silencio. Todos los justos muertos de todas las épocas, entre ellos Abraham, Isaac, Jacob, José, Job, Moisés, David, Salomón, Elías, Eliseo, Isaías, Jeremías, Ezequiel, Daniel, Pedro y el resto de los apóstoles, Pablo, y todos los demás de la época de la iglesia, no dijeron nada. **Y ninguno, ni en el cielo ni en la tierra ni debajo de la tierra, podía abrir el libro, ni aun mirarlo.** Una búsqueda en todo el universo, desde el infierno hasta el cielo y todos los puntos intermedios, trae como resultado que no hay ninguno digno de abrir el libro.

Abrumado por la tristeza y el desánimo ante este giro de los acontecimientos, Juan comenzó a llorar **mucho, porque no se había hallado a ninguno digno de abrir el libro, ni de leerlo, ni de mirarlo. Lloraba** viene de *klaiō,* la misma palabra empleada para describir el llanto de Jesús por Jerusalén (Lc. 19:41), y el amargo llanto de Pedro después de traicionar al Señor (Lc. 22:62). Esta es, por tanto, una palabra que expresa una emoción fuerte e incontenible. Esta es la única vez en las Escrituras que se ven las lágrimas en el cielo (cp. 7:17; 21:4). W. A. Criswell explica por qué lloró Juan:

[Las lágrimas de Juan] representan las lágrimas de todo el pueblo de Dios a través de todos los siglos. Esas lágrimas del apóstol Juan son las de Adán y Eva, expulsados del Huerto del Edén, al inclinarse sobre el primer sepulcro, mientras regaban el polvo de la tierra con sus lágrimas sobre el cuerpo silente e inmóvil de su hijo, Abel. Son las lágrimas de los hijos de Israel en esclavitud, mientras clamaban a Dios en su aflicción y cautiverio. Son las lágrimas de los escogidos de Dios a través de los siglos, en su clamor al cielo. Son los sollozos y lágrimas que han salido del corazón y el alma del pueblo de Dios mientras miraban a sus muertos, mientras estaban junto a sus sepulcros abiertos, mientras experimentaban en las pruebas y sufrimientos de la vida, penas y decepciones indescriptibles. Tal es la maldición que el pecado ha impuesto sobre la maravillosa creación de Dios; y esta es la condenación de la mano de ese usurpador, ese entrometido, ese intruso, ese forastero, ese extraño, ese dragón, esa serpiente, ese diablo, Satanás. "Y lloraba yo mucho"; por no poder encontrar un Redentor significaba que esta tierra, en su maldición, está condenada a muerte para siempre. Significaba que la muerte, el pecado, la condenación y el infierno debían reinar por los siglos de los siglos, y la soberanía de la tierra de Dios debía permanecer por siempre en las manos de Satanás. (*Expository Sermons on Revelation* [Sermones expositivos sobre Apocalipsis] [Grand Rapids: Zondervan, 1969], 3:69-70)

El llanto de Juan, aunque sincero, era apresurado. No tenía por qué llorar, porque Dios estaba a punto de actuar. De igual manera, Jesús le dijo a la viuda de Naín (Lc. 7:13) y a los que lloraban sobre la hija muerta del principal de la sinagoga (Lc. 8:52) que sus lágrimas estaban fuera de lugar debido a lo que Él estaba a punto de hacer. Juan lloró porque él quería ver al mundo libre de maldad, pecado y muerte. Él quería ver a Satanás vencido y el reino de Dios establecido en la tierra. Él quería ver a Israel salvo y a Cristo exaltado. Juan sabía que el Mesías había sido ejecutado, Jerusalén destruida, y el pueblo judío masacrado y esparcido. Él también sabía que la Iglesia enfrentaba intensa persecución y estaba bajo los efectos del pecado (caps. 2—3). Todo parecía, desde su perspectiva, ir mal. ¿Nadie daría un paso al frente para cambiar esto? ¿Nadie iba a abrir el libro y redimir la creación de Dios? Pero Juan no tenía por qué llorar, porque la búsqueda de alguien digno de abrir el libro estaba a punto de terminar.

LA SELECCIÓN DEL DIGNO

Y uno de los ancianos me dijo: No llores. He aquí que el León de la tribu de

Judá, la raíz de David, ha vencido para abrir el libro y desatar sus siete sellos. Y miré, y vi que en medio del trono y de los cuatro seres vivientes, y en medio de los ancianos, estaba en pie un Cordero como inmolado, que tenía siete cuernos, y siete ojos, los cuales son los siete espíritus de Dios enviados por toda la tierra. Y vino, y tomó el libro de la mano derecha del que estaba sentado en el trono. (5:5-7)

Como sus lágrimas no tenían razón de ser, **uno de los ancianos** le dijo a Juan que no llorara. Entonces movió la atención de Juan a una nueva persona que surgía en la escena, **el León de la tribu de Judá, la raíz de David.** Ningún humano ni ángel podía redimir el universo, pero hay uno que sí puede. Esa persona, por supuesto, es el glorificado y exaltado Señor Jesucristo, descrito aquí por dos de sus títulos mesiánicos. El título **el León de la tribu de Judá** viene de la bendición de Jacob sobre la tribu de Judá dada en Génesis 49:8-10:

Judá, te alabarán tus hermanos; tu mano en la cerviz de tus enemigos; los hijos de tu padre se inclinarán a ti. Cachorro de león, Judá; de la presa subiste, hijo mío. Se encorvó, se echó como león, así como león viejo: ¿quién lo despertará? No será quitado el cetro de Judá, ni el legislador de entre sus pies, hasta que venga Siloh; y a él se congregarán los pueblos.

De la tribu aleonada de Judá saldría un gobernante fuerte, fiero y mortal: el Mesías, Jesucristo (He. 7:14). Los judíos de la época de Cristo esperaban que el Mesías fuera poderoso y los librara de la pesada mano de sus opresores, en aquel tiempo los gobernantes romanos. Fue en parte por el hecho de que Jesús no vivió conforme a esas expectativas, que lo rechazaron y lo mataron. Él no tenía aspiraciones políticas (cp. Jn. 6:15; 18:36), ni utilizó sus poderes milagrosos contra los opresores romanos. En vez de esto, Él ofreció un reino espiritual.

Trágicamente, los judíos juzgaron mal por completo a su Mesías. Él es un león, y desgarrará y destruirá a sus enemigos. Pero lo hará conforme a su programa, no al de ellos. Su juicio sobre sus enemigos, como león, aguarda aún por un día en el futuro que Él ha escogido, el día que comienza a revelarse en el capítulo 5 de Apocalipsis.

Se ve también a Jesucristo como **la raíz** o descendiente **de David** (cp. 22:16; Jer. 23:5-6; 33:15-17). Ese título mesiánico proviene de Isaías 11:1, 10: "Saldrá una vara del tronco de Isaí, y un vástago retoñará de sus raíces... Acontecerá en aquel tiempo que la raíz de Isaí, la cual estará puesta por pendón a los pueblos, será buscada por las gentes; y su habitación será gloriosa". Como revelan las genealogías de Mateo 1 y Lucas 3, Jesús era descendiente de David, tanto por parte de padre como por parte de madre. En Romanos 1:3 el apóstol Pablo dijo que Jesucristo "era del linaje de David según la carne". La frase "linaje de David" es un título mesiánico empleado a menudo en los Evangelios (p. ej. Mt. 9:27; 12:23; 15:22; 20:30-31; 21:9, 15; 22:42; Mr. 12:35).

Jesucristo es el que es digno de tomar el libro por quién Él es, el legítimo Rey procedente de los lomos de David; por lo que Él es, el León de la tribu de Judá, con el poder de destruir a sus enemigos; y también por lo que Él ha hecho: Él **ha vencido.** En la cruz Él derrotó al pecado (Ro. 8:3), a la muerte (He. 2:14-15) y a todas las fuerzas del infierno (Col. 2:15; 1 P. 3:19). Los creyentes son vencedores mediante su victoria (Col. 2:13-14; 1 Jn. 5:5).

Mientras miraba la increíble escena delante de él, el reflejo resplandeciente y brillante de la gloria de Dios que emanaba del trono, el brillante arco iris color esmeralda que lo rodeaba, la radiante calle donde estaba, los destellos de los relámpagos y truenos presagiando temibles juicios divinos, los cuatros seres vivientes y los veinticuatro ancianos que adoraban, la atención de Juan irresistiblemente se desvió a lo que vio **en medio del trono y de los cuatro seres vivientes, y en medio de los ancianos.** En lugar del esperado León poderoso de la tribu de Judá, el gran conquistador y Rey davídico, Juan vio **un Cordero.** El Señor Jesús no podía ser el León de juicio, o el Rey de gloria, a menos que fuera primero "el Cordero de Dios, que quita el pecado del mundo" (Jn. 1:29).

Arnion (**Cordero**), la forma diminutiva de *arnos,* se refiere a un corderito, o un cordero doméstico. La imagen proviene de la Pascua, en la que se pedía a las familias judías que guardaran el cordero expiatorio como un animal de la casa durante cuatro días antes de sacrificarlo (Éx. 12:3-6). Aunque cada cordero que se sacrificaba bajo el antiguo pacto señalaba a Cristo, en el Antiguo Testamento solo hay una referencia a Él como cordero (Is. 53:7). En el Nuevo Testamento, aparte de en Apocalipsis, solo se le llama Cordero cuatro veces (Jn. 1:29, 36; Hch. 8:32; 1 P. 1:19). Pero en Apocalipsis aparece como el Cordero veintinueve veces.

Varias características indican que este no era un cordero común. En primer lugar, Él estaba **en pie,** vivo, pero parecía **como** si hubiera sido **inmolado.** Las cicatrices de las heridas mortales que había recibido este Cordero eran claramente visibles; sin embargo, estaba vivo. Aunque los demonios y los hombres malvados conspiraron contra Él y lo mataron, Él resucitó de los muertos, derrotando así a sus enemigos.

A primera vista parece algo desastrosamente incongruente enfrentar a un cordero y a un dragón (12:9) y las hordas de las langostas infernales (9:3), ranas (16:13), y soldados humanos (19:19) que siguen al dragón. Pero este Cordero es más que un sacrificio voluntario por el pecado; Él es también un León y el "Rey de reyes y Señor de señores" (19:16). Él ya ha vencido a Satanás (1 Jn. 3:8; cp. Jn. 12:31; 16:11; Ro. 16:20; He. 2:14) y sus fuerzas (Col. 2:15; 1 P. 3:22) en la cruz, y está a punto de consumar esa victoria.

Otra característica acerca de este Cordero, que observa Juan, es que tenía **siete cuernos.** Una imagen traída del mundo de los animales, los **cuernos** en las

Escrituras simbolizan fortaleza y poder (p. ej. 1 S. 2:1, 10; 2 S. 22:3; Sal. 18:2; 75:10; 89:17, 24; Jer. 48:25; Mi. 4:13); **siete,** el número de la perfección, simboliza la perfección y el absoluto poder del Cordero. El Cordero, en la visión de Juan, también tenía **siete ojos,** una vez más denotando perfecta omnisciencia y total comprensión y conocimiento. Esos ojos, observó Juan, representaban **los siete espíritus de Dios enviados por toda la tierra.** Como se observa en los análisis de 1:4 y 4:5 de este volumen, la frase **siete espíritus de Dios** describe al Espíritu Santo en toda su plenitud. Aquí, como en 4:5, se ve la plenitud del Espíritu Santo con relación al juicio, mientras va **por toda la tierra** en busca de pecadores culpables y no arrepentidos para que sean juzgados (cp. Jn. 16:8).

El versículo 7 registra el acto final y monumental en la escena celestial. Todo lo que Juan ha estado describiendo desde que comenzó esta visión en 4:1 estaba encaminado a este momento, en el que se ve el acto grandioso y culminante de la historia, el acto que señalará el final de los días del hombre. La meta suprema de la redención está a punto de mostrarse; el paraíso se reconquistará y el Edén se restaurará. Ante los ojos maravillados de Juan, el Cordero **vino, y tomó el libro de la mano derecha del que estaba sentado en el trono.**

Esta es la misma escena descrita por Daniel en Daniel 7:13-14, aunque Daniel no menciona el libro:

> *Miraba yo en la visión de la noche, y he aquí con las nubes del cielo venía uno como un hijo de hombre, que vino hasta el Anciano de días, y le hicieron acercarse delante de él. Y le fue dado dominio, gloria y reino, para que todos los pueblos, naciones y lenguas le sirvieran; su dominio es dominio eterno, que nunca pasará, y su reino uno que no será destruido.*

El que es digno ha llegado para recibir de vuelta lo que es legítimamente suyo.

EL CÁNTICO DEL DIGNO

Y cuando hubo tomado el libro, los cuatro seres vivientes y los veinticuatro ancianos se postraron delante del Cordero; todos tenían arpas, y copas de oro llenas de incienso, que son las oraciones de los santos; y cantaban un nuevo cántico, diciendo: Digno eres de tomar el libro y de abrir sus sellos; porque tú fuiste inmolado, y con tu sangre nos has redimido para Dios, de todo linaje y lengua y pueblo y nación; y nos has hecho para nuestro Dios reyes y sacerdotes, y reinaremos sobre la tierra. Y miré, y oí la voz de muchos ángeles alrededor del trono, y de los seres vivientes, y de los ancianos; y su número era millones de millones, que decían a gran voz: El Cordero que fue inmolado es digno de tomar el poder, las riquezas, la sabiduría, la fortaleza,

la honra, la gloria y la alabanza. Y a todo lo creado que está en el cielo, y sobre la tierra, y debajo de la tierra, y en el mar, y a todas las cosas que en ellos hay, oí decir: Al que está sentado en el trono, y al Cordero, sea la alabanza, la honra, la gloria y el poder, por los siglos de los siglos. Los cuatro seres vivientes decían: Amén; y los veinticuatro ancianos se postraron sobre sus rostros y adoraron al que vive por los siglos de los siglos. (5:8-14)

La aparición del Cordero mientras toma el libro, hace que la alabanza estalle de todos los lugares en el universo. La alabanza acelera en un ascendente *crescendo* de adoración, mientras el oratorio de la redención llega a su culminación. A las dos doxologías majestuosas del capítulo 4, se adicionan tres más en el capítulo 5. El espontáneo estallido de adoración surge ante la realidad de que la muy ansiada derrota del pecado, la muerte y Satanás está a punto de producirse y que el Señor Jesucristo volverá a la tierra en triunfo y establecerá su glorioso reino milenario. La maldición será revocada, el remanente fiel de Israel será salvo y la Iglesia será honrada y exaltada, y se le dará el privilegio de reinar con Cristo. Toda la expectativa reservada acerca del milenio al fin estalla ante la perspectiva de lo que está a punto de ocurrir.

Al comenzar su cántico de alabanza y adoración, **los cuatro seres vivientes y los veinticuatro ancianos se postraron delante del Cordero.** El que ofrezcan la misma adoración a Cristo que ofrecieron al Padre en 4:10, presenta una prueba convincente de la deidad de Cristo, ya que solo se debe adorar a Dios (cp. 19:10; Mt. 4:10).

Después que Jesús cumpliera la redención al cargar el pecado en la cruz, Dios lo resucitó de los muertos y lo exaltó a su diestra. Jesucristo recibió de vuelta la gloria que había tenido en la presencia del Padre, antes de que comenzara el mundo (Jn. 17:5). A los efesios Pablo escribió acerca de Cristo, que Dios lo levantó "de los muertos y sentándole a su diestra en los lugares celestiales, sobre todo principado y autoridad y poder y señorío, y sobre todo nombre que se nombra, no sólo en este siglo, sino también en el venidero; y sometió todas las cosas bajo sus pies, y lo dio por cabeza sobre todas las cosas a la iglesia" (Ef. 1:20-22).

Aunque exaltado a la diestra del Padre, Jesucristo aún no está reinando plenamente. El Salmo 2:6-12 habla del día futuro cuando Cristo reinará en la tierra:

Pero yo he puesto mi rey sobre Sion, mi santo monte. Yo publicaré el decreto; Jehová me ha dicho: Mi hijo eres tú; yo te engendré hoy. Pídeme, y te daré por herencia las naciones, y como posesión tuya los confines de la tierra. Los quebrantarás con vara de hierro; como vasija de alfarero los desmenuzarás. Ahora, pues, oh reyes, sed prudentes; admitid amonestación, jueces de la tierra.

Servid a Jehová con temor, y alegraos con temblor. Honrad al Hijo, para que no se enoje, y perezcáis en el camino; pues se inflama de pronto su ira.

El doctor Donald Gray Barnhouse observó una vez que hay cuatro cosas fuera de lugar en el universo: La Iglesia, que debe estar en el cielo; Israel, que debe estar viviendo en paz, ocupando toda la tierra que se le prometió; Satanás, que pertenece al lago de fuego; y Cristo, que debe estar sentado reinando en su trono. Todas estas cuatro anomalías se arreglarán cuando Cristo tome el libro de la mano de su Padre.

Pero antes de que comience a abrirlo, en el capítulo 6, viene el canto de alabanza en el capítulo 5. Mientras se postraban delante del Cordero en adoración, Juan observó que **todos** los veinticuatro ancianos **tenían arpas, y copas de oro llenas de incienso, que son las oraciones de los santos.** (La estructura gramatical del texto griego parece indicar que eran solamente los ancianos, no los seres vivientes, quienes sostenían estos dos artículos.) En el Antiguo Testamento a menudo se asociaban las **arpas** con la adoración (p. ej. 2 S. 6:5; 1 Cr. 15:16, 20, 28; 16:5; 2 Cr. 5:12; 29:25; Sal. 33:2; 71:22; 92:1-4; 144:9; 150:3; cp. Ap. 14:2; 15:2), pero están también muy estrechamente vinculadas a la profecía. En 1 Samuel 10:5 Samuel le dijo a Saúl: "Después de esto llegarás al collado de Dios donde está la guarnición de los filisteos; y cuando entres allá en la ciudad, encontrarás una compañía de profetas que descienden del lugar alto, y delante de ellos salterio, pandero, flauta y arpa, y ellos profetizando". De igual manera, cuando estaba a punto de profetizar, Eliseo dijo: "Ahora traedme un tañedor'. Y mientras el tañedor tocaba, la mano de Jehová vino sobre Eliseo" (2 R. 3:15). Primero Crónicas 25:1 dice que "David y los jefes del ejército apartaron para el ministerio a los hijos de Asaf, de Hemán y de Jedutún, para que profetizasen con arpas, salterios y címbalos" (cp. los vv. 3, 6). Las arpas que sostenían los ancianos probablemente simbolizan todas las profecías, que culminarán en los acontecimientos trascendentales que están a punto de ocurrir.

Además de las arpas, también los ancianos tenían **copas de oro llenas de incienso.** Esas copas de boca ancha se usaban en el tabernáculo y en el templo (1 R. 7:40, 45, 50; 2 R. 12:13-14; 1 Cr. 28:17; 2 Cr. 4:22; Jer. 52:19; Zac. 14:20), donde estaban vinculadas al altar. Simbolizaban la obra sacerdotal de intercesión por el pueblo. Las Escrituras, en otro lugar, asocian la quema del incienso con las oraciones de los santos en el Salmo 141:2; Lucas 1:9-10; y Apocalipsis 8:3-4 (cp. 6:9-10). El incienso, en estas copas, representa las oraciones de los creyentes a través de los siglos, para que venga la redención de la tierra, profetizada y prometida por Dios. Tomadas en conjunto, las arpas y las copas indican que todo lo que los profetas profetizaron, y todo aquello por lo que los hijos de Dios han orado, debe cumplirse.

Mientras los ancianos llevaban ante Dios los deseos y las oraciones de los santos,

cantaban un nuevo cántico. Como (con la posible excepción de Job 38:7) la Biblia no registra en ningún lugar que los ángeles cantan, es mejor ver solamente a los ancianos cantando aquí. (Si se acepta la variante que se halla en muchos manuscritos "nos has redimido para Dios", como aparece en la Reina Valera, hay elementos adicionales a favor de este punto, ya que los cuatro seres vivientes son solo ángeles que no necesitan ser redimidos.) Eso es compatible con el resto de la Biblia, que describe a los redimidos cantando alabanzas a Dios (cp. Jue. 5:3; 2 Cr. 5:13; Neh. 12:46; Sal. 7:17; 9:2; 61:8; 104:33; 146:2; Hch. 16:25; Ef. 5:19) y a los ángeles diciéndolas (cp. Lc. 2:13-14). A lo largo de las Escrituras el **nuevo cántico** es un canto de redención (Sal. 33:3; 40:3; 96:1; 98:1; 144:9; 149:1; Is. 42:10; Ap. 14:3).

El cántico comienza con la reafirmación de que Cristo es **digno... de tomar el libro y abrir sus sellos.** Él es digno porque es el Cordero, el León de la tribu de Judá y el Rey de reyes y Señor de señores; **abrir** los **sellos** del libro significa decretar los juicios escritos en él. Entonces, reafirmando aún más los méritos de Cristo, la canción continúa: **porque tú fuiste inmolado, y con tu sangre nos has redimido para Dios, de todo linaje y lengua y pueblo y nación.** Esa frase amplía la afirmación del versículo 6 de que el Cordero había sido inmolado, explicando el significado de su muerte. Fue la muerte expiatoria de Cristo que ha **redimido para Dios, de todo linaje y lengua y pueblo y nación.** La palabra **redimido** viene de *agorazō*, una palabra muy representativa en el Nuevo Testamento para redención, que describe a los esclavos comprados en el mercado y que luego se les da la libertad. En la cruz, el Señor Jesucristo pagó el precio de compra (su propia **sangre;** 1 P. 1:18-19) para redimir a los seres humanos **de todo linaje** (descendencia) **y lengua** (idioma) **y pueblo** (raza) **y nación** (cultura) del mercado de esclavos del pecado (cp. 1 Co. 6:20; 7:23; Gá. 3:13). Estos cuatro términos aparecen juntos también en Apocalipsis 7:9; 11:9; 13:7; y 14:6 y abarcan toda la humanidad.

Debió ser para Juan una verdad emocionante y estimulante el que los redimidos un día incluirían a personas de todo el mundo. En un tiempo en el que la iglesia era pequeña, estaba aislada, batallando y en pecado, Juan debió haber estado preocupado por su futuro, sobre todo porque cinco de las siete iglesias mencionadas en los capítulos 2—3 tenían problemas serios y potencialmente fatales. El saber que la persecución y el pecado no extinguirían la llama del cristianismo que se propagaba, debió traer gozo y esperanza al corazón del apóstol.

La canción sigue expresando los resultados de la redención: **y nos has hecho para nuestro Dios reyes y sacerdotes, y reinaremos sobre la tierra.** Los veinticuatro ancianos se mueven más allá de sí mismos para abarcar a todos los santos de todas las épocas, en su canto de alabanza y adoración. Los redimidos son parte del reino de **Dios** (cp. 1:6), una comunidad de creyentes bajo el gobierno soberano de Dios. Son también **sacerdotes** para Dios (cp. 20:6), lo que indica su total acceso a la presencia de Dios para la adoración y el servicio. El actual sacerdocio de los creyentes (1 P. 2:5, 9) prefigura ese día futuro en el que tendremos acceso total y perfecta comunión con Dios. Durante el reino milenario, los creyentes **reinarán sobre la tierra** con Cristo (20:6; 2 Ti. 2:12).

En el versículo 11 Juan dice, por cuarta vez en el capítulo, que vio algo. Mientras [miraba], oyó **la voz de muchos ángeles alrededor del trono, y de los seres vivientes, y de los ancianos; y su número era millones de millones** (cp. Dn. 7:10). A las voces de los cuatro seres vivientes y de los veinticuatro ancianos, ahora se suman las de incontables ángeles. La frase **millones de millones** describe a una multitud incontable. Hebreos 12:1 también dice que no puede contarse la cantidad de ángeles santos. Al menos son el doble de los ángeles caídos (demonios) según Apocalipsis 12:3-4.

La gran multitud comenzó a decir **a gran voz** (cp. Neh. 9:4; Sal. 33:3, "con júbilo") la conocida doxología: **El Cordero que fue inmolado es digno de tomar el poder, las riquezas, la sabiduría, la fortaleza, la honra, la gloria y la alabanza.** Una vez más el énfasis está en la muerte de Cristo que da perfecta redención, debido a lo cual se le debe adorar y alabar. Él es digno de recibir reconocimiento por su **poder** y omnipotencia. Él es digno de recibir reconocimiento por **las riquezas** espirituales y materiales que posee; todo le pertenece a Él (Sal. 50:10-12). Él es digno de recibir reconocimiento gracias a su **sabiduría** y omnisciencia. Por todas estas cosas y todas sus demás perfecciones absolutas, Jesucristo es digno de toda **la honra, la gloria y la alabanza.**

Mientras el gran himno de alabanza alcanza su punto culminante, se une al coro **todo lo creado que está en el cielo, y sobre la tierra, y debajo de la tierra, y en el mar, y a todas las cosas que en ellos hay.** Esta declaración tan abarcadora recuerda el Salmo 69:34: "Alábenle los cielos y la tierra, los mares, y todo lo que se mueve en ellos"; y el versículo final de los salmos: "Todo lo que respira alabe a JAH" (Sal. 150:6). Este coro poderoso exclama: **Al que está sentado en el trono, y al Cordero, sea la alabanza, la honra, la gloria y el poder, por los siglos de los siglos.** Bendiciones sin fin, honor sin fin, alabanza sin fin, gloria sin fin y adoración sin fin pertenecen a Dios el Padre y el Señor Jesucristo. La creación no puede contener su gozo por su inminente redención (cp. Ro. 8:19-22).

Llenos de asombro, amor y alabanza, los cuatro seres vivientes pudieron solo seguir diciendo: **Amén.** Esa solemne afirmación quiere decir "que así sea", "que ocurra" (cp. 1:6-7); **y los veinticuatro ancianos se postraron** una vez más **y adoraron.**

Pronto, esta poderosa multitud se marchará del cielo para ejecutar juicios, reunir a los elegidos, y volver con Cristo cuando Él establezca su reino terrenal. El escenario está preparado.

El principio del fin: Los primeros cuatro sellos

13

Vi cuando el Cordero abrió uno de los sellos, y oí a uno de los cuatro seres vivientes decir como con voz de trueno: Ven y mira. Y miré, y he aquí un caballo blanco; y el que lo montaba tenía un arco; y le fue dada una corona, y salió venciendo, y para vencer. Cuando abrió el segundo sello, oí al segundo ser viviente, que decía: Ven y mira. Y salió otro caballo, bermejo; y al que lo montaba le fue dado poder de quitar de la tierra la paz, y que se matasen unos a otros; y se le dio una gran espada. Cuando abrió el tercer sello, oí al tercer ser viviente, que decía: Ven y mira. Y miré, y he aquí un caballo negro; y el que lo montaba tenía una balanza en la mano. Y oí una voz de en medio de los cuatro seres vivientes, que decía: Dos libras de trigo por un denario, y seis libras de cebada por un denario; pero no dañes el aceite ni el vino. Cuando abrió el cuarto sello, oí la voz del cuarto ser viviente, que decía: Ven y mira. Miré, y he aquí un caballo amarillo, y el que lo montaba tenía por nombre Muerte, y el Hades le seguía; y le fue dada potestad sobre la cuarta parte de la tierra, para matar con espada, con hambre, con mortandad, y con las fieras de la tierra. (6:1-8)

La Biblia enseña que el mundo se dirige inexorablemente no hacia la paz y la unidad, sino hacia una guerra catastrófica final, la batalla de Armagedón (16:14-16). Hasta ese holocausto culminante, las cosas seguirán deteriorándose, mientras el mundo cae cada vez más en el caos, la confusión y el pecado. A medida que se acerca el fin, aumentarán las guerras y los crímenes, habrá trastornos económicos y desastres naturales sin precedentes, como terremotos, inundaciones, hambres y enfermedades (cp. Mt. 24:6-8). Todas estas calamidades serán señales del derramamiento de la ira de Dios sobre el mundo caído y rebelde.

Los profetas del Antiguo Testamento hablaron de este aterrador tiempo de juicio futuro. Describiendo los sufrimientos de Israel durante ese tiempo, Jeremías escribió: "¡Ah, cuán grande es aquel día! tanto, que no hay otro semejante a él;

tiempo de angustia para Jacob" (Jer. 30:7). Describiendo el juicio venidero de las naciones gentiles, Isaías escribió:

Acercaos, naciones, juntaos para oír; y vosotros, pueblos, escuchad. Oiga la tierra y cuanto hay en ella, el mundo y todo lo que produce. Porque Jehová está airado contra todas las naciones, e indignado contra todo el ejército de ellas; las destruirá y las entregará al matadero. Y los muertos de ellas serán arrojados, y de sus cadáveres se levantará hedor; y los montes se disolverán por la sangre de ellos. Y todo el ejército de los cielos se disolverá, y se enrollarán los cielos como un libro; y caerá todo su ejército, como se cae la hoja de la parra, y como se cae la de la higuera (Is. 34:1-4).

En Apocalipsis 5:1-7, Cristo recibió de Dios el Padre un libro sellado con siete sellos, hasta que lo abrió el que tiene autoridad para hacerlo. El libro contenía el título de propiedad de la tierra. A diferencia de los documentos legales normales, este no contenía una descripción de lo que Cristo heredaba, sino detalles de cómo reclamará lo que legítimamente le pertenece. Comenzando en el capítulo 6, se abre el libro y se rompen sus sellos. El abrir el libro marca el comienzo de la ira y del juicio de Dios sobre la humanidad pecadora, cuando el Señor recupera la creación del usurpador, Satanás.

Cada uno de los sellos del libro (cp. 5:1) representa un juicio divino específico que se derramará de forma secuencial sobre la tierra. Los sellos abarcan todo el período de la tribulación (3:10), que culmina con la venida de Cristo. Al parecer es correcto afirmar que los primeros cuatro sellos tienen lugar durante la primera parte de la tribulación, el quinto dura desde la primera hasta la segunda parte (llamada "gran tribulación" en 7:14 y dura tres años y medio; 11:2; 12:6; 13:5) y la sexta y la séptima ocurren durante esa "gran tribulación". Al parecer el séptimo sello tiene los juicios de las siete trompetas (8:1-11:19) y la séptima trompeta (11:15) contiene los juicios de las siete copas (16:1-21). Así que los siete sellos contienen todos los juicios hasta el final, cuando Cristo vuelva.

El abrir los siete sellos se compara con la cronología de la tribulación de nuestro Señor, que se encuentra en el propio mensaje de Jesús que describe los postreros tiempos y su venida, y que se registra en Mateo 24. El primer sello describe una paz falsa y breve que precederá al holocausto final. En Mateo 24:4-5, Jesús también habló de esa paz, advirtiendo de los cristos falsos y engañadores que la fomentarían. El segundo sello describe la guerra mundial, que Jesús también predijo (Mt. 24:6-7). El tercer sello, hambruna, encuentra su paralelo en Mateo 24:7. En ese mismo versículo Jesús predijo terremotos, representativos de los desastres naturales; el cuarto sello representa la muerte por tales desastres naturales, incluso terremotos y plagas. El quinto sello, que revela a los mártires debajo del altar, encuentra un paralelo en la advertencia de Jesús de que los creyentes sufrirían la muerte durante la tribulación (Mt. 24:9). Al abrirse el sexto sello, el cielo se enrolla, tal y como Jesús predijo que sucedería (Mt. 24:29). El séptimo sello revela los finales juicios catastróficos, que incluyen toda la devastación de los juicios de las trompetas y las copas, conduciendo a su Segunda Venida (Mt. 24:37ss).

Así como aumentan en frecuencia e intensidad los dolores de parto de una madre cuando se acerca el momento de dar a luz, los juicios que representan los sellos se intensificarán durante la tribulación, hasta que culminen con la llegada del Señor Jesucristo en resplandeciente gloria. Los primeros cuatro sellos abarcan el período que Jesús describió como "principio de dolores" (Mt. 24:8). Estos cuatro juicios son muy terribles, pero son solamente la preparación del derramamiento de la ira final de Dios en los tres últimos sellos.

EL PRIMER SELLO: LA FALSA PAZ

Vi cuando el Cordero abrió uno de los sellos, y oí a uno de los cuatro seres vivientes decir como con voz de trueno: Ven y mira. Y miré, y he aquí un caballo blanco; y el que lo montaba tenía un arco; y le fue dada una corona, y salió venciendo, y para vencer. (6:1-2)

Los capítulos 4 y 5 describen la alabanza que se ofrece en el cielo a Dios el Padre y al Señor Jesucristo. El capítulo 4 exalta a Dios como Creador (cp. 4:11), mientras que el capítulo 5 exalta a Jesucristo como Redentor (cp. 5:9-10). De pronto, a medida que se abren los sellos en el capítulo 6, la alabanza cesa como un presentimiento del juicio venidero. La escena ahora se traslada del cielo a la tierra, que será el centro de los sucesos a través de la venida de Cristo en el capítulo 19, y el establecimiento de su reino terrenal en el capítulo 20.

Habiendo recibido de su padre el título de propiedad de la tierra (5:7), el **Cordero** (el Señor Jesucristo) **abrió** el primero **de los sellos.** Cuando se abre ese sello en la visión, no se lee lo que está escrito en el libro, sino que sucede algo. De inmediato Juan oyó **a uno de los cuatro seres vivientes** (querubines; un tipo de ángel muy exaltado; cp. Ez. 10:15 y ver el análisis de 4:6-8 en el capítulo 11 de este volumen) **decir** con una poderosa y estremecedora **voz de trueno: Ven y mira.** En respuesta a la convocatoria angelical, **un caballo blanco** llegó cargando a su jinete. Los primeros cuatro sellos se relacionan con caballos y jinetes (los llamados cuatro jinetes del Apocalipsis). En las Escrituras se asocia a los caballos con triunfo, majestad, poder y conquista (p. ej. 19:11, 14; Job 39:19-25; Pr. 21:31; Is. 43:17; Jer. 6:23; Zac. 9:10; 10:3).

Algunos, viendo un paralelo con 19:11, identifican al que **montaba** el caballo blanco como Cristo. Pero como Cristo abre el libro sellado, no puede ser el jinete. Además de eso, este jinete usa una *stephanos,* una corona ganada como premio;

en 19:12 Cristo usa muchas *diadēmas*, coronas reales. A diferencia de este jinete, que tenía un arco, Cristo lleva una espada (19:15). Por último, Cristo viene al final de la tribulación, no al principio.

Otros identifican al jinete como el anticristo. Pero como los otros tres jinetes no representan a individuos, sino a fuerzas impersonales (guerra, hambre y muerte), es mejor ver al primero también como una fuerza. Esta fuerza se puede definir como una paz mundial, que el segundo jinete hace desaparecer durante el segundo sello; 6:4). Sin embargo, el anticristo, como se verá, tendrá una función primordial en la promoción de esa obsesión mundial por la búsqueda de la paz.

Así que antes de que los terrores de la tribulación se liberen y conduzcan a la batalla de Armagedón habrá un período de paz. Pero será una paz engañosa, ya que el mundo se sentirá embargado por una falsa sensación de seguridad seguida de la guerra, del hambre y de la muerte. El desesperado deseo del mundo por la paz internacional servirá de cebo para la trampa satánica. Este anhelo de seguridad le servirá al anticristo, el gobernador de Satanás, que convencerá al mundo de que él puede proporcionarla. Particularmente engañará a Israel, cuyo pueblo hace tanto tiempo ha deseado la paz, y "por otra semana confirmará el pacto con muchos [Israel]" (Dn. 9:27). Sin embargo, el tratado del anticristo de paz y protección para Israel no durará: "a la mitad de la semana [la semana setenta de la profecía de Daniel; la tribulación] hará cesar el sacrificio y la ofrenda. Después, con la muchedumbre de las abominaciones vendrá el desolador, hasta que venga la consumación, y lo que está determinado se derrame sobre el desolador" (Dn. 9:27). La falsa paz que trae el anticristo se interrumpirá bruscamente en medio de la tribulación, cuando profanará el templo de Jerusalén, traicionará al pueblo judío y lanzará ataques mortales contra él (cp. Mt. 24:4-10). No podrá haber paz, ni la habrá, hasta que el Príncipe de paz establezca su reino terrenal (20:1-6).

La Biblia advierte varias veces del mortal señuelo de la falsa paz. Jeremías describió a los que en su época decían "Paz, paz; y no hay paz" (Jer. 6:14; 8:11). Le dijo al Señor: "¡Ah! ¡Ah, Señor Jehová! He aquí que los profetas les dicen: No veréis espada, ni habrá hambre entre vosotros, sino que en este lugar os daré paz verdadera" (Jer. 14:13). El Señor respondió: "Falsamente profetizan los profetas en mi nombre; no los envié, ni les mandé, ni les hablé; visión mentirosa, adivinación, vanidad y engaño de su corazón os profetizan" (v. 14). Escribiendo de lo engañoso de esta futura paz, Pablo dijo: "Cuando digan: Paz y seguridad, entonces vendrá sobre ellos destrucción repentina, como los dolores a la mujer encinta, y no escaparán" (1 Ts. 5:3).

Pudiera parecer increíble que el mundo, teniendo tan a la vista el desastre final, se deje engañar por completo. Sin embargo, esto es precisamente lo que ocurrió a menor escala antes del comienzo de la más devastadora guerra hasta nuestros días, la Segunda Guerra Mundial. Adolfo Hitler explicó en detalles sus planes para la conquista, en su libro *Mi lucha,* publicado más de una década antes de que comenzara la Segunda Guerra Mundial. Sin embargo, increíblemente, los aliados de occidente (particularmente Inglaterra y Francia) persistieron en creer el falso reclamo de Hitler de ser un hombre de paz. Permanecieron inactivos mientras él reocupaba Renania (desmilitarizada después de la Primera Guerra Mundial), aboliendo así el Tratado de Versalles, luego anexaron Austria, los Sudetes y Checoslovaquia. Desesperado por aplacar a Hitler y evitar la guerra, el primer ministro británico Neville Chamberlain se reunió con el dictador nazi en Munich en 1938. A su regreso a Inglaterra, Chamberlain agitó triunfalmente un pedazo de papel (que contenía un baladí compromiso de paz de Hitler) con el que dijo tener garantizada "paz con honor... paz para nuestro tiempo". Cuando Winston Churchill (uno de los pocos a quien Hitler no engañó) se levantó en la Casa de los Comunes para declarar que Inglaterra había sufrido una derrota total y definitiva, fue abucheado por coléricos miembros del Parlamento. El engaño fue casi universal; casi todos interpretaron mal las intenciones de Hitler. Solo después que invadió Polonia en septiembre de 1939, los aliados al fin reconocieron la verdad. Ya era demasiado tarde para evitar la catástrofe de la Segunda Guerra Mundial.

Que el jinete **tenía un arco** pero no flechas, y que se le honraba con **una corona** que **le fue dada** libremente, revela que el **vencer** incluirá victorias no sangrientas. Su **corona** (*stephanos*) es una corona de ganador. No es un rey verdadero y no tiene una verdadera corona de monarca (*diadēma*), pero tiene una corona del mundo por sus triunfantes logros al frente de la paz mundial. Él no **vencerá** con fuerzas militares, sino con astucia y engaño (cp. 2 Ts. 2:9-11). Su conquista será una victoria de "guerra fría", una paz que se gane con acuerdos, no por medio de conflictos (Dn. 9:24-27). Incluso cuando se acerca la condenación final del mundo, el anticristo prometerá una era dorada de paz y prosperidad. En gratitud, el mundo lo honrará y lo elevará a la posición de líder supremo. Pero tanto los elogios como la paz tendrán poca duración.

EL SEGUNDO SELLO: LA GUERRA

Cuando abrió el segundo sello, oí al segundo ser viviente, que decía: Ven y mira. Y salió otro caballo, bermejo; y al que lo montaba le fue dado poder de quitar de la tierra la paz, y que se matasen unos a otros; y se le dio una gran espada. (6:3-4)

El eufórico ambiente de paz y armonía del mundo terminará bruscamente cuando aparezca en escena el segundo jinete. Al igual que la Segunda Guerra Mundial vino después de una engañosa paz fomentada por Hitler, así las guerras devastadoras se diseminarán por el mundo después del derrumbe de la falsa paz del anticristo. Aquí la historia toma un aspecto sombrío y permanecerá así hasta que el verdadero Rey vuelva a establecer su reino.

Cuando el Cordero **abrió el segundo sello** Juan oyó **al segundo ser viviente** que llamaba al segundo jinete **que decía: Ven y mira.** De inmediato **salió otro caballo, bermejo.** Bermejo, el color del fuego y de la sangre, representa la guerra. El juicio de Dios desciende, y la falsa y corta paz bajo la dirección del anticristo se disuelve en un sangriento holocausto.

Las primeras observaciones de Juan son con relación al jinete, que **le fue dado poder de quitar de la tierra la paz.** Todo lo que sucede estará bajo el control soberano de Dios. Él permite la falsa paz, y Él la concluye y trae guerra en la tierra. En oposición a la enseñanza de algunos, los juicios de la tribulación no reflejan la ira de los hombres ni la ira de Satanás; solo pueden expresar la ira de Dios derramada sobre este mundo. Es Él quien sostiene el libro de los siete sellos, y es el Cordero quien lo abre. En algún momento al principio de la primera parte de la tribulación, durante el comienzo de los dolores de parto (cp. Mt. 24:8; Mr. 13:7-8; Lc. 21:9), la paz del mundo se convierte en un conflicto mundial, mientras la **paz** se desaparece de **la tierra.** Describiendo ese tiempo, Jesús dijo: "Oiréis de guerras y rumores de guerras... se levantará nación contra nación, y reino contra reino" (Mt. 24:6-7). Los hombres se matarán **unos a otros** de forma tal que no tenga precedentes. Exterminios violentos se convertirán en algo común. Aunque las Escrituras no ofrecen los detalles, los avances en la construcción de armamentos sugieren un terrible e inimaginable holocausto.

Juan también observó que **se le dio una gran espada** al jinete. *Machaira* (**espada**) se refiere a la corta y punzante espada que llevaba el soldado romano a la batalla. Era también el arma que usaban los asesinos. La visión muestra una **gran** espada para describir la magnitud de la guerra. De modo que la falsa paz del anticristo se disolverá en un torbellino de guerra, asesinato, rebelión, revuelta y masacre.

Al igual que fue un destacado promotor de la falsa paz, el anticristo final tendrá una participación fundamental en las guerras que la seguirán. Aunque fue el arquitecto principal de la falsa paz, cuando estallen las guerras en todo el mundo no tendrá otra opción que recurrir él mismo a la guerra, con tal de preservar su autoridad y su poder. El anticristo será tan hábil en la guerra como lo fue fomentando la falsa paz. Daniel 8:24 describe su carrera como guerrero: "Causará grandes ruinas, y prosperará, y hará arbitrariamente, y destruirá a los fuertes y al pueblo de los santos". Entre sus víctimas habrá muchos del pueblo de Dios (cp. 6:9; Mt. 24:9).

El establecimiento de la abominación desoladora por parte del anticristo (Dn. 11:31; 12:11; Mt. 24:15) traerá como resultado un gran conflicto, descrito en detalles en Daniel 11:36-45:

Y el rey hará su voluntad, y se ensoberbecerá, y se engrandecerá sobre todo dios; y contra el Dios de los dioses hablará maravillas, y prosperará, hasta que sea consumada la ira; porque lo determinado se cumplirá. Del Dios de sus padres no hará caso, ni del amor de las mujeres; ni respetará a dios alguno, porque sobre todo se engrandecerá. Mas honrará en su lugar al dios de las fortalezas, dios que sus padres no conocieron; lo honrará con oro y plata, con piedras preciosas y con cosas de gran precio. Con un dios ajeno se hará de las fortalezas más inexpugnables, y colmará de honores a los que le reconozcan, y por precio repartirá la tierra. Pero al cabo del tiempo el rey del sur contenderá con él; y el rey del norte se levantará contra él como una tempestad, con carros y gente de a caballo, y muchas naves; y entrará por las tierras, e inundará, y pasará. Entrará a la tierra gloriosa, y muchas provincias caerán; mas éstas escaparán de su mano: Edom y Moab, y la mayoría de los hijos de Amón. Extenderá su mano contra las tierras, y no escapará el país de Egipto. Y se apoderará de los tesoros de oro y plata, y de todas las cosas preciosas de Egipto; y los de Libia y de Etiopía le seguirán. Pero noticias del oriente y del norte lo atemorizarán, y saldrá con gran ira para destruir y matar a muchos. Y plantará las tiendas de su palacio entre los mares y el monte glorioso y santo; mas llegará a su fin, y no tendrá quien le ayude.

Como se observó antes, como la dirección de la Confederación del Occidente, el anticristo se describirá como un campeón de la paz. Incluso parecerá que logra lo que nadie ha sido capaz de hacer, traer la paz al problemático Oriente Medio. Hará un tratado con Israel, tomando la posición de su protector y defensor. Pero muy pronto se revelará su verdadero carácter, y su deseo de dominación provocará rebelión. Los intentos del anticristo de aplastar a sus enemigos y dominar sobre ellos con mano de hierro, traerán como resultado guerras que durarán hasta el final de la tribulación. Por último, cuando vuelva el verdadero Rey de la tierra, el Señor Jesucristo, lanzará al anticristo en el lago de fuego para siempre (20:10).

Las guerras que comienzan con la apertura del segundo sello durarán por el breve tiempo restante antes de la llegada del reino milenario.

EL TERCER SELLO: EL HAMBRE

Cuando abrió el tercer sello, oí al tercer ser viviente, que decía: Ven y mira. Y miré, y he aquí un caballo negro; y el que lo montaba tenía una balanza en la mano. Y oí una voz de en medio de los cuatro seres vivientes, que decía: Dos libras de trigo por un denario, y seis libras de cebada por un denario; pero no dañes el aceite ni el vino. (6:5-6)

Cuando el Cordero **abrió el tercer sello,** la potente voz del **tercer ser viviente** anunció la llegada del tercer caballo y jinete. El empleo de Juan de la frase **he aquí** revela cuán sobresaltado y conmocionado estaba ante la ominosa apariencia del jinete. El color **negro** se asocia con el hambre en Lamentaciones 5:10. El hambre es una consecuencia lógica de la guerra mundial; ya se destruyeron los suministros de alimentos y murieron muchos de los que tenían que ver con la producción de alimentos. Jesús también predijo esta hambre futura en Mateo 24:7: "Porque se levantará nación contra nación, y reino contra reino; y habrá pestes, y hambres, y terremotos en diferentes lugares". En el pasado Dios ha usado el hambre como medio de juicio (p. ej. Lv. 26:26; Dt. 32:24; 2 R. 8:1; Sal. 105:16; Is. 3:1; Jer. 16:4; Ez. 4:16-17; 5:16; 14:13; Hag. 1:11), pero esta será la hambruna más devastadora de toda la historia humana.

La **balanza** que el jinete tenía **en la mano** representa el racionamiento que vendrá como resultado del hambre. Como en los Estados Unidos durante la recesión económica, en Europa con las secuelas de la Segunda Guerra Mundial, y en la actualidad en muchas naciones del tercer mundo, desgarradas por la guerra, habrá personas muy hambrientas en largas filas esperando algo de comer. Pero no hallarán comida suficiente para subsistir, como lo muestra el cuarto sello en la visión de Juan. Después de la aparición del caballo negro y su jinete, Juan oyó **una voz de en medio de los cuatro seres vivientes.** Como los **cuatro seres vivientes** estaban alrededor del trono (4:6), es probable que fuera la voz de Dios, el que estaba sentado en el trono (4:2-3). Dios también habla respecto al quinto sello (6:11). Aquí habla como un recordatorio de que el hambre es un juicio directo de parte de Él.

Los pronunciamientos de Dios revelan cuán devastadoras serán las condiciones de la hambruna. **Dos libras de trigo** es apenas suficiente para sostener a una persona por un día, mientras que **un denario** representa el salario de un día del obrero promedio. El trabajo de las personas apenas será suficiente para proveer comida para sí mismas y no para alimentar a sus familiares. Los que tiene familias podrán comprar **seis libras de cebada por un denario.** Esto proporcionaría comida para sus familias, pero la cebada tiene muy poco valor nutritivo y por lo general, se usa para alimentar el ganado. Así que el salario de una persona apenas alimentará a tres personas con una comida de baja calidad. Ambos escenarios representan sueldos de hambre, y significan condiciones de hambruna muy severas.

A la luz de estas condiciones extremas, Dios le advirtió a la gente que **no** dañara (derrochara) **el aceite ni el vino.** Los alimentos de primera necesidad se convertirían en lujos inapreciables. El **aceite** de oliva y el **vino,** que se usaban para la preparación de los alimentos, así como la purificación del agua, tendrían que protegerse cuidadosamente.

Una paz engañosa seguida de guerras a nivel mundial y una resultante hambruna global y devastadora se combinarán para llegar al caos universal. Todo esto ocurrirá durante la primera parte de la tribulación, mientras lo peor aun está por llegar.

EL CUARTO SELLO: LA MUERTE

Cuando abrió el cuarto sello, oí la voz del cuarto ser viviente, que decía: Ven y mira. Miré, y he aquí un caballo amarillo, y el que lo montaba tenía por nombre Muerte, y el Hades le seguía; y le fue dada potestad sobre la cuarta parte de la tierra, para matar con espada, con hambre, con mortandad, y con las fieras de la tierra. (6:7-8)

El cuarto sello en la visión sigue la norma de los tres primeros. El Cordero abrió el **sello** y el **cuarto ser viviente** llamó al cuarto caballo y a su jinete. Juan describió el último caballo como **un caballo amarillo.** *Chlōros* (**amarillo**), de la que se derivan las palabras españolas "clorofila" y "cloro", se refiere a un color verde amarillo pálido. En sus otros usos en el Nuevo Testamento describe la vegetación verde (8:7; 9:4; Mr. 6:39). El color del caballo vívidamente describe la palidez verde amarillenta de la muerte, característica de la descomposición de un cadáver. Apropiadamente, el jinete **que lo montaba tenía** el ominoso **nombre Muerte.** La muerte en gran escala es la consecuencia inevitable de la guerra generalizada y del hambre. En esta escena tétrica y aterradora, Juan vio que **el Hades... seguía** a la Muerte. **Hades** (aquí representa el sepulcro) se vuelve, por decirlo así, el excavador de sepulcros, enterrando los restos de las víctimas de la Muerte. La Muerte y el Hades aparecen juntos también en 1:18 y 20:13, 14.

Entonces se cuantifica la magnitud de la muerte y la destrucción, resultado de la guerra y el hambre; **le fue dada potestad a** la Muerte y al Hades para que destruyeran **la cuarta parte de la** población **de la tierra.** Teniendo en cuenta la población actual del mundo de unos seis mil millones, eso representaría la asombrosa cifra de mil quinientos millones de muertes. En una era de armas nucleares, químicas y biológicas, este total es espantosamente plausible. La Muerte usará cuatro instrumentos en su sombría tarea. Los primeros tres elementos, la **espada,** el **hambre** y la **mortandad,** aparecen vinculados muchas veces en las Escrituras (p. ej. 1 Cr. 21:12; 2 Cr. 20:9; Jer. 14:12; 24:10; 44:13; Ez. 6:11), y los cuatro elementos aparecen en Ezequiel 14:12-21.

Ya se han analizado la **espada** (guerra) y el **hambre** respecto al segundo y el tercer sellos; el cuarto sello empeora estas condiciones. La palabra **mortandad** traduce *thanatos,* la misma palabra traducida "Muerte" anteriormente en este versículo. Aquí se refiere fundamentalmente a enfermedades como causa de muerte (cp. 2:23; 18:8) pero es lo bastante amplio como para abarcar los desastres naturales, como los terremotos predichos por Jesús (Mt. 24:7), las inundaciones y las erupciones volcánicas. También pudiera referirse a los efectos de las armas biológicas y químicas.

A lo largo de la historia humana, las enfermedades han matado a personas a una escala más impresionante que las guerras. Durante la guerra civil murieron más soldados de la Unión y la Confederación por enfermedades que los que murieron en batalla. Un estimado de treinta millones de personas murieron durante la gran epidemia de influenza de 1918-19, más de tres veces que el estimado de ocho millones y medio de soldados que murieron en batalla durante la Primera Guerra Mundial. Además, varios millones más murieron, más o menos en el mismo tiempo, en una epidemia de tifus en Rusia, Polonia y Rumania. En un mundo desolado por la guerra y el hambre, es inevitable que tales enfermedades se difundan.

A primera vista, la inclusión de **fieras** con espada, hambre y mortandad parece enigmática, ya que la mayoría de las criaturas peligrosas para el hombre están extinguidas o aisladas en regiones despobladas. Pero una posible explicación es que la más mortífera de todas las criaturas, la rata, prospera en todas las zonas pobladas. Las ratas han sido responsables de incontables millones de muertes a lo largo de la historia, ya sea comiendo los suministros de comida o transmitiendo enfermedades. El caso más infame y devastador de una enfermedad transmitida por las ratas fue la peste negra, una epidemia de peste bubónica del siglo catorce que aniquiló a un cuarto o un tercio de la población de Europa. En un mundo desolado por la guerra, el hambre y las enfermedades, las ratas crecerían de manera sorprendente.

Los primeros cuatro sellos describen claramente juicios imponentes y aterradores sin paralelo en la historia humana. No ha sucedido nada desde que Juan tuvo esta visión, que pueda ser el cumplimiento de estos juicios. Estas profecías del juicio final no pueden aplicarse a la destrucción de Jerusalén en 70 d.C. (que fue antes de que Juan tuviera esas visiones, ya que él escribió el Apocalipsis alrededor del 96 d.C.) o a ningún otro suceso desde aquel. Nada tan devastador como esto ha ocurrido, pero los juicios de los primeros cuatro sellos son solo el comienzo de los horrendos ayes mundiales que experimentará el mundo pecador y rebelde. Algo mucho peor está aún por venir en el resto de los sellos, las trompetas y las copas. En aquel tiempo el mundo de los pecadores comprenderá que "¡Horrenda cosa es caer en manos del Dios vivo!" (He. 10:31). No habrá salida para los incrédulos de los terrores de la tribulación o de los infinitamente peores terrores del infierno. Como dijera el escritor de Hebreos: "¿Cómo escaparemos nosotros, si descuidamos una salvación tan grande?" (He. 2:3).

Oraciones de venganza: El quinto sello

14

Cuando abrió el quinto sello, vi bajo el altar las almas de los que habían sido muertos por causa de la palabra de Dios y por el testimonio que tenían. Y clamaban a gran voz, diciendo: ¿Hasta cuándo, Señor, santo y verdadero, no juzgas y vengas nuestra sangre en los que moran en la tierra? Y se les dieron vestiduras blancas, y se les dijo que descansasen todavía un poco de tiempo, hasta que se completara el número de sus consiervos y sus hermanos, que también habían de ser muertos como ellos. (6:9-11)

Se ha dicho que Dios creó al hombre a su imagen y que el hombre le ha devuelto el favor. Las personas han creado dioses en cualquier forma que les agrade y se acomode a su modo pecaminoso de vivir. En las cínicas palabras del autor inglés D. H. Lawrence: "Dios solo es una gran experiencia de la imaginación" (citado en *The Columbia Dictionary of Quotations* [El diccionario de citas de Columbia], Copyright (c) 1993, 1995 por Columbia University Press). Dios reprende a tales necias personas en el Salmo 50:21: "Pensabas que de cierto sería yo como tú; pero te reprenderé, y las pondré delante de tus ojos". Dios es lo que Él ha revelado que es en las Escrituras, y no lo que las personas se imaginan que Él es.

Aunque las Escrituras muestran que Dios es amoroso, misericordioso y lleno de gracia, salvador de los pecadores, una verdad sobre Él que es abiertamente impopular en la actualidad es que Él es un Dios de venganza contra quienes lo rechazan y rechazan la salvación en su Hijo. La Biblia lo confirma repetidas veces. En Deuteronomio 32:35 Dios declaró: "Mía es la venganza y la retribución" (cp. los vv. 41, 43). En varios salmos, conocidos como los salmos imprecatorios (del verbo imprecar, que significa "maldecir a alguien"), los salmistas piden a Dios que se vengue de los malvados. Un pasaje así se encuentra en el Salmo 64:7-9, donde David dice de los inicuos que "Dios los herirá con saeta; de repente serán sus plagas. Sus propias lenguas los harán caer; se espantarán todos los que los vean. Entonces temerán todos los hombres, y anunciarán la obra de Dios, y entenderán sus hechos". El Salmo 79:10 dice: "Sea notoria en las gentes, delante de nuestros ojos, la venganza de la sangre de tus siervos que fue derramada". En el Salmo 94, el salmista oró: "Jehová, Dios de las venganzas, Dios de las venganzas, muéstrate. Engrandécete, oh Juez de la tierra; da el pago a los soberbios... Y él hará volver sobre ellos su iniquidad, y los destruirá en su propia maldad; los destruirá Jehová nuestro Dios" (vv. 1-2, 23). Otros salmos imprecatorios son: el 7, 35, 40, 55, 58, 59, 69, 109, 137, 139 y el 144.

También los profetas hablaron de la venganza de Dios. Isaías escribió:

> *Acercaos, naciones, juntaos para oír; y vosotros, pueblos, escuchad. Oiga la tierra y cuanto hay en ella, el mundo y todo lo que produce. Porque Jehová está airado contra todas las naciones, e indignado contra todo el ejército de ellas; las destruirá y las entregará al matadero. Y los muertos de ellas serán arrojados, y de sus cadáveres se levantará hedor; y los montes se disolverán por la sangre de ellos... Porque es día de venganza de Jehová, año de retribuciones en el pleito de Sion (Is. 34:1-3, 8).*

Hablando de Dios, Isaías declaró: "Pues de justicia se vistió como de una coraza, con yelmo de salvación en su cabeza; tomó ropas de venganza por vestidura, y se cubrió de celo como de manto, como para vindicación, como para retribuir con ira a sus enemigos, y dar el pago a sus adversarios; el pago dará a los de la costa" (Is. 59:17-18). Una de las cosas que el Siervo (el Señor Jesucristo) proclamará es "el día de venganza del Dios nuestro" (Is. 61:2), mientras que en 63:4 Dios dice tener un día de venganza en su corazón.

Hablando de un tiempo en el que Dios se vengaría de los enemigos de Israel, Jeremías dijo: "Mas ese día será para Jehová Dios de los ejércitos día de retribución, para vengarse de sus enemigos; y la espada devorará y se saciará, y se embriagará de la sangre de ellos; porque sacrificio será para Jehová Dios de los ejércitos, en tierra del norte junto al río Éufrates" (Jer. 46:10). El profeta Miqueas registra la promesa de que Dios "con ira y con furor [hará] venganza en las naciones que no obedecieron" (Mi. 5:15), mientras que Nahúm 1:2 describe a Dios como "Dios celoso y vengador; Jehová es vengador y lleno de indignación; se venga de sus adversarios, y guarda enojo para sus enemigos".

En medio del juicio, Dios perdona a los suyos. Malaquías 4:1-2 dice:

> *Porque he aquí, viene el día ardiente como un horno, y todos los soberbios y todos los que hacen maldad serán estopa; aquel día que vendrá los abrasará, ha dicho Jehová de los ejércitos, y no les dejará ni raíz ni rama. Mas a vosotros los que teméis mi nombre, nacerá el Sol de justicia, y en sus alas traerá salvación; y saldréis, y saltaréis como becerros de la manada.*

Isaías alentó a los temerosos dentro de su pueblo estimulándolos con estas palabras: "Esforzaos, no temáis; he aquí que vuestro Dios viene con retribución, con pago; Dios mismo vendrá, y os salvará" (Is. 35:4). No está la venganza de Dios limitada al Antiguo Testamento. Jesús describió el futuro tiempo del juicio de Dios durante el tiempo de la tribulación como los "días de retribución" (Lc. 21:22). Pablo escribió a los tesalonicenses:

Esto es demostración del justo juicio de Dios, para que seáis tenidos por dignos del reino de Dios, por el cual asimismo padecéis. Porque es justo delante de Dios pagar con tribulación a los que os atribulan, y a vosotros que sois atribulados, daros reposo con nosotros, cuando se manifieste el Señor Jesús desde el cielo con los ángeles de su poder, en llama de fuego, para dar retribución a los que no conocieron a Dios, ni obedecen al evangelio de nuestro Señor Jesucristo; los cuales sufrirán pena de eterna perdición, excluidos de la presencia del Señor y de la gloria de su poder (2 Ts. 1:6-9).

Tanto Pablo (Ro. 12:19) como el escritor de Hebreos (He. 10:30) citaron Deuteronomio 32:35, que confirma que la venganza pertenece al Señor.

La venganza de Dios no debe igualarse con el mezquino rencor humano y el amargo deseo de venganza. La santidad y la justicia de Dios exigen que Él tome venganza de los pecadores incontritos. La venganza pertenece solo a Dios, porque todo pecado es en definitiva contra Él y una ofensa a Él (cp. Sal. 51:4).

El conocimiento de que Dios un día tomará venganza de quienes lo rechazan, no justifica ninguna venganza personal por parte de los creyentes. Proverbios 25:21 ordena: "Si el que te aborrece tuviere hambre, dale de comer pan, y si tuviere sed, dale de beber agua". Pablo repitió ese pensamiento en Romanos 12:19-20: "No os venguéis vosotros mismos, amados míos, sino dejad lugar a la ira de Dios; porque escrito está: Mía es la venganza, yo pagaré, dice el Señor. Así que, si tu enemigo tuviere hambre, dale de comer; si tuviere sed, dale de beber; pues haciendo esto, ascuas de fuego amontonarás sobre su cabeza". Ni Jesús (Lc. 23:34), ni Esteban (Hch. 7:60) ni Pablo (1 Co. 4:12) buscaron venganza personal de sus opresores. Incluso Dios mismo declara "que no quiero la muerte del impío, sino que se vuelva el impío de su camino, y que viva" (Ez. 33:11), porque "El Señor... es paciente para con nosotros, no queriendo que ninguno perezca, sino que todos procedan al arrepentimiento" (2 P. 3:9).

El comprender que el Día del Señor se acerca, en el cual Dios tomará venganza de los malvados, tiene un sabor agridulce para los creyentes. Por una parte nos regocijamos, porque la gloria de Dios se mostrará, se eliminará el pecado, se recuperará al mundo del usurpador, Satanás, y Dios será vindicado. Pero por otra parte, ese día traerá como resultado la destrucción de los impíos y su sentencia a castigo eterno.

Esta actitud agridulce, casi ambivalente hacia el juicio de Dios, se describe en Apocalipsis 10:8-10:

La voz que oí del cielo habló otra vez conmigo, y dijo: Ve y toma el librito que está abierto en la mano del ángel que está en pie sobre el mar y sobre la tierra. Y fui al ángel, diciéndole que me diese el librito. Y él me dijo: Toma, y cómelo; y te amargará el vientre, pero en tu boca será dulce como la miel. Entonces tomé el librito de la mano del ángel, y lo comí; y era dulce en mi boca como la miel, pero cuando lo hube comido, amargó mi vientre.

La reacción inicial de Juan ante los juicios descritos en el librito fue la agradable comprensión de que Dios sería vindicado y su gloria se mostraría. Pero la trágica comprensión de los horrores que recibirían los incrédulos le dio náuseas.

Dios es paciente con los pecadores que aceptan el evangelio, pero llegará un momento en el que no detendrá más su juicio sobre quienes lo rechazan. Él dio al mundo antediluviano ciento años para que se arrepintiera (Gn. 6:3), predicándoles el mensaje de salvación mediante Noé. Pero al final de ese tiempo, vino el juicio del diluvio y los destruyó a todos. De igual manera, en el futuro llegará un día en el que terminará la gracia y caerá el juicio sobre todo el mundo. "Pero Dios, habiendo pasado por alto los tiempos de esta ignorancia", les dijo el apóstol Pablo a los filósofos en la colina de Marte en Atenas, "ahora manda a todos los hombres en todo lugar, que se arrepientan; por cuanto ha establecido un día en el cual juzgará al mundo con justicia, por aquel varón a quien designó, dando fe a todos con haberle levantado de los muertos" (Hch. 17:30-31).

Es la expectativa de la llegada del gran día de la ira de Dios, conocido como el Día del Señor (vea el análisis del Día del Señor en el capítulo 15 de este volumen) de lo que trata el quinto sello. Ese día vendrá durante el período de siete años de la tribulación (la semana setenta de Dn. 9:27), particularmente durante el período de los últimos tres años y medio, que Jesús describió como la "gran tribulación, cual no la ha habido desde el principio del mundo hasta ahora, ni la habrá" (Mt. 24:21; cp. Ap. 7:14). Como se indica en el capítulo 13 de este volumen, los primeros cuatro sellos, paz falsa, guerra, hambre y muerte, ocurrirán durante los primeros tres años y medio de la tribulación, el período al que Jesús llamó "principio de dolores" (Mt. 24:8). Así como aumentan en intensidad los dolores de parto de una mujer cuando se acerca el momento de dar a luz, aumentarán en dolorosa intensidad los sucesos terribles del juicio de Dios a medida que se acerque la venida de Jesucristo. Toda la fuerza de la ira de Dios se desatará durante la segunda parte de la tribulación.

El quinto sello marca el punto medio del período de la tribulación estableciendo un puente entre el comienzo de la ira de Dios en la primera parte de la tribulación y su furia plena en la segunda parte. Como los jinetes de los primeros cuatro sellos, este también describe una fuerza. Esa fuerza es las oraciones de los santos de Dios a Él para exigir venganza sobre la rebelde humanidad. Se hacen evidentes tres aspectos al abrirse el quinto sello: "Las personas que participan, la petición que hacen y la promesa que reciben".

LAS PERSONAS

Cuando abrió el quinto sello, vi bajo el altar las almas de los que habían sido muertos por causa de la palabra de Dios y por el testimonio que tenían. (6:9)

Al igual que con los primeros cuatro sellos, cuando el Señor Jesucristo (que solo tiene autoridad para recuperar el universo; cp. 5:4-5) **abrió el quinto sello,** se reveló otra secuencia en el desarrollo del juicio divino, en la que Juan vio **bajo el altar las almas de los que habían sido muertos.** Estos son mártires, asesinados durante el tiempo de todos los juicios. Además del juicio divino a través de la falsa paz, la guerra, el hambre y las enfermedades dominando el mundo incrédulo, habrá una persecución generalizada a los creyentes, dirigida por Satanás, sus demonios y el postrer anticristo.

Jesús enseñó esa idéntica secuencia de acontecimientos en su Sermón del Monte de los Olivos en Mateo 24. Como se observa en el capítulo 13 de este volumen, los primeros siete versículos de Mateo 24 describen los sucesos de los primeros cuatro sellos. Como la apertura del quinto sello describe a los mártires, así también lo hace Jesús en Mateo 24:9: "Entonces os entregarán a tribulación, y os matarán, y seréis aborrecidos de todas las gentes por causa de mi nombre". El suceso que marca el punto medio de la tribulación, el establecimiento de la "abominación desoladora", no ocurre hasta el versículo 15 de Mateo 24. Por lo tanto, la persecución de la que habló Jesús (la asociada con el quinto sello) comenzará en la primera parte de la tribulación y ascenderá en la segunda parte, luego de la abominación desoladora. La "abominación desoladora" se menciona tres veces en la profecía de Daniel (Dn. 9:27; 11:31; 12:11) para describir la profanación del templo en el segundo siglo A.C. por el rey sirio Antíoco Epífanes. La aún futura "abominación desoladora" que Jesús describió en Mateo 24:15 será similar al acto de Antíoco. En aquel tiempo, el postrer anticristo se alzará a sí mismo en el templo para ser adorado como Dios (2 Ts. 2:3-4). (Para un análisis adicional de la "abominación desoladora", vea *Mateo 24-28,* Comentario MacArthur del Nuevo Testamento [Chicago: Moody, 1989], 34-37.) Al quitarse lo que lo detiene (2 Ts. 2:6-7) el anticristo y sus seguidores andarán a su antojo. El poder que no permite al anticristo manifestar su maldad en su plenitud, no puede ser otro que el poder de Dios. Él prohibirá al anticristo manifestarse antes del tiempo señalado por Dios. Entonces Él quitará la fuerza que lo detiene y permitirá al falso cristo, poseído por Satanás, manifestar plenamente su apostasía.

195

La persecución será desde sus inicios de alcance mundial. Jesús advirtió: "Seréis aborrecidos de todas las gentes por causa de mi nombre" (Mt. 24:9). Ese versículo implica también que los gobiernos del mundo tolerarán, si no dirigirán activamente, la persecución. Será también religiosa por naturaleza, guiada por el falso y mundial sistema religioso ecuménico implicado en la adoración al anticristo (cp. Ap. 17:1-6). El odio del mundo a Dios el Padre y al Señor Jesucristo hará que persigan a los creyentes (cp. 16:9, 11, 21).

Inevitablemente, la persecución dejará al descubierto a los que se identifican con Jesucristo exteriormente. Como ha sido a lo largo de la historia de la iglesia, habrá cizañas mezcladas con el trigo (Mt. 13:24-43). Pero la persecución, como siempre lo hace, revelará quién es verdaderamente redimido y quién no. Jesús describió este proceso de selección en Mateo 24:10-12: "Muchos tropezarán entonces, y se entregarán unos a otros, y unos a otros se aborrecerán. Y muchos falsos profetas se levantarán, y engañarán a muchos; y por haberse multiplicado la maldad, el amor de muchos se enfriará". Los falsos creyentes mostrarán su carencia de la genuina fe salvadora al desertar. Primera Juan 2:19 describe a tales personas: "Salieron de nosotros, pero no eran de nosotros; porque si hubiesen sido de nosotros, habrían permanecido con nosotros; pero salieron para que se manifestase que no todos son de nosotros". Los creyentes genuinos, por otra parte, seguirán siendo como siempre fieles a Jesucristo, ya que "el que persevere hasta el fin, éste será salvo" (Mt. 24:13). Los redimidos perseveran a través de cualquier prueba, incluso la persecución y el martirio.

La hostilidad del mundo hacia Jesucristo y sus seguidores no podrá impedir que el "evangelio del reino" se predique "en todo el mundo, para testimonio a todas las naciones" (Mt. 24:14). Los predicadores incluirán a los ciento cuarenta y cuatro mil evangelistas judíos (7:1-8; 14:1-5), dos elocuentes predicadores conocidos como los dos testigos (11:3ss), y un ángel volando por el medio del cielo (14:6-7). Su predicación será tan eficaz que a quienes han de responder a ella y ser salvos se les describe en Apocalipsis 7:9 como "una gran multitud, la cual nadie podía contar".

Como se observó antes en este capítulo, la "abominación desoladora" será el suceso que provoque el incremento e intensidad de la persecución. Ocurrirá a mediados del período de siete años de tribulación, cuando el anticristo profane el templo al erigir en él un ídolo de sí mismo y exigir que el mundo lo adore como Dios. Con este acto tan blasfemo, el anticristo se quitará la máscara y se mostrará como lo que es, un falso cristo poseído por Satanás.

En ese momento el mundo no verá más al anticristo como un simple líder y libertador político. Debido a que su "advenimiento es por obra de Satanás, con gran poder y señales y prodigios mentirosos" (2 Ts. 2:9), engañará al mundo haciendo que lo adoren como una divinidad. Apocalipsis 13:3-4 enseña que esta adoración mundial al anticristo tendrá como motivación el poder de Satanás:

"Se maravilló toda la tierra en pos de la bestia, y adoraron al dragón [Satanás] que había dado autoridad a la bestia, y adoraron a la bestia, diciendo: ¿Quién como la bestia, y quién podrá luchar contra ella?" El anticristo se exaltará a sí mismo, hablando "grandes cosas y blasfemias", y le será concedido por la autoridad de Dios llevar a cabo su blasfemo actuar por cuarenta y dos meses (13:5), la segunda parte de la tribulación.

La persecución de los creyentes, que comenzó al principio de la primera parte de la tribulación, se intensificará después de que el anticristo se proclame Dios. En aquel tiempo se le permitirá "hacer guerra contra los santos, vencerlos" (13:7). Con el mundo entero adorando al anticristo como Dios, se considerará blasfemos a los creyentes por oponerse a él. Esto traerá sobre ellos la persecución del falso sistema religioso del anticristo. Apocalipsis 9:21 habla de la proliferación de los asesinatos en ese tiempo; muchas de las víctimas sin dudas serán creyentes, las víctimas de la violencia de la multitud.

En su Sermón del Monte de los Olivos Jesús también habló de la intensa persecución que será distintiva de ese tiempo:

> *Entonces los que estén en Judea, huyan a los montes. El que esté en la azotea, no descienda para tomar algo de su casa; y el que esté en el campo, no vuelva atrás para tomar su capa. Mas ¡ay de las que estén encintas, y de las que críen en aquellos días! Orad, pues, que vuestra huida no sea en invierno ni en día de reposo; porque habrá entonces gran tribulación, cual no la ha habido desde el principio del mundo hasta ahora, ni la habrá. Y si aquellos días no fuesen acortados, nadie sería salvo; mas por causa de los escogidos, aquellos días serán acortados (Mt. 24:16-22).*

Jesús dijo que la única defensa contra la repentina acometida de la persecución será la huida inmediata. Los que no puedan escapar rápidamente, como las mujeres embarazadas y que estén criando, serán masacradas. Un invierno crudo y las restricciones para viajar del día de reposo pudieran ser también obstáculos a los que intenten huir. La persecución llegará a ser tan severa que nadie sobrevivirá a no ser que Dios acorte el tiempo de persecución. Apocalipsis 7:9-14 indica que la matanza será a gran escala, resultando en víctimas de cada nación, demasiadas como para ser contadas.

Juan describió a los mártires que vio **bajo el altar** como **almas** porque su resurrección corporal aún no había ocurrido (cp. 20:4). Ellos son las primicias de los que serán salvos durante la tribulación. Algunos de ellos serán judíos, vislumbrando la salvación de Israel en su totalidad al final de la tribulación (Zac. 12:10; 14:1; Ro. 11:26-29).

El texto no define de qué **altar** se trata, ni tampoco la escena en el cielo es paralela a la del templo terrenal (o tabernáculo), el cual no tiene trono (cp.

4:2). Lo más probable es que el altar que vio Juan sea el emblemático altar del incienso en el Antiguo Testamento (Éx. 40:5), por la asociación del incienso con la oración (cp. 5:8; 8:3-4; Sal. 141:2; Lc. 1:10).

Juan presenta dos razones por las que los mártires serán muertos: **por causa de la palabra de Dios y por el testimonio que tenían.** Ellos interpretarán correctamente lo que ven ocurriendo en el mundo a su alrededor, a la luz de las Escrituras. Ellos proclamarán el juicio de Dios de la Biblia y llamarán a arrepentimiento y a creer en el evangelio. Sin embargo, el anticristo y sus seguidores no tolerarán su valiente predicación y los perseguirán y matarán; **por el testimonio que tenían** se refiere a su lealtad a Jesucristo (cp. 1:2, 9; 12:17; 19:10; 20:4), mostrada al predicar la Palabra de Dios a pesar de que enfrentaban odio, hostilidad y amenazas de muerte. En un mundo privado de la influencia de contención del Espíritu Santo, los hombres despiadados asesinarán a los que fiel y valientemente proclaman el mensaje de juicio y salvación.

LA PETICIÓN

Y clamaban a gran voz, diciendo: ¿Hasta cuándo, Señor, santo y verdadero, no juzgas y vengas nuestra sangre en los que moran en la tierra? (6:10)

El quinto sello no es el martirio, como algunos sugieren, ya que el martirio no podría ser el juicio de Dios. Los sellos describen la ira y el juicio de Dios sobre los malos e impíos, no sobre sus hijos. La fuerza implicada en el quinto sello son las oraciones de los mártires de Dios en la tribulación, para proclamar venganza sobre sus asesinos, los que rechazan a Cristo.

La oración tendrá una función fundamental en el derramamiento de los juicios de Dios en la tierra. Esta oración es muy diferente de la del mártir Esteban (Hch. 7:60) en la que él oró para que Dios no tuviera como culpables a los que lo asesinaban. Esa oración de los mártires se parece más a los salmos imprecatorios. Una oración de perdón es apropiada en un tiempo de gracia, pero cuando la gracia finaliza y llega el juicio, son adecuadas las oraciones pidiendo retribución divina y santa. Tales oraciones no surgen de un deseo de venganza, sino que son una protesta contra todo lo que es pecaminoso, perverso, que deshonra a Dios y que destruye su creación.

Muchos cristianos actúan como si la oración fuera una simple formalidad, con muy poco efecto. Sin embargo, de modo sorprendente, las oraciones de los mártires de la tribulación moverán la mano de juicio de Dios. Jesús ilustró ese mismo principio en la parábola de la viuda persistente y el juez injusto: "¿Y acaso Dios no hará justicia a sus escogidos, que claman a él día y noche? ¿Se tardará en responderles? Os digo que pronto les hará justicia" (Lc. 18:7-8). Las oraciones de los mártires de la tribulación participarán activando los tormentos del sexto y del séptimo sello, junto con los juicios de las trompetas y las copas que seguirán.

La mano del juicio de Dios se moverá en respuesta a los mártires, porque sus oraciones serán urgentes, fervientes, apasionadas y consecuentes con el propósito y la voluntad de Dios. *Krazō* (clamaban) es una palabra que subraya la necesidad urgente, y denota emociones fuertes (cp. Mt. 9:27; 14:26, 30; 15:22; 20:30-31; Mr. 9:24). Los veinticuatro ancianos y los ángeles alababan a Dios "a gran voz" (5:12), y los mártires de la tribulación le pedirán también **a gran voz.** En armonía con su llamado de venganza y justicia, se dirigen a Él como el **Señor, santo y verdadero.** **Señor** no traduce *kurios,* la palabra que por lo regular se emplea en el Nuevo Testamento para *Señor,* sino un término más fuerte, *despotēs* ("amo", "gobernante"). Se refiere al poder, a la majestad y a la autoridad de Dios el Padre.

Los mártires basan su pedido de venganza en dos de los atributos de Dios. Como Dios es **santo,** Él debe juzgar el pecado (cp. Sal. 5:4-5; Hab. 1:13; Hch. 10:42; 17:31; Ro. 2:16; 3:6; 2 Ti. 4:1); como Él es **verdadero,** debe ser fiel a su Palabra y cumplir sus promesas (Nm. 23:19; 1 S. 15:29; Lc. 21:33). Apocalipsis 3:7 aplica esta frase **santo y verdadero** a Jesucristo, confirmando así su deidad y su plena igualdad con su Padre.

La pregunta de los mártires **¿Hasta cuándo... no juzgas y vengas nuestra sangre en los que moran en la tierra?** no refleja una venganza personal por parte suya. No están tratando de decirle a Dios lo que debe hacer y cuándo lo debe hacer; le están preguntando porque tienen el santo deseo de ver a Satanás y al anticristo destruidos, la iniquidad derrotada, los malvados juzgados y Jesucristo reinando en gloria en la tierra. **Hasta cuándo** es un clamor muy conocido del sufriente Israel que refleja la perpleja pregunta de los justos sobre cuándo finalizarán sus dolores (cp. Sal. 13:1; 35:17). La frase **los que moran en la tierra** es una frase técnica que se refiere en todo Apocalipsis a los impíos (cp. 3:10; 8:13; 11:10; 13:8, 12; 17:2, 8). Como fue el caso con el difunto Abel, la misma tierra clama por su **sangre,** demandándola de manos de sus asesinos.

El tiempo de gracia está próximo a finalizar. El pueblo de Dios ya no pedirá más a Dios que perdone a sus enemigos. Se acerca rápidamente el momento en el que Dios juzgará a sus enemigos, y el Señor Jesucristo tomará su justo lugar como gobernante de la tierra. Pero como estos mártires son de la primera parte de la tribulación, el "principio de dolores", ese tiempo todavía está un poco distante.

LA PROMESA

Y se les dieron vestiduras blancas, y se les dijo que descansasen todavía un poco de tiempo, hasta que se completara el número de sus consiervos y sus hermanos, que también habían de ser muertos como ellos. (6:11)

Dos elementos forman la respuesta de Dios a estos santos mártires: un regalo simbólico y una palabra hablada; **se les dieron** por Dios cuando llegaron al cielo **vestiduras blancas** (*stolē;* un manto largo que corre hasta los pies). Esas largas y brillantes vestiduras blancas eran una recompensa de gracia (cp. 7:9, 14), simbolizando el regalo de Dios de justicia, santidad, dignidad y honor eternos (cp. 3:5). Simbolizan toda la gloria que los santos redimidos disfrutarán en el cielo. No eran en realidad vestiduras, ya que lo que se describe en esta visión es más bien antes de la resurrección de los cuerpos de los redimidos, que ocurre para los santos de la tribulación en la venida de Cristo (20:4-5).

Junto con este regalo vino una palabra hablada de Dios, específicamente para que **descansasen todavía un poco de tiempo.** Esto no es una censura por su impaciencia, ya que la impaciencia es pecado y las personas perfectas en el cielo no pecan. Más bien, es una invitación a dejar de clamar por venganza y seguir disfrutando de la dicha del **descanso** celestial hasta que llegue el tiempo de Dios para la ira. La frase **un poco de tiempo** (cp. Jn. 7:33; 12:35) indica que no se demorará mucho ese tiempo. Como se indicó antes, es mejor ver este sello como describiendo un período en medio de los siete años de tribulación. Hay una similitud verbal con la frase en Apocalipsis 10:6, "el tiempo no será más", que obviamente termina con la demora de la que Dios habló a los mártires en 6:11. Es evidente que ocurrirá cierto tiempo entre 6:11 y 10:6. Para el día del juicio y de la venganza de Dios faltan unos tres años y medio, y no vendría **hasta que se completara el número de sus consiervos y sus hermanos, que también habían de ser muertos como ellos.** Dios predeterminó en su soberanía el número exacto de los que sufrirán la muerte. A los demandantes se les dijo que disfrutaran del descanso del cielo hasta que se alcanzara ese número. Robert L. Thomas observa:

> La palabra a las almas bajo el altar les da la seguridad de que Dios finalmente vengará la sangre de ellos, pero el momento de la culminación de esa venganza aún no ha llegado. Algo que debe suceder previamente es el incremento del número de ellos mediante más martirios. Los moradores de la tierra, bajo el surgente liderazgo de la bestia del mar, aportarán un número aún mayor de víctimas humanas antes de que Cristo intervenga finalmente mediante su aparición personal en la tierra nuevamente. Hasta entonces, a los que ya están muertos se les dice que descansen y disfruten de su condición de dicha que ya han alcanzado. (*Revelation 1-7: An Exegetical Commentary* [Apocalipsis 1-7: Un comentario exegético] [Chicago: Moody, 1992], 499)

La expresión **consiervos** y **hermanos** son dos clases de personas. El primer grupo estaba vivo y deseando morir como mártires, aunque pudiera ser que no murieran. El segundo grupo eran los que sufrirían la muerte.

El mundo no es lo bastante comprensivo, humano, civilizado, educado ni refinado como para evitar que se repitan las atrocidades del pasado. En realidad, las atrocidades de la tribulación excederán mucho a cualquiera de las ocurridas anteriormente. Al eliminarse la sobrenatural restricción de Dios sobre el pecado y al estar las fuerzas del infierno actuando desenfrenadas, la masacre en ese tiempo no tendrá precedentes en la historia humana. Pero de esos días tenebrosos y malos saldrán miles que sellaron su testimonio por la Palabra de Dios y el señorío de Jesucristo con su propia sangre.

Temor de la ira venidera: El sexto sello

15

Miré cuando abrió el sexto sello, y he aquí hubo un gran terremoto; y el sol se puso negro como tela de cilicio, y la luna se volvió toda como sangre; y las estrellas del cielo cayeron sobre la tierra, como la higuera deja caer sus higos cuando es sacudida por un fuerte viento. Y el cielo se desvaneció como un pergamino que se enrolla; y todo monte y toda isla se removió de su lugar. Y los reyes de la tierra, y los grandes, los ricos, los capitanes, los poderosos, y todo siervo y todo libre, se escondieron en las cuevas y entre las peñas de los montes; y decían a los montes y a las peñas: Caed sobre nosotros, y escondednos del rostro de aquel que está sentado sobre el trono, y de la ira del Cordero; porque el gran día de su ira ha llegado; ¿y quién podrá sostenerse en pie? (6:12-17)

Uno de los temas proféticos principales en las Escrituras es la llegada del último día de la ira de Dios, conocido como el Día del Señor. Aunque es cierto que "Dios está airado contra el impío todos los días" (Sal. 7:11), el "Día del Señor" es una expresión que se emplea para describir períodos en los que Dios interviene de forma especial en la historia humana para juicio. Es un tiempo excepcional en el que se revelan el poder y la santidad de Dios, llevando terror y muerte a sus enemigos. Los profetas describen el Día del Señor como "asolamiento del Todopoderoso" (Is. 13:6; Jl. 1:15), un tiempo de "indignación y ardor de ira" (Is. 13:9), un "día de castigo" (Ez. 30:3), "grande... y muy terrible" (Jl. 2:11), y "de tinieblas, y no de luz" (Am. 5:18; cp. el v. 20).

La frase "el Día del Señor" no está limitada a la ira final del futuro, sino que a veces se refiere a juicios históricos inminentes, que ocurrieron durante la historia del Antiguo Testamento (p. ej. Is. 13:6-22; Ez. 30:2-19; Jl. 1:15; Am. 5:18-20; Abd. 11-14; Sof. 1:14-18). Estos históricos juicios del Día de Jehová estuvieron por lo general precedidos por algún juicio preparatorio menos severo. Actuaron como advertencias, proporcionando ejemplos de los que serían juicios más devastadores, que vendrían cuando realmente llegue el Día de Jehová.

Un ejemplo de uno de estos juicios preparatorios le encontramos en el profeta Joel. En Joel 2:28-32 se describe el Día de Jehová escatológico, final. Pero la secuencia que conduce a ese día es muy instructiva. Joel 1:4-12 describe una verdadera plaga de langostas que vino sobre Judá. Esto era un avance del histórico Día de Jehová que estaba muy próximo a venir sobre Judá en la futura invasión babilónica vista en Joel 2:1-17. Esta histórica invasión del Día de Jehová era también un avance del día escatológico, final, analizado en 2:28-32.

Hay otra ilustración en Ezequiel de juicios preparatorios que conducen a los juicios del Día de Jehová. En Ezequiel 13:5, el profeta declara que el día del Señor viene sobre Judá. Sin duda, él estaba advirtiendo sobre el cautiverio babilónico y la total destrucción de Jerusalén; el rompimiento de la vida de la nación en la tierra de la promesa, y el comienzo de setenta años de cautiverio en la pagana Babilonia. Aunque ese día no había llegado todavía, Ezequiel ya estaba en el destierro, y era uno de los diez mil judíos deportados a Babilonia en 597 A.C. Hubo una deportación anterior de los judíos en 605 A.C. en la que Daniel y sus amigos habían sido llevados cautivos. Estas dos primeras deportaciones (juicios) fueron una vista previa de la venida del Día del Señor en 586 A.C., cuando los babilonios destruyeron completamente Jerusalén y pusieron fin a la nación de Israel como había existido en la tierra. Esto una vez más ilustra que Dios envía juicios preparatorios antes del real juicio del Día de Jehová.

Otras veces la frase "día de Jehová" se refiere directamente a los juicios finales, escatológicos de Dios al finalizar la historia humana (p. ej. Jl. 2:28-32; Zac. 14:1; Mal. 4:1, 5; Hch. 2:20; 1 Ts. 5:2; 2 Ts. 2:2; 2 P. 3:10). Ese último Día de Jehová tendrá también sus juicios preparatorios en los primeros cinco sellos, antes de la apertura del sexto sello (6:17). Ese día revelará dos etapas, primero durante la tribulación (1 Ts. 5:2), y luego al final del milenio (2 P. 3:10). Estas dos etapas están separadas por mil años. Es de notar que Pedro, como si borrara cualquier pregunta sobre esta separación, recuerda a los lectores "que para con el Señor un día es como mil años, y mil años como un día (2 P. 3:8)".

La más detallada exposición neotestamentaria de la venida del Día del Señor se encuentra en 1 Tesalonicenses 5:1-4:

> *Pero acerca de los tiempos y de las ocasiones, no tenéis necesidad, hermanos, de que yo os escriba. Porque vosotros sabéis perfectamente que el día del Señor vendrá así como ladrón en la noche; que cuando digan: Paz y seguridad, entonces vendrá sobre ellos destrucción repentina, como los dolores a la mujer encinta, y no escaparán. Mas vosotros, hermanos, no estáis en tinieblas, para que aquel día os sorprenda como ladrón.*

Al parecer, los tesalonicenses le habían preguntado a Pablo acerca del tiempo y la secuencia de los sucesos relacionados con el Día del Señor. Muchos de los cristianos de Tesalónica estaban confundidos sobre la condición de los que morían antes de la venida de Cristo, la cual ellos creían que ocurriría mientras estaban vivos. Luego de enseñarles todo lo que Dios quería que supieran acerca del arrebatamiento (1 Ts. 4:13-18), el apóstol advirtió a los tesalonicenses que vivieran en santidad a la luz del futuro juicio de Dios (cp. 1 Ts. 5:4-8). Poner la atención en especulaciones misteriosas, en detalles del tiempo profético, a expensas del crecimiento en la gracia, era (y es) poco provechoso.

Dios no ha decidido revelar el tiempo preciso del Día de Jehová final o la venida de Jesucristo (cp. Mt. 24:36; Hch. 1:7). Lamentablemente, la práctica de fijar fechas continúa constantemente en nuestro tiempo.

Como el Día del Señor llegará inesperadamente y sin advertencias ("como ladrón en la noche"; 1 Ts. 5:2; cp. 2 P. 3:10), los creyentes que estén vivos durante la tribulación deben vivir con expectativa y anhelos de su inminente llegada. Hablando de su venida, que culminará la primera fase del Día del Señor, Jesús dijo: "Velad, pues, porque no sabéis a qué hora ha de venir vuestro Señor" (Mt. 24:42; cp. el v. 50). Más adelante, en el Sermón del Monte de los Olivos Él advirtió: "Velad, pues, porque no sabéis el día ni la hora" (Mt. 25:13; cp. Lc. 12:35-40). Cada generación debe estar lista para el Día del Señor. Pedro añade: "estando en espera de estas cosas, procurad con diligencia ser hallados por él sin mancha e irreprensibles, en paz" (2 P. 3:14).

Incluso los que estén vivos durante la tribulación desconocerán el momento preciso en el que comenzará el Día del Señor. Serán engañados por falsos profetas, quienes les asegurarán que el juicio está aún lejano; en vez de esto "paz y seguridad" están cerca, tal y como sus predecesores le aseguraron falsamente al rebelde Israel (Mi. 3:5; cp. Jer. 6:14; 8:11). Esos mentirosos engañadores se burlarán de la idea de la venida de Cristo, preguntando burlonamente: "¿Dónde está la promesa de su advenimiento? Porque desde el día en que los padres durmieron, todas las cosas permanecen así como desde el principio de la creación" (2 P. 3:4). Bajo el engaño de los falsos profetas, el mundo se hundirá ciegamente en el Día del Señor y enfrentará a una ruina desastrosa e irremediable.

Al igual que los primeros cinco sellos, el sexto sello (que presenta la llegada del Día del Señor, llamándolo "el gran día de... ira"; 6:17) se asocia con una fuerza. Esa fuerza es el temor, un sentimiento de los más poderosos de las emociones humanas, capaz de tomar el control de la mente y la voluntad. El temor puede producir cualquier cosa desde cobardía hasta heroísmo, desde fortaleza hasta debilidad, desde agresividad hasta pasividad, desde razonamiento hasta confusión, desde un pensamiento claro hasta un pánico total. El temor puede fortalecer el corazón y hacerlo latir más rápido o detenerlo y hacer morir.

Hay miedos que afectan a muchas personas, como el miedo a la enfermedad, a las heridas, a la muerte, a la pérdida de un ser querido, a la pérdida de trabajo, y a hablar en público. Además, hay otros temores (por lo general llamados fobias) a los que algunas personas son susceptibles, entre ellos el miedo a las arañas, a los insectos, a las serpientes, a los ratones, a los perros, a estar solo, a estar en un lugar cerrado, a volar y a las alturas.

Las personas temen todo tipo de cosas, pero rara vez a lo que más le deben temer. En Lucas 12:5 Jesús dijo: "Os enseñaré a quién debéis temer: Temed a aquel que después de haber quitado la vida, tiene poder de echar en el infierno; sí, os digo, a éste temed". El escritor de Hebreos añade: "Pues conocemos al que dijo: Mía es la venganza, yo daré el pago, dice el Señor. Y otra vez: El Señor juzgará a su pueblo. ¡Horrenda cosa es caer en manos del Dios vivo" (He. 10:30-31). Pero en vez de temerle, la mayoría de las personas ven a Dios como un tipo de abuelo benigno o niegan su existencia por completo. Sin embargo, un día las personas tendrán un miedo consumidor, debilitador e incontrolable a los juicios del Dios vivo. Describiendo ese día venidero, Jesús habló en Lucas 21:26 de que estarán "desfalleciendo los hombres por el temor y la expectación de las cosas que sobrevendrán en la tierra". "Desfalleciendo" viene de *apopsuchō*, que literalmente significa "dejar de respirar" o "expirar". Cuando venga el Día del Señor, los pecadores sentirán un terror tal que algunos desfallecerán y otros caerán muertos. El sexto sello revela que los que se queden estarán tan aterrorizados, que clamarán a los montes y a las rocas que los oculten de la furia de la devastadora ira de Dios.

Tres elementos describen el miedo sobrecogedor asociado con el sexto sello: "La razón del temor, la extensión del temor y la reacción del temor".

LA RAZÓN DEL TEMOR

Miré cuando abrió el sexto sello, y he aquí hubo un gran terremoto; y el sol se puso negro como tela de cilicio, y la luna se volvió toda como sangre; y las estrellas del cielo cayeron sobre la tierra, como la higuera deja caer sus higos cuando es sacudida por un fuerte viento. Y el cielo se desvaneció como un pergamino que se enrolla; y todo monte y toda isla se removió de su lugar. (6:12-14)

A diferencia de los primeros cinco sellos, en cada uno de los cuales participaban seres humanos de alguna manera (los cuatro jinetes y los santos bajo el altar), en **el sexto sello** Dios actúa solo. Cuando este sello se abra, ha pasado el punto medio de la tribulación y el mundo estará en el período de los últimos tres años y medio, conocido como la "gran tribulación" (Mt. 24:21). Para entonces el postrer anticristo ha profanado el templo de Jerusalén (la "abominación desoladora"), el mundo lo adora, y ha estallado una gran persecución de judíos y cristianos. Increíblemente, en medio de toda la confusión y el caos de los juicios divinos sobre el mundo, la mayoría de las personas tendrán sus ocupaciones como de costumbre. Hablando de ese tiempo, Jesús dijo: "Como en los días de Noé, así será la venida del Hijo del Hombre. Porque como en los días antes del diluvio estaban comiendo y bebiendo, casándose y dando en casamiento, hasta el día en que Noé entró en el arca, y no entendieron hasta que vino el diluvio y se los llevó a todos, así será también la venida del Hijo del Hombre" (Mt. 24:37-39). Las advertencias de que los acontecimientos traumáticos de los primeros cinco sellos son el comienzo del juicio de Dios, serán desatendidas. Pero los sucesos del sexto sello serán tan devastadores y aterradores, que solo podrán atribuirlos a Dios. El mundo se verá obligado a reconocer que las advertencias de los predicadores cristianos sobre el juicio divino eran ciertas.

Como se ha observado antes en este volumen, los sellos son un paralelo de la secuencia de sucesos que dio Jesús en el Sermón del Monte de los Olivos. El Señor describió los acontecimientos relacionados con el sexto sello en Mateo 24:29: "E inmediatamente después de la tribulación de aquellos días, el sol se oscurecerá, y la luna no dará su resplandor, y las estrellas caerán del cielo, y las potencias de los cielos serán conmovidas". El relato de Lucas del discurso del Monte de los Olivos añade: "Habrá grandes terremotos, y en diferentes lugares hambres y pestilencias; y habrá terror y grandes señales del cielo" (Lc. 21:11). Y Lucas escribe más adelante: "Entonces habrá señales en el sol, en la luna y en las estrellas, y en la tierra angustia de las gentes, confundidas a causa del bramido del mar y de las olas; desfalleciendo los hombres por el temor y la expectación de las cosas que sobrevendrán en la tierra; porque las potencias de los cielos serán conmovidas" (Lc. 21:25-26).

Los profetas del Antiguo Testamento también hablaron de aterradores desastres naturales respecto al Día del Señor. Joel escribió: "Tiemblen todos los moradores de la tierra, porque viene el día de Jehová, porque está cercano. Día de tinieblas y de oscuridad, día de nube y de sombra... temblará la tierra, se estremecerán los cielos; el sol y la luna se oscurecerán, y las estrellas retraerán su resplandor" (Jl. 2:1-2, 10; cp. 2:31; 3:16). Ezequiel escribió de un ambiente violento que acompañará el día del Señor (Ez. 13:5-16), y Sofonías lo describió como "día de angustia y de aprieto, día de alboroto y de asolamiento, día de tiniebla y de oscuridad, día de nublado y de entenebrecimiento" (Sof. 1:15). Juan registró seis atemorizantes desastres naturales asociados con la apertura del sexto sello.

En primer lugar, **hubo un gran terremoto.** Ha habido muchos terremotos que registra la historia, y habrá más durante la primera parte de la tribulación (Mt. 24:7). Pero el acontecimiento catastrófico que Juan vio en ese sello va a ser mucho más poderoso y devastador que cualquier terremoto anterior. En realidad, este estremecerá más que simplemente la tierra (6:13-14). *Seismos* (**terremoto**) literalmente significa "una sacudida". En Mateo 8:24 describe una gran tempestad en el Mar de Galilea, y la Septuaginta lo emplea en Joel 2:10 para describir a los cielos temblando.

Muchas veces Dios ha hecho que su presencia se sienta en la historia humana al estremecer la tierra. Lo hizo cuando dio la ley a Israel en el Monte Sinaí (Éx. 19:18; Sal. 68:8), cuando Elías clamó a Él (1 R. 19:11-12), al morir su Hijo (Mt. 27:51, 54), y cuando liberó a Pablo y a Silas de la cárcel en Filipos (Hch. 16:26). Tanto Isaías (Is. 29:6) como Ezequiel (Ez. 38:19) relacionan los terremotos con el juicio de Dios. Sin embargo, este acontecimiento hace mucho más que estremecer la tierra. Estremecerá a los cielos como a la tierra.

Los terremotos siempre han atemorizado a las personas. Muchos que residen en países donde hay terremotos viven en constante temor de uno "grande". Luego de experimentar un terremoto, algunas personas quedan tan nerviosas que permanecen al aire libre por varios días, o incluso semanas, temerosas de estar en sus casas. Algunas se van por completo de la región propensa a los terremotos. El número de citas en las consultas de los psiquiatras y psicólogos aumenta también, ya que los que permanecen luchan para vencer sus temores.

Pero los temores causados por este terremoto serán incalculablemente mayores que los causados por cualquier terremoto anterior. No solo será el terremoto más poderoso que el mundo haya visto jamás, sino que vendrá también en un momento de problemas sin precedente. Las personas que experimenten este terremoto serán las que sobrevivan a la guerra mundial, la hambruna devastadora y la ampliamente generalizada plaga de enfermedades mortales. Al quitarse lo que detiene, el Espíritu Santo, la divina persona que ha sujetado a Satanás y al anticristo hasta que llegue el tiempo de Dios (2 Ts. 2:6-8), el mundo se hundirá de cabeza en la inmoralidad, los vicios, la maldad y la impiedad. El anticristo será adorado como Dios y su falso profeta proclamará que esa utopía está cerca, tan pronto como los creyentes en el Dios verdadero sean quitados. Sin embargo, en un instante se expone la mentira de Satanás y las falsas esperanzas del mundo se hacen pedazos por la violenta sacudida de la misma tierra que está bajo sus pies.

Siguiendo los talones al terremoto, llega un segundo desastre, **el sol se puso negro como tela de cilicio.** Cilicio era la ropa áspera que usaban los que hacían lamentaciones; por lo general estaba hecha de pelo de cabras [negras]. Después del violento terremoto que devasta la tierra, el sol se pondrá tan negro como el manto del que hace lamentación. El científico Henry M. Morris explica lo que pudiera causar ese fenómeno:

> El gran terremoto descrito aquí... por primera vez en la historia es de alcance mundial. Los sismólogos y los geofísicos en los últimos años han aprendido mucho sobre la estructura de la tierra y sobre la causa y naturaleza de los terremotos. La sólida corteza de la tierra está atravesada por una compleja red de fallas, que todas descansan sobre una capa flexible, de cuya estructura aún se desconoce mucho. Si la corteza consiste de grandes placas que se mueven, es un asunto de controversia actual

entre los geofísicos, por lo que, en definitiva, la causa de los terremotos aún se desconoce. Con toda probabilidad, todo el complejo de inestabilidades de la corteza es un remanente de los fenómenos asociados al diluvio, sobre todo la disolución de las fuentes de las grandes profundidades.

En todo caso, la vasta red mundial de inestables terremotos que se halla alrededor del mundo de pronto comienza a deslizarse y quiebra a nivel global, y sucederá un gigantesco terremoto. Esto es evidente y naturalmente, acompañado de tremendas erupciones volcánicas, arrojando enormes cantidades de polvo, humo y gases hacia la atmósfera. Es probable que esto haga que el sol se oscurezca y que la luna parezca roja como la sangre. (*The Revelation Record* [El registro de Apocalipsis] [Wheaton, Ill.: Tyndale, 1983], 121)

El profeta Joel habló de esos mismos fenómenos respecto al Día del Señor: "El sol se convertirá en tinieblas, y la luna en sangre, antes que venga el día grande y espantoso de Jehová" (Jl. 2:31; cp. Is. 13:9-10; Mt. 24:29; Mr. 13:24-25; Lc. 21:25). En otros pasajes se asocia a las tinieblas con juicios (p. ej. Éx. 10:21-22; Mt. 27:45).

El tercer desastre está estrechamente relacionado con el oscurecimiento del sol, cuando **la luna se volvió toda como sangre.** Habrá grandes nubes de ceniza y humo arrojadas por la actividad volcánica asociada con el gran terremoto mundial. Esa ceniza y ese humo eclipsarán a la luna, dándole un color rojo en su intento de perforar el cielo oscurecido por el humo.

Isaías también describió este extraño y aterrador fenómeno, escribiendo en Isaías 13:10: "El sol se oscurecerá al nacer, y la luna no dará su resplandor". Joel añade: "el sol y la luna se oscurecerán" (Jl. 2:10). Y, en el pasaje citado antes, Joel habló del oscurecimiento del sol y de que la luna se volvería como sangre (Jl. 2:31; cp. Hch. 2:20). Estos fenómenos afectarán todos los aspectos de la vida al desestabilizarse el ciclo normal de día y noche. El eclipse total de sol y luna añadirán más motivos al mundo para estar lleno de pavor.

Entonces, del cielo en tinieblas saldrá el cuarto desastre. Juan dice que **las estrellas del cielo cayeron sobre la tierra.** *Asteres* (**estrellas**) pudiera referirse a verdaderas estrellas, pero también pueden describir cualquier cuerpo celeste aparte del sol y de la luna. Es obvio que en este contexto no se refiere a estrellas reales, ya que son demasiado grandes para caer sobre la tierra, y la incinerarían mucho antes de golpearla. Además, las estrellas aún estarán en su lugar luego, cuando se toque la cuarta trompeta (8:12). Lo más probable es que esto sea una alusión a una lluvia de asteroides o meteoros que caen sobre la tierra. Ha habido recientemente mucha especulación entre los científicos acerca de los efectos de un gran asteroide que choque contra la tierra. Los expertos modernos creen que el impacto de asteroides, cometas y meteoritos golpeando la tierra, sería devastador y causaría una destrucción sin precedentes. Habrá tantos de estos cuerpos golpeando la tierra que Juan, en una vívida analogía, compara la escena a **la higuera** que **deja caer sus higos cuando es sacudida por un fuerte viento.** Con toda la tierra recibiendo los golpes de bolas ardientes hundiéndose en la oscuridad, no habrá lugar adonde las personas puedan escapar, ningún lugar donde puedan esconderse.

El quinto desastre en este sello afecta de alguna manera a la atmósfera de la tierra, porque desde la perspectiva del hombre, **el cielo** parece desvanecerse **como un pergamino que se enrolla.** Esta es la percepción humana de la magnitud de este juicio, pero no es la disolución final del cielo, lo que viene después (21:1; 2 P. 3:10). Este es un elemento culminante del "terror y grandes señales del cielo" (Lc. 21:11) que atemorizarán a las personas. Juan compara el cielo con un pergamino desenrollado que se divide a la mitad y cada parte se enrolla hacia su lado. Está vívida figura tiene su paralelo en Isaías 34:4: "Y todo el ejército de los cielos se disolverá, y se enrollarán los cielos como un libro; y caerá todo su ejército, como se cae la hoja de la parra, y como se cae la de la higuera". Dios fustigará el dominio de Satanás, el "príncipe de la potestad del aire" (Ef. 2:2).

Regresando en su visión a sucesos en la tierra, Juan describe un sexto fenómeno natural muy devastador, destacando que **todo monte y toda isla se removió de su lugar.** Toda la inestable corteza de la tierra comienza a moverse y a cambiarse. El doctor Morris también explica cómo pudiera suceder eso:

> La corteza de la tierra, muy inestable desde el diluvio, estará tan desestabilizada por el impacto de asteroides, de las explosiones volcánicas y de los terremotos mundiales, que grandes segmentos de ella comenzarán realmente a resbalar y deslizarse por encima de la profunda capa flexible de la tierra. Los geofísicos durante muchos años han estado fascinados con la idea de "la deriva continental" (aunque se han acumulado convincentes evidencias contra la ocurrencia de cualquier fenómeno como ese en la era actual). Varios han publicado teorías de una catástrofe natural en el pasado, implicando lo que ellos llaman "la cambiante corteza terrestre". Algunos de esos fenómenos pudieran realmente desencadenarse bajo ese juicio del sexto sello, dejando pequeños los daños ocasionados por todos los poderosos terremotos del pasado. (*The Revelation Record* [El registro de Apocalipsis] 123)

Los devastadores desastres naturales que acompañan al sexto sello serán los sucesos más aterradores que afectarán jamás a la tierra. Su efecto acumulativo será mucho más destructivo que cualquiera de los guiones de juicio final sobre asteroides que chocan contra la tierra. ¡Y los aún más intensos juicios de las trompetas y las copas están por llegar! El total aplastamiento de todas las montañas vendrá luego en el séptimo juicio de las copas (16:20).

LA EXTENSIÓN DEL TEMOR

Y los reyes de la tierra, y los grandes, los ricos, los capitanes, los poderosos, y todo siervo y todo libre, (6:15*a*)

Este versículo indica que el temor debilitante causado por los desastres asociados con el sexto sello, afectará a todos los incrédulos. Esas siete categorías abarcan todas las clases de la sociedad; **los reyes de la tierra** se refiere a los jefes de estado en todo el mundo; **los grandes** (*megistanes*) son los funcionarios de alto rango en el gobierno; **los capitanes** son los líderes militares, mientras que **los ricos** son los que controlan el comercio y los negocios, y **los poderosos** pudieran muy bien ser los que tienen influencias. Juntos, forman los elementos elite de la sociedad humana. Irónicamente, estas son las mismas personas que hicieron caso omiso de las advertencias del inminente juicio de Dios y persiguieron a los que las proclamaban. Ni el poder político, ni la autoridad militar, ni las riquezas, ni la influencia eximirán a alguien del juicio de Dios (cp. Pr. 11:4; Sof. 1:18). Tampoco escaparán las personas comunes y corrientes, las clases bajas; **todo siervo y todo libre,** estarán tan atemorizados como los influyentes y los ricos.

LA REACCIÓN DEL TEMOR

se escondieron en las cuevas y entre las peñas de los montes; y decían a los montes y a las peñas: Caed sobre nosotros, y escondednos del rostro de aquel que está sentado sobre el trono, y de la ira del Cordero; porque el gran día de su ira ha llegado; ¿y quién podrá sostenerse en pie? (6:15*b*-17)

La reacción del mundo incrédulo ante los terrores desatados por el sexto sello no será de arrepentimiento (cp. 9:21; 16:11), sino de pánico irreflexivo. Finalmente reconocerán lo que los creyentes han estado diciendo desde un principio, que los desastres que han experimentado son el juicio de Dios. Sin embargo, como los demonios de quienes escribió Santiago (Stg. 2:19), creerán y temerán, pero no se arrepentirán. Seguirán a Satanás, creerán en sus mentiras y recibirán a su mensajero, el anticristo. Como resultado, Dios los abandonará legalmente: "Por esto Dios les envía un poder engañoso, para que crean la mentira, a fin de que sean condenados todos los que no creyeron a la verdad, sino que se complacieron en la injusticia" (2 Ts. 2:11-12). Los que muchas veces endurecen su corazón, tendrán un corazón endurecido por Dios; no podrán arrepentirse y creer.

211

Los pecadores, golpeados por el pánico, reaccionarán de forma irracional, intentando neciamente esconderse **en las cuevas y entre las peñas de los montes** (cp. Is. 2:17-21), los mismos lugares que están recibiendo las sacudidas. Sin dudas están buscando refugio de la lluvia de meteoritos y asteroides que bombardean la tierra. Pero a la luz del terremoto generalizado y sus continuas réplicas, las extensas erupciones volcánicas y otras alteraciones de la corteza terrestre, esos lugares no ofrecerán seguridad para esconderse. Además de eso, es imposible esconderse de Dios o evadir sus juicios. Hablando al rebelde Israel, Dios dijo: "Aunque cavasen hasta el Seol, de allá los tomará mi mano; y aunque subieren hasta el cielo, de allá los haré descender. Si se escondieren en la cumbre del Carmelo, allí los buscaré y los tomaré; y aunque se escondieren de delante de mis ojos en lo profundo del mar, allí mandaré a la serpiente y los morderá" (Am. 9:2-3; cp. Sal. 139:7-12).

Los aterradores sucesos provocan una reunión mundial de oración, pero las oraciones son a la Madre Naturaleza, no a Dios. En su intento de hallar desesperadamente madrigueras en la tierra, en su vano intento de esconderse, dirán **a los montes y a las peñas: Caed sobre nosotros, y escondednos del rostro de aquel que está sentado sobre el trono, y de la ira del Cordero; porque el gran día de su ira ha llegado; ¿y quién podrá sostenerse en pie?** Demasiado tarde comprenderán al fin, los que vivan en ese tiempo, que todos los desastres que han experimentado ellos y su mundo son el resultado de la ira de Dios. No dispuestos e incapaces de arrepentirse, gritarán a los montes y a las rocas que caigan sobre ellos y los aplasten. En las Escrituras podemos ver dos clamores similares (Os. 10:8; Lc. 23:30), ambos en un momento de calamidad nacional para Israel. Son, hasta cierto punto, proféticos del tiempo mencionado en el sexto sello. Las personas estarán tan aterrorizadas que preferirán morir que enfrentar la ira de un Dios santo; ignorando neciamente el hecho de que la muerte no proporcionará modo alguno de escapar del juicio divino, sino el que las lancen al lago de fuego eterno (cp. 20:11-15).

La expresión **aquel que está sentado en el trono** se refiere a Dios (4:2, 3, 9, 10). Para entonces, llegarán a tener una comprensión clara de que Dios ha estado detrás de todos los juicios.

Más específicamente, temen **la ira del Cordero.** El Cordero, el Señor Jesucristo (5:6-8), es el agente directo del juicio. La ira de Jesucristo encarnado se vio solo dos veces antes en las Escrituras, cuando purificó el templo (Jn. 2:13-17; cp. Mt. 21:12-13). En el futuro, Él juzgará como león (5:5). Las personas llenas de pánico reconocerán al Cordero como el que ejecuta los juicios; **el gran día de su ira** (de Dios y de Cristo) es otra frase para el Día del Señor. Al parecer el mundo comprenderá que la ira final ha llegado.

Los pasajes fundamentales del Antiguo Testamento, de donde se toman las imágenes del sexto sello, prueban que **el gran día** debe de ser el Día de Jehová

(Is. 2:10-11, 19-21; 13:9-13; 34:4, 8; Ez. 32:7-8; Os. 10:8; Jl. 2:11, 30; Sof. 1:14; Mal. 4:5).

Esos horrores del Día de Jehová preceden a la venida del Señor, e incluso anuncian que lo peor está todavía por llegar en el séptimo sello, que incluye los juicios de las trompetas (8:1-9:21) y las copas (16:1-21).

La escena termina con la interrogación retórica ¿**y quién podrá sostenerse?** La respuesta es "nadie". El profeta Nahúm escribió: "¿Quién permanecerá delante de su ira? ¿y quién quedará en pie en el ardor de su enojo?" (Nah. 1:6). Primera a los Tesalonicenses 5:3 declara que "vendrá sobre ellos destrucción repentina, como los dolores a la mujer encinta, y no escaparán". Los impíos no podrán evadir el juicio divino.

Esta imagen, con lo horrenda y atemorizadora que es, no es del todo sin esperanza. La iglesia será librada de ese tiempo (3:10). Grandes multitudes de personas se salvarán en medio de los terrores del juicio divino, tanto gentiles (7:9) como judíos (Ro. 11:26). Pero para el resto se aplicarán las severas palabras del escritor de Hebreos: "Porque si pecáremos voluntariamente después de haber recibido el conocimiento de la verdad, ya no queda más sacrificio por los pecados, sino una horrenda expectación de juicio, y de hervor de fuego que ha de devorar a los adversarios... ¡Horrenda cosa es caer en manos del Dios vivo!" (He. 10:26-27, 31).

Sobrevivientes de la ira de Dios

16

Después de esto vi a cuatro ángeles en pie sobre los cuatro ángulos de la tierra, que detenían los cuatro vientos de la tierra, para que no soplase viento alguno sobre la tierra, ni sobre el mar, ni sobre ningún árbol. Vi también a otro ángel que subía de donde sale el sol, y tenía el sello del Dios vivo; y clamó a gran voz a los cuatro ángeles, a quienes se les había dado el poder de hacer daño a la tierra y al mar, diciendo: No hagáis daño a la tierra, ni al mar, ni a los árboles, hasta que hayamos sellado en sus frentes a los siervos de nuestro Dios. Y oí el número de los sellados: ciento cuarenta y cuatro mil sellados de todas las tribus de los hijos de Israel. De la tribu de Judá, doce mil sellados. De la tribu de Rubén, doce mil sellados. De la tribu de Gad, doce mil sellados. De la tribu de Aser, doce mil sellados. De la tribu de Neftalí, doce mil sellados. De la tribu de Manasés, doce mil sellados. De la tribu de Simeón, doce mil sellados. De la tribu de Leví, doce mil sellados. De la tribu de Isacar, doce mil sellados. De la tribu de Zabulón, doce mil sellados. De la tribu de José, doce mil sellados. De la tribu de Benjamín, doce mil sellados. (7:1-8)

El capítulo anterior de Apocalipsis (6) miraba a un momento de desastre sin precedente, terror sin alivio e inimaginable mortandad que está por caer sobre el mundo. Por lo general conocido como la tribulación, será el tiempo en el que Jesucristo tome otra vez la tierra de manos del usurpador, Satanás. Esa acción está simbolizada en el libro de Apocalipsis cuando Él abre el libro con los siete sellos. Al abrir cada sello, se derrama un nuevo juicio divino sobre la tierra. Los juicios de los primeros cinco sellos fueron severos, pero los desastres asociados con el sexto sello (el comienzo del Día de Jehová) sobrepasará con creces a los de los primeros cinco sellos. Y los juicios del séptimo sello, que contiene los aún más intensos juicios de las trompetas y las copas, serán los peores de todos.

El mundo se negará a reconocer que los desastres de los primeros cinco sellos son el juicio de Dios, a pesar de las advertencias de los creyentes de que lo son. Pero los sucesos del sexto sello serán tan horrendos, que los obligarán a reconocerlos como el juicio de Dios. En su terror, en medio de sus vanos intentos de esconderse de la terrible presencia de Dios el Padre y del Cordero, las personas gritarán: "El gran día de su ira ha llegado; ¿y quién podrá sostenerse en pie?" (6:17).

El capítulo 7 forma como un paréntesis entre los sellos sexto (6:12-17) y séptimo (8:1) para responder esa pregunta, presentando a dos grupos que sobrevivirán a la furia del juicio divino. Los primeros, aquellos descritos en los versículos 1-8, son los evangelistas judíos que serán preservados en la tierra. Ellos sobrevivirán al holocausto de la ira divina desatado por los juicios de los sellos, las trompetas y las copas. Dios también los protegerá de los esfuerzos del anticristo y sus esbirros por matarlos y borrar de la faz de la tierra a todos los que creen en el Dios verdadero. Habiendo sobrevivido a las guerras, el hambre, los desastres naturales sin precedente, las enfermedades, el carácter pecaminoso desenfrenado y la salvaje persecución de la tribulación, entrarán vivos en el reino milenario. El segundo grupo que va a escapar de la furia divina (vv. 9-17) son los que sufrirán el martirio y por eso irán al bienaventurado descanso del cielo, donde serán preservados. Después de los terribles sucesos del sexto sello, y antes de que se abra el séptimo sello en el capítulo 8, el Espíritu Santo proporcionó este capítulo como un intervalo para que el lector tome aliento. Es también un recordatorio de que en medio de su ira, Dios recordará su misericordia (cp. Hab. 3:2).

Esas dos visiones contrastan la expectativa de los creyentes, quienes serán librados de la ira, con el pánico y la devastación de los incrédulos, quienes no sobrevivirán a esa ira. Primera Tesalonicenses 5:3 declara que "vendrá sobre ellos destrucción repentina, como los dolores a la mujer encinta, y no escaparán". En su segunda carta a los tesalonicenses Pablo añade: "Cuando se manifieste el Señor Jesús desde el cielo con los ángeles de su poder, en llama de fuego, para dar retribución a los que no conocieron a Dios, ni obedecen al evangelio de nuestro Señor Jesucristo; los cuales sufrirán pena de eterna perdición, excluidos de la presencia del Señor y de la gloria de su poder" (2 Ts. 1:7-9). Más adelante en esa epístola el apóstol escribió: "Por esto Dios les envía un poder engañoso, para que crean la mentira, a fin de que sean condenados todos los que no creyeron a la verdad, sino que se complacieron en la injusticia" (2 Ts. 2:11-12). La Biblia no da esperanza de que ninguna persona impía escape del juicio de Dios en aquel día. El Día del Señor destruirá finalmente a todos los impíos que no conocen a Dios y que no obedecen el evangelio de Cristo.

La realidad de que Dios preservará a su pueblo en el tiempo del juicio es un tema conocido en las Escrituras. David triunfalmente se regocijó: "Claman los justos, y Jehová oye, y los libra de todas sus angustias. Cercano está Jehová a los quebrantados de corazón; Y salva a los contritos de espíritu. Muchas son las aflicciones del justo, pero de todas ellas le librará Jehová" (Sal. 34:17-19). En el Salmo 91:3-10 el salmista habla de la promesa de Dios de preservar a los piadosos:

Él te librará del lazo del cazador, de la peste destructora. Con sus plumas te cubrirá, y debajo de sus alas estarás seguro; escudo y adarga es su verdad. No temerás el terror nocturno, ni saeta que vuele de día, ni pestilencia que ande en oscuridad, ni mortandad que en medio del día destruya. Caerán a tu lado mil, diez mil a tu diestra; mas a ti no llegará. Ciertamente con tus ojos mirarás y verás la recompensa de los impíos. Porque has puesto a Jehová, que es mi esperanza, al Altísimo por tu habitación, no te sobrevendrá mal, ni plaga tocará tu morada.

Malaquías describe el consuelo de Dios para los que temían ser aniquilados por los juicios del Día de Jehová:

Entonces los que temían a Jehová hablaron cada uno a su compañero; y Jehová escuchó y oyó, y fue escrito libro de memoria delante de él para los que temen a Jehová, y para los que piensan en su nombre. Y serán para mí especial tesoro, ha dicho Jehová de los ejércitos, en el día en que yo actúe; y los perdonaré, como el hombre que perdona a su hijo que le sirve. Entonces os volveréis, y discerniréis la diferencia entre el justo y el malo, entre el que sirve a Dios y el que no le sirve. Porque he aquí, viene el día ardiente como un horno, y todos los soberbios y todos los que hacen maldad serán estopa; aquel día que vendrá los abrasará, ha dicho Jehová de los ejércitos, y no les dejará ni raíz ni rama. Mas a vosotros los que teméis mi nombre, nacerá el Sol de justicia, y en sus alas traerá salvación; y saldréis, y saltaréis como becerros de la manada...

He aquí, yo os envío el profeta Elías, antes que venga el día de Jehová, grande y terrible. Él hará volver el corazón de los padres hacia los hijos, y el corazón de los hijos hacia los padres, no sea que yo venga y hiera la tierra con maldición (Mal. 3:16–4:2, 5-6).

Cuando Dios destruyó el mundo en el diluvio, preservó a Noé y a su familia. Cuando destruyó Sodoma y Gomorra, preservó a Lot y a sus hijas. Cuando destruyó Jericó, preservó a Rahab y a su familia. Y cuando destruyó Egipto, preservó a la nación de Israel.

La tribulación se muestra como un tiempo de juicios sin paralelo, de desastre y muerte. Pero será también para muchos un tiempo de salvación. Algunos de los redimidos de la tribulación ya se mencionaron cuando se habló del quinto sello (6:9-11). Fueron mártires, asesinados por su fidelidad a la Palabra de Dios y al Señor Jesucristo (cp. 7:9-17). Muchos creyentes seguramente morirán por las guerras, el hambre y los desastres naturales (6:3-8, 12-14) que Dios envía como juicios sobre la tierra. Muchos otros morirán como resultado de la persecución del anticristo (13:7-10; 14:12-13; 17:6; 20:4). Sin embargo, sus muertes físicas no son resultado de la ira de Dios (1 Ts. 1:10; 5:9) como sucede cuando un creyente muere en la actualidad. Los juicios de Dios sobre el mundo y la persecución del anticristo son los medios por los que Dios los lleva a su presencia.

Sin embargo, muchos creyentes no morirán, sino que sobrevivirán para poblar el reino milenario. Jesús enseñó esa verdad en su descripción del juicio de las ovejas y los cabritos (Mt. 25:31ss.). Los cabritos (los inconversos) serán lanzados en el infierno (vv. 41-46), pero a las ovejas (los salvados) Jesucristo les dirá: "Venid, benditos de mi Padre, heredad el reino preparado para vosotros desde la fundación del mundo" (v. 34). Los creyentes que estén vivos cuando ocurra la segunda venida del Señor vivirán en su reino terrenal.

Muchos de los que entren vivos en el reino milenario serán gentiles (cp. Is. 2:2-4; Mi. 4:1-5; Zac. 8:20-23). Pero la tribulación es también el tiempo de la salvación nacional de Israel, del que hablaron los profetas. La descripción más detallada de este acontecimiento se encuentra en la profecía de Zacarías:

Y derramaré sobre la casa de David, y sobre los moradores de Jerusalén, espíritu de gracia y de oración; y mirarán a mí, a quien traspasaron, y llorarán como se llora por hijo unigénito, afligiéndose por él como quien se aflige por el primogénito. En aquel día habrá gran llanto en Jerusalén, como el llanto de Hadadrimón en el valle de Meguido. Y la tierra lamentará, cada linaje aparte; los descendientes de la casa de David por sí, y sus mujeres por sí; los descendientes de la casa de Natán por sí, y sus mujeres por sí; los descendientes de la casa de Leví por sí, y sus mujeres por sí; los descendientes de Simei por sí, y sus mujeres por sí; todos los otros linajes, cada uno por sí, y sus mujeres por sí. En aquel tiempo habrá un manantial abierto para la casa de David y para los habitantes de Jerusalén, para la purificación del pecado y de la inmundicia...

Y acontecerá en toda la tierra, dice Jehová, que las dos terceras partes serán cortadas en ella, y se perderán; mas la tercera quedará en ella. Y meteré en el fuego a la tercera parte, y los fundiré como se funde la plata, y los probaré como se prueba el oro. El invocará mi nombre, y yo le oiré, y diré: Pueblo mío; y él dirá: Jehová es mi Dios (Zac. 12:10–13:1, 8-9).

Este es el tiempo del que habló el apóstol Pablo cuando escribió "y luego todo Israel será salvo, como está escrito: Vendrá de Sion el Libertador, que apartará de Jacob la impiedad" (Ro. 11:26).

Apocalipsis 7:1-8 presenta al grupo de sobrevivientes (para otros, vea 12:16-17), preservado en medio del torbellino de la tribulación, que han sido redimidos durante algún tiempo pero que, cuando llegue el tiempo de la furia final, serán apartados para un servicio especial y se les dará protección.

La visión que tuvo Juan de este grupo especial de personas contiene tres elementos: ira refrenada, santos sellados e israelitas identificados.

LA IRA REFRENADA

Después de esto vi a cuatro ángeles en pie sobre los cuatro ángulos de la tierra, que detenían los cuatro vientos de la tierra, para que no soplase viento alguno sobre la tierra, ni sobre el mar, ni sobre ningún árbol. (7:1)

Las frases **Después de esto** y "después de estas cosas" por lo general, son seguidas de alguna forma del verbo *eidon* ("ver"),y se usan varias veces en Apocalipsis para presentar una nueva visión (cp. 4:1; 7:1; 7:9; 15:5; 18:1; 19:1, "oí"). El empleo de **Después de esto** en este pasaje significa que la visión del sexto sello ha terminado y que Juan está por recibir una nueva visión. Pudiera indicar también que esta nueva visión representa sucesos que vienen cronológicamente después del sexto sello. La escena ahora se traslada del juicio de los impíos a la protección especial para los piadosos.

Al mostrarse la visión, Juan primero vio **cuatro ángeles.** A menudo en las Escrituras se asocia a los **ángeles** con el juicio de Dios (cp. 8:2ss; 9:1ss; 11:15-19; 14:15ss; 15:1ss; 16:1ss; 18:1ss; 19:17-18; 2 S. 24:16-17; 2 R. 19:35; Sal. 78:49; Mt. 13:39-42, 49-50; 16:27; 25:31; 2 Ts. 1:7-8). A estos **cuatro** se les da poder sobre los elementos de la naturaleza (cp. 14:18; 16:5); se les ve **en pie sobre los cuatro ángulos de la tierra, que detenían los cuatro vientos de la tierra** (cp. Jer. 49:36; Mt. 24:31). Los ingenuos escépticos piensan que la referencia poética de Juan a los **cuatro ángulos de la tierra** refleja la creencia primitiva de que la tierra era plana y cuadrada. Pero la frase en realidad se refiere a toda la tierra, al designar los cuatro puntos principales en la brújula (norte, sur, este y oeste), desde donde se originan **los cuatro vientos** (es decir, todos los vientos) **de la tierra.** El doctor Henry M. Morris comenta:

> Este versículo se ha ridiculizado mucho como una referencia a un ingenuo concepto "precientífico" de la estructura de la tierra, el que presuntamente veía a la tierra plana con cuatro esquinas... Desde el punto de vista de la tecnología moderna, es esencialmente equivalente a lo que un marinero o geólogo llamaría los cuatro cuadrantes de la brújula, o las cuatro direcciones. Eso es también evidente en la mención de los "cuatro vientos" que, en el uso común, serían por supuesto los vientos del norte, oeste, sur y este.
>
> A modo de explicación, las precisas mediciones de la geodesia moderna en los últimos años han probado que la tierra realmente tiene cuatro "ángulos". Son protuberancias que salen del "geoide" principal, es decir, la forma esférica fundamental de la tierra. La tierra no es realmente una esfera perfecta, sino que está ligeramente achatada por los polos. Su protuberancia ecuatorial probablemente se debe a la

rotación axial de la tierra, y de ahí se destacan sus cuatro "ángulos".
(*The Revelation Record* [El registro de Apocalipsis] [Wheaton, Ill.: Tyndale,
1983], 126)

Desde sus posiciones clave en la tierra, estos poderosos ángeles se aseguraron
de **que no soplase viento alguno sobre la tierra, ni sobre el mar, ni sobre
ningún árbol.** Los cuatro vientos se asocian a menudo en las Escrituras con el
juicio de Dios (cp. Jer. 49:36; Dn. 7:2; Os. 13:15). Mientras dure el intervalo
descrito en el capítulo 7, se contendrá el juicio mientras los ángeles desactivan el
motor esencial de la atmósfera terrestre. No habrá viento, ni corriente de aire, ni
olas rompiendo en la orilla, ni movimiento de nubes en el cielo; todo estará
mortalmente quieto. Esto es una increíble manifestación de poder, ya que:

> [la] circulación de la atmósfera es un poderoso motor, impulsado por la
> energía del sol y de la rotación de la tierra. Los tremendos poderes
> implicados en esta operación se hacen especialmente obvios cuando se
> muestran en forma de grandes huracanes, ventiscas y tornados. Esos
> vientos de la tierra hacen posible la vida sobre la tierra mediante el ciclo
> hidrológico, llevando aguas tierra adentro desde los océanos, con las
> cuales regar la tierra. No obstante los ángeles, solo cuatro de ellos, habían
> desactivado este gigantesco motor. (Morris, *The Revelation Record* [El
> registro de Apocalipsis], 126)

La palabra **detenían** viene de *krateō*, una palabra que sugiere que los vientos
están luchando por librarse de su restricción. La detención de los vientos por los
ángeles simboliza también la retención de las plagas asociadas con los inminentes
juicios de las trompetas (8:5ss). De modo que la siguiente fase de la ira de Dios
está detenida por el momento. Los vientos de juicio están acopiando fuerzas que
pronto se liberarán.

LOS SANTOS SELLADOS

**Vi también a otro ángel que subía de donde sale el sol, y tenía el sello del Dios
vivo; y clamó a gran voz a los cuatro ángeles, a quienes se les había dado el
poder de hacer daño a la tierra y al mar, diciendo: No hagáis daño a la tierra,
ni al mar, ni a los árboles, hasta que hayamos sellado en sus frentes a los
siervos de nuestro Dios.** (7:2-3)

La razón de la detención temporal del juicio de Dios se hace evidente cuando
Juan ve a **otro ángel,** además de los cuatro que detenían los vientos. Algunos
han identificado a este ángel como Jesucristo, pero no es probable porque *allos*

(otro) significa otro en secuencia numérica, otro de la misma clase que los primeros cuatro ángeles. Aunque Cristo apareció en el Antiguo Testamento como el Ángel de Jehová, Él no tiene la naturaleza de un ángel. Además, con el uso del plural "hayamos" en el versículo 3, el quinto ángel se identifica con los cuatro primeros en la obra de sellar a los siervos de Dios.

Juan vio que el ángel **subía de donde sale el sol.** Esta es una forma poética de decir del este, el punto de la brújula por donde sale el sol. Desde la perspectiva de Juan en la isla de Patmos, el este quedaría hacia la tierra de Israel, la tierra de donde vino la promesa de salvación de Dios por medio de Jesucristo el Mesías, y de donde vinieron las doce tribus de Israel. Miembros de estas tribus están a punto de ser sellados.

El ángel tenía consigo **el sello del Dios vivo.** *Sphragis* (**sello**) se refiere a menudo a un anillo de sello. Los reyes y otros funcionarios usaban tales anillos para poner su sello en cera sobre los documentos y otros artículos, confirmando de esta forma su autenticidad y garantizando su seguridad (cp. Gn. 41:42; Est. 3:10; 8:2, 8; Dn. 6:17; Mt. 27:66). De modo que un **sello** denotaba propiedad y protección (cp. Jn. 6:27; 2 Co. 1:22; Ef. 1:13; 4:30).

A diferencia de los sellos de los insignificantes gobernadores de la tierra, el sello que llevaba el ángel era el del **Dios vivo.** A menudo la Biblia identifica a Dios como el Dios vivo (cp. 4:9-10; 10:6; 15:7; Dt. 5:26; Jos. 3:10; 1 S. 17:26; 2 R. 19:4; Sal. 42:2; 84:2; Jer. 10:10; 23:36; Dn. 6:20; Os. 1:10; Mt. 16:16; Ro. 9:26; 2 Co. 3:3; 6:16; 1 Ti. 3:15; 4:10; He. 3:12; 9:14; 10:31; 12:22) para distinguirlo de los ídolos muertos que adoraban los impíos. Su eternidad garantiza que Él ejecutará toda su voluntad. La falsa deidad más destacada del período de la tribulación, el anticristo, sellará a sus seguidores (13:16-17; 14:9-11; 16:2; 19:20; 20:4), y el Dios vivo y verdadero sellará a los suyos. Apocalipsis 14:1 identifica la marca que deja el sello de Dios como los nombres de Cristo y el Padre.

En el Antiguo Testamento, Dios marcó a Israel con sangre en los postes y dinteles, para preservarlos cuando Él matara a los primogénitos de Egipto. Él marcó a Rahab con un cordón de grana para librarla a ella y a los suyos de la muerte. Pero la ilustración que más se asemeja al pasaje que analizamos viene de Ezequiel 9:3-6:

> *Y la gloria del Dios de Israel se elevó de encima del querubín, sobre el cual había estado, al umbral de la casa; y llamó Jehová al varón vestido de lino, que tenía a su cintura el tintero de escribano, y le dijo Jehová: Pasa por en medio de la ciudad, por en medio de Jerusalén, y ponles una señal en la frente a los hombres que gimen y que claman a causa de todas las abominaciones que se hacen en medio de ella. Y a los otros dijo, oyéndolo yo: Pasad por la ciudad en pos de él, y matad; no perdone vuestro ojo, ni tengáis misericordia. Matad*

a viejos, jóvenes y vírgenes, niños y mujeres, hasta que no quede ninguno; pero a todo aquel sobre el cual hubiere señal, no os acercaréis.

Los que tengan la marca de Dios serán preservados en la futura destrucción de Jerusalén. De igual manera, estos siervos de Dios a quienes el ángel marcará con el sello de Dios, recibirán protección y serán librados de los juicios que están por venir (cp. 9:4).

Con urgencia y autoridad, el quinto ángel **clamó a gran voz a los cuatro ángeles, a quienes se les había dado el poder de hacer daño a la tierra y al mar, diciendo: No hagáis daño a la tierra, ni al mar, ni a los árboles, hasta que hayamos sellado en sus frentes a los siervos de nuestro Dios.** El **daño** o devastación que vendrá a la **tierra,** al **mar** y a los **árboles** ocurrirá cuando los cuatro ángeles de pronto liberen el juicio (simbolizado por los vientos) que tienen detenido. Pero ese juicio (y los de las trompetas y copas que seguirán) tenían que esperar hasta que los ángeles hubieran **sellado en sus frentes a los siervos de nuestro Dios.** El que se refiera a ellos como **siervos** indica que ya están redimidos. Habrán permanecido fieles a Dios y al Señor Jesucristo, y probablemente habrán estado predicando poderosa y eficientemente su Palabra en medio del caos de los seis primeros sellos. Al llegar a este punto deben recibir protección para que puedan seguir proclamando la Palabra de Dios y la verdad acerca de su Hijo Jesucristo durante los tiempos más severos. Después de terminar de sellarlos pueden comenzar los juicios, de los cuales estarán exentos los sellados.

Apocalipsis 14:1-5 describe su carácter moralmente puro y su devoción a Jesucristo. Ellos son los más fieles, leales, diligentes y santos siervos de Dios durante esos tenebrosos días; son lo mejor de la cosecha. También se les describe como quienes "fueron redimidos de entre los hombres como primicias para Dios y para el Cordero" (14:4). También serán los más eficientes misioneros que el mundo haya visto jamás, y serán instrumentos en la conversión de sus compatriotas y de las naciones.

LOS ISRAELITAS IDENTIFICADOS

Y oí el número de los sellados: ciento cuarenta y cuatro mil sellados de todas las tribus de los hijos de Israel. De la tribu de Judá, doce mil sellados. De la tribu de Rubén, doce mil sellados. De la tribu de Gad, doce mil sellados. De la tribu de Aser, doce mil sellados. De la tribu de Neftalí, doce mil sellados. De la tribu de Manasés, doce mil sellados. De la tribu de Simeón, doce mil sellados. De la tribu de Leví, doce mil sellados. De la tribu de Isacar, doce mil sellados. De la tribu de Zabulón, doce mil sellados. De la tribu de José, doce mil sellados. De la tribu de Benjamín, doce mil sellados. (7:4-8)

Esos creyentes y evangelistas judíos son las primicias de Israel, que como nación serán redimidos antes de la venida de Cristo (Zac. 12:10-13:1, 8-9; Ro. 11:26). Los ciento cuarenta y cuatro mil no son todos los creyentes judíos en ese tiempo, sino un grupo excepcional seleccionado para proclamar el evangelio en ese día (cp. 12:17; 14:1-5). A pesar de la declaración clara y sin ambigüedades del texto de que los **ciento cuarenta y cuatro mil** que han de ser **sellados** vendrán **de todas las tribus de los hijos de Israel,** muchos persisten en identificarlos como la iglesia. Ellos citan varios pasajes del Nuevo Testamento que presuntamente identifican a la iglesia como Israel para respaldar esa interpretación. Pero la identificación de Israel con la iglesia en esos pasajes es tenue y discutible. Así que ellos no pueden ofrecer apoyo para tal identificación en este pasaje. El hecho es que "no hay en el Nuevo Testamento ni en los escritos antiguos de la iglesia hasta 160 d.C. algún ejemplo bien definido de que a la iglesia se le llame 'Israel'... Eso descalifica cualquier intento de identificar a Israel como la iglesia en Apocalipsis 7:4" (Robert L. Thomas, *Revelation 1-7: An Exegetical Commentary* [Apocalipsis 1-7: Un comentario exegético] [Chicago: Moody, 1992], 476). Además de eso, "tal intento se vuelve aún más ridículo, porque necesita una interpretación tipológica que divida a la iglesia en las doce tribus, para que coincida con la lista de Apocalipsis 7:5-8, incluso con todas las irregularidades en esa lista" (Thomas, *Revelation 1-7* [Apocalipsis 1-7], 476). El término **Israel** debe interpretarse de acuerdo con su uso normal en el Antiguo y Nuevo Testamentos, como una alusión a los descendientes físicos de Abraham, Isaac y Jacob. Tampoco hay ninguna razón exegética para no interpretar literalmente los números ciento cuarenta y cuatro mil y doce mil.

Que hubiera ciento cuarenta y cuatro mil **sellados de todas las tribus de los hijos de Israel** habla del propósito electivo de Dios. La simple elección humana no hubiera logrado tan uniforme división. Aunque los registros de las tribus se perdieron cuando los romanos saquearon Jerusalén en 70 d.C., Dios sabe quienes pertenecen a cada tribu. Este pasaje también enseña que las así llamadas "diez tribus perdidas" en realidad nunca estuvieron perdidas (cp. 21:12; Mt. 19:28; Lc. 22:30; Stg. 1:1). En vez de esto, representantes de las diez tribus del norte se introdujeron en el sur y se entremezclaron con las dos tribus del sur (cp. 2 Cr. 30:1-11; 34:1-9) siendo de esa forma preservados.

Los nombres específicos de las tribus en esta lista hacen que surjan algunas preguntas interesantes. Primero, sin embargo, debe observarse que no hay una forma determinada de relacionar las doce tribus. Hay al menos diecinueve formas diferentes de relacionarlas en el Antiguo Testamento, ninguna de las cuales coincide con la lista que se ofrece aquí:

En las listas del Antiguo Testamento, algunas veces se sigue el orden de nacimiento (Gn. 29:32-35:18). Otras veces, es el orden en el que Jacob los bendijo (Gn. 49:3-27), el orden en el que acampaban (Nm. 2:3-31), el orden del censo antes de la invasión de Canaán (Nm. 26:4-51), el orden de bendiciones y maldiciones (Dt. 27:12-13), el orden de la bendición de Moisés (Dt. 33:6-25), el orden de "los príncipes" (Nm. 1:5-15), el orden en el que heredaron (Jos. 13:7-22:34), el orden según las esposas y las concubinas (1 Cr. 2:1-8:40), y el orden de las puertas de la ciudad (Ez. 48:31-34). (Thomas, Revelation 1–7 [Apocalipsis 1–7], 479)

Aunque Rubén era el primogénito (Gn. 46:8), Judá aparece primero en la lista. Rubén perdió el derecho de la primogenitura como castigo por su mala conducta sexual con la concubina de su padre (1 Cr. 5:1). La omisión de la tribu de Dan en favor de la tribu sacerdotal de Leví es también algo fuera de lo normal. A Dan se le omitió debido a la tendencia de la tribu a la idolatría (cp. Dt. 29:18-21), que fue aún peor que la del resto de la nación (cp. Jue. 18; Am. 8:14). Aunque Dan disfrutará de las bendiciones del milenio (Ez. 48:1-2, 32) la tribu no será seleccionada para esta tarea ni recibirá protección durante la tribulación. De forma similar, se omite el nombre de Efraín en favor de su padre José, porque Efraín se apartó de la casa gobernante de Judá (Is. 7:17). También Efraín, como Dan, se consumió en idolatría (Os. 4:17). Su hermano Manasés se incluye porque fue el hijo fiel de José.

Este importante pasaje respalda la verdad bíblica de que Dios no ha terminado con la nación de Israel (cp. Ro. 9-11). Aunque Israel falló en su misión de ser una nación ejemplo en el Antiguo Testamento, esa no será la situación en el futuro. Del pueblo judío saldrá la más grande fuerza misionera que jamás haya conocido el mundo. El resultado de sus esfuerzos será un Israel redimido, como lo prometió Dios, e incontables gentiles redimidos.

Los santos de la tribulación   **17**

Después de esto miré, y he aquí una gran multitud, la cual nadie podía contar, de todas naciones y tribus y pueblos y lenguas, que estaban delante del trono y en la presencia del Cordero, vestidos de ropas blancas, y con palmas en las manos; y clamaban a gran voz, diciendo: La salvación pertenece a nuestro Dios que está sentado en el trono, y al Cordero. Y todos los ángeles estaban en pie alrededor del trono, y de los ancianos y de los cuatro seres vivientes; y se postraron sobre sus rostros delante del trono, y adoraron a Dios, diciendo: Amén. La bendición y la gloria y la sabiduría y la acción de gracias y la honra y el poder y la fortaleza, sean a nuestro Dios por los siglos de los siglos. Amén. Entonces uno de los ancianos habló, diciéndome: Estos que están vestidos de ropas blancas, ¿quiénes son, y de dónde han venido? Yo le dije: Señor, tú lo sabes. Y él me dijo: Estos son los que han salido de la gran tribulación, y han lavado sus ropas, y las han emblanquecido en la sangre del Cordero. Por esto están delante del trono de Dios, y le sirven día y noche en su templo; y el que está sentado sobre el trono extenderá su tabernáculo sobre ellos. Ya no tendrán hambre ni sed, y el sol no caerá más sobre ellos, ni calor alguno; porque el Cordero que está en medio del trono los pastoreará, y los guiará a fuentes de aguas de vida; y Dios enjugará toda lágrima de los ojos de ellos. (7:9-17)

Ha habido muchos momentos de gran respuesta al evangelio a lo largo de la historia, entre ellos el nacimiento de la iglesia el día de Pentecostés, la Reforma en Europa en el siglo dieciséis y el gran despertar en Estados Unidos en el siglo dieciocho. Durante estos poderosos movimientos de la gracia salvadora de Dios, miles vinieron a la fe en Jesucristo. Siempre ha sido la oración del pueblo de Dios, que Dios trajera tan gran cosecha de almas, y muchas veces El ha respondido.

Pero vendrá en el futuro una respuesta mundial al evangelio, que excederá con creces a cualquier otra de la historia, y puede ser que a todas las anteriores juntas. Abarcará todo el globo en muy pocos años y producirá una gran multitud de personas redimidas de todas las naciones, haciendo de este el movimiento más grande del poder salvador de Dios que el mundo verá jamás.

La expectativa de ese gran "avivamiento" concuerda con el hecho de que Dios es misericordioso, y que es por naturaleza un Salvador y desea que las personas se salven. Primera a Timoteo 2:4 declara que Él "quiere que todos los hombres sean salvos y vengan al conocimiento de la verdad". Segunda de Pedro 3:9 añade: "El Señor no retarda su promesa, según algunos la tienen por tardanza, sino que es paciente para con nosotros, no queriendo que ninguno perezca, sino que todos procedan al arrepentimiento". La frecuente designación bíblica de Dios como Salvador refleja su deseo de que las personas se salven (p. ej. Sal. 106:21; Is. 43:3, 11; 45:15, 21; 49:26; 60:16; 63:8; Os. 13:4; Lc. 1:47; 2:11; 1 Ti. 2:3; 2 Ti. 1:10; Tit. 1:3; 2:10, 13; 3:4, 6; 2 P. 1:1).

En 1 Timoteo 4:10 a Dios se le llama el "Salvador de todos los hombres, mayormente de los que creen". Él es el "Salvador de todos los hombres" en un sentido temporal, físico (gracia común), es decir, Él permite que los pecadores que merecen muerte instantánea e infierno, sigan viviendo en la tierra. El hecho de que Él no los destruya inmediatamente en el infierno cuando pecan, indica su disposición a salvar. Sin embargo, Él es el Salvador de los creyentes en un sentido eterno y espiritual. El ofrece a los que reciben el evangelio cielo eterno y existencia por siempre en su gloria.

En el futuro, Dios mostrará su salvación espiritual y eterna en un momento inesperado. En realidad, lo hará durante el peor momento de toda la historia humana. Será el tiempo de la furia de Satanás, cuando él y sus demonios estén desolando el mundo. Será un tiempo de maldad sin paralelo, ya que el Espíritu Santo retiró su influencia que la refrenaba (2 Ts. 2:7). Será el tiempo en que el reino de terror del anticristo en todo el mundo esté ocurriendo junto con el derramamiento de la ira de Dios y el Día del Señor, en una serie históricamente inigualable de juicios poderosos y devastadores. Será en medio de ese tiempo de terror y miedo que Dios salvará personas en una magnitud hasta el momento desconocida.

La obra salvadora de Dios durante ese tiempo futuro será doble. En primer lugar, será el tiempo de la salvación nacional de Israel, que Zacarías (Zac. 12:10ss) predijo en el Antiguo Testamento y Pablo (Ro. 11:25-27) predijo en el Nuevo. Las primicias de la salvación de Israel serán los ciento cuarenta y cuatro mil evangelistas judíos (7:1-8) que predicarán el evangelio a sus compatriotas y a los gentiles.

En 7:9-17 se habla de la salvación de esos gentiles, una salvación prometida en las Escrituras. El pacto abrahámico, en el que Dios prometió bendecir a Israel, también prometió salvación para los gentiles:

> *Pero Jehová había dicho a Abram: Vete de tu tierra y de tu parentela, y de la casa de tu padre, a la tierra que te mostraré. Y haré de ti una nación grande, y te bendeciré, y engrandeceré tu nombre, y serás bendición. Bendeciré a los que*

te bendijeren, y a los que te maldijeren maldeciré; y serán benditas en ti todas las familias de la tierra (Gn. 12:1-3).

Desde el principio Dios escogió a Israel para que fuera un canal por medio del cual sus bendiciones de salvación llegaran al mundo entero. Esta verdad se confirma en muchos pasajes del Antiguo Testamento. En el Salmo 67 el salmista oró: "Dios tenga misericordia de nosotros, y nos bendiga; haga resplandecer su rostro sobre nosotros" (v. 1). Pero esa bendición no iba a detenerse con ellos; el salmista imploró que Dios bendijera a Israel "para que sea conocido en la tierra tu camino, en todas las naciones tu salvación... Bendíganos Dios, y témanlo todos los términos de la tierra (vv. 2, 7)". El Salmo 98:3 declara: "Se ha acordado de su misericordia y de su verdad para con la casa de Israel; todos los términos de la tierra han visto la salvación de nuestro Dios". Escogida para ser el instrumento de Dios en la salvación de las naciones, Israel trágicamente no cumplió con esa misión. La iglesia ha intervenido y es ese canal en esta era.

En el futuro, Dios misericordiosamente concederá a Israel una segunda oportunidad de ser una nación que sirva como testigo, y en aquel tiempo ellos no fallarán. Dirigida por los ciento cuarenta y cuatro mil evangelistas (cp. 7:1-8), Israel será luz a las naciones durante la hora más tenebrosa de la historia de la tierra. La promesa de Dios de bendecir a las naciones del mundo por medio de los descendientes de Abraham se cumplirá en gran escala.

Hablando de ese tiempo futuro de la salvación de los gentiles Isaías escribió: "En aquel tiempo... la raíz de Isaí, la cual estará puesta por pendón a los pueblos, será buscada por las gentes; y su habitación será gloriosa" (Is. 11:10). En Isaías 49:6 Dios prometió al Siervo (el Señor Jesucristo) que se añadirían a su rebaño personas de las naciones: "Poco es para mí que tú seas mi siervo para levantar las tribus de Jacob, y para que restaures el remanente de Israel; también te di por luz de las naciones, para que seas mi salvación hasta lo postrero de la tierra". En Isaías 45:22 Dios ordena: "Mirad a mí, y sed salvos, todos los términos de la tierra". Isaías 52:10 añade: "Jehová desnudó su santo brazo ante los ojos de todas las naciones, y todos los confines de la tierra verán la salvación del Dios nuestro". En un pasaje conocido, citado por Pedro en su sermón el día de Pentecostés (Hch. 2:17-21), Joel también habla de la futura salvación de las naciones:

Y después de esto derramaré mi Espíritu sobre toda carne, y profetizarán vuestros hijos y vuestras hijas; vuestros ancianos soñarán sueños, y vuestros jóvenes verán visiones. Y también sobre los siervos y sobre las siervas derramaré mi Espíritu en aquellos días. Y daré prodigios en el cielo y en la tierra, sangre, y fuego, y columnas de humo. El sol se convertirá en tinieblas, y la luna en sangre, antes que venga el día grande y espantoso de Jehová. Y todo aquel que invocare el nombre de Jehová será salvo; porque en el monte de Sion y en

Jerusalén habrá salvación, como ha dicho Jehová, y entre el remanente al cual él habrá llamado (Jl. 2:28-32).

Jesús enseñó que antes de su venida al final de la tribulación "[sería] predicado este evangelio del reino en todo el mundo, para testimonio a todas las naciones; y entonces vendrá el fin" (Mt. 24:14). Juan 11:50-52 recoge una de las profecías más extraordinarias en las Escrituras (porque quien la reveló era un acérrimo enemigo de Cristo, el sumo sacerdote Caifás):

Ni pensáis que nos conviene que un hombre muera por el pueblo, y no que toda la nación perezca. Esto no lo dijo por sí mismo, sino que como era el sumo sacerdote aquel año, profetizó que Jesús había de morir por la nación; y no solamente por la nación, sino también para congregar en uno a los hijos de Dios que estaban dispersos.

"¿Es Dios solamente Dios de los judíos? ¿No es también Dios de los gentiles? Ciertamente, también de los gentiles" (Ro. 3:29).

Apocalipsis 7:9-17 describe esa gran multitud de personas de todas las naciones del mundo que serán salvas durante el tiempo de tribulación. Eso puede incluir a los de Israel que se salven durante la predicación de los ciento cuarenta y cuatro mil. No hay nada en la terminología del pasaje que indique que se debe excluir a los judíos. Más bien, la frase "toda nación" podría incluirlos.

Ocho palabras clave presentan este grupo: su descripción, ubicación, ocupación, compañía, procedencia, función, protección y provisión.

DESCRIPCIÓN

Después de esto miré, y he aquí una gran multitud, la cual nadie podía contar, de todas naciones y tribus y pueblos y lenguas... vestidos de ropas blancas, y con palmas en las manos; (7:9a, c)

Como ocurre en todo Apocalipsis (cp. 4:1; 7:1; 15:5; 18:1; 19:1), la frase **Después de esto** presenta una nueva visión, distinta de la que aparece en 7:1-8. La exclamación **he aquí** revela que esta visión fue conmovedora y alarmante para Juan. El anciano apóstol, el último sobreviviente de los doce, debe de haberse sentido aislado y solo en su destierro en la isla de Patmos. Él había visto a gentiles venir a Cristo a través de su propio ministerio en Asia Menor y a través de los ministerios de Pablo, Timoteo, Tito y otros. Se habían fundado iglesias de gentiles, si bien eran en su mayor parte pequeñas, y estaban asediadas y perseguidas. Además de eso, cinco de las siete iglesias de Asia Menor, a las que el Señor escribió antes en este gran libro (2:1-3:22), habían caído en graves y amenazantes patrones de pecado. Ver en su visión una vasta y triunfante multitud de redimidos cantando alabanzas a Dios fue una experiencia profunda y estimulante para Juan, quien había visto varias fallas en las iglesias en Asia Menor y las amenazas de juicio del Señor (caps. 2-3). Esta visión seguramente renovó su gozo y esperanza, al darse cuenta de que la Iglesia sobreviviría y que al final personas de todas las naciones, y en gran número, llegarían a la salvación.

Que el grupo que se presenta en este pasaje es diferente de los ciento cuarenta y cuatro mil (7:1-8) es evidente por varias consideraciones. En primer lugar, como se observó antes, la frase **Después de esto** presenta una nueva visión. En segundo lugar, se describe a este grupo como **una gran multitud, la cual nadie podía contar;** no se menciona un número específico. En tercer lugar, los ciento cuarenta y cuatro mil vinieron de las doce tribus de Israel (7:4-8); este grupo vino **de todas naciones y tribus y pueblos y lenguas.** Esa frase describe a personas de todas las culturas, descendencias, razas e idiomas (cp. 5:9). Representa las multitudes humanas, cruzando las barreras y las líneas divisorias. Por último, los ciento cuarenta y cuatro mil están más allá del alcance de los perseguidores, porque han recibido el sello que los protege de la persecución en la tierra (7:3); este grupo está fuera del alcance de cualquier perseguidor, porque ya está en el cielo. El versículo 14 los describe e identifica: "Estos son los que han salido de la gran tribulación, y han lavado sus ropas, y las han emblanquecido en la sangre del Cordero".

Los redimidos estaban **vestidos de ropas blancas.** *Leukos* (**blancas**) describe un blanco deslumbrante, brillante, resplandeciente. En los tiempos antiguos, tal vestidura se usaba para fiestas y celebraciones; **ropas** viene de *stolē,* que describe un manto grande, a todo lo largo. Esas largas y radiantes ropas blancas son las mismas que usan los mártires en 6:9-11. El hecho sugiere que el grupo que se describe aquí en este pasaje es parte de aquel grupo anterior de creyentes que sufrieron la muerte. Con el avance de la tribulación, el número de mártires se incrementará, como también el número de creyentes que mueran natural o violentamente, acumulando al final a la vasta e incontable multitud que se presenta en el cielo en este pasaje. Las **ropas blancas** son más simbólicas que literales, ya que los santos no tienen hasta el momento su cuerpo resucitado (6:9; 20:4). Las ropas representan sobre todo su exaltación, victoria y regocijo. Esas ropas blancas, que simbolizan también santidad, están reservadas para Cristo (Mt. 17:2; Mr. 9:3), los ángeles (Mt. 28:3; Mr. 16:5), y la iglesia glorificada (19:8, 14).

Los santos también tenían **palmas en las manos.** En las Escrituras se asocian las **palmas** con celebración, liberación y gozo. Eran importantes sobre todo durante la fiesta de los tabernáculos, la celebración conmemorativa del Antiguo Testamento de la provisión de Dios para Israel durante su estancia en el desierto (Lv. 23:40), y se empleaban en la construcción de casas en las que el pueblo vivía mientras duraba la fiesta (Neh. 8:15-17). Durante la entrada triunfal de Jesús, la gozosa multitud batía palmas mientras le daba la bienvenida a Jerusalén, gritando: "¡Hosanna! ¡Bendito el que viene en el nombre del Señor, el Rey de Israel!" (Jn. 12:13). Las palmas en las manos de esos santos redimidos son un símbolo muy adecuado de celebración por la sin par provisión de salvación del mundo, de Satanás, el anticristo, el pecado, la muerte y el infierno, provista para ellos por el Señor Jesucristo.

UBICACIÓN

estaban delante del trono y en la presencia del Cordero, (7:9*b*)

Juan vio esta vasta e incontable multitud de santos victoriosos y gozosos que **estaban delante del trono** de Dios en el cielo (cp. 4:2). También estaban en la presencia **del Cordero,** a quienes Juan vio en su anterior visión que estaban cerca del trono (5:6). Muchos habían sufrido la muerte a manos del anticristo (cp. 20:4, donde "decapitados" habla de muerte violenta) por no querer dejarse marcar por él o adorarlo. Ya no se les ve más bajo el altar suplicando venganza divina (cp. 6:9-11), la cual ya ha comenzado, sino que están triunfalmente delante del trono de Dios, "los espíritus de los justos hechos perfectos" (He. 12:23).

OCUPACIÓN

y clamaban a gran voz, diciendo: La salvación pertenece a nuestro Dios que está sentado en el trono, y al Cordero. (7:10)

Como hacen todos en el cielo, los mártires redimidos constantemente **claman a gran voz** (cp. 5:12; 6:10; 11:12, 15; 12:10; 14:7; 16:1; 19:1; 21:3) en adoración gozosa y ardiente. El Señor desea alabanza a gran voz (Sal. 66:1; 100:1). Sus oraciones de intercesión han cesado y están glorificando y alabando a Dios, el responsable de su triunfo. La salvación es el tema de su adoración, como lo es en todo Apocalipsis. En su visión del trono de Dios, registrada en 5:8-10, Juan observó:

> *Y cuando hubo tomado el libro, los cuatro seres vivientes y los veinticuatro ancianos se postraron delante del Cordero; todos tenían arpas, y copas de oro llenas de incienso, que son las oraciones de los santos; y cantaban un nuevo cántico, diciendo: Digno eres de tomar el libro y de abrir sus sellos; porque tú fuiste inmolado, y con tu sangre nos has redimido para Dios, de todo linaje y lengua y pueblo y nación; y nos has hecho para nuestro Dios reyes y sacerdotes, y reinaremos sobre la tierra.*

En 12:10 Juan oyó "una gran voz en el cielo, que decía: Ahora ha venido la salvación, el poder, y el reino de nuestro Dios, y la autoridad de su Cristo; porque ha sido lanzado fuera el acusador de nuestros hermanos, el que los acusaba delante de nuestro Dios día y noche". En 19:1 Juan escribió: "Después de esto oí una gran voz de gran multitud en el cielo, que decía: ¡Aleluya! Salvación y honra y gloria y poder son del Señor Dios nuestro". Como en la adoración que se registra en 5:13ss, la ocupación de los que están en el cielo es la alabanza continua y eterna al Dios Todopoderoso (cuya soberanía se indica al decir que **Él está sentado en el trono**) y al **Cordero**. Identifican a Dios como **nuestro Dios,** reclamando, como hacen todos los redimidos, a Dios como suyo.

COMPAÑÍA

Y todos los ángeles estaban en pie alrededor del trono, y de los ancianos y de los cuatro seres vivientes; y se postraron sobre sus rostros delante del trono, y adoraron a Dios, diciendo: Amén. La bendición y la gloria y la sabiduría y la acción de gracias y la honra y el poder y la fortaleza, sean a nuestro Dios por los siglos de los siglos. Amén. (7:11-12)

Los creyentes incontables delante del trono de Dios no estaban solos en su adoración a gran voz. El primer grupo que se identifica junto a ellos en la alabanza es el de **todos los ángeles** que **estaban en pie alrededor del trono.** También su número era incontable para Juan. En su anterior visión del trono de Dios, Juan solo pudo describir el número de ángeles como "millones de millones" (5:11). Deuteronomio 33:2 dice: "Jehová vino de Sinaí, y de Seir les esclareció; resplandeció desde el monte de Parán, y vino de entre diez millares de santos". En una visión de Dios en su trono celestial Daniel vio que "millares de millares le servían, y millones de millones asistían delante de él" (Dn. 7:10). El escritor de Hebreos también vio "muchos millares de ángeles" en el cielo (He. 12:22). Judas 14 se refiere a "sus santas decenas de millares". No es sorprendente que los ángeles se unieran a los espíritus de los santos en el cielo en alabanza a Dios, ya que fueron creados con el objeto de que lo adoraran y le sirvieran (Sal. 103:20; Col. 1:16).

El hecho de que míseros e indignos pecadores puedan libremente entremezclarse con los inmaculados y santos ángeles, es un triunfo de la gracia de Dios, que hace que los ángeles glorifiquen a Dios más aún. Esas personas le han vuelto la espalda a Dios, han rechazado el evangelio (o en algunos casos nunca lo escucharon), y al no ser parte de la iglesia, no fueron parte del arrebatamiento. Así que en medio de la ira y el juicio de Dios durante la tribulación, Él recordará su misericordia y los reunirá para sí. La maravilla de la salvación misericordiosa de Dios (un asunto sobre el cual los ángeles quisieran conocer, ya que nunca la han experimentado; cp. 1 P. 1:12) que se muestra ante los ángeles, los estimula a alabarlo y adorarlo (cp. Ef. 3:8-10). Aunque los ángeles no experimentan la salvación, se regocijan por la salvación de los seres humanos (Lc. 15:7, 10).

Los ángeles que circundan el glorioso y sublime trono de Dios (cp. 4:1-6, 5:1, 6) también rodearon a los otros dos grupos implicados en la adoración a Dios, **los ancianos y... los cuatro seres vivientes.** A los veinticuatro **ancianos** es mejor verlos como representantes de la iglesia arrebatada (vea el análisis en el cap. 11 de este volumen). En 5:8-10 ellos cantaban la canción de la redención, aunque aquí se les ve alabando al Dios de la redención. Como se observa en el análisis del capítulo 11, los **cuatro seres vivientes** son querubines, un orden exaltado de ángeles. Esos dos grupos aparecen juntos con frecuencia (cp. 5:6, 8, 11, 14; 14:3; 19:4).

Sobrecogido por la majestad, la gloria y el esplendor de Dios que rodeaba su trono, todos los presentes **se postraron sobre sus rostros delante del trono, y adoraron a Dios.** Es la reacción apropiada de todas las criaturas, incluso de los que son santos y perfectos, el postrarse humillados en adoración ante la sin par y majestuosa presencia del único verdadero y santo Dios (cp. 4:10; 5:8, 14; 11:16; 19:4; Gn. 17:3; Lv. 9:24; Jos. 5:14; Jue. 13:20; 1 R. 18:39; 2 Cr. 20:18; Ez. 1:28; 3:23; Mt. 17:6; Fil. 2:9-10). Luego, reconociendo la soberanía, supremacía, santidad y majestad de Dios, los adoradores en la visión de Juan profieren una bendición que tiene por comienzo y fin la solemne afirmación **Amén,** que significa "que así sea". Su oración es que **la bendición y la gloria y la sabiduría y la acción de gracias y la honra y el poder y la fortaleza, sean a nuestro Dios por los siglos** de los siglos (cp. 4:11; 5:12).

La adoración es la ocupación constante de los que están en el cielo. Hubo alabanza en los capítulos 4 y 5, antes de que se abrieran los sellos y comenzaran los juicios. Ahora bien, a medida que se acercan los juicios finales culminantes, hay alabanza nuevamente, alabanza no por juicio que vendrá, sino por juicio cumplido. La alabanza comenzó con los cuatro seres vivientes, luego creció al unirse los veinticuatro ancianos, los ángeles, y el siempre creciente número de los muertos en la tribulación. Por último, todo el cielo resuena en alabanza a Dios.

La frase **por los siglos de los siglos** indica, como lo hizo en la doxología de 5:13ss, que esta alabanza no es temporal o momentánea, sino que continuará eternamente. Lo que se describe aquí es adoración que nunca cesará por toda la eternidad sin fin.

PROCEDENCIA

Entonces uno de los ancianos habló, diciéndome: Estos que están vestidos de ropas blancas, ¿quiénes son, y de dónde han venido? Yo le dije: Señor, tú lo sabes. Y él me dijo: Estos son los que han salido de la gran tribulación, y han lavado sus ropas, y las han emblanquecido en la sangre del Cordero. (7:13-14)

Juan se convirtió en un participante activo en la visión cuando uno de los veinticuatro **ancianos** le preguntó: **Estos que están vestidos de ropas blancas, ¿quiénes son, y de dónde han venido?** El anciano no estaba preguntando porque no supiera, sino para subrayar lo que quería decir tanto a Juan como a los lectores de su escrito. El doctor Robert Thomas comenta acerca de la importancia de la pregunta del anciano: Esto ejemplifica el formato de diálogo empleado en lo sucesivo para dar la explicación de una visión (cp. Jer. 1:11, 13; Am. 7:8; 8:2; Zac. 4:2, 5). Esta herramienta muestra que las visiones no tenían como propósito ser demostraciones espectaculares, sino transmitir la revelación, los detalles de la cual no debían omitirse (*Revelation 1-7: An Exegetical Commentary* [Apocalipsis 1-7: Un comentario exegético] [Chicago: Moody, 1992], 493).

La pregunta del anciano especifica y subraya la verdad de que habrá personas que se salvarán durante el tiempo de tribulación. Algunos pudieran dudarlo, dada la intensidad de los juicios de Dios durante este tiempo terrible. Y llegará el momento en la tribulación cuando los que persistan en rechazar el evangelio se reafirmarán en ese rechazo. Apocalipsis 9:20-21 dice: "Y los otros hombres que no fueron muertos con estas plagas, ni aun así se arrepintieron de las obras de sus manos, ni dejaron de adorar a los demonios, y a las imágenes de oro, de plata, de bronce, de piedra y de madera, las cuales no pueden ver, ni oír, ni andar; y no se arrepintieron de sus homicidios, ni de sus hechicerías, ni de su fornicación, ni de sus hurtos". Apocalipsis 16:9 reitera esa verdad: "Y los hombres se quemaron con el gran calor, y blasfemaron el nombre de Dios, que tiene poder sobre estas plagas, y no se arrepintieron para darle gloria". Pablo escribió acerca de los que "se pierden, por cuanto no recibieron el amor de la verdad para ser salvos. Por esto Dios les envía un poder engañoso, para que crean la mentira, a fin de que sean condenados todos los que no creyeron a la verdad, sino que se complacieron en la injusticia" (2 Ts. 2:10-12).

Algunos plantean que los mártires redimidos en la tribulación, y otros que se ven en el cielo, serán personas que nunca vivieron en la época de la iglesia. Sin embargo, esto no puede ser cierto por la obvia razón de que como la tribulación dura siete años (Dn. 9:27) y la gran tribulación la mitad de esto (Ap. 11:2-3; 12:6; 13:5), todos ellos tendrían que tener menos de siete años de edad. Otros sostienen que esas son personas que nunca escucharon el evangelio mientras estuvieron vivos y recibieron la oportunidad de arrepentirse después de la muerte. Esta interpretación es también imposible, "de la manera que está establecido para los hombres que mueran una sola vez, y después de esto el juicio" (He. 9:27; cp. Jn. 8:21-24). Las personas tienen la oportunidad de arrepentirse y creer el evangelio solo mientras están vivas; estas son personas cuyas vidas se extendieron más allá del arrebatamiento en la tribulación.

La desconcertada respuesta de Juan al anciano es enfática: **Señor, tú lo sabes,** y es al mismo tiempo una confesión de ignorancia y una solicitud de más revelación. El que Juan llame al anciano **Señor** no le atribuye deidad; él estaba empleando la palabra *kurios* (señor) en una forma habitual de expresar gran respeto. Ese es el tipo de respeto que Juan muestra a los seres angelicales en 19:10 y 22:8-9. El Señor le había enseñado a Juan que pocos se salvarían (Mt. 7:13-14; 22:14) y había visto a las iglesias en decadencia, así que esta gran multitud de redimidos pudo haber sido incomprensible para él. La respuesta del celestial anciano confirmó la identidad de esos creyentes como **los que han salido de la gran tribulación** (cp. Mt. 24:21). Ellos vivieron en ella, fueron redimidos durante ese tiempo, y ahora han salido de ella mediante la muerte por causas violentas o naturales, y por el martirio. La frase **los que han salido** traduce *erchomai*, un verbo en participio presente, que expresa una acción durativa. Representa un proceso prolongado; ese grupo seguirá creciendo a medida que las personas sigan muriendo durante la tribulación (sobre todo en la segunda mitad, la **gran tribulación**). Por lo tanto, no se trata del arrebatamiento de la iglesia en este versículo, ya que este es un suceso único, repentino e instantáneo (cp. 1 Co. 15:51-52). La descripción que da el anciano de esos creyentes como que **han salido de la gran tribulación** los distingue claramente de cualquier otro grupo de personas redimidas en la historia. La frase **gran tribulación** se refiere a un tiempo específico en el futuro que es exclusivo en toda la historia humana. Se refiere al futuro día del juicio divino inmediatamente antes de la venida de Jesucristo para establecer su reino terrenal. Todos los juicios descritos durante este tiempo, desde el sexto sello y los de las trompetas y las copas, no tienen paralelo en la historia humana. Nunca ha ocurrido una devastación de alcance mundial como esta. La frase **gran tribulación** no puede describir la destrucción de Jerusalén en 70 d.C. u otro suceso histórico. Este término debe describir un tiempo futuro de castigo divino sobre todo el mundo caído; el "gran día de [la] ira" de Dios y del Cordero (6:17). Jesucristo mismo acuñó la frase "gran tribulación" (Mt. 24:21) y la limitó a la segunda parte de la semana setenta de Daniel (Mt. 24:13-22; Mr. 13:14-20; cp. Dn. 9:27). Su límite será de cuarenta y dos meses o mil doscientos sesenta días (11:2-3). De este período Thomas escribe:

> Es la crisis superlativa de gran prueba por la que todos los que se rebelan contra Dios deben pasar justo antes de la segunda venida de Cristo. Los siervos de Dios no sufrirán los efectos directos de la ira de Dios, esta no los tocará (Caird). Sin embargo, los santos en la tierra no estarán exentos de la ira de los enemigos de Dios durante ese período. Tanto durante la gran tribulación como en los tres años y medio antes de ella, llevarán la carga de sufrimiento provocada por la enemistad hacia Dios. La intensidad de la persecución será notablemente mayor a cualquiera de las experimentadas antes de la llegada de este tiempo y se incrementará nuevamente cuando el período de siete años llegue a su punto medio.

Algunos ya habrán sufrido la muerte al final del sexto sello (cp. 6:9-11) y muchos más serán perseguidos de otras formas. (*Apocalipsis 1–7*, 497)

Si estos creyentes fueran parte de la iglesia, ¿por qué el anciano no los identificó de esa manera? No habría razón para distinguir este grupo de otros en la iglesia, si la iglesia está en la tierra antes y durante la tribulación. Si este fuera el caso, el anciano podría simplemente haberse referido a ellos como la iglesia.

El anciano además describió a los redimidos y celestiales creyentes de la tribulación como que han ganado el privilegio de estar en la presencia de Dios y de los santos ángeles. Esto es porque están **vestidos de ropas blancas** las cuales **han lavado**, las han **emblanquecido en la sangre del Cordero.** Sus deslumbrantes y brillantes **ropas blancas** se mencionaron primero en el versículo 9, donde simbolizaban fundamentalmente celebración, victoria y exaltación; aquí subrayan sobre todo justicia, santidad y pureza. Las ropas sucias en las Escrituras simbolizan la afrenta del pecado (cp. Is. 64:6; Zac. 3:3), y la salvación se presenta muchas veces como lavar (cp. 22:14; Sal. 51:7; Is. 1:18; Tit. 3:5). Que nada puede limpiarse al lavarlo en sangre, parece algo raro a considerar, pero no para los que conocen muy bien el Antiguo Testamento. Para ellos tal lavado era imprescindible para la purificación espiritual; se necesita sacrificio de sangre para purificar a las personas de sus pecados. La sangre de los sacrificios de animales en el Antiguo Testamento no puede quitar los pecados (He. 10:4), pero describen la necesidad de un sacrificio que puede, el sacrificio que limpiaría del pecado de una vez por todas; **la sangre del Cordero.** Esta es una frecuente metáfora en las Escrituras para la muerte expiatoria de Cristo en la cruz, que proveyó purificación del pecado para cada pecador que cree en cada época (cp. 1:5; 5:9; 12:11; Mt. 26:28; Hch. 20:28; Ro. 3:25; 5:9; Ef. 1:7; 2:13; Col. 1:20; He. 9:12-14; 10:19; 13:12; 1 P. 1:2, 19; 1 Jn. 1:7). La muerte expiatoria de Cristo borró las culpas de los pecados de los creyentes de la tribulación, y por la fe y el arrepentimiento recibieron justificación y reconciliación con Dios (Ro. 5:10; 2 Co. 5:18-21).

FUNCIÓN

Por esto están delante del trono de Dios, y le sirven día y noche en su templo; (7:15*a*)

La razón de que a esos creyentes de la tribulación se les permitía estar **delante del trono de Dios** es porque fueron purificados y limpios de sus pecados por el sacrificio del Cordero de Dios en su favor. Así que estaban aptos para la presencia de Dios, a fin de que pudieran servirle **día y noche.** La palabra **sirven** viene de *latreuō*, una palabra que se emplea a menudo para describir el servicio sacerdotal (cp. Lc. 2:37; He. 8:5; 13:10); estaban rindiendo un "culto" espiritual de adoración

(Ro. 12:1) a Dios; **día y noche** es una forma idiomática de indicar su continua ocupación; no hay noche y día en el cielo eterno de Dios (22:3-5). La ubicación de ese servicio es **en su templo** (cp. 11:19; 14:15, 17; 15:5-8; 16:1, 17). Hay realmente un templo en el cielo, y habrá uno en la tierra durante el reino milenario de Cristo (cp. Ez. 40-48). Sin embargo, en la condición eterna no habrá más necesidad de templo "porque el Señor Dios Todopoderoso es el templo de ella, y el Cordero" (Ap. 21:22). El templo celestial es en realidad el dominio santo donde la presencia de Dios mora fuera del universo caído, pero que será innecesario en los nuevos cielos y la nueva tierra, donde el pecado se ha eliminado para siempre. Nunca más habrá un edificio para templo, porque Dios ocupará todo lugar, y todos los creyentes, en todas partes, en su condición eterna, seguirán adorándolo y sirviéndole por siempre.

PROTECCIÓN

y el que está sentado sobre el trono extenderá su tabernáculo sobre ellos. (7:15*b*)

En una imagen maravillosa y reconfortante, Dios, descrito como **el que está sentado sobre el trono** (cp. 4:1-3; 5:1, 13; 7:10), promete **extender** el **tabernáculo,** o tienda (cp. 21:3), su Shekiná sobre estos perseguidos creyentes. Tabernáculo es una palabra que a Juan le gusta usar (cp. 13:6; 15:5; 21:3; el verbo afín traducido como habitar aparece en Juan 1:14) y que refleja la presencia protectora del Señor. Se corresponde con las promesas en el Antiguo Testamento de la presencia protectora de Dios (cp. Lv. 26:11-12; Ez. 37:27; Zac. 2:10-11; 8:3, 8). Estos creyentes habrán experimentado indecibles sufrimientos e indescriptibles horrores mientras se derramaban los juicios de Dios sobre el mundo. Habrán sufrido terrible persecución a manos del anticristo y de sus seguidores. Pero cuando entren a la presencia de Dios, entrarán a un santuario celestial, el lugar más seguro. Allí recibirán protección de los terrores del mundo caído que han de venir a medida que Dios sigue desatando sus juicios devastadores y destructivos.

PROVISIÓN

Ya no tendrán hambre ni sed, y el sol no caerá más sobre ellos, ni calor alguno; porque el Cordero que está en medio del trono los pastoreará, y los guiará a fuentes de aguas de vida; y Dios enjugará toda lágrima de los ojos de ellos. (7:16-17)

Esta consoladora promesa de más provisión se extrae de las palabras de Isaías 49:10, que son casi idénticas. Mientras ellos experimentaban los horrores de la tribulación, estas víctimas de la gran tribulación habían soportado **hambre** y **sed,** y un calor abrasador al caer **el sol sobre ellos,** un fenómeno que ocurrirá en la tribulación (16:9). Pero ya no experimentarán más los elementos de tormento físico y espiritual de la vida terrenal, sino que disfrutarán de eterna complacencia, **porque el Cordero que está en medio del trono** (cp. 5:6) **los pastoreará, y los guiará a fuentes de aguas de vida; y Dios enjugará toda lágrima de los ojos de ellos.** La figura de Dios como el pastor de su pueblo es una de las más amadas y comunes en el Antiguo Testamento (cp. Sal. 23; 80:1; Is. 40:11; Ez. 34:23), y Jesús se presenta como el pastor de su pueblo en el Nuevo Testamento (Jn. 10:11ss; He. 13:20; 1 P. 2:25; 5:4). Resulta interesante observar que los otros tres usos de *poimainō* (pastorear) en Apocalipsis (2:27; 12:5; 19:15; "regir" en los tres casos) revelan a Cristo en un modo destructivo, aplastando a los pecadores con una vara de hierro, como en el Salmo 2:9. El Gran Pastor **guiará** a su rebaño **a fuentes de aguas de vida** (cp. 21:6; 22:1, 17). También **enjugará toda lágrima de los ojos de ellos** (cp. 21:4; Is. 25:8), porque en el cielo no habrá dolor, tristeza, ni sufrimiento para ellos.

En esta época en la que el cristianismo está bajo asedio por todos los lados, al parecer perdiendo el control de la verdad divina y llevado a la derrota, es reconfortante recibir la seguridad del triunfo final de la gracia salvadora de Dios. En medio de una situación aún peor en el futuro, antes de la venida de Cristo, Dios redimirá a su pueblo. Este pensamiento debe traer gran consuelo a los creyentes de la actualidad, y motivar a todos a alabar a Dios por la grandeza de su plan de redención. Y finalmente, en la condición eterna, todas esas promesas se harán realidad para todos los creyentes.

El séptimo sello

18

Cuando abrió el séptimo sello, se hizo silencio en el cielo como por media hora. Y vi a los siete ángeles que estaban en pie ante Dios; y se les dieron siete trompetas. Otro ángel vino entonces y se paró ante el altar, con un incensario de oro; y se le dio mucho incienso para añadirlo a las oraciones de todos los santos, sobre el altar de oro que estaba delante del trono. Y de la mano del ángel subió a la presencia de Dios el humo del incienso con las oraciones de los santos. Y el ángel tomó el incensario, y lo llenó del fuego del altar, y lo arrojó a la tierra; y hubo truenos, y voces, y relámpagos, y un terremoto. (8:1-5)

El futuro Día del Señor será el tiempo culminante del juicio que da fin a los días del hombre y al dominio de Satanás sobre la tierra. Durante ese tiempo, Dios retomará la tierra en un holocausto de total destrucción. Los primeros cinco sellos (falsa paz, guerra, hambre, muerte y venganza) describen los juicios preparatorios que conducen al derramamiento de la ira divina en el día del Señor. Con todo lo aterradores que son estos juicios preparatorios, palidecen ante los terrores del sexto sello, que marca el comienzo del Día del Señor. Son tan aterradores los juicios del sexto sello, que las personas finalmente se verán obligadas a reconocer a Dios como el origen de esas calamidades. En ese momento clamarán "a los montes y a las peñas: Caed sobre nosotros, y escondednos del rostro de aquel que está sentado sobre el trono, y de la ira del Cordero; porque el gran día de su ira ha llegado; ¿y quién podrá sostenerse en pie?" (6:16-17).

Cuando el Cordero abra el séptimo y último sello en el libro que era el título de propiedad de la tierra (5:1), los juicios del Día del Señor se intensificarán y extenderán. Ese sello final contiene dentro de él el resto de los juicios divinos del tiempo de la gran tribulación, incluso los juicios de las trompetas y las copas. Aunque algunos creen que los acontecimientos de los juicios de las trompetas y las copas ocurren simultáneamente con los del sexto sello, parece mejor verlos como saliendo unos de otros en secuencia. Que el séptimo sello contiene los juicios de las siete trompetas parece claro, ya que no hay descripción del juicio en el séptimo sello, sino una expectativa de juicio severo que sigue inmediatamente en el texto con los juicios de las siete trompetas. De igual manera, en la séptima trompeta no hay descripción de juicio (10:7; 11:15-17), sino que tiene la expectativa del regocijo del cielo por el juicio venidero, que conducirá a la destrucción final y al establecimiento del gobierno del Señor Jesucristo. Como indica 10:7, la séptima trompeta es la "consumación". El capítulo 15 versículo 1 pone en claro que la séptima trompeta, que termina la obra de los juicios, contiene la furia final de la ira de Dios, que se representa en el derramamiento de los juicios de las siete plagas: "Vi en el cielo otra señal, grande y admirable: siete ángeles que tenían las siete plagas postreras; porque en ellas se consumaba la ira de Dios". El capítulo 16, versículo 1, identifica a esas siete plagas como "las siete copas de la ira de Dios". Entonces se describen en detalles en el resto del capítulo 16 (vv. 2-21).

Los progresivos juicios dentro del séptimo sello ocurrirán en un período indefinido de tiempo; los efectos de la quinta trompeta, por ejemplo, durarán cinco meses (9:10). Aunque el horario exacto de los juicios de las trompetas y las copas no se revela, el incremento de su devastación indica que todos ellos ocurrirán durante la última mitad de la tribulación. Por lo tanto, el séptimo sello abarca toda la ira final de Dios, hasta la triunfante venida del Señor Jesucristo en gloria.

Pudieran emplearse cuatro palabras clave para describir los acontecimientos relacionados con la apertura del séptimo sello: silencio, sonido, súplica y tormenta.

SILENCIO

Cuando abrió el séptimo sello, se hizo silencio en el cielo como por media hora. (8:1)

Como heredero legítimo del universo, el Cordero tomó el libro (el título de propiedad de la tierra) de la mano del Padre (5:7). Al abrir sus primeros seis sellos, se derramaron los juicios divinos sobre la tierra. Pero cuando **abrió el séptimo sello** hubo una respuesta excepcional: **se hizo silencio en el cielo como por media hora.** Un repaso de las visiones hasta este punto pone en claro que Juan había oído muchos sonidos en el cielo. Saliendo del trono de Dios hubo "relámpagos y truenos y voces" (4:5). "Y los cuatro seres vivientes... no cesaban día y noche de decir: Santo, santo, santo es el Señor Dios Todopoderoso, el que era, el que es, y el que ha de venir" (4:8), mientras que los veinticuatro ancianos añadían su canción de alabanza (4:11). En 5:2 Juan oyó a "un ángel fuerte que pregonaba a gran voz: ¿Quién es digno de abrir el libro y desatar sus sellos?" En respuesta a la acción del Cordero de tomar el título de propiedad de la tierra (5:5-7), primero los cuatro seres vivientes y los veinticuatro ancianos (5:9-10), luego una multitud incontable de ángeles (5:11-12), y finalmente toda la creación

(5:13) se unió en alabanza a Dios. Cuando el Cordero abrió el primer sello, Juan oyó "a uno de los cuatro seres vivientes decir como con voz de trueno: Ven y mira" (6:1); como igualmente sucedió cuando se abrieron el segundo (6:3), tercero (6:5), y cuarto (6:7) sellos. Al abrirse el quinto sello, llegó el clamor de venganza de los mártires (6:9-10), mientras que al abrir el sexto sello, se oyó el estruendo de un poderoso terremoto (6:12). En el intervalo entre el sexto y el séptimo sello, un ángel "clamó a gran voz a los cuatro ángeles, a quienes se les había dado el poder de hacer daño a la tierra y al mar, diciendo: No hagáis daño a la tierra, ni al mar, ni a los árboles, hasta que hayamos sellado en sus frentes a los siervos de nuestro Dios" (7:2-3). Más adelante en ese intervalo, Juan vio

> *una gran multitud, la cual nadie podía contar, de todas naciones y tribus y pueblos y lenguas, que estaban delante del trono y en la presencia del Cordero, vestidos de ropas blancas, y con palmas en las manos; y clamaban a gran voz, diciendo: La salvación pertenece a nuestro Dios que está sentado en el trono, y al Cordero. Y todos los ángeles estaban en pie alrededor del trono, y de los ancianos y de los cuatro seres vivientes; y se postraron sobre sus rostros delante del trono, y adoraron a Dios, diciendo: Amén. La bendición y la gloria y la sabiduría y la acción de gracias y la honra y el poder y la fortaleza, sean a nuestro Dios por los siglos de los siglos. Amén (7:9-12).*

Pero después de tanto sonido, cuando toda la furia del juicio final está a punto de desatarse, cae el **silencio** sobre el escenario celestial. Lo que se infiere es que, cuando se hace visible el juicio que está a punto de ocurrir, al abrirse el séptimo sello y abrirse el libro, tanto los redimidos como los ángeles quedan en silencio en expectativa ante la sombría realidad de la destrucción que ven escrita en el libro. La **media hora** de silencio es la calma antes de la tormenta. Es el silencio que presagia, el de una intensa expectativa, de sobrecogimiento ante lo que Dios está a punto de hacer.

Y el silencio es la única respuesta adecuada a tal juicio divino. En el Salmo 76:8-9 el salmista escribió: "La tierra tuvo temor y quedó suspensa cuando te levantaste, oh Dios, para juzgar". Habacuc declaró: "Jehová está en su santo templo; calle delante de él toda la tierra" (Hab. 2:20). "Calla en la presencia de Jehová el Señor," exhortó Sofonías "porque el día de Jehová está cercano" (Sof. 1:7). Zacarías 2:13 ordena: "Calle toda carne delante de Jehová; porque él se ha levantado de su santa morada".

Aunque en el cielo eterno no hay tiempo, para el apóstol Juan, que está viendo la visión, sí lo hay. Cada minuto de esa media hora de silencio debió haber incrementado el sentimiento de agonizante suspenso de Juan. El cielo, que resonado con alabanzas a gran voz de la vasta multitud de personas redimidas y ángeles, se llena de mortal quietud. La hora del juicio final de Dios ha llegado; la hora cuando los santos serán vindicados, el pecado castigado, Satanás derrotado y Cristo exaltado. El mayor suceso desde la caída del hombre está a punto de ocurrir y todo el cielo está atento, esperando con expectativa llena de suspenso.

SONIDO

Y vi a los siete ángeles que estaban en pie ante Dios; y se les dieron siete trompetas. (8:2)

Después de la media hora de silencio en el cielo, Juan experimentó un nuevo elemento del séptimo sello, específicamente **los siete ángeles que estaban en pie ante Dios.** El empleo del artículo definido aparece para distinguirlos como un grupo excepcional, al que algunos han llamado los "ángeles de la presencia". El verbo traducido **estaban en pie** está en tiempo perfecto griego, lo que indica que estaban en la presencia de Dios y habían estado allí durante algún tiempo. Las Escrituras describen varios rangos y órdenes de ángeles, como los querubines (Gn. 3:24), serafines (Is. 6:2), arcángeles (1 Ts. 4:16; Jud. 9), tronos, dominios, principados, potestades (Col. 1:16, Ef. 6:12). Estos siete parecen ser muestras de tales órdenes o ángeles de alto rango. Gabriel, quien apareció a Zacarías y a María, pudo haber sido uno de ellos, ya que se identificó ante Zacarías como "Gabriel, que estoy delante de Dios" (Lc. 1:19).

Mientras Juan observaba, **se les dieron siete trompetas** a esos ángeles, en preparación para los juicios de las trompetas que seguirían en breve. Como lo hicieron con los juicios de los sellos (6:1, 3, 5, 6, 7) y lo harán en los juicios de las copas (16:2, 3, 4, 8, 10, 12, 17), los ángeles participan en los juicios de las trompetas. Esa participación es compatible con la enseñanza de Jesús de que los ángeles desempeñarán una importante función en los juicios escatológicos de Dios (p. ej. Mt. 13:39-41, 49-50; 16:27; 25:31).

Las **trompetas** son los instrumentos musicales más significativos en las Escrituras, estando asociadas a muchos diferentes sucesos. En el Antiguo Testamento, las trompetas se usaban para convocar a la congregación de Israel (Nm. 10:2), para sonar la alarma en tiempo de guerra (Nm. 10:9; 2 Cr. 13:12; Ez. 33:3), en las fiestas solemnes (Nm. 10:10; Sal. 81:3), para anunciar noticias (1 S. 13:3), para aclamar a los nuevos reyes (1 R. 1:34, 39), y en la adoración (1 Cr. 16:6, 42; 2 Cr. 5:12-13). Sofonías 1:14-16 asocia las trompetas con el Día del Señor. El Nuevo Testamento enseña que una trompeta anunciará el arrebatamiento (1 Co. 15:52; 1 Ts. 4:16) y este capítulo las asocia con los juicios de aquel día (8:6ss).

Cada una de las siete trompetas desata un juicio específico de mayor intensidad que los de los primeros seis sellos, pero no tan destructivos como los de las siete copas (16:1-21). Las primeras cuatro trompetas destruyen la ecología terrestre (8:6-12), las dos siguientes producen destrucción demoníaca de la humanidad

(8:13; 9:1-11, 13-19), y la séptima trompeta presenta el derramamiento final de la ira de Dios contenida en los juicios de las siete copas.

Cuando el primer ángel tocó la trompeta, "granizo y fuego mezclados con sangre... fueron lanzados sobre la tierra; y la tercera parte de los árboles se quemó, y se quemó toda la hierba verde" (8:7). Al toque de la segunda trompeta, "la tercera parte del mar se convirtió en sangre" (8:8). Al toque de la tercera trompeta se destruyó "la tercera parte de los ríos, y... las fuentes de las aguas" (8:10). Cuando el cuarto ángel tocó su trompeta, "fue herida la tercera parte del sol, y la tercera parte de la luna, y la tercera parte de las estrellas" (8:12). Al toque de la quinta trompeta, Juan vio demonios que salían del infierno para atormentar a la humanidad (9:1-6). Cuando sonó la sexta trompeta, Juan vio a cuatro poderosos demonios "que estaban preparados para la hora, día, mes y año, a fin de matar a la tercera parte de los hombres" (9:13-15). Y con el toque de la séptima trompeta (11:15) se desataron los juicios de las siete copas, más severos que todos los anteriores (16:2-21).

Después de ser presentados y de recibir sus trompetas, los siete ángeles no las tocaron inmediatamente. Tenían que esperar a que ocurrieran otros importantes sucesos.

SÚPLICA

Otro ángel vino entonces y se paró ante el altar, con un incensario de oro; y se le dio mucho incienso para añadirlo a las oraciones de todos los santos, sobre el altar de oro que estaba delante del trono. Y de la mano del ángel subió a la presencia de Dios el humo del incienso con las oraciones de los santos. (8:3-4)

La atención de Juan cambia de los siete ángeles con sus trompetas a otra figura. Mientras observaba, **otro ángel vino entonces y se paró ante el altar** del incienso (cp. 6:9). Debido a su obra sacerdotal, algunos lo identifican con el Señor Jesucristo. Sin embargo, tal identificación es improbable por varias razones. En primer lugar, a Cristo ya se le identificó en el escenario celestial como el Cordero (5:6; 6:1; 7:17), distinguiéndolo de este ángel. En segundo lugar, aunque el Cristo preencarnado apareció como el Ángel de Jehová en el Antiguo Testamento, a Jesucristo no se le identifica en ninguna parte como ángel en el Nuevo Testamento. En tercer lugar, la referencia en el versículo 2 a los siete ángeles reales, define el significado del término en este contexto. Se describe al ángel del versículo 3 como **otro** (*allos;* otro de la misma clase; cp. 7:2) ángel como los del versículo 2. Por último, dondequiera que Él aparece en Apocalipsis, a Jesucristo se le identifica con toda claridad. A Él se le llama "el testigo fiel, el primogénito de los muertos, y el soberano de los reyes de la tierra" (1:5), el Hijo del Hombre

(1:13), el primero y el último (1:17), el que vive (1:18), el Hijo de Dios (2:18), "el Santo, el Verdadero" (3:7), "el Amén, el testigo fiel y verdadero, el principio de la creación de Dios" (3:14), "el León de la tribu de Judá, la raíz de David" (5:5), el Cordero (6:1, 16; 7:17; 8:1), Fiel y Verdadero (19:11), la Palabra de Dios (19:13) y "Rey de reyes y Señor de señores" (19:16). Si Él fuera el que estaba en el altar, es lógico suponer que se le identificaría específicamente.

Juan observa que el ángel **vino entonces y se paró ante el altar** (cp. el v. 5). Ese altar es la contrapartida celestial del altar del incienso en el templo, que también estaba hecho de oro (Éx. 30:3). Es el mismo altar de incienso dorado visto por Isaías en su visión (Is. 6:6) y por Ezequiel (cp. Ez. 10:2). La descripción adicional de este altar de que estaba **delante del trono** asegura a los lectores de Juan que el altar del incienso era la contrapartida terrenal de este altar de incienso celestial. Esto es evidente porque el altar del incienso en el tabernáculo y el templo era la cosa más cercana al Lugar santísimo donde moraba la gloria de Dios (Éx. 30:6). Consecuente con esa identificación está el hecho de que el ángel sostenía en su mano **un incensario de oro.** En la época del Antiguo Testamento, los sacerdotes debían tomar dos veces al día (en la mañana y en la tarde) carbones calientes, encendidos del altar de bronce (donde se ofrecían los sacrificios) y trasladarlos al Lugar santo al altar del incienso (Éx. 30:7, 8; 2 Cr. 29:11; cp. 1 R. 7:50; 2 R. 25:15; Jer. 52:18-19). Entonces encendían el incienso, el cual ascendía hacia el cielo, símbolo de las oraciones de los santos (cp. 5:8). Una ilustración del Nuevo Testamento para esto la hallamos en la historia de Zacarías, el padre de Juan el Bautista: "Aconteció que ejerciendo Zacarías el sacerdocio delante de Dios según el orden de su clase, conforme a la costumbre del sacerdocio, le tocó en suerte ofrecer el incienso, entrando en el santuario del Señor [el Lugar santo]. Y toda la multitud del pueblo estaba fuera orando a la hora del incienso" (Lc. 1:8-10). Mientras el pueblo permanecía afuera orando, Zacarías quemaba el incienso dentro, simbolizando cómo esas oraciones subían a Dios.

El ángel tomó **mucho incienso** (simbolizando las redobladas oraciones del pueblo de Dios; 5:8; 6:9-11) que **se le dio,** tal vez por Dios. Aunque no dice quién le dio al ángel el incienso, a menudo el verbo *didōmi* (se le dio) en Apocalipsis se refiere a algo dado por Dios (p. ej. 6:2, 4, 8, 11; 7:2, 9:1, 3, 5; 11:1, 2; 13:5, 7, 14, 15; 16:8; 19:8; 20:4). El propósito de que se le diera al ángel el **incienso** era **para añadirlo a las oraciones de todos los santos** que ya estaban subiendo del altar. Esas oraciones eran para que Satanás fuera destruido, el pecado derrotado, sus muertes vengadas (cp. 6:9-11), y para que Cristo viniera. Cuando añadió su incienso al que ya ardía sobre el altar, **de la mano del ángel subió a la presencia de Dios el humo del incienso con las oraciones de los santos.** Estos son sin duda los clamores de los creyentes en la gran tribulación contra sus perseguidores y contra todo el que blasfeme de Dios y de Cristo en ese tiempo. Sus oraciones, ratificadas por el incienso celestial que Dios ha provisto, muestran que Él está de acuerdo con el clamor de los santos porque llegan a su presencia, desde donde serán desatados los juicios de las siete trompetas. Hay un sentimiento de expectativa a medida que las oraciones suben delante de Dios. De inmediato recibirán respuesta; la ira de Dios y las oraciones de su pueblo están relacionadas. La pregunta de 6:10 "¿Hasta cuándo?" está a punto de recibir respuesta.

TORMENTA

Y el ángel tomó el incensario, y lo llenó del fuego del altar, y lo arrojó a la tierra; y hubo truenos, y voces, y relámpagos, y un terremoto. (8:5)

La media hora de silencio en el cielo se rompe abruptamente y se reanudan los juicios como si un gran incendio divino se desatara sobre el planeta. El **ángel** que estaba ante el altar **tomó** su **incensario, y,** removiendo los carbones del altar, **lo llenó del fuego del altar.** Después, en una acción que debió dejar pasmado a Juan y a la multitud reunida en el cielo, el ángel **lo arrojó a la tierra.** Los resultados son catastróficos, mientras el juicio de Dios cae sobre la tierra como un poderoso incendio desde el cielo.

El **incensario... lleno del fuego del altar,** por lo general vinculado a las oraciones del pueblo de Dios, se convierte aquí en un símbolo de la ira divina. La acción del ángel de lanzarlo a la tierra revela que el juicio de Dios vendrá en respuesta directa a esas oraciones. Santiago 5:16 observa que "La oración eficaz del justo puede mucho". El efecto acumulativo de las oraciones de incontables hombres justos será muy poderoso.

Los efectos inmediatos del incendio de ira que se desata sobre la tierra son **truenos, y voces, y relámpagos, y un terremoto,** en directo contraste con el silencio (8:1). Los **truenos, y voces, y relámpagos** se asocian con la impresionante majestad del glorioso trono de Dios en 4:5; 11:19; 16:18 (cp. Éx. 19:16-19). No se ofrecen detalles sobre el **terremoto,** pero probablemente será tan o más poderoso que el asociado con el sexto sello (6:12). Y después del terremoto vendrán los horrores de los juicios de las trompetas y las copas. Al final de esos juicios, se completará la obra purificadora de Dios sobre su creación.

A pesar de todos los aterradores juicios, los cuales en ese tiempo todos reconocerán como provenientes de Dios (6:15-17), y de la predicación mundial del evangelio (Mt. 24:14) por los ciento cuarenta y cuatro mil y por otros, las personas seguirán rechazando la fe (cp. 9:20-21; 16:9, 11). Parece increíble que, habiendo experimentado la furia del juicio de Dios y escuchado el mensaje de salvación, las personas continúen aferradas tan tercamente a su pecado. Pero la triste realidad es que "la luz vino al mundo, y los hombres amaron más las tinieblas que la luz, porque sus obras eran malas. Porque todo aquel que hace lo malo, aborrece la luz y no viene a la luz, para que sus obras no sean reprendidas" (Juan 3:19-20).

El mundo incrédulo rechazó a Jesús cuando vino, ahora rechaza el mensaje de vida del evangelio, y seguirá rechazando la verdad aun durante el futuro derramamiento de la ira de Dios y de sus juicios. Habiendo "[pecado] voluntariamente después de haber recibido el conocimiento de la verdad", las personas malvadas no pueden esperar otra cosa que "una horrenda expectación de juicio, y de hervor de fuego que ha de devorar a los adversarios" (He. 10:26-27).

Pero para quienes se arrepienten de sus pecados y vienen a la fe salvadora en el Señor Jesucristo, la bendita realidad es que "de tal manera amó Dios al mundo, que ha dado a su Hijo unigénito, para que todo aquel que en él cree, no se pierda, mas tenga vida eterna", ya que "el que en él cree, no es condenado" (Jn. 3:16, 18; cp. Jn. 5:24; Ro. 5:1; 8:1, 34).

Destrucción divina de la ecología terrestre: Las primeras cuatro trompetas

19

Y los siete ángeles que tenían las siete trompetas se dispusieron a tocarlas. El primer ángel tocó la trompeta, y hubo granizo y fuego mezclados con sangre, que fueron lanzados sobre la tierra; y la tercera parte de los árboles se quemó, y se quemó toda la hierba verde. El segundo ángel tocó la trompeta, y como una gran montaña ardiendo en fuego fue precipitada en el mar; y la tercera parte del mar se convirtió en sangre. Y murió la tercera parte de los seres vivientes que estaban en el mar, y la tercera parte de las naves fue destruida. El tercer ángel tocó la trompeta, y cayó del cielo una gran estrella, ardiendo como una antorcha, y cayó sobre la tercera parte de los ríos, y sobre las fuentes de las aguas. Y el nombre de la estrella es Ajenjo. Y la tercera parte de las aguas se convirtió en ajenjo; y muchos hombres murieron a causa de esas aguas, porque se hicieron amargas. El cuarto ángel tocó la trompeta, y fue herida la tercera parte del sol, y la tercera parte de la luna, y la tercera parte de las estrellas, para que se oscureciese la tercera parte de ellos, y no hubiese luz en la tercera parte del día, y asimismo de la noche. Y miré, y oí a un ángel volar por en medio del cielo, diciendo a gran voz: ¡Ay, ay, ay, de los que moran en la tierra, a causa de los otros toques de trompeta que están para sonar los tres ángeles! (8:6-13)

Hoy las personas se preocupan mucho por salvar el medio ambiente. Los temores por la disminución de la capa de ozono, la contaminación, la destrucción de los bosques lluviosos y el calentamiento del planeta son temas constantes en las noticias. Hay una gran preocupación por salvar las especies en peligro de extinción, las ballenas, los búhos moteados, los cóndores de California y muchas otras especies menos conocidas. Para muchos, el proteger el medio ambiente ha llegado a ser de mucho más interés que la salud y la seguridad; se ha convertido en una cuestión de idolatría, cuando adoran a "la Madre Naturaleza" al tratar de proteger y perpetuar la tierra.

No hay duda alguna de que el hombre caído ha fracasado en su responsabilidad de cuidar adecuadamente la creación de Dios (cp. Gn. 2:15). Pero el daño que el hombre ha hecho a la tierra palidece comparado con lo que Dios le hará un día. Los poderosos juicios del tiempo futuro de tribulación devastarán completamente la tierra, provocando una destrucción total e inimaginable del medio ambiente. Finalmente, después del milenio, Dios destruirá por completo (o dará marcha atrás a la creación) el cielo y la tierra actuales (2 P. 3:10), y, después que todo el universo haya dejado por completo de existir, Él lo sustituirá con un cielo nuevo y una tierra nueva (Ap. 21:1ss).

En cierto sentido la era presente puede llamarse los días del hombre; él tiene libertad para hacer lo que quiere dentro de ciertos límites. También son los días de Satanás, durante los cuales al "dios de este siglo" (2 Co. 4:4) se le han dado ciertas libertades dentro de los parámetros de la tolerancia soberana y determinada de Dios. Pero Dios no permitirá que el actual estado de cosas continúe por siempre. Él pondrá fin a los días del hombre, derrocará al usurpador, Satanás, destruirá el malvado sistema actual del mundo, y establecerá el reino terrenal del Señor Jesucristo. A ese tiempo futuro de juicio se le conoce debidamente como el Día del Señor (vea el análisis en el capítulo 15 de este volumen). Ese día implica una renovación completa del universo y de la tierra por medio de juicio y restauración.

A medida que se acerque el tiempo de que comiencen los juicios de las trompetas, el mundo ya habrá experimentado durante años la implacable y aterradora realidad de la ira de Dios. Al irse mostrando el período de siete años de tribulación, habrá guerras, hambre, plagas, devastadores terremotos, objetos encendidos desde el cielo estrellándose sobre la tierra y un dominio mundial del anticristo mediante el terror. Pero los juicios de las trompetas será algo aún peor.

Como se observa en el capítulo anterior de este volumen, 8:1 describe en el cielo un breve intervalo de media hora como respuesta a la apertura del séptimo y final sello. Son tan aterradores los juicios de las trompetas y las copas que contiene el séptimo sello que su apertura conmociona a las multitudes de ángeles y personas redimidas y los hace estar en silencio.

Esa media hora de silencio llega a un fin abrupto cuando el ángel que estaba ante el altar arrojó su incensario sobre la tierra. El poderoso terremoto resultante (8:5) fue la señal para **los siete ángeles que tenían las siete trompetas, y se dispusieron a tocarlas.** El desencadenamiento en serie de los juicios de las trompetas golpeará a la tierra y a sus malvados pobladores justo en el momento en el que están arrastrándose por las cuevas y las rocas donde inútilmente tratan de esconderse de la furia de la ira de Dios durante el sexto sello (6:15-17). Pensando que las cosas vuelven a la normalidad, serán azotados con los terrores espantosos y acelerados de los juicios de las trompetas, seguidos de los de las copas. Es probable que estos juicios finales fueran los que se retuvieron hasta que sellaran a los ciento cuarenta y cuatro mil (7:3).

Se describen las primeras cuatro trompetas de forma breve y directa; se dan muchos más detalles de las últimas tres. Las primeras cuatro trompetas tienen que ver directamente con la tierra. No simbolizan juicios políticos, económicos, sociales o económicos; estos tipos de juicios vienen luego en Apocalipsis. Tampoco describen algún juicio que haya ocurrido en la historia en alguna zona o región local. Los juicios de las trompetas son sucesos reales, literales, físicos que afectarán toda la tierra. Dios usará la naturaleza para castigar a los pecadores en ese día. La destrucción parcial que se describe por el repetido empleo de la frase "tercera parte" en cada uno de los juicios de las primeras cuatro trompetas indica que esos no son los juicios finales.

LA PRIMERA TROMPETA

El primer ángel tocó la trompeta, y hubo granizo y fuego mezclados con sangre, que fueron lanzados sobre la tierra; y la tercera parte de los árboles se quemó, y se quemó toda la hierba verde. (8:7)

A menudo el **granizo** se asocia en las Escrituras con el juicio divino (cp. Éx. 9:13-25; Job 38:22-23; Sal. 105:32; Is. 28:2; Hag. 2:17), como lo es el **fuego** (cp. Gn. 19:24; Sal. 11:6; Ez. 38:22). La combinación de **fuego mezclados con sangre** recuerda Joel 2:30, que también describe el Día del Señor. No se revela la causa específica de que **granizo y fuego... fueron lanzados sobre la tierra,** pero desde un punto de vista científico un terremoto de la magnitud y extensión del de 8:5 probablemente provocaría erupciones volcánicas en todo el mundo. Además las enormes cantidades de lava (que podría ser de apariencia roja como la sangre) lanzadas a la atmósfera, las perturbaciones atmosféricas provocadas por esas erupciones podrían desencadenar violentas tormentas que producirían grandes granizadas. Tales tormentas estarían en armonía con la imagen de 8:5; después que el ángel arrojó su incensario sobre la tierra "hubo truenos, y voces, y relámpagos, y un terremoto". El doctor Henry Morris sugiere que la **sangre** pudiera ser sangre verdadera, o Juan pudiera estar empleando un lenguaje descriptivo: "Las masas de vapor de agua lanzadas hacia el cielo bien pudieran condensarse en la intensa corriente de aire ascendente como piedras de granizo... La sangre de hombres y animales atrapados podría mezclarse con ellas, o posiblemente las lluvias de agua líquida pudieran estar tan contaminadas con polvo y gases, que parecieran de color rojo como la sangre" (*The Revelation Record* [El registro de Apocalipsis] [Wheaton, Ill.: Tyndale, 1983], 146).

Morris también ofrece una explicación alternativa para este llameante fenómeno:

Pudiera ser que las huestes angelicales desviaran el camino de uno de los muchos cometas que tanto abundan en el sistema solar, de modo que la tierra pase por su cola. El más espectacular cometa que conocemos, el cometa Halley, no tendría que desviarse mucho de su órbita normal para envolver a la tierra en su llameante cola. Si una experiencia como esta produciría el fenómeno descrito en este pasaje, no lo sabemos, ya que nuestros científicos no tienen aun información experimental para seguir adelante. (Morris, *The Revelation Record* [El registro de Apocalipsis, 146)

Cualquiera que sea la explicación científica, ese diluvio de muerte fue **lanzado sobre la tierra** por Dios con efectos devastadores. Por supuesto que el aterrador resultado fue que buena parte de la tierra quedó quemada, dejándola inservible para los cultivos. Entonces **la tercera parte de los árboles se quemó,** destruyendo los frutos en toda la tierra. Por último, **se quemó toda la hierba verde.** Comentando sobre la dificultad que plantea la destrucción de todo, en vez de una tercera parte, de la hierba verde, Robert Thomas escribe:

Esto presenta un dilema, ya que aun hay hierba cuando llega la quinta trompeta (9:4). Es un error desde el punto de vista hermenéutico ver eso como una inconsecuencia retenida para preservar el efecto artístico... Dos consideraciones ayudan a resolver el dilema. En primer lugar, un lapso de tiempo entre la primera y la quinta trompetas, daría tiempo a la hierba para resurgir luego de ser quemada, pero antes de la embestida de la quinta [trompeta]. En segundo lugar, en la mayoría de las partes de la tierra, la hierba no está verde todo el año, sino en determinadas estaciones. La quema de toda la hierba que está verde en una estación de año dada, dejaría el remanente sin tocar hasta que termine su tiempo de letargo... El texto no dice si la parte afectada fue un tercio o algún otro porcentaje. La descripción simplemente dice "toda" la que está verde en el momento de la plaga. Cualquiera de esas dos explicaciones permite tomar "toda" en su sentido literal sin entrar en contradicciones con 9:4. (*Revelation 8-22: An Exegetical Commentary* [Apocalipsis 8-22: Un comentario exegético] [Chicago: Moody, 1995], 17-18)

El fuego cayendo del cielo encendió encolerizados avernos que consumieron un tercio de la vegetación y los árboles de la tierra (cp. Éx. 9:25, que registra la destrucción de la vegetación en Egipto).

Los efectos de tales fuegos catastróficos serían extensos y devastadores, incluso la destrucción de los cultivos, la muerte de los animales en gran escala, pérdida de madera para la construcción, y la destrucción de los depósitos naturales de agua. Ese es un juicio apropiado para los "que cambiaron la verdad de Dios por la mentira, honrando y dando culto a las criaturas antes que al Creador" (Ro. 1:25). La humanidad caída no ha querido reconocer ni honrar a Dios como Creador, escogiendo más bien hacer de la tierra un dios. Pero el panteísmo medioambiental, evolucionista que desvaloriza al hombre, eleva a los animales y las plantas e ignora al Creador, recibirá juicio severo. El "Día de la Tierra" ese año será un acontecimiento triste y deprimente; en un mundo achicharrado y desolado habrá muy poco que celebrar sobre el medio ambiente. Y los juicios más severos aun están por llegar.

LA SEGUNDA TROMPETA

El segundo ángel tocó la trompeta, y como una gran montaña ardiendo en fuego fue precipitada en el mar; y la tercera parte del mar se convirtió en sangre. Y murió la tercera parte de los seres vivientes que estaban en el mar, y la tercera parte de las naves fue destruida. (8:8-9)

Mientras los pobladores de la tierra estaban aun tratando de recuperarse de la devastadora lluvia de fuego, Juan vio una señal de condena aún más aterradora aparecer en el cielo. Cuando **el segundo ángel tocó** su trompeta, **como una gran montaña ardiendo en fuego fue precipitada en el mar.** El juicio de la primera trompeta cayó sobre la tierra, el de la segunda trompeta sobre el mar. Dios creó el mar para ser una bendición a la humanidad, para proporcionar alimentos, oxígeno (la mayor parte del oxígeno de la tierra viene del fitoplancton y las algas en los océanos del mundo), y agua de los aguaceros sobre la tierra, que originalmente se recogen por evaporación de los océanos. Pero las personas han pagado la misericordiosa provisión de Dios con ingratitud e idolatría, reverenciando al mar como la presunta fuente de sus más remotos antepasados evolutivos. Luego de devastar el ambiente de la tierra, el Dios verdadero juzga al mar.

El gran objeto que desde el cielo se hundió en el mar pareció a los aterrorizados moradores de la tierra **como una gran montaña ardiendo en fuego.** Es evidente que se trata de un gigantesco meteorito o asteroide, con un recorrido en el que choque con la tierra, rodeado de gases flameantes encendidos por la fricción de la atmósfera de la tierra. Los guiones acerca del último día que se hacen en la actualidad, en los que un asteroide choca contra la tierra, se volverán realidad en sumo grado. Todo el mundo lo verá, ya sea en vivo o por televisión, y a medida que los telescopios del mundo lo vean acercarse, se harán sin duda muchas predicciones sobre si va a chocar contra la tierra o no. Chocará contra la tierra, golpeando en alguna parte de los océanos del mundo, con poder explosivo mucho mayor que el de una bomba atómica. Como todos los océanos del mundo están relacionados, la devastación de ese impacto se esparcirá a una tercera parte de las aguas de los océanos, haciendo que **la tercera parte del mar** se convirtiera en **sangre.**

Producto de ese choque hubo tres efectos catastróficos y sobrenaturales: **la tercera parte del mar se convirtió en sangre;** como resultado de ese efecto **murió la tercera parte de los seres vivientes que estaban en el mar.** Al igual que con la primera trompeta, no es posible decir si la **sangre** fue un depósito milagroso de sangre real. Tal vez lo más probable sea que la muerte de miles de millones de criaturas del mar, ya que **murió la tercera parte de los seres vivientes que estaban en el mar,** pudiera sin duda dar respuesta al tono rojizo del agua. (Esto recuerda la plaga en la que las aguas del Nilo se convirtieron en sangre; Éx. 7:20.21; cp. Sof. 1:3.) El tono rojo del sol brillando a través de una cubierta de humo, producto del impacto, pudiera también dar a la superficie de los océanos la apariencia rojo como la sangre.

El impacto generará también inimaginables tsunamis (altas olas). Esas olas gigantes destruirán **la tercera parte de las naves** en los océanos del mundo, haciendo zozobrar a los grandes navíos que van por los océanos, e inundando completamente los puertos. La alteración del comercio y el transporte resultante, causará caos económico.

Así que las dos primeras trompetas traerán juicio devastador tanto sobre la tierra como sobre el mar. Estas serán el comienzo de las catástrofes finales que Dios desatará sobre el mundo pecador y rebelde.

LA TERCERA TROMPETA

El tercer ángel tocó la trompeta, y cayó del cielo una gran estrella, ardiendo como una antorcha, y cayó sobre la tercera parte de los ríos, y sobre las fuentes de las aguas. Y el nombre de la estrella es Ajenjo. Y la tercera parte de las aguas se convirtió en ajenjo; y muchos hombres murieron a causa de esas aguas, porque se hicieron amargas. (8:10-11)

Cuando **el tercer ángel tocó** su trompeta, se lanzó hacia la tierra otro objeto encendido. Juan describió este último de los "[terrores] y grandes señales del cielo" (Lc. 21:11) como **una gran estrella que cayó del cielo.** _Astēr_ **(estrella)** puede referirse a cualquier cuerpo celeste aparte del sol y de la luna. El enorme objeto (posiblemente un cometa o un meteorito por su cola encendida) que se estrelló contra el océano permaneció intacto, pero se desintegró cuando alcanzó la atmósfera de la tierra. El hecho de que se describa **ardiendo como una antorcha** respalda esa interpretación, ya que *lampas* (**antorcha**) se empleaba en los tiempos antiguos para describir meteoros y cometas. Los fragmentos llameantes del objeto celestial [cayeron] **sobre la tercera parte de los ríos, y sobre las fuentes de las aguas,** contaminando el agua potable alrededor del orbe. Esto también recuerda la contaminación del agua potable de los egipcios (Éx. 7:21, 24).

Debido a sus efectos mortíferos, a **la estrella** se le llamará **Ajenjo,** aunque el texto no revela quién le pondrá así. **Ajenjo** traduce *apsinthos,* una palabra que solo se usa aquí en el Nuevo Testamento. El ajenjo es un arbusto cuyas hojas se usan en la fabricación de absintio, un licor tan tóxico que su fabricación se prohíbe en muchos países. Se menciona el ajenjo ocho veces en el Antiguo Testamento, donde se le asocia con la amargura, el veneno y la muerte (Dt. 29:18; Pr. 5:4; Jer. 9:15; 23:15; Lm. 3:15, 19; Am. 5:7; 6:12). En tres de esos usos, el ajenjo está relacionado con el agua contaminada. En Jeremías 9:15, por ejemplo, Dios le dice al rebelde Israel: "He aquí que a este pueblo yo les daré a comer ajenjo, y les daré a beber aguas de hiel" (cp. Jer. 23:15; Lm. 3:15).

Cualquiera que sea el veneno representado por el nombre **Ajenjo,** es letal, ya que la **tercera parte** del agua potable **se convirtió en ajenjo.** Este es el milagro contrario al de Mara, donde el Señor endulzó las aguas amargas (Éx. 15:25). También recuerda la primera plaga sobre Egipto, cuando "todas las aguas que había en el río se convirtieron en sangre" (Éx. 7:20) y no se pudieron tomar. La norma que se repite de la destrucción de una tercera parte (la tercera parte de los árboles se quemó, v. 7; la tercera parte del mar se convirtió en sangre, v. 8; la tercera parte de los seres vivientes del mar murió y la tercera parte de las naves fue destruida, v. 9) demuestra claramente que no son sucesos naturales casuales, sino juicios divinos.

No se mencionan muertes humanas con los juicios de las dos primeras trompetas, aunque sin duda causarán muchas pérdidas de vidas humanas. Pero con el juicio de la tercera trompeta, Juan registra que **muchos hombres murieron a causa de esas aguas, porque se hicieron amargas.** Los ríos correrán con veneno mortal; los pozos se convertirán en fuentes de muerte; los lagos y las presas se llenarán de aguas tóxicas. Las personas podrán sobrevivir por algún tiempo la destrucción de los suministros de alimentos, provocada por los juicios de las dos primeras trompetas, viviendo de las provisiones almacenadas, pero las personas no pueden sobrevivir mucho tiempo sin agua potable, y la pérdida de una parte significativa del suministro de agua potable del mundo causará muerte en todas partes.

La devastación causada por los juicios de las tres primeras trompetas dejará a los habitantes de la tierra en un estado de sobresalto y temor. No obstante, todavía Dios no ha terminado de derramar su ira sobre la humanidad pecadora. La muerte de muchos es un resultado indirecto de esos tres primeros trompetazos. La muerte directa de pecadores llegará con la sexta trompeta (9:15).

LA CUARTA TROMPETA

El cuarto ángel tocó la trompeta, y fue herida la tercera parte del sol, y la tercera parte de la luna, y la tercera parte de las estrellas, para que se oscureciese la tercera parte de ellos, y no hubiese luz en la tercera parte del día, y asimismo de la noche. Y miré, y oí a un ángel volar por en medio del cielo, diciendo a gran voz: ¡Ay, ay, ay, de los que moran en la tierra, a causa de los otros toques de trompeta que están para sonar los tres ángeles! (8:12-13).

Cuando **El cuarto ángel tocó la trompeta,** la atención del juicio divino se traslada de la tierra al cielo. Aún tambaleándose de los efectos de los tres primeros juicios sobre la ecología, las personas buscarán desesperadamente respuestas a la crisis. Sin dudas habrá cursillos, conferencias, sesiones extraordinarias de las Naciones Unidas, discusiones entre científicos, todos buscando desesperada e inútilmente hacer frente a los daños de los ecosistemas de la tierra.

En medio de toda esa frenética actividad, llega un nuevo desastre en el cielo, cuando **fue herida la tercera parte del sol, y la tercera parte de la luna, y la tercera parte de las estrellas.** *Plēssō* (fue herida) es el verbo del que se deriva el sustantivo "plaga" (cp. 11:6; 16:21). Dios daña con una plaga los cuerpos celestiales **para que se oscureciese la tercera parte de ellos, y no hubiese luz en la tercera parte del día, y asimismo de la noche.** Este eclipse parcial, que recuerda la octava plaga en Egipto (Éx. 10:21-22), es temporal, ya que luego Dios incrementará el color proveniente del sol (cp. 16:8-9). Sin embargo, al llegar a este punto, la pérdida de calor del sol hará que las temperaturas bajen radicalmente en todo el mundo. Esto desestabilizará severamente los patrones climáticos de la tierra y las mareas, conduciendo a violentas e imprevisibles tormentas y mareas, la destrucción de las cosechas, y más pérdidas de vidas animales y humanas.

Los profetas del Antiguo Testamento asociaron tales señales en el cielo con el Día de Jehová. Isaías escribió: "He aquí el día de Jehová viene, terrible, y de indignación y ardor de ira, para convertir la tierra en soledad, y raer de ella a sus pecadores. Por lo cual las estrellas de los cielos y sus luceros no darán su luz; y el sol se oscurecerá al nacer, y la luna no dará su resplandor" (Is. 13:9-10). Hablando por medio del profeta Ezequiel, Dios dijo: "Cubriré los cielos, y haré entenebrecer sus estrellas; el sol cubriré con nublado, y la luna no hará resplandecer su luz. Haré entenebrecer todos los astros brillantes del cielo por ti, y pondré tinieblas sobre tu tierra" (Ez. 32:7-8). "Se estremecerán los cielos", escribió Joel, "el sol y la luna se oscurecerán, y las estrellas retraerán su resplandor... El sol se convertirá en tinieblas, y la luna en sangre, antes que venga el día grande y espantoso de Jehová... El sol y la luna se oscurecerán, y las estrellas retraerán su resplandor" (Jl. 2:10, 31; 3:15). "Acontecerá en aquel día, dice Jehová el Señor, que haré que se ponga el sol a mediodía, y cubriré de tinieblas la tierra en el día claro" (Am.

8:9). El Señor Jesucristo añadió su propia predicción a la de los profetas, advirtiendo: "Habrá señales en el sol, en la luna y en las estrellas" (Lc. 21:25; cp. Mr. 13:24).

El oscurecimiento de las luces celestiales prepara el escenario para un anuncio sorprendente y funesto. Cuando Juan **miró,** oyó **a un ángel volar por en medio del cielo, diciendo a gran voz: ¡Ay, ay, ay, de los que moran en la tierra, a causa de los otros toques de trompeta que están para sonar los tres ángeles!** La imagen es como la de un ave de presa que se apresura a acabar con su víctima, refiriéndose en este caso a la rápida aproximación de la venganza final de Dios (cp. Dt. 28:49; Os. 8:1; Hab. 1:8). Descrito en la visión como volando **por en medio del cielo,** el ángel estaría en el apogeo del sol del mediodía, por lo tanto visible para todos. Su gran voz asegura que todos podrán escuchar sus pronunciamientos. La espantosa advertencia del ángel es que los juicios de las tres últimas trompetas serán aun más devastadores que los primeros cuatro.

Aunque se usan dos ayes para dar énfasis (cp. 18:10, 16, 19; Ez. 16:23), el triple uso del ángel, **Ay, ay, ay,** presenta una amenaza para cada una de las restantes trompetas **que están para sonar** (9:1-21; 11:15ss). Se emplea **ay** a lo largo de las Escrituras, una expresión de juicio, destrucción y condenación (cp. Nm. 21:29; 1 S. 4:7-8; Job 10:15; Sal. 120:5; Ec. 10:16; Is. 3:9; Jer. 4:13; Lm. 5:16; Ez. 13:3; Os. 7:13; Am. 6:1; Mi. 2:1; Nah. 3:1; Hab. 2:6; Sof. 2:5; Mt. 11:21; Jud. 11). La ira y el juicio de Dios vendrán sobre **los que moran en la tierra.** Esta descriptiva frase se usa en Apocalipsis como un término técnico para quienes rechazan el evangelio (cp. 6:10; 11:10; 13:8, 12, 14; 17:2, 8). Aunque ellos reconocerán que los desastres que están experimentando vienen de Dios (6:15-17), no se arrepentirán. Luego en Apocalipsis Juan registra que "Y los otros hombres que no fueron muertos con estas plagas, ni aun así se arrepintieron de las obras de sus manos, ni dejaron de adorar a los demonios, y a las imágenes de oro, de plata, de bronce, de piedra y de madera, las cuales no pueden ver, ni oír, ni andar; y no se arrepintieron de sus homicidios, ni de sus hechicerías, ni de su fornicación, ni de sus hurtos" (9:20-21; cp. 16:9, 11). Serán destruidos porque no quisieron prestar atención a las advertencias que Dios dirigió a todos los pecadores: "Por lo cual, como dice el Espíritu Santo: si oyeres hoy su voz, no endurezcáis vuestros corazones" (He. 3:7-8).

El infierno en la tierra: La quinta trompeta

20

El quinto ángel tocó la trompeta, y vi una estrella que cayó del cielo a la tierra; y se le dio la llave del pozo del abismo. Y abrió el pozo del abismo, y subió humo del pozo como humo de un gran horno; y se oscureció el sol y el aire por el humo del pozo. Y del humo salieron langostas sobre la tierra; y se les dio poder, como tienen poder los escorpiones de la tierra. Y se les mandó que no dañasen a la hierba de la tierra, ni a cosa verde alguna, ni a ningún árbol, sino solamente a los hombres que no tuviesen el sello de Dios en sus frentes. Y les fue dado, no que los matasen, sino que los atormentasen cinco meses; y su tormento era como tormento de escorpión cuando hiere al hombre. Y en aquellos días los hombres buscarán la muerte, pero no la hallarán; y ansiarán morir, pero la muerte huirá de ellos. El aspecto de las langostas era semejante a caballos preparados para la guerra; en las cabezas tenían como coronas de oro; sus caras eran como caras humanas; tenían cabello como cabello de mujer; sus dientes eran como de leones; tenían corazas como corazas de hierro; el ruido de sus alas era como el estruendo de muchos carros de caballos corriendo a la batalla; tenían colas como de escorpiones, y también aguijones; y en sus colas tenían poder para dañar a los hombres durante cinco meses. Y tienen por rey sobre ellos al ángel del abismo, cuyo nombre en hebreo es Abadón, y en griego, Apolión. El primer ay pasó; he aquí, vienen aún dos ayes después de esto. (9:1-12)

Como nuestro mundo es el teatro en el que se desarrolla la gloriosa historia de la redención, que honra a Dios, Satanás y sus huestes demoníacas han atacado el género humano, convirtiendo la tierra en el campo de batalla principal en su guerra cósmica contra Dios, los santos ángeles y los elegidos. Satanás lanzó ese primer ataque en el Huerto del Edén, donde con muy buenos resultados tentó a Adán y a Eva para que desobedecieran a Dios. Las desastrosas consecuencias fueron que "el pecado entró en el mundo por un hombre, y por el pecado la muerte, así la muerte pasó a todos los hombres, por cuanto todos pecaron" (Ro. 5:12).

Después de la caída, Dios en su misericordia prometió un Salvador que vendría a destruir a Satanás y librar a las personas de su poder (Gn. 3:15). Satanás contraatacó enviando demonios para que cohabitaran con mujeres, intentando producir un raza híbrida (demonios humanos) de personas a quienes el Dios-hombre no pudiera expiar (Gn. 6:1-4). En respuesta, Dios destruyó esa raza y todo el mundo pecador en el poderoso juicio del diluvio universal, la catástrofe más grande que la humanidad haya visto jamás.

Satanás, al atormentar al justo Job, revela su odio a lo que es santo. Satanás buscaba destruir la fe de Job, sacarlo del reino de Dios y llevarlo al reino de las tinieblas. Con el permiso de Dios, Satanás destruyó las posesiones de Job, mató a sus hijos y deterioró su salud. Job se quedó con una amargada esposa (Job 2:9), amigos cuyos ineptos consejos lo llevaron a no hacerles caso, y muchas preguntas sin respuesta sobre el por qué Dios le permitía sufrir. Pero Job permaneció fiel a Dios, mostrando que la fe salvadora es permanente y que Dios sostiene a los que son suyos, de modo que al final Dios fue vindicado, y el intento de Satanás de destruir la fe de Job, como sucedería con la de muchos otros creyentes, no tuvo éxito. Como hizo con Job, Satanás continuamente acusa a los creyentes delante de Dios (12:10; cp. Zac. 3:1).

Ni ninguna nación ha experimentado más el ataque de Satanás que Israel. Él siempre ha tenido un odio especial por el pueblo escogido de Dios, "de los cuales, según la carne, vino Cristo" (Ro. 9:5). Primera Crónicas 21 registra uno de sus muchos ataques: "pero Satanás se levantó contra Israel, e incitó a David a que hiciese censo de Israel... esto desagradó a Dios, e hirió a Israel" (vv. 1, 7). El castigo del Señor tomó la forma de una plaga en la cual setenta mil israelitas perecieron (v. 14). A través de la historia, Satanás ha tentado a Israel y a Judá llevándolos a la idolatría, a la inmoralidad y a la desobediencia de la ley de Dios. Como resultado, Dios trajo juicio sobre su pueblo, enviándolos a la cautividad en Asiria y Babilonia. En el futuro período de tribulación, Satanás una vez más intentará destruir a la nación escogida (12:1-6, 13-17).

Desde el principio hasta el fin del ministerio terrenal de Cristo, Satanás luchó con toda su impotente furia contra el Señor Jesucristo. Tentó a Cristo por cuarenta días al principio de su ministerio, buscando inútilmente desviarlo de la obra a la que el Padre lo había enviado (Mt. 4:1-11). Los líderes judíos se empeñaron en una guerra larga e implacable contra Jesús, quien los identificó como pertenecientes a la familia del diablo (Jn. 8:44). Satanás nunca cejó en sus esfuerzos, tratando incluso de usar a los más cercanos a Jesús en su contra (Mr. 8:32-33). Satanás trató de destruir la fe del líder apostólico, Pedro, pidiendo a Dios la oportunidad de probarlo severamente (Lc. 22:31-32) con la intención de destruir su fe (como había tratado de hacerlo sin ningún éxito con Job). Dios permitió la prueba y esta fue severa. Llevó a Pedro a temer y a negar a su Señor en tres ocasiones (Lc. 22:34, 54-61), pero Pedro se arrepintió (Lc. 22:62) y el Señor lo restauró (Jn. 21:15-23) hasta llegar a ser el gran predicador del día de Pentecostés (Hch. 2:14ss). Al final del ministerio de Jesús, "entró Satanás en Judas, por sobrenombre Iscariote, el cual era uno del número de los doce" (Lc. 22:3), quien entonces traicionó a Cristo y lo entregó en las manos de sus asesinos.

La iglesia ha sido también blanco de los ataques satánicos. Poco después de su fundación, Satanás mismo incitó a Ananías y a su esposa Safira a que corrompieran a la iglesia, al mentirle al Espíritu Santo (Hch. 5:3). El intento insensato, pecaminoso e hipócrita de impresionar a otros con su espiritualidad terminó cuando Dios les quitó la vida ante toda la congregación (Hch. 5: 5-11). Satanás contendió también con el apóstol Pablo, impidiéndole visitar a la iglesia tesalonicense (1 Ts. 2:18) y atormentándolo con "un aguijón en la carne, un mensajero de Satanás" (2 Co. 12:7). Satanás también ataca a la iglesia trayendo inconversos a sus filas, mezclando su cizaña entre el trigo de Dios (Mt. 13:38-39), cegando la mente de los incrédulos para que rechacen el evangelio (2 Co. 4:4; cp. Lc. 8:12), y buscando aplastar a los creyentes con tentaciones, persecuciones y desalientos (1 P. 5:8). Dios, en su soberanía, permite y supervisa todos los ataques de Satanás y cumple su propósito a pesar de ellos y a través de ellos. Satanás es el siervo de Dios.

En el futuro, Satanás servirá al propósito de Dios al permitírsele lanzar otro ataque mortal contra el género humano. El ataque vendrá al sonar la quinta trompeta, durante el tiempo del juicio de Dios en la gran tribulación (7:14). Por milenios los cielos han declarado la gloria de Dios (cp. Sal. 19:1-2), pero en el futuro declararán su ira. Los juicios de las primeras cuatro trompetas implicarán objetos lanzados a la tierra desde el cielo, o, respecto a la cuarta trompeta, la afectación de los propios cuerpos celestiales (8:7-12).

Aunque será catastrófica la destrucción causada por los juicios de las primeras cuatro trompetas, la que resta con las otras tres será peor. Ese fue el sombrío mensaje que dio "un ángel [que volaba] por en medio del cielo" (8:13). Él pronunció un triple mensaje de ayes (uno por cada una de las tres trompetas finales) sobre "los que moran en la tierra" (8:13) , un término técnico en Apocalipsis para las personas no convertidas (cp. 6:10; 11:10; 13:8, 12, 14; 14:6; 17:2, 8), debido a los terrores de los juicios de las tres últimas trompetas, que pronto se desatarían. El mensaje del ángel dará a las personas una última oportunidad de arrepentirse, antes de que siga en su crescendo el juicio divino y alcance su punto culminante en los tres últimos estallidos de la santa ira de Dios. En realidad, parece que a los que pasen por el juicio de la quinta trompeta sin arrepentirse, se les reafirmará en su condición de incontritos (cp. 9:20-21; 16:9, 11).

Cada uno de los juicios de las primeras cuatro trompetas afecta el universo físico de alguna manera, pero con el sonar de la quinta trompeta, el centro de atención se moverá del reino de lo físico al de lo espiritual. Los traumáticos acontecimientos asociados con la visión de la quinta trompeta se revelan en cuatro escenas: el abismo abierto, el poder desatado, el aspecto revelado y el príncipe desenmascarado.

EL ABISMO ABIERTO

El quinto ángel tocó la trompeta, y vi una estrella que cayó del cielo a la tierra; y se le dio la llave del pozo del abismo. Y abrió el pozo del abismo, y subió humo del pozo como humo de un gran horno; y se oscureció el sol y el aire por el humo del pozo. (9:1-2)

Cuando el **quinto** ángel **tocó** su trompeta, Juan vio **una estrella que cayó del cielo a la tierra.** En sus visiones, el apóstol ya había visto varios cuerpos celestes caer sobre la tierra (cp. 6:13; 8:8, 10). Sin embargo, a diferencia de estos, esta estrella no era un pedazo inanimado de materia celestial, sino un ser angelical (cp. Job 38:7). El que se diga que **cayó del cielo a la tierra** sugiere que esto es una alusión a Satanás, el jefe de todos los ángeles caídos. Isaías 14:12-15 describe su caída:

> *¡Cómo caíste del cielo, oh Lucero, hijo de la mañana! Cortado fuiste por tierra, tú que debilitabas a las naciones. Tú que decías en tu corazón: Subiré al cielo; en lo alto, junto a las estrellas de Dios, levantaré mi trono, y en el monte del testimonio me sentaré, a los lados del norte; sobre las alturas de las nubes subiré, y seré semejante al Altísimo. Mas tú derribado eres hasta el Seol, a los lados del abismo (cp. Ez. 28:12-16; Lc. 10:18).*

La caída de Satanás descrita en 9:1 no es por su rebelión original. Aunque él y los ángeles que cayeron con él (cp. 12:4) fueron expulsados del cielo, Satanás retiene su acceso a la presencia de Dios, donde constantemente acusa a los creyentes (12:10; Job 1:6). Pero durante la tribulación él y sus huestes demoníacas lucharán sin éxito contra Miguel y los santos ángeles. Como resultado de su derrota, serán lanzados permanentemente a la tierra. Apocalipsis 12:7-9 describe esa escena de guerra:

> *Después hubo una gran batalla en el cielo: Miguel y sus ángeles luchaban contra el dragón; y luchaban el dragón y sus ángeles; pero no prevalecieron, ni se halló ya lugar para ellos en el cielo. Y fue lanzado fuera el gran dragón, la serpiente antigua, que se llama diablo y Satanás, el cual engaña al mundo entero; fue arrojado a la tierra, y sus ángeles fueron arrojados con él.*

Ahora, con su teatro de operaciones restringido a la tierra, y terminándosele el tiempo (cp. 12:12), Satanás buscará poner en orden a todas sus huestes; los que ya estaban en la tierra, los lanzados a la tierra con él y los encarcelados en **el pozo del abismo.** *Abussos* (el pozo del abismo) aparece siete veces en Apocalipsis, siempre respecto a la morada de los demonios encarcelados (cp. 9:2, 11; 11:7; 17:8). A Satanás mismo se le mantendrá apresado allí durante el milenio, encadenado y cerrado con llave con los otros demonios presos (20:1, 3).

La Biblia enseña que Dios ha escogido, en su soberanía, encarcelar a algunos demonios en ese **pozo** de castigo. Segunda Pedro 2:4 dice que "Dios no perdonó a los ángeles que pecaron, sino que arrojándolos al infierno, los entregó a prisiones de oscuridad, para ser reservados al juicio". La frase "arrojándolos al infierno" es un participio griego derivado del sustantivo griego *Tartarus*. Tal y como Jesús empleó un término para el infierno, derivado del vocabulario popular de los judíos (Gehena; cp. Mt. 5:22), así Pedro escogió un término de la mitología griega que conocían sus lectores. *Tartarus* era el nombre que se usaba en la literatura griega para referirse al lugar donde los peores pecadores, los que habían ofendido personalmente a los dioses, iban después de la muerte y recibían castigo. El lugar donde Dios guarda a los demonios encarcelados es sin duda diferente del lugar imaginario de la mitología griega. Sin embargo, el empleo del término *Tartarus* sí parece llevar la idea de que, debido a la atrocidad de su pecado, Dios ha encarcelado a ciertos ángeles caídos en tal lugar de aislamiento y de los tormentos más severos. Ellos permanecen en ese lugar, esperando su sentencia para el castigo final en el eterno lago de fuego (Ap. 20:10, 13-14).

Los demonios encarcelados en el abismo son, sin duda, los más malvados, viles y perversos de todos los ángeles caídos. Judas describe algunos de ellos como "ángeles que no guardaron su dignidad, sino que abandonaron su propia morada", apuntando que Dios "los ha guardado bajo oscuridad, en prisiones eternas, para el juicio del gran día; como Sodoma y Gomorra y las ciudades vecinas, las cuales de la misma manera que aquéllos, habiendo fornicado e ido en pos de vicios contra naturaleza, fueron puestas por ejemplo, sufriendo el castigo del fuego eterno" (Judas 6-7). Este pasaje describe a ciertos ángeles caídos que dejaron su dominio angelical para entregarse al pecado sexual con seres humanos, como los hombres de Sodoma y Gomorra intentaron pervertidamente tener relaciones sexuales con ángeles (Gn. 19:1, 4-5).

Pedro revela cuándo ocurrió este pecado de los ángeles:

Porque también Cristo padeció una sola vez por los pecados, el justo por los injustos, para llevarnos a Dios, siendo a la verdad muerto en la carne, pero vivificado en espíritu; en el cual también fue y predicó a los espíritus encarcelados, los que en otro tiempo desobedecieron, cuando una vez esperaba

*la paciencia de Dios en los días de Noé, mientras se preparaba el arca, en la
cual pocas personas, es decir, ocho, fueron salvadas por agua (1 P. 3:18-20).*

Los "espíritus encarcelados" en el abismo son "los que en otro tiempo
desobedecieron... en los días de Noé". Son demonios que cohabitaron con
mujeres en el fallido intento de Satanás de corromper el género humano y hacer
imposible su redención (Gn. 6:1-4). Que los demonios aún temen ser enviados
al abismo es evidente por el hecho de que algunos le rogaron a Jesús que no los
enviara allá (Lc. 8:31). Esto sugiere que otros demonios han sido encarcelados
después de los sucesos de Génesis 6. Los demonios liberados por Satanás al toque
de la quinta trompeta pudiera no incluir a los que pecaron en la época de Noé
(cp. Jud. 6), ya que de ellos se dice que están "en prisiones eternas" (Jud. 6)
hasta el último día cuando se les enviará al eterno lago de fuego (20:10; Jud. 7).
Los liberados pudieran ser otros demonios encarcelados en el abismo. Así que el
pozo es el lugar preparatorio de encarcelación de los demonios, desde donde
algunos serán liberados bajo este juicio.

Después que Satanás recibió la llave del abismo de su guardián, el Señor
Jesucristo (1:18), **abrió el pozo del abismo** y liberó a sus presos. John Phillips
comenta:

> Imagínese cómo sería el mundo si abriéramos las puertas de todas las
> penitenciarías de la tierra y liberáramos a los criminales más depravados
> y violentos del mundo, dándoles plena libertad para practicar sus infamias
> contra la humanidad. Algo peor que esto yace en espera sobre el mundo.
> A Satanás, echado del cielo, se le permite ahora llamar en su ayuda a los
> más diabólicos amigos en el abismo, para actuar como sus agentes para
> llevar a la humanidad a los pies de la bestia. (*Exploring Revelation*
> [Explorando el Apocalipsis], edición revisada. [Chicago: Moody, 1987;
> reimpreso, Neptune, N. J.: Loizeaux, 1991], 125)

Cuando se abrió el abismo, **subió humo del pozo como humo de un gran
horno.** Humo en Apocalipsis puede referirse a las cosas sagradas (8:4; 15:8),
pero por lo general está asociado con juicio (9:17-18; 14:11; 18:9, 18; 19:3; cp.
Gn. 19:28; Is. 34:10; Jl. 2:30; Nah. 2:13). Tan grande fue el volumen de humo
emanado del abismo, que **se oscureció el sol y el aire por** él. El humo
contaminando el cielo simboliza la corrupción del infierno lanzando humo desde
el abismo para contaminar el mundo.

EL PODER DESATADO

Y del humo salieron langostas sobre la tierra; y se les dio poder, como tienen

poder los escorpiones de la tierra. Y se les mandó que no dañasen a la hierba de la tierra, ni a cosa verde alguna, ni a ningún árbol, sino solamente a los hombres que no tuviesen el sello de Dios en sus frentes. Y les fue dado, no que los matasen, sino que los atormentasen cinco meses; y su tormento era como tormento de escorpión cuando hiere al hombre. Y en aquellos días los hombres buscarán la muerte, pero no la hallarán; y ansiarán morir, pero la muerte huirá de ellos. (9:3-6)

De las inmensas y funestas nubes de **humo** que oscurecieron el cielo y causaron pánico entre los habitantes de la tierra, Juan vio surgir un nuevo terror. Perversos demonios, tomando forma visible semejante a las **langostas, salieron** por montones del abismo para infectar **la tierra.** El poder destructivo de las langostas se destaca en varios pasajes del Antiguo Testamento (Dt. 28:38; 2 Cr. 7:13; Sal. 105:34; Jl. 2:25; Nah. 3:15); enjambres de langostas consumen toda la vegetación a su paso. La escena recuerda la plaga de langostas en Egipto (Éx. 10:4-5, 12-20), y la descripción de la plaga de langostas en Joel 1:1-7; 2:1-5, pero mucho peor. La imagen del humo es una adecuada descripción de una plaga de langostas, ya que millones de insectos como saltamontes salen en un enjambre tan espeso que pueden oscurecer el cielo y ocultar el sol, convirtiendo el día en noche. Los enjambres de langostas pueden ser inimaginablemente enormes (cp. Sal. 105:34); se informó de un enjambre sobre el Mar Rojo en 1889 que había cubierto un área de más de tres mil kilómetros cuadrados. La destrucción que pueden ocasionar a los cultivos y el resto de la vegetación es alarmante (cp. 2 Cr. 7:13). John Phillips escribe:

> La peor plaga de langosta en los tiempos modernos golpeó el Oriente Medio en 1951-52, cuando en Irán, Iraq, Jordania y Arabia Saudita todo lo verde y todo lo que estaba creciendo fue devorado en cientos de miles de kilómetros cuadrados. Las langostas comen granos, hojas y tallos, todo hasta llegar a la tierra. Cuando sale un enjambre y toma su camino, el campo verde queda como un desierto; esterilidad y desolación se expanden hasta donde el ojo es capaz de ver. (*Exploring Revelation* [Explorando el Apocalipsis], 125-26)

Pero estas no eran langostas comunes, sino demonios, quienes, como langostas, traen abundante destrucción. El describirlos en la forma de **langostas** simboliza su número incontable y su gran capacidad para destruir. El hecho de que tres veces en el pasaje (vv. 3, 5, 10) su **poder** para infligir dolor se compare con el de los **escorpiones,** indica que no son verdaderas langostas, ya que las langostas no tienen una cola punzante como los escorpiones. Los **escorpiones** son una especie de arácnido que habita en las regiones cálidas y secas y tiene una cola erecta que termina en un aguijón venenoso. Las picadas de muchas especies de escorpiones provocan un dolor muy agudo, y cerca de dos docenas de especies son capaces de matar a seres humanos. Los síntomas de una picada de una de las especies mortales, entre ellos convulsiones severas y parálisis, se asemejan a los de los individuos poseídos por demonios (cp. Mr. 1:23-27; 9:20, 26). Combinando en la descripción de los demonios a las langostas y a los escorpiones, se destaca lo mortal de su invasión. Pero el dolor penetrante infligido por esos demonios será mucho peor que el de los escorpiones reales. En este juicio Dios pone a los demonios en contacto directo con las personas no arrepentidas, con quienes estarán por la eternidad en el lago de fuego. El hecho de que esas criaturas como langostas y escorpiones vengan del pozo y que su líder sea un "ángel del abismo" (9:11) indica que la escena está refiriéndose a demonios. Los demonios también se describen como criaturas del reino animal en 16:13, donde aparecen como ranas. Lamentablemente, incluso la horrorosa experiencia de esta invasión de demonios no hará que muchos se arrepientan (cp. 9:20-21), si es que alguno lo hace.

Estrictas limitaciones se establecieron para las actividades de estas huestes demoníacas. Este juicio, a diferencia de los juicios de las primeras cuatro trompetas, no es sobre el mundo físico. En realidad, **se les mandó** (probablemente por Dios, quien dio al ángel la llave del pozo en 9:1, y quien controla todo para su propósito) que **no dañasen a la hierba de la tierra, ni a cosa verde alguna, ni a ningún árbol** (cp. 8:7). Esto prueba una vez más que no eran en realidad insectos, ya que las verdaderas langostas devoran las plantas. La alusión a **la hierba de la tierra** sugiere que había pasado algún tiempo desde que el juicio de la primera trompeta abrasó toda la hierba que estaba en aquel momento en su tiempo verde (8:7). La hierba dañada había crecido nuevamente y debe permanecer sin tocarse en esta plaga, indicando que había pasado tiempo suficiente para una recuperación parcial del medio ambiente de la tierra.

El blanco de los demonios no era la vegetación, sino **solamente... los hombres;** no con todas las personas, sino solamente con aquellos que **no tuviesen el sello de Dios en sus frentes.** Los creyentes serán preservados, al igual que Dios protegió a Israel de los efectos de las plagas egipcias (Éx. 8:22ss; 9:4ss; 10:23). Los que tienen el **sello de Dios** incluyen no solo a los ciento cuarenta y cuatro mil evangelistas judíos (7:3-4; 14:1), sino también al resto de los redimidos (cp. 22:4; 2 Ti. 2:19). Ese **sello** los marca como pertenencia personal de Dios y de esta forma protegidos de las fuerzas del infierno. Jesús prometió a los fieles miembros de la iglesia de Filadelfia: "Al que venciere, yo lo haré columna en el templo de mi Dios, y nunca más saldrá de allí; y escribiré sobre él el nombre de mi Dios, y el nombre de la ciudad de mi Dios, la nueva Jerusalén, la cual desciende del cielo, de mi Dios, y mi nombre nuevo" (3:12).

Ezequiel 9:4-6 ilustra la verdad de que Dios protege a su pueblo en medio del juicio. Dios ordenó a un ángel que pasara por Jerusalén y pusiera una marca sobre los redimidos. Los que no tuvieran la marca estaban sujetos a muerte cuando la ciudad cayera ante los babilonios.

> *y le dijo Jehová: Pasa por en medio de la ciudad, por en medio de Jerusalén, y ponles una señal en la frente a los hombres que gimen y que claman a causa de todas las abominaciones que se hacen en medio de ella. Y a los otros dijo, oyéndolo yo: Pasad por la ciudad en pos de él, y matad; no perdone vuestro ojo, ni tengáis misericordia. Matad a viejos, jóvenes y vírgenes, niños y mujeres, hasta que no quede ninguno; pero a todo aquel sobre el cual hubiere señal, no os acercaréis; y comenzaréis por mi santuario. Comenzaron, pues, desde los varones ancianos que estaban delante del templo.*

Los demonios incluso están limitados en lo que pueden hacer a los inconversos. Aunque Satanás tiene el poder de la muerte (He. 2:14), su ejercicio está sujeto a la voluntad soberana de Dios y a su poder, por lo tanto a estos demonios **les fue dado, no que los matasen.** Luego de mil años de cautiverio, los perversos demonios desearán sin dudas dar rienda suelta a toda la maldad contenida, masacrando a las personas. Sin duda, Satanás querrá matar a todos los inconversos para evitar que se arrepientan. Pero Dios, en su misericordia, atormentará a las personas **cinco meses** (la duración normal de la vida de las langostas, por lo general desde mayo a septiembre), durante los cuales no pueden morir, sino que se les dará la oportunidad de arrepentirse y aceptar el evangelio; **atormentasen** describe castigo en Apocalipsis (11:10; 14:10-11; 18:7, 10, 15; 20:10; la única excepción en 12:2; "dolores" es la misma palabra griega que se traduce en otros lugares "tormento"). Ese período de cinco meses será de intenso sufrimiento espiritual y físico infligido sobre los inconversos por el juicio de Dios a través de las huestes demoníacas. Este atormentador juicio está vinculado al tormento infligido por un **escorpión cuando hiere al hombre.** Los inconversos escucharán también el mensaje de salvación en Jesucristo que predicarán los ciento cuarenta y cuatro mil evangelistas judíos, los dos testigos y otros creyentes. Los cinco meses serán para muchos la última oportunidad de arrepentirse y creer, antes de que mueran o sean permanentemente endurecidos en su incredulidad (9:20-21; 16:9, 11).

Tan intenso será el tormento sobre los incrédulos que **en aquellos días** (los cinco meses del v. 5) **los hombres buscarán la muerte, pero no la hallarán; y ansiarán morir, pero la muerte huirá de ellos.** Se habrá perdido toda esperanza; no habrá mañana. La tierra que las personas han amado y adorado estará completamente devastada y desolada por terremotos, fuegos y volcanes, el mar lleno de cuerpos putrefactos de millones de criaturas muertas, la mayor parte del suministro de agua potable se habrá convertido en amargo veneno, la atmósfera estará contaminada con gases y lluvias de desechos celestiales. Entonces, lo peor de todo es que saldrá un sucio humo del pozo del infierno al ser liberados los demonios para atormentar física y espiritualmente a los hombres malvados. El sueño de una utopía mundial bajo la dirección del anticristo (la bestia de 13:1ss) habrá muerto. Desquiciados por la inmundicia y perversidad de la plaga de demonios, las personas buscarán alivio en la muerte, solo para hallar que la muerte se ha tomado unas vacaciones. No habrá modo de escapar de la agonía infligida por los demonios, ni del juicio divino. Todos los intentos de suicidarse, ya sea por disparos, venenos, ahogamiento, o saltando de edificios, fracasarán.

EL ASPECTO REVELADO

El aspecto de las langostas era semejante a caballos preparados para la guerra; en las cabezas tenían como coronas de oro; sus caras eran como caras humanas; tenían cabello como cabello de mujer; sus dientes eran como de leones; tenían corazas como corazas de hierro; el ruido de sus alas era como el estruendo de muchos carros de caballos corriendo a la batalla; tenían colas como de escorpiones, y también aguijones; y en sus colas tenían poder para dañar a los hombres durante cinco meses. (9:7-10)

Habiendo esbozado la devastación que causarán las **langostas** (demonios), Juan da una descripción más detallada de su apariencia en la visión. Se les describe como langostas porque traen de parte de Dios un juicio colectivo, rápido y devastador (cp. Éx. 10:4-5, 12-15; Dt. 28:38; 1 R. 8:37; 2 Cr. 7:13; Sal. 78:46; 105:34; Jl. 2:1ss; Am. 7:1), pero sus rasgos desproporcionados y terribles los revelan diferentes de cualquier langosta, escorpión, u otra criatura antes vista sobre la tierra. Juan solo puede dar una aproximación de lo que parece este formidable ejército espiritual, como lo indica el repetido empleo de los términos **como** (empleado diez veces en este pasaje) y **semejante**. Para describir la horda sobrenatural y poco conocida de demonios, Juan escoge analogías naturales y conocidas.

El **aspecto de las langostas era semejante a caballos preparados para la guerra.** Eran belicosos, poderosos y desafiantes, como caballos sostenidos a duras penas por el freno y pateando el suelo en sus ansias de ir a la carga en su mortal misión. Joel 2:4-5 describe una plaga de langostas en términos similares; **en las cabezas** Juan vio lo que era **como coronas de oro.** Las **coronas** que llevaban se llaman *stephanoi*, las coronas de los vencedores, indicando que los demonios serán invencibles y subyugadores. Los hombres no tendrán armas que puedan dañarlos ni tendrán cura por el terrible tormento que causan. El que **sus caras eran como caras humanas** indica que son seres inteligentes y racionales, no insectos. Aunque Jeremías 51:27 describe a las langostas como teniendo cerdas como pelo, es muy probable que la descripción de su **cabello como cabello de mujer** subraye su capacidad de seducción. La gloria o belleza de una mujer está en su cabello, que ella puede arreglar para llegar a ser más encantadora. Como las sirenas de la mitología griega, estos demonios como langostas atraerán con engaño a las personas hacia su condena. Debido a que **sus dientes eran como de leones** (cp. Jl. 1:6), serán mucho más feroces, poderosos y mortales que leones, rasgando y haciendo trizas a sus víctimas. Las **corazas de hierro,** diseñadas para proteger los órganos vitales y preservar la vida del soldado, simbolizan aquí lo invulnerables que serán; serán imposibles de resistir o destruir. En otra metáfora extraída del campo de batalla, Juan, al igual que el profeta Joel (Jl. 2:4-5), compara **el ruido de sus alas** con un ejército en movimiento, destacando que **era como el estruendo de muchos carros de caballos corriendo a la batalla.** No habrá forma de escapar de su acometida imponente y mundial; no habrá ningún lugar a donde correr o esconderse. La triple comparación de los demonios con los **escorpiones** (cp. los vv. 3, 5) subraya que su única misión es **dañar a los hombres.** No se describe la naturaleza de este tormento a gran escala de los demonios, que lleva a las personas a buscar la muerte y no hallarla, a perseguir la muerte y no poderla apresar. Sin embargo, un vistazo a algunas ilustraciones bíblicas de tormentos de demonios, ofrece algunas ideas. Los endemoniados de Gadara estaban tan atormentados por demonios, que estaban locos, viviendo entre los sepulcros (Mt. 8:28). Por toda Galilea Jesús encontró a personas atormentadas por demonios (Mt. 4:23-24). El criado de un centurión estaba atormentado con parálisis (Mt. 8:6). Un niño poseído por demonio se lanzaba al fuego y al agua en actos de autodestrucción (Mr. 9:20-22). Tales son los tormentos físicos y espirituales que pueden infligir los demonios; **durante cinco meses** estarán haciendo esto al mundo de impíos pecadores. La reiteración de que a los demonios se les permitirá atormentar a las personas por un tiempo limitado, subraya el poder soberano de Dios sobre la duración de sus ataques. Finalmente, Él los hará volver al abismo con su malvado amo (20:1-3) y luego los enviará al lago de fuego (20:10).

EL PRÍNCIPE DESENMASCARADO

Y tienen por rey sobre ellos al ángel del abismo, cuyo nombre en hebreo es Abadón, y en griego, Apolión. El primer ay pasó; he aquí, vienen aún dos ayes después de esto. (9:11-12)

A diferencia de las verdaderas langostas (cp. Pr. 30:27), los demonios tenían un **rey sobre ellos.** Juan le da su título como el **ángel del abismo.** Algunos identifican a este ángel como Satanás, pero su dominio está en los lugares celestiales (Ef. 6:12), donde él es el "príncipe de la potestad del aire" (Ef. 2:2). A él no se le asocia con el abismo hasta que Dios lo lance allí (20:1-3). Es mejor verlo como un demonio de alto rango en la jerarquía de Satanás. Juan observa que su **nombre**

en hebreo es Abadón, y en griego, Apolión. Juan emplea ambos nombres para subrayar su efecto tanto sobre judíos impíos como sobre los gentiles. Ambas palabras significan "destructor", un apropiado nombre para el cabecilla del devastador ejército de demonios que sube del abismo. **Abadón** se emplea en el Antiguo Testamento para describir el lugar del castigo eterno (cp. Job 26:6; 28:22; 31:12; Sal. 88:11; Pr. 15:11; 27:20), reafirmando de esta manera la conexión de este ángel con el abismo y el infierno. **Apolión** viene del verbo griego *apollumi,* que significa "Yo destruyo". Estos términos identifican a este líder como el rey del escuadrón de la muerte de los demonios.

Luego de describir **el primer ay** (8:13; el juicio de la quinta trompeta), Juan advierte que la ira de Dios no ha recorrido todo su camino; **dos ayes** (los juicios de la sexta y séptima trompetas, que incluyen todos los juicios de las copas) **vienen aún... después de esto,** así que solo habrá un breve suspiro de alivio antes de que sigan otros juicios más horribles sobre los "que detienen con injusticia la verdad" (Ro. 1:18).

Matanza satánica: La sexta trompeta

21

El sexto ángel tocó la trompeta, y oí una voz de entre los cuatro cuernos del altar de oro que estaba delante de Dios, diciendo al sexto ángel que tenía la trompeta: Desata a los cuatro ángeles que están atados junto al gran río Eufrates. Y fueron desatados los cuatro ángeles que estaban preparados para la hora, día, mes y año, a fin de matar a la tercera parte de los hombres. Y el número de los ejércitos de los jinetes era doscientos millones. Yo oí su número. Así vi en visión los caballos y a sus jinetes, los cuales tenían corazas de fuego, de zafiro y de azufre. Y las cabezas de los caballos eran como cabezas de leones; y de su boca salían fuego, humo y azufre. Por estas tres plagas fue muerta la tercera parte de los hombres; por el fuego, el humo y el azufre que salían de su boca. Pues el poder de los caballos estaba en su boca y en sus colas; porque sus colas, semejantes a serpientes, tenían cabezas, y con ellas dañaban. Y los otros hombres que no fueron muertos con estas plagas, ni aun así se arrepintieron de las obras de sus manos, ni dejaron de adorar a los demonios, y a las imágenes de oro, de plata, de bronce, de piedra y de madera, las cuales no pueden ver, ni oír, ni andar; y no se arrepintieron de sus homicidios, ni de sus hechicerías, ni de su fornicación, ni de sus hurtos. (9:13-21)

La humanidad se encuentra entre dos esferas espirituales opuestas, cada una buscando conformar a las personas a sí. Nadie es neutral en la batalla cósmica; todo el mundo es parte de "la potestad de las tinieblas" o del "reino de su amado Hijo" (Col. 1:13). Al entregarse a una esfera u otra, los seres humanos se convierten en compañeros de Dios, o compañeros de Satanás; compañeros de los santos ángeles, o compañeros de los demonios; compañeros de los santos, o compañeros de los pecadores.

Poner en duda esta realidad es el error más grave que una persona puede cometer, porque tomar la decisión equivocada resulta en un desastre eterno. Dios ofrece a las personas el evangelio de vida del Señor Jesucristo; Satanás y las fuerzas del infierno engañan a las personas para su destrucción, al exponer delante de ellos "los deleites temporales del pecado" (He. 11:25). Las fuertes voces del infierno siempre han tratado de opacar la predicación del evangelio. Viene un día en el que el llamado de sirena del infierno será tan alto que será casi irresistible. Las personas de ese tiempo ignorarán la repetida y poderosa predicación del evangelio y las advertencias que comunican los terribles y devastadores juicios de Dios. Habiendo rechazado todos los ofrecimientos de la gracia y la misericordia, verán la muerte venir sobre la humanidad a través de los juicios de los trompetas y las copas, que llevarán muerte en una escala sin precedente en la historia humana. A pesar de eso no se arrepentirán; en realidad, maldecirán a Dios (cp. 9:20-21; 16:9, 11). Las personas en aquel tiempo habrán tomado la decisión irrevocable de ponerse al lado de las fuerzas del infierno.

Aunque habrá juicios divinos durante todos los siete años de tribulación, irán en aumento durante los últimos tres años y medio, el tiempo que Jesús llamó "la gran tribulación" (Mt. 24:21; cp. Ap. 7:14). Como se ha analizado en capítulos anteriores, esos juicios se revelarán de forma secuencial en tres series: los sellos, las trompetas y las copas. Del séptimo sello vienen los siete juicios de las trompetas, y de la séptima trompeta vienen los siete juicios de las copas.

Al igual que la quinta trompeta (9:1-12), el toque de la sexta trompeta anuncia otro, y más severo, ataque demoníaco sobre la humanidad pecadora. Este ataque, a diferencia del anterior, trae muerte. Se muestra en tres etapas: la liberación de los demonios, el regreso de la muerte y la reacción de desafío.

LA LIBERACIÓN DE LOS DEMONIOS

El sexto ángel tocó la trompeta, y oí una voz de entre los cuatro cuernos del altar de oro que estaba delante de Dios, diciendo al sexto ángel que tenía la trompeta: Desata a los cuatro ángeles que están atados junto al gran río Eufrates. (9:13-14)

En su turno, en el momento determinado, **el sexto ángel tocó** su poderosa trompeta. De inmediato Juan oyó **una voz.** En el texto griego, al decir literalmente "una voz", se subraya que Juan oyó una única y solitaria voz. No se identifica la voz, pero es posible que sea la del Cordero, el Señor Jesucristo. Se le presentó anteriormente cerca del trono (5:6), cuando tomó el libro con los siete sellos de la mano del Padre (5:7) y abrió sus sellos (6:1), desencadenando de esta forma la serie de juicios de los cuales el de la sexta trompeta es parte. O pudiera ser la voz del ángel a quien Juan había visto cerca del altar de oro del incienso (8:3).

Aunque no sea posible identificar el origen de la voz, su ubicación sí: vino **de entre los cuatro cuernos** (pequeñas protuberancias en cada esquina) **del altar de oro que estaba delante de Dios.** Juan ya había visto ese altar, la contraparte celestial del altar de incienso del Antiguo Testamento, dos veces antes en sus visiones. En el tabernáculo y en el templo, este altar era un lugar donde se quemaba el incienso, simbolizando las oraciones del pueblo por misericordia subiendo a Dios. Pero en la visión de Juan, el altar de oro se convirtió en un altar de intercesión imprecatoria, cuando los santos mártires rogaban ahí por la venganza inmisericorde de Dios para sus asesinos (6:9-11). Luego en 8:5 se convirtió en un altar de juicio, cuando un ángel tomó su "incensario, y lo llenó del fuego del altar, y lo arrojó a la tierra". Su acción preparó la escena para los juicios de las trompetas, que siguieron en breve tiempo.

El altar de incienso original se describe en detalles en Éxodo 30:1-10:

> *Harás asimismo un altar para quemar el incienso; de madera de acacia lo harás. Su longitud será de un codo, y su anchura de un codo; será cuadrado, y su altura de dos codos; y sus cuernos serán parte del mismo. Y lo cubrirás de oro puro, su cubierta, sus paredes en derredor y sus cuernos; y le harás en derredor una cornisa de oro. Le harás también dos anillos de oro debajo de su cornisa, a sus dos esquinas a ambos lados suyos, para meter las varas con que será llevado. Harás las varas de madera de acacia, y las cubrirás de oro. Y lo pondrás delante del velo que está junto al arca del testimonio, delante del propiciatorio que está sobre el testimonio, donde me encontraré contigo. Y Aarón quemará incienso aromático sobre él; cada mañana cuando aliste las lámparas lo quemará. Y cuando Aarón encienda las lámparas al anochecer, quemará el incienso; rito perpetuo delante de Jehová por vuestras generaciones. No ofreceréis sobre él incienso extraño, ni holocausto, ni ofrenda; ni tampoco derramaréis sobre él libación. Y sobre sus cuernos hará Aarón expiación una vez en el año con la sangre del sacrificio por el pecado para expiación; una vez en el año hará expiación sobre él por vuestras generaciones; será muy santo a Jehová.*

Como se observa en el análisis de 8:4-5 en el capítulo 18 de este volumen, el altar del incienso estaba ubicado frente al velo que separaba el Lugar santísimo, donde moraba la presencia de Dios, del Lugar santo. Nadie sino el sumo sacerdote podía entrar en el Lugar santísimo y él solamente el día de la Expiación. Pero al sumo sacerdote se le permitía entrar en el Lugar santo, y tenía la orden de quemar incienso en el altar del incienso cada mañana y cada tarde. Aunque por lo regular no se ofrecían los sacrificios en el altar del incienso, el sumo sacerdote tenía que ofrecer sacrificio de expiación sobre él una vez al año. Esto ilustra la importante verdad bíblica de que la expiación provee el fundamento de la oración, la adoración y la comunión con Dios. Nadie cuyos pecados no hayan sido expiados tiene acceso a Dios.

De modo chocante, del altar asociado con misericordia vinieron palabras de juicio. Dios es misericordioso, compasivo y amoroso, pero "no contenderá [su] espíritu con el hombre para siempre" (Gn. 6:3). Cuando ocurran estos juicios de las trompetas, el tiempo para la misericordia habrá pasado; el altar de misericordia se convertirá en altar de juicio. Los hombres pecadores finalmente habrán rechazado por completo el ofrecimiento de salvación misericordiosa de Dios. Como dijera el escritor de Hebreos:

> *El que viola la ley de Moisés, por el testimonio de dos o de tres testigos muere irremisiblemente. ¿Cuánto mayor castigo pensáis que merecerá el que pisoteare al Hijo de Dios, y tuviere por inmunda la sangre del pacto en la cual fue santificado, e hiciere afrenta al Espíritu de gracia? Pues conocemos al que dijo: Mía es la venganza, yo daré el pago, dice el Señor. Y otra vez: El Señor juzgará a su pueblo. ¡Horrenda cosa es caer en manos del Dios vivo! (He. 10:28-31).*

La voz proveniente de la superficie del altar entre las cuatro salientes esquinas, de modo explícito le ordenó **al sexto ángel que tenía la trompeta: Desata a los cuatro ángeles que están atados junto al gran río Eufrates.** El que **los cuatro ángeles... están atados** indica que son demonios (cp. 20:1ss; 2 P. 2:4; Jud. 6), ya que en ninguna parte de las Escrituras se dice que los ángeles estén atados. Como los santos ángeles siempre cumplen perfectamente la voluntad de Dios, no hay necesidad de que Él los refrene para que hagan lo contrario a su voluntad. El control de Dios sobre las fuerzas demoníacas es total, ellos están atados o se liberan a su orden. El participio perfecto traducido **atados** implic que esos cuatro ángeles estuvieron atados en el pasado con resultados permanentes; estaban en una condición o estado de cautiverio hasta el tiempo determinado por Dios para que se les soltase para cumplir su función como instrumentos del juicio divino.

El lugar donde estaban aprisionados esos cuatro ángeles resulta conocido, el **gran río Eufrates** (cp. Dt. 1:7; Jos. 1:4). Naciendo de fuentes cercanas al Monte Ararat en Turquía, el Éufrates corre más de tres mil kilómetros antes de llegar al Golfo Pérsico. Es el río más largo y más importante en el Oriente Medio, y se destaca en el Antiguo Testamento. Fue uno de los cuatro brazos en los que se dividía el río que salía del Huerto del Edén (Gn. 2:14). Fue cerca del Éufrates que comenzó el pecado, que se dijo la primera mentira, que se cometió el primer asesinato y se construyó la torre de Babel (el origen de todo un complejo de religiones falsas que se dispersaron por todo el mundo). El Éufrates era la frontera este de la Tierra Prometida (Gn. 15:18; Éx. 23:31; Dt. 11:24), y la influencia de Israel se extendió hasta el Éufrates durante los reinados de David (1 Cr. 18:3) y Salomón (2 Cr. 9:26). La región cercana al Éufrates fue la ubicación central de las tres potencias que oprimieron a Israel: Asiria, Babilonia y Medopersia. Fue a orillas del Éufrates que Israel padeció setenta años de larga, amarga y fatigosa cautividad (cp. Sal. 137:1-4). Es el río que cruzarán los enemigos de Dios para la batalla de Armagedón (16:12-16).

El empleo del artículo definido sugiere que esos **cuatro ángeles** forman un grupo específico. No se revela su identidad precisa, pero pudieran ser los demonios que controlaron los cuatro más grandes imperios del mundo, Babilonia, Medo Persia, Grecia y Roma. Daniel 10 da ideas sobre la guerra entre los santos ángeles y los demonios que tienen influencia en naciones específicas. En el versículo 13 un santo ángel le dijo a Daniel que "el príncipe del reino de Persia se [le] opuso durante veintiún días; pero he aquí Miguel, uno de los principales príncipes, vino para [ayudarlo], y [quedó] allí con los reyes de Persia". Después, en el versículo 20 añadió: "¿Sabes por qué he venido a ti? Pues ahora tengo que volver para pelear contra el príncipe de Persia; y al terminar con él, el príncipe de Grecia vendrá". Quienesquiera que sean, estos cuatro poderosos ángeles caídos controlan un gran ejército demoníaco listo para salir a la guerra contra la humanidad caída, cuando Dios los libere para hacerlo. Las fuerzas satánicas, imaginando que están haciendo la obra de su líder el diablo, y frustrando hostilmente los propósitos de Dios, son realmente los siervos de Dios que hacen precisamente lo que Él quiere que se haga.

EL REGRESO DE LA MUERTE

Y fueron desatados los cuatro ángeles que estaban preparados para la hora, día, mes y año, a fin de matar a la tercera parte de los hombres. Y el número de los ejércitos de los jinetes era doscientos millones. Yo oí su número. Así vi en visión los caballos y a sus jinetes, los cuales tenían corazas de fuego, de zafiro y de azufre. Y las cabezas de los caballos eran como cabezas de leones; y de su boca salían fuego, humo y azufre. Por estas tres plagas fue muerta la tercera parte de los hombres; por el fuego, el humo y el azufre que salían de su boca. Pues el poder de los caballos estaba en su boca y en sus colas; porque sus colas, semejantes a serpientes, tenían cabezas, y con ellas dañaban. (9:15-19)

La muerte, que se había tomado unas vacaciones bajo la quinta trompeta (9:5-6), ahora vuelve sedienta; **fueron desatados** los **cuatro ángeles** (los atados en el río Éufrates; v. 14) **que estaban preparados** por Dios **para** esa exacta **hora, día, mes y año** (cp. Mt. 24:36). En el momento preciso en el año, mes y día predeterminados y a la hora exacta, según el plan soberano de Dios, Él desatará estos cuatro demonios de alto rango para poderlos usar en su continuado juicio sobre el mundo.

El propósito estremecedor y aterrador de estos líderes de los demonios y sus huestes era **matar a la tercera parte de los hombres** ("los que moran en la tierra"; 8:13). El juicio del cuarto sello mató a un cuarto de los pobladores de la tierra (6:8); esta otra **tercera parte** hace que el número de víctimas mortales de solo estos dos juicios ascienda a más de la mitad de la población de la tierra, antes de la tribulación. Este alarmante total no incluye a los que perecieron en los otros juicios de los sellos y las trompetas. El énfasis repetido a través de los juicios de las trompetas en la tercera parte (cp. 8:7-12) demuestra convincentemente que son juicios divinos controlados y precisos, y no simples desastres naturales.

La terrible matanza desestabilizará completamente la sociedad humana. Solo el problema de ubicar los cuerpos muertos será inconcebible. El olor nauseabundo de los cuerpos que se corrompen irrumpirá en el mundo, y requerirá un esfuerzo enorme por parte de los sobrevivientes para enterrarlos en tumbas comunes o quemarlos. Cómo harán esos demonios para infringir muerte se revela específicamente en el versículo 18.

La matanza de mucho más de mil millones de personas requerirá una inimaginable y poderosa fuerza. Juan informó que **el número de los ejércitos de los jinetes era** asombrosamente de **doscientos millones.** Es muy probable que este sea un número exacto, o se hubieran empleado especificaciones más generales, como las empleadas en 5:11 y 7:9. Entonces, como si esperara que algunos escépticos dudarían de ese gran número, Juan enfáticamente insistió en la precisión del número, dando testimonio al decir **Yo oí su número.** Además de los demonios que han vagado por la tierra a lo largo de la historia, las "huestes espirituales de maldad en las regiones celestes" (Ef. 6:12) arrojadas hacía poco a la tierra (cp. 9:1; 12:4), y los incontables demonios encarcelados liberados del abismo al sonar de la quinta trompeta, viene un nuevo ejército de demonios de doscientos millones. El uso del plural **ejércitos** pudiera implicar que las fuerzas de ataque se dividirán en cuatro ejércitos, cada uno dirigido por uno de los demonios anteriormente atados.

Algunos han sugerido que este es el ejército humano que se menciona en 16:12, y conducido por "los reyes del oriente", indicando que el ejército de la China comunista presuntamente llegaba a los doscientos millones durante la década de los setenta. Pero no se hace referencia al tamaño del ejército comandado por los reyes del oriente. Además de eso, ese ejército llega a escena durante el juicio de la sexta copa, que tiene lugar durante la séptima trompeta, no la sexta. Aunque pudiera haber en ese tiempo un ejército permanente de **doscientos millones,** la imposibilidad de tomar posiciones, suministros, y de trasladar a tan gigantesca fuerza humana por todo el globo, también es un elemento contra la posibilidad de que sea un ejército humano. El lenguaje figurado que se emplea para describir a los caballos de este ejército, sugiere que es una fuerza sobrenatural, no humana, como lo sugiere también el hecho de que esté dirigida por cuatro demonios recién desatados.

Antes de describir a los caballos, los reales agentes de destrucción, Juan describe brevemente a **sus jinetes.** Observó que los **jinetes... tenían corazas de**

fuego, de zafiro y de azufre. El color del **fuego** es rojo; el del **zafiro,** azul oscuro o negro como humo; el del **azufre,** un amarillo sulfuroso, describiendo la roca que, al encenderse, produce llamas y un gas sofocante. Estos son los colores y los rasgos del mismo infierno (cp. 14:10; 19:20; 20:10; 21:8), y ofrecen una terrible imagen de la ira de Dios derramada sobre el mundo pecador por esos demonios. Estos colores recuerdan la destrucción de Sodoma, Gomorra y las ciudades vecinas (Gn. 19:24-28).

En las Escrituras a menudo se asocia **caballos** con la guerra (p. ej. Éx. 14:9ss; Dt. 11:4; 20:1; Jos. 11:4; 1 S. 13:5; 2 S. 1:6; 8:4; Sal. 33:17; Pr. 21:31; Is. 5:28; Jer. 6:23; Ez. 23:23-24; 38:4, 15; Dn. 11:40; Os. 1:7; Jl. 2:4; Nah. 3:2-3), pero es evidente que estos no son caballos reales. Empleando el lenguaje descriptivo de su visión, Juan observó que **las cabezas de los caballos eran como cabezas de leones.** Como los **leones,** estas fuerzas de demonios, despiadada, feroz y determinadamente asecharon y asesinaron a sus víctimas. Juan señala tres formas en las que los caballos de los demonios mataban a sus víctimas, todas ellas representando la furia violenta y devastadora del infierno. Las incineraban y las asfixiaban con **humo y azufre.** Juan vio que la devastadora consecuencia de este ataque mortal de los demonios iba a ser la muerte de **la tercera parte de los hombres; por el fuego, el humo y el azufre que salían de su boca.**

Debe observarse que la palabra **plagas** aparecerá con frecuencia en el resto de Apocalipsis (11:6; 15:1, 6, 8; 16:9, 21; 18:4, 8; 21:9; 22:18) como un término para los destructivos juicios finales. Como si la descripción que había dado no fuera ya bastante aterradora, Juan ve más acerca del poder mortal de los demonios. Se le hace saber que no solo **el poder de los caballos estaba en su boca,** sino también **en sus colas.** Habiendo comparado las cabezas de los caballos a leones salvajes, Juan observa que **sus colas** eran mortíferas, semejantes a **serpientes, tenían cabezas, y con ellas dañaban.** Las **colas** de **los caballos** no eran en realidad **serpientes,** ya que los caballos no eran en realidad caballos. El caballo estaba ungido con fuerza militar, el león con un poder cruel y mortal, la serpiente con veneno mortal. Estas metáforas describen el carácter sobrenatural y mortífero de esas fuerzas demoníacas en términos que por lo general se entienden en el reino natural. A diferencia de las picadas de los escorpiones durante el ataque demoníaco anterior (9:5), las mordidas de serpientes de estas huestes serán fatales.

LA REACCIÓN DE DESAFÍO

Y los otros hombres que no fueron muertos con estas plagas, ni aun así se arrepintieron de las obras de sus manos, ni dejaron de adorar a los demonios, y a las imágenes de oro, de plata, de bronce, de piedra y de madera, las cuales no pueden ver, ni oír, ni andar; y no se arrepintieron de sus homicidios, ni de sus hechicerías, ni de su fornicación, ni de sus hurtos. (9:20-21)

La muerte de una tercera parte del remanente de la población de la tierra será el desastre más catastrófico que estremecerá la tierra desde el diluvio. Sin embargo, en una asombrosa muestra de dureza de corazón, **los otros hombres que no fueron muertos con estas plagas, ni aun así se arrepintieron.** Es difícil de imaginar que después de años de sufrimiento y muerte bajo los terribles juicios de Dios, unido a la poderosa predicación del evangelio por los ciento cuarenta y cuatro mil evangelistas judíos (7:1-8), los dos testigos (11:1-14), un ángel en el cielo (14:6-7) y otros creyentes (Mt. 24:14), los sobrevivientes seguirán negándose a arrepentirse. Como aquellos que rechazaron a Jesús viendo sus milagros, oyendo sus poderosos mensajes y la predicación de su resurrección, ellos "[cumplirán] la palabra del profeta Isaías, que dijo: Señor, ¿quién ha creído a nuestro anuncio? ¿Y a quién se ha revelado el brazo del Señor? Por esto no [podrán] creer, porque también dijo Isaías: Cegó los ojos de ellos, y endureció su corazón; para que no vean con los ojos, y entiendan con el corazón, y se conviertan, y yo los sane" (Jn. 12:38-40). Por no prestar atención a la advertencia bíblica "Si oyereis hoy su voz, no endurezcáis vuestros corazones" (He. 4:7), ellos perecerán (cp. Ap. 16:9, 11). Trágicamente, escogerán adorar al dragón y a la bestia (el anticristo) en vez de al Cordero (cp. 13:4-8).

Concluyendo su narración de esta asombrosa visión, Juan relaciona cinco pecados representativos del desafío de los que no quieren arrepentirse. En primer lugar, no **se arrepintieron de las obras de sus manos, ni dejaron de adorar a los demonios, y a las imágenes de oro, de plata, de bronce, de piedra y de madera, las cuales no pueden ver, ni oír, ni andar** (cp. Dt. 4:28; Sal. 115:5-7; 135:16-17). Desde la caída, el hombre ha practicado siempre la idolatría, adorando **las obras de sus manos.** Se emplea esta frase a lo largo de las Escrituras para referirse a los ídolos (cp. Dt. 27:15; 31:29; 2 R. 19:18; 22:17; 2 Cr. 32:19; 34:25; Sal. 135:15; Is. 2:8; 17:8; 37:19; Jer. 1:16; 25:6, 7, 14; 32:30; 44:8; Os. 14:3; Mi. 5:13; Hag. 2:14; Hch. 7:41). En los tiempos antiguos (e incluso en algunas culturas actuales) las personas adoraban **imágenes de oro, de plata, de bronce, de piedra y de madera, las cuales no pueden ver, ni oír, ni andar** (vea las fuertes denuncias de Dios contra tal pecaminosa locura en Sal. 115:1-8; Is. 40:19-20; 44:8-20; Jer. 10:3-5; Dn. 5:23; cp. Ro. 1:18-32). Pero adorar cualquier imagen o falsa deidad en es realidad **adorar a los demonios** (Dt. 32:17; Sal. 106:37). La Septuaginta (la traducción griega del Antiguo Testamento), traduciendo el Salmo 96:5 dice: "Todos los dioses de los pueblos son demonios". El apóstol Pablo declaró que "lo que los gentiles sacrifican, a los demonios lo sacrifican" (1 Co. 10:20). Cuando las personas adoran a los ídolos, dioses que no existen, los demonios que sí existen usurparán la personalidad de esos dioses, y mantendrán a esos idólatras cautivos en su poder demoníaco y su engaño. Las religiones falsas no están exentas de lo sobrenatural; tienen mucho de ello, porque son las mejores oportunidades que tienen los demonios para capturar almas. Ellos son las fortalezas de 2 Corintios 10:4-5, que deben atacarse con la verdad para que las almas puedan liberarse.

En ese momento de la historia humana, la idolatría, el misticismo, el espiritismo, el satanismo y todas las demás formas de religión falsa, se convertirán en algo universal, mientras los demonios conducen a las personas hacia una actitud más malvada y depravada. La maldad estará de forma desenfrenada, incontenible, cada vez con mayor desenfreno, como nunca antes en la historia humana (cp. 1 Ti. 4:1; 2 Ti. 3:1-5, 13). Como resultado, además de la idolatría, los delitos violentos como los **homicidios** se verán de forma incontrolada. Despojadas de todo sentido de moralidad, las personas malvadas, no arrepentidas, imitarán a las huestes de demonios en su deseo desenfrenado de sangre. Los creyentes en el Dios verdadero serán, si dudas, sus blancos principales, vengándose en ellos por los desastres que Dios les ha lanzado.

Juan describe el tercer pecado que, en su visión, va a caracterizar ese trágico tiempo, como las **hechicerías,** una palabra griega de la que se derivan las palabras españolas "farmacia" y "farmacéutico". Se creía, y aún se cree, que las drogas causan un estado religioso superior de comunión con deidades. (Para un análisis de tales prácticas, vea *Efesios,* Comentario MacArthur del Nuevo Testamento [Grand Rapids: Editorial Portavoz, 2002].) *Pharmakōn* también puede referirse a venenos, amuletos, encantos, sesiones espiritistas, brujerías, encantaciones, hechizos, contacto con médiums, o cualquier objeto ligado a la idolatría pagana para producir lujuria o para seducir. Las personas se hundirán hasta el fondo en las trampas satánicas de la religión falsa.

El cuarto pecado del que los no regenerados rechazarán alejarse es la **fornicación.** *Porneia* (fornicación) es la raíz de la palabra española "pornografía". Es un término general que describe el pecado sexual de cualquier tipo, ya sea fornicación, adulterio, violaciones u homosexualidad. En ese tiempo se verán perversiones sexuales indescriptibles sin freno alguno.

Por último, las personas no querrán arrepentirse de sus **hurtos.** Al igual que la moralidad, no habrá honradez, ya que las personas competirán por el aumento de la escasez de comida, ropa, agua, abrigo y medicinas.

Bajo la influencia de las grandes fuerzas demoníacas, el mundo descenderá al pantano de la religión falsa, del asesinato, de la perversión sexual y del delito de una forma sin paralelo en la historia humana. Es algo muy serio entender que el Señor vendrá un día "para hacer juicio contra todos, y dejar convictos a todos los impíos de todas sus obras impías que han hecho impíamente, y de todas las cosas duras que los pecadores impíos han hablado contra él" (Jud. 15). A la luz de ese juicio venidero, es la responsabilidad de todos los creyentes proclamar fielmente el evangelio a los incrédulos, para así "[arrebatarlos] del fuego" (Jud. 23).

Cuando Dios rompe su silencio

22

Vi descender del cielo a otro ángel fuerte, envuelto en una nube, con el arco iris sobre su cabeza; y su rostro era como el sol, y sus pies como columnas de fuego. Tenía en su mano un librito abierto; y puso su pie derecho sobre el mar, y el izquierdo sobre la tierra; y clamó a gran voz, como ruge un león; y cuando hubo clamado, siete truenos emitieron sus voces. Cuando los siete truenos hubieron emitido sus voces, yo iba a escribir; pero oí una voz del cielo que me decía: Sella las cosas que los siete truenos han dicho, y no las escribas. Y el ángel que vi en pie sobre el mar y sobre la tierra, levantó su mano al cielo, y juró por el que vive por los siglos de los siglos, que creó el cielo y las cosas que están en él, y la tierra y las cosas que están en ella, y el mar y las cosas que están en él, que el tiempo no sería más, sino que en los días de la voz del séptimo ángel, cuando él comience a tocar la trompeta, el misterio de Dios se consumará, como él lo anunció a sus siervos los profetas. La voz que oí del cielo habló otra vez conmigo, y dijo: Ve y toma el librito que está abierto en la mano del ángel que está en pie sobre el mar y sobre la tierra. Y fui al ángel, diciéndole que me diese el librito. Y él me dijo: Toma, y cómelo; y te amargará el vientre, pero en tu boca será dulce como la miel. Entonces tomé el librito de la mano del ángel, y lo comí; y era dulce en mi boca como la miel, pero cuando lo hube comido, amargó mi vientre. Y él me dijo: Es necesario que profetices otra vez sobre muchos pueblos, naciones, lenguas y reyes. (10:1-11)

Una pregunta que ha inquietado al pueblo de Dios a lo largo de la historia es por qué Él ha permitido la maldad en el mundo. A menudo los malvados parecen prosperar. El pecado parece que corre desenfrenadamente y sin obstáculos. ¿Por qué, se preguntan las personas, Dios no detiene toda la matanza, la corrupción y el caos que hay en el mundo? ¿Por qué permite que sus hijos sufran? ¿Cuándo prevalecerá la justicia divina, se liberará a los justos y se castigará a los malvados?

En medio de sus pruebas, Job se quejó de que "Prosperan las tiendas de los ladrones, y los que provocan a Dios viven seguros... ¿Por qué viven los impíos, y se envejecen, y aun crecen en riquezas?" (Job 12:6; 21:7). Los salmistas a menudo preguntaron por qué Dios tolera a los hombres malos. En el Salmo 10:1-5 el salmista le pregunta a Dios:

¿Por qué estás lejos, oh Jehová,
Y te escondes en el tiempo de la tribulación?
Con arrogancia el malo persigue al pobre;
Será atrapado en los artificios que ha ideado.
Porque el malo se jacta del deseo de su alma,
Bendice al codicioso, y desprecia a Jehová.
El malo, por la altivez de su rostro, no busca a Dios;
No hay Dios en ninguno de sus pensamientos.
Sus caminos son torcidos en todo tiempo;
Tus juicios los tiene muy lejos de su vista;
A todos sus adversarios desprecia.

"¿Hasta cuándo, oh Dios, nos afrentará el angustiador?", se preguntaba Asaf, "¿Ha de blasfemar el enemigo perpetuamente tu nombre?" (Sal. 74:10-11). En otro Salmo Asaf suplicaba: "Oh Dios, no guardes silencio; no calles, oh Dios, ni te estés quieto. Porque he aquí que rugen tus enemigos, y los que te aborrecen alzan cabeza" (Sal. 83:1-2). En el Salmo 94:3-4 un salmista anónimo se quejaba ante Dios: "¿Hasta cuándo los impíos, hasta cuándo, oh Jehová, se gozarán los impíos? ¿Hasta cuándo pronunciarán, hablarán cosas duras, y se vanagloriarán todos los que hacen iniquidad?"

Haciéndose eco del clamor de los salmistas, Jeremías oró:

Justo eres tú, oh Jehová, para que yo dispute contigo;
sin embargo, alegaré mi causa ante ti.
¿Por qué es prosperado el camino de los impíos,
y tienen bien todos los que se portan deslealmente?
Los plantaste, y echaron raíces;
crecieron y dieron fruto;
cercano estás tú en sus bocas,
pero lejos de sus corazones.
Pero tú, oh Jehová, me conoces;
me viste, y probaste mi corazón para contigo;
arrebátalos como a ovejas para el degolladero,
y señálalos para el día de la matanza (Jer. 12:1-3).

"Muy limpio eres de ojos para ver el mal", afirmó Habacuc, "ni puedes ver el agravio; ¿por qué", prosiguió preguntando el confuso profeta, "ves a los menospreciadores, y callas cuando destruye el impío al más justo que él?" (Hab. 1:13). Los mártires de la tribulación en el cielo clamaban a Dios: "¿Hasta cuándo, Señor, santo y verdadero, no juzgas y vengas nuestra sangre en los que moran en la tierra?" (Ap. 6:10).

Todo el dolor, la tristeza, el sufrimiento y la maldad en el mundo hacen que los piadosos anhelen la intervención de Dios. Viene un día en el que Él romperá su silencio, un día cuando todos los propósitos de Dios con relación a los hombres y al mundo se consumarán. En aquel tiempo, el Señor Jesucristo volverá y establecerá su reino terrenal. Él gobernará con justicia, "con vara de hierro" (Sal. 2:9), y "la tierra será llena del conocimiento de Jehová, como las aguas cubren el mar" (Is. 11:9). Todos los ateos, agnósticos y burladores que se mofaban de la enseñanza de la venida de Cristo (2 P. 3:3-4) quedarán silenciados. El dominio del pecado, las mentiras, los asesinatos, los robos, las guerras y la persecución y el martirio del pueblo de Dios terminarán. Satanás y sus demonios serán atados y lanzados al abismo por mil años (Ap. 20:1-3), imposibilitados de seguir tentando, atormentando o acusando a los creyentes. El desierto se convertirá en huerto florecido (cp. Is. 35:1; 51:3; Ez. 36:34-35), las personas vivirán largamente (Is. 65:20), y habrá paz entre los que anteriormente eran enemigos a todos los niveles de la sociedad, incluso en el reino animal (Is. 11:6-8). Los estragos del pecado, corazones destrozados, relaciones quebrantadas, matrimonios deshechos, familias destruidas, sueños rotos, personas abatidas, se sanarán. El pesar, la tristeza, el lamento y el dolor se desvanecerán como la niebla de la mañana ante el sol del mediodía (cp. Ap. 7:17; 21:4).

El toque de la séptima trompeta, que anuncia la inminente venida y el reinado del Señor Jesucristo, servirá de guía a este día tan esperado: "El séptimo ángel tocó la trompeta, y hubo grandes voces en el cielo, que decían: Los reinos del mundo han venido a ser de nuestro Señor y de su Cristo; y él reinará por los siglos de los siglos" (11:15). La séptima trompeta liberará los vertiginosos siete juicios de las copas que preceden inmediatamente a la venida de Cristo a la tierra (16:1-21).

Pero antes de que se toque la séptima trompeta habrá un intervalo, que se extiende desde 10:1 hasta 11:14, permitiendo a Juan (y a los lectores de la actualidad) hacer una pausa y asimilar las alarmantes verdades que se les acaban de revelar. El intervalo entre la sexta y la séptima trompeta se asemeja a esos intervalos en los juicios de los sellos y las copas. Entre el sexto y el séptimo sellos vino el intervalo del capítulo 7; entre la sexta y la séptima copas viene el breve intervalo de 16:15. Estos intervalos animan al pueblo de Dios en medio de la furia y el horror del juicio divino, y les recuerdan que Dios sigue teniendo soberano control de todos los sucesos. Durante los intervalos, Dios consuela a su pueblo con el conocimiento de que Él no las ha olvidado, y que finalmente tendrán la victoria.

Esto es verdad sobre todo en el más largo (desde el punto de vista de la cantidad de material que se le dedica) de los tres intervalos, el que está entre la sexta y la séptima trompeta (10:1-11:14). Los creyentes que estén vivos durante ese tiempo soportarán los inimaginables horrores de un mundo enloquecido por el pecado y bajo el ataque de los demonios. Como los creyentes de la época de Malaquías (cp. Mal. 3:16-17), temerán ser arrastrados por los juicios divinos que están desolando la tierra. Dios los consolará y les confirmará que Él no los ha olvidado y que aun está en control de todos los acontecimientos y que protege a los suyos.

El capítulo 10 describe los sucesos iniciales de este intervalo en preparación para el toque de la final trompeta. Lo hace al describir cinco elementos extraordinarios: un ángel extraordinario, un hecho extraordinario, una respuesta extraordinaria, un anuncio extraordinario y una tarea extraordinaria.

UN ÁNGEL EXTRAORDINARIO

Vi descender del cielo a otro ángel fuerte, envuelto en una nube, con el arco iris sobre su cabeza; y su rostro era como el sol, y sus pies como columnas de fuego. Tenía en su mano un librito abierto; (10:1-2*a*)

Como ocurre en todo Apocalipsis (cp. 4:1; 7:1, 9; 15:5; 18:1; 19:1), *eidon* (**Vi**) marca el comienzo de una nueva visión. Después de su visión de las primeras seis trompetas (8:6-9:21), Juan tuvo una visión de alguien a quien no había visto antes. Este **ángel fuerte** no es uno de los siete ángeles que tocaron las siete trompetas. Destacando las similitudes entre su descripción y la de Cristo en 1:12-17, y que él, como Cristo, desciende en una nube (cp. 1:7), algunos identifican este ángel como Jesucristo. Pero hay varios factores en contra de tal identificación.

En primer lugar, el empleo de *allos* (**otro** de la misma clase) identifica a este ángel como uno exactamente igual a los que anteriormente se mencionaron con las trompetas. Si se estuviera refiriendo a Cristo, se esperaría la palabra *heteros* (otro de distinta clase), ya que Cristo es esencialmente distinto de los ángeles. A Cristo no se le podía describir como un ángel exactamente igual que los otros ángeles, ya que ellos son creados y Él es el eterno Dios.

En segundo lugar, dondequiera que Jesucristo aparece en Apocalipsis, Juan le da un título inconfundible. A Él se le llama "el testigo fiel, el primogénito de los muertos, y el soberano de los reyes de la tierra" (1:5), el Hijo del Hombre (1:13), el primero y el último (1:17), el que vive (1:18), el Hijo de Dios (2:18), "el Santo, el Verdadero" (3:7), "el Amén, el testigo fiel y verdadero, el principio de la creación de Dios" (3:14), "el León de la tribu de Judá, la raíz de David" (5:5), el Cordero

(6:1, 16; 7:17; 8:1), Fiel y Verdadero (19:11), la Palabra de Dios (19:13) y "Rey de reyes y Señor de señores" (19:16). Es lógico suponer que si el ángel que se analiza fuera Cristo, se le identificaría de manera inconfundible.

En tercer lugar, en Apocalipsis aparecen otros ángeles fuertes, que claramente no pueden identificarse con Cristo (5:2; 18:21). Como a los otros ángeles se les designa así, no hay una razón convincente para asociar ese título con Jesucristo. Además de eso, aunque el Cristo preencarnado apareció en el Antiguo Testamento como el Ángel del Señor, el Nuevo Testamento no se refiere a Él en ninguna parte como un ángel.

En cuarto lugar, es inconcebible que Jesucristo, la segunda persona de la Trinidad, pudiera hacer el juramento que hace este ángel en los versículos 5 y 6: "Y el ángel que vi en pie sobre el mar y sobre la tierra, levantó su mano al cielo, y juró por el que vive por los siglos de los siglos, que creó el cielo y las cosas que están en él, y la tierra y las cosas que están en ella, y el mar y las cosas que están en él". Como Él es Dios, el resucitado y glorificado Señor Jesucristo juraría por sí mismo (cp. He. 6:13).

Por último, este ángel descendió **del cielo** a la tierra. El identificarlo como Cristo es añadir otra venida de Cristo a la tierra, no predicha en ningún lugar en las Escrituras, y que no está en armonía con las descripciones bíblicas de la Segunda Venida (cp. Mt. 24:30; 25:31; 2 Ts. 1:7-8).

Otros ángeles descritos en las Escrituras tienen el mismo esplendor que tiene este ángel. Ezequiel 28:11-15 describe la gloriosa apariencia angelical de Lucifer, antes de su rebelión contra Dios:

Vino a mí palabra de Jehová, diciendo:
Hijo de hombre, levanta endechas sobre el rey de Tiro, y dile: Así ha dicho
Jehová el Señor:
Tú eras el sello de la perfección,
lleno de sabiduría, y acabado de hermosura.
En Edén, en el huerto de Dios estuviste;
de toda piedra preciosa era tu vestidura;
de cornerina, topacio, jaspe, crisólito, berilo y ónice;
de zafiro, carbunclo, esmeralda y oro;
los primores de tus tamboriles y flautas
estuvieron preparados para ti en el día de tu creación.
Tú, querubín grande, protector,
yo te puse en el santo monte de Dios, allí estuviste;
en medio de las piedras de fuego te paseabas.
Perfecto eras en todos tus caminos
desde el día que fuiste creado,
hasta que se halló en ti maldad.

Daniel tuvo una visión de un ángel, a quien describió como "un varón vestido de lino, y ceñidos sus lomos de oro de Ufaz. Su cuerpo era como de berilo, y su rostro parecía un relámpago, y sus ojos como antorchas de fuego, y sus brazos y sus pies como de color de bronce bruñido, y el sonido de sus palabras como el estruendo de una multitud" (Dn. 10:5-6). (Que el ángel de la visión de Daniel no es el Cristo preencarnado es evidente por el hecho de que requirió de la ayuda de Miguel para luchar contra los demonios, v. 13).

Luego de presentar a este poderoso ángel, Juan describe su espectacular atuendo. Él estaba **envuelto en una nube,** vistiendo el ropaje del cielo sobre sus poderosos hombros. Esto simboliza su poder, majestad y gloria, y el hecho de que viene trayendo juicio. Las nubes están relacionadas con la segunda venida de Cristo en el juicio en 1:7; 14:14-16; Mateo 24:30; Marcos. 13:26; 14:62 y Lucas 21:27.

Juan también vio un **arco iris sobre su cabeza.** *Iris* (arco iris) era la diosa griega que personificaba el arco iris, y servía como mensajera de los dioses. En el griego clásico *iris* se empleaba para describir cualquier halo brillante que rodeaba a otro objeto, como un círculo rodeando los 'ojos' en una cola de pavo real, o el iris del ojo (Marvin R. Vincent, *Word Studies in the New Testament* [Estudio de palabras en el Nuevo Testamento] [Reimpreso; Grand Rapids: Eerdmans, 1946]; 2:477). Aquí se describe el arco iris brillante y de muchos colores alrededor de la cabeza del ángel, que refleja su glorioso esplendor. La misma palabra se empleó en 4:3 para describir el arco iris que rodeaba el trono de Dios.

Mientras la nube simboliza juicio, el arco iris representa el pacto de misericordia de Dios en medio del juicio (como lo hizo en 4:3). Después del diluvio, Dios dio el arco iris como la señal de su promesa de que nunca volvería a destruir al mundo con agua (Gn. 9:12-16). El arco iris con que el ángel está coronado, hablará una vez más al pueblo de Dios de su misericordia en medio del juicio venidero. Malaquías 3:16—4:2 presenta esa misma dualidad de la promesa del pacto de Dios de misericordia para su pueblo en medio del juicio:

Entonces los que temían a Jehová hablaron cada uno a su compañero; y Jehová escuchó y oyó, y fue escrito libro de memoria delante de él para los que temen a Jehová, y para los que piensan en su nombre. Y serán para mí especial tesoro, ha dicho Jehová de los ejércitos, en el día en que yo actúe; y los perdonaré, como el hombre que perdona a su hijo que le sirve. Entonces os volveréis, y discerniréis la diferencia entre el justo y el malo, entre el que sirve a Dios y el que no le sirve. Porque he aquí, viene el día ardiente como un horno, y todos los soberbios y todos los que hacen maldad serán estopa; aquel día que vendrá los abrasará, ha dicho Jehová de los ejércitos, y no les dejará ni raíz ni rama. Mas a vosotros los que teméis mi nombre, nacerá el Sol de justicia, y en sus alas traerá salvación; y saldréis, y saltaréis como becerros de la manada.

Al pasar a describir la apariencia del ángel, Juan observa ante todo que **su rostro era como el sol** (cp. 18:1). Su gloria radiante y luminosa, que sobrepasaba ampliamente la de Moisés (cp. Éx. 34:29-35), iluminaba la tierra **como** el deslumbrante **sol** del mediodía (cp. 18:1). Sin embargo, esa brillantez no es sino un pálido reflejo de la Shekiná de Dios, "que habita en luz inaccesible; a quien ninguno de los hombres ha visto ni puede ver" (1 Ti. 6:16), porque, como Él le dijo a Moisés: "No podrás ver mi rostro; porque no me verá hombre, y vivirá" (Éx. 33:20). La misma gloria brilló en el rostro del exaltado Señor Jesús en 1:16.

Acto seguido Juan describió los **pies** y las piernas del ángel **como columnas de fuego** firmes, estables, inconmovibles. Esto simboliza su inexorable santidad al emitir su juicio sobre la tierra, representada aquí como **fuego** que consume la impiedad (cp. Mal. 4:1).

Algunos señalan que el uso de *biblaridion* (**librito**) en el versículo 2 distingue a este libro del *biblion* ("libro") de 5:1. Pero ese razonamiento pasa por alto el hecho de que *biblaridion* es la forma diminutiva de *biblion,* y que *biblion* también se emplea para referirse al **librito** en 10:8. En vez de diferenciar este libro del libro del capítulo 5, el diminutivo simplemente añade una descripción adicional de él en esta visión. Era necesario que el libro fuera menor por el simbolismo de esa visión, ya que Juan lo debía comer. El empleo del participio *hēneōgmenon* (abierto) subraya la idea de un rollo que se abre; una vez abierto, debe permanecer así. Esto lo identifica aun más con el libro de 5:1, que ya está completamente abierto. El librito abierto en la mano de este extraordinario ángel revela todos los terrores del juicio divino aún por venir.

UN ACTO EXTRAORDINARIO

y puso su pie derecho sobre el mar, y el izquierdo sobre la tierra; y clamó a gran voz, como ruge un león; y cuando hubo clamado, siete truenos emitieron sus voces. (10:2*b*-3)

El que el ángel pusiera un **pie... sobre el mar** y el otro **sobre la tierra** muestra su gran tamaño desde la perspectiva de la visión de Juan. Como no se da limitación alguna al describir el **mar** y la **tierra,** esta acción del ángel muestra la autoridad soberana de Dios para juzgar toda la tierra (cp. 7:2; Éx. 20:4, 11; Sal. 69:34), que pronto retomará del usurpador, Satanás. Pablo escribió: "del Señor es la tierra y su plenitud" (1 Co. 10:26). La acción del ángel anticipa simbólicamente los juicios venideros de las siete trompetas y de las siete copas sobre toda la tierra.

En armonía con su enorme tamaño, el ángel **clamó a gran voz, como ruge un león.** Su fuerte clamor refleja el poder, la majestad y la autoridad de Dios. Los profetas del Antiguo Testamento también vincularon una voz fuerte, como rugido de león, con juicio. Jeremías predijo que

Tú, pues, profetizarás contra ellos todas estas palabras y les dirás: Jehová rugirá
desde lo alto, y desde su morada santa dará su voz; rugirá fuertemente contra
su morada; canción de lagareros cantará contra todos los moradores de la
tierra (Jer. 25:30).

Oseas escribió que "Jehová... rugirá como león; rugirá, y los hijos vendrán temblando" (Os. 11:10), mientras en la profecía de Joel "Jehová rugirá desde Sion, y dará su voz desde Jerusalén, y temblarán los cielos y la tierra" (Jl. 3:16). Amós también describe un fuerte clamor de juicio (Am. 1:2; 3:8). Esto no quiere decir que la voz del ángel fuera un aullido incoherente. Más bien estaba hablando clara pero fuertemente para llamar la atención y causar miedo. Lo que realmente dijo el ángel se registra en 10:6.

Después que el ángel **clamó,** ocurrió algo asombroso: los **siete truenos emitieron sus voces; siete** habla de plenitud, de algo finalizado y de perfección. A menudo los **truenos** son presagio de juicio en las Escrituras (cp. 8:5; 11:19; 16:18; 1 S. 2:10; 2 S. 22:14; Sal. 18:13; Jn. 12:28-30). Éxodo 9:23 registra que "Moisés extendió su vara hacia el cielo, y Jehová hizo tronar y granizar, y el fuego se descargó sobre la tierra; y Jehová hizo llover granizo sobre la tierra de Egipto". En 1 Samuel 7:10 "Jehová tronó aquel día con gran estruendo sobre los filisteos, y los atemorizó, y fueron vencidos delante de Israel". Isaías escribió: "Por Jehová de los ejércitos serás visitada con truenos, con terremotos y con gran ruido, con torbellino y tempestad, y llama de fuego consumidor" (Is. 29:6). Estas siete voces fuertes, destructivas y poderosas clamaron por venganza y juicio sobre el mundo pecador. Los **truenos** estaban separados de la voz del ángel, y pudieran haber representado la voz de Dios (cp. 1 S. 7:10; Sal. 18:13). El texto no dice lo que dijeron los **truenos,** pero el oírlo sin duda habría añadido terror a la escena del juicio (cp. 8:5; 11:19; 16:18).

UNA RESPUESTA EXTRAORDINARIA

Cuando los siete truenos hubieron emitido sus voces, yo iba a escribir; pero oí una voz del cielo que me decía: Sella las cosas que los siete truenos han dicho, y no las escribas. (10:4)

Los **siete truenos** no hicieron simplemente un gran ruido, sino que comunicaron información que Juan **iba a escribir.** En obediencia a los mandamientos de Dios, Juan ya había escrito muchas cosas que había visto en sus visiones. En el capítulo 1 Juan relata que él "estaba en el Espíritu en el día del Señor, y [oyó] detrás de [él] una gran voz como de trompeta, que decía: Yo soy el Alfa y la Omega, el primero y el último. Escribe en un libro lo que ves, y envíalo a las siete iglesias que están en Asia: a Efeso, Esmirna, Pérgamo, Tiatira, Sardis, Filadelfia y Laodicea"

(1:10-11). Más adelante en ese capítulo, el Señor Jesucristo, resucitado y glorificado, le ordenó a Juan: "Escribe las cosas que has visto, y las que son, y las que han de ser después de estas" (1:19). A Juan se le ordenó específicamente, además, escribir cada una de las cartas a las siete iglesias (2:1, 8, 12, 18; 3:1, 7, 14). Más adelante en Apocalipsis, a Juan se le ordenaría una vez más que escribiera la que vio en sus visiones (14:13; 19:9; 21:5).

Pero antes de que Juan pudiera escribir el mensaje de los siete truenos, oyó **una voz del cielo** (cp. el v. 8; 11:12; 14:2, 13; 18:4) **que** [le] **decía: Sella las cosas que los siete truenos han dicho, y no las escribas.** No se revela si la voz era la del Padre, la de Jesucristo, o de otro ángel. Sin embargo, es evidente que la orden la dio Dios, el mismo que le había ordenado escribir (cp. 22:10). No se revela la razón de que a Juan se le prohibiera escribir el mensaje de los siete truenos. Pudiera ser que el juicio que profirieron fuera sencillamente demasiado aterrador para revelarlo. Cualquier especulación sobre el contenido específico de sus mensajes no tiene sentido; si Dios hubiera querido que se supiera, no habría prohibido a Juan escribirlo.

A Daniel también se le prohibió registrar algunos elementos de sus visiones. En Daniel 8:26 se le ordenó: "La visión de las tardes y mañanas que se ha referido es verdadera; y tú guarda la visión, porque es para muchos días". Luego se le dijo: "Anda, Daniel, pues estas palabras están cerradas y selladas hasta el tiempo del fin" (Dn. 12:9). El apóstol Pablo "fue arrebatado al paraíso, donde oyó palabras inefables que no le es dado al hombre expresar" (2 Co. 12:4). Hay algunas verdades que Dios ha decidido no revelar: "Las cosas secretas pertenecen a Jehová nuestro Dios; mas las reveladas son para nosotros y para nuestros hijos para siempre, para que cumplamos todas las palabras de esta ley" (Dt. 29:29); "Truena Dios maravillosamente con su voz; El hace grandes cosas, que nosotros no entendemos" (Job 37:5). Las palabras de los siete truenos caen en esa categoría. Son las únicas palabras en el libro de Apocalipsis que están selladas.

UN ANUNCIO EXTRAORDINARIO

Y el ángel que vi en pie sobre el mar y sobre la tierra, levantó su mano al cielo, y juró por el que vive por los siglos de los siglos, que creó el cielo y las cosas que están en él, y la tierra y las cosas que están en ella, y el mar y las cosas que están en él, que el tiempo no sería más, sino que en los días de la voz del séptimo ángel, cuando él comience a tocar la trompeta, el misterio de Dios se consumará, como él lo anunció a sus siervos los profetas. (10:5-7)

En un acto solemne, **el ángel que** Juan vio **en pie sobre el mar y sobre la tierra** (v. 2) **levantó su mano al cielo** (donde mora Dios), el ademán habitual para un juramento solemne (cp. Dt. 32:40; Dn. 12:7). Hacer un juramento así es asegurar delante de Dios que uno va a decir la verdad. Este juramento indicaba que lo que el ángel estaba a punto de decir era de suma importancia y veracidad.

Algunos sugieren que la acción del ángel viola la prohibición de los juramentos dada por el Señor Jesucristo en Mateo 5:34-35: "Pero yo os digo: No juréis en ninguna manera; ni por el cielo, porque es el trono de Dios; ni por la tierra, porque es el estrado de sus pies; ni por Jerusalén, porque es la ciudad del gran Rey". Pero obviamente un ser santo y perfecto no podría hacer algo contrario a los mandamientos de Dios. La Biblia no prohíbe jurar, sino más bien los juramentos evasivos con el fin de engañar (como hacían los escribas y los fariseos; cp. Mt. 23:16-22). Las Escrituras registran juramentos de personas tan piadosas como Abraham (Gn. 21:25-31), Isaac (Gn. 26:26-31), David (1 S. 20:12-17), y el apóstol Pablo (Hch. 18:18). Además de eso, la Biblia dice que Dios mismo ha jurado (p. ej. Gn. 22:16-18; Lc. 1:73; Hch. 2:30; He. 6:13). (Para un análisis adicional del asunto de jurar, vea *Santiago*, Comentario MacArthur del Nuevo Testamento [Grand Rapids: Editorial Portavoz, 2004].)

El ángel juró por el nombre del **que vive por los siglos de los siglos, que creó el cielo y las cosas que están en él, y la tierra y las cosas que están en ella, y el mar y las cosas que están en él.** Este señalamiento acerca de Dios resalta su eternidad (como en 1:18; 4:9, 10; 15:7) y su poder soberano en y sobre cada cosa en su creación. Identifica a Dios con la causa suprema de todo lo que existe. Pablo y Bernabé clamaron ante la multitud en Listra que buscaba deificarlos: "Varones, ¿por qué hacéis esto? Nosotros también somos hombres semejantes a vosotros, que os anunciamos que de estas vanidades os convirtáis al Dios vivo, que hizo el cielo y la tierra, el mar, y todo lo que en ellos hay" (Hch. 14:15). A los filósofos griegos paganos en la colina de Marte, en Atenas, Pablo declaró:

> *Entonces Pablo, puesto en pie en medio del Areópago, dijo: Varones atenienses, en todo observo que sois muy religiosos; porque pasando y mirando vuestros santuarios, hallé también un altar en el cual estaba esta inscripción: AL DIOS NO CONOCIDO. Al que vosotros adoráis, pues, sin conocerle, es a quien yo os anuncio. El Dios que hizo el mundo y todas las cosas que en él hay, siendo Señor del cielo y de la tierra, no habita en templos hechos por manos humanas, ni es honrado por manos de hombres, como si necesitase de algo; pues él es quien da a todos vida y aliento y todas las cosas. Y de una sangre ha hecho todo el linaje de los hombres, para que habiten sobre toda la faz de la tierra; y les ha prefijado el orden de los tiempos, y los límites de su habitación (Hch. 17:22-26).*

En ambos casos, Pablo identificó a Dios ante los paganos gentiles como la fuerza y causa primaria del universo creado. De esta forma respondió la pregunta más apremiante del ser humano a través de los siglos, la pregunta de los orígenes.

Esa forma de identificar a Dios como Creador se repite en la canción de alabanza de los veinticuatro ancianos que se recoge en 4:11: "Señor, digno eres de recibir la gloria y la honra y el poder; porque tú creaste todas las cosas, y por tu voluntad existen y fueron creadas". La abarcadora afirmación de que Dios **creó el cielo y las cosas que están en él, y la tierra y las cosas que están en ella, y el mar y las cosas que están en él,** revela que el alcance del poder creador de Dios es global (cp. Gn. 1:1; Éx. 20:11; Sal. 33:6; 102:25; 115:15; 124:8; 134:3; 146:5-6; Is. 37:16; 42:5; Jer. 32:17; 51:15). Su propósito para su creación se cumplirá mediante juicio, renovación, destrucción y nueva creación.

El contenido específico del juramento del ángel fue **que el tiempo no sería más,** respondiendo la pregunta de los mártires "¿Hasta cuándo?" (6:10), y las oraciones de los santos en 8:3-5. La frase **sino que en los días de la voz del séptimo ángel, cuando él comience a tocar la trompeta** indica que el juicio de la séptima trompeta está a punto de comenzar y que no es un suceso único, sino que abarca **días,** lo que indica algún tiempo. Este período incluye los juicios de las siete copas (16:1-21), que parecen requerir algunas semanas o meses para mostrarse. Así que el toque de la séptima trompeta trae el juicio final, representado en las copas de ira derramadas sobre la tierra. Se ve el tiempo de la paciencia de Dios como llegando a su final; el tiempo para los actos finales de juicio se ven a punto de llegar. Ha llegado el tiempo anunciado por las preguntas de los discípulos en Mateo 24:3 y en Hechos 1:6. Las oraciones de todos los santos, de todas las épocas, por la consumación del reino de Dios, están a punto de recibir respuesta (cp. 6:9-11; Mt. 6:9-10). Cuando el **séptimo ángel** suene la trompeta, "los reinos del mundo [vendrán] a ser de nuestro Señor y de su Cristo; y él reinará por los siglos de los siglos" (11:15).

En ese momento **el misterio de Dios se consumará, como él lo anunció a sus siervos los profetas.** En las Escrituras **misterio** se refiere a las verdades que Dios ha escondido y que revelará en su momento. Pablo escribió:

> *Y al que puede confirmaros según mi evangelio y la predicación de Jesucristo, según la revelación del misterio que se ha mantenido oculto desde tiempos eternos, pero que ha sido manifestado ahora, y que por las Escrituras de los profetas, según el mandamiento del Dios eterno, se ha dado a conocer a todas las gentes para que obedezcan a la fe (Ro. 16:25-26).*

Los misterios ocultos en el pasado, que el Nuevo Testamento revela, incluyen los "misterios del reino" (Mt. 13:11), el misterio del endurecimiento de Israel (Ro. 11:25), el misterio del arrebatamiento (1 Co. 15:51), el "misterio de la iniquidad" (2 Ts. 2:7), el "misterio de Cristo" (Ef. 3:4) y el de "Cristo y la iglesia" (Ef. 5:32), el misterio de Cristo en el creyente (Col. 1:26-27), y el misterio de la encarnación (1 Ti. 3:16). Pablo se consideraba un administrador o guardián y distribuidor de esos grandes misterios (1 Co. 4:1), para "aclarar a todos cuál sea la dispensación del misterio escondido desde los siglos en Dios" (Ef. 3:9).

El **misterio de Dios** (cp. 1 Co. 2:7; Col. 2:2) del que hablaron los ángeles es el "de reunir todas las cosas en Cristo, en la dispensación del cumplimiento de los tiempos, así las que están en los cielos, como las que están en la tierra" (Ef. 1:10). Es la consumación del plan de Dios al hacer que se cumpla su glorioso reino en Cristo. Abarca la salvación de los elegidos y su lugar en su glorioso reino y todo lo relacionado con eso. Incluye el juicio de los hombres y los demonios. El **misterio** antes oculto se refiere a todos los detalles desconocidos que se revelan desde este momento hasta el final de Apocalipsis, cuando se crean los nuevos cielos y la nueva tierra. Dios había **anunciado** ese misterio (sin todos los detalles revelados en el Nuevo Testamento) **a sus siervos los profetas** en el Antiguo Testamento, y hombres como Daniel, Ezequiel, Isaías, Jeremías, Joel, Amós y Zacarías escribieron de los acontecimientos de los postreros tiempos. Sin embargo, la mayoría de los detalles estaban ocultos y sin revelar hasta el Nuevo Testamento (por ejemplo en Mt. 24, 25, y 2 Ts. 1:5-2:12), y de forma más particular en los capítulos anteriores de Apocalipsis. A los creyentes que vivan en aquel tiempo, en un mundo invadido por los demonios, los asesinos, la inmoralidad sexual, el abuso de las drogas, los ladrones y los desastres naturales sin paralelo, les producirá gran consuelo y esperanza en medio del juicio, el saber que el glorioso plan de Dios está según lo programado, que el reino prometido está cercano, cuando "la tierra será llena del conocimiento de la gloria de Jehová, como las aguas cubren el mar" (Hab. 2:14).

UNA TAREA EXTRAORDINARIA

La voz que oí del cielo habló otra vez conmigo, y dijo: Ve y toma el librito que está abierto en la mano del ángel que está en pie sobre el mar y sobre la tierra. Y fui al ángel, diciéndole que me diese el librito. Y él me dijo: Toma, y cómelo; y te amargará el vientre, pero en tu boca será dulce como la miel. Entonces tomé el librito de la mano del ángel, y lo comí; y era dulce en mi boca como la miel, pero cuando lo hube comido, amargó mi vientre. Y él me dijo: Es necesario que profetices otra vez sobre muchos pueblos, naciones, lenguas y reyes. (10:8-11)

Volvió a hablar la voz que Juan había oído antes **del cielo** (v. 4) prohibiéndole que escribiera las palabras de los siete truenos. Como había ocurrido antes (cp. 1:17; 4:1; 5:4-5; 7:13-14), Juan volvió a convertirse en participante activo en esta visión. Dejó la posición de observador para convertirse en un actor en el drama. La voz le dijo: **Ve y toma el librito que está abierto en la mano del ángel que está en pie sobre el mar y sobre la tierra.** Esta tercera referencia a la ubicación del ángel destaca la extraordinaria autoridad que tiene sobre la tierra. Entonces, en una gráfica ilustración de lo que debe ser una respuesta apropiada de parte de los creyentes al inminente juicio de Dios, se le dijo a Juan: **Toma, y cómelo; y te amargará el vientre, pero en tu boca será dulce como la miel.** El ángel sabía cuál sería la reacción de Juan a esta verdad. Obedientemente, como Ezequiel antes que él (Ez. 2:9-3:3), Juan en la visión tomó simbólicamente **el librito de la mano del ángel, y** se lo comió. Como había profetizado el ángel, en la boca de Juan **era dulce... como la miel;** pero **cuando** lo hubo **comido, se le amargó** el **vientre.**

El acto de comer el libro simbolizaba absorber y asimilar la Palabra de Dios (cp. Sal. 19:10; Jer. 15:16; Ez. 3:1-3). Cuando Juan entendió la palabra divina con relación a los juicios que restaban cuando el Señor tomó posesión del universo, él halló las palabras escritas en **el librito** tanto dulces **como la miel** como amargas; **dulce** porque Juan, como todos los creyentes, deseaba que el Señor actuara en juicio para recuperar la tierra que legítimamente le pertenece, y recibir la exaltación, la honra y la gloria que Él merece. Pero la realidad de esta terrible condena aguardando por los incrédulos, cambió el dulce sabor inicial en amargura.

Todos los que aman a Jesucristo pueden sentir la misma ambivalencia de Juan. Los creyentes anhelan la venida de Cristo en gloria, para la destrucción de Satanás y el establecimiento del glorioso reino de nuestro Señor en la tierra, en el que Él gobernará con soberanía universal y en gloria mientras establece en el mundo la justicia, la verdad y la paz. Pero ellos, como Pablo (Ro. 9:1-3), se entristecen con amargura ante el juicio de los impíos.

En armonía con su experiencia agridulce, se le dijo a Juan: **Es necesario que profetices otra vez sobre muchos pueblos, naciones, lenguas y reyes; otra vez** indica que a Juan se le estaba comisionando por segunda vez (cp. 1:19) para escribir el resto de las profecías que Dios le iba a dar. Lo que estaba a punto de aprender sería más devastador que todas las demás cosas reveladas hasta ahora, y más glorioso. Él debía ser fiel a su tarea de registrar toda la verdad que había visto y que pronto vería. Las profecías que recibiría Juan estarían relacionadas con todo el mundo (resumidas en las cuatro grupos de personas de 5:9 y 7:9) y en todo lugar. Así que Juan debe advertir sobre todos los amargos juicios que vienen con la séptima trompeta y con las siete copas. Como desterrado en Patmos (1:9) no tuvo oportunidad alguna de predicar a todas las naciones, pero debía escribir las profecías y distribuirlas, para así advertir a todas las personas de la amargura del juicio por venir, y de la muerte y el infierno. Los pecadores en todo lugar pueden conocer, porque Juan registró estas profecías, que, aunque el juicio está en el presente contenido, viene un día futuro cuando el séptimo ángel sonará su trompeta, y el dominio del pecado terminará, la libertad de Satanás y sus demonios llegará a su fin, los hombres impíos serán juzgados, y los creyentes glorificados. Este capítulo presenta un intervalo de esperanza teñido con la amargura que recuerda a todos los cristianos su responsabilidad evangelística de advertir al mundo acerca de ese día.

Dos testigos

23

Entonces me fue dada una caña semejante a una vara de medir, y se me dijo: Levántate, y mide el templo de Dios, y el altar, y a los que adoran en él. Pero el patio que está fuera del templo déjalo aparte, y no lo midas, porque ha sido entregado a los gentiles; y ellos hollarán la ciudad santa cuarenta y dos meses. Y daré a mis dos testigos que profeticen por mil doscientos sesenta días, vestidos de cilicio. Estos testigos son los dos olivos, y los dos candeleros que están en pie delante del Dios de la tierra. Si alguno quiere dañarlos, sale fuego de la boca de ellos, y devora a sus enemigos; y si alguno quiere hacerles daño, debe morir él de la misma manera. Estos tienen poder para cerrar el cielo, a fin de que no llueva en los días de su profecía; y tienen poder sobre las aguas para convertirlas en sangre, y para herir la tierra con toda plaga, cuantas veces quieran. Cuando hayan acabado su testimonio, la bestia que sube del abismo hará guerra contra ellos, y los vencerá y los matará. Y sus cadáveres estarán en la plaza de la grande ciudad que en sentido espiritual se llama Sodoma y Egipto, donde también nuestro Señor fue crucificado. Y los de los pueblos, tribus, lenguas y naciones verán sus cadáveres por tres días y medio, y no permitirán que sean sepultados. Y los moradores de la tierra se regocijarán sobre ellos y se alegrarán, y se enviarán regalos unos a otros; porque estos dos profetas habían atormentado a los moradores de la tierra. Pero después de tres días y medio entró en ellos el espíritu de vida enviado por Dios, y se levantaron sobre sus pies, y cayó gran temor sobre los que los vieron. Y oyeron una gran voz del cielo, que les decía: Subid acá. Y subieron al cielo en una nube; y sus enemigos los vieron. En aquella hora hubo un gran terremoto, y la décima parte de la ciudad se derrumbó, y por el terremoto murieron en número de siete mil hombres; y los demás se aterrorizaron, y dieron gloria al Dios del cielo. El segundo ay pasó; he aquí, el tercer ay viene pronto. (11:1-14)

A lo largo de la historia Dios ha enviado fielmente a sus voceros para llamar a los pecadores al arrepentimiento. Durante los largos y tenebrosos años de la rebeldía de Israel, "Jehová amonestó entonces a Israel y a Judá por medio de todos los profetas y de todos los videntes, diciendo: Volveos de vuestros malos caminos, y guardad mis mandamientos y mis ordenanzas, conforme a todas las leyes que yo prescribí a vuestros padres, y que os he enviado por medio de mis siervos los profetas" (2 R. 17:13). Trágicamente,

ellos no obedecieron, antes endurecieron su cerviz, como la cerviz de sus padres, los cuales no creyeron en Jehová su Dios. Y desecharon sus estatutos, y el pacto que él había hecho con sus padres, y los testimonios que él había prescrito a ellos; y siguieron la vanidad, y se hicieron vanos, y fueron en pos de las naciones que estaban alrededor de ellos, de las cuales Jehová les había mandado que no hiciesen a la manera de ellas (vv. 14-15).

Y Jehová el Dios de sus padres envió constantemente palabra a ellos por medio de sus mensajeros, porque él tenía misericordia de su pueblo y de su habitación. Mas ellos hacían escarnio de los mensajeros de Dios, y menospreciaban sus palabras, burlándose de sus profetas, hasta que subió la ira de Jehová contra su pueblo, y no hubo ya remedio (2 Cr. 36:15-16).

Y envié a vosotros todos mis siervos los profetas, desde temprano y sin cesar, para deciros: No hagáis esta cosa abominable que yo aborrezco. Pero no oyeron ni inclinaron su oído para convertirse de su maldad, para dejar de ofrecer incienso a dioses ajenos. Se derramó, por tanto, mi ira y mi furor, y se encendió en las ciudades de Judá y en las calles de Jerusalén, y fueron puestas en soledad y en destrucción, como están hoy (Jer. 44:4-6).

Los profetas como Elías, Eliseo, Isaías, Jeremías, Jonás y los demás confrontaron tanto al obstinado Israel como a las naciones gentiles pecadoras. La experiencia de Jeremías fue típica de la acogida que muchas veces recibían los profetas:

Palabra que vino a Jeremías acerca de todo el pueblo de Judá en el año cuarto de Joacim hijo de Josías, rey de Judá, el cual era el año primero de Nabucodonosor rey de Babilonia; la cual habló el profeta Jeremías a todo el pueblo de Judá y a todos los moradores de Jerusalén, diciendo: Desde el año trece de Josías hijo de Amón, rey de Judá, hasta este día, que son veintitrés años, ha venido a mí palabra de Jehová, y he hablado desde temprano y sin cesar; pero no oísteis. Y envió Jehová a vosotros todos sus siervos los profetas, enviándoles desde temprano y sin cesar; pero no oísteis, ni inclinasteis vuestro oído para escuchar cuando decían: Volveos ahora de vuestro mal camino y de la maldad de vuestras obras, y moraréis en la tierra que os dio Jehová a vosotros y a vuestros padres para siempre; y no vayáis en pos de dioses ajenos, sirviéndoles y adorándoles, ni me provoquéis a ira con la obra de vuestras manos; y no os haré mal (Jer. 25:1-6).

A pesar de esto, el cuadro no ha estado completamente sin esperanza; Dios siempre ha preservado un remanente entre los creyentes. Pablo escribió a los romanos: "Isaías clama tocante a Israel: Si fuere el número de los hijos de Israel como la arena del mar, tan sólo el remanente será salvo" (Ro. 9:27; cp. Ro. 11:4-5; Is. 10:20-22; 11:11). La salvación de Dios ha venido para el remanente fiel de Israel, así como para los gentiles creyentes, mediante la fiel predicación del evangelio. En Romanos 10:13 Pablo declara: "Todo aquel que invocare el nombre del Señor, será salvo". Después el apóstol pregunta retóricamente: "¿Cómo, pues, invocarán a aquel en el cual no han creído? ¿Y cómo creerán en aquel de quien no han oído? ¿Y cómo oirán sin haber quien les predique?" (v. 14)'.

En el Nuevo Testamento, como en el Antiguo, fieles predicadores pidieron arrepentimiento y fe, ofreciendo a todos los pecadores la esperanza de perdón en Cristo. Principal entre esos predicadores fue el Señor Jesucristo mismo (Mt. 4:17; Mr. 1:38). La lista de predicadores del Nuevo Testamento incluye también a Juan el Bautista (Mt. 3:1-2), los doce (Mt. 10:5-7; Mr. 6:7-12), Pedro (Hch. 2:14ss; 3:12ss), Esteban (Hch. 7:1-56), Felipe (Hch. 8:12, 35, 40), y el más fecundo de todos, el apóstol Pablo (Hch. 13:15ss; 1 Ti. 2:7; 2 Ti. 1:11).

Ellos, a su vez, pasaron la verdad del evangelio a la siguiente generación de piadosos predicadores, quienes la pasaron a otros predicadores (cp. 2 Ti. 2:2), como Timoteo, Tito y los profetas y apóstoles de las iglesias, así como también los ancianos y obispos de la iglesia primitiva. Junto con los muchos predicadores desconocidos a través de los siglos, ha habido destacados predicadores del evangelio, como Clemente, Ignacio, Policarpo, Crisóstomo, Ireneo, Wycliff, Huss, Tyndale, Lutero, Calvino, Zwinglio, Latimer, Knox, Bunyan, Wesley, Whitefield, Maclaren, Edwards, Spurgeon y una multitud de otros, hasta hoy día.

En el futuro, durante la hora más oscura de la tierra, Dios levantará dos excepcionales y poderosos predicadores. Ellos proclamarán valientemente el evangelio durante los últimos tres años y medio del período de siete años de tribulación, el período que Jesús llamó "la gran tribulación" (Mt. 24:21; cp. Ap. 7:14). Durante ese tiempo de terribles juicios divinos en la tierra, de violentas hordas de demonios aterrorizando y asesinando a millones de personas, y de hombres malvados comportándose violenta y desenfrenadamente, su predicación del evangelio, junto con la de los ciento cuarenta y cuatro mil evangelistas judíos (7:1-10), el ángel que voló "por en medio del cielo" (14:6), y los testimonios de otros creyentes vivos durante ese tiempo, será la expresión final de la gracia de Dios ofrecida para pecadores que creen y se arrepienten.

Además de predicar el evangelio, estos dos predicadores proclamarán el juicio de Dios sobre el mundo malvado. Su ministerio probablemente se extenderá desde el punto medio de la tribulación hasta justo antes del toque de la séptima trompeta. Esa trompeta anunciará el derramamiento de los juicios de las copas, la batalla de Armagedón y la venida de Cristo. Durante ese período, declararán que los desastres que están ocurriendo en el mundo son los juicios de Dios. Ellos participarán en el cumplimiento de las palabras del Señor Jesucristo de que "será predicado este evangelio del reino en todo el mundo, para testimonio a todas las naciones; y entonces vendrá el fin" (Mt. 24:14). Dios también los usará a ellos para llevar salvación a Israel (cp. el análisis del v. 13 debajo).

Pero antes de presentar a estos dos fieles testigos, Juan registra un fascinante incidente en el que él mismo toma parte, un incidente que prepara el escenario para la llegada de los dos predicadores.

EL TEMPLO MEDIDO

Entonces me fue dada una caña semejante a una vara de medir, y se me dijo: Levántate, y mide el templo de Dios, y el altar, y a los que adoran en él. Pero el patio que está fuera del templo déjalo aparte, y no lo midas, porque ha sido entregado a los gentiles; y ellos hollarán la ciudad santa cuarenta y dos meses. (11:1-2)

Algunas veces en Apocalipsis el apóstol Juan toma parte activa en sus visiones (cp. 1:17; 4:1; 5:4-5; 7:13-14; 10:8-10). Después de su renovada encomienda de escribir las profecías que estaban por venir en Apocalipsis (10:11), Juan una vez más se ve implicado en una de las mismas visiones que estaba registrando. A él le **fue dada una caña semejante a una vara de medir,** o por el mismo ángel que habló con él en 10:8, o por el ángel fuerte que habló con él en 10:9-11. *Kalamos* (**caña**) se refiere a una planta como junco que crecía en el valle del Jordán hasta una altura de cinco o seis metros. Tenía un tallo que era hueco y de poco peso, pero lo bastante rígido como para usarlo como una **vara** o bastón (cp. Ez. 29:6) o para rebajarlo y convertirlo en una pluma (3 Jn. 13). Los tallos, como eran largos y ligeros, eran ideales para usarlos como varas de medir. En la visión de Ezequiel, un ángel usó una vara como esa para medir el templo milenario (Ez. 40:3-43:17).

A Juan se le dijo que midiera **el templo de Dios,** incluso **el altar, y a los que adoran en él.** Es obvio que este no era un esfuerzo por determinar las dimensiones físicas, ya que no se recogen ningunas, sino que estaba comunicando una verdad importante más allá de la arquitectura. Podría indicar, como a veces en el Antiguo Testamento, que Dios ocasionalmente marca límites para destrucción (p. ej. 2 S. 8:2; 2 R. 21:13; Is. 28:17; Lm. 2:8; Am. 7:7-9, 17). Pero es mejor entender la acción de Juan de medir como indicando pertenencia, definiendo los límites de las posesiones de Dios (cp. 21:15; Zac. 2:1-5). Esas medidas significaban algo bueno, ya que se dejó de medir lo que era malo (v. 2). Es mejor verlas como Dios midiendo a Israel, simbolizado por su templo, para salvación y para su protección, preservación y favor especial. Las profecías que aún le faltan a Juan por recibir harán distinción entre el favor de Dios hacia Israel y su ira sobre el mundo pagano.

Sin lugar a dudas esta verdad fue muy alentadora para Juan. En la época en la que escribió Apocalipsis, el futuro de Israel se veía muy poco prometedor. Un cuarto de siglo antes, los romanos habían suprimido brutalmente la rebelión judía de 66-70 d.C., masacrando a más de un millón de judíos, devastando a Jerusalén y quemando el templo. Pero a pesar de esa gran destrucción, "no ha desechado Dios a su pueblo, al cual desde antes conoció" (Ro. 11:2), y los preservará hasta ese día futuro cuando el remanente que cree de la nación será salvo (Ro. 11:4-5, 26; cp. Zac. 12:10—13:1, 8-9).

Naos (**templo**) no se refiere a todo el templo (cp. el v. 2), sino a su parte interior, formada por el Lugar santo y el Lugar santísimo. Es probable que el **altar** sea el altar de bronce, ubicado fuera del santuario interior en el atrio, ya que allí es donde **los que adoran** en el templo se habrían reunido. A las personas nunca se les permitió entrar a la parte interior del templo; solamente los sacerdotes podían entrar al Lugar santo (donde estaba el altar de incienso; cp. Lc. 1:8-10). Los adoradores en la visión de Juan representan un remanente de judíos creyentes vivos durante la tribulación y que están adorando a Dios.

La presencia del templo en esta visión del tiempo de la gran tribulación, trajo la alentadora realidad de que el templo, destruido por los romanos muchos años antes de que Juan escribiera, sería reconstruido en el futuro. La Biblia menciona cinco templos. Salomón edificó el primero, Zorobabel edificó el segundo, después del destierro, Herodes construyó el tercero (durante la época de Cristo), y el Señor mismo edificará el quinto durante el milenio (Ez. 40-48; Hag. 2:9; Zac. 6:12-13). El templo que vio Juan en esta visión era el cuarto templo, que se edificará en Jerusalén durante la tribulación (Mt. 24:15; 2 Ts. 2:4), y, junto con él, se restaurará el sistema expiatorio judío (cp. Dn. 9:27; 12:11).

El templo de la tribulación será edificado al principio de la primera parte de la tribulación, bajo el patrocinio y protección del anticristo. Muchos judíos ortodoxos en la actualidad sueñan con la reedificación de su templo, pero su lugar está ahora ocupado (y en la mente de muchos judíos, profanado) por el lugar sagrado de los islámicos, conocido como la Cúpula de la Roca. Como los musulmanes creen que ese fue el lugar desde donde Mahoma ascendió al cielo, está entre los lugares más sagrados del mundo islámico. El que los judíos arrebaten ese lugar a los musulmanes y edifiquen allí su templo sería inconcebible en el ambiente político actual. Pero durante la tribulación, bajo la protección del anticristo (cp. Dn. 9:24-27), podrán reconstruir el templo.

La reinstitución de la adoración en el templo volverá a despertar el interés de muchos judíos en el Mesías. Muchos se darán cuenta de que "la sangre de los toros y de los machos cabríos no puede quitar los pecados" (He. 10:4). Dios usará ese descontento para preparar su corazón para el día en el que derramará *sobre la casa de David, y sobre los moradores de Jerusalén, espíritu de gracia y de oración; y mirarán a mí, a quien traspasaron, y llorarán como se llora por hijo unigénito, afligiéndose por él como quien se aflige por el primogénito. En aquel día habrá gran llanto en Jerusalén, como el llanto de Hadadrimón en el valle de Meguido. Y la tierra lamentará, cada linaje aparte; los descendientes de la casa de David por sí, y sus mujeres por sí; los descendientes de la casa de Natán por sí, y sus mujeres por sí; los descendientes de la casa de Leví por sí, y sus mujeres por sí; los descendientes de Simei por sí, y sus mujeres por sí; todos los otros linajes, cada uno por sí, y sus mujeres por sí. En aquel tiempo habrá un manantial abierto para la casa de David y para los habitantes de Jerusalén, para la purificación del pecado y de la inmundicia (Zac. 12:10–13:1).*

Pero el despertar del interés en el verdadero Mesías provocará el celo maniático del falso. Cuanto más y más judíos vuelvan a la adoración del templo y comiencen a buscar a su Mesías, tanto más actuará el anticristo. En el punto medio de la tribulación, él interrumpirá su adoración, profanará el templo (la abominación desoladora; Dn. 9:27; 12:11; Mt. 24:15), y se establecerá como el único aceptable objeto de adoración (13:15; 2 Ts. 2:4).

La medición del templo por parte de Juan simbolizaba la selección del remanente de judíos creyentes que Dios guardará del juicio. Zacarías escribió de ese día venidero:

Y acontecerá en toda la tierra, dice Jehová,
que las dos terceras partes serán cortadas en ella, y se perderán;
mas la tercera quedará en ella.
Y meteré en el fuego a la tercera parte,
y los fundiré como se funde la plata,
y los probaré como se prueba el oro.
El invocará mi nombre,
y yo le oiré, y diré: Pueblo mío; y él dirá: Jehová es mi Dios (13:8-9).

He aquí, el día de Jehová viene, y en medio de ti serán repartidos tus despojos. Porque yo reuniré a todas las naciones para combatir contra Jerusalén; y la ciudad será tomada, y serán saqueadas las casas, y violadas las mujeres; y la mitad de la ciudad irá en cautiverio, mas el resto del pueblo no será cortado de la ciudad. Después saldrá Jehová y peleará con aquellas naciones, como peleó en el día de la batalla. Y se afirmarán sus pies en aquel día sobre el Monte de los Olivos, que está enfrente de Jerusalén al oriente; y el Monte de los Olivos se partirá por en medio, hacia el oriente y hacia el occidente, haciendo un valle muy grande; y la mitad del monte se apartará hacia el norte, y la otra mitad hacia el sur. Y huiréis al valle de los montes, porque el valle de los montes

llegará hasta Azal; huiréis de la manera que huisteis por causa del terremoto
en los días de Uzías rey de Judá; y vendrá Jehová mi Dios, y con él todos los
santos (14:1-5).

Las instrucciones a Juan de medir el templo incluían un significativa omisión.
Se le ordenó: **el patio que está fuera del templo déjalo aparte, y no lo midas.**
La alusión es al atrio de los gentiles, ubicado fuera del atrio donde estaba el altar
de bronce. Marcaba el límite más allá del cual los gentiles no podían pasar. En la
época del Nuevo Testamento, los romanos les habían dado a los judíos el derecho
de ejecutar a cualquier gentil que fuera más allá del atrio de los gentiles. El que
un gentil hiciera esto se consideraba como una profanación del templo. En
realidad, esta fue la falsa acusación contra Pablo, que había traído al templo a
gentiles, que dio rienda suelta al disturbio que condujo a su arresto y
encarcelamiento (Hch. 21:28-29).

Dios redime a gentiles y lo seguirá haciendo durante esta época y el tiempo de
tribulación (5:9; 7:9). Pero rechazará a esos gentiles incrédulos que se han unido
a Satanás y a la bestia y oprimen a su pueblo del pacto, Israel. La distinción tan
definida en esta visión entre judíos y gentiles sugiere que la iglesia, habiendo
sido arrebatada antes (cp. 3:10), no está presente durante la tribulación, ya que
en la iglesia "no hay griego ni judío, circuncisión ni incircuncisión" (Col. 3:11).
En Efesios, Pablo dice que Cristo

es nuestra paz, que de ambos pueblos hizo uno, derribando la pared intermedia
de separación, aboliendo en su carne las enemistades, la ley de los mandamientos
expresados en ordenanzas, para crear en sí mismo de los dos un solo y nuevo
hombre, haciendo la paz, y mediante la cruz reconciliar con Dios a ambos en
un solo cuerpo, matando en ella las enemistades (2:14-16).

A modo de explicación, a Juan se le dijo que no midiera el patio exterior
porque **ha sido entregado a los gentiles; y ellos hollarán la ciudad santa**
cuarenta y dos meses. Los **cuarenta y dos meses** (mil doscientos sesenta días;
tres años y medio) corresponden a la abiertamente malvada carrera del anticristo,
quien domina en la última parte de la tribulación (13:5). Ese período será la
culminación de los "tiempos de los gentiles" (Lc. 21:24), los miles de años durante
los cuales las naciones gentiles han, en diversas formas, ocupado y oprimido **la**
ciudad santa de Jerusalén. Asiria, Babilonia, Medo Persia, Grecia, Roma, los
turcos, los británicos y los árabes han gobernado a Jerusalén, y en la actualidad el
gobierno propio de Israel es frágil y bajo incesantes ataques. Pero la devastadora
destrucción y opresión por el gobierno del anticristo y sus cómplices demoníacos
y humanos, sobrepasará a todas las demás opresiones.

Durante este período de cuarenta y dos meses, Dios refugiará a muchos israelitas en un lugar que Él ha preparado para ellos en el desierto (algunos especulan que la ciudad de piedra de Petra). Apocalipsis 12:6 dice: "Y la mujer [Israel] huyó al desierto, donde tiene lugar preparado por Dios, para que allí la sustenten por mil doscientos sesenta días" (cp. el v. 14). Muchos judíos prestarán atención a la advertencia de Jesús de huir a lugar seguro:

> Por tanto, cuando veáis en el lugar santo la abominación desoladora de que habló el profeta Daniel (el que lee, entienda), entonces los que estén en Judea, huyan a los montes. El que esté en la azotea, no descienda para tomar algo de su casa; y el que esté en el campo, no vuelva atrás para tomar su capa. Mas ¡ay de las que estén encintas, y de las que críen en aquellos días! Orad, pues, que vuestra huida no sea en invierno ni en día de reposo (Mt. 24:15-20).

Sin embargo, el resto que quede (algunos en Jerusalén; 11:13) enfrentarán una terrible persecución por parte de las fuerzas del anticristo. En aquel tiempo, Dios traerá salvación a Israel, usando a dos poderosos predicadores que aparecerán en Jerusalén (v. 3), y que también sufrirán hostilidad y odio (vv. 7-8).

Al final de los mil doscientos sesenta días (cuarenta y dos meses; tres años y medio), Cristo volverá (19:11-16), destruirá al anticristo y sus fuerzas (19:17-21; 2 Ts. 2:8), juzgará a las naciones (Mt. 25:31-46), y establecerá su reino milenario en la tierra (20:1-10). Daniel 12:11-12 indica que habrá un intervalo de setenta y cinco días entre la triunfante venida de Cristo y el comienzo del reino para ocuparse de las cosas que se acaban de mencionar.

Así que, a pesar de los esfuerzos maniáticos del anticristo para destruir a Israel, Dios señalará a Israel para salvar, preservar y proteger la nación. Como escribió Zacarías, dos terceras partes de Israel recibirán purificación en juicio, y la tercera parte restante será salva y entrará en la gloria del reino milenario del Mesías (Zac. 13:8-9). El instrumento para su conversión será un exclusivo equipo de evangelismo de dos personas, al que presenta Juan.

LOS DOS MENSAJEROS

Y daré a mis dos testigos que profeticen por mil doscientos sesenta días, vestidos de cilicio. Estos testigos son los dos olivos, y los dos candeleros que están en pie delante del Dios de la tierra. Si alguno quiere dañarlos, sale fuego de la boca de ellos, y devora a sus enemigos; y si alguno quiere hacerles daño, debe morir él de la misma manera. Estos tienen poder para cerrar el cielo, a fin de que no llueva en los días de su profecía; y tienen poder sobre las aguas para convertirlas en sangre, y para herir la tierra con toda plaga, cuantas veces quieran. Cuando hayan acabado su testimonio, la bestia que sube del abismo hará guerra contra ellos, y los vencerá y los matará. Y sus

cadáveres estarán en la plaza de la grande ciudad que en sentido espiritual se llama Sodoma y Egipto, donde también nuestro Señor fue crucificado. Y los de los pueblos, tribus, lenguas y naciones verán sus cadáveres por tres días y medio, y no permitirán que sean sepultados. Y los moradores de la tierra se regocijarán sobre ellos y se alegrarán, y se enviarán regalos unos a otros; porque estos dos profetas habían atormentado a los moradores de la tierra. Pero después de tres días y medio entró en ellos el espíritu de vida enviado por Dios, y se levantaron sobre sus pies, y cayó gran temor sobre los que los vieron. Y oyeron una gran voz del cielo, que les decía: Subid acá. Y subieron al cielo en una nube; y sus enemigos los vieron. En aquella hora hubo un gran terremoto, y la décima parte de la ciudad se derrumbó, y por el terremoto murieron en número de siete mil hombres; y los demás se aterrorizaron, y dieron gloria al Dios del cielo. El segundo ay pasó; he aquí, el tercer ay viene pronto. (11:3-14)

La relación entre esta visión de los dos predicadores y el pasaje anterior (vv. 1-2) debe estar clara. Ellos están entre los exclusivos testigos de Dios que proclamarán su mensaje de juicio durante las etapas finales de los gentiles pisoteando a Jerusalén, y predicarán el evangelio para que el remanente judío pueda creer y disfrutar de la protección de Dios. Se muestran en el texto siete características de la vida y ministerio de estos dos distinguidos y poderosos predicadores: su deber, actitud, identidad, poder, muerte, resurrección e influencia.

SU DEBER

Y daré a mis dos testigos que profeticen por mil doscientos sesenta días, (11:3*a*)

No se identifica al que habla y que [dará] autoridad a los **dos testigos,** pero solo pudiera ser Dios el Padre, o el Señor Jesucristo; **testigos** es la forma plural de *martus,* de la que se deriva la palabra *mártir* en castellano, dado que tantos testigos de Jesucristo en la iglesia primitiva pagaron con su vida. Como siempre, se utiliza en el Nuevo Testamento para referirse a personas, los dos testigos tienen que ser verdaderas personas, no movimientos, como han sostenido algunos comentaristas. Hay **dos testigos** porque la Biblia requiere el testimonio de dos personas para confirmar un hecho o comprobar la verdad (Dt. 17:6; 19:15; Mt. 18:16; Jn. 8:17; 2 Co. 13:1; 1 Ti. 5:19; He. 10:28).

Su responsabilidad será **profetizar.** Profecía en el Nuevo Testamento no se refiere necesariamente a predecir el futuro. Su significado principal es "hablar adelante", "proclamar" o "predicar". (Para un análisis de profecía vea *Primera Corintios,* Comentario MacArthur del Nuevo Testamento [Grand Rapids: Editorial

Portavoz, 2003].) Los dos testigos proclamarán al mundo que los desastres que ocurren durante la última mitad de la tribulación son los juicios de Dios. Ellos advertirán que después llegará el derramamiento final del juicio de Dios y el infierno eterno. Al mismo tiempo, predicarán el evangelio, llamando a las personas al arrepentimiento y a la fe en el Señor Jesucristo. El período de su ministerio es **mil doscientos sesenta días,** los últimos tres años y medio de la tribulación, cuando las fuerzas del anticristo oprimirán a la ciudad de Jerusalén (v. 2), y muchos judíos estén protegidos en el desierto (12:6). El hecho de que son verdaderos predicadores y no símbolos de instituciones o movimientos se indica en la descripción de su ropa y en la conducta que se describe a continuación.

SU ACTITUD

vestidos de cilicio. (11:3*b*)

El **cilicio** era una ropa áspera, pesada y tosca que se usaba en los tiempos antiguos como símbolo de luto, angustia, dolor y humildad. Jacob se puso cilicio cuando pensó que habían matado a José (Gn. 37:34). David ordenó a las personas vestir de cilicio después de la muerte de Abner (2 S. 3:31) y lo vistió él mismo durante la plaga que Dios envió en respuesta a su pecado de censar al pueblo (1 Cr. 21:16). El rey Joram usó cilicio durante el sitio de Samaria (2 R. 6:30), como hizo el rey Ezequías cuando fue atacada Jerusalén (2 R. 19:1). Job (Job 16:15), Isaías (Is. 20:2) y Daniel (Dn. 9:3) también usaron cilicio.

Los dos testigos se vestirán de cilicio como una demostración práctica, para expresar su gran tristeza por el miserable e incrédulo mundo, atormentado por los juicios de Dios, invadido de huestes de demonios y poblado de personas malvadas y pecadoras que no quieren arrepentirse. También se lamentarán por la profanación del templo, la opresión de Jerusalén y el predominio del anticristo.

SU IDENTIDAD

Estos testigos son los dos olivos, y los dos candeleros que están en pie delante del Dios de la tierra. (11:4)

La pregunta de quiénes serán estos dos testigos ha intrigado a los estudiosos bíblicos a través de los años, y se han sugerido numerosas posibilidades. Juan los identifica simplemente como **los dos olivos, y los dos candeleros que están en pie delante del Dios de la tierra.** Esa descripción enigmática se obtiene de Zacarías 4:1-14:

Volvió el ángel que hablaba conmigo, y me despertó, como un hombre que es despertado de su sueño. Y me dijo: ¿Qué ves? Y respondí: He mirado, y he aquí un candelabro todo de oro, con un depósito encima, y sus siete lámparas encima del candelabro, y siete tubos para las lámparas que están encima de él; y junto a él dos olivos, el uno a la derecha del depósito, y el otro a su izquierda. Proseguí y hablé, diciendo a aquel ángel que hablaba conmigo: ¿Qué es esto, señor mío? Y el ángel que hablaba conmigo respondió y me dijo: ¿No sabes qué es esto? Y dije: No, señor mío. Entonces respondió y me habló diciendo: Esta es palabra de Jehová a Zorobabel, que dice: No con ejército, ni con fuerza, sino con mi Espíritu, ha dicho Jehová de los ejércitos. ¿Quién eres tú, oh gran monte? Delante de Zorobabel serás reducido a llanura; él sacará la primera piedra con aclamaciones de: Gracia, gracia a ella. Vino palabra de Jehová a mí, diciendo: Las manos de Zorobabel echarán el cimiento de esta casa, y sus manos la acabarán; y conocerás que Jehová de los ejércitos me envió a vosotros. Porque los que menospreciaron el día de las pequeñeces se alegrarán, y verán la plomada en la mano de Zorobabel. Estos siete son los ojos de Jehová, que recorren toda la tierra. Hablé más, y le dije: ¿Qué significan estos dos olivos a la derecha del candelabro y a su izquierda? Hablé aún de nuevo, y le dije: ¿Qué significan las dos ramas de olivo que por medio de dos tubos de oro vierten de sí aceite como oro? Y me respondió diciendo: ¿No sabes qué es esto? Y dije: Señor mío, no. Y él dijo: Estos son los dos ungidos que están delante del Señor de toda la tierra.

La visión de Zacarías tenía un cumplimiento cercano y uno lejano. El cumplimiento histórico fue la reconstrucción del templo, luego del exilio, por Josué el sumo sacerdote (Zac. 3:1-10), como líder religioso, y Zorobabel, como líder político.

Pero la profecía de Zacarías mira también al futuro, a la restauración de Israel en el milenio (cp. Zac. 3:8-10). Los **olivos** y los **candeleros** simbolizan la luz del avivamiento, ya que el aceite de oliva se usaba por lo general en las lámparas. La conexión de lámparas y árboles pretende representar un suministro constante y espontáneo de aceite fluyendo desde los olivos a las lámparas. Esto simboliza la verdad de que Dios no traerá bendiciones de salvación del poder humano, sino por el poder del Espíritu Santo (cp. Zac. 4:6). Como Josué y Zorobabel, los dos testigos liderarán un avivamiento espiritual de Israel que culminará con la construcción de un templo. Su predicación será un instrumento para la conversión nacional de Israel (Ap. 11:13; cp. Ro. 11:4-5, 26), y el templo asociado a esta conversión será el templo milenario.

Aunque es imposible ser dogmático acerca de la identidad específica de estos dos predicadores, hay varias razones que sugieren que pudieran ser Moisés y Elías.

303

En primer lugar, los milagros que harán (destruir a sus enemigos con fuego, contener la lluvia, convertir el agua en sangre, y herir la tierra con plagas) son similares a los juicios que infligieron en el Antiguo Testamento Moisés y Elías, con miras a estimular el arrepentimiento. Elías hizo descender fuego del cielo (2 R. 1:10, 12) y anunció la sequía sobre la tierra por tres años y medio (1 R. 17:1; Stg. 5:17), la misma duración que la sequía que produjeron los dos testigos (Ap. 11:6). Moisés convirtió las aguas del Nilo en sangre (Éx. 7:17-21) y anunció las otras plagas sobre Egipto, registradas en Éxodo capítulos 7-12.

En segundo lugar, tanto el Antiguo Testamento como la tradición judía, esperaban que Moisés y Elías volvieran en el futuro. Malaquías 4:5 predijo el retorno de Elías, y los judíos creían que la promesa de Dios de levantar a un profeta como Moisés (Dt. 18:15, 18) necesitaba su venida (cp. Jn. 1:21; 6:14; 7:40). La declaración de Jesús en Mateo 11:14 de que "si queréis recibirlo, él [Juan el Bautista] es aquel Elías que había de venir" no imposibilita necesariamente el retorno futuro de Elías. Como los judíos no aceptaron a Jesús, Juan no cumplió esa profecía. Él vino "con el espíritu y el poder de Elías, para hacer volver los corazones de los padres a los hijos, y de los rebeldes a la prudencia de los justos, para preparar al Señor un pueblo bien dispuesto" (Lc. 1:17).

En tercer lugar, tanto Moisés como Elías (quizá representando la ley y los profetas) aparecieron con Cristo en la transfiguración, el avance de la Segunda Venida (Mt. 17:3).

En cuarto lugar, ambos dejaron la tierra en forma extraordinaria. Elías nunca murió, sino que fue llevado al cielo en una carroza de fuego (2 R. 2:11-12), y Dios sobrenaturalmente enterró el cuerpo de Moisés en un lugar secreto (Dt. 34:5-6; Jud. 9). La afirmación de Hebreos 9:27 de que "está establecido para los hombres que mueran una sola vez, y después de esto el juicio" no cancela el regreso de Moisés, ya que hay otras excepciones a esa afirmación general (como la de Lázaro; Jn. 11:14, 38-44).

Como el texto no identifica específicamente a estos dos predicadores, los puntos de vista defendidos arriba, como todos los demás puntos de vista con relación a su identidad, deben permanecer como especulaciones.

SU PODER

Si alguno quiere dañarlos, sale fuego de la boca de ellos, y devora a sus enemigos; y si alguno quiere hacerles daño, debe morir él de la misma manera. Estos tienen poder para cerrar el cielo, a fin de que no llueva en los días de su profecía; y tienen poder sobre las aguas para convertirlas en sangre, y para herir la tierra con toda plaga, cuantas veces quieran. (11:5-6).

Sean o no Moisés y Elías los dos testigos, tendrán poderes milagrosos similares a estos dos personajes del Antiguo Testamento. Si han de ejercer una influencia especial y captar la atención del mundo durante los terribles acontecimientos de la segunda parte de la tribulación, tendrán que hacer milagros.

Como Noé antes del diluvio y Moisés antes de las plagas sobre Egipto, los dos testigos proclamarán sin temor el juicio, la ira y la venganza de Dios, y la necesidad de arrepentimiento. Debido a esto, todo el mundo los odiará (cp. los vv. 9-10) y muchos querrán **dañarlos** durante los días de su predicación. Cuando intenten hacerles daño, reaccionarán con milagroso poder; **fuego** saldrá **de la boca de ellos, y devora a sus enemigos.** No hay razón para suponer que no sea fuego literal y real, ya que en el pasado Dios ha empleado el fuego para incinerar a sus enemigos (Lv. 10:2; Nm. 11:1; 16:35; Sal. 106:17-18). Los que deseen **dañar** a los dos predicadores **deben morir... de la misma manera,** porque Dios no quiere que su predicación se detenga hasta que su ministerio se complete y juzgará con muerte a los que traten de interrumpirla.

Tanto en el Antiguo como en el Nuevo Testamento, Dios a menudo usó milagros para legitimar a sus mensajeros. En el tiempo de la tribulación, cuando el mundo esté invadido por la actividad demoníaca sobrenatural, la religión falsa, los asesinatos, la perversión sexual y la maldad desenfrenada, las señales sobrenaturales de estos dos testigos los identificarán como verdaderos profetas de Dios.

La magnitud de su gran poder se revelará cuando lo muestren **para cerrar el cielo, a fin de que no llueva en los días de su profecía.** Esto intensificará mucho el tormento que experimentan las personas. El juicio de la tercera trompeta trajo como resultado el envenenamiento de la tercera parte del suministro de agua potable de la tierra (8:10-11). Además, la sequía de tres años y medio que se extiende por todos los mil doscientos sesenta días de su predicación (v. 3; cp. Lc. 4:25; Stg. 5:17), provocada por los dos testigos, causará una generalizada devastación de los cultivos y pérdidas de vida animal y humana por la sed y el hambre.

Además de eso, al igual que Moisés, los dos testigos tendrán **poder sobre las aguas para convertirlas en sangre, y para herir la tierra con toda plaga, cuantas veces quieran.** Los estragos que estos dos predicadores obradores de milagros harán sobre la tierra, harán que los odien y los teman. Las personas no dudarán en buscar desesperadamente una vía para destruirlos, pero en vano. Serán invulnerables e incontenibles mientras dure su ministerio.

SU MUERTE

Cuando hayan acabado su testimonio, la bestia que sube del abismo hará guerra contra ellos, y los vencerá y los matará. Y sus cadáveres estarán en la plaza de la grande ciudad que en sentido espiritual se llama Sodoma y Egipto,

donde también nuestro Señor fue crucificado. Y los de los pueblos, tribus, lenguas y naciones verán sus cadáveres por tres días y medio, y no permitirán que sean sepultados. Y los moradores de la tierra se regocijarán sobre ellos y se alegrarán, y se enviarán regalos unos a otros; porque estos dos profetas habían atormentado a los moradores de la tierra. (11:7-10).

Los pecadores tratarán, desesperadamente y sin éxito, de librarse de los dos testigos durante su ministerio, en un tipo de esfuerzo suicida que tiene como resultado su propia incineración. Sin embargo, Dios los protegerá hasta que **hayan acabado su testimonio,** habiendo logrado su propósito durante el tiempo que soberanamente determinó para su ministerio. Al terminar ese tiempo, **la bestia que sube del abismo hará guerra contra ellos.** Esta es la primera de treinta y seis alusiones en Apocalipsis a la **bestia,** y anticipa la información más detallada acerca de ella en los capítulos 13 y 17. Se presenta aquí con énfasis en su origen. Se dice que subirá **del abismo,** indicando que su poder viene de Satanás. Como a Satanás se le describe como un dragón (12:3, 9), esta figura no es Satanás. La revelación acerca de ella en el capítulo 13 indica que la **bestia** es un gobernante mundial (a menudo llamado anticristo), quien imita al verdadero Cristo, gobierna sobre los pueblos del mundo, y exige su adoración (13:1-8). El **abismo** es la prisión para ciertos demonios (vea el análisis de 9:1-2 en el capítulo 20 de este volumen). Aunque es un hombre, la **bestia** recibe energía de la presencia demoníaca y del poder que sale del **abismo.** Para gran gozo y alivio del mundo pecador, la **bestia** (anticristo) finalmente **vencerá** a los dos testigos **y los matará** (cp. sus otros ataques exitosos en 12:17; 13:7).

Después de su muerte, **sus cadáveres** serán dejados despectivamente como cadáveres descompuestos **en la plaza de la grande ciudad,** donde ministraron y donde fueron muertos. En el mundo antiguo, exponer el cuerpo muerto del enemigo era la forma final de deshonrarlo y profanarlo. Dios prohibió a los israelitas tales prácticas (Dt. 21:22-23); **la grande ciudad** es Jerusalén, que **en sentido espiritual se llama Sodoma y Egipto,** debido a su maldad. Trágicamente, la ciudad de Jerusalén, que fue una vez la ciudad de Dios, estará tan invadida por la maldad, que será como la malvada ciudad de **Sodoma** y la malvada nación de **Egipto.** El describir a Jerusalén como una ciudad no mejor que **Sodoma** y **Egipto,** era para mostrar que la una vez santa ciudad, se había convertido en una ciudad no mejor que los lugares que se conocieron por su rechazo al verdadero Dios y su Palabra. La nota de que los dos testigos hallarían la muerte en la ciudad **donde también nuestro Señor fue crucificado,** la identifica inequívocamente con Jerusalén. El que los dos testigos mueran en la misma ciudad que su Señor, sugiere que, como sucedió con Él, esa ciudad será el lugar central de su predicación. También parece que Jerusalén será la sede del dominio del anticristo (cp. 2 Ts. 2:3-4).

El empleo de la frase tan abarcadora **pueblos, tribus, lenguas y naciones** (cp. 5:9; 7:9; 10:11) indica que personas de todo el mundo **verán** los **cadáveres** de los dos testigos (usando televisión por satélite u otra forma de comunicación visual). En una muestra morbosa y macabra de desprecio y odio, **por tres días y medio** el mundo **no permitirá que sean sepultados.** La muchedumbre endurecida por el pecado y no arrepentida, deseará disfrutar junto a su líder, el anticristo, y le dará la gloria por su victoria sobre los dos molestos predicadores, quienes trajeron la sequía y proclamaron el odioso evangelio.

La muerte de los dos testigos provocará grandes celebraciones alrededor del mundo. Increíblemente, **los moradores de la tierra** (un término técnico para referirse a los incrédulos; cp. 6:10; 8:13; 13:8, 12, 14; 14:6; 17:2, 8) **se regocijarán sobre ellos y se alegrarán, y se enviarán regalos unos a otros; porque estos dos profetas habían atormentado a los moradores de la tierra.** Irónicamente, esta es la única mención de regocijo en Apocalipsis. Los pecadores se sentirán felices porque los que les declararon los juicios de Dios, los habían **atormentado** con poder milagroso y mensajes que condenaban su pecado y proclamaban el inminente juicio de Dios (vv. 5-7), y les pedían que se arrepintieran. Esta respuesta emocional refleja gráficamente el carácter definitivo de su rechazo.

SU RESURRECCIÓN

Pero después de tres días y medio entró en ellos el espíritu de vida enviado por Dios, y se levantaron sobre sus pies, y cayó gran temor sobre los que los vieron. Y oyeron una gran voz del cielo, que les decía: Subid acá. Y subieron al cielo en una nube; y sus enemigos los vieron. (11:11-12)

Los festejos y el envío de regalos del "Día de los testigos muertos" se interrumpirán de repente y de forma especular por un acontecimiento estremecedor; **después de tres días y medio,** durante los cuales sus cuerpos se exhibieron en la plaza de Jerusalén, **el espíritu de vida enviado por Dios** (cp. Gn. 2:7) **entró en** los dos testigos, **y se levantaron sobre sus pies.** Huelga decir que **cayó gran temor sobre los que los vieron.** El pánico se apoderó del mundo irredento cuando sus odiados y vituperados torturadores de repente volvieron a la vida. Si se estuviera viendo por televisión, se repetiría una y otra vez. Ellos sin duda esperaban que los dos testigos resucitados reanudaran su ministerio de predicación y obras milagrosas, pero Dios tenía otros planes. Entonces se oyó **una gran voz del cielo, que les decía: Subid acá.** Es probable que sea la voz del Señor, quien llamó a Juan al cielo en 4:1. **Y** los dos predicadores **subieron al cielo en una nube,** mientras **sus enemigos los vieron** asombrados. Ese arrebatamiento de dos hombres sin lugar a dudas se repetirá en la televisión para que todo el mundo lo vea. Recuerda la ascensión de Elías (2 R. 2:11) y la misteriosa muerte y sepultura de Moisés (Dt. 34:5-6).

Algunos pudieran preguntarse por qué no se les permitió a los dos testigos predicar después de su resurrección. Pero los prodigios y las señales no hacen que las personas crean el evangelio, porque "si [los incrédulos] no oyen a Moisés y a los profetas, tampoco se persuadirán aunque alguno se levantare de los muertos" (Lc. 16:31). Después de oír la enseñanza y observar el ministerio milagroso del Hijo de Dios, los incrédulos lo rechazaron y lo mataron.

Con su ministerio completo, los dos ascendieron, con el mundo entero mirándolos, a la gloriosa presencia de Dios, donde si duda le oirán decir: "Bien, buen[os] siervo[s] y fiel[es]... [entren] en el gozo de [su] señor" (Mt. 25:21).

SU INFLUENCIA

En aquella hora hubo un gran terremoto, y la décima parte de la ciudad se derrumbó, y por el terremoto murieron en número de siete mil hombres; y los demás se aterrorizaron, y dieron gloria al Dios del cielo. (11:13)

Resaltando la resurrección de los dos testigos, **En aquella hora hubo un gran terremoto, y la décima parte de la ciudad se derrumbó, y por el terremoto murieron un número de siete mil hombres.** El término **hombres** en el texto griego es literalmente "nombres de hombres". Esa frase poco común pudiera indicar que los **siete mil** que murieron eran personas importantes, tal vez líderes en el gobierno mundial del anticristo.

Como resultado del violento terremoto, y la asombrosa resurrección de los dos testigos, **los demás se aterrorizaron, y dieron gloria al Dios del cielo.** Los demás puede referirse a los habitantes de Jerusalén, judíos que aceptarán la fe en Cristo. En respaldo de esa interpretación está el hecho de que dar **gloria al Dios del cielo** es una señal de arrepentimiento genuino en Apocalipsis y en otras partes de las Escrituras (cp. 4:9; 14:7; 16:9; 19:7; Lc. 17:18-19; Ro. 4:20). Entonces este pasaje describe la realidad de la salvación de judíos en Jerusalén, mientras Dios cumple su palabra de bendición para Israel (Ro. 11:4-5, 26).

El intervalo termina con esta nota positiva y esperanzadora. Sin embargo, para el mundo incrédulo termina con la seria advertencia de que **el segundo ay pasó; he aquí, el tercer ay viene pronto.** La séptima trompeta (**el tercer ay;** cp. 9:12) pronto sonará, trayendo con ella los violentos juicios finales y la venida de Cristo en gloria para establecer su reino. *Tachu* (**pronto**) (cp. Ap. 2:16; 3:11; 22:7, 12, 20) expresa lo inminente del último **ay,** que son los juicios de las siete copas anunciados por el toque de la séptima trompeta.

La séptima trompeta **24**

El séptimo ángel tocó la trompeta, y hubo grandes voces en el cielo, que decían: Los reinos del mundo han venido a ser de nuestro Señor y de su Cristo; y él reinará por los siglos de los siglos. Y los veinticuatro ancianos que estaban sentados delante de Dios en sus tronos, se postraron sobre sus rostros, y adoraron a Dios, diciendo: Te damos gracias, Señor Dios Todopoderoso, el que eres y que eras y que has de venir, porque has tomado tu gran poder, y has reinado. Y se airaron las naciones, y tu ira ha venido, y el tiempo de juzgar a los muertos, y de dar el galardón a tus siervos los profetas, a los santos, y a los que temen tu nombre, a los pequeños y a los grandes, y de destruir a los que destruyen la tierra. Y el templo de Dios fue abierto en el cielo, y el arca de su pacto se veía en el templo. Y hubo relámpagos, voces, truenos, un terremoto y grande granizo. (11:15-19)

El toque de la séptima trompeta marca un hecho memorable en el libro de Apocalipsis. Pone en movimiento los sucesos finales que conducen a la venida del Señor Jesucristo y el establecimiento de su reino milenario en la tierra. Apocalipsis 10:7 expresa el propósito de la séptima trompeta: "En los días de la voz del séptimo ángel, cuando él comience a tocar la trompeta, el misterio de Dios se consumará, como él lo anunció a sus siervos los profetas". Ese misterio es la plena revelación de la consumación del plan de Dios. Fue profetizado por los predicadores del Antiguo Testamento, pero su plenitud nunca se reveló hasta el libro de Apocalipsis. Que los juicios de las siete copas, que representan el derramamiento final de la ira de Dios, están incluidos con la séptima trompeta, es evidente de 15:1: "Vi en el cielo otra señal, grande y admirable: siete ángeles que tenían las siete plagas postreras; porque en ellas se consumaba la ira de Dios". Esas "siete plagas" que consumaban la ira de Dios son los juicios de las siete copas: "Oí una gran voz que decía desde el templo a los siete ángeles: Id y derramad sobre la tierra las siete copas de la ira de Dios" (16:1). Como se dice que tanto las siete trompetas como las siete copas consumaban la ira de Dios, las copas deben ser parte de la séptima trompeta.

Los últimos tres de los siete juicios de las trompetas son tan horrorosos, que Juan se refiere a ellos como ayes. En 8:13 Juan oyó "a un ángel volar por en medio del cielo, diciendo a gran voz: ¡Ay, ay, ay, de los que moran en la tierra, a causa de los otros toques de trompeta que están para sonar los tres ángeles!" Después de tocarse la quinta trompeta, Juan escribió: "El primer ay pasó; he aquí, vienen aún dos ayes después de esto" (9:12). Antes de tocarse la séptima trompeta, añadió: "El segundo ay pasó; he aquí, el tercer ay viene pronto" (11:14).

La séptima trompeta pone en movimiento la consumación final del plan redentor de Dios para el universo actual. En su tiempo vendrá la furia final de los juicios del Día del Señor (16:1-21), la cosecha final de juicio sobre la tierra (11:18; 16:19), y la derrota de los reyes de la tierra por el Cordero (17:12-18), terminando en el triunfo culminante de Cristo en Armagedón (19:11-21). El toque de la séptima trompeta señala la respuesta de Dios a la oración: "Venga tu reino. Hágase tu voluntad, como en el cielo, así también en la tierra" (Mt. 6:10). Esta respuesta abarca los capítulos 12-22, en los que Dios termina su poderosa obra de reclamar la creación de aquel que la usurpó, Satanás.

Debe observarse que, aunque la séptima trompeta es la última en secuencia de los juicios de las siete trompetas, no debe igualarse con la "final trompeta" a la que Pablo se refiere en 1 Corintios 15:52: "en un momento, en un abrir y cerrar de ojos, a la final trompeta; porque se tocará la trompeta, y los muertos serán resucitados incorruptibles, y nosotros seremos transformados" (cp. 1 Ts. 4:16). Como se indicó anteriormente, la séptima trompeta cubre un prolongado espacio de tiempo, distinguiéndose así del acontecimiento instantáneo ("en un instante, en un abrir y cerrar de ojos") de la "final trompeta".

En vez de un llamado para el momento del arrebatamiento de la iglesia, como lo hace la "final trompeta", la séptima trompeta llama una prolongada ola de juicio sobre los impíos. No es paralela a la trompeta de 1 Corintios 15:52, pero sí lo es a la trompeta de Joel 2:1-2: "Tocad trompeta en Sion, y dad alarma en mi santo monte; tiemblen todos los moradores de la tierra, porque viene el día de Jehová, porque está cercano. Día de tinieblas y de oscuridad, día de nube y de sombra".

La séptima trompeta no solo anuncia juicio consumidor sobre los incrédulos, sino también la coronación del Señor Jesucristo. En el Antiguo Testamento con frecuencia se tocaban las trompetas en la coronación de un rey. Durante su intento de golpe de estado contra su padre David, "envió Absalón mensajeros por todas las tribus de Israel, diciendo: Cuando oigáis el sonido de la trompeta diréis: Absalón reina en Hebrón" (2 S. 15:10). En la coronación del verdadero sucesor de David, Salomón, "tomando el sacerdote Sadoc el cuerno del aceite del tabernáculo, ungió a Salomón; y tocaron trompeta, y dijo todo el pueblo: ¡Viva el rey Salomón!" (1 R. 1:39). También hubo toque de trompetas en la coronación del rey Jehú (2 R. 9:13) y del rey Joás (2 R. 11:12, 14).

El toque de la séptima trompeta marca también el fin del intervalo que sigue a la sexta trompeta (10:1-11:14). Como se observa en los capítulos anteriores de este volumen, cada una de las tres series de juicios (sellos, trompetas y copas) contiene un intervalo entre el sexto y el séptimo acontecimiento. Entre el sexto y el séptimo sello viene el intervalo del capítulo 7; entre la sexta y la séptima copa viene el breve intervalo de 16:15. Esos momentos de tregua sirven para alentar y animar a los creyentes en medio de los terrores de los juicios de Dios, asegurándoles una vez más que Él no los ha olvidado (cp. Mal. 3:16-4:2).

Aunque la séptima trompeta suena en 11:15, los juicios asociados con ella no se describen hasta el capítulo 15. Los capítulos 12-14 son un paréntesis, llevando nuevamente a los lectores por la tribulación hasta el punto de la séptima trompeta por un camino diferente. Describen la tribulación, no desde la perspectiva de Dios, sino desde la de Satanás. Los capítulos 4-11 se centran en Cristo, recuperando lo que legítimamente es suyo mediante los juicios de los sellos y las trompetas. Los capítulos 12-14 se centran en el último usurpador humano, el postrer anticristo, cuya carrera se extiende el mismo período de los juicios de los sellos y las trompetas.

La escena del toque de la séptima trompeta se revela en cuatro fases: alabanza por la soberanía, ataque de furia, plan del juicio y promesa de comunión.

ALABANZA POR LA SOBERANÍA

El séptimo ángel tocó la trompeta, y hubo grandes voces en el cielo, que decían: Los reinos del mundo han venido a ser de nuestro Señor y de su Cristo; y él reinará por los siglos de los siglos. Y los veinticuatro ancianos que estaban sentados delante de Dios en sus tronos, se postraron sobre sus rostros, y adoraron a Dios, diciendo: Te damos gracias, Señor Dios Todopoderoso, el que eres y que eras y que has de venir, porque has tomado tu gran poder, y has reinado. (11:15-17)

Aunque se demoraron sus efectos en la tierra (como con el séptimo sello; 8:2-5), hubo una inmediata reacción en el cielo cuando **El séptimo ángel tocó** su trompeta. Expresando alborozo por lo que estaba a punto de suceder, **hubo grandes voces en el cielo, que decían: Los reinos del mundo han venido a ser de nuestro Señor y de su Cristo; y él reinará por los siglos de los siglos.** Es evidente que esa conmovedora proclamación está vinculada a los efectos de la séptima trompeta. Hay un gozo incontenible porque el poder de Satanás será destruido por siempre, y Jesucristo reinará supremo como Rey de reyes y Señor de señores. Con la derrota del usurpador, quedará establecido por siempre el asunto de la soberanía sobre el mundo. Lo que Jesús rechazó tomar según los términos de Satanás (cp. Lc. 4:5-8) lo tomará bajo sus propios términos. El cielo se regocija porque la gran rebelión del mundo contra Dios el Padre y el Señor Jesucristo está a punto de terminar. El establecimiento del muy esperado reino de Cristo es el momento culminante de la historia de la redención.

La abarcadora frase **los reinos del mundo** presenta la verdad esencial de que todos los diversos grupos del mundo, ya sean nacionales, políticos, sociales, culturales, lingüísticos o religiosos, son en realidad un reino bajo un rey. A ese rey se le conoce en las Escrituras por muchos nombres y títulos, entre ellos el de acusador (Ap. 12:10), el adversario (1 P. 5:8), Beelzebú (Mt. 12:24), Belial (2 Co. 6:15), el dragón (Ap. 12:3, 7, 9), el maligno (Ef. 6:16), el dios de este siglo (2 Co. 4:4), el príncipe de la potestad del aire (Ef. 2:2), el león rugiente (1 P. 5:8), el príncipe de los demonios (Mr. 3:22), el príncipe de este mundo (Jn. 12:31), la serpiente antigua (Ap. 12:9; 20:2), el tentador (1 Ts. 3:5), y, más comúnmente, el diablo (Mt. 4:1) y Satanás (1 Ti. 5:15). Aunque Dios dispersó ese reino en la torre de Babel (Gn. 11:1-9), Satanás aún gobierna sobre las piezas del reino que una vez estuvo unido. Aunque Dios ordena los gobiernos humanos para el bienestar del hombre (Ro. 13:1), esos mismos gobiernos rechazan someterse a Él o reconocer su soberanía (cp. Hch. 4:26). Son esencialmente parte del reino de Satanás.

Jesús afirmó que Satanás, aunque es un usurpador y no el legítimo rey, es el actual gobernador del mundo. En respuesta a los que de modo blasfemo lo habían acusado de tener alianza con Satanás, Jesús respondió retóricamente: "Si Satanás echa fuera a Satanás, contra sí mismo está dividido; ¿cómo, pues, permanecerá su reino?" (Mt. 12:26). Tres veces en el Evangelio según San Juan Jesús llamó a Satanás "el príncipe de este mundo" (Jn. 12:31; 14:30; 16:11). Como hizo en Babel, Satanás gobernará en el futuro sobre una unida humanidad caída, en un reino visible bajo el liderazgo del anticristo (la bestia de 13:1-4).

Satanás no renunciará a su reino sin luchar. En un desesperado y condenatorio esfuerzo por mantener el control del mundo, Dios le permitirá invadirlo con hordas de demonios durante los juicios de la quinta y sexta trompetas (9:1-19). Pero sus esfuerzos no impedirán que el verdadero Rey vuelva y establezca su reino terrenal (cp. 19:11-21; 20:1-3, 10). Jesucristo volverá para sentarse en el trono de su padre David (2 S. 7:12-16) y tomar posesión del mundo entero de las personas controladas por Satanás que ahora lo poseen. Este es realmente el tema de Apocalipsis: el triunfo de Dios sobre Satanás cuando la maldad es quitada para siempre del mundo y Cristo se convierte en su santo gobernante.

El tiempo del verbo traducido **han venido** es lo que los gramáticos griegos llaman aoristo con función de futuro. Describe un acontecimiento futuro que es tan cierto que se puede hablar de él como si ya hubiera ocurrido. La perspectiva del tiempo verbal mira al punto después que la acción de la séptima trompeta haya tomando su curso. Aunque este acontecimiento es futuro desde el punto del progreso cronológico a donde se ha llegado en la serie, es tan cierto que la forma verbal que se utiliza lo ve como un hecho ya consumado (cp. Lc. 19:9). El cielo eterno se regocija, como si el día tan esperado cuando Cristo establecerá su reino, ya hubiera llegado, aunque todavía debe pasar algún tiempo en la tierra antes de que eso suceda. La frase **de nuestro Señor y de su Cristo** subraya dos realidades. *Kurios* (**Señor**) por lo general se refiere a Jesucristo a lo largo del Nuevo Testamento, mientras que en Apocalipsis más a menudo se refiere a Dios el Padre, subrayando así su igualdad en naturaleza. Esta frase describe también el reino en su sentido más amplio, anhelando el gobierno divino sobre la creación y la nueva creación. No se establece diferencia entre el reino milenario en la tierra y el reino eterno, como, por ejemplo, lo hace Pablo en 1 Corintios 15:24-28. Al final de los mil años, el reino milenario se unirá al reino eterno en el que Cristo **reinará por los siglos de los siglos.** Una vez que comience el reinado de Cristo, cambiará de forma, pero nunca terminará o se interrumpirá.

La gloriosa verdad de que el Señor Jesucristo gobernará un día la tierra se halla por todas las Escrituras. En el capítulo 15 de Apocalipsis, Juan

> *[vio] también [en el cielo] como un mar de vidrio mezclado con fuego; y a los que habían alcanzado la victoria sobre la bestia y su imagen, y su marca y el número de su nombre, en pie sobre el mar de vidrio, con las arpas de Dios. Y cantan el cántico de Moisés siervo de Dios, y el cántico del Cordero, diciendo:*
>
> *Grandes y maravillosas son tus obras,*
> *Señor Dios Todopoderoso;*
> *justos y verdaderos son tus caminos,*
> *Rey de los santos.*
> *¿Quién no te temerá, oh Señor, y glorificará tu nombre?*
> *pues sólo tú eres santo;*
> *por lo cual todas las naciones vendrán y te adorarán,*
> *porque tus juicios se han manifestado (vv. 2-4).*

El que ellos canten el "Cántico de Moisés" (cp. Éx. 15:1-18) indica que desde el Pentateuco, las Escrituras anunciaron el momento en que el Señor Jesucristo se convertiría en Rey del mundo.

El Salmo 2, un pasaje mesiánico cuyas imágenes y lenguaje encontramos en esta sección de Apocalipsis (cp. el v. 18; 12:5; 14:1; 16:14; 17:18; 19:15, 19), también predice la llegada del reino terrenal de Cristo:

> *Pero yo he puesto mi rey*
> *sobre Sion, mi santo monte.*
> *Yo publicaré el decreto;*
> *Jehová me ha dicho: Mi hijo eres tú;*

yo te engendré hoy.
· Pídeme, y te daré por herencia las naciones,
y como posesión tuya los confines de la tierra.
Los quebrantarás con vara de hierro;
como vasija de alfarero los desmenuzarás (vv. 6-9).

Los profetas también anhelaron el tiempo en el que el Mesías establecería su reino terrenal. De aquel día glorioso Isaías escribió:

Acontecerá en lo postrero de los tiempos,
que será confirmado el monte de la casa de Jehová
como cabeza de los montes,
y será exaltado sobre los collados,
y correrán a él todas las naciones.
Y vendrán muchos pueblos, y dirán:
Venid, y subamos al monte de Jehová,
a la casa del Dios de Jacob;
y nos enseñará sus caminos,
y caminaremos por sus sendas.
Porque de Sion saldrá la ley,
y de Jerusalén la palabra de Jehová (Is. 2:2-3).

Daniel escribió respecto a ese mismo día:

[Tú, Rey Nabucodonosor,] estabas mirando, hasta que una piedra fue cortada,
no con mano, e hirió a la imagen en sus pies de hierro y de barro cocido, y los
desmenuzó. Entonces fueron desmenuzados también el hierro, el barro cocido,
el bronce, la plata y el oro, y fueron como tamo de las eras del verano, y se los
llevó el viento sin que de ellos quedara rastro alguno. Mas la piedra que hirió
a la imagen fue hecha un gran monte que llenó toda la tierra (Dn. 2:34-35).

Y en los días de estos reyes el Dios del cielo levantará un reino que no será
jamás destruido, ni será el reino dejado a otro pueblo; desmenuzará y consumirá
a todos estos reinos, pero él permanecerá para siempre, de la manera que viste
que del monte fue cortada una piedra, no con mano, la cual desmenuzó el
hierro, el bronce, el barro, la plata y el oro. El gran Dios ha mostrado al rey lo
que ha de acontecer en lo por venir; y el sueño es verdadero, y fiel su interpretación
(Dn. 2:44-45).

Los grandes imperios de la historia mundial (la estatua) serán hechos pedazos por el reino del Mesías (la piedra cortada no con mano); se desmenuzarán hasta convertirse en polvo y desaparecerán, pero su reino durará por siempre. En otra visión, que se recoge en Daniel capítulo 7, Daniel

Miraba... en la visión de la noche,
y he aquí con las nubes del cielo
venía uno como un hijo de hombre,
que vino hasta el Anciano de días,
y le hicieron acercarse delante de él.
Y le fue dado dominio,
gloria y reino,
para que todos los pueblos, naciones y lenguas le sirvieran;
su dominio es dominio eterno,
que nunca pasará,
y su reino uno
que no será destruido (vv. 13-14).

Después recibirán el reino los santos del Altísimo, y poseerán el reino hasta el siglo, eternamente y para siempre... vino el Anciano de días, y se dio el juicio a los santos del Altísimo; y llegó el tiempo, y los santos recibieron el reino (vv. 18, 22).

y que el reino, y el dominio y la majestad de los reinos debajo de todo el cielo, sea dado al pueblo de los santos del Altísimo, cuyo reino es reino eterno, y todos los dominios le servirán y obedecerán (v. 27).

Esperando con anhelo el reino del Mesías, Miqueas escribió:

Acontecerá en los postreros tiempos
que el monte de la casa de Jehová
será establecido por cabecera de montes,
y más alto que los collados,
y correrán a él los pueblos.
Vendrán muchas naciones, y dirán:
Venid, y subamos al monte de Jehová,
y a la casa del Dios de Jacob;
y nos enseñará en sus caminos,
y andaremos por sus veredas;
porque de Sion saldrá la ley,
y de Jerusalén la palabra de Jehová.
Y él juzgará entre muchos pueblos,
y corregirá a naciones poderosas hasta muy lejos;

y martillarán sus espadas para azadones,
y sus lanzas para hoces;
no alzará espada nación contra nación,
ni se ensayarán más para la guerra (Mi. 4:1-3).

Resumiendo un extenso análisis del Día del Señor y la venida del reino terrenal de Cristo, Zacarías escribió: "Y Jehová será rey sobre toda la tierra. En aquel día Jehová será uno, y uno su nombre" (Zac. 14:9).

Cuando el ángel Gabriel anunció el nacimiento de Jesús a María, le dijo que Él sería algún día el gran Rey sobre la tierra: "Y ahora, concebirás en tu vientre, y darás a luz un hijo, y llamarás su nombre JESÚS. Este será grande, y será llamado Hijo del Altísimo; y el Señor Dios le dará el trono de David su padre; y reinará sobre la casa de Jacob para siempre, y su reino no tendrá fin" (Lc. 1:31-33).

Será inminente el momento colosal en la historia de la redención, revelado en las profecías del Antiguo Testamento, en el anuncio del nacimiento de Cristo, en el avance de la gloria de la segunda venida de Cristo en la transfiguración, en la enseñanza y milagros de Cristo, en las promesas del pacto a Israel, en la promesa a los creyentes de que reinarán con Cristo, en la promesa a los doce discípulos de que juzgarían a las doce tribus de Israel, y en la promesa de Jesús de que volverá en gloria. Y esto hará que todo el cielo alabe a Dios por la maravilla de su plan soberano, en el que Cristo debe reinar.

Centrándose en un grupo particular de los que estaban en el cielo ofreciendo alabanza, Juan observa que **los veinticuatro ancianos que estaban sentados delante de Dios en sus tronos, se postraron sobre sus rostros** (cp. 5:8, 14; 7:11; 19:4) **y adoraron a Dios.** Como representantes de la iglesia glorificada y arrebatada (vea el análisis en el cap. 11 de este volumen), estos ancianos han estado ansiosamente esperando que Cristo recupere la tierra del usurpador. Su gozoso grito de alabanza está lleno de gratitud, **Te damos gracias, Señor Dios Todopoderoso, el que eres y que eras y que has de venir, porque has tomado tu gran poder, y has reinado,** y refleja su gran gozo por la respuesta a sus oraciones por la llegada del reino (cp. Mt. 6:10).

La alabanza de los ancianos se centraba en tres de los atributos de Dios. *Pantokratōr* (**Todopoderoso**) describe el poder soberano, omnipotente e irresistible de Dios. Nueve de los diez usos de esta palabra en el Nuevo testamento se encuentran en Apocalipsis (cp. 1:8; 4:8; 15:3; 16:7, 14; 19:6, 15; 21:22). Se refiere a Dios ejerciendo su absoluta voluntad, que todo lo abarca, mediante su irresistible poder.

La frase **el que eres y el que eras** expresa la eternidad de Dios. Como el Dios vivo (cp. 7:2; Dt. 5:26; Jos. 3:10; 1 S. 17:26; 2 R. 19:4, 16; Sal. 42:2; 84:2; Jer. 10:10; Mt. 16:16; 2 Co. 3:3; He. 12:22), Dios no tuvo comienzo y no tendrá final. Él ha existido desde la eternidad pasada; Él existe ahora y por toda la eternidad futura.

Esa forma de expresar la eternidad de Dios se empleó tres veces anteriormente en Apocalipsis (1:4, 8; 4:8). De manera significativa esas tres oportunidades anteriores añaden la frase "que ha de venir". Como el presente pasaje ve a Cristo viniendo ya y estableciendo su reino, no se repite esa frase aquí (cp. 16:5). Engañosamente, al anticristo se le describe con términos similares, ya que Satanás intenta tramar una pobre imitación del eterno Rey del universo (17:8).

Los ancianos también alababan a Dios por su soberanía, **porque Él había tomado** su **gran poder, y [había] reinado.** El tiempo perfecto del verbo traducido **has tomado** denota la permanencia del gobierno soberano de Dios. Las palabras de Salmo 24:1, "De Jehová es la tierra y su plenitud; el mundo, y los que en él habitan", se logran entender con el reinado de Cristo con absoluto poder y autoridad sobre la tierra.

Todos los intentos de igualar ese reino glorioso de Cristo sobre toda la tierra con cualquier acontecimiento del pasado, o con la iglesia, son completamente contradictorios a la clara enseñanza escatológica de la Biblia, incluso sobre todo en este pasaje. No hay forma de que pueda cumplirse este texto si no es a través del reinado universal de Jesucristo sobre toda la tierra, como los profetas predijeron desde hace tanto tiempo.

ATAQUE DE FURIA

Y se airaron las naciones (11:18*a*)

La visión de la séptima trompeta revela que, ya sin miedo (cp. 6:15-17), **las naciones** impenitentes fueron desafiantes y **se airaron** ante la perspectiva de que el reino de Cristo se estableciera sobre toda la tierra. El verbo traducido **se airaron** sugiere una profunda y continua hostilidad. Este no fue simplemente un momentáneo y emocional ataque de genio, sino un establecido resentimiento abrasador contra Dios. Finalmente, reunirán ejércitos para pelear contra Dios (16:14, 16; 20:8-9). Sin deseo alguno de arrepentirse de sus pecados, el resentimiento colérico y la hostilidad contra el cielo (16:11) moverá a las naciones a reunirse para su destrucción en Armagedón (cp. Sal. 2:1, 5, 12; Hch. 4:24-29).

Los juicios divinos que experimentarán las personas durante la tribulación, las harán volverse de sus pecados y someterse a Dios. Trágicamente, sin embargo, incluso bajo tal atemorizante juicio y advertencias de infierno eterno, la mayoría de ellos no querrán arrepentirse, y en vez de esto endurecerán su corazón (cp. Ro. 2:1-10, que enseña que los hombres se niegan a arrepentirse a pesar de la bondad de Dios). Serán como Faraón, que mantuvo su corazón endurecido (Éx. 8:15, 19, 32; 9:7, 34; 1 S. 6:6) hasta el punto en el que Dios, con sus juicios, endureció permanentemente su corazón (Éx. 10:1; 11:10).

Por lo visto, el mundo incrédulo llegará a ese punto en el derramamiento final de la ira de Dios durante los acontecimientos de la séptima trompeta (cp. 16:9, 11). Su furia y hostilidad hacia Dios alcanzará un grado febril, y se reunirán para luchar contra Él en la batalla de la llanura de Meguido: "espíritus de demonios, que hacen señales, [irán] a los reyes de la tierra en todo el mundo, para reunirlos a la batalla de aquel gran día del Dios Todopoderoso... y los reunió en el lugar que en hebreo se llama Armagedón" (16:14, 16). Para entonces estarán más allá del día de gracia; no habrá salvación en Armagedón. El esfuerzo último y desesperado del mundo por evitar que Cristo establezca su reino, por supuesto fracasará, y serán totalmente destruidos:

> *Y vi a la bestia, a los reyes de la tierra y a sus ejércitos, reunidos para guerrear contra el que montaba el caballo, y contra su ejército. Y la bestia fue apresada, y con ella el falso profeta que había hecho delante de ella las señales con las cuales había engañado a los que recibieron la marca de la bestia, y habían adorado su imagen. Estos dos fueron lanzados vivos dentro de un lago de fuego que arde con azufre. Y los demás fueron muertos con la espada que salía de la boca del que montaba el caballo, y todas las aves se saciaron de las carnes de ellos (19:19-21).*

Los incrédulos que rechazan habrán desperdiciado su oportunidad de arrepentirse ante lo que ellos reconocieron que eran los juicios de Dios (cp. 6:15-17). En vez de esto, se hundieron en las profundidades de la hostilidad y el rechazo, y recibirán el castigo en el infierno eterno.

PLAN DEL JUICIO

y tu ira ha venido, y el tiempo de juzgar a los muertos, y de dar el galardón a tus siervos los profetas, a los santos, y a los que temen tu nombre, a los pequeños y a los grandes, y de destruir a los que destruyen la tierra. (11:18b)

La venida de la ira **de Dios,** como la venida del reino de Cristo (v. 15), es tan segura que se puede hablar de ella como si ya hubiera ocurrido. El verbo traducido **ha venido** es otro aoristo con función de futuro (vea el análisis de "han venido" en el v. 15 citado anteriormente), describiendo un acontecimiento futuro como un hecho ya consumado. Los que piensan que un Dios amoroso no derramará su ira sobre ellos, se apoyan en una esperanza falsa y peligrosa.

El que Dios juzgará un día a los incrédulos es un tema constante de la Biblia. Isaías escribió mucho acerca de ese día futuro:

> *Terror, foso y red*
> *sobre ti, oh morador de la tierra.*

Y acontecerá que el que huyere de la voz del terror caerá en el foso; y el que
saliere de en medio del foso será preso en la red;
porque de lo alto se abrirán ventanas, y temblarán los cimientos de la tierra.
Será quebrantada del todo la tierra,
enteramente desmenuzada será la tierra,
en gran manera será la tierra conmovida.
Temblará la tierra como un ebrio,
y será removida como una choza;
y se agravará sobre ella su pecado,
y caerá, y nunca más se levantará.
Acontecerá en aquel día,
que Jehová castigará al ejército de los cielos en lo alto,
y a los reyes de la tierra sobre la tierra.
Y serán amontonados
como se amontona a los encarcelados en mazmorra,
y en prisión quedarán encerrados,
y serán castigados después de muchos días.
La luna se avergonzará, y el sol se confundirá,
cuando Jehová de los ejércitos reine en el monte de Sion y en Jerusalén,
y delante de sus ancianos sea glorioso (24:17-23).

Anda, pueblo mío, entra en tus aposentos,
cierra tras ti tus puertas;
escóndete un poquito, por un momento,
en tanto que pasa la indignación.
Porque he aquí que Jehová sale de su lugar
para castigar al morador de la tierra por su maldad contra él;
y la tierra descubrirá la sangre derramada sobre ella,
y no encubrirá ya más a sus muertos (26:20-21).

He aquí que el nombre de Jehová viene de lejos;
su rostro encendido, y con llamas de fuego devorador;
sus labios llenos de ira,
y su lengua como fuego que consume.
Su aliento, cual torrente que inunda;
llegará hasta el cuello,
para zarandear a las naciones con criba de destrucción;
y el freno estará en las quijadas de los pueblos, haciéndoles errar.
Vosotros tendréis cántico como de noche en que se celebra pascua,
y alegría de corazón, como el que va con flauta
para venir al monte de Jehová, al Fuerte de Israel.

Y Jehová hará oír su potente voz,
y hará ver el descenso de su brazo, con furor de rostro
y llama de fuego consumidor,
con torbellino, tempestad y piedra de granizo.
Porque Asiria que hirió con vara,
con la voz de Jehová será quebrantada.
Y cada golpe de la vara justiciera
que asiente Jehová sobre él,
será con panderos y con arpas;
y en batalla tumultuosa peleará contra ellos.
Porque Tofet ya de tiempo está dispuesto
y preparado para el rey,
profundo y ancho,
cuya pira es de fuego, y mucha leña;
el soplo de Jehová, como torrente de azufre, lo enciende (30:27-33).

Ezequiel 38-39 describe la reunión de los incrédulos para luchar contra Cristo y su pueblo, Israel, en la batalla de Armagedón. (Debe observarse que se dice que otra invasión, al final del milenio, incluirá a Gog y a Magog; Ap. 20:8-10. Se usan los mismos nombres para indicar que esta posterior invasión será similar a la que habrá durante la tribulación.):

Y subirás contra mi pueblo Israel como nublado para cubrir la tierra; será al cabo de los días; y te traeré sobre mi tierra, para que las naciones me conozcan, cuando sea santificado en ti, oh Gog, delante de sus ojos.

Así ha dicho Jehová el Señor: ¿No eres tú aquel de quien hablé yo en tiempos pasados por mis siervos los profetas de Israel, los cuales profetizaron en aquellos tiempos que yo te había de traer sobre ellos? En aquel tiempo, cuando venga Gog contra la tierra de Israel, dijo Jehová el Señor, subirá mi ira y mi enojo. Porque he hablado en mi celo, y en el fuego de mi ira: Que en aquel tiempo habrá gran temblor sobre la tierra de Israel; que los peces del mar, las aves del cielo, las bestias del campo y toda serpiente que se arrastra sobre la tierra, y todos los hombres que están sobre la faz de la tierra, temblarán ante mi presencia; y se desmoronarán los montes, y los vallados caerán, y todo muro caerá a tierra. Y en todos mis montes llamaré contra él la espada, dice Jehová el Señor; la espada de cada cual será contra su hermano. Y yo litigaré contra él con pestilencia y con sangre; y haré llover sobre él, sobre sus tropas y sobre los muchos pueblos que están con él, impetuosa lluvia, y piedras de granizo, fuego y azufre. Y seré engrandecido y santificado, y seré conocido ante los ojos de muchas naciones; y sabrán que yo soy Jehová (Ez. 38:16-23).

El toque de la séptima trompeta marca el cumplimiento del acontecimiento del gran juicio que los profetas anunciaron y que los santos de todos los siglos han anhelado (cp. Sal. 3:7; 7:6; 35:1-8; 44:26; 68:1-2). Será el tiempo en el que Dios derrame su ira sobre sus enemigos.

La séptima trompeta no solo será señal del derramamiento de la ira de Dios sobre la tierra, también indicará que ha llegado **el tiempo de juzgar a los muertos.** Tiempo traduce *kairos,* que se refiere a una época, era, ocasión, o suceso. El establecimiento del reino de Cristo será un tiempo apropiado para juzgar a los muertos. El juicio ante el gran trono blanco (20:11-15) no es el tema de este pasaje, como algunos afirman, ya que ese juicio de modo explícito tiene que ver solo con los incrédulos. Es mejor ver esta referencia al juicio como una referencia general a todos los juicios futuros. Los ancianos, en su cántico, no hicieron intento alguno de separar las diferentes fases de juicio como están separadas en los capítulos finales de Apocalipsis. Simplemente cantan de juicios futuros como si fueran un solo suceso, de la misma manera que otros pasajes de las Escrituras no hacen distinción entre los juicios futuros (cp. Jn. 5:25, 28-29; Hch. 17:31; 24:21).

El juicio será ante todo **el tiempo** para que Dios dé **el galardón** a sus **siervos los profetas, a los santos, y a los que temen tu nombre, a los pequeños y a los grandes.** Aunque la potestad de servir a Dios en una forma digna de recompensa es un don de la gracia de Dios, no obstante se anima a todos los creyentes del Nuevo Testamento a trabajar con la mira en esas prometidas recompensas. En 22:12 Jesús dijo: "He aquí yo vengo pronto, y mi galardón conmigo, para recompensar a cada uno según sea su obra". Pablo escribió a los corintios: "Y el que planta y el que riega son una misma cosa; aunque cada uno recibirá su recompensa conforme a su labor" (1 Co. 3:8; cp. Mt. 5:12; 10:41-42; Mr. 9:41; Col. 3:24; 2 Jn. 8). La recompensa prometida a los creyentes es que heredarán el reino, tanto en su etapa milenaria (Mt. 25:34-40; Mr. 10:29-31) como eterna (Ap. 21:7). A los creyentes también se les prometen coronas, entre ellas la corona de justicia (2 Ti. 4:8), la corona de vida (Stg. 1:12; Ap. 2:10) y la corona de gloria (1 P. 5:4).

La frase **tus siervos los profetas** abarca a todos los que han proclamado la verdad de Dios a lo largo de la historia de la redención, desde Moisés hasta los dos testigos (11:3-13). Las Escrituras a menudo señalan a los profetas como los **siervos** del Señor (p. ej. 2 R. 9:7; Esd. 9:11; Jer. 7:25; Ez. 38:17; Dn. 9:6; Am. 3:7; Zac. 1:6). Se ha cumplido el tiempo para que ellos reciban "recompensa de profeta" (Mt. 10:41). Todos esos hombres fieles que se levantaron en el nombre de Dios en días difíciles y en contra de la oposición, recibirán entonces su obra revelada y recompensada.

Otro grupo a ser galardonado son **los santos,** que se designan además como **los que temen tu nombre** (cp. Sal. 34:9; 85:9; 103:11; 115:13; 147:11; Ec. 8:12; Lc. 1:50). Santos es una forma común de describir a los redimidos en la Biblia, tanto en el Antiguo como en el Nuevo Testamento (p.ej. 5:8; 8:3-4; Sal. 16:3; 34:9; Dn. 7:18; Mt. 27:52; Hch. 9:13; 26:10; Ro. 1:7; 8:27; 12:13; 1 Co. 6:1-2; 14:33; 16:1; 2 Co. 1:1; 8:4; Ef. 1:15; 2:19; 6:18; Fil. 4:21-22; Col. 1:2, 4, 12; 1 Ts. 3:13; 2 Ts. 1:10; 1 Ti. 5:10; Flm. 5, 7; He. 6:10; Jud. 3). Todos los santos de Dios, desde **los pequeños** hasta **los grandes** (un término que lo abarca todo; cp. 13:16; 19:5, 18; 20:12; Dt. 1:17; 2 R. 23:2; Job 3:19; Sal. 115:13; Jer. 16:6; Hch. 26:22), recibirán recompensas.

El juicio también destruirá **a los que destruyen la tierra.** Esa no es una alusión a los que contaminan el medio ambiente, sino a los que contaminan la tierra con su pecado. Eso incluye a todos los incrédulos, sobre todo en el contexto de Apocalipsis, al falso sistema económico y religioso llamado Babilonia (cp. 19:2), al anticristo y a sus seguidores, y a Satanás mismo, el gran destructor. El apóstol Pablo escribió que el "misterio de la iniquidad" (2 Ts. 2:7) ya está en acción en la época de la iglesia, pero durante el período de la tribulación alcanzará su punto máximo de actividad destructora, desmenuzando la sociedad en toda forma de maldad.

Al hombre se le dio mayordomía y dominio sobre la tierra (cp. Gn. 1:28), pero cayó en pecado, y a través de toda la historia ha corrompido continuamente la tierra (cp. Ro. 8:19-21). Cuando esa corrupción alcance su punto culminante, Dios destruirá la tierra y creará una nueva (21:1; Is. 65:17; 66:22; 2 P. 3:12-13).

PROMESA DE COMUNIÓN

Y el templo de Dios fue abierto en el cielo, y el arca de su pacto se veía en el templo. Y hubo relámpagos, voces, truenos, un terremoto y grande granizo. (11:19)

Vinculada a la séptima trompeta está la promesa a los creyentes de comunión con Dios continua y para siempre. Esta comunión se simboliza en la metáfora del versículo 19. La apertura del **templo de Dios** que está **en el cielo** (el lugar donde mora su presencia; cp. los caps. 4, 5) mostró **el arca de su pacto.** El arca simboliza que el **pacto** que Dios ha prometido a los hombres ahora está disponible en su plenitud. En medio de la furia de su juicio sobre los incrédulos, Dios, por decirlo así, abre a todos el Lugar santísimo (donde estaba el arca; Éx. 26:33-34; 2 Cr. 5:7) y atrae a los creyentes a su presencia. Esto habría sido inconcebible en el templo del Antiguo Testamento, donde solo el sumo sacerdote entraba al Lugar santísimo una vez al año (He. 9:7).

El **arca** simboliza la comunión de Dios con los redimidos, porque allí era donde se ofrecía la sangre de los sacrificios para expiar el pecado de los hombres (Lv. 16:2-16; He. 9:3-7). Además, era desde encima del arca que Dios hablaba con Moisés (Nm. 7:89). Al arca del pacto se le llama en las Escrituras el arca del testimonio (Éx. 25:22), el arca de Dios (1 S. 3:3), y el arca del poder de Dios (Sal. 132:8). Dentro de ella estaban "una urna de oro que contenía el maná, la vara de Aarón que reverdeció, y las tablas del pacto" (He. 9:4). Todo esto simbolizaba que Dios supliría a su pueblo, que era soberano sobre su pueblo, que dio su ley a su pueblo, y que entró en un pacto de salvación eterna con su pueblo.

Pero junto con el arca en el templo celestial **hubo relámpagos, voces, truenos, un terremoto y grande granizo.** Acontecimientos similares se asocian al majestuoso y glorioso trono celestial de Dios en 4:5. En 8:5 y 16:17-18 están asociados a juicio. El cielo es la fuente de venganza contra los incrédulos, así como de las bendiciones del pacto para los redimidos.

El mensaje de la séptima trompeta es que Jesucristo es el soberano Rey de reyes y Señor de señores. Un día Él recuperará el control de la tierra del que la usurpó, Satanás, y de los insignificantes gobernadores de la tierra. La historia se mueve de modo inexorable hacia su culminación en el reinado terrenal de Cristo. Cuando Él venga, traerá bendiciones del pacto a los redimidos, pero condenación eterna a quienes lo rechazan.

En vista de esa verdad solemne, Pedro exclama: "¡cómo no debéis vosotros andar en santa y piadosa manera de vivir!" (2 P. 3:11).

Bibliografía

Allen, James. *What the Bible Teaches: Revelation* [Lo que la Biblia enseña: Apocalipsis]. Kilmarnock, Scotland: Juan Ritchie Ltd., 1997.

Barclay, William. *The Revelation of John* [El Apocalipsis de Juan]. Volumen Uno. Filadelfia: Westminster, 1976.

_____. *The Revelation of John* [El Apocalipsis de Juan]. Volumen Dos. Filadelfia: Westminster, 1976.

Beasley-Murray, G. R. *The Book of Revelation* [El libro de Apocalipsis]. The New Century Bible. [La Biblia del Nuevo Siglo] Londres: Oliphants, 1974.

Beckwith, Isbon T. *The Apocalypse of John* [El Apocalipsis de Juan]. Nueva York: Macmillan, 1919.

Carson, D. A.; Douglas J. Moo; and Leon Morris. *An Introduction to the New Testament.* [Una introducción al Nuevo Testamento] Grand Rapids: Zondervan, 1992.

Cohen, Gary G. *Understanding Revelation.* [Comprendiendo el Apocalipsis] Collingswood, N. J.: Christian Beacon Press, 1968.

Criswell, W. A. *Expository Sermons on Revelation.* [Sermones expositivos sobre Apocalipsis] Grand Rapids: Zondervan, 1969.

Erdman, Charles R. *The Revelation of John* [El Apocalipsis de Juan]. Reimpreso. Filadelfia: Westminster, 1966.

Guthrie, Donald. *New Testament Introduction.* [Introducción al Nuevo Testamento] Edición Revisada. Downers Grove, Ill: InterVarsity, 1990.

Hailey, Homer. *Revelation: An Introduction and Commentary.* [Apocalipsis: Una introducción y comentario] Grand Rapids: Baker, 1979.

Hemer, Colin J. *The Letters to the Seven Churches of Asia in Their Local Setting.* [Las cartas a las siete iglesias de Asia en su trasfondo local] Sheffield: JSOT Press, 1986.

Lenski, R. C. H. *The Interpretation of St. John's Revelation.* [La interpretación del Apocalipsis de San Juan] Minneápolis: Augsburg, 1943.

Morris, Henry M. *The Revelation Record* [El registro de Apocalipsis] Wheaton, Ill.: Tyndale, 1983.

Morris, Leon. *The Revelation of St. John* [El Apocalipsis de San Juan]. The Tyndale New Testament Commentaries. [Los comentarios del Nuevo Testamento Tyndale] Grand Rapids: Eerdmans, 1969.

Mounce, Robert H. *The Book of Revelation. The New International Commentary on the New Testament.* [El libro de Apocalipsis. El nuevo comentario internacional sobre el Nuevo Testamento] Grand Rapids: Eerdmans, 1977.

Phillips, John. *Exploring Revelation.* [Explorando el Apocalipsis] Edición revisada. Chicago: Moody, 1987; reimpreso, Neptune, N.J.: Loizeaux, 1991.

Pfeiffer, Charles F., and Howard F. Vos. *The Wycliffe Historical Geography of Bible Lands.* [Geografía histórica de las tierras bíblicas de Wycliffe] Chicago: Moody, 1967.

Ramsay, W. M. *The Letters to the Seven Churches of Asia.* [Las cartas a las siete iglesias de Asia] Albany, Oreg.: AGES Software. Reimpreso de la edición de 1904.

Ryrie, Charles C. *Revelation.* [Apocalipsis] Edición revisada. Everyman's Bible Commentary. Chicago: Moody, 1996.

Seiss, Joseph A. *The Apocalypse.* [El Apocalipsis] Reimpreso. Grand Rapids: Kregel, 1987.

Swete, Henry Barclay. *Commentary on Revelation.* [Comentario sobre Apocalipsis] Reimpreso. Grand Rapids: Kregel, 1977.

Tenney, Merrill C. *Interpreting Revelation.* [Interpretando Apocalipsis] Grand Rapids: Eerdmans, 1957.

Thomas, Robert L. *Revelation 1-7: An Exegetical Commentary.* [Apocalipsis 1-7: Un comentario exegético] Chicago: Moody, 1992.

_____. *Revelation 8-22: An Exegetical Commentary.* [Apocalipsis 8-22: Un comentario exegético] Chicago: Moody, 1995.

Trench, Richard C. *Synonyms of the New Testament* [Sinónimos del Nuevo Testamento] Reimpreso; Grand Rapids: Eerdmans, 1983.

Vincent, Marvin R. *Word Studies in the Greek New Testament.* [Estudios de palabras en el Nuevo Testamento griego] Reimpreso; Grand Rapids: Eerdmans, 1946.

Walvoord, John F. *The Revelation of Jesus Christ* [La revelación de Jesucristo]. Chicago: Moody, 1966.

Yamauchi, Edwin M. *New Testament Cities in Western Asia Menor.* [Ciudades del Nuevo Testamento en el Asia Menor occidental] Grand Rapids: Baker, 1980.

Índice de palabras griegas

abussos, 261
agorazō, 179
alēthinos, 128
allos, 220, 243, 282
angeloi, 57
apokalupsis, 12, 13, 24,
25
apollumi, 268
apopsuchō, 206
apsinthos, 253
archē, 143-144
arnion, 175
arnos, 175
astēr, 252
asteres, 209
axios, 168

biblaridion, 285
biblion, 170, 285

chlōros, 189
chronos, 33

deipneō, 150
despotēs, 199
dia, 134
diadēma, 185
diadēmas, 184
didōmi, 244
doulos, 28

egō eimi, 60
eidon, 219, 282
eis, 134
ek, 134, 135
en, 134
erchomai, 38, 234

ginōskō, 68
gnōsis, 143

hēneōgmenon, 285
heteros, 282
hupomonē, 69

idou, 38
iris, 284

kainos, 101
kairos, 33, 321
kalamos, 296
katakekaumene, 130
klaiō, 172
kopos, 68
koptō, 43
krateō, 114, 220
krazō, 199
kuriakē hēmera, 51
kurios, 199, 234, 313

lampas, 253
latreuō, 235
leukos, 55, 229

machaira, 186
makrothumia, 69
martus, 97, 301
megistanes, 211
metanoeō, 99
molunō, 123

nai, 44
naos, 297

oida, 68

pantokratōr, 316
penēs, 86
pharmakōn, 277
pistis, 109
plēssō, 254
poimainō, 237
porneia, 277
presbuteroi, 158
prōtotokos, 35, 144
ptocheia, 86

seismos, 207
seol, 61
sphragis, 221

stephanoi, 266
stephanos, 88, 159, 183, 185
stolē, 229

tachos, 30
tachu, 308
tartarus, 261
thanatos, 189
thlipsis, 80
tē kuriakē hēmera, 51

tēreō, 134, 135
tēreō ek, 134, 135

zaō, 161

Índice temático

Abominación
desoladora, 186, 195-
196, 206, 298, 300
Adoración, 232
Ángel del Señor, 59,
283
Ángeles, 31, 42, 158,
180, 219, 231-232,
242
Anticristo, 184, 186,
196, 208, 217, 266,
297, 300, 306
Apocalipsis
bendiciones
prometidas a
quienes lo lean, 32
incapacidad de los
incrédulos de
comprender
Apocalipsis, 29
su énfasis sobre el
futuro, 29
tema de, 312
arca del pacto, El, 100,
322-323
Armagedón, batalla de,
181, 310, 318
Arrebatamiento de la
iglesia, 134-135, 155,
299-300
Arrepentimiento, 99,
124, 149

Barnhouse, Donald
Gray (sobre cosas
fuera de lugar en el
universo), 178
Beasley-Murray, G. R.
(sobre la fecha de
Apocalipsis), 19
Bruce, F. F. (sobre el
destierro de Flavia
Domitilla decretado
por Domiciano), 51

caída del hombre, La,
276
Clemente de Alejandría
(sobre la paternidad
literaria juanina de
Apocalipsis), 14, 18,
71
Confesión de Fe de
Westminster, 88-89
Constantino (concede
tolerancia religiosa a
los cristianos), 93
Creyentes
no deben especular
acerca de la venida
de Cristo, 30
preservación de Dios
de, 122-123, 216-
217, 264-265
santidad de, 55, 123

Cristiano, definición
bíblica de, 63-64
Criswell, W. A.
sobre el llanto de
Juan, 173
sobre la revelación de
la gloria de Cristo,
25-26
Cuatro seres vivientes,
identificación de, 163
Cúpula de la Roca
(lugar sagrado
islámico), 297
Churchill, Winston, 11,
185

Demonios (ángeles
caídos), 261-262
Día del Señor, 203-206,
239, 248, 254
Diluvio, el, 37, 194, 207,
276
Dios
adoración de, 164ss
atributos de, 11
como creador, 289
como juez, 157, 161,
165, 166, 272, 319
eternidad de, 166-
168, 289, 316
omnipotencia de,
165, 166, 316

presencia de
(Shekiná), 237
santidad de, 165
soberanía de, 88,
156, 273, 285, 288,
316
venganza de, 191-193
Discernimiento, 69-70
Domiciano (su
persecución de los
cristianos), 49

Erdman, Charles (sobre
la carta a Tiatira),
105
Espíritu Santo, 34, 40,
118, 161, 176, 208
Evangelio, 35

Falsa doctrina, 97
falsos maestros, Los, 69-
70, 112, 143
Fiesta de los
tabernáculos, 229
Futuro, fascinación
actual con el, 23-25

Gnosticismo, 143, 147
Gracia común, 226
Guthrie, Donald (sobre
la paternidad
apostólica de
Apocalipsis), 15

Hemer, Colin J. (sobre
la dificultad para
tomar la acrópolis de
Sardis), 120
Hipocresía, religiosa,
146
Hitler, Adolfo, 184-185
Huerto del Edén, 74,
163, 257

Idolatría, 276
Iglesia
disciplina en, 56, 97,
104-105
persecución de, 77-
78, 81, 82, 96, 133
Ignacio (sus elogios a la
iglesia de Éfeso), 70
Ireneo
sobre la fecha de
Apocalipsis, 17-18
sobre la paternidad
apostólica de
Apocalipsis, 14
Israel
apostasía de, 139
salvación de, 218,
223, 227
su protección por
parte de Dios
durante la
tribulación, 299-
300
Jerusalén, Concilio
(Hechos 15), 98
Jesucristo
como juez, 92-93,
107, 112, 113, 124
como Sumo
Sacerdote de los
creyentes, 54
coronación de, 310
crucifixión de, 43
deidad de, 12, 60, 61,
78, 106, 128-129
entrada triunfal de,
229-230
exaltación de, 28, 177
expiación de, 179,
235
omnipotencia de, 129
omnisciencia de, 68,
71, 81, 106, 121
resurrección de, 61,
78-79

soberanía de, 129
su amor por los
redimidos, 149
títulos de, 12, 26,
114-115, 128, 143,
174-175, 178, 243-
244, 282-283
transfiguración de,
43, 56, 60, 304,
316
venida de, inminente,
33-34
Juan el Bautista, 38, 66
juicio ante el gran trono
blanco, El, 321
Juicio. Vea Jesucristo,
como juez; Dios,
como juez
Juramentos, hacer, 287-
288
Justino Mártir (sobre la
paternidad apostólica
de Apocalipsis), 13

Lawrence, D. H., 191
Lenski, R. C. H. (sobre
"Juan el anciano"), 16
Lidia (su posible
implicación en la
fundación de la
iglesia de Tiatira),
107
Lutero, Martín, 132
Lloyd-Jones, D. Martyn
(sobre arrepenti-
miento), 149

Maldad, problema de la,
280ss
Mayhue, Richard (sobre
la confrontación de
Jesucristo con la
iglesia de Éfeso), 73

Melitón (obispo de Sardis del segundo siglo), 119

Milagros, propósito de, 305

Misterio, definición bíblica de, 290

Montanismo (herejía de la iglesia primitiva), 112

Morris, Henry M.
  sobre el fenómeno asociado con la primera trompeta, 250
  sobre el terremoto en Apocalipsis 6, 208-209
  sobre la inestable corteza de la tierra, 210
  sobre los cuatro ángulos de la tierra, 219-220

Morris, Leon (sobre las similitudes entre Apocalipsis y los demás escritos de Juan), 17

Movimiento medioambiental, 247-248

Muerte espiritual, 121

Mundanalidad, 91-92

Nerón (su persecución a los cristianos), 49

Oración, 198-199, 244-245

Persecución. Vea iglesia, persecución de la

Perseverancia, 136

Phillips, John
  sobre el regreso de Ricardo Corazón de León a Inglaterra, 45
  sobre la plaga de langostas, 263
  sobre los demonios que salen del abismo, 262

Plinio (gobernador romano del segundo siglo), 48

Policarpo, 82-86, 129

Posesión demoníaca, efectos de la, 267

Predicadores, piedad, 294-296

Prodigios y señales, 308

Profecía, definición del Nuevo Testamento de, 301-302

Ramsay, William
  sobre el terremoto en Filadelfia, 130-131
  sobre la ubicación de Pérgamo, 94
  sobre los gremios en Tiatira, 108

Recompensas, de los creyentes, 321

Redención, 179

Reino milenario, 114, 180, 218, 281, 313

Revuelta judía (66-70 d.C.), 297

Sansón, 122

Satanás
  derrota de, 61, 175, 260-261
  juicio de, 42

nombres y títulos de, 312

su guerra contra Dios, 87-88, 170, 258-259

Schaeffer, Francis (sobre el significado del término cristiano), 63

Seguridad eterna, 125-126

Shekiná. Vea Dios, presencia de

Stott, Juan R. W. (sobre las iglesias tibias), 147

Suetonio (historiador romano), 48

Swete, Henry Barclay (sobre la paternidad apostólica de Apocalipsis), 17

Tácito (historiador romano), 48

Tartarus, 261

Templo
  celestial, 155, 236
  tribulación, 297-298

Templos en las Escrituras, 297

Tenney, Merrill C. (sobre los nicolaítas), 71

Tertuliano
  sobre la paternidad apostólica de Apocalipsis, 14
  sobre la persecución de los cristianos, 48-49

Thomas, Robert L.
  sobre el significado del término Israel, 223

sobre la aparente contradicción entre la primera y quinta trompetas, 250

sobre la toma de Sardis, 120

sobre la frase "ángeles de las siete iglesias", 57

sobre la lectura pública de Apocalipsis, 32

sobre la última mitad de la tribulación, 234-235

sobre las diversas relaciones de las doce tribus, 223-224

sobre las similitudes entre Apocalipsis y los otros escritos de Juan, 17

sobre los mártires de la tribulación, 200

sobre los testamentos romanos, 170-171

Trench, Richard C. sobre el significado de *hupomonē*, 69

sobre el significado de *ptocheia*, 86

Tribulación, 183, 186, 194, 206, 217, 233, 234, 270

Urim y Tumim, 100

Veinticuatro ancianos, identificación de los, 158-160

Vencedores, promesas a, 150

Venganza de Dios. Vea Dios, venganza de personal, 193

Vincent, Marvin R. (sobre el significado de *iris*), 284

Walvoord, J. F. (sobre la interpretación futurista de Apocalipsis), 20-21

Yamauchi, Edwin M. sobre el altar de Zeus en Pérgamo, 95-96

sobre el refinamiento de oro en Sardis, 119

APOCALIPSIS
12—22

Con profunda gratitud

a David Douglass, que por casi diecinueve años fue mi editor en la preparación de estos comentarios. El amor evidente de David a la Palabra de Dios, su experiencia sobre teología y su profesionalismo como editor están indeleblemente marcados en estos libros. Su colaboración y aliento a través de los años me han ayudado a mantener mi propio entusiasmo. Al fin está disfrutando de un bien merecido descanso del trabajo. Extrañaré mucho su contribución.

Contenido

Prólogo 9
1. La guerra de los siglos — Primera parte: El preludio 11
2. La guerra de los siglos — Segunda parte: Guerra en el cielo 23
3. La guerra de los siglos — Tercera parte: Guerra en la tierra 35
4. La bestia que subió del mar 45
5. El último falso profeta 63
6. Santos victoriosos 77
7. Mensajeros angelicales 91
8. Bienaventurados los muertos 101
9. La última siega de la tierra 113
10. El templo del juicio 125
11. Las últimas siete plagas 141
12. La destrucción de la última religión mundial 161
13. Ha caído Babilonia 179
14. Aleluyas celestiales 199
15. La gloriosa venida de Jesucristo 213
16. El venidero reino terrenal del Señor Jesucristo 231
17. El último día del hombre ante el tribunal de Dios 247
18. El cielo nuevo y la tierra nueva 259
19. La ciudad capital del cielo 275
20. La reacción inmediata del creyente ante la
    inminente venida de Cristo 289
21. La última invitación de Dios 301
    Bibliografía 313
    Índice de palabras griegas 315
    Índice de palabras hebreas 316
    Índice temático 317

Prólogo

Sigue siendo para mí una provechosa experiencia espiritual el predicar de forma expositiva a través del Nuevo Testamento. Mi propósito es tener siempre una profunda comunión con el Señor en el conocimiento de su Palabra, y con esa experiencia explicarle a su pueblo lo que un pasaje significa. Como dice Nehemías 8:8, me esfuerzo por "[ponerle] el sentido" de modo que puedan de veras oír a Dios hablar y, al hacerlo, le respondan.

Es obvio que el pueblo de Dios necesita comprenderlo, lo que exige conocer su Palabra de verdad (2 Ti. 2:15) y el permitir que esa Palabra more en abundancia en nosotros (Col. 3:16). La fuerza propulsora dominante de mi ministerio, por lo tanto, es contribuir a que la Palabra viva de Dios se avive en su pueblo. Es una aventura placentera.

Esta serie de comentarios del Nuevo Testamento refleja ese objetivo de explicar y aplicar las Escrituras. Algunos comentarios son principalmente lingüísticos, otros son mayormente teológicos y algunos son principalmente homiléticos. Este es esencialmente explicativo, o expositivo. No es técnico desde el punto de vista lingüístico, pero trata acerca de la lingüística cuando eso parece útil a la interpretación apropiada. No es teológicamente extensivo, sino que se concentra en las doctrinas principales en cada texto y en cómo se relacionan con toda la Biblia. No es primordialmente homilético, aunque cada unidad de pensamiento por lo general se trata como un capítulo, con un claro bosquejo y un flujo lógico de pensamiento. Casi todas las verdades se ilustran y aplican con otros pasajes. Después de establecer el contexto de un pasaje, he tratado de seguir fielmente el desarrollo y el razonamiento del escritor.

Mi oración es que cada lector comprenda plenamente lo que el Espíritu Santo dice a través de esta parte de su Palabra, de modo que su revelación pueda morar en la mente de los creyentes, dando como resultado una mayor obediencia y fidelidad, para la gloria de nuestro gran Dios.

9

La guerra de los siglos – Primera parte: El preludio

1

Apareció en el cielo una gran señal: una mujer vestida del sol, con la luna debajo de sus pies, y sobre su cabeza una corona de doce estrellas. Y estando encinta, clamaba con dolores de parto, en la angustia del alumbramiento. También apareció otra señal en el cielo: he aquí un gran dragón escarlata, que tenía siete cabezas y diez cuernos, y en sus cabezas siete diademas; y su cola arrastraba la tercera parte de las estrellas del cielo, y las arrojó sobre la tierra. Y el dragón se paró frente a la mujer que estaba para dar a luz, a fin de devorar a su hijo tan pronto como naciese. Y ella dio a luz un hijo varón, que regirá con vara de hierro a todas las naciones; y su hijo fue arrebatado para Dios y para su trono. Y la mujer huyó al desierto, donde tiene lugar preparado por Dios, para que allí la sustenten por mil doscientos sesenta días. (12:1-6)

La Biblia advierte que "antes del quebrantamiento es la soberbia, y antes de la caída la altivez de espíritu" (Pr. 16:18). La ilustración más notoria y trágica de este principio, la de consecuencias a más largo alcance, fue la orgullosa rebelión de Satanás contra Dios. Con ella Lucifer, habiendo caído del cielo como un rayo (Lc. 10:18), fue derribado de su exaltada posición como el "querubín grande, protector" (Ez. 28:14). Perdió el derecho a su posición como el más grande de los seres creados y se convirtió en el supremo enemigo de Dios. La rebelión de Satanás desencadenó una guerra cósmica en todo el universo, una guerra que deja pequeña cualquier otra en la experiencia humana. La guerra de Satanás contra Dios es una guerra en dos frentes. Al encabezar un motín de los ángeles contra Dios, Satanás trató sin éxito de destruir el paraíso del cielo. Al encabezar un motín de los hombres contra Dios, Satanás destruyó el paraíso terrenal del huerto del Edén, hundió a todo el género humano en la decadencia y la corrupción, y usurpó (temporalmente) la función de "príncipe de este mundo" (Jn. 12:31; 16:11).

La campaña inicial de la guerra de los siglos de Satanás tuvo lugar en el cielo. Cuando se rebeló (Is. 14:12-15; Ez. 28:12-17), una tercera parte de los ángeles, insensata e inicuamente, se pusieron de su parte (vea el análisis del v. 4 más adelante). Ninguno de ellos podía haber conocido cuáles serían las consecuencias eternas de su decisión. Deseando ser como Dios, llegó a ser lo más diferente a Él posible. Esos ángeles caídos (o demonios) se convirtieron en la tropa de asalto de Satanás, cumpliendo los deseos de su malvado comandante. Luchan contra el propósito divino, haciendo guerra tanto con los santos ángeles como con el género humano.

Cuando Adán y Eva cayeron en corrupción al decidir escuchar las mentiras de Satanás y desobedecer a Dios, el género humano se enredó en la guerra cósmica de los siglos. En realidad, desde la caída la tierra ha sido el teatro principal donde se ha desarrollado la guerra. Aunque ya caídos, los seres humanos tienen que tomar la misma decisión que tomaron los ángeles en la eternidad pasada: luchar del lado de Dios o del lado de Satanás. El permanecer neutral no es una opción, ya que en Mateo 12:30 Jesús declaró: "El que no es conmigo, contra mí es; y el que conmigo no recoge, desparrama".

Las grandes batallas de la larga guerra de Satanás contra Dios están por librarse todavía. Tendrán lugar en el futuro, durante la última mitad del período de tribulación de siete años, el tiempo que Jesús llamó la gran tribulación (Mt. 24:21). En aquel tiempo Satanás, ayudado por la ausencia de la iglesia arrebatada y la presencia de crecientes hordas de demonios (9:1-11), lanzará sus más desesperados ataques contra los propósitos de Dios y de su pueblo. A pesar de la furia salvaje de esos ataques, no tendrán éxito. El Señor Jesucristo aplastará fácilmente a Satanás y sus fuerzas (19:11-21) y lo enviará al abismo mientras dure el reino milenario (20:1-2). Después de dirigir una rebelión final al término del milenio, Satanás será enviado al castigo eterno en el lago de fuego (20:3, 7-10).

El toque de la séptima trompeta anunciará la gran victoria del Señor Jesucristo sobre el usurpador, Satanás: "El séptimo ángel tocó la trompeta, y hubo grandes voces en el cielo, que decían: Los reinos del mundo han venido a ser de nuestro Señor y de su Cristo; y él reinará por los siglos de los siglos" (11:15). Habrá gozo en el cielo porque Cristo ha derrotado a Satanás y establecido su reino eterno. Así que, el resultado de la guerra entre Satanás y Dios está muy claro. El triunfo final de Cristo es seguro.

Aunque el capítulo 11 registra el toque de la séptima trompeta, los efectos que produce no se describen hasta los capítulos 15–18. La séptima trompeta tocará casi al final de la tribulación, lanzando los breves, pero finales y devastadores juicios de las copas antes de la venida de Cristo en poder y gloria. Los capítulos 6–11 describen los acontecimientos de la tribulación hasta el toque de la séptima trompeta; los capítulos 12–14 recapitulan ese mismo período, describiendo los acontecimientos desde la posición ventajosa de Satanás. Además, la última sección lleva al lector de vuelta a la rebelión original de Satanás (12:3-

4). La narración cronológica de los acontecimientos de la tribulación se reanuda después en el capítulo 15.

La tribulación mostrará tanto los juicios sin precedente de la escatológica ira de Dios como la desesperada furia de los esfuerzos de Satanás para frustrar los propósitos de Dios. Esa mortal combinación hará de la tribulación el período más devastador en la historia humana (Mt. 24:21-22). Durante ese tiempo, ocurrirán sucesos aterradores, provocados tanto por los juicios de Dios como por la furia de Satanás.

Antes de describir esa última guerra, el inspirado apóstol Juan primero presenta a los principales personajes que participan en ella: la mujer (Israel), el dragón (Satanás) y el hijo varón (Jesucristo).

LA MUJER

Apareció en el cielo una gran señal: una mujer vestida del sol, con la luna debajo de sus pies, y sobre su cabeza una corona de doce estrellas. Y estando encinta, clamaba con dolores de parto, en la angustia del alumbramiento. (12:1-2)

Lo primero que Juan vio en esta visión fue una **gran señal**, la primera de la siete señales en la última mitad de Apocalipsis (cp. v. 3; 13:13, 14; 15:1; 16:14; 19:20). *Mega* (**gran**) aparece varias veces en esta visión (cp. vv. 3, 9, 12, 14); todo lo que Juan vio parecía ser enorme, en tamaño o en significado. *Sēmeion* (**señal**) describe un símbolo que señala una realidad. El método literal de interpretar las Escrituras permite el empleo regular de lenguaje simbólico, pero comprende que señala una realidad literal. En este caso, la descripción explícitamente muestra que la mujer que vio Juan no era una mujer real. Además, la alusión al "resto de la descendencia de ella, los que guardan los mandamientos de Dios y tienen el testimonio de Jesucristo" (v. 17), muestra que esta **mujer** es una madre simbólica.

La **mujer** es la segunda de cuatro mujeres simbólicas identificadas en Apocalipsis. La primera, aunque una mujer real, tenía el nombre simbólico Jezabel (2:20). Ella era una maestra falsa y simboliza el paganismo. Otra mujer simbólica, descrita como una ramera, aparece en 17:1-7. Ella representa la iglesia apóstata. La cuarta mujer, descrita en 19:7-8 como la esposa del Cordero (cp. 2 Co. 11:2), representa a la verdadera iglesia. Algunos afirman que la **mujer** en esta visión representa a la iglesia, pero como el contexto pone en claro (cp. v. 5), ella representa a Israel. El Antiguo Testamento también representa a Israel como una mujer, la adúltera esposa del Señor (Jer. 3:1, 20; Ez. 16:32-35; Os. 2:2), a quien Dios finalmente restaurará para sí (Is. 50:1). Una alusión al arca del pacto (11:19) añade apoyo adicional para identificar a la **mujer** como Israel.

13

No es sorprendente que Israel desempeñe un papel fundamental en el drama de los postreros tiempos. La semana setenta de la profecía de Daniel (la tribulación) tendrá que ver principalmente con Israel, tal y como sucede con las primeras sesenta y nueve (cp. Dn. 9:24-27). La presencia de Israel en los postreros tiempos concuerda con la enfática promesa de Dios con relación a su continua existencia como nación:

> *Así ha dicho Jehová,*
> *que da el sol para luz del día,*
> *las leyes de la luna y de las estrellas para luz de la noche,*
> *que parte el mar, y braman sus ondas;*
> *Jehová de los ejércitos es su nombre:*
> *Si faltaren estas leyes delante de mí, dice Jehová,*
> *también la descendencia de Israel faltará*
> *para no ser nación delante de mí eternamente.*
> *Así ha dicho Jehová:*
> *Si los cielos arriba se pueden medir,*
> *y explorarse abajo los fundamentos de la tierra,*
> *también yo desecharé toda la descendencia de Israel*
> *por todo lo que hicieron, dice Jehová*
> *(Jer. 31:35-37; cp. 33:20-26; 46:28; Am. 9:8).*

Además de eso, la presencia de Israel durante la semana setenta de la profecía de Daniel está en armonía con las promesas de Dios a la nación de un reino (Is. 65:17-25; Ez. 37:21-28; Dn. 2:44; Zac. 8:1-13) y salvación nacional (Zac. 12:10-13:1; 13:8-9; Ro. 11:26).

Siendo a menudo instrumento del juicio de Dios, Satanás ha perseguido al pueblo judío a lo largo de su historia. Él sabe que destruir a Israel haría imposible que Dios cumpliera sus promesas al pueblo judío. Dios no le permitirá hacerlo, pero usará a Satanás para castigar a Israel. No es ninguna sorpresa que el diablo intensificará su persecución a Israel al acercarse el establecimiento del reino milenario. Como se observó antes, la séptima trompeta tocará casi al final de la tribulación. Quedarán solo semanas, o cuanto más algunos meses, desde ese momento hasta la venida del Señor Jesucristo. Acabándosele el tiempo (cp. v. 12), el pueblo judío se convertirá en un blanco especial del odio de Satanás y de sus destructivos ataques.

Juan vio que la **mujer** estaba **vestida del sol**, y tenía **la luna debajo de sus pies, y sobre su cabeza una corona de doce estrellas**. Esa fascinante descripción refleja el sueño de José, que se registra en Génesis 37:9-11:

Soñó aun otro sueño, y lo contó a sus hermanos, diciendo: He aquí que he soñado otro sueño, y he aquí que el sol y la luna y once estrellas se inclinaban a mí. Y lo contó a su padre y a sus hermanos; y su padre le reprendió, y le dijo: ¿Qué sueño es este que soñaste? ¿Acaso vendremos yo y tu madre y tus hermanos a postrarnos en tierra ante ti? Y sus hermanos le tenían envidia, mas su padre meditaba en esto.

En la metáfora del sueño de José, el sol representa a Jacob, la luna a Raquel, y las once estrellas a los hermanos de José. La alusión al sueño de José es apropiada, ya que su vida se asemeja a la historia de Israel. Ambos soportaron la indignidad del cautiverio en las naciones gentiles, pero fueron al final librados y exaltados a un lugar de eminencia en un reino.

El que la **mujer** estuviera **vestida del sol** refleja la gloria, brillantez y dignidad sin par de la redimida Israel, debido a su condición exaltada como nación escogida de Dios (cp. Dt. 7:6; 14:2; 1 R. 3:8; Sal. 33:12; 106:5; Is. 43:20). También la vincula con Jacob (el sol en el sueño de José), un heredero en el pacto abrahámico; la continua existencia de Israel como nación refleja el cumplimiento en curso de ese pacto (cp. Gn. 12:1-2). La alusión a **la luna debajo de sus pies** pudiera ser una descripción adicional de la condición exaltada de Israel. También pudiera incluir el concepto de la relación de pacto de Dios con Israel, ya que la **luna** era parte del ciclo de los tiempos reglamentarios de Israel para la adoración (cp. Nm. 29:5-6; Neh. 10:33; Sal. 81:3; Is. 1:13-14; Col. 2:16). La **corona** (*stephanos*; la corona asociada con el triunfo en medio de sufrimientos y batallas) **de doce estrellas** (siendo José la duodécima) en la **cabeza** de la mujer se refiere a las doce tribus de Israel.

Después de describir la forma en que estaba vestida la mujer, Juan observó su condición: estaba **encinta**. Esa también es una conocida metáfora neotestamentaria que describe a Israel (cp. Is. 26:17-18; 66:7-9; Jer. 4:31; 13:21; Mi. 4:10; 5:3). El que la mujer estuviera encinta confirma aun más su identificación como Israel; la Iglesia no puede ser madre, ya que aun no está casada (19:7-9; 2 Co. 11:2). Estando encinta, la mujer **clamaba con dolores de parto, en la angustia del alumbramiento.** Al igual que una mujer cuando está de parto siente dolor, así la nación de Israel tenía dolor, esperando por la llegada del Mesías. La causa de parte del dolor es la persecución por parte de Satanás, quien intenta destruir a la madre. La nación tuvo dolor cuando el Mesías vino la primera vez. Así será en su Segunda Venida. Desde la primera promesa de un Redentor que lo destruiría (Gn. 3:15), Satanás ha atacado a Israel. Durante siglos, Israel ha agonizado y sufrido, anhelando al Hijo que vendría a destruir a Satanás, el pecado y la muerte, y que establecería el reino prometido. Ninguna nación en la historia ha sufrido tanto tiempo o tan duramente como Israel, tanto por el castigo de Dios, como por los furiosos esfuerzos de Satanás por destruir a la nación a través de la cual vendría el Mesías. Luego de describir los agonizantes dolores de parto de la mujer, Juan presenta la causa de su sufrimiento.

EL DRAGÓN

También apareció otra señal en el cielo: he aquí un gran dragón escarlata, que tenía siete cabezas y diez cuernos, y en sus cabezas siete diademas; y su cola arrastraba la tercera parte de las estrellas del cielo, y las arrojó sobre la tierra. Y el dragón se paró frente a la mujer que estaba para dar a luz, a fin de devorar a su hijo tan pronto como naciese. (12:3-4)

Con la segunda señal, un nuevo personaje surge en el escenario: el enemigo mortal de la mujer, descrito dramáticamente por **otra señal** que **apareció... en el cielo.** El versículo 9 identifica con toda claridad al **gran dragón escarlata** como Satanás (cp. 20:2). Claro que Satanás no es un verdadero **dragón** (como tampoco Israel es una verdadera mujer) sino un malévolo ser espiritual, un ángel caído. El lenguaje simbólico empleado para describirlo presenta la realidad de su persona y de su carácter. Solo en Apocalipsis se menciona a Satanás como un **dragón**; antes de eso se le llama (entre otros nombres) serpiente (Gn. 3:1ss.; 2 Co. 11:3). Un dragón es un símbolo mucho más aterrador. En el Antiguo Testamento la misma palabra hebrea que se traduce dragón (Is. 27:1; 51:9) también se traduce *monstruo* o *monstruo marino* (Gn. 1:21; Job 7:12; Sal. 74:13; 148:7). Representa a un animal grande, feroz y aterrador. **Escarlata,** el color de la destrucción por llamas y del derramamiento de sangre, subraya aun más la naturaleza cruel, destructiva y mortal de Satanás. Jesús lo dijo con estas palabras: "Él ha sido homicida desde el principio" (Jn. 8:44). La palabra hebrea para "culebra" (*nachash*) empleada en Génesis 3:1 se emplea de manera intercambiable en algunos textos con la palabra hebrea para dragón (*tannin*) (cp. Éx. 7:9, 15). De modo que el animal que Satanás usó en el huerto del Edén era un reptil, pero uno que todavía no se arrastraba sobre su pecho (Gn. 3:14). Es probable que fuera más enhiesto, un dragón erguido sobre sus dos patas, a quien por maldición se le dijo que tenía que caminar con sus cuatro patas y bien pegado al suelo, o arrastrarse como una serpiente. **Escarlata** es un color apropiado para el **dragón**, ya que ataca tanto a la mujer como a su hijo.

Ezequiel 29:1-5, que describe a Faraón como el enemigo de Dios, capta la esencia de esa aterradora metáfora empleada para describir a Satanás:

En el año décimo, en el mes décimo, a los doce días del mes, vino a mí palabra de Jehová, diciendo: Hijo de hombre, pon tu rostro contra Faraón rey de Egipto, y profetiza contra él y contra todo Egipto. Habla, y di: Así ha dicho Jehová el Señor: He aquí yo estoy contra ti, Faraón rey de Egipto, el gran dragón que yace en medio de sus ríos, el cual dijo: Mío es el Nilo, pues yo lo hice. Yo, pues, pondré garfios en tus quijadas, y pegaré los peces de tus ríos a tus escamas, y te sacaré de en medio de tus ríos, y todos los peces de tus ríos saldrán pegados a tus escamas. Y te dejaré en el desierto a ti y a todos los peces de tus ríos; sobre la faz del campo caerás; no serás recogido, ni serás juntado; a las fieras de la tierra y a las aves del cielo te he dado por comida.

Al **dragón** se le describe también como que **tenía siete cabezas y diez cuernos, y en sus cabezas siete diademas**. Se le representa como un monstruo de siete cabezas que gobierna sobre el mundo. A Satanás Dios le ha permitido gobernar el mundo desde la caída, y seguirá haciéndolo hasta que suene la séptima trompeta (11:15). Las **siete cabezas** con sus **siete diademas** (diadema; coronas reales simbolizando poder y autoridad) representan siete imperios mundiales consecutivos que se han desarrollado bajo el dominio de Satanás: Egipto, Asiria, Babilonia, Medopersia, Grecia, Roma y el futuro imperio del anticristo (17:9-10). El último reino, gobernado por el anticristo, será una confederación de diez naciones; los **diez cuernos** representan a los reyes que gobernarán bajo el anticristo (17:12; cp. 13:1; Dn. 7:23-25). El cambio de las **diademas** de las **cabezas** del dragón a los cuernos de la bestia (13:1) muestra la diferencia de poder de los siete imperios mundiales consecutivos y los diez reyes bajo el anticristo.

La influencia malvada y penetrante de Satanás no se limita al reino humano, sino que se extendió primero en el reino angelical. En el lenguaje pintoresco de la visión de Juan, la **cola** del dragón **arrastraba la tercera parte de las estrellas del cielo, y las arrojó sobre la tierra**. Las alusiones a los ángeles del dragón en los versículos 7 y 9 indican que las **estrellas del cielo** eran ángeles. El caso genitivo brinda apoyo adicional a esa interpretación: estas son **estrellas** que pertenecen al cielo; que es su morada apropiada. A los ángeles se les describe simbólicamente como **estrellas** en otros pasajes bíblicos (9:1; Job 38:7).

Cuando Satanás cayó (Is. 14:12-15; Ez. 28:12-17), **arrastró la tercera parte de las huestes celestiales con él.** Junto con su derrotado líder, esos ángeles malvados fueron echados del cielo **sobre la tierra**. (Debe notarse que aunque fue arrojado de su morada en el cielo, Satanás, en la época actual, tiene acceso a la presencia de Dios; vea 12:10; Job 1, 2. Como se observa en el análisis de 12:7-9 en el capítulo 2 de este volumen, será permanentemente excluido del cielo después de su derrota ante Miguel y los santos ángeles, durante la tribulación.)

No se da el número de ángeles que se unieron a Satanás en su rebelión, pero es muy grande. Apocalipsis 5:11 dice que el número de los ángeles alrededor del trono de Dios era de "millones de millones". En este pasaje se emplea la palabra griega *myriad* que no representa un número exacto, sino que era el

17

número más elevado que podían expresar los griegos en una palabra. Como cayó un tercio de los ángeles, y 9:16 revela que doscientos millones de demonios fueron librados de la cautividad cerca del río Éufrates, debe haber al menos cuatrocientos millones de ángeles santos. Muchos otros miles de demonios ya habían sido librados del abismo anteriormente en la tribulación (9:1-3). Además de esos dos grupos de demonios atados, hay millones de otros que actualmente están libres para vagar por la tierra y el reino celestial (cp. Ef. 6:12; Col. 2:15). Ellos, junto con los hombres malvados bajo su control, ayudarán a Satanás en la guerra santa contra Dios. Añadiendo a los cálculos el número (no revelado) de esos demonios no atados, tendríamos un incremento tanto en santos ángeles como en demonios.

Mientras se mostraba el próximo suceso en su dramática visión, Juan observó que **el dragón se paró frente a la mujer que estaba para dar a luz, a fin de devorar a su hijo tan pronto como naciese**. A lo largo de la historia, Satanás ha dirigido todos sus esfuerzos hacia la persecución del pueblo de Dios. Abel era un hombre justo y obediente; Satanás incitó a Caín para que lo matara. En su primera epístola, Juan escribió: "Caín... era del maligno y mató a su hermano. ¿Y por qué causa le mató? Porque sus obras eran malas, y las de su hermano justas" (1 Jn. 3:12). Tratando de originar una raza mixta, medio-humana medio-demonio, y de esa forma hacer imposible la redención del hombre, Satanás envió demonios ("hijos de Dios"; la misma frase hebrea se refiere a los ángeles en Job 1:6; 2:1; 38:7; Sal. 29:1; 89:6) para cohabitar con mujeres humanas (Gn. 6:1-4).

Como eran el pueblo escogido por medio del cual el Mesías iba a venir, y por quien se anunciarían las buenas nuevas de perdón, Satanás reservó su odio especial para Israel. Luego de la muerte de José, los israelitas se convirtieron en esclavos en Egipto. En ese lugar, el destino de la nación y de su libertador humano colgaba de un cordel muy fino.

Entretanto, se levantó sobre Egipto un nuevo rey que no conocía a José; y dijo a su pueblo: He aquí, el pueblo de los hijos de Israel es mayor y más fuerte que nosotros...

Y habló el rey de Egipto a las parteras de las hebreas, una de las cuales se llamaba Sifra, y otra Fúa, y les dijo: Cuando asistáis a las hebreas en sus partos, y veáis el sexo, si es hijo, matadlo; y si es hija, entonces viva. Pero las parteras temieron a Dios, y no hicieron como les mandó el rey de Egipto, sino que preservaron la vida a los niños. Y el rey de Egipto hizo llamar a las parteras y les dijo: ¿Por qué habéis hecho esto, que habéis preservado la vida a los niños? Y las parteras respondieron a Faraón: Porque las mujeres hebreas no son como las egipcias; pues son robustas, y dan a luz antes que la partera venga a ellas. Y Dios hizo bien a las parteras; y el pueblo se multiplicó y se fortaleció en gran manera. Y por haber las parteras temido a Dios, él prosperó sus familias. Entonces Faraón mandó a todo su pueblo, diciendo: Echad al río a todo hijo que nazca, y a toda hija preservad la vida.

Un varón de la familia de Leví fue y tomó por mujer a una hija de Leví, la que concibió, y dio a luz un hijo; y viéndole que era hermoso, le tuvo escondido tres meses. Pero no pudiendo ocultarle más tiempo, tomó una arquilla de juncos y la calafateó con asfalto y brea, y colocó en ella al niño y lo puso en un carrizal a la orilla del río. Y una hermana suya se puso a lo lejos, para ver lo que le acontecería.

Y la hija de Faraón descendió a lavarse al río, y paseándose sus doncellas por la ribera del río, vio ella la arquilla en el carrizal, y envió una criada suya a que la tomase. Y cuando la abrió, vio al niño; y he aquí que el niño lloraba. Y teniendo compasión de él, dijo: De los niños de los hebreos es éste. Entonces su hermana dijo a la hija de Faraón: ¿Iré a llamarte una nodriza de las hebreas, para que te críe este niño? Y la hija de Faraón respondió: Ve. Entonces fue la doncella, y llamó a la madre del niño, a la cual dijo la hija de Faraón: Lleva a este niño y críamelo, y yo te lo pagaré. Y la mujer tomó al niño y lo crió. Y cuando el niño creció, ella lo trajo a la hija de Faraón, la cual lo prohijó, y le puso por nombre Moisés, diciendo: Porque de las aguas lo saqué (Éx. 1:8-9; 1:15–2:10).

Desde una perspectiva humana, Faraón trató de destruir a los israelitas porque creía que eran una amenaza a su poder. Pero en realidad Faraón era un empleado de Satanás, quien buscó eliminar al pueblo de donde vendría el Mesías. Es también verdad decir que Satanás estaba obrando dentro de los propósitos de Dios para Israel. El valor de las parteras de los hebreos y la soberana protección de Dios a Moisés, a quien luego Él usaría para liberar a Israel de la esclavitud egipcia, frustraron las maquinaciones de Satanás.

Durante el período de los jueces, Satanás usó a los paganos vecinos de Israel en un intento de destruirlos. A pesar de eso, Dios preservó a su pueblo a través de todos esos ataques, levantando jueces que lo rescataran de sus opresores. Más adelante, Satanás trató de usar a Saúl para asesinar a David y eliminar así el linaje mesiánico (cp. 1 S. 18:10-11). Durante los días del reino dividido, el linaje mesiánico dependió dos veces de un frágil niño (2 Cr. 21:17; 22:10-12). Aun después, Satanás inspiró a Amán para que llevara a cabo su misión genocida contra el pueblo judío (Est. 3–9). Pero Dios usó a Ester para salvar a su pueblo del desastre. A lo largo de su historia, el diablo incitó a los israelitas a ofrecer a sus propios hijos como sacrificio a los ídolos (cp. Lv. 18:21; 2 R. 16:3; 2 Cr. 28:3; Sal. 106:37-38; Ez. 16:20).

Luego de fallar en su intento de destruir al pueblo de Dios y al linaje mesiánico, Satanás desesperadamente intentó asesinar al Mesías mismo antes de que pudiera realizar su obra salvadora. Juan vio que **el dragón se paró frente a la mujer que estaba para dar a luz, a fin de devorar a su hijo** (Cristo) **tan pronto como naciese.** Satanás atacó a Jesús primero a través de Herodes, quien intentó matar al niño Jesús:

> *He aquí un ángel del Señor apareció en sueños a José y dijo: Levántate y toma al niño y a su madre, y huye a Egipto, y permanece allá hasta que yo te diga; porque acontecerá que Herodes buscará al niño para matarlo...*
> *Herodes entonces, cuando se vio burlado por los magos, se enojó mucho, y mandó matar a todos los niños menores de dos años que había en Belén y en todos sus alrededores, conforme al tiempo que había inquirido de los magos* (*Mt. 2:13, 16*).

Al principio del ministerio terrenal de nuestro Señor, Satanás lo tentó para que no confiara en Dios (Mt. 4:1-11). Pero los esfuerzos del diablo para lograr que Jesús abandonara su misión fueron en vano. Satanás trató de usar al pueblo de Nazaret para matar a Jesús (Lc. 4:28-30), pero su furioso intento de "despeñarle" (v. 29) terminó en fracaso cuando Él serenamente "pasó por en medio de ellos, y se fue" (v. 30). Otros intentos de Satanás de interrumpir el ministerio terrenal de Cristo también terminaron en el fracaso "porque aún no había llegado su hora" (Jn. 7:30; 8:20). Aun la aparente victoria del diablo en la cruz fue en realidad su derrota suprema (Col. 2:15; He. 2:14; 1 P. 3:18-20; 1 Jn. 3:8).

EL HIJO VARÓN

Y ella dio a luz un hijo varón, que regirá con vara de hierro a todas las naciones; y su hijo fue arrebatado para Dios y para su trono. Y la mujer huyó al desierto, donde tiene lugar preparado por Dios, para que allí la sustenten por mil doscientos sesenta días. (12:5-6)

A pesar de todos los implacables esfuerzos de Satanás para evitarlo, la mujer (Israel) **dio a luz un hijo.** La encarnación del **hijo varón,** el Señor Jesucristo, "que era del linaje de David según la carne" (Ro. 1:3; cp. Ro. 9:5), fue el cumplimiento de la profecía (cp. Gn. 3:15; Is. 7:14; 9:6; Mi. 5:2). Israel dio a luz el Mesías. La Biblia pone de relieve que Jesús era de linaje judío. Era hijo de Abraham (Mt. 1:1), un miembro de la tribu de Judá (Gn. 49:10; Mi. 5:2; Ap. 5:5), y un descendiente de David (Mt. 1:1; cp. 2 S. 7:12-16).

Tampoco podrá Satanás impedir la coronación de Cristo; Él **regirá con vara de hierro a todas las naciones** durante su reinado terrenal milenario (v. 10; 2:26-27; 11:15; 19:15). El Salmo 2:7-9 indica que su gobierno será una obra de juicio en la que quebrantará y desmenuzará. En realidad, el verbo *poimainō* (**regirá**) tiene la connotación de "destruir", como ocurre en 2:27. El Mesías vendrá y destruirá **a todas las naciones** (19:11-21) y en su reino tendrá dominio sobre las naciones que entren a poblar ese reino. Una vara de hierro es también una vara que no puede quebrarse. Al igual que todos los esfuerzos pasados de Satanás para obstaculizar a Cristo han fracasado, así también será con sus esfuerzos futuros (cp. 11:15). La frase **vara de hierro** se refiere a la firmeza del gobierno de Cristo; Él juzgará de inmediato y velozmente todo pecado y aplastará cualquier rebelión.

Entre la encarnación de Cristo y su coronación estuvo su exaltación, cuando Él **fue arrebatado para Dios y para su trono** en su ascensión. La exaltación de Cristo significa la complacencia del Padre con su obra de redención (He. 1:3). Satanás no pudo impedir que Cristo lograra la redención y de esa forma ser exaltado a la diestra del Padre como un perfecto Salvador. En su sermón el día de Pentecostés, Pedro dijo: "Al cual [Cristo] Dios levantó, sueltos los dolores de la muerte, por cuanto era imposible que fuese retenido por ella" (Hch. 2:24).

Aunque es un adversario derrotado, Satanás no se rendirá. Incapaz de impedir el nacimiento, la ascensión y el gobierno de Cristo, Satanás seguirá atacando a su pueblo. Él ha instigado ya la masacre genocida de judíos en Europa, así como la muerte de muchos miles a lo largo de la historia. Durante la tribulación, Satanás aumentará sus esfuerzos por destruir al pueblo judío, para que la nación no pueda salvarse como la Biblia promete (Zac. 12:10–13:1; Ro. 11:25-27). Y a fin de que no haya nadie que entre en el reino milenario, tratará de matar a los judíos creyentes. Como siempre, Israel será su blanco principal. En una breve visión de lo que se describirá más detalladamente en los versículos 13-17, Juan observó que **la mujer huyó al desierto, donde tiene lugar preparado por Dios, para que allí la sustenten por mil doscientos sesenta días** (cp. v. 14). Dios frustrará los planes de Satanás de destruir a Israel durante la tribulación, ocultando a su pueblo, tal y como predijo el Señor Jesucristo:

> *Por tanto, cuando veáis en el lugar santo la abominación desoladora de que habló el profeta Daniel (el que lee, entienda), entonces los que estén en Judea, huyan a los montes. El que esté en la azotea, no descienda para tomar algo de su casa; y el que esté en el campo, no vuelva atrás para tomar su capa. Mas ¡ay de las que estén encintas, y de las que críen en aquellos días! Orad, pues, que vuestra huida no sea en invierno ni en día de reposo; porque habrá entonces gran tribulación, cual no la ha habido desde el principio del mundo hasta ahora, ni la habrá (Mt. 24:15-21).*

La profanación del templo por parte del anticristo hará huir al pueblo judío **al desierto**. No se revela el lugar exacto en que Dios los esconderá, pero es probable que sea en algún sitio al este del río Jordán y al sur del Mar Muerto, en el territorio ocupado antes por Moab, Amón y Edom (cp. Dn. 11:40-41).

Dondequiera que esté su escondite, serán **sustentados** y defendidos por Dios (cp. vv. 14-16), así como lo fueron sus antepasados durante los cuarenta años de vagar en el desierto. El tiempo que permanecerá Israel escondido, **mil doscientos sesenta días** (tres años y medio; cp. 11:2-3; 12:14; 13:5) corresponde a la última parte de la tribulación, el período que Jesús llamó la gran tribulación (Mt. 24:21). Los judíos que queden atrás en Jerusalén vendrán bajo la influencia de los dos testigos, y muchos en esa ciudad será redimidos (11:13). Finalmente, a pesar de los esfuerzos de Satanás, "todo Israel será salvo" (Ro. 11:26).

La gran guerra cósmica de los siglos entre Dios y Satanás, que comenzó con la rebelión de Satanás, está preparada para llegar a su culminación. En este pasaje Juan dio información muy importante sobre esa guerra y presentó a sus figuras principales. Entonces su visión cambia a una descripción de la guerra, tanto en su fase celestial como terrenal, y su inevitable resultado.

La guerra de los siglos – Segunda parte: Guerra en el cielo

2

Después hubo una gran batalla en el cielo: Miguel y sus ángeles luchaban contra el dragón; y luchaban el dragón y sus ángeles; pero no prevalecieron, ni se halló ya lugar para ellos en el cielo. Y fue lanzado fuera el gran dragón, la serpiente antigua, que se llama diablo y Satanás, el cual engaña al mundo entero; fue arrojado a la tierra, y sus ángeles fueron arrojados con él. Entonces oí una gran voz en el cielo, que decía: Ahora ha venido la salvación, el poder, y el reino de nuestro Dios, y la autoridad de su Cristo; porque ha sido lanzado fuera el acusador de nuestros hermanos, el que los acusaba delante de nuestro Dios día y noche. Y ellos le han vencido por medio de la sangre del Cordero y de la palabra del testimonio de ellos, y menospreciaron sus vidas hasta la muerte. Por lo cual alegraos, cielos, y los que moráis en ellos. ¡Ay de los moradores de la tierra y del mar! porque el diablo ha descendido a vosotros con gran ira, sabiendo que tiene poco tiempo. (12:7-12)

En su clásico libro *The Screwtape Letters* [Las cartas del carcelero], C. S. Lewis escribió: "Hay dos errores iguales y opuestos en los que el género humano puede caer con relación a los demonios. Uno es no creer en su existencia. El otro es creer, y sentir un desmedido y enfermizo interés en ellos. Ellos se gozan en cualquiera de los dos errores y ovacionan a un materialista y a un brujo con el mismo placer" ([Nueva York: Macmillan, 1961], 9). Lo mismo puede decirse del jefe de los demonios, Satanás. Le gusta que las personas tengan un concepto no bíblico de él, ya sea que nieguen su existencia o que lo adoren. El diablo siempre trata de crear confusión con relación a su verdadera naturaleza y a sus verdaderos propósitos.

La Biblia deja al descubierto la naturaleza mal intencionada y engañosa de Satanás como "padre de mentira" (Jn. 8:44), advirtiendo que "se disfraza como ángel de luz" (2 Co. 11:14; cp. 2 Co. 11:3) para poder engañar a las personas con mayor facilidad. El apóstol Pablo expresó su interés de que "Satanás no gane ventaja alguna sobre nosotros; pues no ignoramos sus maquinaciones" (2 Co. 2:11). "Vestíos de toda la armadura de Dios", exhortó el apóstol a los efesios, "para que podáis estar firmes contra las asechanzas del diablo" (Ef. 6:11).

Uno de los mitos populares más difundido y permanente con relación a Satanás es el que lo representa (con tridente, cuernos y cola puntiaguda) a cargo del infierno. En realidad, Satanás no está en el infierno; nunca ha estado allí. No será sentenciado al lago de fuego hasta después que Dios aplaste su rebelión final al terminar el milenio (20:7-10). Y cuando entre en el infierno, Satanás no estará encargado de él; será el más bajo de los inquilinos allí, el que padezca el más horrible castigo que jamás haya sufrido ser creado alguno.

Lejos de estar en el infierno, Satanás divide su tiempo entre estar vagando por la tierra "buscando a quien devorar" (1 P. 5:8) y estar en el cielo, donde también dedica su tiempo a su fracasado intento de desbaratar los propósitos, planes y personas de Dios, y de derrotar a Dios mismo. Una de las formas en que trata de hacerlo es acusando constantemente a los creyentes delante del trono de Dios (cp. 12:10). Satanás incesantemente habla delante de Dios de la indignidad de los creyentes, apelando hipócritamente a la justicia de Dios para favorecer sus perversas metas. El inalcanzable objetivo de sus acusaciones es hacer pedazos los lazos irrompibles que unen de manera inseparable a los creyentes y al Señor Jesucristo (Ro. 8:29-39). Sin embargo, no hay posibilidad de que esto ocurra, ya que nadie puede arrebatar a un creyente de las manos de Jesucristo o del Padre (Jn. 10:28-29). Aun así, Satanás trabaja en la tierra para volver a los hijos de Dios contra Él, y en el cielo para volver a Dios contra sus hijos. Pero como muestra Juan, la fe salvadora y la vida eterna son realidades inquebrantables.

Como parte de su guerra contra Dios, Satanás y sus demonios también luchan contra los santos ángeles. Eso no es algo sorprendente, ya que las Escrituras describen al diablo como "el príncipe de la potestad del aire" (Ef. 2:2), y también como el "príncipe de este mundo" (Jn. 12:31; 14:30; 16:11). Su teatro de operación, por lo tanto, incluye tanto los cielos como la tierra, y la guerra de los siglos se libra en todo nivel concebible, moral, ideológico, filosófico, teológico y sobrenatural.

El plan de batalla de Satanás para la fase terrenal de la guerra de los siglos es brutalmente sencillo: eliminar a todos los que sirven a Dios. Si pudiera, los mataría a todos. Si no, destruiría su fe, si eso fuera posible. Si pudiera librar la tierra de todos los que sirven a Dios, el diablo alcanzaría su meta de unificar todo el mundo bajo su mando. Puede observarse en este punto que semejante realidad ocurrirá cuando los creyentes en la tierra sean arrebatados al cielo (Jn. 14:1-6; 1 Co. 15:51-54; 1 Ts. 4:13-18). El arrebatamiento será seguido de la tribulación, en la que Satanás sí obtiene el control más pleno del planeta que jamás haya tenido (13:4-10). Satanás anhela ser permanentemente lo que es solo temporalmente, el dios de un mundo impío (cp. 2 Co. 4:4), y ser adorado por todos (cp. Mt. 4:9). Para lograr esos objetivos, Satanás desea desesperadamente impedir que el Señor Jesucristo establezca su reino, tanto espiritualmente en el corazón de los hombres, como en su futuro reino en su forma milenaria y eterna.

Sin embargo, los malvados planes de Satanás no tendrán éxito, porque la Biblia revela que ya es un enemigo derrotado. Anunciando su victoria sobre Satanás en la cruz, Jesús dijo en Juan 12:31: "Ahora es el juicio de este mundo; ahora el príncipe de este mundo será echado fuera". Pablo escribió a los romanos: "El Dios de paz aplastará en breve a Satanás bajo vuestros pies" (Ro. 16:20; cp. Gn. 3:15), mientras que el escritor de Hebreos dijo que mediante su muerte Jesucristo destruyó "al que tenía el imperio de la muerte, esto es, al diablo" (He. 2:14). En 1 Juan 4:4 el apóstol Juan declaró: "Mayor es el que está en vosotros, que el que está en el mundo".

Aunque Satanás fue derrotado en la cruz, todavía no se ha cumplido plenamente su sentencia. Y aunque él comprende su destino como se revela en las Escrituras, Satanás sigue luchando despiadadamente su perdida batalla contra Dios. De este modo, la guerra de los siglos continuará hasta que Satanás sea encarcelado temporalmente en el abismo (20:1-3) y luego permanentemente en el infierno (20:10).

Esa larga y sobrenatural guerra de Satanás contra Dios llega a su culminación en ese profundo pasaje. El toque de la séptima trompeta en 11:15-17 anunciará el triunfo de Cristo sobre Satanás, aunque la batalla final todavía no se va a luchar (cp. 19:11-21). Los efectos del toque de la séptima trompeta se describirán comenzando en el capítulo 15. Los capítulos intermedios, 12–14, recapitulan los acontecimientos de los capítulos 6–11, viéndolos desde la perspectiva de Satanás. Relatan el comienzo de la guerra de los siglos con la rebelión inicial de Satanás contra Dios y describe su batalla culminante durante la tribulación. También son una crónica del ascenso del anticristo al poder y del fracaso final de los esfuerzos de Satanás.

Después de presentar a los que combaten en 12:1-6, Juan describe la primera fase del ataque final de Satanás contra Dios antes de la venida de Cristo. Los versículos 7-12, que describen la guerra en el cielo, pueden dividirse en tres secciones: la batalla, la victoria y la celebración.

LA BATALLA

Después hubo una gran batalla en el cielo: Miguel y sus ángeles luchaban contra el dragón; y luchaban el dragón y sus ángeles; pero no prevalecieron, ni se halló ya lugar para ellos en el cielo. (12:7-8)

Ha habido **batalla en el cielo** desde la caída de Satanás (Is. 14:12-14; Ez. 28:11-18). Aunque en la actualidad él tiene todavía acceso a la presencia de Dios en el cielo (v. 10; cp. Job 1, 2), el dominio de Satanás es la tierra y el aire alrededor de la tierra. Por eso la Biblia lo describe como el "dios de este siglo" (2 Co. 4:4) y el "príncipe de la potestad del aire" (Ef. 2:2) y a sus demonios como "huestes espirituales de maldad en las regiones celestes" (Ef. 6:12).

Satanás (junto a los ángeles malvados) se ha opuesto activamente a los ángeles santos y al pueblo de Dios desde su caída. En el Antiguo Testamento, los demonios trataron de impedir el ministerio de los santos ángeles a Israel (cp. Dn. 10:12-13). En la época actual, Satanás, "como león rugiente, anda alrededor buscando a quien devorar" (1 P. 5:8), oponiéndose a la difusión del evangelio (Mt. 13:19, 37-39; Hch. 13:10), oprimiendo a personas (Lc. 13:10-16; Hch. 10:38), y utilizando el pecado para desestabilizar y contaminar la iglesia (Hch. 5:1-11). Los creyentes deben estar alertas ante sus artimañas (2 Co. 2:11), no darle oportunidad (Ef. 4:27), y resistirle (Stg. 4:7).

La guerra entre los seres sobrenaturales en la esfera celeste alcanzará su punto culminante durante la tribulación. Ese futuro conflicto hallará a **Miguel y sus ángeles [luchando] contra el dragón**. La construcción gramatical de esa frase en el texto griego indica que Satanás (**el dragón**) comenzará esa batalla. Pudiera traducirse "Miguel y sus ángeles tuvieron que luchar contra el dragón". La Biblia no revela cómo pelean los ángeles, tampoco nuestro limitado conocimiento del reino celestial nos permite especular. Henry Morris escribió:

> Las armas y las tácticas que se usarán en esa guerra celestial es algo más allá de nuestra comprensión. A los ángeles no se les puede herir o matar con armas terrenales, y las fuerzas físicas como las que conocemos no pueden mover a los seres espirituales. Pero esos seres sí operan en el universo físico, por lo tanto debe de haber poderosas energías físico-espirituales de las que solo podemos tener vagas imitaciones, energías que pueden impulsar los cuerpos angelicales a velocidades superiores a la de la luz por el espacio y que pueden mover montañas y cambiar las órbitas de los planetas. Es con tales energías y poderes que se librará esa batalla celestial, y los espectadores en el cielo (entre ellos Juan) mirarán con sobrecogimiento. Cuando Miguel finalmente se imponga, y Satanás sea expulsado para siempre de los cielos, un tremendo grito de acción de gracias resonará por todos los cielos. (*The Revelation Record* [El registro de Apocalipsis] [Wheaton, Ill: Tyndale, 1983], 224)

La pregunta clave para la interpretación no es cómo se librará la batalla, sino qué la provocará. Aunque es imposible ser dogmático, esa batalla final se desencadenará con el arrebatamiento de la Iglesia. Al describir ese acontecimiento, el apóstol Pablo escribió: "Porque el Señor mismo con voz de mando, con voz de arcángel, y con trompeta de Dios, descenderá del cielo; y los muertos en Cristo resucitarán primero. Luego nosotros los que vivimos, los que hayamos quedado, seremos arrebatados juntamente con ellos en las nubes para recibir al Señor en el aire, y así estaremos siempre con el Señor" (1 Ts. 4:16-17). Es posible que, cuando los creyentes arrebatados pasen por su reino, el príncipe de la potestad del aire y sus huestes demoniacas tratarán de estorbarles el paso. Eso pudiera desencadenar la batalla con Miguel y sus santos ángeles.

Miguel y **el dragón** (Satanás) se han conocido desde que fueron creados, y la batalla durante la tribulación no será la primera vez que se enfrenten entre sí. A **Miguel** siempre se le ve en la Biblia como el defensor del pueblo de Dios contra la destrucción satánica. En Daniel capítulo 10 el inspirado profeta da un ejemplo en el Antiguo Testamento de él en acción. Un santo ángel, enviado con una respuesta a la oración de Daniel (Dn. 10:12), fue demorado durante tres semanas por un demonio poderoso que dominaba el imperio persa (Dn. 10:13; cp. v. 20). No fue hasta que "Miguel, uno de los principales príncipes, vino para ayudar[le]" (v. 13) que pudo prevalecer. Daniel 12:1 también se refiere a la defensa de Miguel del pueblo de Dios: "En aquel tiempo [la tribulación; cp. v. 7] se levantará Miguel, el gran príncipe que está de parte de los hijos de tu pueblo; y será tiempo de angustia, cual nunca fue desde que hubo gente hasta entonces; pero en aquel tiempo será libertado tu pueblo, todos los que se hallen escritos en el libro".

El Nuevo Testamento también revela que Miguel es el defensor del pueblo de Dios. Judas 9 describe su conflicto con Satanás por el cuerpo de Moisés: "Cuando el arcángel Miguel contendía con el diablo, disputando con él por el cuerpo de Moisés, no se atrevió a proferir juicio de maldición contra él, sino que dijo: El Señor te reprenda". Después de la muerte de Moisés (Dt. 34:5-6), Miguel luchó con Satanás por la posesión del cuerpo de Moisés, que al parecer Satanás quería usar con algún propósito dañino. En el poder del Señor, Miguel ganó la batalla y posteriormente "[el Señor] lo enterró [a Moisés] en el valle, en la tierra de Moab, enfrente de Bet-peor; y ninguno conoce el lugar de su sepultura hasta hoy" (Dt. 34:6).

De manera significativa Judas 9 describe a Miguel como un arcángel. La única otra alusión a un arcángel en las Escrituras es en 1 Tesalonicenses 4:16, que revela que en el arrebatamiento "el Señor mismo con voz de mando, con voz de arcángel, y con trompeta de Dios, descenderá del cielo". Es posible que el arcángel en ese pasaje sea Miguel y que haga escuchar su voz mientras se enfrenta a los intentos de Satanás de interferir en el arrebatamiento.

La alusión al **dragón y sus ángeles** destaca la verdad de que las huestes de demonios están bajo el mando de Satanás, un principio que declaró Jesús en Mateo 25:41: "Entonces dirá también a los de la izquierda: Apartaos de mí, malditos, al fuego eterno preparado para el diablo y sus ángeles". La repetición del verbo **luchaban**... **luchaban** subraya lo violenta e intensa que será la batalla; no será una pequeña escaramuza, sino una batalla general. Satanás luchará desesperadamente para impedir que Cristo establezca su reino milenario (al igual que se opuso a la restauración de Israel luego del cautiverio y fue reprendido por eso; Zac. 3:2). Así que, la guerra sobrenatural llegará a un punto culminante al acercarse el tiempo en que Cristo establecerá su reino eterno y terrenal.

Todos los intentos de Satanás de oponerse a Dios a lo largo de la historia han fracasado, e igualmente perderá esa batalla final entre los ángeles. El diablo y sus ángeles **no prevalecen** contra Dios, Miguel y los santos ángeles. Satanás sufrirá una derrota tan completa que **no se hallará lugar para** él y sus huestes demoniacas **en el cielo**. Cada centímetro en el cielo, por decirlo así, se registrará exhaustivamente y se expulsarán todos los rebeldes ángeles caídos. Ya no tendrán acceso a la presencia de Dios, y Satanás nunca más acusará a los creyentes delante del trono de Dios. Esa derrota marcará también el fin del reino de Satanás como "el príncipe de la potestad del aire" (Ef. 2:2).

Pero la purificación del cielo provocará la contaminación de la tierra, ya que toda la furia de Satanás estallará sobre la humanidad al ser echado a la tierra (cp. 12:12). No se revela en qué punto exacto de la tribulación serán expulsados del cielo Satanás y los demonios, tampoco la duración de su batalla con Miguel y los santos ángeles. Todo lo que se puede decir con seguridad es que Satanás y los demonios serán echados del cielo, posiblemente en el arrebatamiento, pero no posterior al punto medio de la tribulación. El versículo 12 dice que Satanás y sus fuerzas solo tienen "poco tiempo" después que dejen el cielo, apoyando la idea de que solo tendrán los últimos tres años y medio de la tribulación para actuar, y no los siete años completos. No llegarán a la tierra después de eso, ya que es evidente que están presentes durante los terribles acontecimientos de los últimos tres años y medio, la gran tribulación (cp. 9:1ss.). Durante ese último período, todo el poder de Satanás se dirigirá a todo el que pertenezca a Dios, en especial a Israel.

LA VICTORIA

Y fue lanzado fuera el gran dragón, la serpiente antigua, que se llama diablo y Satanás, el cual engaña al mundo entero; fue arrojado a la tierra, y sus ángeles fueron arrojados con él. (12:9)

Como resultado de su derrota, **fue lanzado fuera el gran dragón** del cielo y de la tierra. Esto describe la segunda y permanente expulsión de Satanás del cielo (para comentarios sobre su primera expulsión [Is. 14:12; Lc. 10:18], vea el análisis de 12:4 en el capítulo 1 de este volumen). Al **dragón** se le llama **gran** debido a su tremendo poder para causar daño y ocasionar desastres. Anteriormente se le describió con siete cabezas, siete coronas y diez cuernos. Esa descripción presenta a Satanás como el gobernador del mundo (vea el análisis de 12:3 en el capítulo 1 de este volumen). La cuádruple descripción del **dragón** no deja dudas con relación a su identidad. En primer lugar, se le llama **la serpiente antigua** (cp. 20:2), identificándolo con la serpiente en el huerto del Edén (Gn. 3:1ss.; cp. 2 Co. 11:3) y subrayando su falsedad y traición.

Al **dragón** también se le llama **diablo**. *Diabolos* (**diablo**) significa "calumniador", "difamador", o "falso acusador", un título muy apropiado para Satanás, el supremo falso acusador (cp. v. 10). Él acusa a los hombres ante Dios, a Dios ante los hombres, y a los hombres ante otros hombres. Satanás es un maligno perseguidor del pueblo de Dios, tratando constantemente de incriminarlos ante la santa justicia de Dios. Parte de su "andar alrededor" "como león rugiente" (1 P. 5:8) sin duda incluye el buscar evidencia de los pecados de los creyentes, con la cual acusarlos delante del trono de Dios. Pero la gloriosa verdad es que "ninguna condenación hay para los que están en Cristo Jesús" (Ro. 8:1), porque "si alguno hubiere pecado, abogado tenemos para con el Padre, a Jesucristo el justo" (1 Jn. 2:1). En Romanos 8:31-34 el apóstol Pablo elocuente y enfáticamente declaró la imposibilidad de que Satanás acuse con éxito a los creyentes:

> *¿Qué, pues, diremos a esto? Si Dios es por nosotros, ¿quién contra nosotros? El que no escatimó ni a su propio Hijo, sino que lo entregó por todos nosotros, ¿cómo no nos dará también con él todas las cosas? ¿Quién acusará a los escogidos de Dios? Dios es el que justifica. ¿Quién es el que condenará? Cristo es el que murió; más aun, el que también resucitó, el que además está a la diestra de Dios, el que también intercede por nosotros.*

Luego el texto identifica plenamente al dragón como **Satanás**. *Satan* es una palabra hebrea que significa "adversario", y es un nombre muy apropiado para el malvado enemigo de Dios y el pueblo de Dios. Trágicamente, el más glorioso ser creado, el "Lucero, hijo de la mañana" (Is. 14:12), es ahora y para siempre calificado como "el adversario". Atacó a Dios en su rebelión original cuando quiso ser "semejante al Altísimo" (Is. 14:14), y condujo engañosamente a Eva al pecado al llevarla a desconfiar del carácter y de la palabra de Dios (Gn. 3:2-5).

Por último, se describe al **dragón** como el que **engaña al mundo entero**. **Engaña** traduce el participio presente del verbo *planaō* ("llevar por mal camino", "extraviar", o "engañar"). El empleo del tiempo presente indica que esta es la constante y habitual actividad de Satanás; como constantemente acusa a los creyentes, así también **engaña al mundo entero**. A partir de la caída, Satanás ha engañado al género humano a través de su historia. Él es, advirtió Jesús, "mentiroso, y padre de mentira" (Jn. 8:44). Satanás atrae con engaño a las personas y las conduce a su destrucción haciéndoles que escuchen "a espíritus engañadores y a doctrinas de demonios" (1 Ti. 4:1). Seduce a las personas para que crean en él y no en Dios, para que crean que él dice la verdad y que Dios miente (cp. Gn. 3:4).

Su engaño dominará al mundo durante la tribulación, mientras prepara su último y desesperado ataque contra Dios. Por medio de su agente el falso profeta (el cómplice del anticristo), Satanás engañará "a los moradores de la tierra" (13:14). Demonios engañadores bajo el control de Satanás reunirán los ejércitos del mundo para la batalla de Armagedón (16:14; cp. 19:19). Satanás también usará a Babilonia, el gran imperio comercial, para engañar al mundo incrédulo (18:23). Además de vigorizar a sus siervos, Satanás mismo participará activamente en el engaño. Al final de la tribulación, será lanzado al abismo por mil años, "para que no [engañe] más a las naciones" (20:3). Puesto en libertad por breve tiempo al final del milenio, Satanás "saldrá a engañar a las naciones que están en los cuatro ángulos de la tierra" (20:8). Pero al final, "el diablo que los engañaba [será] lanzado en el lago de fuego y azufre", con otros dos connotados engañadores, "la bestia y el falso profeta". Allí ellos tres (junto con todos los demonios) "serán atormentados día y noche por los siglos de los siglos" (20:10; cp. Mt. 25:41).

Como fueron expulsados del cielo con Satanás en su rebelión original (12:4), así también **sus ángeles** serán **arrojados con él** en su expulsión final del cielo. La llegada a la tierra de las excomulgadas huestes de demonios (y su malvado comandante) añadirá en gran manera al horror de la tribulación. Se unirán a los innumerables demonios que ya merodean por la tierra, los recién llegados demonios del humo que subía del abismo (9:1-3), y los doscientos millones de los otros demonios anteriormente atados (9:13-16), para crear un inimaginable holocausto de maldad.

LA CELEBRACIÓN

Entonces oí una gran voz en el cielo, que decía: Ahora ha venido la salvación, el poder, y el reino de nuestro Dios, y la autoridad de su Cristo; porque ha sido lanzado fuera el acusador de nuestros hermanos, el que los acusaba delante de nuestro Dios día y noche. Y ellos le han vencido por medio de la sangre del Cordero y de la palabra del testimonio de ellos, y menospreciaron sus vidas hasta la muerte. Por lo cual alegraos, cielos, y los que moráis en ellos. ¡Ay de los moradores de la tierra y del mar! porque el diablo ha descendido a vosotros con gran ira, sabiendo que tiene poco tiempo. (12:10-12)

La derrota de Satanás y sus huestes de demonios y la purificación para siempre de su impura presencia en el cielo, desencadenarán una explosión de alabanza allí. Tal repentina explosión acentúa con frecuencia la narración profética de Apocalipsis (p.ej., 4:8-11; 5:9-10, 11-14; 7:9-12; 11:15-18; 15:3-4; 19:1-8). No se declara la identidad de los que Juan escuchó clamando con **una gran voz en el cielo**. Esa voz colectiva (como lo indica el empleo del pronombre plural **nuestros**) no puede ser de ángeles, ya que los ángeles no pudieran referirse a los seres humanos como sus hermanos. La Biblia describe a los ángeles como consiervos de los creyentes (19:10; 22:8-9), pero nunca como sus hermanos. Entonces lo más probable es que esos adoradores sean los santos redimidos y glorificados en el cielo.

Los santos comenzaron a regocijarse de que **ha venido la salvación, el poder, y el reino de nuestro Dios, y la autoridad de su Cristo**. Debe entenderse la **salvación** en su más amplio sentido. No solo abarca la redención de los creyentes, sino también la liberación de toda la creación de los estragos de la maldición del pecado y del poder de Satanás (cp. Ro. 8:19-22). El **poder** se refiere a la omnipotencia de Dios, su poder soberano y victorioso que aplasta toda oposición y establecerá su **reino** (cp. 11:15). Se regocijaron además de que **la autoridad de... Cristo** ha **venido** (cp. 11:15). El gobierno de Cristo es por la autoridad de Dios (Sal. 2:8; Mt. 28:18; Jn. 17:2). Tan seguro es el establecimiento del reino y del gobierno de Cristo que, aunque todavía futuro, se mencionan en el tiempo pasado. Los adoradores celestiales se regocijan porque ya ha tenido lugar el primer paso, la derrota de Satanás y su expulsión final del cielo. Ellos saben que, habiendo sido expulsado del cielo a la tierra, será en breve echado de la tierra al abismo (20:1-3), y luego del abismo a su destino final, el lago de fuego (20:10).

El acontecimiento que hará que se establezcan el reino y la autoridad de Cristo es la expulsión de Satanás del cielo. Por eso los santos ofrecen alabanza porque **ha sido lanzado fuera el acusador de nuestros hermanos, el que los acusaba delante de nuestro Dios día y noche**. Como personas redimidas y glorificadas, no hay nada de que Satanás pudiera legítimamente acusarlas. A pesar de eso, debía haberles acongojado el que sus hermanos de la tierra que sufren estuvieran sujetos a las injuriosas acusaciones del diablo. La derrota de Satanás pondrá fin a esas implacables acusaciones (cp. Job 1:11; 2:5; Zac. 3:1; 1 P. 5:8).

Los adoradores celestiales también ofrecen alabanza por los acontecimientos en la tierra, donde sus hermanos **han vencido** a Satanás. Expulsados del cielo, Satanás y sus infernales huestes descargarán su furia sobre el pueblo de Dios en la tierra (cp. 12:6, 13-17). Sin embargo, allí también sufrirán la derrota. Hablando otra vez de un acontecimiento futuro, en tiempo pasado debido a su certeza, el inspirado apóstol Juan ve la victoria ya ganada y observa que los creyentes que viven en la tierra **han vencido** a Satanás, aunque eso está aun por ocurrir. Cómo lo hicieron es algo muy ilustrativo. No lo derrotaron mediante conjuros, exorcismos, fórmulas rituales, o por "amarres" o represiones. Satanás, siendo mucho más poderoso que cualquier ser humano, es insensible a tales trucos carnales. Tampoco fue por su poder personal que los creyentes de la tribulación vencieron a Satanás. Pablo escribió a los corintios: "Pues aunque andamos en la carne, no militamos según la carne; porque las armas de nuestra milicia no son carnales, sino poderosas en Dios para la destrucción de fortalezas, derribando argumentos y toda altivez que se levanta contra el conocimiento de Dios, y llevando cautivo todo pensamiento a la obediencia a Cristo" (2 Co. 10:3-5).

El apóstol Juan presentó el único fundamento para la victoria sobre Satanás cuando escribió: "Hijitos, vosotros sois de Dios, y los habéis vencido; porque mayor es el que está en vosotros, que el que está en el mundo" (1 Jn. 4:4). Es solo mediante el poder de Dios que cualquier creyente de cualquier edad puede derrotar a Satanás. Por consiguiente, los creyentes de la tribulación **han vencido** a Satanás ante todo **por medio de la sangre del Cordero**. Como los hermanos que sufrieron el martirio y ya están en el cielo, ellos "han lavado sus ropas, y las han emblanquecido en la sangre del Cordero" (Ap. 7:14). "Fuisteis rescatados de vuestra vana manera de vivir, la cual recibisteis de vuestros padres, no con cosas corruptibles, como oro o plata", escribió Pedro, "sino con la sangre preciosa de Cristo, como de un cordero sin mancha y sin contaminación" (1 P. 1:18-19). Esos creyentes conocían el perdón del que les escribió Pablo en Romanos 4:7-8: "Bienaventurados aquellos cuyas iniquidades son perdonadas, y cuyos pecados son cubiertos.

Bienaventurado el varón a quien el Señor no inculpa de pecado". La verdad de que "ninguna condenación hay para los que están en Cristo Jesús" (Ro. 8:1) era aplicable a ellos. Ninguna acusación contra los santos que sufren en la gran tribulación quedará en pie, al igual que ninguna acusación contra cualquier creyente en cualquier época quedará en pie, porque la sangre del Cordero se derramó por sus pecados. La primera y más importante clave para derrotar los ataques de Satanás es "[tomar] el yelmo de la salvación" (Ef. 6:17; cp. 1 Ts. 5:8). El inconmovible fundamento de toda victoria espiritual es la redención comprada por Cristo en el Calvario.

Una segunda forma en que los santos de la tribulación vencieron los ataques de Satanás fue a través de **la palabra del testimonio de ellos**. A pesar de toda la persecución (e incluso el martirio) que ellos sufrirán, seguirán siendo fieles testigos de Jesucristo; su testimonio nunca flaqueará.

Los santos sufrientes de la tribulación también pudieron defenderse de la embestida de Satanás porque **menospreciaron sus vidas hasta la muerte**. Su fidelidad se extendió hasta la muerte; de buena gana pagaron el supremo precio por su lealtad a Cristo. Sabían que todo lo que podía lograr el martirio era conducirlos a la bendición eterna de la presencia de Cristo (Fil. 1:21, 23; cp. Mt. 10:38-39; Hch. 20:24; Ro. 8:38-39). Como su fe era genuina, no solo los justificaba y santificaba, sino que también los capacitaba para perseverar en su camino a la glorificación. Una señal segura de los verdaderos creyentes es que perseveran en la fe, incluso hasta la muerte (cp. 1 Jn. 2:19). Jesús lo dijo con estas palabras: "el que persevere hasta el fin, éste será salvo" (Mt. 24:13).

El pasaje termina con una última nota de alabanza: **Por lo cual**, debido a la derrota de Satanás y el triunfo de los santos, el coro celestial invita a **alegrarse** a los **cielos, y a** todos **los que [moran] en ellos**. Esa nota de gozo está seguida de la solemne advertencia "**¡Ay de los moradores de la tierra y del mar! porque el diablo ha descendido a vosotros con gran ira, sabiendo que tiene poco tiempo**". *Thumos* (**ira**) se refiere a un violento ataque de rabia. La palabra describe una furia violenta y emocional y no una ira racional. John Phillips escribió: "Ahora Satanás es como un león enjaulado, indescriptiblemente furioso por las limitaciones impuestas a su libertad. Se levantó del polvo de la tierra, agitó sus puños hacia el cielo, y miró encolerizado alrededor, ahogándose con furia y buscando formas de ventilar su odio y su rencor contra la humanidad" (*Exploring Revelation*, [Explorando el Apocalipsis] edición revisada [Chicago: Moody, 1987; reimpreso, Neptune, N.J.: Loizeaux, 1991], 160). La furia de Satanás es aun más violenta porque sabe **que tiene poco tiempo** —lo que queda de la tribulación— para su ataque final sobre el pueblo de Dios. Su tiempo verdadero serán los tres años y medio del reinado del anticristo (13:5), a quien Satanás pone en el poder inmediatamente después de ser echado del cielo. Es el mismo período mencionado en 12:6,14. Es poco tiempo porque Jesucristo vendrá para establecer su reino milenario terrenal.

Sin que importe cuán desesperada parezca su situación, sin que importe con cuánta furia Satanás se encolerice contra ellos, los creyentes pueden consolarse al saber que su derrota definitiva es segura. Como dice la letra del magnífico himno de Martín Lutero "Castillo fuerte es nuestro Dios":

> Que muestre su vigor
> Satán y su furor,
> Dañarnos no podrá
> Pues condenado es ya
> Por la Palabra Santa.

La guerra de los siglos – Tercera parte: Guerra en la tierra

3

Y cuando vio el dragón que había sido arrojado a la tierra, persiguió a la mujer que había dado a luz al hijo varón. Y se le dieron a la mujer las dos alas de la gran águila, para que volase de delante de la serpiente al desierto, a su lugar, donde es sustentada por un tiempo, y tiempos, y la mitad de un tiempo. Y la serpiente arrojó de su boca, tras la mujer, agua como un río, para que fuese arrastrada por el río. Pero la tierra ayudó a la mujer, pues la tierra abrió su boca y tragó el río que el dragón había echado de su boca. Entonces el dragón se llenó de ira contra la mujer; y se fue a hacer guerra contra el resto de la descendencia de ella, los que guardan los mandamientos de Dios y tienen el testimonio de Jesucristo. (12:13-17)

Uno de los estigmas más sombríos en la historia de la humanidad ha sido el persistente fantasma del antisemitismo. A través de los siglos los judíos han sufrido más odio y persecución que cualquier otro pueblo. Buena parte de este sufrimiento fue un castigo de parte de Dios para alejar a la nación de su pecado e incredulidad y hacer que se volviera a Él. Dios repetidamente advirtió a Israel de las consecuencias de la desobediencia (cp. Dt. 28:15-68) y los castigó cuando no obedecieron (cp. 2 R. 17:7-23). Dentro del paradigma del propósito soberano de Dios para su pueblo, Israel también ha sufrido constante y severamente a manos de Satanás, actuando como instrumento de Dios. Sin embargo, a diferencia de Dios, el propósito de Satanás en hacer que el pueblo judío sufra no es correctivo, sino destructivo. Él no trata de conducirlos al arrepentimiento y a la salvación, sino a la muerte y a la destrucción.

Israel enfrentó amenazas constantes de sus vecinos durante los períodos de los jueces y los reyes. Más tarde, primero el reino del norte de Israel (722 a.C.) y después el reino del sur de Judá (586 a.C.) fueron conquistados por sus enemigos.

Como resultado, el pueblo judío perdió su independencia y se convirtió en súbdito de poderes extranjeros, entre ellos Asiria, Babilonia, Medopersia, Grecia y Roma. En la época posbíblica la historia ha sido trágicamente igual. La historia del pueblo judío por los últimos dos mil años es una triste letanía de prejuicio, persecución y asesinatos en masa. La primera persecución generalizada del pueblo judío en Europa tuvo lugar durante la Primera Cruzada (1095–99). En su ruta a través de Europa hacia Palestina, multitudes de incitadores cruzados destruyeron las casas y los poblados de los judíos y masacraron a sus habitantes. Cuando tomaron Jerusalén en 1099, los cruzados reunieron a la población judía de Jerusalén en una sinagoga y le prendieron fuego. La mayoría de los judíos perecieron y los sobrevivientes fueron vendidos como esclavos. El rey Eduardo I desterró a todos los judíos de Inglaterra en 1290, dando así a Inglaterra el dudoso honor de ser el primer país en expulsar a su población judía. No se les permitió regresar hasta la época de Oliver Cromwell, casi tres siglos y medio después. Francia actuó de igual manera en 1306, España en 1492, irónicamente, el año del viaje de Colón para descubrir el Nuevo Mundo. Durante toda la Edad Media, a los judíos se les culpó de varios desastres naturales —el más notable: la peste bubónica (1348–50)— y fueron salvajemente perseguidos.

El siglo XIX vio un estallido de antisemitismo en Rusia, donde a los judíos se les culpó del asesinato del zar Alejandro II (1881). En los próximos asesinatos en masa de las cuatro décadas siguientes, fueron muertos alevosamente decenas de millares de judíos, y otros cientos de millares expulsados de sus casas. Casi tres millones más fueron asesinados durante el reinado de Stalin, parte de las decenas de millones de personas masacradas por aquel famoso dictador. 1894 vio el escandaloso caso Dreyfus en Francia, en el que un judío oficial del ejército, el capitán Alfred Dreyfus, fue acusado de traición. Solo después de doce años de disturbios públicos por el caso se exoneró a Dreyfus.

Pero la hora más sombría en la larga historia del antisemitismo no había llegado todavía. A principios de los años treinta, el partido Nazi llegó al poder en Alemania y sus demenciales teorías raciales se convirtieron en política. A diferencia de otros que habían perseguido al pueblo judío, los nazis y su maniático líder, Adolfo Hitler, no solo persiguieron a los judíos, sino que trataron de eliminarlos. En el exterminio en masa que sobrevino cuando los nazis trataron de poner en práctica su "solución final" al "problema judío", seis millones de judíos —más de la mitad de la población judía de Europa— fueron asesinados.

A pesar de la salvaje persecución de todos esos siglos, el pueblo judío sigue sobreviviendo. John Phillips escribió:

De manera significativa el momento crucial llegó en la vida de Moisés cuando vio, en el desierto, aquella misteriosa zarza, que ardía y resplandecía pero, a pesar del crepitar del fuego, no se consumía. Esa zarza simboliza claramente a Israel, que no se consume a pesar del odio incesante de sus enemigos, ya que Dios está en medio de ella. Israel no puede ser absorbido por las naciones, no puede ser exterminado por las naciones. Es una zarza ardiente en el desierto. (*Exploring Revelation*, [Explorando el Apocalipsis] edición revisada [Chicago: Moody, 1987; reimpreso, Neptune, N.J.: Loizeaux, 1991], 156)

Es la ardiente esperanza del pueblo judío que los horrores del exterminio en masa efectuado por los nazis nunca más se repitan. Sin embargo, trágicamente se repetirán. La Biblia advierte que hay un tiempo de sufrimiento en el futuro para Israel, que será peor que cualquier cosa que la nación haya soportado en el pasado. Jeremías llama a ese tiempo "tiempo de angustia para Jacob" (Jer. 30:7). Jesús lo describió como una "gran tribulación, cual no la ha habido desde el principio del mundo hasta ahora, ni la habrá" (Mt. 24:21).

La tribulación será el peor de los tiempos para Israel por dos razones. Durante ese período de siete años Dios derramará su ira final sobre el mundo incrédulo (que incluye a los rebeldes no arrepentidos de Israel). Al mismo tiempo, Satanás hará su intento final y desesperado para evitar el prometido reino del Señor Jesucristo sobre el trono de Israel y de esa forma invalidar la salvación y el reino prometido a Israel. Él atacará con gran furia al pueblo judío, tratando de destruir tanto a los judíos que ya han puesto su fe en Cristo como a los que aun pudieran ponerla. El diablo hará también todo lo que esté a su alcance para estorbar el ministerio de los ciento cuarenta y cuatro mil evangelistas judíos (7:4) y los dos testigos (11:3-14).

Pero los esfuerzos de Satanás no tendrán éxito. Sus más grandes temores llegarán cuando los judíos "mirarán a [Aquel], a quien traspasaron, y llorarán como se llora por hijo unigénito, afligiéndose por él como quien se aflige por el primogénito" (Zac. 12:10). El remanente creyente de Israel será salvo (Ro. 11:25-29), y se establecerá su prometido reino (cp. Os. 2:14-23).

El profeta Daniel vislumbró este tiempo trágico y triunfante para Israel:

En aquel tiempo se levantará Miguel, el gran príncipe que está de parte de los hijos de tu pueblo; y será tiempo de angustia, cual nunca fue desde que hubo gente hasta entonces; pero en aquel tiempo será libertado tu pueblo, todos los que se hallen escritos en el libro. Y muchos de los que duermen en el polvo de la tierra serán despertados, unos para vida eterna, y otros para vergüenza y confusión perpetua. Los entendidos resplandecerán como el resplandor del firmamento; y los que enseñan la justicia a la multitud, como las estrellas a perpetua eternidad. Pero tú, Daniel, cierra las palabras y sella el libro hasta el tiempo del fin. Muchos correrán de aquí para allá, y la ciencia se aumentará.

Y yo Daniel miré, y he aquí otros dos que estaban en pie, el uno a este lado del río, y el otro al otro lado del río. Y dijo uno al varón vestido de lino, que estaba sobre las aguas del río: ¿Cuándo será el fin de estas maravillas? Y oí al varón vestido de lino, que estaba sobre las aguas del río, el cual alzó su diestra y su siniestra al cielo, y juró por el que vive por los siglos, que será por tiempo, tiempos, y la mitad de un tiempo. Y cuando se acabe la dispersión del poder del pueblo santo, todas estas cosas serán cumplidas. Y yo oí, mas no entendí. Y dije: Señor mío, ¿cuál será el fin de estas cosas? Él respondió: Anda, Daniel, pues estas palabras están cerradas y selladas hasta el tiempo del fin. Muchos serán limpios, y emblanquecidos y purificados; los impíos procederán impíamente, y ninguno de los impíos entenderá, pero los entendidos comprenderán. Y desde el tiempo que sea quitado el continuo sacrificio hasta la abominación desoladora, habrá mil doscientos noventa días (Dn. 12:1-11).

Daniel, como Jeremías y Jesús, vio esencialmente el mismo escenario que Juan revela en Apocalipsis 12: un tiempo futuro de angustia, persecución y matanza sin paralelo para Israel. Dos tercios de los judíos vivos en aquel tiempo serán asesinados al usar Dios a Satanás para purificar a la nación de todos los rebeldes (Zac. 13:8-9; cp. Ez. 20:38). Pero el elegido remanente de creyentes, entrarán en el reino del Mesías, junto con los santos resucitados del Antiguo Testamento, que en aquel tiempo "serán despertados... para vida eterna" (Dn. 12:2).

La acometida de Satanás contra los judíos durante la tribulación comenzará con la llegada al poder del anticristo. Durante los primeros tres años y medio de la tribulación, Satanás trabajará para extender el poder del anticristo. Una vez que se convierta en el gobernador del mundo, Satanás lo usará para sus malvados propósitos. De modo que el anticristo se las dará de protector de los judíos durante la primera parte de la tribulación. El pacto mencionado en Daniel 9:27 es un pacto de protección con el anticristo, que él quebrantará a mediados de ese período de siete años. En ese momento, el anticristo se convertirá en el perseguidor de Israel en la última parte de la tribulación. Revelará su verdadera naturaleza cuando quebrante el pacto y ponga la abominación desoladora (Dn. 11:31; 12:11; Mt. 24:15-16; 2 Ts. 2:3-4) a los tres años y medio de la tribulación. En aquel tiempo, la persecución del pueblo de Dios por parte del anticristo, que se ha desarrollado durante toda la primera parte de la tribulación (vea el análisis de 6:9-11 en *Apocalipsis 1–11*, Comentario MacArthur del Nuevo Testamento [Grand Rapids: Editorial Portavoz, 2005]), se centrará en Israel y se intensificará.

Este pasaje describe tres ataques que realizarán las fuerzas de Satanás contra Israel durante la tribulación.

PRIMER ATAQUE

Y cuando vio el dragón que había sido arrojado a la tierra, persiguió a la mujer que había dado a luz al hijo varón. Y se le dieron a la mujer las dos alas de la gran águila, para que volase de delante de la serpiente al desierto, a su lugar, donde es sustentada por un tiempo, y tiempos, y la mitad de un tiempo. (12:13-14)

Ahora se da la razón por la huida de Israel, que se mencionó por primera vez en 12:6. Después de su derrota frente a Miguel y los santos ángeles (cp. el análisis de la visión de 12:7-9 en el capítulo 2 de este volumen) **el dragón** (Satanás) **había sido arrojado a la tierra.** Frustrado y enfurecido por su expulsión del cielo y desesperado, "sabiendo que tiene poco tiempo" (12:12) salió a oponerse a los planes de Dios antes de ser encarcelado en el abismo (20:1-3), el diablo furiosamente **persiguió a la mujer** (Israel; cp. 12:1), **que había dado a luz** (12:2) **al hijo varón** (Cristo; cp. 12:5). El verbo griego traducido **persiguió** (*diōkō*) significa "andar tras de", o "cazar". Se emplea en el Nuevo Testamento para referirse a perseguir con hostil determinación (cp. Mt. 23:34; Hch. 26:11). Aquí describe el hostil acoso y persecución de Satanás a los judíos en su huida al desierto (12:6; cp. 13:4-7).

La huida de los judíos ante las fuerzas de Satanás no debe tomar por sorpresa a cualquiera que conozca el discurso de nuestro Señor en el Monte de los Olivos. En ese sermón acerca de los postreros tiempos, Jesús advirtió al pueblo judío de la situación difícil que afrontará:

> *Por tanto, cuando veáis en el lugar santo la abominación desoladora de que habló el profeta Daniel (el que lee, entienda), entonces los que estén en Judea, huyan a los montes. El que esté en la azotea, no descienda para tomar algo de su casa; y el que esté en el campo, no vuelva atrás para tomar su capa. Mas ¡ay de las que estén encintas, y de las que críen en aquellos días! Orad, pues, que vuestra huida no sea en invierno ni en día de reposo; porque habrá entonces gran tribulación, cual no la ha habido desde el principio del mundo hasta ahora, ni la habrá. Y si aquellos días no fuesen acortados, nadie sería salvo; mas por causa de los escogidos, aquellos días serán acortados (Mt. 24:15-22).*

La única respuesta apropiada ante un peligro tan inminente será huir inmediatamente; no habrá tiempo ni siquiera para regresar a casa a recoger las pertenencias. Las mujeres encintas y las que tienen niñitos pequeños serán más vulnerables, ya que será difícil para ellas huir con rapidez. Tan severo será el peligro que Dios intervendrá y "por causa de los escogidos, [tanto judíos como gentiles] aquellos días serán acortados" (Mt. 24:22). De no ser por esa intervención, aun los elegidos perecerían.

La situación de Israel cuando se desate la tormenta de la persecución del anticristo sobre ellos, durante la tribulación, será aterradora y trágica. Los judíos estarán desesperadamente necesitados de cualquier ayuda que puedan recibir y, en la providencia de Dios, habrá algunos que los ayudarán:

> *Cuando el Hijo del Hombre venga en su gloria, y todos los santos ángeles con él, entonces se sentará en su trono de gloria, y serán reunidas delante de él todas las naciones; y apartará los unos de los otros, como aparta el pastor las ovejas de los cabritos. Y pondrá las ovejas a su derecha, y los cabritos a su izquierda. Entonces el Rey dirá a los de su derecha: Venid, benditos de mi Padre, heredad el reino preparado para vosotros desde la fundación del mundo. Porque tuve hambre, y me disteis de comer; tuve sed, y me disteis de beber; fui forastero, y me recogisteis; estuve desnudo, y me cubristeis; enfermo, y me visitasteis; en la cárcel, y vinisteis a mí. Entonces los justos le responderán diciendo: Señor, ¿cuándo te vimos hambriento, y te sustentamos, o sediento, y te dimos de beber? ¿Y cuándo te vimos forastero, y te recogimos, o desnudo, y te cubrimos? ¿O cuándo te vimos enfermo, o en la cárcel, y vinimos a ti? Y respondiendo el Rey, les dirá: De cierto os digo que en cuanto lo hicisteis a uno de estos mis hermanos más pequeños, a mí lo hicisteis (Mt. 25:31-40).*

En el tiempo de peligro y huida de los judíos, recibirán ayuda de personas gentiles. Esos gentiles mostrarán la autenticidad de su fe en Cristo por su disposición a ayudar a los judíos perseguidos, aun a riesgo de su propia vida.

No solo Dios usará providencialmente a los creyentes gentiles para ayudar al pueblo judío, sino que también intervendrá directamente en su favor. Juan vio en su visión **las dos alas de la gran águila, para que volase de delante de la serpiente al desierto, a su lugar, donde es sustentada por un tiempo, y tiempos, y la mitad de un tiempo.** Esto es lenguaje figurado que simbólicamente describe la huida de Israel del ataque de Satanás. La impresionante metáfora de **las dos alas de la gran águila** se toma de Éxodo 19:4: "Vosotros visteis lo que hice a los egipcios, y cómo os tomé sobre alas de águilas, y os he traído a mí". Dios llevará a Israel a un lugar seguro, al igual que libró a la nación de la esclavitud en Egipto.

Las **alas** en las Escrituras simbolizan fortaleza (p.ej., Is. 40:31) y velocidad (p.ej., 2 S. 22:11; Sal. 18:10; 104:3). Sin embargo, por lo general, **alas** se refiere a protección. En Deuteronomio 32:9-11 Moisés se regocijó:

Porque la porción de Jehová es su pueblo;
Jacob la heredad que le tocó.
Le halló en tierra de desierto,
y en yermo de horrible soledad;
lo trajo alrededor, lo instruyó,
lo guardó como a la niña de su ojo.
Como el águila que excita su nidada,
revolotea sobre sus pollos,
extiende sus alas, los toma,
los lleva sobre sus plumas.

Los salmos emplean reiteradas veces la metáfora de **alas** para describir la protección de Dios de su pueblo:

Guárdame como a la niña de tus ojos;
escóndeme bajo la sombra de tus alas (Sal. 17:8).

¡Cuán preciosa, oh Dios, es tu misericordia!
Por eso los hijos de los hombres se amparan bajo la sombra de tus alas
(Sal. 36:7).

Y en la sombra de tus alas me ampararé
hasta que pasen los quebrantos (Sal. 57:1).

Yo habitaré en tu tabernáculo para siempre;
estaré seguro bajo la cubierta de tus alas (Sal. 61:4).

Porque has sido mi socorro,
y así en la sombra de tus alas me regocijaré (Sal. 63:7).

Con sus plumas te cubrirá,
y debajo de sus alas estarás seguro (Sal. 91:4).

Águila traduce *aetos*, que puede también referirse al buitre (cp. Mt. 24:28; Lc. 17:37). Esas grandes aves con enormes alas sirven como un símbolo apropiado de la protección y del refugio de Dios para Israel. Desde luego que esta no es una alusión a una verdadera **águila** con **alas** literales; más bien, es lenguaje pintoresco describiendo la milagrosa ayuda de Dios para **la mujer... para que volase** velozmente **al desierto, a su lugar** de refugio y seguridad.

La ubicación del **lugar** a donde huirán los judíos no se revela. Algunos han sugerido una fortaleza como la ciudad de Petra, esculpida en los rocosos acantilados de Edom entre el Mar Muerto y el Golfo de Akaba. Con acceso solo a través de un estrecho desfiladero, Petra era fácil de defender en los tiempos antiguos. El término **desierto** no muestra la ubicación exacta del **lugar** de refugio para Israel, ya que ese término es el que por lo general se emplea para describir la región deshabitada al este de Jerusalén (cp. Mt. 3:1; Mr. 1:4; Jn. 11:54). La advertencia de Jesús de huir a las montañas (Mt. 24:15-16) sugiere que el lugar de refugio no estará en la planicie costera al oeste de Jerusalén, o el relativamente llano Neguev (región desértica) al sur. Lo más probable es que estará en una región montañosa al este de Jerusalén. Daniel 11:41 presenta más evidencia para ese punto de vista: "[El anticristo] entrará a la tierra gloriosa, y muchas provincias caerán; mas éstas escaparán de su mano: Edom y Moab, y la mayoría de los hijos de Amón". Quizá Dios guarde a Edom, Moab y Amón, países antiguos al este de Israel, para dar refugio a su pueblo.

En su lugar de seguridad y refugio, la nación de Israel será sobrenaturalmente **sustentada** (alimentada) por Dios. Aislados del sistema del mundo, e imposibilitados de toda forma de comprar y vender (cp. 13:17), los judíos necesitarán ayuda del exterior para sobrevivir. Dios les suplirá comida de manera sobrenatural, como lo hizo al suplir a sus antepasados de maná y codornices en el desierto (Éx. 16:12ss.), y a Elías con comida en el arroyo de Querit (1 R. 17:1-6). No es increíble que, en un tiempo de juicios milagrosos y devastadores, Dios milagrosamente proporcione alimento para su pueblo.

El tiempo que Israel estará oculto bajo la provisión de Dios se define como **un tiempo, y tiempos, y la mitad de un tiempo**. Esa frase, tomada de Daniel 7:25 y 12:7, se refiere a la segunda parte de la tribulación (el período de tres años y medio que Jesús llamó la gran tribulación; Mt. 24:21). Es el mismo período definido en 12:6 como "mil doscientos sesenta días" (cp. 11:3) y en 13:5 como "cuarenta y dos meses" (cp. 11:2). Este período, iniciado por el establecimiento de la abominación desoladora (Dn. 11:31; 12:11; Mt. 24:15; 2 Ts. 2:3-4), señalará la carrera abierta y visiblemente malvada del anticristo. Durante ese tiempo Dios protegerá a Israel **de delante de la serpiente**. Aunque Satanás pudiera saber dónde están escondidos los judíos, no podrá llegar a ellos por la protección divina. Frustrado por esa derrota de su primer ataque sobre el pueblo judío, el diablo lanzará un segundo ataque.

SEGUNDO ATAQUE

Y la serpiente arrojó de su boca, tras la mujer, agua como un río, para que fuese arrastrada por el río. Pero la tierra ayudó a la mujer, pues la tierra abrió su boca y tragó el río que el dragón había echado de su boca. (12:15-16)

Fracasado en su intento inicial de masacrar al pueblo judío, e incapaz de atacarlo directamente en su lugar de escondite, Satanás recurrirá a tácticas de largo alcance. Como la **serpiente** no es una serpiente real sino una representación simbólica de Satanás, es probable que el **agua** que arrojó **de su boca... como un río** sea simbólica también. Una vez más la metáfora viene del Antiguo Testamento, donde las inundaciones simbolizaban problemas en general (cp. 2 S. 22:17; Job 27:20; Sal. 18:16; 32:6; 69:1-2, 13-14; 124:2-5; 144:7) y a un ejército invasor que destruía (cp. Jer. 46:8; 47:2; Dn. 11:26). Las fuerzas de ataque de Satanás se moverán rápidamente hacia el lugar de escondite de los judíos como una gran inundación. El diablo tratará de que Israel sea **arrastrada por el río**; que este la inunde, consuma y destruya.

Pero de la misma forma en que protegió a Israel de la acometida inicial, así también Dios derrotará a Satanás en este segundo ataque. De una manera espectacular, **la tierra ayudó a la mujer**; ella **abrió su boca y tragó el río que el dragón había echado de su boca**. La metáfora recuerda la descripción de Moisés de la destrucción por parte de Dios del ejército de Faraón en Éxodo 15:12: "Extendiste tu diestra, La tierra los tragó". Otro paralelo en el Antiguo Testamento es la dramática historia de Coré, Datán, y Abiram, en la que Dios aplastó su rebelión contra Moisés de forma espectacular:

> *Y dijo Moisés: En esto conoceréis que Jehová me ha enviado para que hiciese todas estas cosas, y que no las hice de mi propia voluntad. Si como mueren todos los hombres murieren éstos, o si ellos al ser visitados siguen la suerte de todos los hombres, Jehová no me envió. Mas si Jehová hiciere algo nuevo, y la tierra abriere su boca y los tragare con todas sus cosas, y descendieren vivos al Seol, entonces conoceréis que estos hombres irritaron a Jehová.*
>
> *Y aconteció que cuando cesó él de hablar todas estas palabras, se abrió la tierra que estaba debajo de ellos. Abrió la tierra su boca, y los tragó a ellos, a sus casas, a todos los hombres de Coré, y a todos sus bienes. Y ellos, con todo lo que tenían, descendieron vivos al Seol, y los cubrió la tierra, y perecieron de en medio de la congregación (Nm. 16:28-33).*

Pudiera ser que uno de los frecuentes terremotos durante la tribulación (cp. 6:12; 8:5; 11:13, 19; 16:18; Mt. 24:7) haga que la tierra se divida y trague a las fuerzas de Satanás. Cualquier cosa que represente este lenguaje simbólico, marca la destrucción del ejército atacante y el fin del segundo ataque de Satanás.

TERCER ATAQUE

Entonces el dragón se llenó de ira contra la mujer; y se fue a hacer guerra contra el resto de la descendencia de ella, los que guardan los mandamientos de Dios y tienen el testimonio de Jesucristo. (12:17)

Para entonces, completamente frustrado y **lleno de ira** por su incapacidad para destruir a **la mujer** (Israel), el **dragón** (Satanás) dirigirá su furia hacia nuevos objetivos. Algunos han identificado **el resto de la descendencia de ella** con quienes Satanás hará **guerra** como los ciento cuarenta y cuatro mil (cp. 7:2-8; 14:1-5); otros ven en ellos a los creyentes gentiles de la tribulación (cp. 7:9-14), que son hijos de Abraham por la fe (Gá. 3:7). Parece mejor considerarla como una frase global que se refiere a todos los que invocan el nombre de Jesucristo.

Se describen con más amplitud como **los que guardan los mandamientos de Dios y tienen el testimonio de Jesucristo.** *Entolas* (**mandamientos**) es una palabra muy empleada en los escritos de Juan para referirse a los mandamientos del Nuevo Testamento (p.ej., 14:12; Jn. 14:15, 21; 15:10, 12; 1 Jn. 2:3-4; 3:22-24; 5:2-3). El **testimonio de Jesucristo** no es testimonio acerca de Él, sino el testimonio que Él dio, las verdades que enseñó, que están reveladas en el Nuevo Testamento. Esos creyentes perseguidos presentarán evidencia adicional de que su salvación es verdadera por su obediencia a la verdad bíblica.

Como sus primeros dos ataques dirigidos contra Israel, el tercer ataque de Satanás contra el pueblo de Dios fracasará. Cuando se toque la séptima trompeta, "grandes voces en el cielo" anunciarán: "Los reinos del mundo han venido a ser de nuestro Señor y de su Cristo; y él reinará por los siglos de los siglos" (11:15). Todos los esfuerzos de Satanás para evitar que se establezca el reino de Cristo están condenados a ruina. El Señor Jesucristo triunfará; Él reinará en la tierra, y los santos que sobrevivieron a la tribulación, tanto judíos como gentiles, entrarán en su reino terrenal.

Para el muy sufrido pueblo de Israel, la hora más sombría está aun por llegar. Pero será seguida de un glorioso amanecer. El remanente elegido de Israel, después de sobrevivir a la más salvaje persecución en la larga historia de la nación, será salvo y disfrutará de las bendiciones del reino milenario, "y luego todo Israel será salvo, como está escrito" (Ro. 11:26).

La bestia que subió del mar

4

Me paré sobre la arena del mar, y vi subir del mar una bestia que tenía siete cabezas y diez cuernos; y en sus cuernos diez diademas; y sobre sus cabezas, un nombre blasfemo. Y la bestia que vi era semejante a un leopardo, y sus pies como de oso, y su boca como boca de león. Y el dragón le dio su poder y su trono, y grande autoridad. Vi una de sus cabezas como herida de muerte, pero su herida mortal fue sanada; y se maravilló toda la tierra en pos de la bestia, y adoraron al dragón que había dado autoridad a la bestia, y adoraron a la bestia, diciendo: ¿Quién como la bestia, y quién podrá luchar contra ella? También se le dio boca que hablaba grandes cosas y blasfemias; y se le dio autoridad para actuar cuarenta y dos meses. Y abrió su boca en blasfemias contra Dios, para blasfemar de su nombre, de su tabernáculo, y de los que moran en el cielo. Y se le permitió hacer guerra contra los santos, y vencerlos. También se le dio autoridad sobre toda tribu, pueblo, lengua y nación. Y la adoraron todos los moradores de la tierra cuyos nombres no estaban escritos en el libro de la vida del Cordero que fue inmolado desde el principio del mundo. Si alguno tiene oído, oiga. Si alguno lleva en cautividad, va en cautividad; si alguno mata a espada, a espada debe ser muerto. Aquí está la paciencia y la fe de los santos. (13:1-10)

En los tiempos caóticos de confusión, incertidumbre y zozobra que prevalecerán durante la tribulación, el mundo anhelará un líder. Las personas buscarán desesperadamente a alguien con poder e influencia que una a las divididas y beligerantes naciones del mundo; alguien que traiga esperanza en medio de la desesperanza; alguien que proporcione un sentido de seguridad en un tiempo de desestabilización, desasosiego y temor. Las personas buscarán desesperadamente a un líder fuerte, carismático y autoritario, que salve al mundo de un seguro desastre.

Se cumplirán esos anhelos. El líder poderoso que desea el pueblo vendrá y unificará al mundo bajo su gobierno. Al principio parecerá que es todo lo que el pueblo pensó que anhelaba. Y por un breve período traerá paz y prosperidad. Pero resultará ser mucho más de lo que el mundo estaba pidiendo. Será un dictador más cruel y poderoso que cualquier otro líder que el mundo haya conocido jamás. Ese hombre, a menudo llamado el anticristo, será la culminación de una larga lista de presuntos conquistadores del mundo. Lo que hombres como Alejandro Magno y los emperadores romanos, en los tiempos antiguos, y Hitler y Stalin en los tiempos modernos, soñaron hacer, el anticristo lo hará: gobernará todo el mundo y recibirá su adoración.

Como el anticristo será la culminación de una larga lista de gobernadores políticos, así también será el último falso líder religioso. En el más amplio sentido, un "anticristo [es cualquiera]... que niega al Padre y al Hijo" (1 Jn. 2:22), porque el "que no [confiesa] que Jesucristo ha venido en carne... es el engañador y el anticristo" (2 Jn. 7). De esos charlatanes la historia humana ha conocido muchos; en el primer siglo el apóstol Juan se lamentó porque "ahora han surgido muchos anticristos" (1 Jn. 2:18; cp. 1 Jn. 4:3). Pero la Biblia predice que los postreros tiempos verán una proliferación sin precedentes de falsos cristos y anticristos. Jesús advirtió: "vendrán muchos en mi nombre, diciendo: Yo soy el Cristo; y engañarán a muchos... Si alguno os dijere: Mirad, aquí está el Cristo; o, mirad, allí está, no le creáis. Porque se levantarán falsos cristos y falsos profetas, y harán señales y prodigios, para engañar, si fuese posible, aun a los escogidos" (Mr. 13:6, 21-22). Esos impostores satánicos tendrán como culminación al postrer anticristo, que será más perverso, malvado y poderoso que el resto.

La asombrosa descripción del anticristo presentada en los primeros versículos de este capítulo es la más cautivadora, detallada y espectacular de toda la Biblia. Sin embargo, no era nueva enseñanza para los lectores de Juan. Juan escribió en su primera epístola que sus lectores habían "[oído] que el anticristo viene" (1 Jn. 2:18). Después de describir al anticristo y su actividad, el apóstol Pablo recordó a los tesalonicenses: "¿No os acordáis que cuando yo estaba todavía con vosotros, os decía esto?" (2 Ts. 2:5). Esos pasajes indican que la verdad acerca del anticristo era muy conocida en la época del Nuevo Testamento.

La fuente original de la enseñanza bíblica acerca del anticristo es el libro de Daniel. Daniel 7 describe al anticristo como un cuerno pequeño (v. 8), que surge de los diez cuernos de la cuarta bestia de la visión de Daniel. Ese cuerno representa a una persona, ya que "tenía ojos como de hombre, y una boca que hablaba grandes cosas" (v. 8). Antes, en ese versículo, Daniel observa que "delante de él [el anticristo] fueron arrancados tres cuernos de los primeros", indicando que destruirá a tres de los otros gobernantes (cp. v. 24) y subyugará al resto en el tiempo en que se levante para dominar.

Más adelante, en el capítulo 7, Daniel vio que el "cuerno [anticristo] hacía guerra contra los santos, y los vencía" (v. 21). Se ve al anticristo dirigiendo una feroz persecución contra el pueblo de Dios "hasta que vino el Anciano de días, y se dio el juicio a los santos del Altísimo; y llegó el tiempo, y los santos recibieron el reino" (v. 22). Daniel describió el reino del anticristo (un imperio romano revivido) como uno que "será diferente de todos los otros reinos, y a toda la tierra devorará, trillará y despedazará" (v. 23). Como se observó antes, el anticristo, a diferencia de otros tiranos en la historia humana, gobernará todo el mundo. En el versículo 25 Daniel dijo que el anticristo "hablará palabras contra el Altísimo, y a los santos del Altísimo quebrantará, y pensará en cambiar los tiempos y la ley; y serán entregados en su mano hasta tiempo, y tiempos, y medio tiempo". Ese falso cristo perseguirá, como se observó antes, al pueblo de Dios. Él instituirá una nueva religión (la adoración de sí mismo; cp. Dn. 11:36-37; 2 Ts. 2:4), un reinado de maldad, y volverá a escribir la historia para acomodarla a sus propósitos. Ayudándolo a hacerlo estará su aliado, el falso profeta (vea el análisis de 13:11-18 en el capítulo 5 de este volumen).

Daniel 8:23b-25 presenta otra visión del anticristo y su reino de terror:

> *se levantará un rey*
> *altivo de rostro y entendido en enigmas.*
> *Y su poder se fortalecerá, mas no con fuerza propia;*
> *y causará grandes ruinas,*
> *y prosperará, y hará arbitrariamente,*
> *y destruirá a los fuertes y al pueblo de los santos.*
> *Con su sagacidad*
> *hará prosperar el engaño en su mano;*
> *y en su corazón se engrandecerá,*
> *y sin aviso destruirá a muchos;*
> *y se levantará contra el Príncipe de los príncipes,*
> *pero será quebrantado, aunque no por mano humana.*

Será un bravucón insolente, taimado, que posee un poder que no es suyo, un cruel destructor de sus víctimas, y tan arrogante que se atreverá incluso a levantarse "contra el príncipe de los ejércitos" (cp. v. 11), que es el Señor Jesucristo. Sin embargo, tal acción será funesta y el poder de Dios caerá sobre el anticristo, quien "será quebrantado, aunque no por mano humana".

La profecía de Daniel de las setenta semanas describe al anticristo como "un príncipe que ha de venir" (Dn. 9:26). Él

> *destruirá la ciudad y el santuario; y su fin será con inundación, y hasta el fin de la guerra durarán las devastaciones. Y por otra semana confirmará el pacto con muchos; a la mitad de la semana hará cesar el sacrificio y la ofrenda. Después con la muchedumbre de las abominaciones vendrá el desolador, hasta que venga la consumación, y lo que está determinado se derrame sobre el desolador (Dn. 9:26-27).*

El anticristo hará un pacto con Israel durante siete años. Sin embargo, a la mitad de ese período de siete años, quebrantará ese pacto y atacará al pueblo judío. Su plan será exterminarlos para que no pueda venir el prometido reino de Dios. El ataque del anticristo incluirá también a los gentiles creyentes, en su búsqueda de destruir a todos los creyentes.

Otro pasaje importante acerca del anticristo y de su obra se encuentra en Daniel 11:36-45:

> *Y el rey hará su voluntad, y se ensoberbecerá, y se engrandecerá sobre todo dios; y contra el Dios de los dioses hablará maravillas, y prosperará, hasta que sea consumada la ira; porque lo determinado se cumplirá. Del Dios de sus padres no hará caso, ni del amor de las mujeres; ni respetará a dios alguno, porque sobre todo se engrandecerá. Mas honrará en su lugar al dios de las fortalezas, dios que sus padres no conocieron; lo honrará con oro y plata, con piedras preciosas y con cosas de gran precio. Con un dios ajeno se hará de las fortalezas más inexpugnables, y colmará de honores a los que le reconozcan, y por precio repartirá la tierra.*
>
> *Pero al cabo del tiempo el rey del sur contenderá con él; y el rey del norte se levantará contra él como una tempestad, con carros y gente de a caballo, y muchas naves; y entrará por las tierras, e inundará, y pasará. Entrará a la tierra gloriosa, y muchas provincias caerán; mas éstas escaparán de su mano: Edom y Moab, y la mayoría de los hijos de Amón. Extenderá su mano contra las tierras, y no escapará el país de Egipto. Y se apoderará de los tesoros de oro y plata, y de todas las cosas preciosas de Egipto; y los de Libia y de Etiopía le seguirán. Pero noticias del oriente y del norte lo atemorizarán, y saldrá con gran ira para destruir y matar a muchos. Y plantará las tiendas de su palacio entre los mares y el monte glorioso y santo; mas llegará a su fin, y no tendrá quien le ayude.*

Según esa profecía, el anticristo tendrá poder absoluto; él "hará su voluntad". Como el jefe de una falsa religión mundial, él "se ensoberbecerá, y se engrandecerá sobre todo dios... Del Dios de sus padres no hará caso... ni respetará a dios alguno, porque sobre todo se engrandecerá" (vv. 36-37). Peor aun, su arrogancia lo llevará a la blasfemia, y "contra el Dios de los dioses hablará maravillas". Como su amo malvado, Satanás, el anticristo será blasfemo, profano y orgulloso. Pero también como su amo "llegará a su fin, y no tendrá quien le ayude".

Además de la profecía de Daniel, los primeros lectores de Apocalipsis tenían información acerca del anticristo de la enseñanza del Señor Jesucristo. En Mateo 24:15-16, Jesús citó la profecía de Daniel acerca del anticristo, advirtiendo a los que vivieran en esos días: "Por tanto, cuando veáis en el lugar santo la abominación desoladora de que habló el profeta Daniel (el que lee, entienda), entonces los que estén en Judea, huyan a los montes".

Otra fuente de información acerca del anticristo a disposición de los lectores de Juan era el libro de 2 Tesalonicenses, escrito varias décadas antes. El apóstol Pablo describe al anticristo en palabras que recuerdan la profecía de Daniel:

> *Nadie os engañe en ninguna manera; porque no vendrá sin que antes venga la apostasía, y se manifieste el hombre de pecado, el hijo de perdición, el cual se opone y se levanta contra todo lo que se llama Dios o es objeto de culto; tanto que se sienta en el templo de Dios como Dios, haciéndose pasar por Dios. ¿No os acordáis que cuando yo estaba todavía con vosotros, os decía esto? Y ahora vosotros sabéis lo que lo detiene, a fin de que a su debido tiempo se manifieste. Porque ya está en acción el misterio de la iniquidad; sólo que hay quien al presente lo detiene, hasta que él a su vez sea quitado de en medio. Y entonces se manifestará aquel inicuo, a quien el Señor matará con el espíritu de su boca, y destruirá con el resplandor de su venida; inicuo cuyo advenimiento es por obra de Satanás, con gran poder y señales y prodigios mentirosos, y con todo engaño de iniquidad para los que se pierden, por cuanto no recibieron el amor de la verdad para ser salvos (2 Ts. 2:3-10).*

En ese pasaje, Pablo delineó con toda claridad el carácter del anticristo, describiéndolo como "el hombre de pecado... el hijo de perdición" (v. 3). También describió el malvado proceder del anticristo. Cuando el anticristo "se [siente] en el templo de Dios como Dios, haciéndose pasar por Dios", quebrantará su pacto con Israel y pondrá la abominación desoladora de la que advirtieron Daniel (Dn. 11:31) y Jesús (Mt. 24:15). Luego de engañar al mundo para que lo adore durante la última parte de la tribulación "con gran poder y señales y prodigios mentirosos", el anticristo será destruido. El "Señor matará [al anticristo] con el espíritu de su boca, y destruirá con el resplandor de su venida" (cp. 19:11-21).

Aunque el capítulo 13 presenta la más detallada descripción del anticristo en Apocalipsis, esta no es su primera aparición en el Apocalipsis. Al anticristo se le presentó en 11:7 como "la bestia" que atacará y matará a los dos testigos de Dios. Su malvada trayectoria, que comenzó en el capítulo 11, se desarrolla plenamente comenzando en el capítulo 13.

El capítulo 12 registra el comienzo de la larga guerra de Satanás contra Dios y su pueblo; el capítulo 13 sigue lógicamente registrando la culminación de esa guerra. En el capítulo 12 a Satanás se le ve siendo arrojado del cielo a la tierra; en el capítulo 13 se le describe comenzando su gran esfuerzo en la tierra para vencer a Dios y sus propósitos. Satanás tratará de evitar que Jesucristo establezca su reino terrenal, tratando de establecer el suyo propio bajo el anticristo.

Como ser espiritual, Satanás depende de los seres humanos para llevar a cabo sus malvados planes en la tierra. Él controla a todos los incrédulos; ya que ellos son "de [su] padre el diablo, y los deseos de [su] padre [quieren] hacer" (Jn. 8:44), y caminan "siguiendo la corriente de este mundo, conforme al príncipe de la potestad del aire, el espíritu que ahora opera en los hijos de desobediencia" (Ef. 2:2).

Pero algunos seres humanos han estado (y están) bajo el control directo de Satanás (o sus demonios). Por ejemplo, Satanás usó a Judas para traicionar a Jesús y llevarlo a la muerte. En las aterradoras palabras de Lucas 22:3, "entró Satanás en Judas, por sobrenombre Iscariote, el cual era uno del número de los doce". Durante su ministerio terrenal, Jesús mostró su autoridad sobre Satanás al echar los demonios de las personas. Él también dio poder sobre los demonios a los apóstoles, para ayudarlos en su enfrentamiento con el reino de Satanás (Mr. 3:14-15). Al hacerlo así, Él y los apóstoles no solo libraron a personas de la esclavitud demoniaca, sino que también impidieron que Satanás llevara a cabo su plan terrenal.

Habiendo sido expulsado permanentemente del cielo (12:9), Satanás sabrá que el tiempo que le resta es muy breve (12:12). Para dirigir su última y desesperada acometida contra Dios, le dará poder a su último anticristo. Los primeros versículos de este capítulo revelan siete características de ese postrer dictador: su ascendencia, autoridad, aclamación, adoración, arrogancia, actividad y admiradores.

SU ASCENDENCIA

Me paré sobre la arena del mar, y vi subir del mar una bestia que tenía siete cabezas y diez cuernos; y en sus cuernos diez diademas; y sobre sus cabezas, un nombre blasfemo. (13:1)

La primera oración de este capítulo es la última oración del capítulo 12, ya que concluye el relato del dragón (Satanás; cp. 12:9) y su guerra contra Dios y su pueblo. Aunque algunos manuscritos griegos dicen "Me paré", los más antiguos y confiables dicen "él se paró". En el texto de 1995 de *La Biblia de las Américas*, los traductores insertaron la frase "el dragón" en lugar de "él", ya que el dragón es el antecedente del verbo que en esa versión se traduce "se paró". La metáfora de la **arena del mar** describe a las naciones del mundo (cp. 20:8). En la visión de Juan, Satanás toma su lugar en forma dominante en medio de ellas como si fueran su legítima posesión. Pero en realidad es un usurpador que procura la adoración del mundo.

Como indican los manuscritos más antiguos y confiables, el dragón llama al anticristo, descrito como **una bestia** que subía del mar. *Thērion* (**bestia**) también se emplea para describir al anticristo en 11:7. No se refiere a un animal domesticado, sino a un monstruo salvaje y cruel, describiendo así al anticristo como una personalidad feroz y rapaz. La **bestia** debe interpretarse como que representa un reino y una persona. La **bestia** debe representar un reino, debido a la compleja descripción de ella en la última parte del versículo 1. Pero la **bestia** debe de representar también a una persona, ya que siempre se le describe con pronombres personales (p.ej., "su", "sus", "él"; cp. vv. 1-8; 14:9, 11; 15:2; 16:2, 10). Daniel (Dn. 7:25; 8:24-25; 11:36-45) y Pablo (2 Ts. 2:4) también describen al anticristo como una persona. De esa forma, las Escrituras ven el imperio mundial final como algo inseparable de su gobernante, tanto como Hitler está inseparablemente vinculado al Tercer Reich.

Se ha debatido mucho acerca de lo que simboliza el **mar**. Algunos sostienen, basándose en pasajes como Isaías 17:12, 57:20, y Apocalipsis 17:15, que se refiere a las naciones gentiles. Pero como 11:7 y 17:8 afirman que la **bestia** surge del abismo, es mejor igualar el **mar** al abismo. Esa interpretación está en armonía con el Antiguo Testamento, que también emplea la metáfora del mar para representar el reino de actividad satánica (cp. Job 26:12; Sal. 74:13-14; 89:9-10; Is. 27:1). Algunos de los demonios están actualmente encarcelados en el abismo (cp. 9:1-11; Lc. 8:31), y Satanás estará encarcelado en ese abismo durante el reino milenario (20:1-3).

El anticristo será un hombre (2 Ts. 2:4), pero en algún momento de su vida, estará poseído por un poderoso demonio del abismo. Ese hombre poseído por un demonio será un talentoso orador, un genio intelectual, poseerá gran encanto y carisma, y tendrá un inmenso poder para el liderazgo. Además de esas cualidades naturales estará el poder infernal de Satanás. El resultado será una persona de poder sobrehumano, de vasta inteligencia y total maldad.

Aunque todos los incrédulos son hijos de Satanás (Jn. 8:44), ninguno en la historia humana será más completamente hijo del diablo que el anticristo. Su "semejanza familiar" con Satanás es sorprendentemente apreciable en la descripción que Juan hace de él como que **tenía siete cabezas y diez cuernos; y en sus cuernos diez diademas**. La misma grotesca descripción se aplicó a Satanás en 12:3: "También apareció otra señal en el cielo: he aquí un gran dragón escarlata, que tenía siete cabezas y diez cuernos, y en sus cabezas siete diademas". La descripción del anticristo subraya la importancia de los **diez cuernos** al mencionarlos primero y asociar con ellos las **diademas,** en vez de las cabezas.

Los **cuernos** en las Escrituras simbolizan fortaleza y poder, ambos para ataque y defensa (cp. 1 S. 2:1, 10; 2 S. 22:3; Job 16:15; Sal. 18:2; 75:4-5; 89:17, 24; 92:10; 112:9; Jer. 48:25; Mi. 4:13). En este pasaje, representan el gran poder de los reyes que gobernarán bajo la autoridad absoluta del anticristo. **Diez** se ajusta a la metáfora de la cuarta bestia en Daniel 7:7, 24, y es un número simbólico que representa a todo el poder político y militar del mundo. El anticristo se levantará de entre esos diez (Dn. 7:16-24) y no gobernará simplemente diez naciones, sino todo el mundo (cp. Dn. 7:23). A diferencia de las siete **cabezas**, que representan los imperios mundiales que se sucedieron, todos los gobernantes simbolizados por los **diez cuernos** dominarán al mismo tiempo (cp. 17:12).

Daniel describió esa coalición final, encabezada por el anticristo, en Daniel 2:41-44:

> *Y lo que viste de los pies y los dedos, en parte de barro cocido de alfarero y en parte de hierro, será un reino dividido; mas habrá en él algo de la fuerza del hierro, así como viste hierro mezclado con barro cocido. Y por ser los dedos de los pies en parte de hierro y en parte de barro cocido, el reino será en parte fuerte, y en parte frágil. Así como viste el hierro mezclado con barro, se mezclarán por medio de alianzas humanas; pero no se unirán el uno con el otro, como el hierro no se mezcla con el barro. Y en los días de estos reyes el Dios del cielo levantará un reino que no será jamás destruido, ni será el reino dejado a otro pueblo; desmenuzará y consumirá a todos estos reinos, pero él permanecerá para siempre.*

El último imperio mundial será en cierto sentido un resurgimiento del Imperio Romano (las piernas y pies de hierro de la estatua en Daniel 2), pero excederá ampliamente a ambos en poder y extensión. Será mucho más que una confederación europea; cubrirá todo el mundo. Por último, el imperio del anticristo será aplastado por Cristo (la "piedra [que] fue cortada, no con mano"; Dn. 2:34, 45) cuando Él venga para establecer su reino terrenal.

Además de sus diez cuernos, Juan describe a la bestia como que tenía **siete cabezas**. Como se verá en el análisis de Apocalipsis 17 más adelante en este volumen, esas siete cabezas representan a siete imperios mundiales sucesivos: Egipto, Asiria, Babilonia, Medopersia, Grecia, Roma y el último reino mundial del anticristo. Las **diez diademas** (coronas reales) indican la regia autoridad y el victorioso poder de los cuernos. Juan también observó que sobre las **cabezas** de la bestia había **un nombre blasfemo**. Como muchos de los emperadores romanos y otros monarcas antes que ellos, esos gobernantes se atribuirán de forma blasfema nombres y títulos divinos que deshonrarán al Dios vivo y verdadero. Seguirán el rumbo de su señor, el anticristo, "el cual se opone y se levanta contra todo lo que se llama Dios o es objeto de culto; tanto que se sienta en el templo de Dios como Dios, haciéndose pasar por Dios" (2 Ts. 2:4).

SU AUTORIDAD

Y la bestia que vi era semejante a un leopardo, y sus pies como de oso, y su boca como boca de león. Y el dragón le dio su poder y su trono, y grande autoridad. (13:2)

Al mirar Juan más de cerca a la **bestia, vio** que reunía las características de los animales de la visión que se registra en Daniel 7:3-7:

> *Y cuatro bestias grandes, diferentes la una de la otra, subían del mar. La primera era como león, y tenía alas de águila. Yo estaba mirando hasta que sus alas fueron arrancadas, y fue levantada del suelo y se puso enhiesta sobre los pies a manera de hombre, y le fue dado corazón de hombre. Y he aquí otra segunda bestia, semejante a un oso, la cual se alzaba de un costado más que del otro, y tenía en su boca tres costillas entre los dientes; y le fue dicho así: Levántate, devora mucha carne. Después de esto miré, y he aquí otra, semejante a un leopardo, con cuatro alas de ave en sus espaldas; tenía también esta bestia cuatro cabezas; y le fue dado dominio. Después de esto miraba yo en las visiones de la noche, y he aquí la cuarta bestia, espantosa y terrible y en gran manera fuerte, la cual tenía unos dientes grandes de hierro; devoraba y desmenuzaba, y las sobras hollaba con sus pies, y era muy diferente de todas las bestias que vi antes de ella, y tenía diez cuernos.*

El **leopardo**, el **oso** y el **león** eran bien conocidos en Palestina. Subrayan las características de las naciones que representan. El **león** era un símbolo apropiado para el poder feroz y consumidor del imperio babilónico. La ferocidad, fortaleza y estabilidad del imperio medopersa llevó a que se describiera como un **oso**. Las rápidas conquistas de los griegos, en particular bajo el hábil Alejandro Magno, reflejan la rapidez y brutalidad del **leopardo**. Juan menciona los tres animales en orden inverso del de Daniel, ya que él estaba mirando hacia atrás en el tiempo. Daniel, mirando en el tiempo hacia el futuro, mencionó los animales y los reinos que representan en orden cronológico.

Como la indescriptible cuarta bestia de Daniel 7:7, que representa el Imperio Romano, el imperio final del anticristo será una combinación de los imperios que le precedieron. Incorporará toda la fiereza, crueldad, rapidez y fortaleza de los otros imperios mundiales. Este poderoso imperio, sin paralelo en la historia humana, será el último gran intento de Satanás de detener el reinado de Cristo. Pero al igual que el resto de los intentos de Satanás para frustrar los propósitos de Dios, finalmente fracasará.

Como el **dragón** (Satanás) es la fuente del **poder** del anticristo, ningún poder humano podrá resistirlo. **El dragón** ejerce su **poder** a través de **la bestia**, usándola para hacer guerra contra Dios. Tampoco intervendrán los santos ángeles, porque la sobrenatural restricción de Dios para el anticristo será quitada (2 Ts. 2:7). Esto permitirá al anticristo alzarse en poder en el tiempo señalado por Dios, y dejará temporalmente al pecado seguir su curso. El anticristo compartirá el **trono** de Satanás (cp. 2:13), así como el verdadero Cristo comparte el trono de su Padre (cp. 3:21; 22:1, 3). El anticristo tendrá **grande autoridad** sobre todo el mundo; tendrá total e irrefrenable libertad de acción incontenible y no responderá a nadie.

Para algunos resulta increíble que alguien pueda levantarse a tal posición de absoluta autoridad. Pero hay situaciones semejantes en la historia humana, a pesar de que a mucho menor escala. Inevitablemente, la confusión en la sociedad ayuda a tales gobernantes a alzarse con el poder. Los dictadores logran el control al ofrecer soluciones a los problemas al parecer sin solución de la sociedad. Adolfo Hitler, por ejemplo, se aprovechó de las caóticas condiciones económicas y políticas de Alemania después de la Primera Guerra Mundial. Le prometió al pueblo alemán que, bajo su liderazgo, su pisoteada nación se levantaría nuevamente a su lugar de eminencia, poder y riqueza. Desesperadas por una salida a su dilema, muchas personas creyeron su mensaje. Finalmente, el partido Nazi se hizo tan fuerte que Hitler fue designado canciller de Alemania. Desde esa posición prosiguió hasta apoderarse del poder absoluto. El anticristo, un dictador más poderoso y malvado que Hitler, se alzará con el poder en medio del caos aterrador y sin precedente de la tribulación.

SU ACLAMACIÓN

Vi una de sus cabezas como herida de muerte, pero su herida mortal fue sanada; y se maravilló toda la tierra en pos de la bestia, (13:3).

Un acontecimiento sorprendente ayudará al anticristo a solidificar su dominio sobre el mundo. Juan vio **una de sus cabezas como herida de muerte, pero su herida mortal fue sanada**. Se ha debatido mucho acerca de la interpretación de esa frase. Algunos comentaristas afirman que la cabeza cuya herida mortal fue sanada es un reino que habrá sido destruido y restaurado. Ellos ven el milagro de la muerte y la resurrección como el resurgimiento del Imperio Romano. El anticristo, ellos creen, unirá a los países que ocupan el territorio del antiguo Imperio Romano para formar un nuevo imperio. Este resurgimiento de poder será tan asombroso para el resto de las naciones, que ellas también se someterán a su dominio.

Sin embargo, hay algunas dificultades con ese punto de vista. La más obvia es que mientras el versículo 3 dice que **una** de las **cabezas** fue **herida de muerte**, otros pasajes especifican que la bestia misma es asesinada (13:12, 14; 17:8, 11). El pronombre personal en la frase **su herida mortal** también indica que se habla de uno de los reyes, no del imperio en su conjunto. Tampoco parece probable que el simple resurgimiento del Imperio Romano cause el asombro de todo el mundo y la admiración que se menciona en este versículo. Por último, la palabra **como** se emplea en 5:6 para referirse al Señor Jesucristo, lo que implica que también se emplea en este pasaje para referirse a una persona.

Aceptando que sea una persona que muere y resucita, queda la pregunta de quién es esa persona. El punto de vista de que será Judas Iscariote resucitado tiene muy poco peso. Esa idea se basa en el hecho de que a Judas (Jn. 17:12) y al anticristo (2 Ts. 2:3) se les llama "hijo de perdición", y que Jesús llamó a Judas "diablo" (Jn. 6:70-71). Pero no tiene mucho sentido que sea Judas resucitado. ¿Cómo pudiera alguien reconocerlo si nadie sabe cómo era él?

Un punto de vista más popular vincula la muerte y la resurrección en este pasaje con el emperador Nerón. Se creía ampliamente en los finales del primer siglo que Nerón, que se había suicidado en 68 d.C., se levantaría de los muertos. Pero es improbable que muchos cristianos (en especial el divinamente inspirado apóstol Juan) creyeran el mito de la resurrección de Nerón. Además de eso, la bestia sufrirá muerte violenta a manos de otro (13:14) mientras que Nerón, como se observó antes, se quitó la vida.

La **cabeza** cuya **herida mortal** será **sanada** solo puede ser el futuro anticristo. Si su muerte es real o una farsa (cp. v. 14; 2 Ts. 2:9) no está claro. Tal vez en realidad el anticristo sea asesinado y Dios, por sus propósitos, permita que sea resucitado. Lo más probable es que la presunta muerte y resurrección del anticristo sea una imitación de la muerte y la resurrección de Cristo, puesta en escena, como uno de las señales mentirosas que hará el falso profeta (13:12-15; 2 Ts. 2:9). La resurrección del anticristo será también ilegítima, ya que en realidad nunca murió. O tal vez el anticristo explicará su extraordinario poder al decir que es la reencarnación del espíritu de Cristo, como algunos han sugerido. Sin duda, en un mundo donde el panteísmo de la Nueva Era y el misticismo oriental son muy populares, más personas se inclinarán a creer en una reencarnación que en una resurrección.

Cualquier cosa que suceda, los pueblos del mundo creerán que el anticristo, ya popular gracias a sus grandes poderes, también ha trascendido la muerte. Como la tribulación será un tiempo en que el mundo enfrentará la muerte a una escala sin precedentes en la historia humana, la aparente invulnerabilidad del anticristo ante la muerte le hará ganar una mayor y más generalizada aclamación. Como resultado, **toda la tierra** se **maravillará** y seguirá **en pos de la bestia** (cp. v. 14; 2 Ts. 2:8-12).

SU ADORACIÓN

y adoraron al dragón que había dado autoridad a la bestia, y adoraron a la bestia, diciendo: ¿Quién como la bestia, y quién podrá luchar contra ella? (13:4)

El embeleso del mundo con el anticristo pronto se convertirá en adoración. Él alentará y exigirá tal adoración al levantarse "contra todo lo que se llama Dios o es objeto de culto; tanto que se siente en el templo de Dios como Dios, haciéndose pasar por Dios" (2 Ts. 2:4). No contento con la aclamación, el anticristo procurará que se le rinda culto; no contento con respeto, exigirá reverencia; no contento con ser anunciado y ovacionado, exigirá adoración. Y los que "no recibieron el amor de la verdad para ser salvos" (2 Ts. 2:10) serán engañados y lo adorarán. Tal engaño será fomentado por el asociado del anticristo, el falso profeta, que "hace que la tierra y los moradores de ella adoren a la primera bestia, cuya herida mortal fue sanada" (13:12).

Los engañados incrédulos no solo adorarán al anticristo, sino que también (a sabiendas o inconscientemente) adorarán **al dragón (Satanás) que había dado autoridad a la bestia**. Al adorar al anticristo los incrédulos estarán en realidad adorando a Satanás, el verdadero poder detrás de él. Algunas personas tendrán pleno conocimiento de esto; la mayoría probablemente estará engañada, como aquellos a quienes Pablo escribió en 1 Corintios 10:20: "lo que los gentiles sacrifican, a los demonios lo sacrifican, y no a Dios". Pensando que estaban adorando al dios a quien le ofrecían sacrificios, los paganos estaban en realidad adorando al demonio que personificaba a ese dios. Así será para muchas personas, que pensarán que están adorando a un líder sobrenaturalmente poderoso, pero en realidad estarán adorando a Satanás.

Mientras los pueblos del mundo adoran al anticristo, exclamarán sobrecogidos: **"¿Quién como la bestia, y quién podrá luchar contra ella?"** Al referirse de forma blasfema al anticristo en un lenguaje superlativo reservado para la adoración de Dios (cp. Éx. 15:11; Sal. 35:10; 113:5; Is. 40:18, 25; 46:5; Jer. 49:19; Mi. 7:18), los engañados adoradores del anticristo le atribuirán deidad (2 Ts. 2:4). La respuesta implícita a ambas interrogaciones retóricas es "¡Nadie!" En el mundo político, militar y religioso, el anticristo reinará supremo y reconocido por la tierra y el infierno.

SU ARROGANCIA

También se le dio boca que hablaba grandes cosas y blasfemias; y se le dio autoridad para actuar cuarenta y dos meses. Y abrió su boca en blasfemias contra Dios, para blasfemar de su nombre, de su tabernáculo, y de los que moran en el cielo. (13:5-6)

Como su amo, Satanás, el anticristo será un arrogante blasfemo. La blasfemia no será incidental sino esencial a sus operaciones. La frase **se le dio** se refiere al soberano control de los acontecimientos por parte de Dios (6:4, 8; 7:2; 9:5; cp. Dn. 4:17, 25, 32). Dios permitirá al anticristo blasfemar para dar expresión plena a la maldad satánica que cubrirá toda la tierra en aquel tiempo. Él mostrará una total desatención al Dios verdadero al hablar constantemente **grandes cosas y blasfemias**. La blasfemia del anticristo no será sutil, sino abierta, infame y monstruosa, incluso hasta el punto de que "se sienta en el templo de Dios como Dios, haciéndose pasar por Dios" (2 Ts. 2:4). Esto recuerda el deseo original de Satanás cuando cayó del cielo y de su santidad. Él dijo en lo más recóndito de su corazón: "Seré semejante al Altísimo" (Is. 14:14).

Daniel predijo que el anticristo se caracterizará por orgullo, arrogancia y palabras blasfemas. Daniel 7:8 dice que tenía "una boca que hablaba grandes cosas" (cp. v. 20), mientras el versículo 11 menciona "el sonido de las grandes palabras que hablaba el cuerno". Daniel además señala que el anticristo "hablará palabras contra el Altísimo... y contra el Dios de los dioses hablará maravillas" (7:25; 11:36).

La arrogancia del anticristo sobrepasará la de cualquier otra persona en la historia humana. Será el portavoz de Satanás, expresando la frustrada cólera de su amo contra Dios. Será también el supremo blasfemo en un mundo lleno de blasfemos. Tan endurecido estará el corazón de los pecadores en aquel tiempo, que los juicios de Dios no producirán arrepentimiento, sino más blasfemia. En 16:9, Juan registra una visión en la que "los hombres se quemaron con el gran calor, y blasfemaron el nombre de Dios, que tiene poder sobre estas plagas, y no se arrepintieron para darle gloria".

Las **blasfemias contra Dios** del anticristo incluirán blasfemia de **su nombre, de su tabernáculo** y **de todos los que moran en el cielo**. El **nombre** de Dios representa todo lo que Él es; es la suma de todos sus atributos. La blasfemia del anticristo será tan extremadamente malvada que incluirá hasta el **tabernáculo** (cielo; cp. He. 9:23-24) de Dios y **todos los que moran en el cielo** con Él. Así que el anticristo proferirá palabras blasfemas apuntando directamente y específicamente a la persona de Dios, su morada, y su pueblo, tanto los santos redimidos como los santos ángeles.

Pero ni las blasfemias del anticristo ni su reinado de terror durarán por mucho tiempo. Dios le dará al anticristo **autoridad para actuar** solo **cuarenta y dos meses** (los últimos tres años y medio o mil doscientos sesenta días de la tribulación, la séptima semana de la profecía de Daniel; Dn. 9:24). Al anticristo y a Satanás se les permitirá operar solo dentro del tiempo límite establecido para él por el Rey del universo. Pero durante algunos años, ellos dominarán el mundo.

SU ACTIVIDAD

Y se le permitió hacer guerra contra los santos, y vencerlos. También se le dio autoridad sobre toda tribu, pueblo, lengua y nación. (13:7)

El anticristo no solo hablará; también será capaz de realizar acciones decisivas y mortales. Otra vez el texto observa que el anticristo puede hacer solamente aquello para lo cual el Dios Todopoderoso **le dio** permiso, destacando de esta manera que Dios nunca renuncia a su absoluto control de los acontecimientos. Como no querrán adorarlo, el anticristo hará **guerra contra los santos** y los vencerá; los creyentes en el Dios verdadero enfrentarán el embate de su furia asesina. Para él serán una amenaza a su **autoridad sobre toda tribu, pueblo, lengua y nación**, que una vez más **se le dio** temporalmente por la soberanía de Dios. El resultado será una matanza generalizada del pueblo de Dios (cp. 6:9-11; 7:9-17; 11:7; 17:6; Dn. 7:25).

Daniel mucho antes predijo este extenso martirio del pueblo de Dios. Escribió que el anticristo "a los santos del Altísimo quebrantará... y serán entregados en su mano hasta tiempo, y tiempos, y medio tiempo" (Dn. 7:25). Esta persecución comenzará en serio en el punto medio de la tribulación, cuando el anticristo rompa su pacto con Israel (Dn. 9:27) y establezca la abominación desoladora (Dn. 9:27; 11:31; 12:11; Mt. 24:15; 2 Ts. 2:3-4).

El que el anticristo hará con éxito **guerra contra los santos, y [los vencerá]** no quiere decir que tendrá el poder para destruir su fe. Él triunfará sobre ellos físicamente, pero no espiritualmente. La fe salvadora genuina no puede destruirse, porque "ni la muerte, ni la vida, ni ángeles, ni principados, ni potestades, ni lo presente, ni lo por venir, ni lo alto, ni lo profundo, ni ninguna otra cosa creada nos podrá separar del amor de Dios, que es en Cristo Jesús Señor nuestro" (Ro. 8:38-39). Tampoco el Señor Jesucristo, quien es infinitamente más poderoso que el anticristo, permitirá que alguno de sus hijos verdaderos sufra la pérdida de la vida eterna (Ap. 3:5; Job 13:15; Jn. 10:27-29). Pero el anticristo asesinará al pueblo de Dios en una escala sin precedente al poner de manifiesto su dominio sobre el mundo.

SUS ADMIRADORES

Y la adoraron todos los moradores de la tierra cuyos nombres no estaban escritos en el libro de la vida del Cordero que fue inmolado desde el principio del mundo. Si alguno tiene oído, oiga. Si alguno lleva en cautividad, va en cautividad; si alguno mata a espada, a espada debe ser muerto. Aquí está la paciencia y la fe de los santos. (13:8-10)

Como se observó anteriormente en el análisis del versículo 4, **todos los moradores de la tierra** adorarán al anticristo. La frase **todos los moradores de la tierra** se emplea en todo Apocalipsis para describir a los incrédulos (vv. 12, 14; 3:10; 6:10; 8:13; 11:10; 17:2, 8) y no incluye a todos los que estarán vivos en aquel tiempo. Aquí el factor que limita se declara específicamente; es **todos... cuyos nombres no estaban escritos en el libro de la vida del Cordero que fue inmolado desde el principio del mundo** adorarán al anticristo. Los incrédulos, aquellos cuyos nombres no estén registrados en el **libro de la vida**, "se [perderán], por cuanto no recibieron el amor de la verdad para ser salvos" (2 Ts. 2:10). La Biblia también enseña que los infieles serán juzgados porque "no creyeron a la verdad, sino que se complacieron en la injusticia" (2 Ts. 2:12). Mientras que los elegidos son salvos mediante la fe en el Señor Jesucristo (Jn. 3:16; 5:24; Hch. 13:39; 16:31; Ro. 3:22-30; 4:5; 10:9-10; Gá. 3:22-26; Ef. 2:8-9), los no elegidos están perdidos porque no quisieron creer al evangelio (Jn. 3:36; Ro. 1:18-32; 2:8; 2 Ts. 1:8-9; 1 P. 2:8; 4:17). Incredulidad y rechazo siempre distinguen a aquellas personas cuyos nombres no estaban **escritos en el libro de la vida**.

Siete veces en el Nuevo Testamento, a los creyentes se les identifica como aquellos cuyos nombres están **escritos** en el **libro de la vida** (cp. 3:5; 17:8; 20:12, 15; 21:27; Fil. 4:3). El **libro de la vida** pertenece al **Cordero**, el Señor Jesucristo, y es el registro donde Dios inscribió los nombres de los escogidos para salvación antes del **principio del mundo**. (Se emplea esta frase como sinónimo de la eternidad pasada en 17:8; Mt. 13:35; 25:34; Lc. 11:50; Ef. 1:4; He. 9:26; 1 P. 1:20; cp. 2 Ts. 2:13; y 2 Ti. 1:9.) A diferencia de los incrédulos, los elegidos no será engañados por el anticristo (Mt. 24:24), ni le adorarán (20:4). El anticristo no podrá destruir la fe salvadora de los creyentes, ya que el Señor Jesucristo prometió: "El que venciere será vestido de vestiduras blancas; y no borraré su nombre del libro de la vida, y confesaré su nombre delante de mi Padre, y delante de sus ángeles" (Ap. 3:5; cp. 1 Jn. 5:4). Los creyentes han estado en el poder guardador de Dios desde antes de la creación, y lo estarán después de su destrucción de este orden de cosas en el establecimiento del cielo nuevo y de la tierra nueva (21:1ss.).

Los creyentes están doblemente seguros, ya que el **libro de la vida** pertenece al **Cordero que fue inmolado**. No el decreto de elección, sino también la obra expiatoria de Cristo sella para siempre la redención de los elegidos. Los creyentes fueron "rescatados... no con cosas corruptibles, como oro o plata, sino con la sangre preciosa de Cristo, como de un cordero sin mancha y sin contaminación" (1 P. 1:18-19). El Padre no anulará la obra redentora de Cristo (cp. Ro. 4:25; He. 1:3) al permitir que alguno de los escogidos se pierda. Jesucristo es "autor de eterna salvación para todos los que le obedecen" (He. 5:9), y no hay poder en el anticristo, en Satanás, o en todas las fuerzas del infierno capaz de alterar esa gloriosa realidad. Los mismos santos que el anticristo mata salvajemente durante su persecución del pueblo de Dios, se ven luego triunfantes y victoriosos en el cielo:

Vi también como un mar de vidrio mezclado con fuego; y a los que habían alcanzado la victoria sobre la bestia y su imagen, y su marca y el número de su nombre, en pie sobre el mar de vidrio, con las arpas de Dios. Y cantan el cántico de Moisés siervo de Dios, y el cántico del Cordero, diciendo:

Grandes y maravillosas son tus obras,
Señor Dios Todopoderoso;
justos y verdaderos son tus caminos,
Rey de los santos.
¿Quién no te temerá, oh Señor, y glorificará tu nombre?
pues sólo tú eres santo;
por lo cual todas las naciones vendrán y te adorarán,
porque tus juicios se han manifestado
(Ap. 15:2-4).

El anticristo pudiera quitarles la vida, pero no puede destruir su fe.

Esa asombrosa visión de la bestia del mar concluye con un llamado de comprensión espiritual. La advertencia **Si alguno tiene oído, oiga** se emplea quince veces en el Nuevo Testamento (cp. 2:7, 11, 17, 29; 3:6, 13, 22; Mt. 11:15; 13:9, 43; Mr. 4:9, 23; Lc. 8:8; 14:35) para subrayar una verdad particularmente importante. En todos sus usos anteriores en Apocalipsis (caps. 2–3), está seguida de la frase "lo que el Espíritu dice a las iglesias". La omisión de esa frase sugiere que no se está hablando de la iglesia en ese pasaje, ya que ha sido arrebatada antes del comienzo de la tribulación (cp. 3:10).

Aquí la frase presenta un proverbio que concluye este pasaje: **Si alguno lleva en cautividad, va en cautividad; si alguno mata a espada, a espada debe ser muerto. Aquí está la paciencia y la fe de los santos.** Este proverbio contiene importante verdad práctica para los creyentes que están vivos durante el tiempo de la persecución por el anticristo. Ellos deben depender de la providencia de Dios y no tratar de resolver las cosas por sus propios medios. Los creyentes **llevados** por el plan soberano de Dios **en cautividad** (encarcelamiento) deben aceptar ese encarcelamiento como la voluntad de Dios. No deben resistirse o luchar contra el anticristo. Asombrosamente, el pasaje respalda la institución divina de la pena capital , incluso por el gobierno malvado del anticristo, advirtiendo que **si alguno mata a espada, a espada debe ser muerto** (cp. Gn. 9:5-6; Mt. 26:52). El pueblo de Dios no debe vengarse de sus perseguidores; no hay lugar ahora, y no lo habrá entonces, para creyentes guerreros, agresivos y violentos que llenan de terror a sus perseguidores. "Los que padecen según la voluntad de Dios", escribió Pedro, "encomienden sus almas al fiel Creador, y hagan el bien" (1 P. 4:19).

En vez de reaccionar con violencia, los creyentes deben ser ejemplos de **la paciencia y la fe de los santos.** Deben ser como el Señor Jesucristo, que "cuando le maldecían, no respondía con maldición; cuando padecía, no amenazaba, sino encomendaba la causa al que juzga justamente" (1 P. 2:23). Cuando los creyentes siguen el ejemplo de Cristo, observó Pedro, "[son] avergonzados los que calumnian [su] buena conducta en Cristo" (1 P. 3:16). Los que son "vituperados por el nombre de Cristo, [son] bienaventurados, porque el glorioso Espíritu de Dios reposa sobre [ellos]" (1 P. 4:14).

El mensaje de este pasaje es claro. Permitan a la monstruosa bestia que sale del abismo hacer sus maldades. Permitan a Satanás y sus demonios tener su hora. Dios controla el futuro, y los creyentes son suyos; "en todas estas cosas somos más que vencedores por medio de aquel que nos amó" (Ro. 8:37), y triunfaremos en aquel día glorioso en que "los reinos del mundo han venido a ser de nuestro Señor y de su Cristo; y él reinará por los siglos de los siglos" (11:15).

El último falso profeta 5

Después vi otra bestia que subía de la tierra; y tenía dos cuernos semejantes a los de un cordero, pero hablaba como dragón. Y ejerce toda la autoridad de la primera bestia en presencia de ella, y hace que la tierra y los moradores de ella adoren a la primera bestia, cuya herida mortal fue sanada. También hace grandes señales, de tal manera que aun hace descender fuego del cielo a la tierra delante de los hombres. Y engaña a los moradores de la tierra con las señales que se le ha permitido hacer en presencia de la bestia, mandando a los moradores de la tierra que le hagan imagen a la bestia que tiene la herida de espada, y vivió. Y se le permitió infundir aliento a la imagen de la bestia, para que la imagen hablase e hiciese matar a todo el que no la adorase. Y hacía que a todos, pequeños y grandes, ricos y pobres, libres y esclavos, se les pusiese una marca en la mano derecha, o en la frente; y que ninguno pudiese comprar ni vender, sino el que tuviese la marca o el nombre de la bestia, o el número de su nombre. Aquí hay sabiduría. El que tiene entendimiento, cuente el número de la bestia, pues es número de hombre. Y su número es seiscientos sesenta y seis. (13:11-18)

El arma más importante en el arsenal de Satanás es la mentira. Satanás, dijo Jesús, es "mentiroso, y padre de mentira" (Jn. 8:44), que "se disfraza como ángel de luz" (2 Co. 11:14) para engañar a las personas. Desde su primera aparición en la tierra en el huerto del Edén (Gn. 3:2-6) hasta su última aparición al final del milenio (Ap. 20:7-8), Satanás es un mentiroso y un engañador. Constantemente trata de confundir a las personas, "[cegando] el entendimiento de los incrédulos, para que no les resplandezca la luz del evangelio de la gloria de Cristo, el cual es la imagen de Dios" (2 Co. 4:4).

Como Satanás es un engañador, se desprende que sus agentes (tanto humanos como demoniacos) también son engañadores. El apóstol Pablo advirtió que "sus ministros se disfrazan como ministros de justicia" (2 Co. 11:15), aunque son suministradores de maldad, mentiras y engaños. El diablo los usa para diseminar sus denigrantes "doctrinas de demonios" (1 Ti. 4:1).

La Biblia advierte reiteradas veces del peligro de los falsos profetas. Moisés hizo una pausa cuando estaba dando la ley de Dios a Israel para advertir sobre quienes los harían alejarse de ella:

> *Cuando se levantare en medio de ti profeta, o soñador de sueños, y te anunciare señal o prodigios, y si se cumpliere la señal o prodigio que él te anunció, diciendo: Vamos en pos de dioses ajenos, que no conociste, y sirvámosles; no darás oído a las palabras de tal profeta, ni al tal soñador de sueños; porque Jehová vuestro Dios os está probando, para saber si amáis a Jehová vuestro Dios con todo vuestro corazón, y con toda vuestra alma. En pos de Jehová vuestro Dios andaréis; a él temeréis, guardaréis sus mandamientos y escucharéis su voz, a él serviréis, y a él seguiréis. Tal profeta o soñador de sueños ha de ser muerto, por cuanto aconsejó rebelión contra Jehová vuestro Dios que te sacó de tierra de Egipto y te rescató de casa de servidumbre, y trató de apartarte del camino por el cual Jehová tu Dios te mandó que anduvieses; y así quitarás el mal de en medio de ti (Dt. 13:1-5).*

Jeremías también advirtió a Israel que no escuchara a los falsos profetas:

> *Así ha dicho Jehová de los ejércitos: No escuchéis las palabras de los profetas que os profetizan; os alimentan con vanas esperanzas; hablan visión de su propio corazón, no de la boca de Jehová. (Jer. 23:16).*

> *No envié yo aquellos profetas, pero ellos corrían; yo no les hablé, mas ellos profetizaban. Pero si ellos hubieran estado en mi secreto, habrían hecho oír mis palabras a mi pueblo, y lo habrían hecho volver de su mal camino, y de la maldad de sus obras (Jer. 23:21-22).*

> *Yo he oído lo que aquellos profetas dijeron, profetizando mentira en mi nombre, diciendo: Soñé, soñé. ¿Hasta cuándo estará esto en el corazón de los profetas que profetizan mentira, y que profetizan el engaño de su corazón? ¿No piensan cómo hacen que mi pueblo se olvide de mi nombre con sus sueños que cada uno cuenta a su compañero, al modo que sus padres se olvidaron de mi nombre por Baal? El profeta que tuviere un sueño, cuente el sueño; y aquel a quien fuere mi palabra, cuente mi palabra verdadera. ¿Qué tiene que ver la paja con el trigo? dice Jehová. ¿No es mi palabra como fuego, dice Jehová, y como martillo que quebranta la piedra? Por tanto, he aquí que yo estoy contra los profetas, dice Jehová, que hurtan mis palabras cada uno de su más cercano. Dice Jehová: He aquí que yo estoy contra los profetas que endulzan sus lenguas y dicen: Él ha dicho. He aquí, dice Jehová, yo estoy contra los que profetizan sueños mentirosos, y los cuentan, y hacen errar a mi pueblo con sus mentiras y con sus*

lisonjas, y yo no los envié ni les mandé; y ningún provecho hicieron a este pueblo, dice Jehová (Jer. 23:25-32).

No oigáis las palabras de los profetas que os hablan diciendo: No serviréis al rey de Babilonia; porque os profetizan mentira. Porque yo no los envié, dice Jehová, y ellos profetizan falsamente en mi nombre, para que yo os arroje y perezcáis vosotros y los profetas que os profetizan.

También a los sacerdotes y a todo este pueblo hablé diciendo: Así ha dicho Jehová: No oigáis las palabras de vuestros profetas que os profetizan diciendo: He aquí que los utensilios de la casa de Jehová volverán de Babilonia ahora pronto; porque os profetizan mentira (Jer. 27:14-16).

Porque así ha dicho Jehová de los ejércitos, Dios de Israel: No os engañen vuestros profetas que están entre vosotros, ni vuestros adivinos; ni atendáis a los sueños que soñáis. Porque falsamente os profetizan ellos en mi nombre; no los envié, ha dicho Jehová (Jer. 29:8-9).

Al concluir el Sermón del monte, el Señor Jesucristo declaró solemnemente: "Guardaos de los falsos profetas, que vienen a vosotros con vestidos de ovejas, pero por dentro son lobos rapaces" (Mt. 7:15). En su segunda epístola, Pedro escribió: "Pero hubo también falsos profetas entre el pueblo, como habrá entre vosotros falsos maestros, que introducirán encubiertamente herejías destructoras, y aun negarán al Señor que los rescató, atrayendo sobre sí mismos destrucción repentina" (2 P. 2:1). El apóstol Juan advirtió: "Amados, no creáis a todo espíritu, sino probad los espíritus si son de Dios; porque muchos falsos profetas han salido por el mundo" (1 Jn. 4:1).

Las Escrituras también registran numerosos ejemplos de falsos profetas; a algunos se les menciona por nombre, otros son anónimos. Isaías mencionó un falso profeta anónimo muy activo en su época (Is. 9:15), como lo hizo Jeremías (Jer. 14:13-15; Lm. 2:14). Jeremías 28 recoge el encuentro de Jeremías con el falso profeta Hananías, mientras que el siguiente capítulo menciona a los falsos profetas Acab y Sedequías (Jer. 29:21-23). El Antiguo Testamento también menciona a otro Sedequías como falso profeta (1 R. 22:10-28), así como a dos falsos profetas llamados Semaías (Neh. 6:10-12; Jer. 29:24-32). Ezequiel 13:17 menciona falsas profetisas, y Nehemías tuvo un encuentro con la falsa profetisa Noadías (Neh. 6:14). El falso profeta de peor reputación en el Antiguo Testamento fue Balaam, que llevó a Israel a la idolatría y al pecado (Nm. 22-24; Jos. 13:22; 24:9-10; Neh. 13:1-2; 2 P. 2:15-16; Jud. 11; Ap. 2:14). El Nuevo Testamento narra el encuentro del apóstol Pablo en la isla de Chipre con el falso profeta Barjesús (Hch. 13:6-12).

Varias características negativas definen a los falsos profetas, además de la evidente que es enseñar mentiras. Las Escrituras los condenan por impíos (Jer. 23:11), adúlteros (Jer. 23:14), ambiciosos (Ez. 22:25; Mi. 3:11; 2 P. 2:15), ilusos (Ez. 13:2-3), e idólatras (Jer. 2:8; 23:13). No es sorprendente que Dios los juzgue severamente. Deuteronomio 18:20 pronuncia la pena de muerte para ellos: "El profeta que tuviere la presunción de hablar palabra en mi nombre, a quien yo no le haya mandado hablar, o que hablare en nombre de dioses ajenos, el tal profeta morirá" (cp. Nm. 31:8; Jer. 23:15; 29:21-22). Pedro habló del juicio de Dios sobre todos los falsos maestros cuando escribió que "perecerán en su propia perdición, recibiendo el galardón de su injusticia... para los cuales la más densa oscuridad está reservada para siempre" (2 P. 2:12-13, 17).

Los falsos profetas han estado en el pueblo de Dios desde el principio de su historia. Pero proliferarán aun más al acercarse el establecimiento del reino de Cristo. Hablando de ese tiempo, Jesús dijo: "muchos falsos profetas se levantarán, y engañarán a muchos" (Mt. 24:11). Tan persuasivos serán sus esfuerzos que "harán señales y prodigios, para engañar, si fuese posible, aun a los escogidos" (Mr. 13:22). Esos falsos profetas recibirán poder de algunos de los demonios de Satanás. El diablo intensificará sus esfuerzos para engañar al mundo en la medida en que se acerca su propia condena.

Al igual que los falsos cristos que han abundando en la historia de la humanidad culminarán en el último anticristo, así también los falsos profetas culminarán en un último falso profeta (cp. 16:13; 19:20; 20:10). Será el último y más poderoso engañador de Satanás. Junto con Satanás, la imitación del Padre, y el anticristo, la imitación de Jesucristo, el falso profeta formará la falsa trinidad satánica. Será la imitación del Espíritu Santo. El falso profeta será el socio del anticristo en la gran mentira final de Satanás para el mundo. Aunque el anticristo será primordialmente un gobernante político y militar, también dirá que es Dios. El falso profeta será su sumo sacerdote, el líder religioso que guiará a las personas a la religión satánica de adoración al anticristo. El falso profeta deificará al anticristo y convencerá a los incrédulos de que él es la única esperanza de salvación del mundo.

El falso profeta podrá engañar al mundo incrédulo porque es muy grande el poder de la religión sobre la mente de los hombres. Las personas son adoradoras incurables; todo el mundo adora algo, ya sea al Dios verdadero, a falsos dioses, o a sí mismos. Hay en el corazón del hombre un anhelo por alguien trascendente, alguien más allá de sí mismo que lo pueda librar de sus problemáticas circunstancias. Los sucesos aterradores y sin paralelo de la tribulación intensificarán ese anhelo por un libertador sobrenatural. El falso profeta convencerá al mundo incrédulo de que el anticristo es la solución a los apremiantes problemas del mundo. Muy bien puede ser el orador más elocuente, poderoso y convincente en la historia humana, y su encumbrada oratoria persuadirá al mundo a que adore al anticristo. John Phillips especuló:

La dinámica apelación del falso profeta radicará en su habilidad para combinar la conveniencia política con la pasión religiosa... Sus argumentos serán sutiles, convincentes y llamativos. Su oratoria será hipnotizante, ya que podrá hacer llorar a las multitudes o arrastrarlas a la histeria. Él controlará los medios de comunicación del mundo y con habilidad organizará una colosal publicidad para fomentar sus fines. Manipulará la verdad con astucia indecible, acomodándola, torciéndola y distorsionándola... Él moldeará el pensamiento del mundo y dará forma a la opinión humana como se hace con una vasija de barro. (*Exploring Revelation*, [Explorando el Apocalipsis] edición revisada [Chicago: Moody, 1987; reimpreso, Neptune, N.J.: Loizeaux, 1991], 171)

La combinación de los poderes políticos y religiosos que ponen en práctica el anticristo y el falso profeta, no será algo nuevo. Janes y Jambres, dos falsos guías religiosos, ayudaron a Faraón en su enfrentamiento con Moisés y Aarón (2 Ti. 3:8). Balac, rey de Moab, buscó la ayuda del falso profeta Balaam para destruir a Israel (Nm. 22–24). Acab y Jezabel usaron a los idólatras sacerdotes de Baal para que les ayudaran a lograr sus malvados propósitos en Israel (1 R. 18:17ss.). El Imperio Romano unió el poder político y el religioso al exigir que sus súbditos adoraran al estado (personificado como la diosa Roma) y al emperador. En los tiempos modernos, el comunismo, aunque oficialmente cataloga la religión como "el opio de los pueblos", ha sido en efecto una religión sustituta para sus seguidores.

La combinación a nivel mundial del poder político y religioso en los postreros tiempos se detalla en Apocalipsis 17. Por algún tiempo, coexistirán los dos poderes (17:1-9). Sin embargo, finalmente el anticristo destruirá el falso sistema religioso y establecerá la adoración de sí mismo (17:15-17). Eso ocurrirá en el punto medio de la tribulación, cuando el anticristo establezca la abominación desoladora (Dn. 9:27; 11:31; 12:11; Mt. 24:15; 2 Ts. 2:3-4). Habiendo alcanzado el pináculo de su poder, el anticristo destruirá todas las demás religiones. La adoración del anticristo, fomentada por el falso profeta, se convertirá en la única religión tolerada (cp. 14:9, 11; 15:2; 16:2; 19:20; 20:4).

La visión que tuvo Juan del falso profeta revela tres elementos clave: su persona, su poder y su plan.

SU PERSONA

Después vi otra bestia que subía de la tierra; y tenía dos cuernos semejantes a los de un cordero, pero hablaba como dragón. (13:11)

Después de ver la aterradora visión de la primera bestia (el anticristo) en 13:1-10, Juan vio entonces otra bestia. Algunos consideran esta segunda bestia como una institución, una forma de gobierno o una ideología. Pero el empleo de *allos* (otra del mismo tipo) indica que, como la primera bestia, será una persona. Prueba adicional de esto la hallamos en 19:20: "Y la bestia fue apresada, y con ella el falso profeta que había hecho delante de ella las señales con las cuales había engañado a los que recibieron la marca de la bestia, y habían adorado su imagen. Esos dos fueron lanzados vivos dentro de un lago de fuego que arde con azufre". Es obvio que son personas, no ideologías, instituciones o gobiernos lo que Dios echará al infierno.

A diferencia de la primera bestia, que saldrá del mar (13:1), la segunda **bestia** subirá **de la tierra**. Al igual que en el anticristo, en el falso profeta morará un demonio salido del abismo (vea el comentario acerca de 13:1 en el capítulo 4 de este volumen), que se representa aquí como las llameantes profundidades **de la tierra**. En el mundo antiguo, la **tierra** era menos misteriosa y amenazadora que el mar. Que el falso profeta se levante de la tierra sugiere que será sutil, afable, menos avasallador y aterrador que el anticristo. Será atractivo y persuasivo, el epítome de los lobos vestidos de ovejas sobre quienes Jesús advirtió (Mt. 7:15).

La descripción de la primera bestia, con sus diez cuernos, siete cabezas, diez coronas y siete nombres blasfemos (13:1), era grotesca y aterradora. En contraste, la segunda **bestia** simplemente **tenía dos cuernos**. Esto indica que no se caracterizará por el mismo enorme poder del anticristo. Y a diferencia del salvaje, feroz y mortífero anticristo, quien se compara a un leopardo, un oso y un león (13:2), el falso profeta parece tan inofensivo como **un cordero**. No viene como un dictador o conquistador, sino a primera vista parece un sutil engañador, con mansedumbre y gentileza, aunque no sin gran autoridad.

A pesar de su engañosa apariencia, el falso profeta no es menos hijo del infierno que el anticristo. Eso es evidente porque **hablaba como dragón**, una voz muy extraña para un cordero. El falso profeta, al igual que el anticristo (13:2, 5), será el vocero del **dragón** Satanás, hablando sus palabras. Pero no se hará eco de los blasfemos improperios contra Dios que saldrán de los labios del anticristo (Dn. 11:36). En vez de esto, hablará palabras atractivas y engañosas de alabanza acerca del anticristo, atrayendo con engaño al mundo para que adoren a tal perverso y satánico dictador.

A menudo los falsos profetas se muestran mansos, benignos e inofensivos. Ofrecen paz y soluciones a los problemas que agobian a hombres y mujeres. Sin embargo, siempre son las voces del infierno, y cuando abren su boca, Satanás habla. Así será en medio de los indecibles horrores de la tribulación. El falso profeta vendrá como un cordero, hablando palabras de aliento falsas y engañosas. Prometerá al pueblo sufriente del mundo que todo estará bien si solo adoran al anticristo. Pero todos los que caigan en sus sutiles mentiras enfrentarán el terrible juicio de Dios (cp. 14:9-11; 16:2).

SU PODER

Y ejerce toda la autoridad de la primera bestia en presencia de ella, y hace que la tierra y los moradores de ella adoren a la primera bestia, cuya herida mortal fue sanada. También hace grandes señales, de tal manera que aun hace descender fuego del cielo a la tierra delante de los hombres. Y engaña a los moradores de la tierra con las señales que se le ha permitido hacer en presencia de la bestia, mandando a los moradores de la tierra que le hagan imagen a la bestia que tiene la herida de espada, y vivió. (13:12-14)

Aunque fundamentalmente es un sutil engañador, el falso profeta no será imponente. Juan observa que **ejerce toda la autoridad de la primera bestia** (el anticristo). Algunos creen que el falso profeta sustituirá al anticristo y gobernará solo durante la gran tribulación. Sin embargo, eso es imposible, ya que el texto de modo explícito dice que el falso profeta **ejerce** su **autoridad** en **presencia** del anticristo (cp. v. 14; 19:20). Además de eso, tanto el falso profeta como el anticristo estarán vivos cuando vuelva Cristo (19:20).

Lo que se dice aquí es que el falso profeta ejercerá el mismo tipo de poder demoniaco y autoridad que el anticristo, ya que ambos han recibido poder de la misma fuente infernal. El que [**ejerza**] su **autoridad** en **presencia** del anticristo denota que el anticristo le habrá delegado esa **autoridad**. La misión del falso profeta será usar los medios disponibles para él por el anticristo para hacer que **la tierra y los moradores de ella adoren a la primera bestia**. Él dirigirá la religión mundial de adoración al anticristo.

Los esfuerzos del falso profeta por fomentar la adoración del anticristo, recibirán un tremendo impulso de un acontecimiento sorprendente y espectacular: la aparente sanidad de la **herida mortal** de la primera bestia (del anticristo) (cp. v. 3; 17:8). Como se observa en el análisis de 13:3 en el capítulo anterior de este volumen, esa frase se refiere a la presunta resurrección del anticristo de los muertos. Esa es una imitación satánica no solo de la resurrección de Cristo, sino también de la de los dos testigos (11:11). Es lo más probable que la muerte del anticristo será una representación, y por lo tanto su "resurrección" sea una treta. Es menos probable que Dios, por sus soberanos propósitos, pueda permitir al anticristo levantarse genuinamente de los muertos. En cualquier caso, el mundo aceptará como genuina la resurrección del anticristo, realzando de esta forma en gran manera su prestigio y el del falso profeta.

Además de su participación en la "resurrección" del anticristo, el falso profeta hará sus **grandes señales**. Esas señales no solo imitan los milagros realizados por Jesús (cp. Jn. 2:11, 23; 6:2), sino también los de los dos testigos (11:5-6). Estas satánicas "señales... con todo engaño de iniquidad" serán muy persuasivas "para los que se pierden, por cuanto no recibieron el amor de la verdad para ser salvos"

(2 Ts. 2:9-10). Los que rechacen el evangelio salvador del Señor Jesucristo aceptarán gustosamente el maldito evangelio que predica el falso profeta, un evangelio al parecer confirmado por las espectaculares señales sobrenaturales.

El que Satanás pueda fabricar las señales sobrenaturales está claro de las Escrituras. Janes y Jambres, los magos de la corte de Faraón (2 Ti. 3:8-9), imitaron algunos de los milagros que Dios hizo por medio de Moisés y Aarón (Éx. 7:11-12, 22). Hechos 8:9-11 describe a "un hombre llamado Simón, que antes ejercía la magia en aquella ciudad, y había engañado a la gente de Samaria, haciéndose pasar por algún grande. A éste oían atentamente todos, desde el más pequeño hasta el más grande, diciendo: Este es el gran poder de Dios. Y le estaban atentos, porque con sus artes mágicas les había engañado mucho tiempo". Las señales realizadas por el falso profeta excederán ampliamente las de un mago de poca categoría como Simón.

Asombrosamente, el falso profeta, imitando a los dos testigos (11:5), **aun hace descender fuego del cielo a la tierra**. El tiempo presente de *poieō* (**hace**) sugiere que realizará repetidamente este acto sobrenatural **delante de los hombres** para impresionarlos con su poder. Dios ha demostrado muchas veces su poder sobrenatural al enviar fuego desde el cielo (cp. 11:5; Gn. 19:24; Lv. 10:1-2; 1 R. 18:38; 2 R. 1:9-12; 1 Cr. 21:26; 2 Cr. 7:1). El hombre de confianza de Satanás realizará una señal semejante, pero la suya será uno de sus "prodigios mentirosos" (2 Ts. 2:9) que servirá de señuelo para que los incrédulos vayan a la ruina.

El falso profeta tendrá éxito de manera espectacular en sus esfuerzos por engañar **a los moradores de la tierra**, exactamente como predijo Jesús (cp. Mt. 24:5, 11, 24; Mr. 13:6). **Engaña** viene de *planaō*, y significa "vagar". Forma la raíz de la palabra española *planeta*, ya que los planetas parecen estar vagando por los cielos. La palabra será completamente susceptible a su engaño durante la tribulación. Habrá desastres sin paralelo e inimaginables horrores, dejando a las personas desesperadas por respuestas. Habiendo rechazado el evangelio verdadero y blasfemado al Dios verdadero (cp. 16:9, 11), el mundo incrédulo estará ansioso por creer las engañosas mentiras propagadas por el falso profeta.

Juan define a las personas que serán engañadas como **los moradores de la tierra**, una frase técnica empleada en todo Apocalipsis para referirse a los incrédulos (vv. 8, 12; 3:10; 6:10; 8:13; 11:10; 17:2, 8). Aunque sometidos a severa prueba y persecución, a los elegidos de Dios no se les puede engañar (Mr. 13:22). Como los creyentes conocen la verdad y están protegidos por su Dios (cp. Jn. 10:3-5, 14, 27-30), reconocerán como mentiras las enseñanzas del falso profeta y no se dejarán convencer por **las señales que se le ha permitido hacer en presencia de la bestia**. El que el mundo incrédulo será engañado se debe no solo al malvado engaño de Satanás, los demonios, el anticristo y el falso profeta, sino que también ocurre como el juicio de Dios. La predicación del falso profeta tendrá éxito en parte porque llegará "con todo engaño de iniquidad para los que se pierden, por cuanto no recibieron el amor de la verdad para ser salvos" (2 Ts. 2:10). Pero también tendrá éxito porque "Dios les envía un poder engañoso, para que crean la mentira, a fin de que sean condenados todos los que no creyeron a la verdad, sino que se complacieron en la injusticia" (vv. 11-12).

Mientras aumentan el poder del anticristo y el carácter persuasivo del falso profeta, Satanás incrementará la falsa religión mundial de adoración al anticristo. Los seres humanos finalmente estarán tan rendidos a la influencia del falso profeta que obedecerán su orden de hacer **imagen a la bestia**. El mundo participará en la idolatría de la manera más estremecedora y manifiesta que jamás se haya visto. Como Nabucodonosor antes que él (Dn. 3), pero a escala global, el anticristo, ayudado por el falso profeta, levantará una estatua de sí mismo como símbolo de su deidad y adoración mundial. Es probable que esa blasfema imagen se levante en el terreno del templo en Jerusalén (cp. 2 Ts. 2:4) y estará relacionada con la abominación desoladora (Dn. 9:27; 11:31; 12:11; Mt. 24:15). Será un tributo al tremendo poder del anticristo, **que tiene la herida de espada, y vivió** (cp. vv. 3, 12) para conquistar al parecer la muerte.

SU PLAN

Y se le permitió infundir aliento a la imagen de la bestia, para que la imagen hablase e hiciese matar a todo el que no la adorase. Y hacía que a todos, pequeños y grandes, ricos y pobres, libres y esclavos, se les pusiese una marca en la mano derecha, o en la frente; y que ninguno pudiese comprar ni vender, sino el que tuviese la marca o el nombre de la bestia, o el número de su nombre. Aquí hay sabiduría. El que tiene entendimiento, cuente el número de la bestia, pues es número de hombre. Y su número es seiscientos sesenta y seis. (13:15-18)

La imagen idolátrica del anticristo será diferente de cualquier otro ídolo en la historia humana. La Biblia despectivamente describe a los ídolos como teniendo boca, pero incapaces de hablar (Sal. 115:5; 135:15-17; Is. 46:7; Jer. 10:5; Hab. 2:18-19). Pero en otra muestra de su poder para engañar, el falso profeta infundiría **aliento a la imagen de la bestia, para que la imagen hablase. Aliento** traduce *pneuma*, no *zōē* ni *bios*, las palabras griegas por lo regular traducidas *vida*. El falso profeta animará la imagen del anticristo de tal modo que dé la apariencia de un ser vivo. Con los asombrosos efectos especiales de la actualidad y con el avance de la robótica, esto no está fuera de lo posible. Añádase a esto la desesperada necesidad del mundo, en medio de las masacres de la tribulación, de creer en un conquistador de la muerte, y el embuste llega a ser del todo creíble.

Luego de su inmenso éxito mundial y después de presentar su fachada de gentileza, el falso profeta haría matar **a todo el que no la adorase.** Como en el caso de la imagen de Nabucodonosor (Dn. 3:6), se decretará la pena de muerte para los que rechacen adorar la imagen del anticristo. Muchos de los mártires mencionados antes en Apocalipsis (cp. 6:9-11; 7:13-14) son los que serán muertos durante este terrible tiempo de persecución. Aunque la pena de muerte pudiera decretarse sobre todos, no todos los creyentes serán muertos. Algunos sobrevivirán hasta que vuelva Cristo y entrarán en su reino milenario como personas vivas (cp. Is. 65:20-23; Mt. 25:31-40). Ni el anticristo ni su hombre de confianza matarán a todos los judíos (cp. 12:6-7, 14); dos terceras partes de ellos perecerán, pero el resto será protegido (Zac. 13:8-9).

Como parte de su plan de imponer la adoración del anticristo, el falso profeta exigirá que a **todos** los incrédulos, resumiendo a los **pequeños y grandes, ricos y pobres, libres y esclavos, se les pusiese una marca en la mano derecha, o en la frente. Marca** (*charagma*; de *charassō*, "Yo grabo") era el término para las imágenes o nombres del emperador en las monedas romanas. En el mundo antiguo, tales señales (tatuajes o marcas) las tenían por lo general los esclavos, los soldados y devotos de sectas religiosas (cp. Gá. 6:17). Dios selló, con una marca en la frente, a los ciento cuarenta y cuatro mil para preservarlos de su ira contra el mundo incrédulo (7:2-3); el falso profeta marca a los no salvos para preservarlos de la ira del anticristo contra el pueblo de Dios. La marca significa que la persona que la tiene es un adorador y leal seguidor del anticristo. Casi de la misma manera, los emperadores romanos requerían que sus súbditos probaran su lealtad al ofrecer sacrificios al César. Los que rechazaban, como los que rechazarán, recibir la marca del anticristo, eran sujetos a ejecución.

Además de la constante amenaza de muerte, el rechazo de la marca de la bestia tendrá horrendas consecuencias prácticas en la vida diaria: **ninguno pudiese comprar ni vender, sino el que tuviese la marca.** El imperio del anticristo mantendrá estricto control económico sobre el mundo. La comida, la ropa, los suministros médicos y otros productos indispensables de la vida, potencialmente en demanda en la devastada tierra, que ha experimentado el juicio de Dios (6:5-6), serán imposibles de obtener para los que no tienen la **marca.** Es probable que el dinero carezca de valor, y se sustituya por créditos controlados. En vez de tarjetas de crédito, que pueden perderse, las personas tendrán una **marca** (posiblemente un código de barra) en la frente o en las manos. Al leer electrónicamente la frente o las manos de las personas, se les identificaría en una computadora central. La vida bajo gobiernos totalitarios en nuestros tiempos brinda un débil reflejo de lo que está por venir. Un hombre que vivió bajo el régimen comunista de Bulgaria comentaba:

Usted no puede comprender y no puede saber que el más terrible instrumento de persecución que jamás se haya ideado es una inocente
tarjeta de racionamiento. Usted no puede comprar y no puede vender
salvo de acuerdo con esa pequeña e inocente tarjeta. Si a ellos les place,
usted puede morir de hambre, y si a ellos les place, lo pueden desposeer
de todo lo que usted tiene; ya que usted no puede comerciar, y no
puede comprar y no puede vender, sin su permiso. (Citado en W. A.
Criswell, *Expository Sermons on Revelation* [Sermones expositivos sobre
Apocalipsis] [Grand Rapids: Zondervan, 1969], 4:120–21)

La presión para rendirse a la adoración del anticristo será peor que cualquier otra cosa que se haya experimentado en la historia humana. La vida será
prácticamente insufrible, ya que las personas se verán obligadas a inclinarse
ante el satánico rey, no impulsados simplemente por la farsa religiosa, sino
también por la necesidad económica.

Añadiendo a la descripción de la marca, Juan observa que será **el nombre de
la bestia, o el número de su nombre.** El anticristo tendrá una designación
universal, su nombre dentro de un sistema numérico. No es clara la identificación
precisa de esa frase. Lo que sí está claro es que a todo el mundo se le exigirá
que tenga la **marca** identificadora o sufrirá las consecuencias.

La exclamación **aquí hay sabiduría** es una advertencia a los que estén vivos
en aquel tiempo a ser sabios y discernir. Tendrán que reconocer lo que está
ocurriendo y comprender la importancia del número relacionado con el nombre
del anticristo. Quienes tengan **entendimiento** podrán contar **el número de la
bestia, pues es número de hombre. Y su número es seiscientos sesenta y seis.**
Tal vez ningún detalle en Apocalipsis haya intrigado más a las personas que
este **número.** Ha habido especulaciones interminables en cuanto a su significado
y cómo calcularlo. En griego, hebreo y latín, las letras tenían equivalentes nu-
méricos, y se han propuesto muchos miles de esquemas para asociar los nombres
de personajes históricos con el número 666. Nerón, Calígula, Domiciano,
Napoleón, Hitler, Mussolini, Stalin, y muchos otros se han propuesto, teniendo
como base algún tipo de complejo modelo matemático de las letras en sus
nombres. Todas esas especulaciones no tienen sentido; como el anticristo está
aún por venir, el número 666 no se puede asociar a ningún personaje histórico.
El padre de la iglesia Ireneo advirtió contra las especulaciones sobre la identidad
de la persona asociada con el número 666 hasta que tal persona hiciera su
aparición (Alan F. Johnson, *Revelation*, The Expositor's Bible Commentary
[Apocalipsis, El comentario expositivo de la Biblia] [Grand Rapids: Zondervan,
1996], 137). Robert L. Thomas presenta una perspectiva muy razonable:

Lo más sabio es estar contentos con el hecho de que la identificación no está aun disponible, pero lo estará cuando el futuro falso cristo ascienda a su trono. La persona a quien corresponda el 666 tendría que estar en el futuro para la época de Juan, ya que él dio a entender claramente que el número sería reconocible para alguien. Si no fuera perceptible para su generación y para las que la siguieron —y no lo fue— la generación para quien sería perceptible debiera estar (y aun está) en el futuro. Las generaciones pasadas han proporcionado muchas ilustraciones de este personaje futuro, pero todos los candidatos pasados han probado no ser los adecuados. Los cristianos de generación a generación pudieran manifestar la misma curiosidad que los profetas de antaño con relación a sus propias profecías (cp. 1 P. 1:10-11), pero su curiosidad quedará insatisfecha hasta que llegue el tiempo del cumplimiento. (Robert L. Thomas, *Revelation 8-22: An Exegetical Commentary* [Apocalipsis 8-22: Un comentario exegético] [Chicago: Moody, 1995], 185)

El significado preciso del número 666 aguarda por el tiempo futuro del anticristo, pero es de notar que **es número de hombre**. Siete, el número de la perfección, es el número de Dios. Como el hombre no llega a la perfección, su número es seis. El hombre fue creado en el sexto día (Gn. 1:26- 31); a los esclavos los liberaban después de seis años de servicio (Éx. 21:2); los campos debían sembrarse solo por seis años consecutivos (Lv. 25:3). La repetición del numero tres veces subraya que este es un número de hombre, al igual que la triple enunciación de la declaración "santo, santo, santo" subraya la absoluta santidad de Dios (4:8; Is. 6:3).

Se acerca una religión falsa a una escala nunca antes vista, dirigida por el más destacado de los falsos profetas. La mayoría de las personas seguirán lo que al parecer es un rumbo seguro y prudente, adorando al anticristo, y recibiendo su marca. Pero este es un trágico error de desastrosas consecuencias, ya que quienes persisten en adorar a la bestia afrontarán la ira de Dios. En un pasaje solemne, Apocalipsis advierte de su destino:

> *Y el tercer ángel los siguió, diciendo a gran voz: Si alguno adora a la bestia y a su imagen, y recibe la marca en su frente o en su mano, él también beberá del vino de la ira de Dios, que ha sido vaciado puro en el cáliz de su ira; y será atormentado con fuego y azufre delante de los santos ángeles y del Cordero; y el humo de su tormento sube por los siglos de los siglos. Y no tienen reposo de día ni de noche los que adoran a la bestia y a su imagen, ni nadie que reciba la marca de su nombre (14:9-11).*

¿Y qué del falso profeta, quien conducirá a incontables millones por el más ancho y más peligroso de todos los caminos que conducen a la destrucción? Él sufrirá un destino igualmente espantoso y aterrador: "Y la bestia fue apresada, y con ella el falso profeta que había hecho delante de ella las señales con las cuales había engañado a los que recibieron la marca de la bestia, y habían adorado su imagen. Estos dos fueron lanzados vivos dentro de un lago de fuego que arde con azufre" (Ap. 19:20; cp. 20:10).

Este pasaje solemne no tiene el propósito de ser el origen de infructuosas especulaciones acerca de sus detalles. Más bien, está como una advertencia al mundo incrédulo. Es también un reto a los creyentes para que lleven una vida cuidadosa, vigilante y santa (cp. 1 P. 4:7; 2 P. 3:11), y a evangelizar a un mundo perdido y sin esperanza, que va rumbo a la destrucción. Los creyentes deben predicar fielmente el evangelio salvador del Señor Jesucristo, y en consecuencia, advertir a las almas de hombres y mujeres del desastre que se vislumbra en el horizonte.

Santos victoriosos

Después miré, y he aquí el Cordero estaba en pie sobre el monte de Sion, y con él ciento cuarenta y cuatro mil, que tenían el nombre de él y el de su Padre escrito en la frente. Y oí una voz del cielo como estruendo de muchas aguas, y como sonido de un gran trueno; y la voz que oí era como de arpistas que tocaban sus arpas. Y cantaban un cántico nuevo delante del trono, y delante de los cuatro seres vivientes, y de los ancianos; y nadie podía aprender el cántico sino aquellos ciento cuarenta y cuatro mil que fueron redimidos de entre los de la tierra. Estos son los que no se contaminaron con mujeres, pues son vírgenes. Estos son los que siguen al Cordero por dondequiera que va. Estos fueron redimidos de entre los hombres como primicias para Dios y para el Cordero; y en sus bocas no fue hallada mentira, pues son sin mancha delante del trono de Dios. (14:1-5)

A nuestra sociedad le encantan los ganadores. Sea en la política, en los negocios, en el entretenimiento, en los deportes o en la guerra, admiramos ciegamente a quienes tienen éxito. Por otra parte, no toleramos a los perdedores. Los entrenadores que pierden son despedidos; los jugadores que pierden son negociados; los ejecutivos que fracasan son remplazados; los políticos que fracasan son rechazados en las votaciones para que no ocupen algún puesto. Nuestros héroes son los que salvan todos los obstáculos y triunfan al final.

Aunque no respaldando del todo la definición superficial que el mundo tiene del éxito, la Biblia, no obstante, se refiere a la vida cristiana en términos victoriosos. Romanos 8:37 dice que "somos más que vencedores por medio de aquel que nos amó". En su primera epístola Juan escribió: "Porque todo lo que es nacido de Dios vence al mundo; y esta es la victoria que ha vencido al mundo, nuestra fe. 5¿Quién es el que vence al mundo, sino el que cree que Jesús es el Hijo de Dios?" (1 Jn. 5:4-5). En 1 Corintios 15:57, Pablo exclamó: "gracias sean dadas a Dios, que nos da la victoria por medio de nuestro Señor Jesucristo". En 2 Corintios 2:14, añadió otra nota triunfante: "a Dios gracias, el cual nos lleva siempre en triunfo en Cristo Jesús". Encarcelado, abandonado y enfrentando una ejecución inminente, Pablo todavía pudo escribir el siguiente epitafio victorioso: "He peleado la buena batalla, he acabado la carrera, he guardado la fe. Por lo demás, me está guardada la corona de justicia, la cual me dará el Señor, juez justo, en aquel día; y no sólo a mí, sino también a todos los que aman su venida" (2 Ti. 4:7-8).

Pero los triunfos y las victorias de los creyentes en esta vida son incompletos y estropeados por contratiempos y derrotas. El mundo, la carne y el diablo hacen su parte a pesar de nuestros mejores esfuerzos. El mismo apóstol Pablo, quien terminó su vida en victoria, describió antes su experiencia cristiana en los siguientes entristecidos términos:

> *Porque sabemos que la ley es espiritual; mas yo soy carnal, vendido al pecado. Porque lo que hago, no lo entiendo; pues no hago lo que quiero, sino lo que aborrezco, eso hago. Y si lo que no quiero, esto hago, apruebo que la ley es buena. De manera que ya no soy yo quien hace aquello, sino el pecado que mora en mí. Y yo sé que en mí, esto es, en mi carne, no mora el bien; porque el querer el bien está en mí, pero no el hacerlo. Porque no hago el bien que quiero, sino el mal que no quiero, eso hago. Y si hago lo que no quiero, ya no lo hago yo, sino el pecado que mora en mí.*
>
> *Así que, queriendo yo hacer el bien, hallo esta ley: que el mal está en mí. Porque según el hombre interior, me deleito en la ley de Dios; pero veo otra ley en mis miembros, que se rebela contra la ley de mi mente, y que me lleva cautivo a la ley del pecado que está en mis miembros. ¡Miserable de mí! ¿quién me librará de este cuerpo de muerte? (Ro. 7:14-24).*

Abraham, el "amigo de Dios" (Stg. 2:23; cp. 2 Cr. 20:7; Is. 41:8), dos veces mintió acerca de Sara, diciendo que ella era su hermana y no su esposa (Gn. 12:11-20; 20:1-18). David, el hombre conforme al corazón de Dios (1 S. 13:14; Hch. 13:22), fue culpable de adulterio y asesinato (2 S. 11:1-17; 12:9). Pedro, el líder y vocero de los doce, cobardemente negó tres veces que conocía a Jesús (Mt. 26:69-75). Los grandes triunfos del creyente son imperfectos "porque no hay hombre que no peque... no hay hombre justo en la tierra, que haga el bien y nunca peque" (1 R. 8:46; Ec. 7:20), y por lo tanto nadie puede decir: "Yo he limpiado mi corazón, limpio estoy de mi pecado" (Pr. 20:9).

Los primeros versículos de Apocalipsis 14 presentan el grupo de hombres más victoriosos que conocerá el mundo. Las Escrituras describen a otros hombres fieles, santos, inclaudicables, como José, Daniel y Pablo. Pero nunca habrá un grupo tan grande a la vez. Ellos saldrán del peor holocausto en la historia, la tribulación, cansados de la batalla pero triunfantes; serán como ciento cuarenta y cuatro mil Danieles.

El capítulo 7 presentó a este destacado grupo de hombres. Después de los horrendos acontecimientos del sexto sello (6:12-17), las atemorizadas personas de la tierra clamarán "a los montes y a las peñas: Caed sobre nosotros, y escondednos del rostro de aquel que está sentado sobre el trono, y de la ira del Cordero;

porque el gran día de su ira ha llegado; ¿y quién podrá sostenerse en pie?" (6:16-17). Para ese momento en la tribulación, el mundo habrá experimentado los indecibles horrores de los primeros seis sellos. Guerras generalizadas, hambres muy severas, plagas mortales, y terribles terremotos y otros desastres naturales, todo lo cual traerá como resultado millones de muertes. El pecado se hará sentir de manera incontrolada en la tierra, alimentado por Satanás y sus huestes de demonios, todos los que fueron arrojados del cielo (12:9) y los que anteriormente estuvieron atados y que se serán liberados (9:1-11, 14-19). El anticristo desatará la más terrible persecución que el mundo haya conocido jamás, e incontables miles de cristianos y judíos hallarán la muerte.

A la luz de tan aterradora e inimaginable situación, y los devastadores juicios de las trompetas y los sellos que siguen, parecería imposible que alguien sobreviviera.

Contra esta terrible situación es que se presentan los ciento cuarenta y cuatro mil. Ellos sobrevivirán tanto a la ira y persecución de Satanás como a los juicios de Dios sobre el mundo pecador. Nada podrá dañarlos, porque Dios los sellará (7:3-4). Serán como el remanente de los días de Malaquías: "Entonces los que temían a Jehová hablaron cada uno a su compañero; y Jehová escuchó y oyó, y fue escrito libro de memoria delante de él para los que temen a Jehová, y para los que piensan en su nombre. Y serán para mí especial tesoro, ha dicho Jehová de los ejércitos, en el día en que yo actúe; y los perdonaré, como el hombre que perdona a su hijo que le sirve" (Mal. 3:16-17). A lo largo de la historia, Dios ha protegido a los suyos. Él preservó a Noé durante el diluvio y guardó segura a Rahab cuando Josué destruyó a Jericó. Él preservó a Lot de la destrucción de Sodoma y guardó a los hijos de Israel de las plagas que devastaron a Egipto. El Salmo 37:39-40 declara: "Pero la salvación de los justos es de Jehová, y él es su fortaleza en el tiempo de la angustia. Jehová los ayudará y los librará; Los libertará de los impíos, y los salvará, Por cuanto en él esperaron".

Los ciento cuarenta y cuatro mil no serán los únicos redimidos durante la tribulación. Una gran multitud de otros, tanto judíos (Zac. 12:10-14; 13:1, 9; Ro. 11:26-27) como gentiles (6:9-11; 7:9, 13-14; Mt. 25:31-46) serán salvos. Muchos de ellos, tal vez la mayoría, morirán como mártires durante la bestial persecución desatada por el anticristo. Sin embargo, el resto que vivirá en medio de los horrores de la tribulación entrará en el reino milenario (Is. 65:20-23; Mt. 25:31-36). Pero los ciento cuarenta y cuatro mil evangelistas judíos son excepcionales, porque todos ellos sobrevivirán. Cuando Cristo vuelva y se pare sobre el monte de Sion, ellos estarán junto a Él en triunfo.

Una breve visión de conjunto prepara el escenario para la visión de los ciento cuarenta y cuatro mil. El lector debe recordar que los capítulos 12–14 de Apocalipsis forman un interludio en los acontecimientos de los juicios finales de Dios sobre el mundo pecador. La revelación de estos juicios se describe en los capítulos 6–11, al comenzar Dios a recuperar la tierra del usurpador, Satanás.

El capítulo 11, versículo 15, registra el toque de la séptima trompeta, aunque los juicios asociados con ella no comienzan a revelarse hasta el capítulo 15. Los capítulos 12 y 13 recapitulan los acontecimientos de la tribulación, esta vez ofreciéndolos desde la perspectiva de Satanás. Ellos exponen los esfuerzos de Satanás por destruir a Israel (cap. 12) y los detalles de la conducta del anticristo y del último falso profeta (cap. 13). El capítulo 14 regresa a lo que Dios está haciendo. Contiene tres visiones que presentan una muestra general de los juicios que están aun por venir y que culminan en la venida de Cristo.

El capítulo 14 es un brillante contraste con la oscuridad del capítulo 13, que describe a Satanás (el dragón), al anticristo, al último falso profeta, el engaño, a los no redimidos, la idolatría y la marca de la bestia. El capítulo 14 describe al Cordero, a los ángeles, a los santos redimidos, la adoración genuina y a aquellos sellados por Dios. En el capítulo 13 hay falsedad, maldad, corrupción y blasfemia; en el capítulo 14 hay verdad, justicia, pureza y alabanza.

Además de su importancia profética, este pasaje revela importantes principios prácticos para la vida cristiana victoriosa. Siete de estas características distinguirán a los ciento cuarenta y cuatro mil: poder, alabanza, pureza, lealtad, propósito, precisión y perfección.

PODER

Después miré, y he aquí el Cordero estaba en pie sobre el monte de Sion, y con él ciento cuarenta y cuatro mil, que tenían el nombre de él y el de su Padre escrito en la frente. (14:1)

La frase **Después miré, y he aquí,** o su equivalente, aparece a menudo en Apocalipsis para presentar acontecimientos conmovedores y pasmosos (cp. v. 14; 4:1; 6:2, 5, 8; 7:9; 15:5; 19:11). Lo que atrajo la atención de Juan fue el impresionante espectáculo del **Cordero... en pie sobre el monte de Sion.** Apocalipsis describe al **Cordero** como inmolado (5:6; 13:8), glorificado (5:8, 12-13), exaltado (7:9-10), el Redentor (7:14) y Pastor (7:17) de su pueblo, y el Señor de señores y Rey de reyes (17:14).

La aparición del **Cordero** sobre **el monte de Sion** es un momento extraordinario en la historia de la redención. El salmista escribió de ese momento en el Salmo 2:6-9:

Pero yo he puesto mi rey sobre Sion, mi santo monte. Yo publicaré el decreto; Jehová me ha dicho: Mi hijo eres tú; yo te engendré hoy. Pídeme, y te daré por herencia las naciones, y como posesión tuya los confines de la tierra. Los quebrantarás con vara de hierro; como vasija de alfarero los desmenuzarás.

El Salmo 48:2 describe al **monte de Sion** como "Hermosa provincia, el gozo de toda la tierra... la ciudad del gran Rey". Isaías escribió que "Jehová de los ejércitos [reinará] en el monte de Sion y en Jerusalén, y delante de sus ancianos sea glorioso" (Is. 24:23). Ahora se han cumplido esas profecías.

De manera extraña, algunos igualan este pasaje con Hebreos 12:22-24 y lo ven como una visión del cielo. Pero el pasaje anterior describe al monte de Sion celestial, la morada de Dios. Este pasaje describe la venida de Cristo al monte de Sion terrenal. Todo lo analizado perdería su significado si **el monte de Sion** se refiriera al cielo, ya que indicaría que habrían muerto los **ciento cuarenta y cuatro mil**. En ese caso, el sello con la marca de Dios (7:3-4; cp. 9:4) no tendría sentido. Isaías 11:9-12 y 24:23, Joel 2:32, y Zacarías 14:4 también apoyan la identificación del **monte de Sion** en este pasaje con el monte de Sion terrenal. El que la voz venga del cielo (v. 2) también sugiere que esta escena es en la tierra.

Algunos comentaristas insisten en que el número **ciento cuarenta y cuatro mil** no debe tomarse literalmente. Afirman que simboliza la iglesia, o a los santos de la tribulación, o a los cristianos más sobresalientes de la historia reunidos en el cielo para esta escena. Algunas sectas insisten en que se refiere a ellos, lo que presenta un problema para las que tienen más de ciento cuarenta y cuatro mil seguidores. Pero todas esas especulaciones de carácter personal y que alteran la Biblia carecen de sentido; la identidad de ellos es incuestionable. Este es un grupo de ciento cuarenta y cuatro mil personas vivas y reales, 12,000 judíos creyentes por cada una de las doce tribus de Israel (Ap.. 7:4-8). (Para evidencias adicionales de que los **ciento cuarenta y cuatro mil** serán creyentes judíos que estarán vivos durante la tribulación, vea *Apocalipsis 1-11*, Comentario MacArthur del Nuevo Testamento [Grand Rapids: Editorial Portavoz, 2005].)

Los **ciento cuarenta y cuatro mil** será un grupo excepcional en la historia de la redención. John Phillips escribió:

> Ninguna otra época ha producido una compañía como esta, un auténtico ejército de creyentes militantes marchando ilesos por en medio de toda clase de peligros. Es su responsabilidad desafiar al dragón, causar malestar a la bestia, y revelar la mentira del falso profeta. Su llamado es a predicar el evangelio desde los tejados, cuando incluso mencionar el nombre de Cristo era motivo para las más horribles penalidades. Han sido rodeados, esos tipos de Job de los últimos tiempos, con impenetrables cercos, capaces de mofarse de todos los grandes inquisidores del infierno. Han caminado las calles a plena luz del día, sin preocuparse de la rabia de sus presuntos torturadores y asesinos, que les hace rechinar los dientes; verdaderos testigos de Jehová en la época más terrible de la historia de la humanidad. El diablo conoce de este grupo de conquistadores que viene, y ya se retuerce en anticipada agonía.
> (*Exploring Revelation*, [Explorando el Apocalipsis] edición revisada [Chicago: Moody, 1987; reimpreso, Neptune, N.J.: Loizeaux, 1991], 179–80)

El texto también describe a los ciento cuarenta y cuatro mil como que **tenían el nombre de él** [del Cordero] **y el de su Padre escrito en la frente**. Los incrédulos recibirán la marca de la bestia (13:16-17); los ciento cuarenta y cuatro mil tendrán la marca de Dios puesta en la frente (7:3) para su protección. Satanás y el mundo incrédulo tratarán desesperadamente de matar a esos poderosos y audaces predicadores del evangelio. Pero habiéndolos marcado como posesión suya, Dios no permitirá que sufran daño alguno. Durante el catastrófico derramamiento de los juicios finales de Dios y la furia final de Satanás, ellos predicarán el evangelio. Ellos confrontarán a los incrédulos con sus pecados, los llamarán a arrepentimiento y fe en el Salvador, y anunciarán que las catástrofes que ocurren son los justos juicios de Dios. Y a pesar de los mejores esfuerzos de Satanás, todos los ciento cuarenta y cuatro mil sobrevivirán para encontrarse con Cristo en el monte de Sion en su Segunda Venida. Ellos entrarán en el reino milenario como hombres vivos. Lo más probable es que los ciento cuarenta y cuatro mil continúen su obra evangelística durante todo ese período de mil años. Aunque solamente las personas redimidas entrarán en el reino, los niños que les nazcan (cp. Is. 65:23) no todos serán creyentes. En realidad, habrá suficientes personas no regeneradas al final del milenio para que Satanás dirija una rebelión mundial contra el gobierno de Cristo (20:7-10). Por consiguiente, la Biblia se refiere a la salvación durante el milenio (cp. Is. 60:3; Zac. 8:23), una salvación que los ciento cuarenta y cuatro mil proclamarán sin dudas.

La historia de esos victoriosos sobrevivientes ilustra el aspecto divino de la vida cristiana triunfante: Dios preservará a los suyos. Los ciento cuarenta y cuatro mil serán prueba viviente de las promesas del Salmo 91:5-16:

No temerás el terror nocturno, ni saeta que vuele de día, ni pestilencia que ande en oscuridad, ni mortandad que en medio del día destruya. Caerán a tu lado mil, y diez mil a tu diestra; mas a ti no llegará. Ciertamente con tus ojos mirarás y verás la recompensa de los impíos. Porque has puesto a Jehová, que es mi esperanza, al Altísimo por tu habitación, no te sobrevendrá mal, ni plaga tocará tu morada. Pues a sus ángeles mandará acerca de ti, que te guarden en todos tus caminos. En las manos te llevarán, para que tu pie no tropiece en piedra. Sobre el león y el áspid pisarás; hollarás al cachorro del león y al dragón. Por cuanto en mí ha puesto su amor, yo también lo libraré; le pondré en alto, por cuanto ha conocido mi nombre. Me invocará, y yo le responderé; con él estaré yo en la angustia; lo libraré y le glorificaré. lo saciaré de larga vida, y le mostraré mi salvación.

Dios protegerá a los suyos y los llevará en triunfo a través de sus pruebas. Esto es cierto para los sobrevivientes en la tierra, como los ciento cuarenta y cuatro mil, y para los mártires en el cielo, como los que describe 6:9-11 y 7:9-17. Jesús prometió: "Todo lo que el Padre me da, vendrá a mí; y al que a mí viene, no le echo fuera" (Jn. 6:37). Los creyentes están eternamente seguros, Jesús declaró, porque "nadie las arrebatará de mi mano. Mi Padre que me las dio, es mayor que todos, y nadie las puede arrebatar de la mano de mi Padre" (Jn. 10:28–29). A los filipenses Pablo escribió: "[Estoy] persuadido de esto, que el que comenzó en vosotros la buena obra, la perfeccionará hasta el día de Jesucristo" (Fil. 1:6); mientras Judas ofrecía alabanza "a aquel que es poderoso para guardaros sin caída, y presentaros sin mancha delante de su gloria con gran alegría" (Jud. 24). Conocedores de que están "guardados por el poder de Dios mediante la fe, para alcanzar la salvación que está preparada para ser manifestada en el tiempo postrero" (1 P. 1:5), los creyentes pueden vivir confiadamente y ministrar con denuedo. Las majestuosas palabras de Romanos 8:31-39 resumen elocuentemente la maravillosa verdad de que Dios protege y libra a los suyos:

¿Qué, pues, diremos a esto? Si Dios es por nosotros, ¿quién contra nosotros? El que no escatimó ni a su propio Hijo, sino que lo entregó por todos nosotros, ¿cómo no nos dará también con él todas las cosas? ¿Quién acusará a los escogidos de Dios? Dios es el que justifica. ¿Quién es el que condenará? Cristo es el que murió; más aun, el que también resucitó, el que además está a la diestra de Dios, el que también intercede por nosotros. ¿Quién nos separará del amor de Cristo? ¿Tribulación, o angustia, o persecución, o hambre, o desnudez, o peligro, o espada? Como está escrito: Por causa de ti somos muertos todo el tiempo; somos contados como ovejas de matadero. Antes, en todas estas cosas somos más que vencedores por medio de aquel que nos amó. Por lo cual estoy seguro de que ni la muerte, ni la vida, ni ángeles, ni principados, ni potestades, ni lo presente, ni lo por venir, ni lo alto, ni lo profundo, ni ninguna otra cosa creada nos podrá separar del amor de Dios, que es en Cristo Jesús Señor nuestro.

ALABANZA

Y oí una voz del cielo como estruendo de muchas aguas, y como sonido de un gran trueno; y la voz que oí era como de arpistas que tocaban sus arpas. Y cantaban un cántico nuevo delante del trono, y delante de los cuatro seres vivientes, y de los ancianos; y nadie podía aprender el cántico sino aquellos ciento cuarenta y cuatro mil que fueron redimidos de entre los de la tierra. (14:2-3)

Estando junto al Cordero en el monte de Sion, los ciento cuarenta y cuatro mil se unirán en el canto celestial de redención. Con toda la devastación que han visto, con todos los problemas que han afrontado, con todo el rechazo, la hostilidad, el odio y la persecución que han sufrido, se pudiera esperar que estuvieran demasiado tristes para cantar (cp. Sal. 137:1-4). Sin embargo, alabarán con gozo al Señor por su protección y triunfo.

Esta no es la primera vez que Juan oyó **una voz del cielo** (cp. 4:1; 10:4, 8; 11:12; 12:10), ni tampoco será la última (cp. v. 13; 18:4; 19:1). La voz que oyó era muy alta y continua, **como sonido de un gran trueno.** Ezequiel 43:2 asemeja la voz de Dios al **estruendo de muchas aguas,** mientras que Apocalipsis 1:15 describe la voz del Señor Jesucristo de la misma manera. Pero como Apocalipsis 19:6 emplea ambas frases para describir la voz de una multitud celestial, es mejor entenderlas en ese sentido aquí.

El cántico comenzó en 5:9-10, cuando los cuatro seres vivientes y los veinticuatro ancianos "cantaban un nuevo cántico, diciendo: Digno eres de tomar el libro y de abrir sus sellos; porque tú fuiste inmolado, y con tu sangre nos has redimido para Dios, de todo linaje y lengua y pueblo y nación; y nos has hecho para nuestro Dios reyes y sacerdotes, y reinaremos sobre la tierra". Los próximos en unirse fueron los muchos miles de ángeles, quienes comenzaron a "[decir] a gran voz: El Cordero que fue inmolado es digno de tomar el poder, las riquezas, la sabiduría, la fortaleza, la honra, la gloria y la alabanza" (5:12). Por último, "todo lo creado que está en el cielo, y sobre la tierra, y debajo de la tierra, y en el mar, y a todas las cosas que en ellos hay, oí decir: Al que está sentado en el trono, y al Cordero, sea la alabanza, la honra, la gloria y el poder, por los siglos de los siglos" (5:13). En 7:9-10, los mártires de la tribulación se unieron en un creciente coro de alabanza: "Después de esto miré, y he aquí una gran multitud, la cual nadie podía contar, de todas naciones y tribus y pueblos y lenguas, que estaban delante del trono y en la presencia del Cordero, vestidos de ropas blancas, y con palmas en las manos; y clamaban a gran voz, diciendo: La salvación pertenece a nuestro Dios que está sentado en el trono, y al Cordero".

La poderosa voz no era simple ruido; tenía categoría musical, **como de arpistas que tocaban sus arpas.** La alusión a **arpistas** y a **arpas** sugiere que la voz expresaba no fragoroso juicio sino gozo. Las **arpas** se asociaban a menudo en el Antiguo Testamento con alabanza gozosa (cp. 2 S. 6:5; 1 Cr. 13:8; 15:16, 28; 2 Cr. 5:12-13; Neh. 12:27; Sal. 33:2; 71:22; 144:9; 150:3). El cielo resonará con una poderosa alabanza cuando el Señor Jesucristo vuelva victorioso para establecer su reino terrenal.

El **cántico nuevo** cantado en el cielo **delante del trono, y delante de los cuatro seres vivientes, y de los ancianos** es el canto de redención (cp. Sal. 33:1-3; 40:3; 96:1-2; 98:1-2; 144:9-10; 149:1; Is. 42:10). Los ángeles se unirán a los santos del Antiguo Testamento, a la iglesia arrebatada y a los mártires redimidos de la tribulación, en alabanza a Dios por la salvación. Aunque los ángeles no experimentan la redención, sí se regocijan a causa de ella (Lc. 15:10). Todo el cielo rebosará de alabanza por el cumplimiento de la obra redentora de Dios que culmina en la venida de Cristo.

La alabanza del cielo se desborda hasta la tierra, donde se usa el **cántico nuevo**. Juan observa que **nadie podía aprender el cántico sino aquellos ciento cuarenta y cuatro mil que fueron redimidos de entre los de la tierra**. Desde luego que los no regenerados no pueden cantar el canto de redención; es solo para los **redimidos** por la sangre de Cristo. No se dice por qué el **cántico** se limita a los **ciento cuarenta y cuatro mil**, pero Henry Morris ha dado una explicación posible:

> Aunque las palabras de la canción de los ciento cuarenta y cuatro mil no se registran, seguramente se basan, al menos en parte, en la gran verdad de que habían sido "redimidos de entre los de la tierra". Aunque en cierto sentido todas las personas salvas han sido redimidas de entre los de la tierra, estos pudieran saber el significado de esto de forma más profunda que otros. Ellos habían sido salvos después del arrebatamiento, en aquel tiempo de la historia en que la tierra experimentó las más grandes persecuciones al hombre y los más grandes juicios de Dios. Fue en ese tiempo que ellos, como Noé (Gn. 6:8), "[hallaron] gracia ante los ojos de Jehová" y fueron separados de "todos los moradores de la tierra" (Ap. 13:8). No solo fueron redimidos espiritualmente sino que habían sido redimidos de la misma maldición en la tierra (Gn. 3:17), al ser protegidos del dolor y la muerte por el sello que los protegía. (*The Revelation Record* [El registro de Apocalipsis] [Wheaton, Ill.: Tyndale, 1983], 260)

Los ciento cuarenta y cuatro mil se unirán al coro celestial en alabanza a Dios por su maravillosa obra de redención. Parte de la letra de su canción pudiera hallarse en 15:3-4:

> *Y cantan el cántico de Moisés siervo de Dios, y el cántico del Cordero, diciendo: Grandes y maravillosas son tus obras, Señor Dios Todopoderoso; justos y verdaderos son tus caminos, Rey de los santos. ¿Quién no te temerá, oh Señor, y glorificará tu nombre? pues sólo tú eres santo; por lo cual todas las naciones vendrán y te adorarán, porque tus juicios se han manifestado.*

Una característica de la vida cristiana victoriosa en cualquier época es la constante alabanza a Dios. Los ciento cuarenta y cuatro mil no dudaron en alabar a Dios durante todo el tiempo de prueba y persecución. Como ha finalizado su tiempo de prueba difícil y han salido victoriosos, ellos estallarán en alabanza a Dios por su liberación. El gozo es la respuesta apropiada de un corazón que confía en el soberano poder de Dios (Fil. 3:1; 4:4; 1 Ts. 5:16; Stg. 1:2; 1 P. 4:13).

PUREZA

Estos son los que no se contaminaron con mujeres, pues son vírgenes. (14:4*a*)

La adoración del anticristo durante la tribulación será indescriptiblemente vil y perversa. Como se hacía en los cultos a la fertilidad de los tiempos antiguos, el pecado sexual se practicará de forma desenfrenada. Incluso en estos días de grosera inmoralidad, no podemos imaginar siquiera cómo será la desviada perversión sexual de la tribulación. Al quitarse el impedimento divino (2 Ts. 2:6-7) y hallarse el mundo incrédulo abandonado mediante juicio por Dios (cp. Ro. 1:24, 26, 28), el pecado se soltará como un torrente, inundando el mundo. Y azuzando las llamas de maldad del infierno, estarán Satanás y sus huestes de demonios, tanto las expulsadas del cielo con él (12:9) como los perversos demonios librados de su encarcelamiento (9:1-11, 14-19).

En medio de la oscuridad del período de la tribulación, los ciento cuarenta y cuatro mil resplandecerán como faros de pureza. A pesar del desenfrenado pecado sexual que los rodea, ellos **no** se **contaminaron con mujeres**, sino que se mantuvieron **vírgenes**. El que el pecado específico que ellos evitarían implica **mujeres,** indica que aquí se trata de pureza sexual, no aislamiento del corrupto sistema del mundo. El que los ciento cuarenta y cuatro mil estarán separados del imperio del anticristo, ya ha quedado claro; ellos llevan la marca de Dios, no la de la bestia (7:3-4). Este pasaje tampoco enseña que todos ellos seguirán sin casarse, ya que el sexo dentro del matrimonio no contamina a nadie (He. 13:4). Lo que quiere decir es que se mantendrán alejados del pecado de su cultura; ciento cuarenta y cuatro mil predicadores moralmente puros en medio de la contaminación que los rodea.

La pureza sexual es indispensable para la vida cristiana victoriosa. En 1 Tesalonicenses 4:3 Pablo escribió con toda claridad: "pues la voluntad de Dios es vuestra santificación; que os apartéis de fornicación". El apóstol exhortó al joven pastor Timoteo: "Huye también de las pasiones juveniles, y sigue la justicia, la fe, el amor y la paz, con los que de corazón limpio invocan al Señor" (2 Ti. 2:22). Pablo escribió a los corintios: "el cuerpo no es para la fornicación, sino para el Señor... Huid de la fornicación. Cualquier otro pecado que el hombre cometa, está fuera del cuerpo; mas el que fornica, contra su propio cuerpo peca" (1 Co. 6:13, 18). Los que quieran servir a Dios de manera eficiente, deben vivir de forma santa y pura. El piadoso predicador escocés del siglo XIX Robert Murray McCheyne le dio el consejo siguiente a un joven aspirante a ministro:

No olvide la cultura del hombre interior, quiero decir, la del corazón. Cuán diligentemente el oficial de caballería mantiene su sable limpio y afilado; él frota hasta quitar cada mancha con el mayor cuidado. Recuerde que usted es la espada de Dios, su instrumento; y confío que es un vaso escogido por Él para llevar su nombre. En gran parte, según la pureza y la perfección del instrumento, así será el éxito. No son los grandes talentos los que Dios bendice más, sino un gran parecido a

Jesucristo. Un santo ministro es un arma temible en la mano de Dios. (Andrew A. Bonar, *Memoirs of McCheyne* [Memorias de McCheyne] [Chicago: Moody, 1978], 95)

LEALTAD

Estos son los que siguen al Cordero por dondequiera que va. (14:4*b*)

A los ciento cuarenta y cuatro mil se les describe además como **los que siguen al Cordero por dondequiera que va.** Serán los seguidores del Cordero. El seguidor es alguien que sigue o apoya a alguien en las buenas y en las malas. Los victoriosos ciento cuarenta y cuatro mil serán leales al Cordero, cueste lo que cueste. Como dice John Phillips:

> Ellos no aceptan rivales, ni negativas, ni freno alguno que estorbe su dedicación a Él. ¿Necesita Él de alguien que se levante ante el Vaticano y alce la voz contra el matrimonio del cristianismo y la bestia? ¡Hay ciento cuarenta y cuatro mil completamente listos! ¿Necesita el Señor de alguien que desafíe a la bestia en alguna alta esfera del estado y que sin rodeos lo denuncie a él, su política, su manera de gobernar, su religión, su sabotaje económico, su marca, sus ministros, su alianza con Satanás? ¡Hay ciento cuarenta y cuatro mil completamente dispuestos! ¿Necesita el Cordero evangelistas que proclamen a los incalculables millones el evangelio del reino venidero de Dios? ¿De quien ascienda a lo más alto del Himalaya, cruce las arenas del desierto, resplandezca con una estela evangelística dentro de las humeantes junglas, o se mueva en la nieve con perros esquimales a través de los amplios y yermos parajes árticos? ¡Hay ciento cuarenta y cuatro mil completamente listos! Y aunque la gestapo de la bestia [sic] siga sus pasos y vierta sobre sus convertidos su más horrenda venganza, a pesar de eso ellos prosiguen intrépidos y sin que nada los estorbe. Este es el mismo espíritu de su consagración mientras siguen al Cordero a dondequiera que Él les conduzca en la tierra, y su recompensa es en especies. (*Exploring Revelation*, [Explorando el Apocalipsis], 180–81)

Estos son los seguidores leales y fieles que busca Jesucristo. En Mateo 16:24 Él dijo: "Si alguno quiere venir en pos de mí, niéguese a sí mismo, y tome su cruz, y sígame". Él aconsejó al joven rico: "Si quieres ser perfecto, anda, vende lo que tienes, y dalo a los pobres, y tendrás tesoro en el cielo; y ven y sígueme" (Mt. 19:21). Jesús le dijo a los incrédulos judíos que ellos no eran de sus ovejas, señalando que "Mis ovejas oyen mi voz, y yo las conozco, y me siguen" (Jn. 10:27). Pablo decía que él era un seguidor de Jesucristo (1 Co. 11:1), mientras que en su primera epístola, Juan les recordó a sus lectores que "el que dice que permanece en él, debe andar como él anduvo" (1 Jn. 2:6)

PROPÓSITO

Estos fueron redimidos de entre los hombres como primicias para Dios y para el Cordero. (14:4*c*)

Empleando la terminología de la redención que evoca 5:9, Juan explica que los ciento cuarenta y cuatro mil han sido **redimidos de entre los hombres**. Aunque todos los creyentes han sido comprados por Dios (cp. Hch. 20:28; 1 Co. 6:20; 7:23; 1 P. 1:18-19), los ciento cuarenta y cuatro mil fueron comprados con un propósito especial. Serán redimidos como **primicias para Dios y para el Cordero**. En el Antiguo Testamento las primicias, la primera parte de un cultivo a cosechar, se ofrecía a Dios (Dt. 26:1-11) para el uso en su servicio (Dt. 18:3-5). Los ciento cuarenta y cuatro mil, como la ofrenda de los primeros frutos, se apartaría para el servicio divino. Como se observó antes, el número ciento cuarenta y cuatro mil no simboliza a todos los santos de la tribulación, sino que más bien designa a un grupo de judíos evangelistas. El propósito de sus vidas sería servir al Señor al predicar el evangelio al mundo perdido, que perece rechazando a Cristo.

También es posible ver a los ciento cuarenta y cuatro mil como **primicias** en el sentido de que representan los primeros de muchos otros que se salvarán. Pablo empleó el término en ese sentido cuando observó que "la familia de Estéfanas es las primicias de Acaya" (1 Co. 16:15). Los ciento cuarenta y cuatro mil pudieran verse legítimamente como las primicias del redimido Israel, anunciando la salvación de la nación cuando vuelva Cristo. En ese día "mirarán a [Él], a quien traspasaron, y llorarán como se llora por hijo unigénito, afligiéndose por él como quien se aflige por el primogénito" (Zac. 12:10). De ese día Pablo escribió:

> Porque no quiero, hermanos, que ignoréis este misterio, para que no seáis arrogantes en cuanto a vosotros mismos: que ha acontecido a Israel endurecimiento en parte, hasta que haya entrado la plenitud de los gentiles; y luego todo Israel será salvo, como está escrito:
> Vendrá de Sion el Libertador, Que apartará de Jacob la impiedad. Y este será mi pacto con ellos, Cuando yo quite sus pecados (Ro. 11:25-27).

Los ciento cuarenta y cuatro mil ejemplificarán el propósito, el carácter definitivo, la dedicación y la claridad de la meta de la vida que caracteriza a los cristianos victoriosos. (cp. Ro. 12:1-2)

PRECISIÓN

y en sus bocas no fue hallada mentira, (14:5*a*)

Los ciento cuarenta y cuatro mil no propagarán las mentiras de Satanás, sino que dirán la verdad de Dios. Serán como aquellos de quienes escribió Sofonías: "El remanente de Israel no hará injusticia ni dirá mentira, ni en boca de ellos se hallará lengua engañosa" (Sof. 3:13). El mundo incrédulo será consumido con "prodigios mentirosos", "todo engaño de iniquidad", y "poder engañoso" decretados por Dios como condena, de forma que quienes rechazan el evangelio "crean la mentira" (2 Ts. 2:9-11). Pero los ciento cuarenta y cuatro mil proclamarán fielmente la Palabra de Dios sin titubeos, equivocaciones, o adulteraciones. Serán como su Señor, de quien la Biblia dice que "no hizo pecado, ni se halló engaño en su boca" (1 P. 2:22).

En todas las generaciones, los cristianos victoriosos se caracterizan por "[seguir] la verdad en amor" (Ef. 4:15), "[desechar] la mentira", y "[hablar] verdad" (Ef. 4:25). Conociendo la vital importancia de "[usar] bien la palabra de verdad", "[procurarán] con diligencia [presentarse] a Dios [aprobados], como [obreros] que no [tienen] de qué avergonzarse" (2 Ti. 2:15). Nunca se les hallará "andando con astucia, ni adulterando la palabra de Dios"; más bien, "por la manifestación de la verdad [recomendándose] a toda conciencia humana delante de Dios" (2 Co. 4:2).

PERFECCIÓN

son sin mancha delante del trono de Dios. (14:5*b*).

Como confiarán en el poder de Dios y llevarán vidas caracterizadas por alabanza, pureza, lealtad y unidad de propósito, los ciento cuarenta y cuatro mil serán **sin mancha**. Esto, por supuesto, no significa que serán sin pecado (Job 15:14-16; 1 R. 8:46; Sal. 143:2; Pr. 20:9; Ec. 7:20; 1 Jn. 1:8-10), sino que serán santificados. Estarán más allá de cualquier reprensión, viviendo de manera santa ante todos los que los ven.

Como los ciento cuarenta y cuatro mil, a todos los cristianos se les llama a la santidad. En Efesios 1:4 Pablo escribió: "nos escogió en él antes de la fundación del mundo, para que fuésemos santos y sin mancha delante de él" (cp. Col. 1:22). El apóstol escribió a los corintios: "os he desposado con un solo esposo, para presentaros como una virgen pura a Cristo" (2 Co. 11:2; cp. Ef. 5:27). Pedro exhortó a los creyentes: "como aquel que os llamó es santo, sed también vosotros santos en toda vuestra manera de vivir; porque escrito está: Sed santos, porque yo soy santo" (1 P. 1:15-16). Judas les recordó a sus lectores que Dios "es poderoso para guardaros sin caída, y presentaros sin mancha delante de su gloria con gran alegría" (Jud. 24).

Los ciento cuarenta y cuatro mil merecen un lugar en el "Salón de la Fama" de la fe cristiana (He. 11). Llevarán vidas santas y ministrarán eficientemente para Dios durante la hora más oscura de la historia. Su aleccionador esfuerzo encabezará el más grande despertamiento espiritual que el mundo jamás verá (cp. 6:9-11; 7:9). El inspirado relato de su vida y ministerio presenta un modelo de vida cristiana victoriosa para que todos los creyentes lo imiten.

Mensajeros angelicales 7

Vi volar por en medio del cielo a otro ángel, que tenía el evangelio eterno para predicarlo a los moradores de la tierra, a toda nación, tribu, lengua y pueblo, diciendo a gran voz: Temed a Dios, y dadle gloria, porque la hora de su juicio ha llegado; y adorad a aquel que hizo el cielo y la tierra, el mar y las fuentes de las aguas.

Otro ángel le siguió, diciendo: Ha caído, ha caído Babilonia, la gran ciudad, porque ha hecho beber a todas las naciones del vino del furor de su fornicación.

Y el tercer ángel los siguió, diciendo a gran voz: Si alguno adora a la bestia y a su imagen, y recibe la marca en su frente o en su mano, él también beberá del vino de la ira de Dios, que ha sido vaciado puro en el cáliz de su ira; y será atormentado con fuego y azufre delante de los santos ángeles y del Cordero; y el humo de su tormento sube por los siglos de los siglos. Y no tienen reposo de día ni de noche los que adoran a la bestia y a su imagen, ni nadie que reciba la marca de su nombre. (14:6-11)

La gente siempre espera un mejor día. Los políticos prometen mejores tiempos si los eligen. Los líderes mundiales se esfuerzan por encontrar intereses comunes entre las naciones, procurando traer paz y armonía. A todos les gustaría ver el alza del mercado de valores, el descenso del índice delictivo, la terminación del hambre y de la pobreza, la preservación del medio ambiente y el fin del odio y las contiendas.

Pero los esfuerzos del hombre por crear un mundo mejor, aunque bien intencionados, están condenados a la ruina. Vienen a ser un poco más que reacomodar las sillas de cubierta en el Titanic para dar a todos una mejor vista mientras el barco se hunde. La verdad es que no un mejor día, sino uno inimaginablemente peor es lo que le espera al hombre y a su mundo. En el futuro, Dios derramará su ira y juicio a una escala nunca antes vista. Solo después que la tierra sea completamente devastada y los incrédulos juzgados, habrá un día mejor, el bendito reino terrenal del Señor Jesucristo.

Apocalipsis tiene mucho que decir sobre los juicios venideros; como se ha observado, son el punto primordial de los capítulos 6–11 y 15–19, con los capítulos 12–14 formando un breve interludio en la revelación de la condenatoria ira de Dios. Se han considerado los capítulos 12 y 13 como un recuento de los acontecimientos de la tribulación desde la perspectiva de Satanás; el capítulo 14 regresa a lo que Dios va a hacer. En tres visiones, este texto ve con antelación los juicios que aun faltan en la tribulación y la venida de Cristo. La primera visión (vv. 1-5) fue la de los ciento cuarenta y cuatro mil evangelistas judíos que aparecerán con el Señor Jesucristo en el monte de Sion en su Segunda Venida. Ante nosotros en los versículos 6 hasta el 11 está el registro de la segunda visión, en la que tres mensajeros angelicales anuncian el juicio.

Los ángeles sirven a lo largo de las Escrituras como mensajeros de Dios; en realidad, la palabra griega *angelos* ("ángel") significa "mensajero". Fueron los instrumentos para la entrega de la ley mosaica (Hch. 7:38, 53; Gá. 3:19; He. 2:2). También trajeron mensajes a personas como a Daniel (Dn. 8:15-17; 9:21-22), Zacarías (Lc. 1:11-19), María (Lc. 1:26-27), José (Mt. 1:20; 2:13, 19), los pastores (Lc. 2:9-13), Felipe (Hch. 8:26), y Pablo (Hch. 27:23-24).Los ángeles también ministraron en el cuidado de los creyentes (Mt. 18:10; Hch. 12:7-11; He. 1:14).

Los ángeles tendrán una función muy importante en los acontecimientos de los postreros tiempos. Ellos reunirán a los no elegidos para juicio (Mt. 13:41-42, 49-50), a los elegidos para gloria (Mt. 24:31), y acompañarán al Señor Jesucristo cuando Él vuelva a la tierra en triunfo (Mt. 25:31; 2 Ts. 1:7). En Apocalipsis, los ángeles participan en el derramamiento de la ira de Dios (8:6ss.; 11:15ss.; 16:1ss.). Sin embargo, a diferencia de esos ángeles, los tres ángeles descritos en los versículos 6-11 no traen juicio, sino que traen asombrosas proclamaciones de Dios con relación a la consumación de la era.

Los tres ángeles no aparecen en orden de sucesión ni cronológico. En vez de esto, ellos hablan sobre asuntos y acontecimientos que se expanden por todo el período de la tribulación. Sus mensajes anuncian el juicio de la séptima trompeta (11:15; caps. 15, 16), que incluye los finales y trepidantes juicios de las copas, al final de la tribulación. Los mensajes que ellos traen están destinados a producir un temor correctivo (cp. Lc. 12:5; He. 10:31) que conduzca a la fe salvadora. Dios en su gracia ofrecerá a los pecadores otra oportunidad de arrepentirse antes que se desaten los aterradores juicios de las copas (16:1ss.). El primer ángel predica el evangelio, el segundo pronuncia juicio y el tercero promete condenación.

EL PRIMER ÁNGEL: PREDICACIÓN DEL EVANGELIO

Vi volar por en medio del cielo a otro ángel, que tenía el evangelio eterno para predicarlo a los moradores de la tierra, a toda nación, tribu, lengua y pueblo, diciendo a gran voz: Temed a Dios, y dadle gloria, porque la hora de

su juicio ha llegado; y adorad a aquel que hizo el cielo y la tierra, el mar y las fuentes de las aguas. (14:6-7)

No se precisa el ángel específico o grupo de ángeles que Juan vio distinto de este **otro ángel**. Aunque los ángeles aparecen en cada capítulo desde el cuatro hasta el doce, el antecedente más cercano es la referencia a Miguel y sus ángeles (12:7). La frase también pudiera mirar atrás al séptimo ángel (11:15). En todo caso, se ha seleccionado otro de los incontables miles de ángeles (5:11) para un propósito muy especial.

De manera espectacular el ángel aparece volando por en medio del cielo. *Mesouranēma* (**en medio del cielo**) se refiere al punto del cielo donde el sol alcanza su meridiano, cenit, o punto más alto al mediodía (cp. 8:13; 19:17). Desde ese punto, el ángel sería más visible a los que están en la tierra. Allí estaría también más allá del alcance del anticristo, así como de Satanás y sus huestes de demonios, cuya actividad estará restringida para entonces a la tierra (12:7-9). La batalla que en la actualidad se desarrolla con furia en los lugares celestiales entre los santos ángeles y los demonios (cp. Dn. 10:12-13) para entonces habrá terminado. Este ángel predicador estará inaccesible, no habrá obstrucción para que el mundo lo vea, y su ministerio estará libre de estorbos.

En el tiempo en que el ángel comienza su ministerio, el mundo habrá sufrido la increíble devastación de los juicios de los sellos y las trompetas. Despiadados holocaustos habrán estremecido al mundo, y los cielos por lo general estables se habrán convertido en una fuente de terror (cp. 6:12-14). Durante este tiempo, el mundo incrédulo habrá oído el evangelio predicado por los ciento cuarenta y cuatro mil evangelistas judíos y los dos testigos, así como por incontables miles de otros que se salvarán con su ministerio. A pesar de todo eso, la mayoría de los pobladores de la tierra rechazarán el evangelio (9:20-21; cp. 16:9, 11); por consiguiente Dios en su gracia envía este poderoso ángel a predicarles el evangelio una vez más.

Mientras vuela por el cielo, el ángel tendrá un **evangelio eterno para predicarlo**. Esta es la única vez que aparece el sustantivo *euangelion* (**evangelio**) en los escritos de Juan, aunque el verbo relacionado, traducido **para predicar,** también aparece en 10:7. Como una joya de muchas aristas, la Biblia describe el evangelio en varios términos, cada uno enfocándolo desde un punto de vista diferente. Al evangelio se le llama el evangelio del reino (Mt. 4:23), el evangelio de Jesucristo (Mr. 1:1), el evangelio de Dios (Mr. 1:14), el evangelio de la gracia de Dios (Hch. 20:24), el evangelio de la gloria de Cristo (2 Co. 4:4), el evangelio de salvación (Ef. 1:13), el evangelio de la paz (Ef. 6:15) y el glorioso evangelio (1 Ti. 1:11). Aquí se le describe como **eterno** porque proporciona los medios para alcanzar la vida eterna. Es las buenas nuevas de que Dios perdonará todos los pecados de los que se arrepienten y creen en el Señor Jesucristo como el único camino de salvación, y por ese arrepentimiento y fe salvadora los llevará a su reino eterno.

El **evangelio eterno** predicado por el ángel es el mismo que se ha proclamado en toda la historia. Es las buenas nuevas de perdón y vida eterna. Él declarará que las personas son pecadoras, que enfrentan la condenación eterna en el infierno, pero que Dios ha provisto perdón para los pecados mediante la muerte expiatoria del Señor Jesucristo. Ese mensaje de perdón se dio desde la época del Antiguo Testamento, teniendo como base los términos del nuevo pacto (cp. Jer. 31:31-34; Ez. 36:25-27). Sus beneficios se aplicaban a todo el que verdaderamente se arrepentía y buscaba perdón y gracia de parte de Dios, aunque el Salvador aun no había muerto. En el propósito de Dios, los méritos del Cordero inmolado en el Calvario se habían concedido a todos los que verdaderamente se arrepintieran en todos los siglos. En la tribulación, la mayoría de las personas conocerán el evangelio, gracias a la predicación de los ciento cuarenta y cuatro mil, los dos testigos y otros creyentes. Pero Jesús declaró que antes de que viniera el fin, el mundo entero escucharía el evangelio del reino (Mt. 24:14). La predicación de este ángel llegará a cualquiera que aun no haya escuchado el mensaje del evangelio. A medida que se acerca la hora más sombría de la tierra, el ángel proclamará las buenas nuevas de que no es demasiado tarde. Hay todavía tiempo para arrepentirse antes que se reanude el juicio de Dios.

El mensaje del ángel está dirigido **a los moradores de la tierra**, una frase empleada siempre en Apocalipsis para referirse a los incrédulos (cp. 3:10; 6:10; 8:13; 11:10; 13:8, 12, 14; 17:2, 8). La frase global **toda nación, tribu, lengua y pueblo** (cp. 5:9; 7:9; 11:9; 13:7) destaca la naturaleza mundialmente abarcadora de la proclamación del ángel. Él ángel clamará **a gran voz** a todas las personas no regeneradas en cualquier lugar. Su gran voz asegura que será escuchado y destaca la urgencia de su mensaje. El mensaje del ángel a los pecadores es **temed a Dios, y dadle gloria.** Él llamará a todos los pueblos del mundo a que cambien su alianza de la bestia al Cordero. Los instará a nunca más temer, reverenciar y adorar a Satanás y al anticristo, sino [**temer**], reverenciar y honrar a Dios volviéndose a su Hijo. Como soberano Señor del universo, solo Dios —Padre, Hijo y Espíritu Santo— tiene el derecho de recibir adoración (19:10; 22:9; Is. 42:8; 48:11; Mt. 4:10).

La Biblia llama repetidamente a las personas a temer a Dios. En el Salmo 111:10 el salmista afirmó que "el principio de la sabiduría es el temor de Jehová" (cp. Pr. 1:7; 9:10), mientras que Proverbios 23:17 ordena: "persevera en el temor de Jehová todo el tiempo". Un padre sabio aconseja a su hijo: "Teme a Jehová, hijo mío, y al rey" (Pr. 24:21), mientras que Pedro exhortó a sus lectores: "Honrad a todos. Amad a los hermanos. Temed a Dios. Honrad al rey" (1 P. 2:17). En Mateo 10:28 Jesús advirtió: "no temáis a los que matan el cuerpo, mas el alma no pueden matar; temed más bien a aquel que puede destruir el alma y el cuerpo en el infierno". Temer a Dios es vivir en la realidad de su santidad, su soberanía y su juicio sobre el pecado. Es amar a Dios, respetarlo, reverenciarlo, creer en Él con sobrecogimiento, y adorarle. Y esto solo puede lograrse amando a su Hijo el Salvador (Jn. 5:23).

Además de temer a Dios, los hombres han de **darle gloria**. Este requerimiento va a la misma esencia del problema de las personas no regeneradas, quienes aun "habiendo conocido a Dios, no le glorificaron como a Dios, ni le dieron gracias" (Ro. 1:21). No querer dar a Dios la gloria es el corazón de la orgullosa rebelión del hombre.

Se les pedirá a los incrédulos que teman y glorifiquen a Dios de inmediato **porque la hora de su juicio ha llegado**. La oportunidad se desvanece rápidamente; los juicios de las copas están por derramarse, para que en breve se produzca el regreso del Señor Jesucristo a juzgar al mundo incrédulo (Mt. 25:31-46). Esta es la primera vez que se usa la palabra *krisis* (**juicio**) en Apocalipsis. Aparece nuevamente en 16:7, 18:10 y 19:2. (Un sinónimo griego de *krisis*, *krima*, aparece en 17:1, 18:20 y 20:4.) Hasta este punto en Apocalipsis, la palabra *ira* se ha empleado para describir el juicio de Dios (cp. 6:16-17; 11:18); seguirán empleándose los dos términos de manera intercambiable (cp. vv. 10, 19; 15:1, 7; 16:1, 19; 19:15). Los justos juicios de Dios son el derramamiento de su ira contra el mundo obstinado en no arrepentirse.

Parecería que la advertencia del ángel es innecesaria. Después de todo, en ese momento las personas habrán experimentado los devastadores juicios de los sellos y las trompetas. La tierra estará destruida por las guerras mundiales, el hambre y los terremotos, resultando también en la destrucción del medio ambiente; será testigo de aterradoras señales en el cielo y recibirá el ataque de huestes de demonios. Todo esto traerá como resultado muerte a una escala sin precedentes en la historia humana. Sin embargo, aunque finalmente reconocerán que esos desastres son los juicios de Dios (cp. 6:15-17), las personas de manera desafiante no querrán arrepentirse (9:20-21). Pero Dios, en su gracia y misericordia, llamará una vez más a los pecadores al arrepentimiento a través de la predicación de este ángel.

El ángel presenta una razón final para que los pecadores se vuelvan del anticristo a Dios, proclamando que el pueblo debe adorar **a aquel que hizo el cielo y la tierra, el mar y las fuentes de las aguas**. El universo creado presenta pruebas de la existencia de Dios y también la razón para adorarlo. David afirmó en el Salmo 19:1-4 que

> *Los cielos cuentan la gloria de Dios,*
> *y el firmamento anuncia la obra de sus manos.*
> *Un día emite palabra a otro día,*

y una noche a otra noche declara sabiduría.
No hay lenguaje, ni palabras,
ni es oída su voz.
Por toda la tierra salió su voz,
y hasta el extremo del mundo sus palabras.

Isaías 40:21-26 también enseña que la creación revela la gloria y la majestad de Dios:

¿No sabéis? ¿No habéis oído?
¿Nunca os lo han dicho desde el principio?
¿No habéis sido enseñados desde que la tierra se fundó?
Él está sentado sobre el círculo de la tierra,
cuyos moradores son como langostas;
él extiende los cielos como una cortina,
los despliega como una tienda para morar.
Él convierte en nada a los poderosos,
y a los que gobiernan la tierra hace como cosa vana.
Como si nunca hubieran sido plantados,
como si nunca hubieran sido sembrados,
como si nunca su tronco hubiera tenido raíz en la tierra;
tan pronto como sopla en ellos se secan,
y el torbellino los lleva como hojarasca.
¿A qué, pues, me haréis semejante
o me compararéis? dice el Santo.
Levantad en alto vuestros ojos,
y mirad quién creó estas cosas;
él saca y cuenta su ejército;
a todas llama por sus nombres;
ninguna faltará;
tal es la grandeza de su fuerza, y el poder de su dominio.

Como Dios se revela en su creación, los hombres no tienen excusa para no reconocerlo:

Porque la ira de Dios se revela desde el cielo contra toda impiedad e injusticia
de los hombres que detienen con injusticia la verdad; porque lo que de Dios se
conoce les es manifiesto, pues Dios se lo manifestó. Porque las cosas invisibles
de él, su eterno poder y deidad, se hacen claramente visibles desde la creación
del mundo, siendo entendidas por medio de las cosas hechas, de modo que no
tienen excusa (Ro. 1:18-20).

Cuando Pablo evangelizaba a los judíos, siempre comenzó a partir de las escrituras veterotestamentarias. Pero cuando evangelizaba a los paganos, fueran personas comunes y corrientes (Hch.14:14-17) o filósofos muy conocedores (Hch. 17:22-31), proclamaba que debe adorarse al Dios vivo y verdadero, porque Él es el Creador de todo. Identificar la Causa Primaria era la cuestión más importante en la filosofía antes de Darwin. Cuando hablaba a estas personas, Pablo les presentaba a Él. En Apocalipsis 4:11 los veinticuatro ancianos alaban a Dios porque Él es el Creador: "Señor, digno eres de recibir la gloria y la honra y el poder; porque tú creaste todas las cosas, y por tu voluntad existen y fueron creadas" (cp. Gn. 1, 2).

La severa advertencia del ángel es que el Creador es también el Juez; Él es a quien las personas deben temer y adorar, no a Satanás y al anticristo. Como el mundo se balancea al borde de su desastre final, Dios en su gracia ofrece a las personas otra oportunidad de arrepentimiento. Él arrebatará del fuego del juicio a los que presten atención a la advertencia (cp. Jud. 23), y los transferirá del reino de Satanás al de su amado Hijo que pronto se manifestará (Col. 1:13).

EL SEGUNDO ÁNGEL: ANUNCIACIÓN DE JUICIO

Otro ángel le siguió, diciendo: Ha caído, ha caído Babilonia, la gran ciudad, porque ha hecho beber a todas las naciones del vino del furor de su fornicación. (14:8)

Juan vio **otro ángel** que **siguió** al primer ángel. A diferencia del primero, este ángel no predica las buenas nuevas del evangelio, sino que pronuncia las malas noticias de juicio. Lamentablemente, esto implica que el mensaje del primer ángel fue ampliamente rechazado. Es casi como si el segundo ángel interrumpe al primero porque nadie responde.

El mensaje del segundo ángel, igualmente breve y directo es: **Ha caído, ha caído Babilonia, la gran ciudad.** La repetición destaca el carácter definitivo, y lo seguro y abarcador que es el juicio sobre Babilonia. La caída aun futura de Babilonia es tan cierta, que se puede hablar de ella como si ya hubiera sucedido. La declaración del ángel vendrá como algo conmovedor para el mundo incrédulo. El hecho de que el poderoso imperio del anticristo, el más poderoso en la historia humana, pueda destruirse, será algo inconcebible para sus seguidores (cp. 13:4). Pudiera ser que la restaurada ciudad de **Babilonia** sea la capital del anticristo. Pero **Babilonia,** en este pasaje, se refiere no precisamente a la ciudad, sino a todo el imperio político, económico y religioso que el anticristo establecerá a nivel mundial.

Babilonia, desde su inicio, ha simbolizado la maldad y la rebelión contra Dios. Nimrod la fundó (Gn. 10:9), un gobernador orgulloso, poderoso y que rechazaba a Dios. Babel (Babilonia) fue el sitio del primer sistema organizado de la falsa religión idolátrica (Gn. 11:1-4). La torre de Babel, la expresión de esa religión falsa, era un zigurat; un edificio destinado a facilitar la adoración idolátrica. Dios juzgó la idolatría y la rebeldía del pueblo confundiendo su idioma y esparciéndolos por todo el mundo (Gn. 11:5-9). De esta forma, la semilla de la idolatría y de la religión falsa se propagó por el mundo desde Babilonia, para echar raíces dondequiera que se establecieron esos rebeldes orgullosos y sus descendientes.

Como la humanidad estaba unida en la falsa religión idolátrica en Babel, así también estará unida en los postreros tiempos bajo el amparo de la final Babilonia. La historia cerrará de esta forma el círculo. A la última Babilonia, personificada como una ramera (cp. 17:1-5), se le describe como que **ha hecho beber a todas las naciones del vino del furor de su fornicación**. El mundo estará ebrio, engañado y seducido por la falsa religión babilónica dirigida por el anticristo. *Thumos* (**furor**) describe deseos fuertes y consumidores. Como resultado de su pasión, los pecadores se verán atrapados en una orgía de rebelión, idolatría y aborrecimiento a Dios. Aunque el pecado sexual será desenfrenado, la **fornicación** de la que se habla aquí es la prostitución espiritual de la religión falsa del anticristo; ella describe la infidelidad a Dios. Habiéndose impregnado del **vino** de la seductora ramera, **las naciones** del mundo seguirán su curso alejándose de Dios y terminarán bebiendo el "vino de la ira de Dios" (v. 10). Como lo revela el tercer ángel, esto resultará desastroso. De este juicio se darán detalles en los análisis de 16:17-19 y de los capítulos 17 y 18.

EL TERCER ÁNGEL: PROMESA DE CONDENACIÓN

Y el tercer ángel los siguió, diciendo a gran voz: Si alguno adora a la bestia y a su imagen, y recibe la marca en su frente o en su mano, él también beberá del vino de la ira de Dios, que ha sido vaciado puro en el cáliz de su ira; y será atormentado con fuego y azufre delante de los santos ángeles y del Cordero; y el humo de su tormento sube por los siglos de los siglos. Y no tienen reposo de día ni de noche los que adoran a la bestia y a su imagen, ni nadie que reciba la marca de su nombre. (14:9-11)

Los tres ángeles aparecen en una lógica, si no cronológica, secuencia. El rechazo del evangelio predicado por el primer ángel trae como resultado la declaración de juicio del segundo ángel, que se cumplirá en la condenación que describe el tercer ángel. El **tercer** ángel anunciará su advertencia **a gran voz**, de modo que todos escucharán y entenderán su mensaje. Dios, al ser perfecto, santo y justo, juzga a las personas porque rechazan lo que saben que es verdadero. Por eso no habrá excusa para cada uno de los sentenciados al infierno (Ro. 1:20; 2:1).

La advertencia terrible del tercer ángel está dirigida a **alguno** que **adora a la bestia y a su imagen, y recibe la marca en su frente o en su mano**. Como se observó en el capítulo 5 de este volumen, a todos se les exigirá, bajo pena de muerte, que adoren **a la bestia y a la imagen**. Como una señal de lealtad al anticristo y para poder funcionar en su economía mundial, a todos se les exigirá que reciban una **marca en su frente o en su mano**. Les parecerá a los engañados seguidores del anticristo que reciben la marca, que están apoyando al bando triunfante. Pero el ángel advierte que una terrible suerte espera a los que, a pesar de los juicios y advertencias de Dios, persistan en adorar al anticristo. Una vez más Dios, en su gracia, invita a los pecadores al arrepentimiento en la hora final.

El que tomó el vino de la ramera Babilonia **también beberá del vino de la ira de Dios, que ha sido vaciado puro en el cáliz de su ira**. Beber **del vino de la ira de Dios** es sufrir su ira (cp. Job 21:20; Sal. 75:8; Is. 51:17, 22; Jer. 25:15). Toda la furia de la ira de Dios, refrenada por mucho tiempo, se derramará. Tal ira no es una explosión impulsiva de emoción divina, teniendo como objetivo caprichosamente a las personas. Es la respuesta establecida, deliberada, sin misericordia y sin gracia del justo Dios contra todos los pecadores. Juan describe esta aterradora realidad haciendo notar que el vino de la ira de Dios será **vaciado puro en el cáliz de su ira**. Vaciado puro (lit. "mezclado sin diluir") se refiere a una práctica antigua de diluir el vino en agua. Sin embargo, el vino que llena **el cáliz de la ira** de Dios es un vino fuerte, sin diluir. La escatológica ira de Dios será una venganza sin diluir, sin la mezcla de asomo alguno de compasión.

La aterradora suerte que aguarda a la persona que beba el **vino de la ira de Dios** es ser **atormentada con fuego y azufre**. El verbo traducido *atormentada* se refiere a sufrir de manera incesante un insoportable dolor. La forma nominal de ese verbo se emplea en Lucas 16:23 para describir la agonía del rico en el Hades. Para aquellos a quienes Dios obligará a tomar del **cáliz de su ira** no habrá disminución o atenuante en su tormento; no disfrutarán ningún momento de descanso por toda la eternidad. A menudo se asocian el **fuego y azufre** en las Escrituras con el juicio divino. Dios los usó para destruir a Sodoma y Gomorra (Gn. 19:24-25; Lc. 17:29). En el Salmo 11:6 David escribió: "Sobre los malos hará llover calamidades; fuego, azufre y viento abrasador será la porción del cáliz de ellos". Al infierno, el lugar de destino final de los no regenerados, se le describe como el "lago de fuego que arde con azufre" (19:20; cp. 20:10; 21:8).

El que los no regenerados sean atormentados **delante de los santos ángeles y del Cordero** añadirá vergüenza y bochorno a su sufrimiento. "Sufrir en la presencia de las huestes del cielo no va a aminorar la ferocidad del juicio, sino que lo hará más doloroso. Los cristianos han soportado la vergüenza de la humillación y la oposición pública; pronto sus adversarios sufrirán ante una más augusta asamblea" (Robert H. Mounce, *The Book of Revelation* [El libro de

Apocalipsis], The New International Commentary on the New Testament [El nuevo comentario internacional del Nuevo Testamento] [Grand Rapids: Eerdmans, 1977], 276). Los pecadores no arrepentidos serán desterrados de la presencia de Dios en el sentido de relación (cp. 21:27; 22:15; Mt. 7:23; 25:41; 2 Ts. 1:9); serán por siempre excluidos de la amorosa comunión de que disfrutarán los creyentes con Él. Sin embargo, no estarán ausentes de su presencia en el sentido de su soberanía y omnipresencia, incluso en el infierno. David escribió: "¿A dónde me iré de tu Espíritu? ¿Y a dónde huiré de tu presencia? Si subiere a los cielos, allí estás tú; y si en el Seol hiciere mi estrado, he aquí, allí tú estás" (Sal. 139:7-8). Los que estén en el infierno sufrirán el castigo eterno a manos de Dios, porque Él es "aquel que puede destruir el alma y el cuerpo en el infierno" (Mt. 10:28).

El tercer ángel termina su mensaje con un último pensamiento solemne acerca del castigo de los que adoran la bestia, declarando que **el humo de su tormento sube por los siglos de los siglos. Y no tienen reposo de día ni de noche**. Este ángel discreparía poderosamente de quienes niegan la eternidad del infierno. Su descripción del infierno como el lugar donde **el humo** del **tormento** de los malvados **sube por los siglos de los siglos** (cp. 20:10) concuerda con el resto de la Biblia. Isaías (Is. 66:24), Daniel (Dn. 12:2), Juan el Bautista (Mt. 3:12; Lc. 3:17) y el apóstol Pablo (2 Ts. 1:9) también afirman que el infierno es eterno. Pero nadie enseñó esa verdad solemne con más claridad que el Señor Jesucristo. Él habló del infierno como el lugar de "fuego eterno" (Mt. 18:8; 25:41), de "fuego que no puede ser apagado" (Mr. 9:43), donde "el fuego nunca se apaga" (Mr. 9:48). Y en Mateo 25:46, Jesús enseñó con toda claridad que el tormento de los perdidos en el infierno durará tanto como las bienaventuranzas de los redimidos en el cielo. Aunque la sensibilidad humana pudiera negarse ante la doctrina del castigo eterno, es la enseñanza explícita de la Biblia y es exigida por la justicia y la santidad de Dios.

Así que los tres ángeles entregan el último llamado de Dios al arrepentimiento antes que lleguen los juicios finales y vuelva el Señor Jesucristo. Pero las advertencias de la gracia de Dios serán desatendidas por la mayoría del mundo pecador. Quizá no haya ilustración tan clara en las Escrituras de la triste realidad de que "los hombres amaron más las tinieblas que la luz, porque sus obras eran malas" (Jn. 3:19).

Bienaventurados los muertos

8

Aquí está la paciencia de los santos, los que guardan los mandamientos de Dios y la fe de Jesús.
Oí una voz que desde el cielo me decía: Escribe: Bienaventurados de aquí en adelante los muertos que mueren en el Señor. Sí, dice el Espíritu, descansarán de sus trabajos, porque sus obras con ellos siguen. (14:12-13)

La Biblia tiene mucho que decir acerca de la felicidad. La conocida palabra neotestamentaria *makarios* ("bienaventurados") se refiere a gozo espiritual, dicha, realización y satisfacción. Describe un gozo íntimo que es el cumplimiento de todo anhelo, una paz y un gozo serenos, intangibles e inaccesibles. El Antiguo y el Nuevo Testamento revelan mucho acerca de tal bienaventuranza:

Bienaventurado el varón que no anduvo en consejo de malos,
ni estuvo en camino de pecadores,
ni en silla de escarnecedores se ha sentado;
sino que en la ley de Jehová está su delicia,
y en su ley medita de día y de noche (Sal. 1:1-2).

Bienaventurados todos los que en [el Hijo de Dios] confían (Sal. 2:12).

Bienaventurado aquel cuya transgresión ha sido perdonada,
y cubierto su pecado.
Bienaventurado el hombre a quien Jehová no culpa de iniquidad,
y en cuyo espíritu no hay engaño (Sal. 32:1-2; cp. Ro. 4:7-8).

Bienaventurado el hombre que puso en Jehová su confianza,
y no mira a los soberbios, ni a los que se desvían tras la mentira (Sal. 40:4).

Bienaventurado el que piensa en el pobre;
en el día malo lo librará Jehová (Sal. 41:1).

101

Bienaventurado el que tú escogieres y atrajeres a ti,
para que habite en tus atrios (Sal. 65:4).

Bienaventurados los que habitan en tu casa;
perpetuamente te alabarán (Sal. 84:4).

Bienaventurado el hombre que tiene en ti sus fuerzas (Sal. 84:5).

Dichosos los que guardan juicio,
los que hacen justicia en todo tiempo (Sal. 106:3).

Bienaventurado el hombre que teme a Jehová,
y en sus mandamientos se deleita en gran manera (Sal. 112:1).

Bienaventurados los que guardan sus testimonios,
y con todo el corazón le buscan (Sal. 119:2).

Ahora, pues, hijos, oídme, [sabiduría]
y bienaventurados los que guardan mis caminos (Pr. 8:32).

Bienaventurado el hombre que me escucha [sabiduría],
eelando a mis puertas cada día,
aguardando a los postes de mis puertas (Pr. 8:34).

Bienaventurados los pobres en espíritu, porque de ellos es el reino de los cielos.
Bienaventurados los que lloran, porque ellos recibirán consolación.
Bienaventurados los mansos, porque ellos recibirán la tierra por heredad.
Bienaventurados los que tienen hambre y sed de justicia, porque ellos serán saciados.
Bienaventurados los misericordiosos, porque ellos alcanzarán misericordia.
Bienaventurados los de limpio corazón, porque ellos verán a Dios.
Bienaventurados los pacificadores, porque ellos serán llamados hijos de Dios.
Bienaventurados los que padecen persecución por causa de la justicia, porque
de ellos es el reino de los cielos.
Bienaventurados sois cuando por mi causa os vituperen y os persigan, y digan
toda clase de mal contra vosotros, mintiendo. Gozaos y alegraos, porque vuestro
galardón es grande en los cielos; porque así persiguieron a los profetas que
fueron antes de vosotros (Mt. 5:3-12).

Jesús le dijo: Porque me has visto, Tomás, creíste; bienaventurados los que no
vieron, y creyeron (Jn. 20:29).

Bienaventurado el varón que soporta la tentación; porque cuando haya resistido la prueba, recibirá la corona de vida, que Dios ha prometido a los que le aman (Stg. 1:12).

Mas también si alguna cosa padecéis por causa de la justicia, bienaventurados sois... Si sois vituperados por el nombre de Cristo, sois bienaventurados, porque el glorioso Espíritu de Dios reposa sobre vosotros (1 P. 3:14; 4:14).

Pero la declaración más asombrosa de bienaventuranza en toda la Biblia se encuentra en el versículo 13. Asombrosamente, esta segunda de siete bienaventuranzas en Apocalipsis (cp. 1:3; 16:15; 19:9; 20:6; 22:7, 14) pronuncia bendición sobre los muertos. Tal pensamiento es incomprensible para la mayoría de las personas, que consideran la muerte como algo que ha de evitarse. "Bienaventurados los vivos" sería una consigna mucho más apropiada para la mayoría de las personas.

La pregunta obvia que se desprende del texto es "¿Por qué son bienaventurados esos muertos?" La respuesta que se presenta es doble: Los muertos de que se habla aquí son bienaventurados por cómo vivieron y por cómo murieron.

CÓMO VIVIERON

Aquí está la paciencia de los santos, los que guardan los mandamientos de Dios y la fe de Jesús. (14:12)

La frase **la paciencia de los santos** presenta una de las doctrinas más importantes y más consoladoras en las Escrituras. Expresa la verdad de que todos aquellos a quienes Dios ha escogido, llamado y justificado nunca perderán su fe, sino que perseverarán en ella hasta la muerte. Esa realidad da seguridad, esperanza y gozo a todo verdadero creyente en Jesucristo y pone fin al temor y a la duda. También revela que las muertes de los creyentes son benditas porque la muerte los conduce a las glorias del cielo.

Algunos se refieren a esto como la doctrina de la seguridad eterna; otros la llaman la enseñanza de "una vez salvo, siempre salvo". Aunque estas definiciones son acertadas, no expresan esta verdad tan claramente como la frase bíblica **la paciencia de los santos**. Esa oración subraya la realidad de que Dios guarda a sus santos sosteniendo su fe hasta el mismo final, sin que importe lo que ocurra. La verdadera fe salvadora en su propia naturaleza es eterna y no se puede perder ni destruir.

La perseverancia de la fe salvadora nunca se ha visto más clara y poderosamente que en este pasaje. Ningún grupo de creyentes ha experimentado jamás o experimentará ataques más fuertes a su fe que los santos de la tribulación. Este gran grupo de creyentes (7:9, 13-14) incluirá gentiles (7:9) y judíos (12:17). Serán salvos gracias a los ministerios de los dos testigos (11:3-13) y de los ciento cuarenta y cuatro mil (7:1-8; 14:1-5). Los creyentes de la tribulación sufrirán la más intensa persecución en la historia humana. En Mateo 24:21 Jesús describió este período como un tiempo de "gran tribulación, cual no la ha habido desde el principio del mundo hasta ahora, ni la habrá". Tan terribles serán las condiciones que "si aquellos días no fuesen acortados, nadie sería salvo; mas por causa de los escogidos, aquellos días serán acortados" (Mt. 24:22). Dios establecerá un límite en la tribulación para que los elegidos no sufran más de lo que pueden soportar (cp. 1 Co. 10:13). No hay evidencia más fuerte sobre la perseverancia de la fe salvadora que la realidad de que los creyentes sometidos a la mayor prueba en toda la historia, mantendrán su fe salvadora hasta el fin.

El alentador mensaje de los versículos 12 y 13 forman una breve tregua en la revelación del juicio de Dios contra los incrédulos. Los versículos 9-11 describieron un terrible cuadro de la condenación de los no arrepentidos adoradores del anticristo. La narración del juicio de Dios se reanuda en el versículo 14 y continúa por el resto del capítulo. En medio de toda esa masacre, con desastres sin precedentes que tienen lugar en todo lo que los rodea, los santos de la tribulación seguirán siendo fieles y leales a Cristo. Ni siquiera la posibilidad del martirio los persuadirá para que abandonen su fe. Su perseverante lealtad a Jesucristo forma el punto luminoso en las tinieblas de la tribulación. También responde a la pregunta del mundo incrédulo: "el gran día de su ira ha llegado; ¿y quién podrá sostenerse en pie?" (6:17). Los creyentes de la tribulación seguirán firmes hasta el fin.

La doctrina bíblica de la paciencia de los santos radica sobre sólidas e inconmovibles columnas. La primera prueba de la veracidad de esa doctrina es que la promesa de Dios lo estableció. En el Salmo 37:23-34, David expresó la verdad de que Dios guarda a los suyos:

Por Jehová son ordenados los pasos del hombre,
y él aprueba su camino.
Cuando el hombre cayere, no quedará postrado,
porque Jehová sostiene su mano.
Joven fui, y he envejecido,
y no he visto justo desamparado,
ni su descendencia que mendigue pan.
En todo tiempo tiene misericordia, y presta;
y su descendencia es para bendición.
Apártate del mal, y haz el bien,
y vivirás para siempre.

Porque Jehová ama la rectitud,
y no desampara a sus santos.
Para siempre serán guardados;
mas la descendencia de los impíos será destruida.
Los justos heredarán la tierra,
y vivirán para siempre sobre ella.
La boca del justo habla sabiduría,
y su lengua habla justicia.
La ley de su Dios está en su corazón;
por tanto, sus pies no resbalarán.
Acecha el impío al justo,
y procura matarlo.
Jehová no lo dejará en sus manos,
ni lo condenará cuando le juzgaren.
Espera en Jehová, y guarda su camino,
y él te exaltará para heredar la tierra;
cuando sean destruidos los pecadores, lo verás.

Isaías también celebró esta gran verdad:

Ahora, así dice Jehová, Creador tuyo, oh Jacob,
y Formador tuyo, oh Israel:
No temas, porque yo te redimí;
te puse nombre, mío eres tú.
Cuando pases por las aguas, yo estaré contigo;
y si por los ríos, no te anegarán.
Cuando pases por el fuego, no te quemarás,
ni la llama arderá en ti.
Porque yo Jehová, Dios tuyo,
el Santo de Israel, soy tu Salvador;
a Egipto he dado por tu rescate,
a Etiopía y a Seba por ti.
Porque a mis ojos fuiste de gran estima,
fuiste honorable, y yo te amé;
daré, pues, hombres por ti, y naciones por tu vida.
No temas, porque yo estoy contigo;
del oriente traeré tu generación,
y del occidente te recogeré.
Diré al norte: Da acá;
y al sur: No detengas;
trae de lejos mis hijos,

y mis hijas de los confines de la tierra,
todos los llamados de mi nombre;
para gloria mía los he creado, los formé y los hice
(Is. 43:1-7).

Israel será salvo en Jehová
con salvación eterna;
no os avergonzaréis ni os afrentaréis,
por todos los siglos
(Is. 45:17).

Pero Sion dijo: Me dejó Jehová,
y el Señor se olvidó de mí.
¿Se olvidará la mujer de lo que dio a luz,
para dejar de compadecerse del hijo de su vientre?
Aunque olvide ella, yo nunca me olvidaré de ti.
He aquí que en las palmas de las manos te tengo esculpida;
delante de mí están siempre tus muros
(Is. 49:14-16).

Alzad a los cielos vuestros ojos,
y mirad abajo a la tierra;
porque los cielos serán deshechos como humo,
y la tierra se envejecerá como ropa de vestir,
y de la misma manera perecerán sus moradores;
pero mi salvación será para siempre,
mi justicia no perecerá
(Is. 51:6).

Dios también promete en el Nuevo Testamento que la salvación es eterna:

Porque de tal manera amó Dios al mundo, que ha dado a su Hijo unigénito,
para que todo aquel que en él cree, no se pierda, mas tenga vida eterna.
(Jn. 3:16).

El que cree en el Hijo tiene vida eterna (Jn. 3:36).

"De cierto, de cierto os digo: El que oye mi palabra, y cree al que me envió, tiene
vida eterna; y no vendrá a condenación, mas ha pasado de muerte a vida
(Jn. 5:24).

Y esta es la promesa que él nos hizo, la vida eterna (1 Jn. 2:25).

Una segunda verdad sobre la que se fundamenta la doctrina de la paciencia de los santos es que el propósito de Dios lo asegura. Jesús dijo:

Todo lo que el Padre me da, vendrá a mí; y al que a mí viene, no le echo fuera. Porque he descendido del cielo, no para hacer mi voluntad, sino la voluntad del que me envió. Y esta es la voluntad del Padre, el que me envió: Que de todo lo que me diere, no pierda yo nada, sino que lo resucite en el día postrero. Y esta es la voluntad del que me ha enviado: Que todo aquél que ve al Hijo, y cree en él, tenga vida eterna; y yo le resucitaré en el día postrero (Jn. 6:37-40).

La promesa de Dios radica en su plan o su propósito soberano; aquí se declara explícitamente que su voluntad es que ninguno de los que Él dio a su Hijo se pierda. En Juan 6:44 Jesús destacó esa verdad, observando que "Ninguno puede venir a mí, si el Padre que me envió no le trajere; y yo le resucitaré en el día postrero". Todos los que aceptan la fe salvadora en Jesucristo participarán de la "resurrección de vida" (Jn. 5:29); ninguno se perderá. Romanos 8:28-30 también enseña que no hay rupturas en el proceso de salvación:

Y sabemos que a los que aman a Dios, todas las cosas les ayudan a bien, esto es, a los que conforme a su propósito son llamados. Porque a los que antes conoció, también los predestinó para que fuesen hechos conformes a la imagen de su Hijo, para que él sea el primogénito entre muchos hermanos. Y a los que predestinó, a éstos también llamó; y a los que llamó, a éstos también justificó; y a los que justificó, a éstos también glorificó.

Todos aquellos a quienes Dios conoció de antemano están predestinados, son llamados, justificados y glorificados. Desde su inicio en la eternidad pasada hasta su conclusión en la eternidad futura, el proceso de salvación no tiene interrupciones; no hay posibilidad de que alguien deserte a lo largo del camino. "[Estoy] persuadido de esto", escribió Pablo, "que el que comenzó en vosotros la buena obra, la perfeccionará hasta el día de Jesucristo" (Fil. 1:6; cp. 1 Co. 1:7-9). En Romanos 11:29 añadió: "irrevocables son los dones y el llamamiento de Dios". Dios cumplirá lo que se propone.

Una tercera prueba de la doctrina de la paciencia de los santos es que el poder de Dios la garantiza. El poder de Dios que convierte a los creyentes en nuevas criaturas (2 Co. 5:17) los sostendrá, de modo que no pueden perderse nunca. En Juan 10:27-29 Jesús declaró enfáticamente que el poder de Dios guarda con seguridad a los creyentes: "Mis ovejas oyen mi voz, y yo las conozco, y me siguen, y yo les doy vida eterna; y no perecerán jamás, ni nadie las arrebatará de mi mano. Mi Padre que me las dio, es mayor que todos, y nadie las puede arrebatar de la mano de mi Padre". Ni Satanás, ni todas las fuerzas del infierno pueden arrebatarle a Dios un creyente, "porque mayor es el que está en vosotros, que el que está en el mundo" (1 Jn. 4:4). Pablo escribió a los tesalonicenses: "Pero fiel es el Señor, que os afirmará y guardará del mal" (2 Ts. 3:3). El autor de Hebreos escribió: "por lo cual puede también salvar perpetuamente a los que por él se acercan a Dios, viviendo siempre para interceder por ellos" (He. 7:25). La epístola de Judas termina con la bendición, "a aquel que es poderoso para guardaros sin caída, y presentaros sin mancha delante de su gloria con gran alegría" (Jud. 24). A más de su promesa y su propósito, Dios tiene el poder de guardar con seguridad a los creyentes.

Los santos también perseverarán porque la salvación es totalmente por la gracia de Dios (Ef. 2:8-9). Como no hemos hecho nada para ganarla, así tampoco podemos hacer nada para retenerla. Al concluir su primera epístola a los tesalonicenses, Pablo pronunció la bendición siguiente sobre ellos: "Y el mismo Dios de paz os santifique por completo; y todo vuestro ser, espíritu, alma y cuerpo, sea guardado irreprensible para la venida de nuestro Señor Jesucristo" (1 Ts. 5:23). Luego el apóstol explicó cómo se llevaría a cabo la custodia de los tesalonicenses: "Fiel es el que os llama, el cual también lo hará" (v. 24).

Afirmar que la fe salvadora puede morir, o puede perderse, contradice la promesa, el propósito, el poder y la gracia de Dios. Los creyentes han "[renacido] para una esperanza viva, por la resurrección de Jesucristo de los muertos, para una herencia incorruptible, incontaminada e inmarcesible, reservada en los cielos para [ellos], que [son] guardados por el poder de Dios mediante la fe, para alcanzar la salvación que está preparada para ser manifestada en el tiempo postrero" (1 P. 1:3-5). Dios garantiza que los creyentes perseverarán.

Sin embargo, las repetidas exhortaciones bíblicas a la paciencia ponen en claro que los creyentes tienen una responsabilidad en el perseverar. "Seréis aborrecidos de todos por causa de mi nombre", advirtió Jesús, "mas el que persevere hasta el fin, éste será salvo" (Mt. 10:22). En Mateo 24:13 Él repite: "El que persevere hasta el fin, éste será salvo". Al llegar a Antioquía, Bernabé "exhortó a todos a que con propósito de corazón permaneciesen fieles al Señor" (Hch. 11:23). Más adelante, Pablo y Bernabé pasaron un tiempo en Listra, Iconio, y Antioquía "confirmando los ánimos de los discípulos, exhortándoles a que permaneciesen en la fe, y diciéndoles: Es necesario que a través de muchas tribulaciones entremos en el reino de Dios" (Hch. 14:22). Pablo escribió a los romanos: "[Dios] pagará a cada uno conforme a sus obras: vida eterna a los que, perseverando en bien hacer, buscan gloria y honra e inmortalidad, pero ira y enojo a los que son contenciosos y no obedecen a la verdad, sino que obedecen a la injusticia" (Ro. 2:6-8). Colosenses 1:21-23 revela claramente la parte de Dios en la salvación y la responsabilidad del hombre en perseverar. Los cristianos son redimidos, aunque "[eran] en otro tiempo extraños y enemigos en [su] mente, haciendo malas obras" porque Dios "ahora [los] ha reconciliado en [el] cuerpo de carne [de Cristo], por medio de la muerte, para [presentarlos] santos y sin mancha e irreprensibles delante de él". Pero esto no quita la responsabilidad de los creyentes a "[permanecer] fundados y firmes en la fe, y sin [moverse] de la esperanza del evangelio que [han] oído". Con el mismo tono el autor de Hebreos escribió: "Porque somos hechos participantes de Cristo, con tal que retengamos firme hasta el fin nuestra confianza del principio" (He. 3:14). El apóstol Juan describió a los cristianos como vencedores (2:7, 11, 17, 26-28; 3:5, 12, 21; 1 Jn. 5:4-5).

Los creyentes perseveran por fe (1 P. 1:5; 1 Jn. 5:4-5), temor (Jer. 32:40), amor (Ef. 6:24), obediencia (Jn. 8:31), y al alejarse del pecado (2 Co. 7:1; cp. Ro. 6:12-14). Dios concede todos estos medios y luego exhorta a los creyentes a manifestarlos en su vida. La doctrina de la perseverancia no debe interpretarse mal enseñando que los creyentes serán eternamente salvos sin importar lo que creen o cómo vivan. Lo que sí enseña es que, como se observó antes, los verdaderos creyentes continuarán en la fe. A la justificación seguirá la santificación que conduce a la glorificación.

Esto hace surgir la pregunta sobre los que una vez profesaron la fe en Cristo, pero luego se apartaron. La Biblia enseña que tales personas nunca fueron salvas. Al explicar la parábola del sembrador a sus discípulos, Jesús dijo del terreno pedregoso: "Estos son asimismo los que fueron sembrados en pedregales: los que cuando han oído la palabra, al momento la reciben con gozo; pero no tienen raíz en sí, sino que son de corta duración, porque cuando viene la tribulación o la persecución por causa de la palabra, luego tropiezan" (Mr. 4:16-17). Jesús advirtió en Juan 15:6: "El que en mí no permanece, será echado fuera como pámpano, y se secará; y los recogen, y los echan en el fuego, y arden". El autor de Hebreos observó que "es imposible que los que una vez fueron iluminados y gustaron del don celestial, y fueron hechos partícipes del Espíritu Santo, y asimismo gustaron de la buena palabra de Dios y los poderes del siglo venidero, y recayeron, sean otra vez renovados para arrepentimiento, crucificando de nuevo para sí mismos al Hijo de Dios y exponiéndole a vituperio" (He. 6:4-6). En Hebreos 10:29 preguntó retóricamente: "¿Cuánto mayor castigo pensáis que merecerá el que pisoteare al Hijo de Dios, y tuviere por inmunda la sangre del pacto en la cual fue santificado, e hiciere afrenta al Espíritu de gracia?" "Salieron de nosotros", declaró el apóstol Juan, "pero no eran de nosotros; porque si hubiesen sido de nosotros, habrían permanecido con nosotros; pero salieron para que se manifestase que no todos son de nosotros" (1 Jn. 2:19).

Una escena de *El progreso del peregrino* de Juan Bunyan ilustra el hecho de que los verdaderos cristianos perseveran en las pruebas, mientras que los falsos creyentes se apartan de la fe:

Cuando apenas Cristiano se había acercado a la orilla del valle de Sombra-de-muerte, se encontró con dos hombres que volvían a toda prisa; eran hijos de los que trajeron malos informes de la buena tierra (Nm. 13:32), con quienes Cristiano trabó la siguiente conversación:

Cristiano– ¿Adónde van?

Hombre– Atrás, atrás; y si estimas en algo tu vida y tu paz, te aconsejamos que hagas lo mismo.

Cristiano– Pues ¿por qué? ¿Qué ocurre?

Hombre– ¿Qué? Nos dirigíamos por este mismo camino que tú llevas; habíamos avanzado ya hasta donde nos atrevimos; pero apenas hemos podido volver, porque si hubiéramos dado unos cuantos pasos más no estaríamos ahora aquí para darte esta noticia.

Cristiano– Pero ¿qué han encontrado?

Hombre– Casi estábamos ya en el valle de Sombra-de-muerte, cuando extendimos la vista delante de nosotros y descubrimos el peligro antes de llegar (Sal. 107:10).

Cristiano– Pero ¿qué han visto?

Hombre– ¡Ah! Hemos visto el valle mismo, que es tan oscuro como la noche. Hemos visto allí los fantasmas y dragones del abismo; hemos oído también en ese valle continuos aullidos y gritos como de personas sumidas en miseria indecible, que allí sufren agobiadas bajo el peso de aflicciones y cadenas. Sobre ese valle también se extienden las horrendas nubes de la confusión; la muerte también cierne sus alas constantemente sobre él. En una palabra: allí todo es horrible y todo está en espantoso desorden (Job 10:22).

Cristiano– Lo que me dicen no me muestra sino que este es el camino que debo seguir hacia el deseado puerto (Sal. 44:18).

Hombre– Nosotros no queremos seguir éste.

Y con eso se separaron, y Cristiano siguió su camino; pero siempre con la espada en la mano por temor de ser atacado.

La paciencia de los **santos** de la tribulación será evidente porque **guardan los mandamientos de Dios**. Que la genuina fe salvadora traerá como resultado tal obediencia es la clara enseñanza de la Biblia. En Juan 8:31 Jesús dijo: "Si vosotros permaneciereis en mi palabra, seréis verdaderamente mis discípulos". En Juan 14:21 Jesús definió a quienes de veras lo aman como aquellos que le obedecen: "El que tiene mis mandamientos, y los guarda, ése es el que me ama; y el que me ama, será amado por mi Padre, y yo le amaré, y me manifestaré a él". En Juan 15:14 añadió: "Vosotros sois mis amigos, si hacéis lo que yo os mando". En Lucas 6:46 Jesús preguntó: "¿Por qué me llamáis, Señor, Señor, y no hacéis lo que yo digo?" El apóstol Juan escribió: "Este es el amor de Dios, que guardemos sus mandamientos" (1 Jn. 5:3).

Una segunda forma en que los santos de la tribulación mostrarán paciencia será mediante **la fe de Jesús.** Seguirán siendo leales incluso bajo el tiránico reinado del anticristo. Ni siquiera la amenaza de muerte (13:15) hará que abandonen su fe en el Señor Jesucristo. Al igual que los héroes de la fe mencionados en Hebreos 11, mantendrán su testimonio hasta el fin, aun cuando ese fin sea un martirio horripilante.

¿Por qué son bienaventurados esos muertos fieles? Porque llevaron una vida pura, noble, con propósito, obediente, fructífera, gozosa y ejemplar. Vivieron una vida plena de fe y obediencia a Dios. Aunque no hubiera cielo, esa seguiría siendo la mejor manera de vivir. Pero hay un cielo después de esta vida para el pueblo de Dios; por lo tanto, la muerte de los santos de la tribulación también será eternamente bienaventurada.

CÓMO MURIERON

Oí una voz que desde el cielo me decía: Escribe: Bienaventurados de aquí en adelante los muertos que mueren en el Señor. Sí, dice el Espíritu, descansarán de sus trabajos, porque sus obras con ellos siguen. (14:13)

Después de haber vivido con paciencia, los santos de la tribulación morirán con promesa. Esta es la sexta vez en Apocalipsis que Juan oyó **una voz... desde el cielo** (cp. 10:4, 8; 11:12; 12:10; 14:2); él escuchará esta voz tres veces más (18:4; 19:5; 21:3). La **voz** (probablemente la de Dios, no de un ángel) le ordenó a Juan que escribiera. Doce veces en Apocalipsis a Juan se le dice que **escriba** (cp. 1:11, 19; 2:1, 8, 12, 18; 3:1, 7, 14; 19:9; 21:5); el apóstol tenía la orden divina de registrar sus visiones.

La **voz** celestial ordenó a Juan que escribiera **Bienaventurados de aquí en adelante los muertos que mueren en el Señor.** Entre ellos están los mártires como Antipas (2:13), los que Juan vio debajo del altar celestial (6:9-11), y la "gran multitud, la cual nadie podía contar, de todas naciones y tribus y pueblos y lenguas, que estaban delante del trono y en la presencia del Cordero, vestidos de ropas blancas... los que han salido de la gran tribulación, y han lavado sus ropas, y las han emblanquecido en la sangre del Cordero" (Ap. 7:9, 14). Estos mártires son bienaventurados no solo porque vivieron en plena obediencia y confianza, sino también porque **mueren en el Señor.** Ellos experimentarán en la muerte la plena recompensa, ya que "estimada es a los ojos de Jehová la muerte de sus santos" (Sal. 116:15). Con Pablo, ellos podrán gritar triunfalmente: "¿Dónde está, oh muerte, tu aguijón? ¿Dónde, oh sepulcro, tu victoria?" (1 Co. 15:55).

La **voz** le informó a Juan que no solo serán bienaventurados quienes ya habían muerto, sino también los que mueran **de aquí en adelante.** Los creyentes martirizados desde ese momento hasta el final de la tribulación no tendrán nada que temer. También su muerte será bienaventurada.

Se cita directamente al **Espíritu** Santo en Apocalipsis solamente aquí y en 22:17. Su enfático **Sí** (la partícula griega *nai* indica una afirmación fuerte) muestra que Él está de acuerdo con la voz celestial que afirmó que los muertos son bienaventurados. Como su sustentador y consolador, quien los ama y se duele con su dolor, el Espíritu Santo anhela ver tal sufrimiento llegar a su fin. Él añade dos razones más para la bienaventuranza de los mártires de la tribulación.

En primer lugar, el Espíritu los declara bienaventurados porque **descansarán de sus trabajos**. *Kopos* describes una faena dura, difícil, agotadora. También puede referirse a molestia, disgusto, o problema. Sin duda los santos de la tribulación sufrirán toda la gama de estos significados de la palabra. Se llenará de tristeza al ver a los que aman —hijos, padres, cónyuges y amigos— sufrir el tormento y la muerte. Sus vidas serán una dura, difícil y peligrosa lucha por la supervivencia. Al no tener la marca de la bestia, se les excluirá de la sociedad, no podrán comprar ni vender, y vivirán como fugitivos que huyen. La muerte, al dar **descanso** de todas las dificultades y tristezas de su vida, llegará como un bienvenido alivio. En marcado contraste están los malditos, quienes no conocerán ni un momento de descanso durante toda la eternidad (14:11).

El Espíritu Santo también dice que los mártires de la tribulación serán bienaventurados porque **sus obras con ellos siguen**. *Erga* (**obras**) se refiere a su servicio al Señor. Cuando esos creyentes vayan al cielo, los registros de su diligente labor **siguen** junto **con ellos**. La Biblia enseña que Dios recompensará a los creyentes en el cielo por su servicio terrenal a Él. Hebreos 6:10 dice: "Porque Dios no es injusto para olvidar vuestra obra y el trabajo de amor que habéis mostrado hacia su nombre, habiendo servido a los santos y sirviéndoles aún". Al enfrentar una inminente ejecución, Pablo declaró triunfalmente: "He peleado la buena batalla, he acabado la carrera, he guardado la fe. Por lo demás, me está guardada la corona de justicia, la cual me dará el Señor, juez justo, en aquel día; y no sólo a mí, sino también a todos los que aman su venida" (2 Ti. 4:7-8). Primera a los Corintios 3:12-14 describe la prueba de Dios de las obras de los creyentes. El "oro, [la] plata [y las] piedras preciosas" (v. 12) se conservarán, mientras que la "madera, [el] heno [y la] hojarasca" (v. 12) se destruirán. Lo que queda formará el fundamento para la recompensa de los creyentes (vv. 13-14).

Los muertos que hayan vivido en obediencia y confianza serán bienaventurados con descanso y recompensa después que mueran. Los que viven ahora por placeres lujuriosos están muertos, aunque estén vivos (1 Ti. 5:6). Estando "muertos en [sus] delitos y pecados" (Ef. 2:1), ellos enfrentan el horror de la condenación a castigo eterno en el infierno. La solemne verdad es que las decisiones que toman las personas en esta vida, trazarán irreversiblemente el curso de su destino eterno. Una eternidad sin Cristo de tormento sin alivio, o el bienaventurado descanso y la recompensa celestial: esta es la decisión que tiene que tomar cada persona.

La última siega de la tierra   9

Miré, y he aquí una nube blanca; y sobre la nube uno sentado semejante al Hijo del Hombre, que tenía en la cabeza una corona de oro, y en la mano una hoz aguda. Y del templo salió otro ángel, clamando a gran voz al que estaba sentado sobre la nube: Mete tu hoz, y siega; porque la hora de segar ha llegado, pues la mies de la tierra está madura. Y el que estaba sentado sobre la nube metió su hoz en la tierra, y la tierra fue segada.

Salió otro ángel del templo que está en el cielo, teniendo también una hoz aguda. Y salió del altar otro ángel, que tenía poder sobre el fuego, y llamó a gran voz al que tenía la hoz aguda, diciendo: Mete tu hoz aguda, y vendimia los racimos de la tierra, porque sus uvas están maduras. Y el ángel arrojó su hoz en la tierra, y vendimió la viña de la tierra, y echó las uvas en el gran lagar de la ira de Dios. Y fue pisado el lagar fuera de la ciudad, y del lagar salió sangre hasta los frenos de los caballos, por mil seiscientos estadios. (14:14-20)

La primera venida de Cristo fue de humillación, un tiempo en que Él, "siendo en forma de Dios, no estimó el ser igual a Dios como cosa a que aferrarse, sino que se despojó a sí mismo, tomando forma de siervo, hecho semejante a los hombres; y estando en la condición de hombre, se humilló a sí mismo, haciéndose obediente hasta la muerte, y muerte de cruz" (Fil. 2:6-8).

Jesucristo vino la primera vez como siervo; Él volverá como el Rey soberano. En su primera venida, vino con humildad; en su Segunda Venida, vendrá con majestad y esplendor. La primera vez que vino a la tierra, "el Hijo del Hombre vino a buscar y a salvar lo que se había perdido" (Lc. 19:10); cuando Él vuelva, será para "[juzgar] a los vivos y a los muertos" (2 Ti. 4:1). Jesucristo vino la primera vez como el sembrador; vendrá otra vez como el segador.

El juicio final de Dios en la tierra es el tema de 14:6-11. Los versículos 12 y 13 forman una breve tregua, presentando la alentadora y prometedora verdad de la paciencia de los santos. Luego de este breve descanso para alentar a los fieles, el tema de la ira divina se reanuda en los versículos 14-20. El juicio presentado en esos versículos tendrá lugar en el peor momento de la historia humana, la gran tribulación (Mt. 24:21-22). Después de años de soportar el gobierno opresor del anticristo, los ataques demoniacos y los aterradores y devastadores juicios de Dios, a las personas les será difícil creer que las cosas están por mejorar. Parecerá como si la vida no pudiera ser peor, pero así será. El catastrófico juicio del "Día del Señor" está a punto de caer sobre Satanás, sus huestes de demonios, el anticristo y todas las personas malvadas y sin arrepentirse del mundo. Se describe ese juicio en este pasaje como la última siega de la tierra. En un holocausto sin precedentes, toda la furia del Señor Jesucristo se desatará en juicio devastador.

El tema del juicio venidero es sin duda no exclusivo de Apocalipsis. Aun antes que el Mesías predicara las buenas nuevas del evangelio, sus precursores proclamaron las malas noticias del juicio. En Mateo 3:7 Juan el Bautista dijo: "¡Generación de víboras! ¿Quién os enseñó a huir de la ira venidera?" Durante su ministerio terrenal, Jesús advirtió varias veces del futuro día del juicio (p.ej., Mt. 10:15; 11:22, 24; 12:36, 41-42; Jn. 5:28-29). Pablo escribió: "Porque la ira de Dios se revela desde el cielo contra toda impiedad e injusticia de los hombres que detienen con injusticia la verdad... Pero por tu dureza y por tu corazón no arrepentido, atesoras para ti mismo ira para el día de la ira y de la revelación del justo juicio de Dios, el cual pagará a cada uno conforme a sus obras" (Ro. 1:18; 2:5-6). En 2 Tesalonicenses 1:6-9 el apóstol añadió: "Porque es justo delante de Dios pagar con tribulación a los que os atribulan, y a vosotros que sois atribulados, daros reposo con nosotros, cuando se manifieste el Señor Jesús desde el cielo con los ángeles de su poder, en llama de fuego, para dar retribución a los que no conocieron a Dios, ni obedecen al evangelio de nuestro Señor Jesucristo; los cuales sufrirán pena de eterna perdición, excluidos de la presencia del Señor y de la gloria de su poder". El escritor de Hebreos advirtió: "Porque si pecáremos voluntariamente después de haber recibido el conocimiento de la verdad, ya no queda más sacrificio por los pecados, sino una horrenda expectación de juicio, y de hervor de fuego que ha de devorar a los adversarios" (He. 10:26-27). También Pedro escribió del juicio venidero, advirtiendo que "sabe el Señor librar de tentación a los piadosos, y reservar a los injustos para ser castigados en el día del juicio... los cielos y la tierra que existen ahora, están reservados por la misma palabra, guardados para el fuego en el día del juicio y de la perdición de los hombres impíos" (2 P. 2:9; 3:7).

El Antiguo Testamento también se refiere al divino juicio escatológico del mundo. En Isaías leemos:

Y castigaré al mundo por su maldad,
y a los impíos por su iniquidad;
y haré que cese la arrogancia de los soberbios,
y abatiré la altivez de los fuertes.
Haré más precioso que el oro fino al varón,

y más que el oro de Ofir al hombre.
Porque haré estremecer los cielos,
y la tierra se moverá de su lugar,
en la indignación de Jehová de los ejércitos, (Is. 13:11-13).

El juicio venidero se menciona también en Isaías 24:21-23:

Acontecerá en aquel día,
que Jehová castigará al ejército de los cielos en lo alto,
y a los reyes de la tierra sobre la tierra.
Y serán amontonados
como se amontona a los encarcelados en mazmorra,
y en prisión quedarán encerrados,
y serán castigados después de muchos días.
La luna se avergonzará, y el sol se confundirá,
cuando Jehová de los ejércitos reine en el monte de Sion y en Jerusalén,
y delante de sus ancianos sea glorioso.

Dos pasajes del Antiguo Testamento presentan notables paralelos con Apocalipsis 14. Isaías 63:1-6 registra un fascinante monólogo del Mesías al venir a ejecutar el sangriento juicio final sobre el mundo incrédulo:

¿Quién es éste que viene de Edom,
de Bosra, con vestidos rojos?
¿éste hermoso en su vestido,
que marcha en la grandeza de su poder?
Yo, el que hablo en justicia, grande para salvar.
¿Por qué es rojo tu vestido,
y tus ropas como del que ha pisado en lagar?
He pisado yo solo el lagar,
y de los pueblos nadie había conmigo;
los pisé con mi ira,
y los hollé con mi furor;
y su sangre salpicó mis vestidos,
y manché todas mis ropas.
Porque el día de la venganza está en mi corazón,
y el año de mis redimidos ha llegado.
Miré, y no había quien ayudara,
y me maravillé que no hubiera quien sustentase;
y me salvó mi brazo,
y me sostuvo mi ira.

Y con mi ira hollé los pueblos,
y los embriagué en mi furor,
y derramé en tierra su sangre.

Este pasaje, al igual que Apocalipsis 14:19-20, emplea la metáfora de uvas pisadas en un lagar para describir la devastación del juicio final de Dios.

El profeta Joel registró la devastación que experimentó Israel por la sequía, el fuego y la gran invasión de langostas (Jl. 1:1–2:11). Luego el profeta usó esos juicios temporales para advertir del aun más devastador juicio del día del Señor (2:18–3:21). En Joel 3:12-13 ese juicio se describe empleando la misma imagen que se encuentra en Apocalipsis 14:

Despiértense las naciones,
y suban al valle de Josafat;
porque allí me sentaré para juzgar
a todas las naciones de alrededor.
Echad la hoz, porque la mies está ya madura.
Venid, descended, porque el lagar está lleno,
rebosan las cubas; porque mucha es la maldad de ellos.

Joel, como Isaías, representó el futuro juicio que hará Dios sobre los malvados, con la imagen de un lagar y de una cosecha.

El Señor Jesucristo también empleó la analogía de la cosecha para el juicio. En la parábola del trigo y la cizaña Él dijo: "Dejad crecer juntamente lo uno y lo otro hasta la siega; y al tiempo de la siega yo diré a los segadores: Recoged primero la cizaña, y atadla en manojos para quemarla; pero recoged el trigo en mi granero" (Mt. 13:30). Cuando sus discípulos le pidieron que explicara la parábola, Jesús dijo:

El enemigo que la sembró es el diablo; la siega es el fin del siglo; y los segadores
son los ángeles. De manera que como se arranca la cizaña, y se quema en el
fuego, así será en el fin de este siglo. Enviará el Hijo del Hombre a sus ángeles,
y recogerán de su reino a todos los que sirven de tropiezo, y a los que hacen
iniquidad, y los echarán en el horno de fuego; allí será el lloro y el crujir de
dientes (Mt. 13:39-42).

De modo que Joel, Isaías y el Señor Jesucristo hablaron de una futura cosecha de ira divina cuando el Mesías ejecute el juicio final. Ese último derramamiento de la furia condenatoria del Cordero es el tema del texto de este capítulo.

Este pasaje describe la cosecha final de ira divina en dos temas de la agricultura: la cosecha de granos (vv. 14-16) y la cosecha de la uva (vv. 17-20), surgiendo la pregunta de por qué Juan registró dos visiones del mismo acontecimiento. Hay muchas descripciones que los profetas hicieron de ese acontecimiento, incluso los mencionados antes, así que no es algo extraordinario que Juan registrara dos visiones de él. Pero también hay una situación específica al llegar a este punto en el libro de Apocalipsis que sugiere un propósito detrás de la repetición. Cuando la tribulación se aproxima a su punto culminante, quedan por derramarse sobre el mundo pecador dos aspectos principales de la ira escatológica de Dios. El primer aspecto implica los siete juicios de las copas (16:1-21), una vertiginosa secuencia de aterradores y mortales juicios mundiales que destruirán la final Babilonia, el imperio del anticristo. El segundo aspecto es la batalla de Armagedón, cuando Jesucristo regresa a juzgar y destruir a sus enemigos (19:11-21).

LA COSECHA DE GRANO

Miré, y he aquí una nube blanca; y sobre la nube uno sentado semejante al Hijo del Hombre, que tenía en la cabeza una corona de oro, y en la mano una hoz aguda. Y del templo salió otro ángel, clamando a gran voz al que estaba sentado sobre la nube: Mete tu hoz, y siega; porque la hora de segar ha llegado, pues la mies de la tierra está madura. Y el que estaba sentado sobre la nube metió su hoz en la tierra, y la tierra fue segada. (14:14-16)

La cosecha de grano simboliza los siete juicios de las copas; la cosecha de uva, el juicio de Armagedón. Ambas cosechas implican una hoz y la siega, y ambas pueden describirse por los tres mismos elementos: el segador, la madurez y la siega.

EL SEGADOR

Miré, y he aquí una nube blanca; y sobre la nube uno sentado semejante al Hijo del Hombre, que tenía en la cabeza una corona de oro, y en la mano una hoz aguda. (14:14)

La conocida frase **Miré, y he aquí** a menudo presenta un nuevo e importante tema en Apocalipsis (cp. 4:1; 6:2, 5, 8; 7:9; 14:1). Lo que atrajo la atención de Juan fue una **nube blanca**, una imagen que se toma de Daniel 7:13-14:

Miraba yo en la visión de la noche,
y he aquí con las nubes del cielo venía
uno como un hijo de hombre,
que vino hasta el Anciano de días,
y le hicieron acercarse delante de él.

Y le fue dado dominio,
gloria y reino,
para que todos los pueblos, naciones y lenguas le sirvieran;
su dominio es dominio eterno,
que nunca pasará,
y su reino uno que no será destruido.

Juan vio **uno sentado semejante al Hijo del Hombre**, el Señor Jesucristo, que viene a establecer su reino en cumplimiento de la profecía de Daniel. La brillante **nube** blanca simboliza su gloria y majestad (cp. 1:7; Mt. 17:5; 24:30; 26:64; Hch. 1:9). Él está listo para tomar el dominio del que profetizó Daniel; el segador está **sentado** mientras espera el momento apropiado para ponerse de pie y comenzar la siega. A esa siega (los siete juicios de las copas) la seguirá la venida de Cristo para establecer su reino.

La descripción de Cristo como **semejante al Hijo del Hombre** también viene de la profecía de Daniel (Dn. 7:13). Fue el título predilecto del Señor para referirse a sí mismo durante su encarnación (p.ej., Mt. 8:20; 9:6; 24:27, 30; Mr. 2:10, 28; 8:31; 9:9; Lc. 6:22; 7:34; 9:22; 12:8; Jn. 5:27; 6:27, 62; 8:28), cuando "se despojó a sí mismo, tomando forma de siervo, [y fue] hecho semejante a los hombres... y [estuvo] en la condición de hombre" (Fil. 2:7-8). No hay dudas de que el **semejante al Hijo del Hombre** es el Señor Jesucristo. Esta es la última vez que las Escrituras se refieren a Él con ese título, y presenta un marcado contraste con la primera vez que el Nuevo Testamento lo llama **Hijo del Hombre**. En aquella oportunidad Él no tenía ni siquiera un lugar donde recostar su cabeza (Mt. 8:20); ahora esta a punto de tomar posesión de toda la tierra.

Se describe al segador como que tenía **en la cabeza una corona de oro**. Esa **corona** no es la *diadēma* que usa un rey (cp. 19:12), sino *stephanos* usado por los vencedores en la guerra o en los eventos deportivos; es la corona de triunfo (cp. 2:10; 1 Co. 9:25; 1 Ts. 2:19; 2 Ti. 4:8; Stg. 1:12; 1 P. 5:4). Describe al Hijo del Hombre no en su identidad como gobernante soberano, sino como el triunfante conquistador victorioso sobre todos sus enemigos (cp. Mt. 24:30).

También el segador tenía **en la mano una hoz aguda**. Una **hoz** era larga, curvada y afilada hoja de acero atada a un mango largo de madera. Se usaban las hoces para cosechar el grano; al sostenerse con ambas manos y pasarse rápidamente de un lado a otro, sus afiladas hojas cortaban los tallos a nivel de tierra. La descripción es del Señor Jesucristo segando a sus enemigos como un segador cortando el grano.

LA MADUREZ

Y del templo salió otro ángel, clamando a gran voz al que estaba sentado

sobre la nube: Mete tu hoz, y siega; porque la hora de segar ha llegado, pues la mies de la tierra está madura. (14:15)

Otro ángel, el cuarto mencionado en este capítulo (cp. vv. 6, 8, 9), aparece en la escena. Los primeros tres ángeles proclamaron que venía el juicio; el cuarto trae la orden de ejecutarlo. Este ángel salió del templo celestial (cp. v. 17), de delante del trono de Dios. Con gran voz comunicando la urgencia, el poder y la autoridad que Dios le confirió, el ángel clamó al que estaba sentado sobre la nube: Mete tu hoz, y siega; porque la hora de segar ha llegado, pues la mies de la tierra está madura. Él entrega el mensaje de Dios el Padre al Hijo del Hombre, que ya es el tiempo para que comience el juicio. La ira de Dios ha alcanzado su límite, y su ira se derrama. Se terminó el tiempo de la gracia, y no habrá más demora para la cosecha de juicio. El Hijo puede ahora ejercer el derecho de juzgar que el Padre le confirió (Jn. 5:22, 27; Hch. 10:42; 17:31) porque la tierra está madura para el juicio. En realidad, la frase verbal traducida está madura significa "seca", "marchita", "demasiado madura" o "podrida". El grano (la tierra) descrito aquí ha pasado el punto de ser útil y solo sirve para recogerlo y "[quemarlo] en el fuego" (Mt. 13:40).

LA SIEGA

Y el que estaba sentado sobre la nube metió su hoz en la tierra, y la tierra fue segada. (14:16)

He aquí una de las más trágicas y solemnes declaraciones en toda la Biblia. Sencillamente, y sin adornos, registra la ejecución del juicio divino. Los alarmantes detalles de ese juicio se revelan en el capítulo 16: úlceras malignas y pestilentes sobre los adoradores del anticristo (v. 2), la muerte de toda vida en los océanos del mundo (v. 3), la conversión de los ríos del mundo y las fuentes de las aguas en sangre (v. 4), la intensificación del calor del sol hasta quemar a las personas (v. 8), dolorosas tinieblas sobre todo el reino del anticristo (v. 10), la desecación del río Éufrates en preparación para una gran invasión por los reyes del este (v. 12), y el más poderoso y destructivo terremoto de la historia (v. 18). Estos siete violentos juicios de las copas marcan la primera fase de la última siega de la tierra.

LA COSECHA DE LA UVA

Salió otro ángel del templo que está en el cielo, teniendo también una hoz aguda. Y salió del altar otro ángel, que tenía poder sobre el fuego, y llamó a gran voz al que tenía la hoz aguda, diciendo: Mete tu hoz aguda, y vendimia los racimos de la tierra, porque sus uvas están maduras. Y el ángel arrojó su hoz

en la tierra, y vendimió la viña de la tierra, y echó las uvas en el gran lagar de la ira de Dios. Y fue pisado el lagar fuera de la ciudad, y del lagar salió sangre hasta los frenos de los caballos, por mil seiscientos estadios. (14:17-20)

A la visión de la cosecha del grano le sigue la de la cosecha de la uva, que no habla de los juicios de las copas sino del juicio que tiene lugar en la batalla de Armagedón. El juicio de la cosecha es más espectacular por la imagen del lagar. Como la visión de la cosecha del grano, la de la uva puede describirse mediante tres elementos: el segador, la madurez y la siega.

EL SEGADOR

Salió otro ángel del templo que está en el cielo, teniendo también una hoz aguda. (14:17)

En esta visión el segador no es el Hijo del Hombre, como en la cosecha del grano, sino un **ángel**, el quinto mencionado en el capítulo 14. Al igual que el cuarto ángel (v. 15), **salió... del templo que está en el cielo**. Al igual que Cristo en la visión anterior, tenía **también una hoz aguda**. Los ángeles han desempeñado una función importante en Apocalipsis hasta este punto, convocando a los cuatro jinetes, haciendo sonar las siete trompetas y derrotando a Satanás y a sus huestes de demonios. Además, los ángeles derramarán los siete juicios de las copas en el capítulo 16, anunciarán la batalla de Armagedón (19:17), y atarán a Satanás (20:1-3). Entonces no es sorprendente que se describa en esta visión a un ángel como el segador. El Hijo del Hombre estará asistido por santos ángeles en su juicio final (cp. Mt. 13:39, 49; 2 Ts. 1:7).

LA MADUREZ

Y salió del altar otro ángel, que tenía poder sobre el fuego, y llamó a gran voz al que tenía la hoz aguda, diciendo: Mete tu hoz aguda, y vendimia los racimos de la tierra, porque sus uvas están maduras. (14:18)

Mientras Juan observaba, apareció **otro ángel**, el sexto en la visión. Se le da el interesante nombre del **que tenía poder sobre el fuego**. Ese título está estrechamente relacionado con el hecho de que **salió del altar**. Este **altar** celestial se ha mencionado ya en 6:9-11:

> *Cuando abrió el quinto sello, vi bajo el altar las almas de los que habían sido muertos por causa de la palabra de Dios y por el testimonio que tenían. Y clamaban a gran voz, diciendo: ¿Hasta cuándo, Señor, santo y verdadero, no*

juzgas y vengas nuestra sangre en los que moran en la tierra? Y se les dieron vestiduras blancas, y se les dijo que descansasen todavía un poco de tiempo, hasta que se completara el número de sus consiervos y sus hermanos, que también habían de ser muertos como ellos.

Lo más probable es que sea emblemático del altar de oro para el incienso del Antiguo Testamento (Éx. 40:5), donde dos veces al día los sacerdotes quemaban incienso que se ofrecía en el lugar santo, representando las oraciones del pueblo, ya que a los mártires que están debajo de él se les ve orando y la oración está asociada con el incienso (5:8; Sal. 141:2; Lc. 1:10). Estos santos que murieron están orando para que Dios tome venganza de los que los atormentaron y envíe su ira.

Este altar también se describe en 8:3-5:

Otro ángel vino entonces y se paró ante el altar, con un incensario de oro; y se le dio mucho incienso para añadirlo a las oraciones de todos los santos, sobre el altar de oro que estaba delante del trono. Y de la mano del ángel subió a la presencia de Dios el humo del incienso con las oraciones de los santos. Y el ángel tomó el incensario, y lo llenó del fuego del altar, y lo arrojó a la tierra; y hubo truenos, y voces, y relámpagos, y un terremoto.

Todas las mañanas y tardes los sacerdotes del Antiguo Testamento debían tomar carbones del altar de bronce (sobre el cual se ofrecían los sacrificios) y llevarlos al altar de incienso. Allí debían encender el incienso (Éx. 30:7-8; 2 Cr. 29:11), que ascendería hacia el cielo, simbolizando las oraciones del pueblo de Dios (5:8). En el momento en que esto ocurría el pueblo estaba afuera orando (Lc. 1:10).

El que el ángel tuviera **poder sobre el fuego** (está presente el artículo definido en el texto griego, que literalmente dice "el fuego") del altar indica que había estado ministrando en el equivalente celestial al altar de incienso terrenal. A diferencia del ángel en el versículo 17, este ángel no sale del trono de Dios, sino del **altar** asociado con las oraciones de los santos. Su aparición significa que había llegado el momento de responder a esas oraciones. Había llegado el momento para que Dios tomara fuego, asociado con la intercesión, y lo usara para la destrucción de sus enemigos y los enemigos de su pueblo.

Al salir del altar, **llamó a gran voz** con urgencia **al que tenía la hoz aguda, diciendo: Mete tu hoz aguda, y vendimia los racimos de la tierra, porque sus uvas están maduras.** En respuesta a las oraciones de los santos, llega el tiempo para la cosecha de juicio. A los pecadores no arrepentidos se les describe como racimos de **uvas**, que deben ser cortados por la **hoz aguda** del segador de **la tierra**; es decir, de la existencia terrenal. La palabra **maduras** no es la misma

palabra griega empleada en el versículo 15. Esa palabra se refiere a algo totalmente maduro y en su momento culminante. Representa a las personas malvadas y no regeneradas de la tierra como estallando ante el juicio de la maldad y
listos para la cosecha de justicia.

LA SIEGA

**Y el ángel arrojó su hoz en la tierra, y vendimió la viña de la tierra, y echó las
uvas en el gran lagar de la ira de Dios. Y fue pisado el lagar fuera de la
ciudad, y del lagar salió sangre hasta los frenos de los caballos, por mil
seiscientos estadios.** (14:19-20)

Lo que ocurrió cuando **el ángel arrojó su hoz en la tierra** fue catastrófico.
Todos los enemigos de Dios que sobrevivieron a los siete juicios de las copas se
vendimiarán como racimos de **la viña de la tierra** y se echarán **en el gran lagar
de la ira de Dios.** Un **lagar** estaba formado de dos recipientes de piedra
conectados por un canal. Las uvas se pisoteaban en el recipiente superior, y se
recogía el jugo en el inferior. La salpicadura de jugo al pisotearse las uvas
describe gráficamente la salpicadura de la sangre de los que serán destruidos
(cp. Is. 63:3; Lm. 1:15; Jl. 3:13).

Será **pisado el lagar fuera de la ciudad,** mientras el Señor protege a Jerusalén
de la carnicería de la batalla de Armagedón (cp. 11:2; Dn. 11:45; Zac. 14:1-4).
Esa batalla tendrá lugar al norte de Israel en la llanura de Esdraelón cerca del
monte Meguido (a unos cien kilómetros al norte de Jerusalén). Cubrirá en su
furor todo Israel, hasta tan lejos al sur como Bosra en Edom (cp. Is. 63:1).
Jerusalén será guardada para ser la capital del reino de Cristo.

La asombrosa y aterradora carnicería de la batalla de Armagedón se extenderá
tanto que **del lagar** saldrá **sangre hasta los frenos de los caballos, por mil
seiscientos estadios.** Habrá millones de personas que participarán en la batalla
de Armagedón, ya que todas las naciones se reunirán para pelear contra el
Señor Jesucristo. Sin embargo, es difícil imaginarse que podrán producir un
flujo de sangre **hasta los frenos de los caballos** (unos cuatro pies de profundidad)
por mil seiscientos estadios (lit. "1,600 *stadia*". Una mejor interpretación, sea
que haya verdaderos caballos o no, considera eso una hipérbole que sugiere la
matanza en la que la sangre salpicará hacia el aire profusamente a lo largo de
toda la batalla. Cuando la matanza llegue a su punto culminante, la sangre
pudiera correr en abundancia.

El Armagedón, como indica este pasaje, será realmente una carnicería y no
una batalla. Cuando venga el Señor Jesucristo, el anticristo, el falso profeta y
todas sus fuerzas humanas y demoniacas serán destruidos de inmediato.
Apocalipsis 19:11-21 describe la escena en detalles:

Entonces vi el cielo abierto; y he aquí un caballo blanco, y el que lo montaba se llamaba Fiel y Verdadero, y con justicia juzga y pelea. Sus ojos eran como llama de fuego, y había en su cabeza muchas diademas; y tenía un nombre escrito que ninguno conocía sino él mismo. Estaba vestido de una ropa teñida en sangre; y su nombre es: EL VERBO DE DIOS. Y los ejércitos celestiales, vestidos de lino finísimo, blanco y limpio, le seguían en caballos blancos. De su boca sale una espada aguda, para herir con ella a las naciones, y él las regirá con vara de hierro; y él pisa el lagar del vino del furor y de la ira del Dios Todopoderoso. Y en su vestidura y en su muslo tiene escrito este nombre: REY DE REYES Y SEÑOR DE SEÑORES.

Y vi a un ángel que estaba en pie en el sol, y clamó a gran voz, diciendo a todas las aves que vuelan en medio del cielo: Venid, y congregaos a la gran cena de Dios, para que comáis carnes de reyes y de capitanes, y carnes de fuertes, carnes de caballos y de sus jinetes, y carnes de todos, libres y esclavos, pequeños y grandes.

Y vi a la bestia, a los reyes de la tierra y a sus ejércitos, reunidos para guerrear contra el que montaba el caballo, y contra su ejército. Y la bestia fue apresada, y con ella el falso profeta que había hecho delante de ella las señales con las cuales había engañado a los que recibieron la marca de la bestia, y habían adorado su imagen. Estos dos fueron lanzados vivos dentro de un lago de fuego que arde con azufre. Y los demás fueron muertos con la espada que salía de la boca del que montaba el caballo, y todas las aves se saciaron de las carnes de ellos.

Al poner la escena en este capítulo junto con la del capítulo 19, aunque el ángel corta las uvas, es el Señor Jesucristo quien aplasta sus vidas.

La humanidad no regenerada enfrenta un aterrador futuro, como indica esta increíble escena. Quienes se niegan a arrepentirse, aun después de repetidas advertencias, aprenderán de primera mano la verdad solemne de que "¡Horrenda cosa es caer en manos del Dios vivo!" (He. 10:31). Harían bien con prestar atención a la exhortación del salmista:

Honrad al Hijo, para que no se enoje,
y perezcáis en el camino;
Pues se inflama de pronto su ira.
Bienaventurados todos los que en él confían
(Sal. 2:12).

El templo del juicio

10

Vi en el cielo otra señal, grande y admirable: siete ángeles que tenían las siete plagas postreras; porque en ellas se consumaba la ira de Dios.

Vi también como un mar de vidrio mezclado con fuego; y a los que habían alcanzado la victoria sobre la bestia y su imagen, y su marca y el número de su nombre, en pie sobre el mar de vidrio, con las arpas de Dios. Y cantan el cántico de Moisés siervo de Dios, y el cántico del Cordero, diciendo:

Grandes y maravillosas son tus obras, Señor Dios Todopoderoso; justos y verdaderos son tus caminos, Rey de los santos. ¿Quién no te temerá, oh Señor, y glorificará tu nombre? pues sólo tú eres santo; por lo cual todas las naciones vendrán y te adorarán, porque tus juicios se han manifestado.

Después de estas cosas miré, y he aquí fue abierto en el cielo el templo del tabernáculo del testimonio; y del templo salieron los siete ángeles que tenían las siete plagas, vestidos de lino limpio y resplandeciente, y ceñidos alrededor del pecho con cintos de oro. Y uno de los cuatro seres vivientes dio a los siete ángeles siete copas de oro, llenas de la ira de Dios, que vive por los siglos de los siglos. Y el templo se llenó de humo por la gloria de Dios, y por su poder; y nadie podía entrar en el templo hasta que se hubiesen cumplido las siete plagas de los siete ángeles. (15:1-8)

Cuando piensan en el futuro, las personas se preocupan por muchas cosas. La destrucción del medio ambiente, el calentamiento global, la zozobra e inestabilidad política, el terrorismo, el delito, el desplome económico y financiero, y el constante deterioro en los valores morales que arruinan todas las relaciones son causas de preocupación. Una causa adicional de ansiedad es la sensación de un desesperante vacío fomentado por la filosofía humanista y contraria a Dios. Para los que creen que no hay un Dios personal, no hay ni un hogar en el universo, por lo tanto no tienen a dónde volverse en busca de respuestas decisivas, ayuda o significado.

Pero lo que es aterrador acerca del futuro no es ninguna de esas cosas; lo que debiera detener el corazón de los pecadores es lo que Dios hará. La ira y el furor condenatorios de Dios son una aterradora realidad que asoma en el horizonte de la historia humana (cp. Sal. 96:13; 98:9; 110:6; Jl. 3:2, 12; Hch. 17:31; 2 Ti. 4:1). Como pasan por alto deliberadamente esa realidad, las personas no temen lo que deben temer. Jesús exhortó a las personas a "[temer] más bien a aquel que puede destruir el alma y el cuerpo en el infierno" (Mt. 10:28), porque "Dios es juez justo, y Dios está airado contra el impío todos los días" (Sal. 7:11). El escritor de Hebreos añade: "¡Horrenda cosa es caer en manos del Dios vivo!" (He. 10:31).

A lo largo de la historia humana Dios ha derramado su ira en juicio sobre los pecadores. El pecado de Adán en el Edén puso a todo el género humano bajo juicio (Ro. 5:12). Ya para la época de Noé, las personas habían llegado a ser tan malvadas que Dios envió el catastrófico juicio del diluvio para destruir al mundo (cp. Gn. 6:5-8). Solo se salvaron Noé y los que estaban con él en el arca. Siglos de desobediencia del pueblo judío finalmente llevaron a su castigo, como primero el reino del norte de Israel y luego el reino del sur de Judá fueron llevados al cautiverio.

La ira y el juicio de Dios fueron los temas constantes de los profetas del Antiguo Testamento. Advirtieron a menudo de la venida del día del Señor, ya sea un inminente juicio histórico, o el escatológico y final día de Jehová. Todos los juicios del día de Jehová en la historia fueron muestras del último y más terrible día del Señor. (Para más información acerca del día del Señor, vea *Apocalipsis 1–11*, Comentario MacArthur del Nuevo Testamento [Grand Rapids: Editorial Portavoz, 2005].)

Isaías advirtió del futuro juicio de Dios:

Aullad, porque cerca está el día de Jehová;
vendrá como asolamiento del Todopoderoso.
Por tanto, toda mano se debilitará,
y desfallecerá todo corazón de hombre,
y se llenarán de terror;
angustias y dolores se apoderarán de ellos;
tendrán dolores como mujer de parto;
se asombrará cada cual al mirar a su compañero;
sus rostros, rostros de llamas.
He aquí el día de Jehová viene,
terrible, y de indignación y ardor de ira,
para convertir la tierra en soledad,
y raer de ella a sus pecadores (Is. 13:6-9).

Ezequiel describió el día de Jehová como "día de castigo de las naciones" (Ez. 30:3). Joel exclamó: "¡Ay del día! porque cercano está el día de Jehová, y vendrá como destrucción por el Todopoderoso" (Jl. 1:15). Amós clamó a los pecadores en Israel: "Prepárate para venir al encuentro de tu Dios" (Am. 4:12). El profeta Sofonías dio la siguiente aterradora descripción del día de Jehová:

Cercano está el día grande de Jehová,
cercano y muy próximo;
es amarga la voz del día de Jehová;
gritará allí el valiente.
Día de ira aquel día,
día de angustia y de aprieto,
día de alboroto y de asolamiento,
día de tiniebla y de oscuridad,
día de nublado y de entenebrecimiento,
día de trompeta y de algazara
sobre las ciudades fortificadas,
y sobre las altas torres.
Y atribularé a los hombres,
y andarán como ciegos,
porque pecaron contra Jehová;
y la sangre de ellos será derramada como polvo,
y su carne como estiércol.
Ni su plata ni su oro podrá librarlos
en el día de la ira de Jehová,
pues toda la tierra será consumida
con el fuego de su celo;
porque ciertamente destrucción apresurada
hará de todos los habitantes de la tierra (Sof. 1:14-18).

Job advirtió que "el malo es preservado en el día de la destrucción; guardado será en el día de la ira" (Job 21:30).

Los derramamientos históricos de la ira de Dios caen en varias categorías. Primero está lo que pudiera llamarse la ira de "la siembra y la cosecha". Las personas pecan y sufren las consecuencias lógicas de ese pecado; "los que aran iniquidad y siembran injuria, la siegan" (Job 4:8; cp. Gá. 6:7-8). Un segundo tipo de ira es la ira catastrófica, cuando Dios envía juicios grandes y destructivos. Ese juicio pudiera abarcar todo el mundo, como ocurrió con el diluvio (Gn. 6–8), o una región más pequeña, como cuando Dios destruyó a Sodoma y Gomorra (Gn. 19:1-29). Romanos capítulo 1 revela la ira de Dios de desamparo cuando Pablo tres veces empleó la frase "Dios los entregó" para demostrar el juicio de Dios abandonando a los pecadores, quitando las limitaciones a las mortales consecuencias de sus pecaminosas decisiones (vv. 24, 26, 28). Oseas 4:17 declara: "Efraín es dado a ídolos; déjalo". Como se observó antes, el juicio temporal de

Dios se derramó en juicios del día de Jehová en la historia. Por último, hay una ira eterna, ira escatológica de Dios que se derramará en el futuro sobre el mundo entero (1 Ts. 1:10; 5:9). El resultado final de la ira eterna será la condenación eterna al infierno de todos los pecadores incontritos.

Pero durante todo el derramamiento histórico de la ira de Dios, desde Edén hasta la explosión final de su ira escatológica, hay una extraña paradoja: Dios está obrando activamente para salvar a los pecadores de su propia ira. La naturaleza de Dios abarca no solo justicia y santidad, sino también gracia y misericordia. Aun durante los devastadores juicios de la tribulación, Dios llamará a los pecadores a la salvación. Lo hará usando a los ciento cuarenta y cuatro mil judíos evangelistas (7:2-8; 14:1-5), los dos testigos (11:3-13), una multitud de gentiles y judíos redimidos (7:9-17), incluso a un ángel que volará en el cielo (14:6-7). Con el incremento del derramamiento de ira divina, los esfuerzos evangelísticos de Dios también aumentarán. El resultado será la mayor cosecha de almas en la historia humana (cp. 7:9). Un Israel redimido y almas de todas las naciones serán salvos, muchos sobrevivirán a la tribulación y entrarán en el reino milenario.

Los capítulos 15 y 16 presentan los fenómenos específicos del último derramamiento de la ira de Dios antes de la venida de Cristo. Esa ira se expresa con los efectos de la séptima trompeta (11:15), que son los siete juicios de las copas descritos en el capítulo 16. El capítulo 15, el más corto de Apocalipsis, forma una introducción a esos violentos juicios, pero ese capítulo no está escrito con el propósito específico de defender la ira de Dios. Como su "obra es perfecta [y] todos sus caminos son rectitud" (Dt. 32:4), no hay que defender la conducta de Dios. No obstante, pueden observarse en este texto varias razones para el derramamiento de la ira de Dios.

Una escena en el **cielo** anuncia los juicios de las copas, como lo hizo respecto a los juicios de los sellos (caps. 4–5) y las trompetas (8:2-6). Esa es la tercera **señal** celestial que Juan ha visto en Apocalipsis. En 12:1 vio "una gran señal: una mujer vestida del sol, con la luna debajo de sus pies, y sobre su cabeza una corona de doce estrellas", mientras que en 12:3 vio la señal de "un gran dragón escarlata, que tenía siete cabezas y diez cuernos, y en sus cabezas siete diademas". Los términos **grande** y **admirable** expresan la gran importancia de esta señal al contener el último derramamiento de la ira de Dios sobre los malvados, los pecadores incontritos de la tierra.

La señal misma consta de **siete ángeles que tenían las siete plagas**. Los mismos seres que cuidan y ministran al pueblo de Dios (cp. He. 1:14) traerán la ira de Dios al mundo pecador (cp. Mt. 13:37-42). *Plēgē* (**plagas**) literalmente significa "un golpe", o "una herida", y se emplea así en pasajes como Lucas 12:48; Hechos 16:23, 33; 2 Corintios 6:5 y 11:23. En 13:3 y 12 describe la herida mortal de la bestia. Así que las **siete plagas** no son en realidad enfermedades ni epidemias, sino poderosos y mortales golpes (cp. 9:18-20; 11:6) sobre el mundo con resultados mortales.

Esas **siete plagas** (los siete juicios de las copas) son las plagas **postreras** (y peores), **porque en ellas se consumaba la ira de Dios**. Es importante observar que el hecho de que se les llame **postreras** implica que los juicios precedentes de las trompetas y los sellos fueron también plagas que expresaban **la ira de Dios**. La ira de Dios se extiende a lo largo de la tribulación y no está confinada a un breve período en el mismo final, como afirman algunos. El que sean las **postreras** también indica que los juicios de las copas vienen después de los de los sellos y las trompetas, en secuencia cronológica.

Ese tremendo derramamiento de la ira condenatoria de Dios fue en realidad anunciado antes en Apocalipsis. Es la culminación del "gran día de [la] ira [de Dios el Padre y de Jesucristo]" (6:17). Es el "tercer ay" predicho en 11:14; el tiempo de destrucción (11:18); del vino puro de la ira de Dios (14:10); la última siega de la tierra (14:14-16); y la vendimia final de las uvas de la ira de Dios (14:17-20).

Thumos (**ira**) es una palabra enérgica que describe furia, o un apasionado arranque de ira. La ira de Dios debe expresarse contra todo pecado no perdonado (cp. 14:8, 10). En 16:19 y 19:15 a la **ira** final de Dios se le llama "el ardor de su ira". El profeta Sofonías escribió de este último derramamiento de la ira de Dios en Sofonías 3:8:

> *Por tanto, esperadme, dice Jehová,*
> *hasta el día que me levante para juzgaros;*
> *porque mi determinación es reunir las naciones,*
> *juntar los reinos,*
> *para derramar sobre ellos mi enojo,*
> *todo el ardor de mi ira;*
> *por el fuego de mi celo*
> *será consumida toda la tierra.*

Es cierto que, como escribió Pedro, "el Señor... es paciente para con nosotros, no queriendo que ninguno perezca, sino que todos procedan al arrepentimiento" (2 P. 3:9). Sin embargo, los que rechazan el amor de Dios, rechazan su gracia y desprecian su misericordia, inevitablemente enfrentarán su ira.

A medida que se desarrolla este capítulo, tres motivos para el último derramamiento de la ira de Dios se harán evidentes: La venganza de Dios, el carácter de Dios y el plan de Dios.

LA VENGANZA DE DIOS

Vi también como un mar de vidrio mezclado con fuego; y a los que habían alcanzado la victoria sobre la bestia y su imagen, y su marca y el número de su nombre, en pie sobre el mar de vidrio, con las arpas de Dios. (15:2)

En esta visión extraordinaria, Juan vio **como un mar de vidrio mezclado con fuego**. El mar no era un verdadero océano, ya que en 21:1 él vio "un cielo nuevo y una tierra nueva; porque el primer cielo y la primera tierra pasaron, y el mar ya no existía más". Lo que Juan vio era una transparente plataforma de cristal delante del trono de Dios, refulgiendo y reluciendo como un mar tranquilo iluminado por el sol. Juan vio esta misma plataforma como cristal en 4:6: "delante del trono había como un mar de vidrio semejante al cristal". Moisés también tuvo una visión semejante cuando él y los ancianos de Israel "vieron al Dios de Israel; y había debajo de sus pies como un embaldosado de zafiro, semejante al cielo cuando está sereno" (Éx. 24:10). Ezequiel lo describió como "una expansión a manera de cristal maravilloso" (Ez. 1:22).

Pero la serena belleza del **mar** estaba **mezclada con** el **fuego** del juicio de Dios, que estaba a punto de derramarse sobre la tierra. Quienes rechazan la gracia y la misericordia de Dios se enfrentan a "una horrenda expectación de juicio, y de hervor de fuego que ha de devorar a los adversarios" (He. 10:27), porque "nuestro Dios es fuego consumidor" (He. 12:29). En las Escrituras a menudo se asocia el fuego con el juicio de Dios (cp. Nm. 11:1; 16:35; Dt. 9:3; Sal. 50:3; 97:3; Is. 66:15; 2 Ts. 1:7-9; 2 P. 3:7).

Juan vio reunidos alrededor del trono de Dios **a los que habían alcanzado la victoria sobre la bestia**. Estos son los creyentes redimidos durante la tribulación (6:9-11; 7:9-17; 12:11, 17; 14:1-5, 12-13). Ellos tendrán **victoria sobre la bestia** gracias a su imperecedera fe en el Señor Jesucristo. Apocalipsis 20:4-6 describe su resurrección y recompensa. En 13:7 dice de la bestia (el anticristo): "se le permitió hacer guerra contra los santos, y vencerlos". Pero el triunfo del anticristo será de corta duración, y al final a los santos de la tribulación se les dará el triunfo sobre él, prevaleciendo a la presión ante la cual el mundo sucumbió (cp. 13:4, 14-17; 14:9, 11; 19:20).

No solo triunfarán los santos de la tribulación sobre la bestia, sino también sobre **su imagen, y su marca y el número de su nombre**. El cómplice de la bestia, el falso profeta, realizará muchos prodigios milagrosos para engañar a las personas. Uno de ellos será levantar una **imagen** de la bestia, a la cual ordenará que todos adoren bajo pena de muerte (vea el análisis de 13:14-15 en el capítulo 5 de este volumen). El falso profeta también exigirá que todos reciban una marca que represente el nombre de la bestia o **el número de su nombre**. Los que no tengan la marca enfrentarán la muerte y no podrán comprar ni vender (vea el análisis de 13:17 en el capítulo 5 de este volumen). Pero los creyentes de la tribulación, con el poder de Dios, triunfarán eternamente sobre todo este designio de Satanás, la bestia y el falso profeta. Incluso los que hallen la muerte por su fe victoriosa recibirán sus gloriosas recompensas (20:4).

El que a los santos de la tribulación se les vea **con las arpas de Dios** indica que se están regocijando y cantando alabanzas a Dios. Las **arpas** también se asociaron con la alabanza en Apocalipsis (5:8; 14:2), como ocurre con frecuencia en el Antiguo Testamento (cp. 2 S. 6:5; 1 Cr. 13:8; 15:16, 28; 2 Cr. 5:12-13; Neh. 12:27; Sal. 33:2; 71:22; 144:9; 150:3). Estos creyentes se regocijan porque sus oraciones para que Dios tome venganza de sus perseguidores (6:9-10) están a punto de recibir respuesta.

La aparición de los santos de la tribulación plantea que Dios envía su ira como un acto de venganza sobre los que maltratan a su pueblo. Jesús advirtió:

> *Y cualquiera que haga tropezar a alguno de estos pequeños que creen en mí, mejor le fuera que se le colgase al cuello una piedra de molino de asno, y que se le hundiese en lo profundo del mar.*
>
> *¡Ay del mundo por los tropiezos! porque es necesario que vengan tropiezos, pero ¡ay de aquel hombre por quien viene el tropiezo!*
>
> *Por tanto, si tu mano o tu pie te es ocasión de caer, córtalo y échalo de ti; mejor te es entrar en la vida cojo o manco, que teniendo dos manos o dos pies ser echado en el fuego eterno. Y si tu ojo te es ocasión de caer, sácalo y échalo de ti; mejor te es entrar con un solo ojo en la vida, que teniendo dos ojos ser echado en el infierno de fuego.*
>
> *Mirad que no menospreciéis a uno de estos pequeños; porque os digo que sus ángeles en los cielos ven siempre el rostro de mi Padre que está en los cielos (Mt. 18:6-10).*

Los incrédulos recibirán la condenación al infierno eterno por maltratar al pueblo de Dios, porque ese maltrato revela su corazón malvado y no arrepentido:

> *Entonces dirá también a los de la izquierda: Apartaos de mí, malditos, al fuego eterno preparado para el diablo y sus ángeles. Porque tuve hambre, y no me disteis de comer; tuve sed, y no me disteis de beber; fui forastero, y no me recogisteis; estuve desnudo, y no me cubristeis; enfermo, y en la cárcel, y no me visitasteis. Entonces también ellos le responderán diciendo: Señor, ¿cuándo te vimos hambriento, sediento, forastero, desnudo, enfermo, o en la cárcel, y no te servimos? Entonces les responderá diciendo: De cierto os digo que en cuanto no lo hicisteis a uno de estos más pequeños, tampoco a mí lo hicisteis (Mt. 25:41-45).*

El apóstol Pablo escribió: "No os venguéis vosotros mismos, amados míos, sino dejad lugar a la ira de Dios; porque escrito está: Mía es la venganza, yo pagaré, dice el Señor" (Ro. 12:19). El Antiguo Testamento compara la persecución del pueblo de Dios a tocar la niña de sus ojos (Zac. 2:8). El salmista también escribió de la venganza de Dios a favor de su pueblo:

> *Jehová, Dios de las venganzas,*
> *Dios de las venganzas, muéstrate.*
> *Engrandécete, oh Juez de la tierra;*
> *Da el pago a los soberbios.*
> *¿Hasta cuándo los impíos,*
> *Hasta cuándo, oh Jehová, se gozarán los impíos?*
> *¿Hasta cuándo pronunciarán, hablarán cosas duras,*
> *Y se vanagloriarán todos los que hacen iniquidad?*
> *A tu pueblo, oh Jehová, quebrantan,*
> *Y a tu heredad afligen.*
> *A la viuda y al extranjero matan,*
> *Y a los huérfanos quitan la vida.*
> *Y dijeron: No verá JAH,*
> *Ni entenderá el Dios de Jacob.*
> *Entended, necios del pueblo;*
> *Y vosotros, fatuos, ¿cuándo seréis sabios?*
> *El que hizo el oído, ¿no oirá?*
> *El que formó el ojo, ¿no verá?*
> *El que castiga a las naciones, ¿no reprenderá?*
> *¿No sabrá el que enseña al hombre la ciencia?...*
> *Se juntan contra la vida del justo,*
> *y condenan la sangre inocente.*
> *Mas Jehová me ha sido por refugio,*
> *y mi Dios por roca de mi confianza.*
> *Y él hará volver sobre ellos su iniquidad,*
> *y los destruirá en su propia maldad;*
> *los destruirá Jehová nuestro Dios*
> *(Sal. 94:1-10, 21-23).*

Los creyentes descritos aquí han experimentado los terrores de la tribulación y sufrirán muerte dolorosa y violenta como mártires. Sin embargo, a pesar de haber soportado la persecución más intensa que el mundo haya conocido jamás, su fe, que es un don de Dios, perdurará. Finalmente, estarán triunfalmente ante el trono de Dios, mirando mientras Dios toma venganza de los que los persiguieron.

EL CARÁCTER DE DIOS

Y cantan el cántico de Moisés siervo de Dios, y el cántico del Cordero, diciendo: Grandes y maravillosas son tus obras, Señor Dios Todopoderoso; justos y verdaderos son tus caminos, Rey de los santos. ¿Quién no te temerá, oh Señor, y glorificará tu nombre? pues sólo tú eres santo; por lo cual todas las naciones vendrán y te adorarán, porque tus juicios se han manifestado. (15:3-4)

La canción que cantaron los santos glorificados ante el trono es un himno de alabanza a Dios. El motivo supremo de la ira de Dios es su carácter recto y santo, que exige el juicio de los pecadores. Es la naturaleza santa de Dios, que pronto se revelará en juicio contra sus perseguidores, la que inspira esa canción de los redimidos.

El **cántico de Moisés** es la primera de varias canciones que se registran en el Antiguo Testamento. Los israelitas cantaron una canción de alabanza cuando el Señor les dio agua en el desierto (Nm. 21:17-18). Moisés enseñó a los hijos de Israel una canción para recordar, poco antes de su muerte (Dt. 31:19-22; 32:1-44). Esa canción de Moisés no es la del pasaje que se analiza, ya que trata de la infidelidad de Israel y el castigo de Dios sobre la nación antes de su restauración. El contexto de Apocalipsis 15 no es de infidelidad, sino de la fidelidad que triunfa. Débora y Barac cantaron una triunfante canción celebrando la victoria de Israel sobre los cananeos, cuyas fuerzas eran dirigidas por el conocido Sísara (Jue. 5:1-31). Se cantó una canción al Señor como parte de la restauración de la verdadera adoración en tiempos de Ezequías (2 Cr. 29:27). Además, David y otros escribieron los Salmos, el himnario del antiguo Israel, y Salomón escribió el Cantar de los Cantares.

El escenario histórico del **cántico de Moisés** viene del tiempo del éxodo. Como **siervo de Dios**, a **Moisés** se le llamó a sacar al pueblo de Israel del cautiverio en Egipto. Dios los libró del ejército del Faraón que los perseguía, al dividir el Mar Rojo, apilando el agua a ambas partes del camino, permitiendo de esta forma que los israelitas cruzaran con seguridad por tierra seca. Después que cruzaron sin ningún daño las aguas, tomando nuevamente su posición, ahogaron al ejército egipcio. Al otro lado del Mar Rojo, los israelitas cantaron una canción de alabanza a Dios por la liberación.

Entonces cantó Moisés y los hijos de Israel este cántico a Jehová, y dijeron:
Cantaré yo a Jehová, porque se ha magnificado grandemente;
ha echado en el mar al caballo y al jinete.
Jehová es mi fortaleza y mi cántico,
y ha sido mi salvación.
Este es mi Dios, y lo alabaré;

Dios de mi padre, y lo enalteceré.
Jehová es varón de guerra;
Jehová es su nombre.
Echó en el mar los carros de Faraón y su ejército;
y sus capitanes escogidos fueron hundidos en el Mar Rojo.
Los abismos los cubrieron;
descendieron a las profundidades como piedra.
Tu diestra, oh Jehová, ha sido magnificada en poder;
tu diestra, oh Jehová, ha quebrantado al enemigo.
Y con la grandeza de tu poder has derribado a los que se levantaron contra ti.
Enviaste tu ira; los consumió como a hojarasca.
Al soplo de tu aliento se amontonaron las aguas;
se juntaron las corrientes como en un montón;
los abismos se cuajaron en medio del mar.
El enemigo dijo:
Perseguiré, apresaré, repartiré despojos;
mi alma se saciará de ellos;
sacaré mi espada, los destruirá mi mano.
Soplaste con tu viento; los cubrió el mar;
se hundieron como plomo en las impetuosas aguas.
¿Quién como tú, oh Jehová, entre los dioses?
¿Quién como tú, magnífico en santidad,
Terrible en maravillosas hazañas, hacedor de prodigios?
Extendiste tu diestra;
la tierra los tragó.
Condujiste en tu misericordia a este pueblo que redimiste;
lo llevaste con tu poder a tu santa morada.
Lo oirán los pueblos, y temblarán;
se apoderará dolor de la tierra de los filisteos.
Entonces los caudillos de Edom se turbarán;
a los valientes de Moab les sobrecogerá temblor;
se acobardarán todos los moradores de Canaán.
Caiga sobre ellos temblor y espanto;
a la grandeza de tu brazo enmudezcan como una piedra;
hasta que haya pasado tu pueblo, oh Jehová,
hasta que haya pasado este pueblo que tú rescataste.
Tú los introducirás y los plantarás en el monte de tu heredad,
en el lugar de tu morada, que tú has preparado, oh Jehová,
en el santuario que tus manos, oh Jehová, han afirmado.
Jehová reinará eternamente y para siempre (Éx. 15:1-18).

El **cántico de Moisés** era una canción de victoria y liberación, y al mismo tiempo de castigo e ira sobre los enemigos de Dios. Los santos de la tribulación, reunidos en triunfo en un lugar de seguridad, se harán eco del mismo cántico de liberación cantado hace mucho tiempo por el pueblo de Israel. Además de cantar nuevamente con un nuevo significado el **cántico de Moisés**, quien condujo a Israel en la redención desde Egipto, los santos redimidos delante del trono de Dios también cantarán el **cántico del Cordero**, quien es el eterno Redentor. Ese cántico se oyó primero en 5:8-14:

> *Y cuando hubo tomado el libro, los cuatro seres vivientes y los veinticuatro ancianos se postraron delante del Cordero; todos tenían arpas, y copas de oro llenas de incienso, que son las oraciones de los santos; y cantaban un nuevo cántico, diciendo:*
>
> *Digno eres de tomar el libro y de abrir sus sellos; porque tú fuiste inmolado, y con tu sangre nos has redimido para Dios, de todo linaje y lengua y pueblo y nación; y nos has hecho para nuestro Dios reyes y sacerdotes, y reinaremos sobre la tierra.*
>
> *Y miré, y oí la voz de muchos ángeles alrededor del trono, y de los seres vivientes, y de los ancianos; y su número era millones de millones, que decían a gran voz:*
>
> *El Cordero que fue inmolado es digno de tomar el poder, las riquezas, la sabiduría, la fortaleza, la honra, la gloria y la alabanza.*
>
> *Y a todo lo creado que está en el cielo, y sobre la tierra, y debajo de la tierra, y en el mar, y a todas las cosas que en ellos hay, oí decir:*
>
> *Al que está sentado en el trono, y al Cordero, sea la alabanza, la honra, la gloria y el poder, por los siglos de los siglos.*
>
> *Los cuatro seres vivientes decían: Amén; y los veinticuatro ancianos se postraron sobre sus rostros y adoraron al que vive por los siglos de los siglos.*

Al igual que el **cántico de Moisés**, el **cántico del Cordero** expresa los temas de la fidelidad de Dios, la liberación de su pueblo, y el juicio sobre los enemigos. El comentarista John Phillips compara y contrasta las dos canciones:

El cántico de Moisés se cantó en el Mar Rojo, el cántico del Cordero se canta en el mar de cristal; él cántico de Moisés fue una canción de triunfo sobre Egipto, el cántico del Cordero es una canción de triunfo sobre Babilonia; el cántico de Moisés decía cómo Dios sacó a su pueblo, el cántico del Cordero dice cómo Dios da entrada a su pueblo; el cántico de Moisés fue la primera canción en las Escrituras, el cántico del Cordero es el último. La canción de Moisés conmemoraba la ejecución de los enemigos, la expectativa de los santos y la exaltación del Señor; el cántico del Cordero trata de los mismos tres temas. (*Exploring Revelation* [Explorando el Apocalipsis], edición revisada [Chicago: Moody, 1987; reimpreso, Neptune, N.J.: Loizeaux, 1991], 187)

Las palabras del cántico que aquí se registran no se corresponden exactamente con el **cántico de Moisés** en Éxodo 15, ni con el **cántico del Cordero** en Apocalipsis 5. Pero los temas y muchas de sus palabras clave son similares. Ese cántico añade algunas estrofas nuevas al cántico de triunfo del pueblo redimido de Dios; sin embargo, cada uno de sus versos halla eco en el Antiguo Testamento. **Grandes y maravillosas son tus obras** recuerda el Salmo 139:14: "Maravillosas son tus obras; estoy maravillado, y mi alma lo sabe muy bien". El título **Señor Dios Todopoderoso**, celebrando la omnipotencia de Dios, esencial para el poder triunfante de los juicios finales, aparece con frecuencia en Apocalipsis (cp. 1:8; 4:8; 11:17; 16:7, 14; 19:6, 15; 21:22), y el título "Dios Todopoderoso" fue el nombre con el que Dios se le manifestó a Abraham (Gn. 17:1; cp. Gn. 35:11; 48:3; Éx. 6:3). La exclamación **justos y verdaderos son tus caminos** refleja la verdad del Antiguo Testamento de que "todas sus obras son verdaderas, y sus caminos justos" (Dn. 4:37; cp. Dt. 32:4; Os. 14:9). A Dios se le llama **Rey de los santos**. La frase **¿Quién no te temerá, oh Señor, y glorificará tu nombre?** Se toma también de Jeremías 10:7 (cp. Sal. 86:9). La verdad de que **sólo** Dios es **santo** es un tema a menudo repetido en el Antiguo Testamento (cp. 1 S. 2:2; Sal. 22:3; 99:5, 9; 111:9; Is. 6:3; 57:15; Hab. 1:12). La frase **por lo cual todas las naciones vendrán y te adorarán** cita el Salmo 86:9 (cp. Jer. 10:7), mientras que la frase **tus juicios se han manifestado** se hace eco de pasajes del Antiguo Testamento tales como Jueces 5:11; 1 Samuel 12:7, Salmo 103:6; Daniel 9:16; y Miqueas 6:5.

El cántico de estos santos redimidos exalta el carácter de Dios como el omnipotente, inmutable, soberano, perfecto y justo Creador y Juez. Como Él es todo esto, Dios tiene que juzgar a los pecadores, y lo hará; si Él ignorara el pecado de ellos, no sería santo, justo y fiel a su naturaleza. El profeta Habacuc, hablando a Dios, lo reflejó de esta manera: "Muy limpio eres de ojos para ver el mal, ni puedes ver el agravio" (Hab. 1:13). "¿Acaso torcerá Dios el derecho, o pervertirá el Todopoderoso la justicia?" pregunta Job 8:3. El Salmo 19:9 responde: "Los juicios de Jehová son verdad, todos justos".

El cántico termina con una gozosa expectativa del reinado milenario de Cristo, cuando **todas las naciones vendrán y... adorarán** a Dios. Como dice el salmista: "Toda la tierra te adorará, y cantará a ti; cantarán a tu nombre" (Sal. 66:4). En el reino milenario terrenal, "todos los que sobrevivieren de las naciones que vinieron contra Jerusalén, subirán de año en año para adorar al Rey, a Jehová de los ejércitos, y a celebrar la fiesta de los tabernáculos" (Zac. 14:16). Después que se hayan **manifestado** los **juicios** de Dios durante la tribulación, vendrá el tiempo que previó Isaías: "Y de mes en mes, y de día de reposo en día de reposo, vendrán todos a adorar delante de mí, dijo Jehová" (Is. 66:23). Ese tiempo señalará la primera fase del cumplimiento de Filipenses 2:10-11: "en el nombre de Jesús se [doblará] toda rodilla de los que están en los cielos, y en la tierra, y debajo de la tierra; y toda lengua [confesará] que Jesucristo es el Señor, para gloria de Dios Padre".

EL PLAN DE DIOS

Después de estas cosas miré, y he aquí fue abierto en el cielo el templo del tabernáculo del testimonio; y del templo salieron los siete ángeles que tenían las siete plagas, vestidos de lino limpio y resplandeciente, y ceñidos alrededor del pecho con cintos de oro. Y uno de los cuatro seres vivientes dio a los siete ángeles siete copas de oro, llenas de la ira de Dios, que vive por los siglos de los siglos. Y el templo se llenó de humo por la gloria de Dios, y por su poder; y nadie podía entrar en el templo hasta que se hubiesen cumplido las siete plagas de los siete ángeles. (15:5-8)

Cada uno de los ángeles que participan en este drama que se revela, cumplirá su tarea designada conforme al plan de Dios. Siempre ha sido el propósito de Dios juzgar a los pecadores y destruir el pecado. El "fuego eterno [ya ha estado] preparado para el diablo y sus ángeles" (Mt. 25:41) y espera a los que Dios un día sentenciará al castigo eterno allí. Los santos ángeles de Dios esperan el momento en que desempeñarán su función en el juicio divino de los pecadores (cp. Mt. 13:41-42, 49-50). Aquí, en una nueva visión, se les dan los instrumentos para llevarlos a cabo.

Como ocurre en todo Apocalipsis (cp. 4:1; 6:2, 5, 8; 7:9; 14:1, 14; 19:11), la frase **después de estas cosas miré** presenta una nueva visión pasmosa y espectacular. Algo está a punto de desviar la atención de Juan de los santos redimidos que están cantando alabanzas ante el glorioso trono de Dios. Esta nueva visión le reveló los juicios de las copas (16:1-21), pero primero Juan vio a los ángeles que cumplimentarán esos juicios. Mientras él observaba, **fue abierto en el cielo el templo del tabernáculo del testimonio.** El apóstol había visto algo similar en una visión anterior, la cual anunciaba esa apertura, cuando "el templo de Dios fue abierto en el cielo, y el arca de su pacto se veía en el templo. Y hubo relámpagos, voces, truenos, un terremoto y grande granizo" (11:19). *Naos* (**templo**) se refiere al lugar santísimo, el lugar del santuario donde habita la presencia de Dios, lo que subraya que Dios es la fuente de las plagas. Se mencionaba a veces el **tabernáculo** como el **tabernáculo del testimonio** (Éx. 38:21; Nm. 1:50, 53; 10:11; Hch. 7:44) porque el objeto más importante que se encontraba en él era el arca del pacto, a veces llamada el arca del testimonio

(Éx. 25:22; 26:33-34; 30:6; Lv. 16:13; Nm. 4:5; 7:89; Jos. 4:16). Se le llamó así porque contenía el testimonio, las dos tablas de piedra en las cuales Dios había escrito los Diez Mandamientos (Éx. 25:16, 21; 40:20; cp. Sal. 78:5).

En una visión anterior, la habitación del trono de Dios se abrió para que los fieles pudieran ver su interioir (4:1ss.). En esta visión, el tabernáculo celestial, del cual el tabernáculo terrenal era solo una copia (He. 8:2, 5), se abrió para revelar el juicio terrenal más severo que se haya derramado jamás sobre los infieles. Mientras Juan observaba, **del templo salieron los siete ángeles que tenían las siete plagas.** Se ha cumplido el tiempo en el plan soberano de Dios para las siete plagas, las que representan los juicios finales y mortales a ser derramados sobre el mundo (cp. He. 10:31). Estos siete ángeles llevarán a cabo ese plan. Estaban **vestidos de lino limpio y resplandeciente,** la tela que representa su santidad y pureza (vea el análisis de 19:14 en el capítulo 15 de este volumen; cp. Hch. 10:30). Como algo apropiado para tales gloriosos, santos y majestuosos seres, los ángeles estaban **ceñidos alrededor del pecho con cintos de oro,** que atravesaban el torso desde el hombro hasta la cintura.

Después de este solemne acontecimiento desde el interior del santuario del templo celestial de Dios, los siete ángeles recibieron los instrumentos con los que descargarían el juicio de Dios. **Uno de los cuatro seres vivientes** (querubines; un orden exaltado de ángeles; 4:6, 8-9; 5:6, 8, 11, 14; 6:1, 6; 7:11; 14:3; 19:4; Ez. 1:4-25; 10:15; cp. 1 S. 4:4; 2 S. 6:2; 22:11; Sal. 80:1; 99:1; Is. 37:16) **dio a los siete ángeles siete copas de oro, llenas de la ira de Dios, que vive por los siglos de los siglos.** *Phialas* (**copas**) se refiere a platillos poco profundos. La imagen no es la de un cántaro del que se derrama su contenido gradualmente, sino que todo el contenido de los platillos se arroja en una inundación instantánea de juicio. Las **copas** formaban parte de los utensilios del templo (1 R. 7:50; 2 R. 12:13; 25:15; 1 Cr. 28:17; Zac. 14:20) y estaban asociadas con los sacrificios (Éx. 27:3; 38:3). Los que no quieran tomar de la copa de la salvación (Sal. 116:13) se ahogarán en los juicios que se derraman de las copas de la ira. Como Dios **vive por los siglos de los siglos,** tiene el poder de poner fin al pecado, de modo que no pueda existir nunca más en su santa presencia.

Del templo celestial no solo vinieron los ángeles sino también **humo** que simbolizaba **la gloria de Dios** y **su poder.** El **humo,** un emblema de majestad (Éx. 19:16-18), también simbolizaba la gloriosa presencia de Dios en el tabernáculo del Antiguo Testamento o templo (Éx. 40:34-35; 1 R. 8:10-11; Is. 6:1-4). Este **humo** también simboliza la ira de Dios; de modo que **nadie podía entrar en el templo hasta que se hubiesen cumplido las siete plagas de los siete ángeles.** La nube de gloria permanecerá en el templo celestial hasta que la tierra esté totalmente purificada, limpia y preparada para el Rey y su reino.

La escena descrita en este capítulo establece el trasfondo para los definitivos juicios finales, derramados en el capítulo 16. Una vez la ira de Dios fue derramada sobre Jesucristo debido a lo que Él hizo por los pecadores; en el futuro, la ira se derramará sobre los pecadores debido a lo que le hicieron a Jesucristo. Es cierto que "El Señor... es paciente para con nosotros, no queriendo que ninguno perezca, sino que todos procedan al arrepentimiento" (2 P. 3:9), y que incluso en su ira, Él se acordará de su misericordia (cp. Hab. 3:2). Sin embargo, la misericordia se niega a traer juicio. En el momento en que Dios derrame las siete copas de su ira final sobre la tierra, los pecadores habrán sido repetidamente advertidos de que se arrepientan. Habrán experimentado numerosos juicios aterradores, que ellos reconocerán que vienen de Dios (6:16-17). Habrán oído el mensaje salvador del evangelio predicado por los ciento cuarenta y cuatro mil judíos evangelistas, los dos testigos, otros gentiles y judíos redimidos, incluso de un ángel volando por en medio del cielo. Sin embargo, trágicamente, endurecerán su corazón y caerán en el mal (Pr. 28:14). Pagarán un terrible precio por no prestar atención a la advertencia de las Escrituras: "Si oyereis hoy su voz, No endurezcáis vuestros corazones" (He. 3:15; 4:7).

Las últimas siete plagas 11

Oí una gran voz que decía desde el templo a los siete ángeles: Id y derramad sobre la tierra las siete copas de la ira de Dios.

Fue el primero, y derramó su copa sobre la tierra, y vino una úlcera maligna y pestilente sobre los hombres que tenían la marca de la bestia, y que adoraban su imagen.

El segundo ángel derramó su copa sobre el mar, y éste se convirtió en sangre como de muerto; y murió todo ser vivo que había en el mar.

El tercer ángel derramó su copa sobre los ríos, y sobre las fuentes de las aguas, y se convirtieron en sangre. Y oí al ángel de las aguas, que decía: Justo eres tú, oh Señor, el que eres y que eras, el Santo, porque has juzgado estas cosas. Por cuanto derramaron la sangre de los santos y de los profetas, también tú les has dado a beber sangre; pues lo merecen. También oí a otro, que desde el altar decía: Ciertamente, Señor Dios Todopoderoso, tus juicios son verdaderos y justos.

El cuarto ángel derramó su copa sobre el sol, al cual fue dado quemar a los hombres con fuego. Y los hombres se quemaron con el gran calor, y blasfemaron el nombre de Dios, que tiene poder sobre estas plagas, y no se arrepintieron para darle gloria.

El quinto ángel derramó su copa sobre el trono de la bestia; y su reino se cubrió de tinieblas, y mordían de dolor sus lenguas, y blasfemaron contra el Dios del cielo por sus dolores y por sus úlceras, y no se arrepintieron de sus obras.

El sexto ángel derramó su copa sobre el gran río Éufrates; y el agua de éste se secó, para que estuviese preparado el camino a los reyes del oriente. Y vi salir de la boca del dragón, y de la boca de la bestia, y de la boca del falso profeta, tres espíritus inmundos a manera de ranas; pues son espíritus de demonios, que hacen señales, y van a los reyes de la tierra en todo el mundo, para reunirlos a la batalla de aquel gran día del Dios Todopoderoso. He aquí, yo vengo como ladrón. Bienaventurado el que vela, y guarda sus ropas, para que no ande desnudo, y vean su vergüenza. Y los reunió en el lugar que en hebreo se llama Armagedón.

El séptimo ángel derramó su copa por el aire; y salió una gran voz del

templo del cielo, del trono, diciendo: Hecho está. Entonces hubo relámpagos y voces y truenos, y un gran temblor de tierra, un terremoto tan grande, cual no lo hubo jamás desde que los hombres han estado sobre la tierra. Y la gran ciudad fue dividida en tres partes, y las ciudades de las naciones cayeron; y la gran Babilonia vino en memoria delante de Dios, para darle el cáliz del vino del ardor de su ira. Y toda isla huyó, y los montes no fueron hallados. Y cayó del cielo sobre los hombres un enorme granizo como del peso de un talento; y los hombres blasfemaron contra Dios por la plaga del granizo; porque su plaga fue sobremanera grande. (16:1-21)

La Biblia proporciona el único verdadero faro de luz y esperanza en las tinieblas y la desesperanza del mundo. En sus páginas hay palabras de aliento, de consuelo y de confirmación de la paz, de la bondad, del gozo y del amor de la salvación. Los creyentes se sienten seguros al leer del amor y de las promesas de Dios y de su herencia eterna en su reino.

Aunque la Biblia es un libro de esperanza, también es un libro de juicio. Como Dios ama la justicia y la fe, debe aborrecer el pecado y la incredulidad. Él no puede amar la verdad a menos que aborrezca la mentira. No puede amar la bondad a menos que aborrezca la maldad. No puede recompensar a menos que también castigue. El Antiguo Testamento advierte muchas veces del juicio venidero, en particular en los pasajes que describen los postreros juicios del día de Jehová (p.ej., Jl. 2:28-32; Zac. 14:1; Mal. 4:1, 5).

El Nuevo Testamento también revela el juicio divino sobre los pecadores. Juan el Bautista, el precursor del Mesías, predicó un mensaje de juicio desafiante, incluso áspero. Llamó víboras a algunos de los que vinieron a él para ser bautizados (Lc. 3:7) y los amenazó con juicio al decir: "Yo a la verdad os bautizo en agua para arrepentimiento; pero el que viene tras mí, cuyo calzado yo no soy digno de llevar, es más poderoso que yo; él os bautizará en Espíritu Santo y fuego. Su aventador está en su mano, y limpiará su era; y recogerá su trigo en el granero, y quemará la paja en fuego que nunca se apagará" (Mt. 3:11-12). Juan 3:36 advierte: "El que cree en el Hijo tiene vida eterna; pero el que rehúsa creer en el Hijo no verá la vida, sino que la ira de Dios está sobre él". El apóstol Pablo habló del "Dios que da castigo" (Ro. 3:5), observó que "la ira de Dios viene sobre los hijos de desobediencia" (Col. 3:6), y describió el aterrador tiempo "cuando se manifieste el Señor Jesús desde el cielo con los ángeles de su poder, en llama de fuego, para dar retribución a los que no conocieron a Dios, ni obedecen al evangelio de nuestro Señor Jesucristo; los cuales sufrirán pena de eterna perdición, excluidos de la presencia del Señor y de la gloria de su poder" (2 Ts. 1:7-9). El escritor de Hebreos añadió:

Porque si pecáremos voluntariamente después de haber recibido el conocimiento de la verdad, ya no queda más sacrificio por los pecados, sino una horrenda expectación de juicio, y de hervor de fuego que ha de devorar a los adversarios. El que viola la ley de Moisés, por el testimonio de dos o de tres testigos muere irremisiblemente. ¿Cuánto mayor castigo pensáis que merecerá el que pisoteare al Hijo de Dios, y tuviere por inmunda la sangre del pacto en la cual fue santificado, e hiciere afrenta al Espíritu de gracia? Pues conocemos al que dijo: Mía es la venganza, yo daré el pago, dice el Señor. Y otra vez: El Señor juzgará a su pueblo. ¡Horrenda cosa es caer en manos del Dios vivo! (He. 10:26-31).

La ira de Dios contra el pecado y su juicio final y escatológico sobre los pecadores, temas recurrentes en la Biblia, toman un lugar protagónico en Apocalipsis. Esa ira, que se mostró anteriormente en Apocalipsis en los juicios de los sellos y las trompetas, llega a su punto culminante y devastador con los juicios de las copas que se describen en este capítulo. Estos violentos juicios tendrán lugar en un período de tiempo muy corto, señalando la hora final del día del Señor. Ellos son el derramamiento final de la ira de Dios sobre el mundo incrédulo antes del regreso del Señor Jesucristo (15:1). Son las últimas expresiones de la ira divina contra el pecado, la injusticia y la blasfemia que se hallan de manera incontrolada en la tierra.

La venida de Jesucristo descrita en el capítulo 19 sigue inmediatamente a esos siete juicios. Los capítulos 17 y 18 regresan en tiempo para describir la destrucción del imperio mundial político y religioso del anticristo. (Una recapitulación similar interrumpió el curso cronológico de Apocalipsis en los capítulos 12-14.) Inmediatamente después de los juicios de las siete copas, el Señor Jesucristo volverá, destruirá los ejércitos del mundo en la batalla de Armagedón y establecerá su gobierno universal en la tierra. En realidad, los juicios de las copas anuncian el comienzo de la batalla de Armagedón. Al secarse el río Éufrates como resultado de la sexta copa, se preparará el camino para las fuerzas del este que vienen para esa destrucción.

Como esos son el derramamiento final de la ira de Dios, los juicios de las copas serán más severos que los juicios anteriores. Su severidad es una sólida prueba de cómo Dios se siente con relación a quienes lo rechazan persistente y deliberadamente. Esta época particular en la historia humana será un tiempo apropiado para que la ira de Dios llegue a su punto culminante, ya que la rebelión de la humanidad contra Dios tendrá también su momento culminante. A pesar de los años de horribles juicios (que ellos reconocerán que vienen de Dios, 6:15-17), los pecadores tercamente se aferrarán a su pecado y persistirán en su rebelión (9:21). Tampoco la poderosa predicación del evangelio por los ciento cuarenta y cuatro mil, los dos testigos, incontables otros creyentes, y un ángel del cielo, los llevará al arrepentimiento (vv. 9, 11). En vez de esto, su rebelión, desafío y rechazo de Dios se incrementarán hasta que lleguen los juicios finales. Esta rebelión de alcance mundial de la pecaminosa humanidad traerá el juicio universal del santo Dios.

Esas "siete plagas postreras" (15:1) tuvieron precursores en otros dos conjuntos de plagas en las Escrituras: las plagas que Dios trajo sobre Egipto (Éx. 7–12) y los siete juicios de las trompetas (caps. 8–11). Hay similitudes y diferencias entre los tres grupos de plagas. Las primeras plagas fueron muy localizadas, afectando solo a Egipto. El segundo grupo de plagas destruyeron una tercera parte del mundo (8:7-12; 9:15, 18). Las plagas finales afectarán todo el mundo. Los tres grupos de plagas incluyen granizos, tinieblas, agua convertida en sangre y una invasión del este, ya sea de insectos, demonios u hombres. Los siete juicios de las copas reunirán todos los horrores y terrores de los previos juicios de Dios. Inundarán completamente el mundo, llevándolo al borde de una total ruina.

Al comenzar a mostrarse la visión de los juicios de las copas, Juan oyó **una gran voz... desde el templo**. El sorprendente efecto de fuertes voces se escucha unas veinte veces en Apocalipsis. Esa **gran voz** es sin duda la de Dios, ya que no había nadie más en el **templo** (15:8). Su gran voz de juicio recuerda a Isaías 66:6: "Voz de alboroto de la ciudad, voz del templo, voz de Jehová que da el pago a sus enemigos". *Megalē* (**gran**) aparece seis veces en este capítulo, subrayando una vez más la magnitud de los juicios que se registran aquí. Su gran voz se oye otra vez después que se derrama la séptima copa (v. 17).

Se presentó a los **siete ángeles** en 15:1, 6-8. Allí se les dio las siete copas que contenían los juicios finales. Aquí Dios les ordena a los siete: **Id y derramad sobre la tierra las siete copas de la ira de Dios**. Como lo son todos los juicios, las siete copas serán actos sobrenaturales de Dios. El texto no admite los intentos de algunos comentaristas de darles una explicación simplemente lógica y científica. Para ellos está bien cualquier explicación menos la que reconoce que esos juicios provienen de Dios mismo. En realidad, solo hay una breve pausa, justo el tiempo para que uno de los ángeles declare que los juicios de las copas son justas y correctas (vv. 5-7).

Algunos escritores han visto esos juicios de las copas como una recapitulación de los juicios de los sellos y las trompetas. Hay similitudes, pero muchas más diferencias, sobre todo en el grado de devastación. La cuarta copa no tiene paralelo en los juicios anteriores. No hay sufrimiento personal que acompañe las primeras cuatro trompetas, pero las copas traen tormento desde el principio. Los juicios de las copas son universales, más intensos que los juicios previos, y se les llama "las siete plagas postreras" (15:1), mostrando que no van atrás en el tiempo para repetir plagas anteriores.

LA PRIMERA COPA

Fue el primero, y derramó su copa sobre la tierra, y vino una úlcera maligna y pestilente sobre los hombres que tenían la marca de la bestia, y que adoraban su imagen. (16:2)

Respondiendo de inmediato a la orden de Dios, **fue el primero, y derramó su copa sobre la tierra.** Como se observa en el análisis de 15:7 en el capítulo anterior, en realidad las copas eran platillos poco profundos. El contenido de ellos no se derrama lenta y gradualmente, sino que se vierte de repente. Al derramarse la primera copa, se produce una **úlcera maligna y pestilente** que aflige a las personas. **Maligna** y **pestilente** traducen dos palabras griegas para malo (*kakos* y *ponēros*). Empleadas juntas, acentúan que las úlceras serán supurantes, dolorosas e incurables. **Úlcera** traduce *helkos*, el equivalente griego de la palabra latina de la que se deriva la palabra española *úlcera*. Describe úlceras inflamadas y supurantes, como las que afectaron a los egipcios (Éx. 9:9-11; cp. Dt. 28:27, 35; Job 2:7), y como las que cubrían a Lázaro el mendigo (Lc. 16:21). Traerán tormento físico sin alivio para los que han rechazado a Jesucristo.

Las úlceras no afectarán a los creyentes, cuyos nombres "estaban escritos en el libro de la vida del Cordero que fue inmolado desde el principio del mundo" (13:8). Vendrán solamente sobre los que decidieron seguir al anticristo, recibieron su **marca** para mostrar su lealtad (13:16-17), y **adoraban su imagen** (13:12). En 14:9-11, un ángel describió su suerte postrera:

Y el tercer ángel los siguió, diciendo a gran voz: Si alguno adora a la bestia y a su imagen, y recibe la marca en su frente o en su mano, él también beberá del vino de la ira de Dios, que ha sido vaciado puro en el cáliz de su ira; y será atormentado con fuego y azufre delante de los santos ángeles y del Cordero; y el humo de su tormento sube por los siglos de los siglos. Y no tienen reposo de día ni de noche los que adoran a la bestia y a su imagen, ni nadie que reciba la marca de su nombre.

Ese pasaje describe la condenación eterna; el pasaje actual describe juicios temporales. Los seguidores del anticristo están sufriendo las consecuencias de haber rechazado la predicación del evangelio y la advertencia del ángel dada en 14:7: "Temed a Dios, y dadle gloria, porque la hora de su juicio ha llegado". Estas úlceras inflamadas e incurables pudieran ser similares a aquellas de las que Zacarías escribió: "Y esta será la plaga con que herirá Jehová a todos los pueblos que pelearon contra Jerusalén: la carne de ellos se corromperá estando ellos sobre sus pies, y se consumirán en las cuencas sus ojos, y la lengua se les deshará en su boca" (14:12).

LA SEGUNDA COPA

El segundo ángel derramó su copa sobre el mar, y éste se convirtió en sangre como de muerto; y murió todo ser vivo que había en el mar. (16:3)

Una de las razones por las que los juicios de las copas serán tan devastadores es porque sus efectos son acumulativos. Antes que pudieran sanarse las úlceras de la primera copa, **el segundo ángel derramó su copa sobre el mar, y éste se convirtió en sangre como de muerto; y murió todo ser vivo que había en el mar.** Este castigo es similar al de la primera plaga en Egipto (Éx. 7:20-24) y el segundo juicio de las trompetas (8:8-9). Pero esta vez los efectos serán mucho más intensos y extendidos; como los océanos cubren un setenta por ciento de la superficie de la tierra, los efectos de este juicio serán de alcance mundial. Después que el ángel vertió su copa, el **mar**, que es muy importante para toda la vida en la tierra, **se convirtió en sangre como de muerto.** Para asombro, horror y desesperanza del mundo, los océanos ya no serán más fluidos, sino que se pondrán espesos, oscuros y coagulados, como el charco de sangre de alguien que ha sido asesinado a puñaladas.

No se revelan exactamente los medios sobrenaturales que Dios usará para destruir los océanos, pero los efectos se asemejarán a los del fenómeno conocido como la marea roja. El comentarista John Phillips escribe:

> De cuando en cuando, frente a la costa de California y en otras partes, ocurre un fenómeno conocido como "la marea roja". Estas mareas rojas matan millones de peces y envenenan a los que comen mariscos contaminados. En 1949, una de esas mareas rojas golpeó la costa de Florida. Primero las aguas se tornaron amarillas, pero en pleno verano estaban densas y viscosas con incontables miles de millones de dinoflagelados, diminutos organismos unicelulares. Una larga hilera de unos cien kilómetros de pescado maloliente contaminó las playas. La mayor parte de la vida marina se destruyó, incluso las carnadas que usaban los pescadores murieron en los anzuelos. Finalmente la marea roja desapareció, solo para aparecer de nuevo el año siguiente. El comer pescado contaminado por la marea producía síntomas severos provocados por una potente toxina nerviosa, algunos gramos de la cual, bien distribuida, podía fácilmente matar a todos en el mundo. Una desenfrenada explosión demográfica de dinoflagelados tóxicos mataría a todos los peces en el mar. (*Exploring Revelation*, [Explorando el Apocalipsis] edición revisada [Chicago: Moody, 1987; reimpreso, Neptune, N.J.: Loizeaux, 1991], 190-91)

El hedor de los cuerpos muertos en descomposición de **todo ser vivo que**

había en el mar (en el juicio de la segunda trompeta solo ocurrió muerte parcial) será inimaginable. Henry Morris escribe:

En este océano tóxico nada puede sobrevivir, y pronto todos los miles de millones de peces, marinos acuáticos, reptiles marinos y la innumerable variedad de invertebrados marinos perecerán, envenenando de esta manera aun más los océanos y contaminando las costas del mundo. Los océanos habrán terminado su función de siempre en la economía de la tierra y dejarán de existir. De la misma forma en que Dios había creado todo ser viviente en las aguas (Gn. 1:21), así ahora cada ser viviente murió en el mar. (*The Revelation Record* [El registro de Apocalipsis] [Wheaton, Ill.: Tyndale, 1983], 298)

La transformación de la los mares del mundo en putrefactos estanques mal olientes, será testimonio gráfico de la maldad del hombre, y lo opuesto del día cuando Dios originalmente dio vida a todas las criaturas del mar (Gn. 1:21).

LA TERCERA COPA

El tercer ángel derramó su copa sobre los ríos, y sobre las fuentes de las aguas, y se convirtieron en sangre. Y oí al ángel de las aguas, que decía: Justo eres tú, oh Señor, el que eres y que eras, el Santo, porque has juzgado estas cosas. Por cuanto derramaron la sangre de los santos y de los profetas, también tú les has dado a beber sangre; pues lo merecen. También oí a otro, que desde el altar decía: Ciertamente, Señor Dios Todopoderoso, tus juicios son verdaderos y justos. (16:4-7)

Cuando **el tercer ángel derramó su copa**, el mismo espantoso juicio que afectó a los océanos cayó sobre **los ríos, y sobre las fuentes de las aguas, y** también **se convirtieron en sangre**. Lo que le sucedió al río Nilo en Egipto (Éx. 7:20-24; Sal. 78:43-44) ahora le sucede a todos los suministros de agua dulce del mundo. La contaminación de los océanos del mundo será una horrible pesadilla ecológica, pero la destrucción de los restantes suministros de agua dulce será un golpe catastrófico y espantoso para la humanidad caída.

En el momento en que se derrame la tercera copa, el suministro de agua potable estará en una condición muy crítica. El juicio de la tercera trompeta (8:10-11) traerá como resultado el envenenamiento de la tercera parte del agua dulce. Además, los dos testigos "[tendrán] poder para cerrar el cielo, a fin de que no llueva en los días de su profecía; y [tendrán] poder sobre las aguas para convertirlas en sangre" (11:6). El refrenar temporalmente los vientos de la tierra

(7:1) también causará sequía. Sin viento para mover las nubes y el resto del sistema climatológico, el ciclo hidrológico se desestabilizará y no caerá lluvia.

La destrucción de lo que quede del agua potable de la tierra provocará indecible tribulación y sufrimiento. No habrá agua para tomar; ni agua limpia para limpiar las supurantes úlceras que causó el primer juicio de las copas; ni agua para enfriamiento, a fin de aliviar el abrasador calor que pronto traerá el cuarto juicio de las copas. La escena es tan inimaginablemente horrible, que las personas se preguntarán cómo un Dios compasivo, misericordioso y lleno de gracia puede enviar tales juicios. Y así es que hay un breve intervalo en el derramamiento de los juicios, en el que un ángel habla en defensa de Dios.

Apropiadamente, es el **ángel de las aguas** el que defiende los justos juicios de Dios, haciéndose eco del cántico de los vencedores en 15:3-4. En contraste con las maldiciones y las blasfemias de los hombres (cp. vv. 9, 11) el ángel dice: **Justo eres tú, oh Señor, el que eres y que eras** (cp. 11:17; 1:4, 8; 4:8), **el Santo, porque has juzgado estas cosas**. El juicio divino de los pecadores es incuestionablemente **justo** porque Él es el **Santo**. Y aunque su ira es aterradora y mortal, es una respuesta justa, merecida y apropiada para el rechazo que ha recibido por parte de los pecadores.

El ángel declara que las personas que reciben estos juicios, aborrecedoras de Cristo y de Dios, llevarán una abrumadora carga de culpabilidad. Ellos habrán rechazado la clara, poderosa y persuasiva predicación del evangelio durante toda la tribulación. Más que eso, el ángel le recuerda al lector que ellos **derramaron la sangre de los santos y de los profetas**. Ellos perseguirán y matarán sin misericordia a los creyentes durante la tribulación, comenzando con los mártires del quinto sello (6:9-11). Más adelante, Juan vio "una gran multitud, la cual nadie podía contar, de todas naciones y tribus y pueblos y lenguas, que estaban delante del trono y en la presencia del Cordero, vestidos de ropas blancas, y con palmas en las manos... Estos son los que han salido de la gran tribulación, y han lavado sus ropas, y las han emblanquecido en la sangre del Cordero" (7:9, 14). Los dos testigos sufrirán la muerte (11:7), y las airadas naciones (11:18) estarán "[ebrias] de la sangre de los santos, y de la sangre de los mártires de Jesús" (17:6).

Apropiadamente, a quienes han derramado tanta sangre inocente se les dará **a beber sangre**. En las escalofriantes palabras del ángel, **lo merecen**. Dios es justo y santo y ejecutará su venganza por su pueblo (Ro. 12:19; He. 10:30). Habiendo rechazado obstinadamente el conocimiento de la verdad (He. 10:26), no queda otra cosa para el mundo incrédulo que recibir lo que **merecen**, "una horrenda expectativa de juicio, y de hervor de fuego que ha de devorar a los adversarios" (He. 10:27).

Luego el apóstol Juan oyó **a otro, que desde el altar decía: Ciertamente, Señor Dios Todopoderoso, tus juicios son verdaderos y justos**. El altar personificado se hace eco de los sentimientos del ángel con palabras similares a 15:3. Pudiera ser que el mismo altar bajo el cual los santos estaban orando por venganza (6:9-11), ahora afirme que los **juicios... verdaderos y justos** de Dios son la respuesta a esas oraciones.

El que los **juicios** de Dios sean **verdaderos** y **justos** es la constante enseñanza de la Biblia. No son como los juicios caprichosos asociados con los falsos dioses paganos. En Génesis 18:25 Abraham preguntó retóricamente: "El Juez de toda la tierra, ¿no ha de hacer lo que es justo?" David escribió en el Salmo 19:9: "Los juicios de Jehová son verdad, todos justos", mientras que en el Salmo 119:75 el salmista añadió: "Conozco, oh Jehová, que tus juicios son justos". Pablo escribió acerca de "el día de la ira y de la revelación del justo juicio de Dios" (Ro. 2:5). En 19:1-2, Juan oyó "una gran voz de gran multitud en el cielo, que decía: ¡Aleluya! Salvación y honra y gloria y poder son del Señor Dios nuestro; porque sus juicios son verdaderos y justos; pues ha juzgado a la gran ramera que ha corrompido a la tierra con su fornicación, y ha vengado la sangre de sus siervos de la mano de ella".

LA CUARTA COPA

El cuarto ángel derramó su copa sobre el sol, al cual fue dado quemar a los hombres con fuego. Y los hombres se quemaron con el gran calor, y blasfemaron el nombre de Dios, que tiene poder sobre estas plagas, y no se arrepintieron para darle gloria. (16:8-9)

En contraste con los tres primeros ángeles que derramaron sus copas sobre la tierra, el **cuarto ángel derramó su copa sobre el sol.** Como resultado, el sol, que desde el cuarto día de la creación (Gn. 1:14-19) ha dado al mundo luz, calor y energía, se convierte en un asesino. Un calor ardiente que sobrepasa a cualquier cosa en la experiencia humana, ha de **quemar a los hombres** de forma tan severa, que parecerá que hay **fuego** en la atmósfera. Los que se **quemaron con el gran calor** del sol son los mismos "hombres que tenían la marca de la bestia, y que adoraban su imagen" (v. 2).

Este llameante juicio recuerda a Isaías 24:4-6: "Se destruyó, cayó la tierra; enfermó, cayó el mundo; enfermaron los altos pueblos de la tierra. Y la tierra se contaminó bajo sus moradores; porque traspasaron las leyes, falsearon el derecho, quebrantaron el pacto sempiterno. Por esta causa la maldición consumió la tierra, y sus moradores fueron asolados; por esta causa fueron consumidos los habitantes de la tierra, y disminuyeron los hombres".

Otra grave consecuencia del intenso calor solar será el derretimiento de los cascos polares. El resultante ascenso en el nivel de agua de los océanos inundará las regiones costeras, inundando áreas kilómetros adentro con las nocivas aguas de los océanos muertos. Daños muy generalizados y pérdida de vida acompañarán a estas inundaciones, añadiendo a la indecible miseria del devastado planeta. La transportación por el mar se hará imposible.

Se pudiera pensar que los desastres sin paralelo de los cuatro primeros juicios de las copas, harían que las personas se arrepintieran. El juicio de Dios tiene el propósito de llamar a los pecadores al arrepentimiento (Ro. 2:4), o, como en el caso de Faraón, endurecerles el corazón. En vez de sentirse culpables por su pecado, en el más conmovedor ejemplo de dureza de corazón en la historia, **blasfemaron el nombre de Dios**, quien ellos sabían era el responsable directo de toda su miseria. Asombrosamente, saben que es Dios quien **tiene poder sobre** las **plagas** que los están afligiendo. Sin embargo, amarán tanto su pecado y estarán tan engañados por el anticristo, que **no se [arrepentirán]** para darle **gloria** a Dios. Hasta este punto, solo se ha descrito blasfemando, al anticristo (13:1, 5-6); aquí el mundo adopta su malvado carácter. Ni la gracia ni la ira moverá sus malvados corazones a arrepentimiento (cp. 9:20-21; 16:11). En 11:13 el terremoto provocó cierto arrepentimiento, pero no en esta serie de juicios. Tal ciega y blasfema dureza de corazón es increíble, a la luz de los devastadores juicios por los que están pasando. Pero como su malvado líder, el anticristo, seguirán odiando a Dios y negándose a **arrepentirse**, lo que pudiera darle **gloria** a Dios como un justo y recto Juez del pecado (cp. Jos. 7:19-25).

LA QUINTA COPA

El quinto ángel derramó su copa sobre el trono de la bestia; y su reino se cubrió de tinieblas, y mordían de dolor sus lenguas, y blasfemaron contra el Dios del cielo por sus dolores y por sus úlceras, y no se arrepintieron de sus obras. (16:10-11)

Como hizo hace mucho tiempo en Egipto (Éx. 10:21-29), Dios aumentará el intenso sufrimiento del mundo pecador, haciendo desaparecer la luz. Después **el quinto ángel derramó su copa sobre el trono de la bestia; y su reino se cubrió de tinieblas** (cp. 9:2; Éx. 10:21-23). Los comentaristas están en desacuerdo en cuanto a dónde se derramará específicamente esta **copa**. Algunos piensan que será sobre el verdadero **trono** en que se sienta **la bestia**; otros creen que ha de ser sobre su ciudad capital de Babilonia; aun otros sobre todo su reino. Es mejor ver el **trono** como una alusión a su reino, ya que la copa derramada sobre el **trono** pone en oscuridad todo el reino. Independientemente del lugar exacto donde se vierta la copa, el resultado es que las tinieblas cubrirán toda la tierra, que es el **reino** mundial del anticristo. La **bestia** estará tan indefensa ante el poder de Dios como todos los demás.

Joel describió este tiempo de juicio como "Día de tinieblas y de oscuridad, día de nube y de sombra... Muchos pueblos en el valle de la decisión; porque cercano está el día de Jehová en el valle de la decisión. El sol y la luna se oscurecerán, y las estrellas retraerán su resplandor" (Jl. 2:2; 3:14-15). Sofonías describió el día del Señor como "día de tiniebla y de oscuridad, día de nublado y de entenebrecimiento" (Sof. 1:15). Jesús declaró en su sermón en el Monte de los Olivos que "en aquellos días, después de aquella tribulación, el sol se oscurecerá, y la luna no dará su resplandor" (Mr. 13:24; cp. Is. 13:10; 24:23; Lc. 21:25; Hch. 2:20).

El efecto acumulativo de las dolorosas úlceras, los contaminados océanos, la falta de agua potable, el intenso calor, y todo rodeado de tinieblas, traerá una insufrible miseria. Sin embargo, increíblemente, los hombres del mundo, malvados e incrédulos, aun no querrán arrepentirse. Juan observa que **mordían de dolor sus lenguas** (lit. "siguieron masticando") **por** el más intenso e intolerable **dolor**; sin embargo, con esas mismas lenguas **blasfemaron contra el Dios del cielo** (un frecuente título para Dios en el Antiguo Testamento; cp. 11:13; Gn. 24:3; Esd. 5:11-12; Neh. 1:4-5; Sal. 136:26; Dn. 2:18, 19, 37, 44; Jon. 1:9) **por sus dolores y por sus úlceras** (quizá relacionadas con la falta de luz solar, así como por el efecto de las plagas anteriores) **y no se arrepintieron de sus obras**, el último acto de desafío de esos desesperanzados y atrapados en el sistema satánico del anticristo. Esta es la última alusión a su indisposición a arrepentirse. Las primeras cinco plagas fueron el llamado final de Dios a arrepentimiento. Los pecadores ignoraron ese llamado, y se han reafirmado en su incredulidad. Las dos últimas copas, que contienen los más severos de todos los juicios, se derramarán sobre los hombres endurecidos y no arrepentidos.

LA SEXTA COPA

El sexto ángel derramó su copa sobre el gran río Éufrates; y el agua de éste se secó, para que estuviese preparado el camino a los reyes del oriente. Y vi salir de la boca del dragón, y de la boca de la bestia, y de la boca del falso profeta, tres espíritus inmundos a manera de ranas; pues son espíritus de demonios, que hacen señales, y van a los reyes de la tierra en todo el mundo, para reunirlos a la batalla de aquel gran día del Dios Todopoderoso. He aquí, yo vengo como ladrón. Bienaventurado el que vela, y guarda sus ropas, para que no ande desnudo, y vean su vergüenza. Y los reunió en el lugar que en hebreo se llama Armagedón. (16:12-16)

A diferencia de las cinco copas anteriores, la sexta, como el quinto sello (6:9-11), no implica un ataque específico sobre la humanidad, sino que es preparatoria de lo que viene. Cuando llegó su turno, **el sexto ángel derramó su copa sobre el gran río Éufrates**. El **Éufrates** apareció antes en Apocalipsis con relación al juicio de la sexta trompeta (9:14), cuando 200 millones de demonios que estuvieron atados cerca de él fueron liberados. Como el más largo y más importante río en el Oriente Medio, el **Éufrates** merece que se le llame el **gran río** (cp. 9:14; Gn. 15:18; Dt. 1:7; Jos. 1:4). Su origen está en los campos de nieve y cubiertas heladas de las laderas del monte Ararat (situado en la moderna Turquía), desde donde corre unos tres mil kilómetros antes de verter sus aguas en el Golfo Pérsico. En los tiempos antiguos el huerto del Edén estaba ubicado en las cercanías del **Éufrates** (Gn. 2:10-14). El **Éufrates** también constituía la frontera este de la tierra que Dios dio a Israel (Gn. 15:18; Dt. 1:7; 11:24; Jos. 1:4). Junto con el cercano Tigris, el **Éufrates** sigue siendo el alma del Creciente Fértil.

Para el tiempo en que se derrama la sexta copa, el **Éufrates** será muy diferente de lo que es hoy o ha sido siempre. El ardiente calor del sol, asociado con la cuarta copa, derretirá la nieve y las cimas del monte Ararat. Eso aumentará mucho el volumen de agua en el **Éufrates**, causando grandes daños e inundaciones a lo largo de su cauce. Los puentes que cruzan el río seguramente se destruirán. Es por esto que se hace patente la razón de esta sexta copa. Al verter el ángel su copa, **se secó** el **agua** del Éufrates **para que estuviese preparado el camino a los reyes del oriente**. Los ejércitos del este necesitarán cruzar el Éufrates para alcanzar su destino final: Armagedón en la tierra de Palestina.

El que Dios seque el Éufrates no es un acto de bondad hacia los **reyes del oriente**, sino de castigo. Ellos y sus ejércitos entrarán en una trampa mortal. La evaporación del Éufrates los conducirá a su condenación, al igual que la división del Mar Rojo condujo a la destrucción del ejército egipcio. El por qué de esta desalentadora jornada que los llevará a su condena, a través de la sequía, el ardiente calor, la oscuridad y las dolorosas úlceras, se establece en vv. 13-14.

Cualesquiera que sean los motivos humanos para esta fuerza invasora, ya sea rebelión política o rabioso antisemitismo, la verdadera razón detrás de su avance hacia Palestina pronto se hace evidente. En una grotesca visión, como algo tomado de una película de horror, Juan vio **salir de la boca del dragón, y de la boca de la bestia, y de la boca del falso profeta, tres espíritus inmundos** (cp. Mt. 10:1; Mr. 1:23; Hch. 5:16) **a manera de ranas**. De la **boca** (que simboliza la fuente de influencia) de cada miembro de la trinidad diabólica (el **dragón** [Satanás], la **bestia** [el anticristo] y el **falso profeta**) salió un sucio, **espíritu inmundo** semejante a una **rana**. Las ranas eran animales inmundos (Lv. 11:10, 41), pero estas no eran ranas literales como las de la plaga de Egipto (Éx. 8:5; Sal. 78:45). Juan identificó estas apariciones parecidas a ranas como **espíritus de demonios**. Esta gráfica, desagradable y repugnante ilustración describe la iniquidad resbaladiza y de sangre fría de estos demonios, que seducen a los reyes del este para que realicen esta difícil jornada hacia su condena en Armagedón bajo su engañosa influencia (cp. 1 R. 22:19-22).

Como parte de su engaño, los **demonios** no dudarán en realizar señales sobrenaturales. Anteriormente, en la tribulación, el falso profeta realizó "grandes señales", haciendo incluso "descender fuego del cielo a la tierra delante de los hombres" (13:13). Como resultado, él pudo engañar "a los moradores de la tierra con las señales que se le ha permitido hacer en presencia de la bestia" (13:14). Pudo incluso persuadir "a los moradores de la tierra que le hagan imagen a la bestia que tiene la herida de espada, y vivió" (13:14). Esos **espíritus de demonios** realizarán prodigios mentirosos para engañar a los **reyes.**

El que estos demonios tengan tales poderes engañosos no es sorprendente. Jesús predijo que "falsos Cristos y falsos profetas... harán señales y prodigios, para engañar, si fuese posible, aun a los escogidos" (Mr. 13:22; cp. 2 Ts. 2:9-10). Sin duda esos demonios tendrán mayor poder para engañar. De este modo no les costará mucho trabajo engañar **a los reyes de la tierra en todo el mundo, para reunirlos.** La misión de los demonios es reunir no solo a las potencias del este, sino a todos los gobernantes y ejércitos del mundo, para unir fuerzas desde el este **a la batalla de aquel gran día del Dios Todopoderoso.** En su orgullo, arrogancia e insensatez, las naciones del mundo, engañadas por los demonios, se dirigirán a Palestina para luchar con Dios mismo en Armagedón. Según 17:12-14, participarán diez reyes.

Joel profetizó de este tiempo en Joel 3:2, 9-13:

> *reuniré a todas las naciones,*
> *y las haré descender al valle de Josafat,*
> *y allí entraré en juicio con ellas*
> *a causa de mi pueblo, y de Israel mi heredad,*
> *a quien ellas esparcieron entre las naciones,*
> *y repartieron mi tierra.*
> *Proclamad esto entre las naciones,*
> *proclamad guerra, despertad a los valientes,*
> *acérquense, vengan todos los hombres de guerra.*
> *Forjad espadas de vuestros azadones,*
> *lanzas de vuestras hoces;*
> *diga el débil: Fuerte soy.*
> *Juntaos y venid, naciones todas de alrededor, y congregaos;*
> *haz venir allí, oh Jehová, a tus fuertes.*
> *Despiértense las naciones,*
> *y suban al valle de Josafat;*
> *porque allí me sentaré para juzgar a todas las naciones de alrededor.*
> *Echad la hoz, porque la mies está ya madura.*
> *Venid, descended, porque el lagar está lleno,*
> *rebosan las cubas; porque mucha es la maldad de ellos.*

Zacarías también escribió de ese tiempo:

*Porque yo reuniré a todas las naciones para combatir contra Jerusalén; y la
ciudad será tomada, y serán saqueadas las casas, y violadas las mujeres; y la
mitad de la ciudad irá en cautiverio, mas el resto del pueblo no será cortado de
la ciudad. Después saldrá Jehová y peleará con aquellas naciones, como peleó
en el día de la batalla (Zac. 14:2-3).*

Con el mismo tono el salmista escribió:

*¿Por qué se amotinan las gentes,
y los pueblos piensan cosas vanas?
Se levantarán los reyes de la tierra,
y príncipes consultarán unidos
contra Jehová y contra su ungido, diciendo:
Rompamos sus ligaduras,
y echemos de nosotros sus cuerdas (Sal. 2:1-3).*

La **batalla** terminará pronto: "Pelearán contra el Cordero, y el Cordero los
vencerá, porque él es Señor de señores y Rey de reyes" (17:14). En realidad, no
será una guerra; será una masacre, como lo describe gráficamente 19:11-21.

En medio de todos los horrores de juicio, engaño y guerra, llega una
parentética palabra de aliento para los creyentes: **He aquí, yo vengo como ladrón.
Bienaventurado el que vela, y guarda sus ropas, para que no ande desnudo, y
vean su vergüenza.** Esta palabra de gracia del cielo vendrá antes del derramamiento de la séptima copa y asegura a los creyentes que no serán olvidados.

Este pasaje es paralelo con el que se encuentra en Malaquías, donde el profeta
dirige palabras de aliento de parte de Dios para los justos, quienes sentían
temor por la cercanía del terrible día de Jehová: "Entonces los que temían a
Jehová hablaron cada uno a su compañero; y Jehová escuchó y oyó, y fue escrito
libro de memoria delante de él para los que temen a Jehová, y para los que
piensan en su nombre. Y serán para mí especial tesoro, ha dicho Jehová de los
ejércitos, en el día en que yo actúe; y los perdonaré, como el hombre que
perdona a su hijo que le sirve" (Mal. 3:16-17). Dios les dijo que no tuvieran
temor porque ellos le pertenecían. Hubo similares respiros para animar al pueblo
de Dios entre el sexto y el séptimo sello (7:1-17) y entre la sexta y la séptima
trompetas (10:1–11:14). Como los juicios de las copas se producen en un período
breve de tiempo, el respiro entre la sexta y la séptima copas es muy breve.

La palabra de aliento del Señor Jesucristo (cp. 22:7, 12, 20) comienza **He aquí,
yo vengo como ladrón.** Como viene un ladrón, Jesucristo vendrá rápida e inesperadamente. Pero a diferencia de un ladrón, Él no vendrá a robar, sino a tomar

154

lo que legítimamente le pertenece. La imagen de Jesucristo viniendo como un ladrón, aparece en otros pasajes del Nuevo Testamento. A principios de Apocalipsis Jesús le advirtió a la iglesia de Sardis: "Pues si no velas, vendré sobre ti como ladrón, y no sabrás a qué hora vendré sobre ti" (3:3). En el discurso en el Monte de los Olivos Él añadió: "Velad, pues, porque no sabéis a qué hora ha de venir vuestro Señor. Pero sabed esto, que si el padre de familia supiese a qué hora el ladrón habría de venir, velaría, y no dejaría minar su casa" (Mt. 24:42-43). El apóstol Pablo les recordó a los tesalonicenses que "el día del Señor vendrá así como ladrón en la noche" (1 Ts. 5:2), una verdad que también confirmó Pedro (2 P. 3:10). El repentino e inesperado regreso de Jesucristo traerá temor y desfallecimiento a sus enemigos, pero esperanza y aliento a su pueblo.

Entonces el exaltado Señor pronunciará la tercera de siete bienaventuranzas (bendiciones) en Apocalipsis (cp. 1:3; 14:13; 19:9; 20:6; 22:7, 14): **Bienaventurado el que vela, y guarda sus ropas, para que no ande desnudo, y vean su vergüenza.** Esto describe a quienes, como las cinco vírgenes prudentes (Mt. 25:1-13), estarán preparados para su llegada. Sin embargo, aquí la imagen no es la de las damas de honor que se preparan para una boda, sino la de soldados vigilantes y en su puesto. Solo un soldado **que vela, y guarda sus ropas** está preparado para el combate. El que no esté preparado cuando se inicie la batalla, andará **desnudo** y verán **su vergüenza**, la vergüenza de un soldado que incumple con su responsabilidad. A los que Dios "vistió con vestiduras de salvación [y con] manto de justicia" (Is. 61:10), a los que "[vistió] del Señor Jesucristo" (Ro. 13:14), estarán listos cuando llegue el juicio. "Y ahora, hijitos, permaneced en él", exhortaba Juan en su primera epístola, "para que cuando se manifieste, tengamos confianza, para que en su venida no nos alejemos de él avergonzados" (1 Jn. 2:28). Aquellos a quienes Jesucristo halle preparados cuando Él regrese, serán bienaventurados.

Después del breve intervalo de aliento para los redimidos, la narración profética vuelve a los acontecimientos de la sexta copa. Los espíritus demoniacos engañadores reunirán a las naciones **en el lugar que en hebreo se llama Armagedón. Armagedón** es una palabra hebrea que significa "Monte Meguido". Como no hay ninguna montaña específica con ese nombre, y la partícula **Ar** puede referirse a un país montañoso, tal vez sea una alusión a la región montañosa que rodea la llanura de Meguido, a unos cien kilómetros de Jerusalén. Se han librado más de doscientas batallas en esa región, entre ellas la victoria de Barac sobre los cananeos (Jue. 4–5; cp. Jue. 5:19), la victoria de Gedeón sobre los madianitas (Jue. 7; cp. Jue. 6:33; el "valle de Jezreel" es otro nombre para la llanura de Esdraelón), y la derrota de Josías a manos de Faraón Necao (2 Cr. 35:22). La llanura de Meguido y la vecina llanura de Esdraelón serán el punto central de la batalla de Armagedón, que azotará toda la tierra de Israel, llegando tan al sur como a la ciudad edomita de Bosra (Is. 63:1). Otras batallas ocurrirán también en los alrededores de Jerusalén (Zac. 14:1-3).

La "batalla" terminará casi tan pronto como comience, ya que el Señor Jesucristo vendrá a rescatar a su pueblo (cp. Zac. 14:1-3; Jl. 3:16) y derrotar a sus enemigos. La resultante matanza de los ejércitos del mundo será casi inimaginable, con sangre que salpicará como a un metro de altura y tal vez corriendo en arroyos de unos trescientos kilómetros (14:20). La sexta copa prepara el escenario final, pero antes de la breve "batalla", la séptima y final plaga golpeará.

LA SÉPTIMA COPA

El séptimo ángel derramó su copa por el aire; y salió una gran voz del templo del cielo, del trono, diciendo: Hecho está. Entonces hubo relámpagos y voces y truenos, y un gran temblor de tierra, un terremoto tan grande, cual no lo hubo jamás desde que los hombres han estado sobre la tierra. Y la gran ciudad fue dividida en tres partes, y las ciudades de las naciones cayeron; y la gran Babilonia vino en memoria delante de Dios, para darle el cáliz del vino del ardor de su ira. Y toda isla huyó, y los montes no fueron hallados. Y cayó del cielo sobre los hombres un enorme granizo como del peso de un talento; y los hombres blasfemaron contra Dios por la plaga del granizo; porque su plaga fue sobremanera grande. (16:17-21)

La séptima **copa** es el final derramamiento de la ira de Dios sobre los pecadores en esta tierra actual. Luego de esto Jesucristo vendrá y establecerá su reino milenario. Al final de ese período de mil años, habrá un acto final de rebelión, que será aplastado rápidamente (20:7-10). Pero ese juicio no ocurrirá en el mundo como lo conocemos, ya que la tierra sufrirá cambios espectaculares antes que llegue el reino.

Ese juicio final de la presente era ocurrirá durante el tiempo en que "el misterio de Dios se consumará" (10:7). Es la última de las "siete plagas postreras; porque en ellas se consumaba la ira de Dios" (15:1). La séptima copa será la peor catástrofe en la historia mundial, el desastre más absoluto y devastador que la tierra haya experimentado jamás. Sus efectos implican todo el camino para el establecimiento del reino terrenal de Cristo. Al igual que el cuarto ángel, **el séptimo ángel** no vertió su copa sobre la tierra, sino que la **derramó... por el aire**. Sus primeros efectos fueron en la atmósfera de la tierra, como si Dios estuviera limpiando lo que fuera el dominio de Satanás y sus huestes de demonios (12:9). La tierra (v. 2), el mar (v. 3), las aguas (v. 4), el sol (v. 8), y finalmente el **aire** son los blancos del juicio.

Cuando el ángel vertió su copa, **salió una gran voz del templo del cielo**. La voz es la del Dios Altísimo, poseedor del cielo y de la tierra. Su solemne declaración **Hecho está** anuncia el momento culminante del postrer día del

Señor, que esparcirá condenación sobre todo el globo. El verbo en tiempo perfecto *gegonen* (**hecho está**) describe una acción completada con resultados que continúan. Es similar a las últimas palabras de Jesús en la cruz: "Consumado es" (Jn. 19:30). El juicio de Dios de Cristo en el Calvario dio salvación para los pecadores arrepentidos; el juicio de la séptima copa trae condenación a los pecadores incontritos.

El derramamiento de la séptima copa afectó la atmósfera; **hubo relámpagos y voces y truenos**. Al igual que el séptimo sello (8:5) y la séptima trompeta (11:19), la séptima copa se presenta con la imagen de una violenta tormenta. Pero las tormentas anteriores solo fueron anticipos de la poderosa tormenta de ira que ahora estalla sobre la tierra.

Aunque la séptima copa se vierte sobre la atmósfera de la tierra, tendrá también efectos devastadores sobre la tierra misma. Dios acentuará este juicio final contra los pecadores con un terremoto (cp. Is. 24:19-20; Hag. 2:6), tal y como lo hizo en su juicio del pecado en el Calvario (Mt. 27:51-54). Este terremoto será el más poderoso que haya azotado jamás a la tierra. Juan lo describe como **un terremoto tan grande, cual no lo hubo jamás desde que los hombres han estado sobre la tierra**. Aunque ha habido siempre y seguirá habiendo terremotos locales (Mt. 24:7), ese **terremoto tan grande** será excepcional porque Dios estremecerá todo el globo, como profetizó en Hageo 2:6 y Hebreos 12:26-27. El estremecimiento será tan grande que renovará y reconfigurará la tierra en preparación para el reino milenario, restaurándolo a algo así como a su condición prediluviana (v. 20).

El primer efecto de este **terremoto tan grande** fue que **la gran ciudad fue dividida en tres partes**. La gran ciudad no puede ser Babilonia, como algunas piensan, ya que se distingue de "la gran Babilonia" mencionada más adelante en el versículo 19. Una comparación con 11:8 identifica de forma clara a la **gran ciudad** como Jerusalén, "la grande ciudad... donde también [el] Señor fue crucificado". Que la **gran ciudad** se nombre aparte de **las ciudades de las naciones** presenta evidencia adicional al hecho de que se trata de Jerusalén. El imponente terremoto **dividirá** a Jerusalén **en tres partes**, comenzando una serie de alteraciones geofísicas a la ciudad y sus regiones vecinas, que concluirán cuando venga el Señor Jesucristo. Zacarías 14:4-10 describe estos cambios en detalle. El Monte de los Olivos se dividirá en dos, y se creará un nuevo valle, que irá del este al oeste (Zac. 14:4). Una fuente de agua fluirá durante todo el año desde Jerusalén hasta el mar Mediterráneo y el mar Muerto (Zac. 14:8), haciendo que el desierto florezca como una rosa (cp. Is. 35:1). Jerusalén será elevada y la región circundante aplastada, hasta convertirse en una llanura (Zac. 14:10). De esta forma, el propósito del terremoto, cuando se relaciona con Jerusalén, no es juzgar a la ciudad, sino resaltarla. Jerusalén fue castigada anteriormente, en la tribulación, con un terremoto, que llevó a la salvación de los que no murieron (11:13). Así que no hay necesidad de otro juicio sobre esta ciudad. Los cambios físicos prepararán a Jerusalén para su importante función durante el reino milenario, cuando Cristo estará allí como Rey (Sal. 110:2; Is. 2:3; 24:23; Mi. 4:7).

A diferencia de Jerusalén, a la que el terremoto resaltará, **las ciudades de las naciones cayeron**, tal vez simultáneamente, con la derrota del anticristo por el Cordero (17:12-14). Como es de esperar, tal poderoso terremoto provocará gran destrucción en todo el mundo. Específicamente se particulariza a **la gran Babilonia**, que **vino en memoria delante de Dios, para darle el cáliz del vino del ardor de su ira**. Como la ciudad capital del imperio del anticristo, a **Babilonia** se le hará tomar **el cáliz del vino del ardor de su ira**. La caída de **Babilonia**, mencionada aquí de pasada, se describirá detalladamente en los capítulos 17 y 18.

El último efecto del terremoto, como se observó antes, es preparar la tierra para el gobierno milenario del Señor Jesucristo. Con ese propósito, se alterará radicalmente la topografía de la tierra; **toda isla huyó, y los montes no fueron hallados**. Las **islas**, que son montañas bajo el mar, desaparecerán, y los **montes** sobre la tierra serán aplanados (cp. Is. 40:4), completando el proceso que comenzó durante el sexto sello (6:12-14). "La tenuemente ondulante topografía del mundo, tal y como fue originalmente creado, se restaurará. Ya no habrá más inaccesibles cadenas montañosas, o desiertos, o cumbres heladas. El entorno físico del milenio será, en gran medida, una restauración del entorno antediluviano" (Henry M. Morris, *The Revelation Record* [El registro de Apocalipsis], 321). Eso pudiera dejar a Jerusalén como el punto más alto de la tierra, convirtiéndola en el apropiado trono para el Gran Rey, que reinará allí durante el milenio (Jer. 3:17).

Los que de algún modo escapen a la devastación causada por el terremoto, enfrentarán otra catástrofe, una sin precedentes en la historia de la tierra. Recibirán **un enorme granizo como del peso de un talento**, que caerá **del cielo sobre los hombres**. A diferencia de la séptima plaga en Egipto (Éx. 9:23-24) y el juicio de la primera trompeta (8:7), la fuerza de estos granizos es inimaginable. El término griego traducido **como del peso de un talento** describía el mayor peso que un hombre normal podía cargar a cualquier lugar desde 90 a 135 libras. Los granizos más pesados que se hayan registrado pesaban unas dos libras; estos gigantescos trozos de hielo serán cincuenta veces más pesados. Ellos añadirán a la devastación causada por el terremoto y aplastarán a la humanidad que, debido al poder del terremoto, no tendrá refugio adecuado.

Firmes en su deseo de no arrepentirse, los sobrevivientes del granizo **blasfemaron contra Dios por la plaga del granizo; porque su plaga fue sobremanera grande**. Increíblemente, la torturada humanidad desafiantemente sigue endurecida contra Dios, una verdad que debía hacer detener a los que piensan que esos prodigios y señales convencerán a las personas a creer en el evangelio. Los que rechazan la maravilla, gloria y majestad del Hijo de Dios, quienes desprecian la salvación gratuita, no se dejarán convencer por señal alguna (cp. Lc. 16:31). Es demasiado tarde para estos endurecidos pecadores; han vendido su alma a Satanás; están totalmente comprometidos con el sistema del anticristo que es blasfemo, idólatra y contrario a Dios. Son hijos de ira, lanzados al infierno.

Es inevitable la ira escatológica y eterna de Dios; nadie puede impedirla o detenerla (Is. 43:13). Pero hay una forma de escapar de ella, ya que "ninguna condenación hay para los que están en Cristo Jesús" (Ro. 8:1). Los que por la fe confían en solo Cristo para salvación, escaparán de la ira escatológica de Dios (3:10) y de su ira eterna (1 Ts. 1:10). No enfrentarán juicio, porque sus pecados fueron juzgados cuando Jesús murió en lugar de ellos en la cruz (2 Co. 5:21; 1 P. 2:24). A la luz del inevitable juicio que viene, la advertencia a todos los pecadores incontritos es "Si oyereis hoy su voz, No endurezcáis vuestros corazones" (He. 4:7).

La destrucción de la última religión mundial

12

Vino entonces uno de los siete ángeles que tenían las siete copas, y habló conmigo diciéndome: Ven acá, y te mostraré la sentencia contra la gran ramera, la que está sentada sobre muchas aguas; con la cual han fornicado los reyes de la tierra, y los moradores de la tierra se han embriagado con el vino de su fornicación. Y me llevó en el Espíritu al desierto; y vi a una mujer sentada sobre una bestia escarlata llena de nombres de blasfemia, que tenía siete cabezas y diez cuernos. Y la mujer estaba vestida de púrpura y escarlata, y adornada de oro, de piedras preciosas y de perlas, y tenía en la mano un cáliz de oro lleno de abominaciones y de la inmundicia de su fornicación; y en su frente un nombre escrito, un misterio: BABILONIA LA GRANDE, LA MADRE DE LAS RAMERAS Y DE LAS ABOMINACIONES DE LA TIERRA. Vi a la mujer ebria de la sangre de los santos, y de la sangre de los mártires de Jesús; y cuando la vi, quedé asombrado con gran asombro. Y el ángel me dijo: ¿Por qué te asombras? Yo te diré el misterio de la mujer, y de la bestia que la trae, la cual tiene las siete cabezas y los diez cuernos.

La bestia que has visto, era, y no es; y está para subir del abismo e ir a perdición; y los moradores de la tierra, aquellos cuyos nombres no están escritos desde la fundación del mundo en el libro de la vida, se asombrarán viendo la bestia que era y no es, y será. Esto, para la mente que tenga sabiduría: Las siete cabezas son siete montes, sobre los cuales se sienta la mujer, y son siete reyes. Cinco de ellos han caído; uno es, y el otro aún no ha venido; y cuando venga, es necesario que dure breve tiempo. La bestia que era, y no es, es también el octavo; y es de entre los siete, y va a la perdición. Y los diez cuernos que has visto, son diez reyes, que aún no han recibido reino; pero por una hora recibirán autoridad como reyes juntamente con la bestia. Estos tienen un mismo propósito, y entregarán su poder y su autoridad a la bestia. Pelearán contra el Cordero, y el Cordero los vencerá, porque él es Señor de señores y Rey de reyes; y los que están con él son llamados y elegidos y fieles.

Me dijo también: Las aguas que has visto donde la ramera se sienta, son

pueblos, muchedumbres, naciones y lenguas. Y los diez cuernos que viste en la bestia, éstos aborrecerán a la ramera, y la dejarán desolada y desnuda; y devorarán sus carnes, y la quemarán con fuego; porque Dios ha puesto en sus corazones el ejecutar lo que él quiso: ponerse de acuerdo, y dar su reino a la bestia, hasta que se cumplan las palabras de Dios. Y la mujer que has visto es la gran ciudad que reina sobre los reyes de la tierra. (17:1-18)

Hay un cierto elemento de verdad en la muy citada afirmación de Carlos Marx de que la religión es "el opio de los pueblos". Las personas son incurablemente religiosas, porque Dios las creó para que adoraran. Adorarán inevitablemente a alguien o a algo; si no al Dios verdadero, entonces a dioses falsos hechos por ellas mismas. Las personas están hechas con un vacío conformado por Dios que constantemente tratan de llenar.

Desde la caída, el deseo innato del hombre de conocer a Dios se ha torcido y pervertido. Las personas aun buscan algo que adorar, porque no han buscado más al Dios verdadero. En realidad, "no hay quien busque a Dios" (Ro. 3:11), porque como declaró Jesús: "Ninguno puede venir a mí, si el Padre que me envió no le trajere" (Jn. 6:44). Lamentablemente, la necesidad del hombre de una relación con Dios se ha corrompido, por su amor al pecado. Pablo escribió en Romanos 1:21 que "habiendo conocido a Dios, no le glorificaron como a Dios, ni le dieron gracias, sino que se envanecieron en sus razonamientos, y su necio corazón fue entenebrecido".

En el vacío espiritual de la humanidad caminan Satanás, el "padre de mentira" (Jn. 8:44) y sus huestes demoniacas, disfrazados como ángeles de luz (2 Co. 11:14-15) y suministrando "doctrinas de demonios" (1 Ti. 4:1). Abusando de la tendencia religiosa de las personas, ellos activan el engaño religioso. La poderosa atracción de la religión falsa viene de su promesa de satisfacer el anhelo del hombre del reino espiritual, sin que lo ponga bajo la autoridad de Dios. En su rebeldía contra el Dios verdadero, y debido a su amor al pecado, los hombres caídos de buena gana se vuelven a esas malditas religiones satánicas. Pero maravillosamente, por gracias y misericordia, aunque el hombre ya no busque a Dios, Dios sigue buscando al hombre. En realidad, fue "a buscar y a salvar lo que se había perdido" (Lc. 19:10) que Jesucristo vino al mundo.

Como la religión falsa es en gran manera parte de este mundo caído, no es sorprendente que tendrá una importante función en los postreros tiempos. Durante la tribulación, todas las religiones falsas del mundo se unirán en una gran religión mundial. Esa manifestación suprema de la religión falsa será un elemento fundamental del último imperio mundial del anticristo, para sostener su estructura militar, económica y política. Solamente la religión puede unir al mundo de la manera más convincente. Ni los políticos, ni los económicos, ni incluso las fuerzas militares son capaces de sobreponerse a la diversidad cultural del mundo. Solamente la religión, con su apelación a lo sobrenatural, puede penetrar las barreras físicas, geográficas, históricas, económicas y culturales en pro de la unidad del mundo. El capítulo 17 revela el carácter espiritual del reino del anticristo; el capítulo 18 continúa con sus aspectos materiales. Dios destruirá ambos aspectos del reino del anticristo.

Los capítulos 17 y 18 están insertados dentro del curso cronológico de Apocalipsis, que continúa en el capítulo 19. Al derramamiento de la séptima copa (16:17) le sigue de inmediato la venida del Señor Jesucristo para terminar la gran batalla mundial (19:11). Los capítulos 17 y 18 forman un paréntesis para mirar, no a los juicios específicos de Dios, sino lo que se está juzgando. Esos dos capítulos retroceden para describir el sistema del mundo conducido por Satanás, el anticristo y el falso profeta; antes de registrar su destrucción, Juan ya había escuchado los presagios de la destrucción de Babilonia (14:8; 16:19); ahora los detalles de esa destrucción se presentarán en esas extraordinarias visiones.

Durante la tribulación, las personas buscarán desesperadamente la religión, por lo que le estará sucediendo al mundo. Mientras los golpes del juicio de Dios (los juicios de los sellos, las trompetas y las copas) devastan la tierra y aterrorizan a sus habitantes, las personas se volverán desesperadas al anticristo como su salvador. Ayudado por el falso profeta y las huestes de engañadores demonios, el anticristo establecerá una religión mundial, **BABILONIA LA GRANDE, LA MADRE DE LAS RAMERAS Y DE LAS ABOMINACIONES DE LA TIERRA**. ¿Cómo puede ser la futura Babilonia religiosa la madre de toda religión falsa? Para comprender la religión falsa babilónica del futuro hay que entender el papel de Babilonia en la religión falsa del pasado.

La historia de Babilonia comienza con la torre de Babel, mencionada en Génesis 11:1-9:

Tenía entonces toda la tierra una sola lengua y unas mismas palabras. Y aconteció que cuando salieron de oriente, hallaron una llanura en la tierra de Sinar, y se establecieron allí. Y se dijeron unos a otros: Vamos, hagamos ladrillo y cozámoslo con fuego. Y les sirvió el ladrillo en lugar de piedra, y el asfalto en lugar de mezcla. Y dijeron: Vamos, edifiquémonos una ciudad y una torre, cuya cúspide llegue al cielo; y hagámonos un nombre, por si fuéremos esparcidos sobre la faz de toda la tierra. Y descendió Jehová para ver la ciudad y la torre que edificaban los hijos de los hombres. Y dijo Jehová: He aquí el pueblo es uno, y todos estos tienen un solo lenguaje; y han comenzado la obra, y nada les hará desistir ahora de lo que han pensado hacer. Ahora, pues, descendamos, y confundamos allí su lengua, para que ninguno entienda el habla de su compañero. Así los esparció Jehová desde allí sobre la faz de toda la tierra, y dejaron de edificar la ciudad. Por esto fue llamado

el nombre de ella Babel, porque allí confundió Jehová el lenguaje de toda la tierra,
y desde allí los esparció sobre la faz de toda la tierra.

Caminando rumbo este después del diluvio, los descendientes de Noé llegaron al lugar donde estaría Babilonia (la "tierra de Sinar"). En el primer gran esfuerzo humanístico de la historia, decidieron construir un monumento para sí mismos, para "[hacerse de] un nombre". Pero ese acto de rebeldía contra Dios también tenía implicaciones religiosas. Las torres de ladrillo, como la que construyeron (conocidas como zigurats), se usaron después en las religiones falsas. Los zigurats tenían en su parte superior la señal del zodiaco, que fue usada por los sacerdotes paganos para hacer un mapa de las estrellas. A través de su observación de las estrellas, los sacerdotes presuntamente obtenían discernimiento espiritual y conocimiento del futuro.

Esa deliberada y desafiante rebeldía contra Dios es increíble de parte de quienes acababan de ser testigos presenciales del diluvio. Nimrod, el indiscutible líder del complot, era bisnieto de Noé. Génesis lo describe como "vigoroso cazador delante de Jehová" (10:9), y señala que "fue el comienzo de su reino Babel, Erec, Acad y Calne, en la tierra de Sinar. De esta tierra salió para Asiria, y edificó Nínive, Rehobot, Cala, y Resén entre Nínive y Cala, la cual es ciudad grande" (Gn. 10:10-12). Este orgulloso y arrogante líder (su nombre pudiera derivarse de un verbo hebreo que significa "rebelarse") prefigura al postrer anticristo.

Dios, como castigo, esparció a estos orgullosos rebeldes desde Babel (Gn. 11:8), y ellos llevaron su religión falsa por el mundo. A pesar de la dispersión, Babilonia siguió siendo un centro idolátrico de falsa adoración. En determinado momento de la sórdida historia de la ciudad, tuvo no menos de 180 altares dedicados a la diosa Istar (Charles L. Feinberg, "Jeremías", en *The Expositor's Bible Commentary* [El Comentario Bíblico del expositor], Frank E. Gaebelein, ed., [Grand Rapids: Zondervan, 1986], 6:643).

Incluso algunos de los israelitas fueron atrapados en la adoración idolátrica a Istar, uno de cuyos títulos era "Reina del cielo". Jeremías reprendió al remanente judío que había huido a Egipto por la idolatría que los había conducido a la ruina. Sin embargo, en vez de arrepentirse, siguieron desafiantes:

Entonces todos los que sabían que sus mujeres habían ofrecido incienso a dioses
ajenos, y todas las mujeres que estaban presentes, una gran concurrencia, y
todo el pueblo que habitaba en tierra de Egipto, en Patros, respondieron a
Jeremías, diciendo: La palabra que nos has hablado en nombre de Jehová, no
la oiremos de ti; sino que ciertamente pondremos por obra toda palabra que ha
salido de nuestra boca, para ofrecer incienso a la reina del cielo, derramándole
libaciones, como hemos hecho nosotros y nuestros padres, nuestros reyes y nuestros

príncipes, en las ciudades de Judá y en las plazas de Jerusalén, y tuvimos abundancia de pan, y estuvimos alegres, y no vimos mal alguno. Mas desde que dejamos de ofrecer incienso a la reina del cielo y de derramarle libaciones, nos falta todo, y a espada y de hambre somos consumidos. Y cuando ofrecimos incienso a la reina del cielo, y le derramamos libaciones, ¿acaso le hicimos nosotras tortas para tributarle culto, y le derramamos libaciones, sin consentimiento de nuestros maridos? (Jer. 44:15-19).

Dios, por medio de Jeremías, pronunció juicio sobre esos judíos por su terca y desafiante adhesión al culto a Istar:

Y habló Jeremías a todo el pueblo, a los hombres y a las mujeres y a todo el pueblo que le había respondido esto, diciendo: ¿No se ha acordado Jehová, y no ha venido a su memoria el incienso que ofrecisteis en las ciudades de Judá, y en las calles de Jerusalén, vosotros y vuestros padres, vuestros reyes y vuestros príncipes y el pueblo de la tierra? Y no pudo sufrirlo más Jehová, a causa de la maldad de vuestras obras, a causa de las abominaciones que habíais hecho; por tanto, vuestra tierra fue puesta en asolamiento, en espanto y en maldición, hasta quedar sin morador, como está hoy. Porque ofrecisteis incienso y pecasteis contra Jehová, y no obedecisteis a la voz de Jehová, ni anduvisteis en su ley ni en sus estatutos ni en sus testimonios; por tanto, ha venido sobre vosotros este mal, como hasta hoy.

Y dijo Jeremías a todo el pueblo, y a todas las mujeres: Oíd palabra de Jehová, todos los de Judá que estáis en tierra de Egipto. Así ha hablado Jehová de los ejércitos, Dios de Israel, diciendo: Vosotros y vuestras mujeres hablasteis con vuestras bocas, y con vuestras manos lo ejecutasteis, diciendo: Cumpliremos efectivamente nuestros votos que hicimos, de ofrecer incienso a la reina del cielo y derramarle libaciones; confirmáis a la verdad vuestros votos, y ponéis vuestros votos por obra. Por tanto, oíd palabra de Jehová, todo Judá que habitáis en tierra de Egipto: He aquí he jurado por mi grande nombre, dice Jehová, que mi nombre no será invocado más en toda la tierra de Egipto por boca de ningún hombre de Judá, diciendo: Vive Jehová el Señor. He aquí que yo velo sobre ellos para mal, y no para bien; y todos los hombres de Judá que están en tierra de Egipto serán consumidos a espada y de hambre, hasta que perezcan del todo (Jer. 44:20-27).

Ezequiel también se refiere a la adoración de Istar y Tamuz: "Y me llevó a la entrada de la puerta de la casa de Jehová, que está al norte; y he aquí mujeres que estaban allí sentadas endechando a Tamuz" (Ez. 8:14).

A lo largo de la historia, Babilonia ha sido un importante centro de la religión falsa. En los postreros tiempos, la religión falsa regresará al lugar donde comenzó. El diablo que engañó a las personas en Babel, y desde allí lanzó la religión falsa sobre la tierra, engañará una vez más al mundo.

La última religión mundial, descrita como una ramera, es el tema de esta visión, que presenta la manifestación de la ramera, la explicación sobre la ramera y la eliminación de la ramera.

LA MANIFESTACIÓN DE LA RAMERA

Vino entonces uno de los siete ángeles que tenían las siete copas, y habló conmigo diciéndome: Ven acá, y te mostraré la sentencia contra la gran ramera, la que está sentada sobre muchas aguas; con la cual han fornicado los reyes de la tierra, y los moradores de la tierra se han embriagado con el vino de su fornicación. Y me llevó en el Espíritu al desierto; y vi a una mujer sentada sobre una bestia escarlata llena de nombres de blasfemia, que tenía siete cabezas y diez cuernos. Y la mujer estaba vestida de púrpura y escarlata, y adornada de oro, de piedras preciosas y de perlas, y tenía en la mano un cáliz de oro lleno de abominaciones y de la inmundicia de su fornicación; y en su frente un nombre escrito, un misterio: BABILONIA LA GRANDE, LA MADRE DE LAS RAMERAS Y DE LAS ABOMINACIONES DE LA TIERRA|r. Vi a la mujer ebria de la sangre de los santos, y de la sangre de los mártires de Jesús; y cuando la vi, quedé asombrado con gran asombro...

Me dijo también: Las aguas que has visto donde la ramera se sienta, son pueblos, muchedumbres, naciones y lenguas. (17:1-6, 15)

El que fuera **uno de los siete ángeles que tenían las siete copas** el que **vino entonces** y habló con Juan, relaciona el juicio de la ramera con las últimas siete plagas (16:1-21). Como se observó antes, la cronología se interrumpe en los capítulos 17 y 18, al cambiar la escena de los juicios de Dios al imperio mundial del anticristo, al objetivo de esos juicios. La **gran ramera** que será juzgada no es una verdadera prostituta. El término **ramera** es una metáfora de la religión falsa, la infidelidad espiritual, la idolatría y la apostasía religiosa. Además de Babilonia, a varias ciudades en las Escrituras se les llama ciudades rameras, debido a su idolatría y búsqueda de la religión falsa. Nínive (Nah. 3:1, 4), Tiro (Is. 23:15-17), y, lamentablemente, Jerusalén (Is. 1:21) son ejemplos de ciudades que cometieron fornicación espiritual.

La visión de Juan muestra varios aspectos de la ciudad ramera de Babilonia: su autoridad, sus alianzas, su atavío, sus abominaciones y su acusación.

LA AUTORIDAD DE LA RAMERA

La que está sentada sobre muchas aguas... Me dijo también: Las aguas que

has visto donde la ramera se sienta, son pueblos, muchedumbres, naciones y lenguas. (17:1*b*, 15)

La ramera en la visión de Juan **está sentada** en un cargo de autoridad y soberanía, al igual que un rey en su trono **sobre** o junto a **muchas aguas**. En los tiempos antiguos, por lo regular las ciudades estaban situadas cerca de una fuente de agua, ya fuera el océano, un río, un lago o un manantial. Así era en Babilonia, que estaba situada junto al río Éufrates. Jeremías 51:13 se dirige a la antigua Babilonia como "Tú, la que moras entre muchas aguas"; la misma frase se aplica en este pasaje a su contraparte futura. Así como la orgullosa capital del imperio babilónico se asentó junto a las "muchas aguas", también lo hará la babilónica ciudad ramera del futuro.

Sin embargo, la frase **muchas aguas** no se refiere a la ubicación geográfica de la ramera, sino que, como el ángel lo explica a Juan en el versículo 15: **Las aguas que has visto donde la ramera se sienta, son pueblos, muchedumbres, naciones y lenguas.** La metáfora es apropiada, ya que tendría mucha influencia una ciudad situada en una posición dominante en una gran vía navegable. La **ramera** no simplemente ejercerá su influencia, sino que dominará a todos los irredentos **pueblos, muchedumbres, naciones y lenguas** de la tierra (cp. las frases similares en 5:9; 7:9; 11:9; 13:7; 14:6). La autoridad de la ramera será universal; todo el mundo se entregará a la falsa adoración del sistema babilónico, y no al Dios verdadero.

LAS ALIANZAS DE LA RAMERA

con la cual han fornicado los reyes de la tierra, y los moradores de la tierra se han embriagado con el vino de su fornicación. Y me llevó en el Espíritu al desierto; y vi a una mujer sentada sobre una bestia escarlata llena de nombres de blasfemia, que tenía siete cabezas y diez cuernos. (17:2-3)

Su asociación con los **reyes de la tierra** revela que el alcance de la influencia de la ramera será inmenso. Los que están al más alto nivel de poder e influencia cometerán fornicación espiritual con ella. La frase **han fornicado** traduce una forma del verbo griego *porneuō* ("cometer inmoralidad sexual"). Describe acertadamente la interacción de la ramera con los **reyes de la tierra**. El simbolismo del adulterio espiritual, utilizado en el Antiguo Testamento para describir la apostasía de Israel (cp. Ez. 16, 23) es inapropiado aquí. Los gobernantes irredentos y las naciones que ellos representan no conocen a Dios y nunca han sido representados como su esposa.

Gobernantes de todo el mundo quedarán obsesionados con la ramera Babilonia. Engañados por el falso profeta, el anticristo y Satanás y sus huestes demoniacas, se enamorarán de la falsa religión mundial. "Adoraron [al anticristo] todos los moradores de la tierra cuyos nombres no estaban escritos en el libro de la vida del Cordero que fue inmolado desde el principio del mundo" (13:8). Pero habiéndose unido a la ramera económica, social, militar, política y religiosamente, ellos compartirán su desastrosa suerte.

A la ramera no solo se aliarán los gobernantes y las personas influyentes del mundo. Todos **los moradores de la tierra** (un término técnico para referirse a los incrédulos; cp. v. 8; 3:10; 6:10; 8:13; 11:10; 13:8, 12, 14; 14:6) **se han embriagado con el vino de su fornicación**. Todas las personas no redimidas serán atrapadas en la última religión falsa; se entregarán de alma y corazón a la abominable ramera babilónica. El ángel no está describiendo a personas que están físicamente **embriagadas** con **vino** cometiendo literalmente un acto de **fornicación** sexual con una verdadera prostituta, aunque eso pudiera estar sucediendo. En vez de esto, él está hablando de los que están apasionadamente embriagados con la ilícita y falsa religión mundial del anticristo. La metáfora viene de Jeremías 51:7, que dice de la antigua Babilonia: "Copa de oro fue Babilonia en la mano de Jehová, que embriagó a toda la tierra; de su vino bebieron los pueblos; se aturdieron, por tanto, las naciones".

Antes que se revele la próxima alianza de la ramera, cambia la escena de la visión de Juan. El ángel con quien había estado hablando Juan lo **llevó en el Espíritu al desierto** (cp. 1:10; 4:2; 21:10). **Desierto** traduce *erēmos*, que describe un terreno desolado y desértico como la región donde está situada la moderna Babilonia. En ese lugar Juan vio **a una mujer**, la ramera babilónica a quien el ángel acababa de describir (vv. 1-2). Estaba **sentada sobre una bestia escarlata**, cuya descripción la identifica como el anticristo (cp. 13:1, 4; 14:9; 16:10). El que la **mujer** estuviera sentada sobre la **bestia escarlata** significa que él la estaba apoyando. El factor inicial unificador y controlador del reino del anticristo será la religión. Con los cielos y la tierra desolados por los juicios de Dios, los poderes políticos, económicos y militares del mundo desmoronados, las personas se volverán en su desesperación a lo sobrenatural. La **bestia** y la **mujer** coexistirán por un tiempo; es decir, la religión al principio estará separada del reino del anticristo. Pero finalmente "la bestia... aborrecerán a la ramera, y la dejarán desolada y desnuda; y devorarán sus carnes, y la quemarán con fuego" (v. 16). Será en ese momento que el falso profeta hará que el mundo entero adore al anticristo (13:11-14), y todo será una misma cosa en el gobierno universal e integral de la bestia.

Escarlata es el color asociado con la lujuria (2 S. 1:24), el esplendor y la realeza. Es también el color asociado con el pecado (Is. 1:18) y es el color de la sangre. El anticristo será una esplendorosa, real, pecaminosa y sangrienta bestia, **llena de nombres de blasfemia** (cp. 13:1). En su arrogante deificación, el anticristo tomará para sí los nombres y títulos que pertenecen a Dios. No solo blasfemará de Dios por sus demandas, sino que también por lo que dice. El anticristo "hablará palabras contra el Altísimo... y contra el Dios de los dioses hablará maravillas" (Dn. 7:25; 11:36).

A esa demoniaca **bestia escarlata** se le describe también como que **tenía siete cabezas y diez cuernos**, mostrando la magnitud de sus alianzas. Como se verá en el análisis de los versículos 9 y 10 más adelante, las **siete cabezas** "son siete montes, sobre los cuales se sienta la mujer, y son siete reyes. Cinco de ellos han caído; uno es, y el otro aún no ha venido; y cuando venga, es necesario que dure breve tiempo" (vv. 9-10). Ellas representan siete montañas, siete gobiernos en el pasado, presente y futuro. Los **diez cuernos** representan a diez reyes (v. 12), quienes reinarán como subordinados del anticristo (v. 13).

Las alianzas de la ramera serán abarcadoras. Su abrazo mortal encerrará a todos los no redimidos, desde reyes y gobernantes hasta personas comunes y corrientes; todos adorarán y se someterán a su religión. Lejos de estar separados, la iglesia y el estado estarán unidos como nunca antes en la historia humana.

EL ATAVÍO DE LA RAMERA

Y la mujer estaba vestida de púrpura y escarlata, y adornada de oro, de piedras preciosas y de perlas, (17:4*a*)

Por lo general las prostitutas se visten así para atraer la atención, y metafóricamente la ramera Babilonia no será distinta. Juan la vio **vestida de púrpura y escarlata**, los colores de la realeza, prosperidad, nobleza y riqueza (cp. Jue. 8:26; Est. 8:15; Lm. 4:5; Ez. 23:6; Dn. 5:7, 16, 29). El que ella esté **adornada de oro, de piedras preciosas y de perlas** la describe como una prostituta que es atractiva (cp. Pr. 7:10) y que ha usado su profesión con muy buenos resultados y se ha vuelto rica.

LAS ABOMINACIONES DE LA RAMERA

y tenía en la mano un cáliz de oro lleno de abominaciones y de la inmundicia de su fornicación; y en su frente un nombre escrito, un misterio: BABILONIA LA GRANDE, LA MADRE DE LAS RAMERAS Y DE LAS ABOMINACIONES DE LA TIERRA. (17:4*b*-5)

Como indicio adicional de sus riquezas, la ramera tenía **en la mano un cáliz de oro**. Como las prostitutas que quieren tomar todo lo que tiene la víctima, hará emborrachar a sus víctimas, como hacía la antigua Babilonia: "Copa de oro fue Babilonia en la mano de Jehová, que embriagó a toda la tierra; de su vino bebieron los pueblos; se aturdieron, por tanto, las naciones" (Jer. 51:7). El **cáliz**

de oro de la ramera estaba **lleno de abominaciones y de la inmundicia de su fornicación**. Comentando esa gráfica descripción, Donald Grey Barnhouse escribió:

> Es también muy significativo que de las abominaciones y suciedades debe hablarse como que salen de una copa de oro. "Copa de oro fue Babilonia en la mano de Jehová, que embriagó a toda la tierra; de su vino bebieron los pueblos; se aturdieron, por tanto, las naciones" (Jer. 51:7). Para quienes conocen la historia de las religiones antiguas, esa significación se intensifica por comparaciones con los ritos de los misterios de las religiones paganas. Un erudito francés, Salverte, al escribir acerca de las ciencias ocultas, se refiere al beber con relación a esas demoniacas ceremonias. "Beber de misteriosos brebajes", dice, "era indispensable para todos los que trataban de iniciarse en esos misterios. Esos misteriosos brebajes estaban compuestos de vino, miel, agua y harina, con otros varios ingredientes utilizados localmente. De la naturaleza de los ingredientes usados de manera reconocida, y de la naturaleza de los otros no reconocidos, pero ciertamente usados, no cabe duda de que eran de naturaleza embriagante; y hasta que los aspirantes no estuvieran bajo su poder, hasta que no se oscureciera su comprensión, y se encendieran sus pasiones por el brebaje tomado, no estaban debidamente preparados para lo que debían oír o ver" (*Revelation: An Expository Commentary* [Apocalipsis: Un comentario expositivo] [Grand Rapids: Zondervan, 1971], 324)

Toda idolatría es abominable a Dios (cp. 1 R. 14:22-24; 2 R. 21:1-9; Ez. 20:30-33), y la vulgar idolatría de la religión falsa del anticristo será la peor de todas. No es de extrañar que los pecados de Babilonia "[llegarán] hasta el cielo" (18:5), trayendo su destrucción.

Como se acostumbraba por las prostitutas a identificarse en el mundo romano, la ramera Babilonia también tenía **en su frente un nombre escrito** (cp. Jer. 3:3). El nombre que Juan vio era **un misterio: BABILONIA LA GRANDE, LA MADRE DE LAS RAMERAS Y DE LAS ABOMINACIONES DE LA TIERRA.** (La palabra **misterio** debe traducirse como parte del título.) A la ramera se le llama **un misterio: BABILONIA** para indicar que BABILONIA en este contexto no se refiere a una ubicación geográfica. Esa no es la antigua Babilonia, la Babilonia de la época de Juan, ni la reconstruida ciudad de Babilonia de los postreros tiempos. Los detalles de esa visión no pueden aplicarse a ninguna ciudad verdadera. He aquí una previamente enigmática Babilonia, una secreta realidad a revelarse en los postreros tiempos. Esa **BABILONIA** es el símbolo de toda la mundanal resistencia a Dios; se describe como **LA GRANDE** por su influencia de gran alcance. En realidad, será tan grande su influencia que se le llamará **LA MADRE DE LAS RAMERAS Y DE LAS ABOMINACIONES DE LA TIERRA.** Babilonia será el origen de toda la adoración falsa, idolátrica y blasfema de los postreros tiempos. Es apropiada su designación como la **MADRE DE LAS RAMERAS,** ya que en las Escrituras a menudo fornicación simboliza idolatría (cp. Jue. 2:17; 8:27, 33; 1 Cr. 5:25; 2 Cr. 21:11; Jer. 3:6, 8-9; Ez. 16:30-31, 36). Así que Babilonia, la ciudad que puso en marcha el sistema que corrompió al mundo con la religión falsa, lo volverá a hacer.

LA ACUSACIÓN DE LA RAMERA

Vi a la mujer ebria de la sangre de los santos, y de la sangre de los mártires de Jesús; y cuando la vi, quedé asombrado con gran asombro. (17:6)

Como muchas rameras, esta **mujer** estaba **ebria**, pero no por beber bebidas alcohólicas. En una gráfica acusación por su sangrienta persecución del pueblo de Dios, a la ramera babilónica se le describe como **ebria de la sangre de los santos, y de la sangre de los mártires de Jesús.** Esa vívida expresión se empleaba por lo general en el mundo antiguo para describir un cruento deseo por la violencia. Algunos comentaristas ven los **santos** y los **mártires de Jesús** como dos grupos distintos, donde los primeros son los santos del Antiguo Testamento y los últimos los del Nuevo Testamento. Sin embargo, lo más probable es que ambas descripciones se refieran al mismo grupo y describan al pueblo de Dios a lo largo de la historia. El asunto importante es que la religión falsa, representada aquí por la ramera, es una asesina. Ha matado a millones de creyentes a través de los siglos. La historia de la iglesia ha demostrado que el cristianismo apóstata es implacable en su persecución a los que sostienen la verdadera fe en Jesucristo. Aunque el mundo está ebrio por los deseos que tiene de ella, la ramera está ebria con la sangre del pueblo de Dios. La visión fue tan espantosa que **cuando** Juan **la [vio, quedó] asombrado**; expresando que estaba confundido, conmocionado, sorprendido y atemorizado por la terrible visión de una contrastante figura espléndida de una mujer y un objetivo tan letal.

LA EXPLICACIÓN SOBRE LA RAMERA

Y el ángel me dijo: ¿Por qué te asombras? Yo te diré el misterio de la mujer, y de la bestia que la trae, la cual tiene las siete cabezas y los diez cuernos.
    La bestia que has visto, era, y no es; y está para subir del abismo e ir a perdición; y los moradores de la tierra, aquellos cuyos nombres no están escritos desde la fundación del mundo en el libro de la vida, se asombrarán viendo la bestia que era y no es, y será. Esto, para la mente que tenga sabiduría:

Las siete cabezas son siete montes, sobre los cuales se sienta la mujer, y son siete reyes. Cinco de ellos han caído; uno es, y el otro aún no ha venido; y cuando venga, es necesario que dure breve tiempo. La bestia que era, y no es, es también el octavo; y es de entre los siete, y va a la perdición. Y los diez cuernos que has visto, son diez reyes, que aún no han recibido reino; pero por una hora recibirán autoridad como reyes juntamente con la bestia. Estos tienen un mismo propósito, y entregarán su poder y su autoridad a la bestia. Pelearán contra el Cordero, y el Cordero los vencerá, porque él es Señor de señores y Rey de reyes; y los que están con él son llamados y elegidos y fieles.

Y la mujer que has visto es la gran ciudad que reina sobre los reyes de la tierra. (17:7-14, 18)

En respuesta a la confusión y asombro de Juan, **el ángel** le **dijo** retóricamente: **¿Por qué te asombras?** No era necesario que Juan se quedara perplejo por la relación en la visión de la bestia con esta hermosa pero sangrienta mujer; el ángel estaba a punto de explicarle **el misterio de la mujer** (v. 18) **y de la bestia que la trae** (vv. 8-17). El apóstol comprendió que **la mujer** representaba un falso sistema religioso, y que **la bestia** era el anticristo, como indica la alusión a sus **siete cabezas y... diez cuernos** (cp. v. 3; 13:1). Lo que él no comprendió fue la conexión entre las dos figuras. Se le había revelado a Juan en una visión anterior que el mundo entero adoraría al anticristo (13:4, 8, 12). Esto pudiera haber sido lo que hizo saltar la pregunta en la mente de Juan de cómo **la mujer** encajaba en el cuadro, particularmente cómo es que **la bestia... la trae**.

Saltando de momento el paréntesis del ángel en los versículos 8-14 que describen a la bestia, el versículo 18 identifica a **la mujer que** Juan había **visto** como **la gran ciudad que reina sobre los reyes de la tierra**. Algunos comentaristas niegan que **la gran ciudad** sea una ciudad literal, prefiriendo verla como símbolo del aspecto religioso del imperio del anticristo. Algunos de los que consideran **la gran ciudad** como una ciudad verdadera la identifican como Roma; otros, como Jerusalén. Pero el ángel muy clara y repetidamente se refiere a Babilonia junto al Éufrates en los capítulos 17-18. Se pueden ver esas alusiones al comparar 17:1 con Jeremías 51:13; 17:2, 4 con Jeremías 51:7; 18:7 con Isaías 47:5; 18:2 con Isaías 13:21 y Jeremías 51:8; 18:4 con Jeremías 50:8 y 51:6, 45; 18:5 con Jeremías 51:9; 18:6 con Jeremías 50:15 y 51:24; 18:21 con Jeremías 51:63-64. La descripción de la destrucción de Babilonia (cp. 18:10, 18, 21) también sugiere que se trata de una verdadera ciudad. De esta forma, una reconstruida ciudad de Babilonia estaría estrechamente identificada con el imperio mundial del anticristo, tal vez como su ciudad capital. Esa ciudad será el centro de su reino, la extensión del cual será toda la tierra.

Las predicciones del Antiguo Testamento de la total destrucción de Babilonia (p.ej., Is. 13:1-14:27; Jer. 50-51) también favorecen a la identificación de **la gran**

ciudad con Babilonia junto al Éufrates. La detallada descripción que esos pasajes presentan de la destrucción de Babilonia se cumplió solo parcialmente cuando los medos y los persas saquearon la antigua ciudad de Babilonia. Como ocurre con muchas profecías del Antiguo Testamento, esas predicciones tienen tanto un cumplimiento cercano como uno lejano. Henry Morris observó que

en realidad, Babilonia será destruida de modo permanente, como se relata en el capítulo siguiente (18:21), pero eso no ha ocurrido todavía. Las profecías de Isaías y Jeremías también se refieren a esa futura destrucción, no simplemente a la condición actual de Babilonia, como es evidente de las siguientes consideraciones, entre otras: (1) La destrucción tendrá lugar en el tiempo en que las estrellas y el sol se oscurecerán (Is. 13:1, 9, 10). (2) La ciudad quedará tan desolada como Sodoma y Gomorra, totalmente quemada, sin que queden residuos de nada (Is. 13:19; Jer. 50:40). (3) Quedará desolada para siempre, sin que hombre o bestia vuelvan a entrar allí (Is. 13:20; Jer. 51:62). (4) Será un tiempo de juicio no solo para Babilonia, sino para todas las naciones (Is. 13:11-13; Jer. 51:49). (5) A su destrucción seguirá descanso y paz universal (Is. 14:7, 8). (6) Su destrucción se asocia directamente con el confinamiento de Lucifer en el Seol (Is. 14:12-15). (7) Nunca se usarán las piedras de Babilonia en alguna construcción futura en cualquier lugar, en tanto que las actuales ruinas de Babilonia han sido saqueadas frecuentemente y vueltas a usar en posteriores construcciones (Jer. 51:26). (*The Revelation Record* [El registro de Apocalipsis] [Wheaton, Ill.: Tyndale, 1983], 348)

El sitio de la moderna Babilonia está ubicado estratégicamente en la encrucijada de Asia, Europa y África, y no lejos del Golfo Pérsico. También está cerca de los más ricos campos de petróleo del mundo y tiene un prácticamente ilimitado suministro de agua del Éufrates. Esas consideraciones llevaron al renombrado historiador Arnold Toynbee a afirmar que Babilonia sería un sitio ideal para un importante centro político y cultural (Morris, *The Revelation Record* [El registro de Apocalipsis], 349).

En los versículos 8-14 el ángel da a Juan una prolongada descripción de la bestia. Él le explica a Juan la relación entre la ramera y la bestia, que había desconcertado al apóstol (vv. 6-7). Sin embargo, para que Juan comprendiera esa conexión, el ángel necesitaba primero darle más detalles sobre la bestia. Se le presenta una descripción adicional de la naturaleza de la bestia y de su reino, ampliando la descripción que de él se hace en el capítulo 13.

Como se observó antes, la **bestia que** Juan había **visto** es el anticristo, el gobernante satánico del último y más poderoso imperio de la historia humana, quien servirá como instrumento de Satanás para atacar a Israel, perseguir a los creyentes, conquistar el mundo para Satanás, y oponerse a Cristo. Las Escrituras lo describen como un genio intelectual (Dn. 7:8); un sobresaliente orador (Dn. 7:20); un líder militar sin paralelo en la historia humana (Dn. 7:23); un político astuto, calculador y manipulador (Dn. 8:25; 11:21); y el supremo farsante religioso (2 Ts. 2:4). El ángel brevemente reseña la descripción pormenorizada de él dada en 13:1-10.

Se describe a la **bestia** como una que **era, y no es; y está para subir** otra vez. Como se observa en el análisis de 13:3 y 12 en los capítulos cuatro y cinco de este volumen, esa frase se refiere a la falsa muerte y resurrección del anticristo. El falso profeta usará este presunto milagro para engañar a todo el mundo y hacerlo adorar al anticristo (13:14). Hasta ese momento, el imperio político y económico del anticristo coexistirá con el falso sistema religioso encabezado por el falso profeta. Pero luego de su representada "resurrección", el anticristo, en el que entonces mora un poderoso demonio **del abismo** (el lugar donde algunos demonios están encarcelados; cp. 9:11; 11:7; 20:1, 3; Lc. 8:31; y el análisis en *Apocalipsis 1–11*, Comentario MacArthur del Nuevo Testamento [Grand Rapids: Editorial Portavoz, 2005]), se volverá contra el falso sistema religioso y la destruirá. Tolerará solamente una religión, la adoración de sí mismo.

La falsa resurrección del anticristo y su destrucción del falso sistema religioso tendrá lugar casi a mediados del período de la tribulación. Al llegar a ese punto, él será el gobernante indiscutible del mundo, con poder unilateral. Parecerá que ha llegado al punto culminante de su soberanía, y que está listo para frustrar la venida de Cristo y su reino. Sin embargo, en realidad el anticristo estará a punto de ser aplastado y enviado **a perdición**, a la condenación a castigo eterno en el lago de fuego (19:20; 20:10). Ese será el castigo apropiado para el "hijo de destrucción" (2 Ts. 2:3), quien se atrevió en su insolente orgullo a imitar el pecado de Lucifer (cp. Is. 14:12-14) y retar al Rey de reyes y Señor de señores.

La presunta resurrección del anticristo y la rápida destrucción del falso sistema religioso conmoverán al mundo. Como lo hace en todo Apocalipsis, la frase **los moradores de la tierra** describe a los incrédulos (cp. v. 2; 3:10; 6:10; 8:13; 11:10; 13:8, 12, 14; 14:6). Ellos son **aquellos cuyos nombres no están escritos desde la fundación del mundo en el libro de la vida** (vea el análisis de 13:8 en el capítulo 4 de este tomo), ya que los nombres de los escogidos están escritos en el libro de la vida (3:5; 20:15; 21:27; Fil. 4:3). Maravillados y engañados por el anticristo (cp. 2 Ts. 2:9-10), sus seguidores **se asombrarán viendo la bestia que era y no es, y será**. La razón específica para su asombro será, al parecer, el milagroso regreso a la vida del anticristo después de recibir una herida al parecer mortal (cp. 13:3-4). Solamente los escogidos no caerán en el engaño del anticristo (Mt. 24:24).

La declaración del ángel **para la mente que tenga sabiduría** invita a Juan y a sus lectores a prestar atención a lo que sigue. Esta expresión poco frecuente presenta un aspecto difícil y complejo de esta visión. Requerirá de mucha sabiduría y discernimiento espiritual comprenderla, y tal vez solamente los que estén vivos en aquel tiempo la comprenderán plenamente.

El primer aspecto de la visión que necesita comprenderse es que **las siete cabezas** de la bestia (v. 3) **son siete montes** o colinas **sobre los cuales se sienta la mujer.** Algunos comentaristas asocian los **siete montes** con Roma, famosa por estar construida sobre siete montes, e identifican a la **mujer** como la Iglesia Católica Romana. Pero tal interpretación es muy limitada; aquí se debe estar hablando de algo más que Roma, ya que el imperio del anticristo es mundial. Ni puede ser la **mujer** la Iglesia Católica Romana, ya que, como se observó antes, el versículo 18 la identifica como la ciudad de Babilonia. También "cuando se dice que la mujer se sienta sobre 'muchas aguas' (v. 1) esto debe tomarse como metafórico, ya que se interpreta en v. 15; cuando se dice que la mujer se sienta sobre 'una bestia escarlata' esto una vez más es simbólico; por consiguiente, cuando se dice que se sienta sobre 'siete montes' esto también debe ser alegórico" (James Allen, *What the Bible Teaches: Revelation* [Lo que la Biblia enseña: Apocalipsis] [Kilmarnock, Scotland: John Ritchie Ltd., 1997], 424). Por último, el llamado del ángel por discernimiento espiritual no tendría sentido si los siete montes fueran una obvia referencia geográfica a Roma.

Todo esta especulación es innecesaria porque el texto identifica claramente los montes como **siete reyes.** A veces en el Antiguo Testamento se emplea *montes* metafóricamente para representar gobierno o poder (p.ej., Sal. 30:7; Is. 2:2; Jer. 51:25; Dn. 2:35). Aquí ellos representan a siete imperios mundiales personificados en sus gobernantes. El ángel le dice a Juan que **cinco de ellos han caído, uno es, y el otro aún no ha venido.** Los cinco imperios mundiales de los gentiles que habían caído, en el momento de la visión de Juan, son Egipto, Asiria, Babilonia, Medopersia y Grecia. El que había en aquella época era sin duda Roma. El **otro** que **aún no ha venido** es el último imperio mundial del anticristo. Comentando sobre la importancia de los seis primeros imperios, Henry Morris escribe:

> Aunque ninguno de esos imperios llegó realmente a gobernar el mundo entero, cada uno fue el reino más grande en su tiempo, particularmente respecto a la tierra y al pueblo de Israel, y a la oposición de esos reinos a la proclamación de la Palabra de Dios y al cumplimiento de sus propósitos en el mundo...
>
> Estos, por supuesto, no han sido los *únicos* reinos que han tenido enemistad con Dios y sus propósitos. En esa categoría pudiéramos también incluir a reinos como Siria, Edom, Moab, Madián, y muchos otros, pero ninguno de estos fueron imperios de gran tamaño e influencia.

Por otra parte, hubo otros grandes y poderosos imperios en el mundo antiguo —el de China, el de la India y el de los Incas, por ejemplo—, pero sin contacto con la Palabra de Dios ni con el pueblo escogido. Solo hubo seis reinos que cumplieron ambos criterios hasta la época de Cristo y los apóstoles. Además, los seis fueron no solo herederos legítimos de la Babel política, sino también de la Babel religiosa. Babilonia, Egipto, Asiria, Persia, Grecia y Roma fueron todos baluartes de la religión mundial del panteísmo y el politeísmo idólatra. De ese modo, a ellos se les representa debidamente como seis cabezas de la gran bestia que apoya a la ramera. (Morris, *The Revelation Record* [El registro de Apocalipsis], 337. Cursivas en el original)

Además, el ángel explica que, **cuando venga** el anticristo, **es necesario que dure breve tiempo** (cp. 12:12). Su imperio será de poca duración; a él se le dará "autoridad para actuar cuarenta y dos meses" (13:5; la segunda mitad de la tribulación). Entonces el ángel ofreció el enigmático comentario que **la bestia que era, y no es, es también el octavo; y es de entre los siete, y va a la perdición.** ¿Cómo puede **la bestia** (el anticristo) ser **el octavo** rey y también estar **entre los siete?** La respuesta está en la frase **la bestia... era, y no es.** El anticristo será uno de los siete reyes antes de su presunto fallecimiento y resurrección, y **el octavo** rey, acto seguido, durante la segunda fase de su gobierno. Como se observó antes en el versículo 8, el anticristo irá a **la perdición,** a la condenación a castigo eterno en el lago de fuego (19:20; 20:10). A diferencia de los primeros seis imperios, el suyo será destruido por acción directa de Dios.

El ángel también explica que **los diez cuernos que** Juan había **visto, son diez reyes.** No puede conocerlos alguna generación anterior porque **aún no han recibido reino,** ya que son parte del futuro imperio del anticristo. **Por una hora recibirán autoridad como reyes juntamente con la bestia.** Tal vez el imperio del anticristo estará dividido en diez regiones administrativas que esos **diez reyes** gobernarán bajo su control. La referencia a **una hora** es una figura de dicción que destaca la brevedad de su gobierno; su reino será de corta duración, porque el propio imperio de su amo será de corta duración. Durante su breve reinado, estarán unánimemente apegados al anticristo; tendrán **un mismo propósito, y entregarán su poder y su autoridad a la bestia.** Harán su voluntad, y solo su voluntad.

El plan de acción de los diez reyes, como el de Satanás y el anticristo, será declarar la guerra contra el Cordero en la batalla de Armagedón. Tres engañosos y poderosos demonios serán los agentes para reunirlos para esa batalla:

Y vi salir de la boca del dragón, y de la boca de la bestia, y de la boca del falso profeta, tres espíritus inmundos a manera de ranas; pues son espíritus de demonios, que hacen señales, y van a los reyes de la tierra en todo el mundo, para reunirlos a la batalla de aquel gran día del Dios Todopoderoso... Y los reunió en el lugar que en hebreo se llama Armagedón (16:13-14, 16).

Juan describirá en detalles esta batalla destinada al fracaso en el capítulo 19, de modo que aquí solo señala que **el Cordero los vencerá**. La batalla en realidad será una matanza; el Señor Jesucristo destruirá completamente las fuerzas que se reunieron contra Él en su Segunda Venida. La razón por la que todas las fuerzas del infierno no pueden derrotar al Cordero es **porque él es Señor de señores y Rey de reyes** (cp. 19:16; Dt. 10:17; 1 Ti. 6:15). Con Cristo, cuando Él vuelva, estarán los **llamados y elegidos y fieles**, una indicación que solo puede referirse a los creyentes (cp. 19:14; Mt. 22:14). Los términos son amplios en su definición de los creyentes como los eternamente escogidos, **elegidos** en el Hijo antes de la fundación del mundo (Ef. 1:4); los **llamados**, convocados a la hora debida por el Padre para el arrepentimiento y la fe que salva (Jn. 6:44); y **fieles**, mostrando la verdadera fe salvadora, la verdadera vida eterna que perdura por el poder del Espíritu (Ro. 8:9). El Señor Jesucristo, cuando regrese con sus escogidos y los santos ángeles, aplastará sin esfuerzo alguno al mayor ejército que se haya formado jamás (Mt. 24:30-31; 2 Ts. 1:7).

El versículo 15 fue analizado antes respecto al versículo 1, ya que es el que lo explica.

LA ELIMINACIÓN DE LA RAMERA

Y los diez cuernos que viste en la bestia, éstos aborrecerán a la ramera, y la dejarán desolada y desnuda; y devorarán sus carnes, y la quemarán con fuego; porque Dios ha puesto en sus corazones el ejecutar lo que él quiso: ponerse de acuerdo, y dar su reino a la bestia, hasta que se cumplan las palabras de Dios. (17:16-17)

La alianza del anticristo con el falso sistema religioso no durará. Finalmente **los diez cuernos** (los diez reyes que gobiernan bajo el anticristo) y **la bestia** (el anticristo mismo) **aborrecerán a la ramera**. Luego de haber usado el falso sistema religioso para ayudarle a ganar el control del mundo, el anticristo lo eliminará. En su incontrolada megalomanía, él deseará que el mundo lo adore solo a él. Tampoco dudará en codiciar la gran riqueza del falso sistema religioso. Por lo tanto, se volverá contra la ramera **y la dejarán desolada y desnuda; y devorarán sus carnes, y la quemarán con fuego**. Este gráfico lenguaje de extrema violencia se emplea para poner en claro que el anticristo y sus secuaces acabarán por completo con todo vestigio del falso sistema religioso.

Sin embargo, las acciones de interés personal e inspiradas por Satanás están precisamente dentro del propósito del plan soberano de Dios. En realidad, es **Dios** quien **ha puesto en** los **corazones** de los seguidores del anticristo **el ejecutar lo que él quiso: ponerse de acuerdo, y dar su reino a la bestia**. El poder de Dios está detrás de la destrucción y consolidación del imperio malvado; como siempre, Satanás es el instrumento de los propósitos de Dios. El gobierno unificado del mundo, tan buscado por los humanistas, finalmente habrá llegado, solo para ser destruido en una poderosa acción de juicio divino. Todas **las palabras de Dios** —cada profecía de la venida de Cristo y del establecimiento de su reino— **se han de cumplir** completamente.

Dios aborrece toda forma de religión falsa y no tolerará a quienes tratan de privarlo de su gloria (Is. 42:8). El imperio religioso del anticristo será juzgado y destruido. También lo serán, como revela el capítulo 18 de Apocalipsis, los aspectos políticos y económicos de ese inicuo imperio mundial.

Ha caído Babilonia **13**

Después de esto vi a otro ángel descender del cielo con gran poder; y la tierra fue alumbrada con su gloria. Y clamó con voz potente, diciendo: Ha caído, ha caído la gran Babilonia, y se ha hecho habitación de demonios y guarida de todo espíritu inmundo, y albergue de toda ave inmunda y aborrecible. Porque todas las naciones han bebido del vino del furor de su fornicación; y los reyes de la tierra han fornicado con ella, y los mercaderes de la tierra se han enriquecido de la potencia de sus deleites.

Y oí otra voz del cielo, que decía: Salid de ella, pueblo mío, para que no seáis partícipes de sus pecados, ni recibáis parte de sus plagas; porque sus pecados han llegado hasta el cielo, y Dios se ha acordado de sus maldades. Dadle a ella como ella os ha dado, y pagadle doble según sus obras; en el cáliz en que ella preparó bebida, preparadle a ella el doble. Cuanto ella se ha glorificado y ha vivido en deleites, tanto dadle de tormento y llanto; porque dice en su corazón: Yo estoy sentada como reina, y no soy viuda, y no veré llanto; por lo cual en un solo día vendrán sus plagas; muerte, llanto y hambre, y será quemada con fuego; porque poderoso es Dios el Señor, que la juzga.

Y los reyes de la tierra que han fornicado con ella, y con ella han vivido en deleites, llorarán y harán lamentación sobre ella, cuando vean el humo de su incendio, parándose lejos por el temor de su tormento, diciendo: ¡Ay, ay, de la gran ciudad de Babilonia, la ciudad fuerte; porque en una hora vino tu juicio!

Y los mercaderes de la tierra lloran y hacen lamentación sobre ella, porque ninguno compra más sus mercaderías; mercadería de oro, de plata, de piedras preciosas, de perlas, de lino fino, de púrpura, de seda, de escarlata, de toda madera olorosa, de todo objeto de marfil, de todo objeto de madera preciosa, de cobre, de hierro y de mármol; y canela, especias aromáticas, incienso, mirra, olíbano, vino, aceite, flor de harina, trigo, bestias, ovejas, caballos y carros, y esclavos, almas de hombres. Los frutos codiciados por tu alma se apartaron de ti, y todas las cosas exquisitas y espléndidas te han faltado, y nunca más las hallarás. Los mercaderes de estas cosas, que se han enriquecido a costa de ella, se pararán lejos por el temor de su tormento, llorando y lamentando, y diciendo: ¡Ay, ay, de la gran ciudad, que estaba vestida de lino fino, de púrpura y de escarlata, y estaba adornada de oro, de piedras preciosas y de perlas! Porque en una hora han sido consumidas tantas riquezas. Y todo piloto, y todos los que viajan en naves, y marineros, y todos los que trabajan en el mar, se pararon lejos; y viendo el humo de su incendio, dieron voces, diciendo: ¿Qué ciudad era semejante a esta gran ciudad? Y echaron polvo sobre sus cabezas, y dieron voces, llorando y lamentando, diciendo: ¡Ay, ay de la gran ciudad, en la cual todos los que tenían naves en el mar se habían enriquecido de sus riquezas; pues en una hora ha sido desolada! Alégrate sobre ella, cielo, y vosotros, santos, apóstoles y profetas; porque Dios os ha hecho justicia en ella.

Y un ángel poderoso tomó una piedra, como una gran piedra de molino, y la arrojó en el mar, diciendo: Con el mismo ímpetu será derribada Babilonia, la gran ciudad, y nunca más será hallada. Y voz de arpistas, de músicos, de flautistas y de trompeteros no se oirá más en ti; y ningún artífice de oficio alguno se hallará más en ti, ni ruido de molino se oirá más en ti. Luz de lámpara no alumbrará más en ti, ni voz de esposo y de esposa se oirá más en ti; porque tus mercaderes eran los grandes de la tierra; pues por tus hechicerías fueron engañadas todas las naciones. Y en ella se halló la sangre de los profetas y de los santos, y de todos los que han sido muertos en la tierra. (18:1-24)

A lo largo de la historia los insignificantes reinos e imperios construidos por los rebeldes, orgullosos, arrogantes y aborrecedores de Dios, han llegado y se han ido. El espíritu de humanismo que se manifestó primeramente en Babel, ha permeado la historia humana desde entonces. Inquebrantablemente optimistas a pesar de los siglos de guerras, masacres, injusticia y crueldad, las personas aun busca una utopía, ser conducidos por el creciente progreso científico de la humanidad. Habiendo tomado control (como ellos piensan) de su propio destino mediante la ciencia, Dios no tiene utilidad alguna para los pecadores, y arrogantemente lo remplazan por dioses según su propia imaginación, dedicados a su propia soberanía.

Pero a Dios no se le puede remplazar tan fácilmente, ni tampoco se pueden entorpecer sus planes por los caprichos de hombres pecadores (Is. 43:13; 46:10). En realidad, en una profunda y breve declaración en Hechos 14:16, la Biblia dice que Dios "ha dejado a todas las gentes andar en sus propios caminos". En el Salmo 2:2-4 el salmista registra la reacción de Dios contra la impotente furia del hombre contra Él:

> Se levantarán los reyes de la tierra,
> y príncipes consultarán unidos
> contra Jehová y contra su ungido, diciendo:

Rompamos sus ligaduras,
y echemos de nosotros sus cuerdas.
El que mora en los cielos se reirá;
el Señor se burlará de ellos.

Comparada con la gloriosa e indescriptible majestad del Dios omnipotente, toda la jactancia de los imperios de los hombres son una simple "gota de agua que cae" (Is. 40:15). A vista de Dios no son sino "menudo polvo en las balanzas" (Is. 40:15), tan insignificantes que: "como nada son todas las naciones delante de él; y en su comparación serán estimadas en menos que nada, y que lo que no es" (Is. 40:17). La ineludible realidad es que Dios, no el hombre, tendrá la última palabra en la historia humana, y esa palabra será una palabra de juicio.

De principio a fin, la Biblia advierte del juicio venidero sobre los pecadores que rechazan a Dios y blasfeman su santo nombre. Job declaró que "el malo es preservado en el día de la destrucción" y que "Guardado será en el día de la ira" (Job 21:30). David observó que "el Señor... ha dispuesto su trono para juicio. El juzgará al mundo con justicia, y a los pueblos con rectitud" (Sal. 9:7-8). El Salmo 96:13 advierte que Dios "vino a juzgar la tierra. Juzgará al mundo con justicia, y a los pueblos con su verdad". Isaías escribió: "como para vindicación, como para retribuir con ira a sus enemigos, y dar el pago a sus adversarios; el pago dará a los de la costa" (Is. 59:18). En sus parábolas del reino, Jesús también describió el venidero tiempo de juicio:

De manera que como se arranca la cizaña, y se quema en el fuego, así será en el fin de este siglo. Enviará el Hijo del Hombre a sus ángeles, y recogerán de su reino a todos los que sirven de tropiezo, y a los que hacen iniquidad, y los echarán en el horno de fuego; allí será el lloro y el crujir de dientes. Entonces los justos resplandecerán como el sol en el reino de su Padre. El que tiene oídos para oír, oiga.

Además, el reino de los cielos es semejante a un tesoro escondido en un campo, el cual un hombre halla, y lo esconde de nuevo; y gozoso por ello va y vende todo lo que tiene, y compra aquel campo.

También el reino de los cielos es semejante a un mercader que busca buenas perlas, que habiendo hallado una perla preciosa, fue y vendió todo lo que tenía, y la compró.

Asimismo el reino de los cielos es semejante a una red, que echada en el mar, recoge de toda clase de peces; y una vez llena, la sacan a la orilla; y sentados, recogen lo bueno en cestas, y lo malo echan fuera. Así será al fin del siglo: saldrán los ángeles, y apartarán a los malos de entre los justos, y los echarán en el horno de fuego; allí será el lloro y el crujir de dientes (Mt. 13:40-50).

El apóstol Pablo declaró a los filósofos griegos reunidos en la colina de Marte, en Atenas, que Dios "ha establecido un día en el cual juzgará al mundo con justicia, por aquel varón a quien designó, dando fe a todos con haberle levantado de los muertos" (Hch. 17:31). A los tesalonicenses él escribió:

> se [manifestará] el Señor Jesús desde el cielo con los ángeles de su poder, en llama de fuego, para dar retribución a los que no conocieron a Dios, ni obedecen al evangelio de nuestro Señor Jesucristo; los cuales sufrirán pena de eterna perdición, excluidos de la presencia del Señor y de la gloria de su poder, cuando venga en aquel día para ser glorificado en sus santos y ser admirado en todos los que creyeron (por cuanto nuestro testimonio ha sido creído entre vosotros) (2 Ts. 1:7-10).

En 2 Pedro 2:9, Pedro añadió: "sabe el Señor librar de tentación a los piadosos, y reservar a los injustos para ser castigados en el día del juicio".

Pero en ningún lugar en las Escrituras hay una descripción más detallada del juicio venidero que en Apocalipsis 6–18. Esos capítulos describen el futuro período de siete años conocido como la tribulación. Resumiendo lo que ellos revelan sobre ese período, el juicio de Dios caerá sobre la tierra en la forma de los juicios de los sellos, trompetas y copas. Aunque esos juicios serán de alcance mundial, estarán centrados particularmente en el imperio del anticristo de Babilonia. Ese imperio incluirá un aspecto religioso y uno comercial. En el punto central de la tribulación, el anticristo destruirá el falso sistema religioso babilónico, que quedará asimilado dentro de la Babilonia comercial (cp. el análisis en el capítulo 12 de este volumen). No dejará de haber religión, pero quedará restringida a la adoración del anticristo. La Babilonia de que trata el capítulo 18 es el imperio comercial y mundial del anticristo, que gobernará al mundo durante los últimos tres años y medio de la tribulación. El que el anticristo será capaz de construir el más grande imperio comercial que el mundo haya conocido jamás, en medio de los juicios devastadores de la tribulación, revela su increíble poder.

La destrucción de Babilonia por parte de Dios es el tema del capítulo 18. Así que es un capítulo muy sombrío; es un réquiem, una endecha fúnebre por la humanidad. Con la destrucción del último y más grande imperio humano de Satanás, el escenario está listo para el triunfante regreso del Señor Jesucristo.

Aunque algunos comentaristas lo consideran como símbolo de todo el sistema impío del anticristo, lo más probable es que la Babilonia descrita en el capítulo 18 sea una verdadera ciudad. Se le llama ciudad cinco veces en el capítulo (vv. 10, 16, 18, 19, 21), y otras características en el texto denotan que se refiere a una ciudad literal. Como el texto describe explícitamente a Babilonia como una ciudad, y no hay nada en el contexto con indique lo contrario, es más seguro verla como una ciudad real. Las profecías específicas del Antiguo Testamento sobre la destrucción y perpetua desolación de Babilonia (Is. 13:19-22; 14:22-23; Jer. 50:13, 39; 51:37), como no se han cumplido aun, también son argumento para decir que el capítulo 18 describe una ciudad verdadera (cp. el análisis en el capítulo 12 de este volumen). Aunque Babilonia será una verdadera ciudad, su influencia será mundial. Como ciudad capital del anticristo, será el centro y representará su imperio comercial. Así que el juicio y la destrucción de Babilonia eliminarán la cabeza, y el resto del cuerpo del imperio mundial del anticristo morirá a continuación.

Babilonia habrá recibido suficientes advertencias de su juicio inminente con los acontecimientos del capítulo 18. Los ciento cuarenta y cuatro mil evangelistas judíos, los dos testigos, el resto de los redimidos, y un ángel volando por el cielo habrán proclamado el mensaje del evangelio. Ese mensaje incluye la verdad de que Dios juzgará a los que no quieran arrepentirse. Además, anteriormente en la tribulación, un ángel específicamente advirtió del juicio inminente de Babilonia, gritando "Ha caído, ha caído Babilonia, la gran ciudad, porque ha hecho beber a todas las naciones del vino del furor de su fornicación" (14:8). El ángel habló de la caída aun futura de Babilonia como si ya hubiera pasado, subrayando la certeza de su condena.

A pesar de las repetidas advertencias, los pueblos del mundo se negarán a arrepentirse (cp. 9:20-21; 16:9, 11), y el juicio de Dios caerá sobre Babilonia. El capítulo 18 registra siete aspectos de ese juicio sobre el imperio comercial del anticristo: castigo pronunciado, castigo evitado, castigo definido, castigo lamentado, castigo disfrutado, castigo completado y castigo justificado.

CASTIGO PRONUNCIADO

Después de esto vi a otro ángel descender del cielo con gran poder; y la tierra fue alumbrada con su gloria. Y clamó con voz potente, diciendo: Ha caído, ha caído la gran Babilonia, y se ha hecho habitación de demonios y guarida de todo espíritu inmundo, y albergue de toda ave inmunda y aborrecible. Porque todas las naciones han bebido del vino del furor de su fornicación; y los reyes de la tierra han fornicado con ella, y los mercaderes de la tierra se han enriquecido de la potencia de sus deleites. (18:1-3)

Ese solemne pronunciamiento de juicio, como apertura, presenta dos razones para la inminente destrucción de Babilonia: la insidiosa actividad demoniaca y vergonzosa sensualidad. Como ocurre a menudo en Apocalipsis (cp. 4:1; 7:9; 15:5; 19:1), la frase **después de esto** marca el inicio de una nueva visión. Mientras sigue analizando el tema general del imperio mundial del anticristo, destruido finalmente por los juicios de las siete copas (cap. 16), el capítulo 18 va de su aspecto religioso a sus aspectos comerciales. Al mostrarse esta nueva visión, Juan vio **otro ángel**, distinto del de 17:1. Algunos ven a este ángel como Cristo, pero el empleo de *allos* (otro del mismo tipo) en vez de *heteros* (otro de diferente tipo) indica que este es un ángel del mismo tipo del de 17:1. Pudiera ser el ángel que antes había predicho la caída de Babilonia (14:8). Tres características en el texto revelan su poder e importancia extraordinarios.

En primer lugar, descendió **del cielo** con **gran poder**. Dejó la presencia de Dios y se le dio autoridad para actuar en su nombre.

En segundo lugar, cuando llegó, **la tierra fue alumbrada con su gloria**. Hará su espectacular aparición en un escenario en tinieblas, ya que la quinta copa ha sumido al mundo en la oscuridad (16:10). Manifestando la radiante brillantez de un glorioso ser celestial contra la oscuridad, el ángel será un impresionante espectáculo para los conmocionados y asustados moradores de la tierra.

En tercer lugar, el ángel **clamó con voz potente**. Nadie podrá ignorarlo; todos lo oirán y lo verán. Su mensaje añadirá consternación y terror, producto de su apariencia. Será una palabra de dolor, noticias de padecimientos para el anticristo y sus seguidores: **Ha caído, ha caído la gran Babilonia**. El juicio predicho en 14:8 ahora se llevará a cabo. Este será un juicio mayor y más abarcador que el pronunciado en idénticas palabras sobre la antigua Babilonia (Is. 21:9). Una comparación de este pasaje con 16:17-19 sugiere que este juicio ocurre cuando se vierte la séptima copa:

> *El séptimo ángel derramó su copa por el aire; y salió una gran voz del templo del cielo, del trono, diciendo: Hecho está. Entonces hubo relámpagos y voces y truenos, y un gran temblor de tierra, un terremoto tan grande, cual no lo hubo jamás desde que los hombres han estado sobre la tierra. Y la gran ciudad fue dividida en tres partes, y las ciudades de las naciones cayeron; y la gran Babilonia vino en memoria delante de Dios, para darle el cáliz del vino del ardor de su ira.*

La primera causa que se presenta para la destrucción de Babilonia es que **se ha hecho habitación de demonios y guarida de todo espíritu inmundo** (un sinónimo de **demonios**, cp. 16:13-14). Fue cerca de Babilonia que 200 millones de demonios que estaban atados fueron liberados al sonar de la sexta trompeta (9:13-16). Ellos, junto a los demonios liberados del abismo al sonar de la quinta trompeta (9:1-11), los expulsados del cielo con Satanás (12:4, 9), y los que ya estaban en la tierra, serán confinados en Babilonia. Dios, por decirlo así, reunirá todos los huevos podridos en una cesta ante de disponer de ellos.

Babilonia será también **albergue de toda ave inmunda y aborrecible**. Esa frase simboliza la total destrucción de la ciudad (cp. Is. 34:11). Cual grotescas aves de carroña, los demonios sobrevolarán la condenada ciudad, esperando por su caída. La descripción de los demonios como **inmundos y aborrecibles** refleja cómo el cielo los ve.

También ocurrirá la destrucción de Babilonia porque **todas las naciones han bebido del vino del furor de su fornicación; y los reyes de la tierra han fornicado con ella, y los mercaderes de la tierra se han enriquecido de la potencia de sus deleites.** El malvado imperio religioso y comercial del anticristo esparcirá su infernal influencia a **todas las naciones** del mundo. Habiendo **bebido del vino de furor de su fornicación** (cp. 14:8; 17:2), los pueblos del mundo caerán en estupor religioso y materialista. Los términos globales **todas las naciones, los reyes de la tierra** y **los mercaderes de la tierra** muestran que Babilonia seducirá a todo el mundo. Las personas no regeneradas del mundo sentirán deseos de Babilonia, deseando con pasión **fornicar** espiritualmente con ella. De igual modo, **los mercaderes de la tierra** se enriquecerán **de la potencia de sus deleites.** Al principio, el mundo sacará provecho de la prosperidad económica de Babilonia.

Habiéndose despojado de toda apariencia de dominio propio o moderación, los pecadores se entregarán a una alocada orgía materialista. Como los de la antigua Babilonia, ellos estarán de fiesta cuando su ciudad sea destruida (cp. Dn. 5:1-30). La condenación de Santiago a los ricos despiadados pudiera también atribuirse a ellos:

¡Vamos ahora, ricos! Llorad y aullad por las miserias que os vendrán. Vuestras riquezas están podridas, y vuestras ropas están comidas de polilla. Vuestro oro y plata están enmohecidos; y su moho testificará contra vosotros, y devorará del todo vuestras carnes como fuego. Habéis acumulado tesoros para los días postreros. He aquí, clama el jornal de los obreros que han cosechado vuestras tierras, el cual por engaño no les ha sido pagado por vosotros; y los clamores de los que habían segado han entrado en los oídos del Señor de los ejércitos. Habéis vivido en deleites sobre la tierra, y sido disolutos; habéis engordado vuestros corazones como en día de matanza (Stg. 5:1-5).

CASTIGO EVITADO

Y oí otra voz del cielo, que decía: Salid de ella, pueblo mío, para que no seáis partícipes de sus pecados, ni recibáis parte de sus plagas; porque sus pecados han llegado hasta el cielo, y Dios se ha acordado de sus maldades. (18:4-5)

El juicio de Dios sobre esta sociedad, comercialmente próspera pero en bancarrota moral, puede evitarse, como pone en claro **otra voz del cielo.** El empleo de *allos* (**otra** del mismo tipo) sugiere que el que habla es un ángel como el del versículo 1.

El mensaje que proclama, **Salid de ella, pueblo mío**, es un llamado para que el pueblo de Dios se libre del sistema del mundo. Pudiera ser también un llamado evangelístico a los escogidos de Dios para que vengan a la fe en Cristo y salgan del reino de Satanás (cp. Col. 1:13). En ambos casos, el mensaje es a abandonar el sistema.

A través de los aterradores juicios de la tribulación, Dios salvará a personas. El resultado de la predicación del evangelio por los ciento cuarenta y cuatro mil judíos evangelistas, los dos testigos, y el ángel que voló por en medio del cielo, será la más grande cosecha de almas que el mundo haya conocido (cp. 7:9). Muchos de esos creyentes sufrirán la muerte por su fe en Cristo, cuando rechacen recibir la marca de la bestia (13:15-16). Los sobrevivientes enfrentarán poderosas tentaciones para que participen en el sistema. La familia y los amigos no dudarán en presionarlos para que se salven al aceptar la marca de la bestia. La necesidad de obtener las cosas indispensables de la vida también los presionará a conformarse al sistema (cp. 13:17).

La exhortación a huir de Babilonia tiene un paralelo en el Antiguo Testamento en la advertencia de los profetas a huir de la antigua Babilonia. "Salid de Babilonia" clamó Isaías. "huid de entre los caldeos" (Is. 48:20). Jeremías se hizo eco de las advertencias de Isaías: "Huid de en medio de Babilonia, y salid de la tierra de los caldeos... Huid de en medio de Babilonia, y librad cada uno su vida, para que no perezcáis a causa de su maldad; porque el tiempo es de venganza de Jehová; le dará su pago... Salid de en medio de ella, pueblo mío, y salvad cada uno su vida del ardor de la ira de Jehová" (Jer. 50:8; 51:6, 45).

Los creyentes de la actualidad deben también evitar la tentación de dejarse atrapar por el sistema del mundo. "No os conforméis a este siglo", ordenó Pablo a los creyentes en Roma, "sino transformaos por medio de la renovación de vuestro entendimiento, para que comprobéis cuál sea la buena voluntad de Dios, agradable y perfecta" (Ro. 12:2). A los corintios él escribió:

No os unáis en yugo desigual con los incrédulos; porque ¿qué compañerismo tiene la justicia con la injusticia? ¿Y qué comunión la luz con las tinieblas? ¿Y qué concordia Cristo con Belial? ¿O qué parte el creyente con el incrédulo? ¿Y qué acuerdo hay entre el templo de Dios y los ídolos? Porque vosotros sois el templo del Dios viviente, como Dios dijo: Habitaré y andaré entre ellos, y seré su Dios, y ellos serán mi pueblo. Por lo cual, salid de en medio de ellos, y apartaos, dice el Señor, y no toquéis lo inmundo; y yo os recibiré (2 Co. 6:14-17).

Santiago escribió que "La religión pura y sin mácula delante de Dios el Padre es... guardarse sin mancha del mundo" (Stg. 1:27), y tajantemente reprendió a los que estaban cautivos en el sistema del mundo: "¡Oh almas adúlteras! ¿No sabéis que la amistad del mundo es enemistad contra Dios? Cualquiera, pues, que quiera ser amigo del mundo, se constituye enemigo de Dios" (Stg. 4:4). En su primera epístola, el apóstol Juan exhortó a los creyentes: "No améis al mundo, ni las cosas que están en el mundo. Si alguno ama al mundo, el amor del Padre no está en él" (1 Jn. 2:15).

La verdad bíblica de que los creyentes no deben participar en el sistema del mundo, tomará nueva urgencia al enfrentarse Babilonia a su inminente destrucción. El mensaje del ángel a los creyentes en esa ciudad es el mismo que los ángeles trajeron a Lot (Gn. 19:12-13): sal antes de que te alcance el juicio de Dios sobre este malvado lugar.

Los creyentes deben huir de Babilonia para no ser **partícipes de sus pecados**. La ciudad de Babilonia, materialista, entregada a placeres e infestada de demonios, ejercerá una casi irresistible influencia en los creyentes para que sean **partícipes de sus pecados**. Al igual que José (Gn. 39:7-12; cp. 1 Co. 10:14; 1 Ti. 6:11; 2 Ti. 2:22), ellos deben huir para evitar sucumbir a "los deseos de la carne, los deseos de los ojos, y la vanagloria de la vida" (1 Jn. 2:16).

El pueblo de Dios debe también huir de Babilonia para no recibir **parte de sus plagas**. Algunos consideran las **plagas** como una alusión a los juicios de las copas, a los cuales también se les llama plagas (15:1, 6, 8; 16:9). Sin embargo, los juicios de las copas son de alcance mundial; por tanto, no habría lugar a dónde escapar (cp. 18:9-10). Por consiguiente es mejor ver esas **plagas** como castigos específicos sobre Babilonia, tal vez, como se observó antes, junto con el derramamiento de la séptima copa (cp. 16:17-19).

Por último, los creyentes tienen que huir de Babilonia porque **sus pecados han llegado hasta el cielo** (cp. Jer. 51:9). **Llegar hasta** viene de *kollaō*, que literalmente significa "pegar uno con otro", o "conectar". Los pecados de Babilonia se acumularán como una nueva torre de Babel (Gn. 11:3-4), pero a diferencia de la antigua torre, sus pecados llegarán hasta el **cielo**. Luego el ángel añade que **Dios se ha acordado de sus maldades** (cp. 16:19). Él los verá como vio aquel antiguo monumento a la rebelión arrogante y pecadora del hombre, en Babel. La bendita verdad es que Dios dice a los creyentes: "no me acordaré de tus pecados... perdonaré la maldad de ellos, y no me acordaré más de su pecado" (Is. 43:25; Jer. 31:34). Sin embargo, para la desafiante y no arrepentida Babilonia no habrá perdón, solo juicio.

CASTIGO DEFINIDO

Dadle a ella como ella os ha dado, y pagadle doble según sus obras; en el cáliz en que ella preparó bebida, preparadle a ella el doble. Cuanto ella se ha glorificado y ha vivido en deleites, tanto dadle de tormento y llanto; porque dice en su corazón: Yo estoy sentada como reina, y no soy viuda, y no veré llanto; por lo cual en un solo día vendrán sus plagas; muerte, llanto y hambre,

y será quemada con fuego; porque poderoso es Dios el Señor, que la juzga.
(18:6-8)

Se define el castigo de Babilonia mientras el ángel habla ahora, no con Juan, sino con Dios. Su llamado de venganza contra Babilonia, **dadle a ella como ella os ha dado**, es semejante a las oraciones de los santos mártires que se registra en 6:9-10: "Cuando abrió el quinto sello, vi bajo el altar las almas de los que habían sido muertos por causa de la palabra de Dios y por el testimonio que tenían. Y clamaban a gran voz, diciendo: ¿Hasta cuándo, Señor, santo y verdadero, no juzgas y vengas nuestra sangre en los que moran en la tierra?" La oración del ángel por justicia se basa en el principio, en el Antiguo Testamento, de la ley del talión, la ley del desquite, el principio de la ley de "Ojo por ojo, y diente por diente" (Mt. 5:38; cp. Éx. 21:23-24; Lv. 24:19-20; Dt. 19:21). A Babilonia se le ha concedido suficiente gracia y ha escuchado suficientes advertencias. Es tiempo de venganza. Es tiempo de su destrucción.

El ruego del ángel recuerda las peticiones de los santos del Antiguo Testamento, de venganza sobre la antigua Babilonia. En el Salmo 137:8 el salmista escribió: "Hija de Babilonia la desolada, bienaventurado el que te diere el pago de lo que tú nos hiciste". Jeremías también suplicó venganza contra Babilonia:

Poneos en orden contra Babilonia alrededor,
todos los que entesáis arco;
tirad contra ella, no escatiméis las saetas,
porque pecó contra Jehová.
Gritad contra ella en derredor;
se rindió; han caído sus cimientos,
derribados son sus muros,
porque es venganza de Jehová.
Tomad venganza de ella;
haced con ella como ella hizo (Jer. 50:14-15).

Haced juntar contra Babilonia
flecheros, a todos los que entesan arco;
acampad contra ella alrededor;
no escape de ella ninguno;
pagadle según su obra;
conforme a todo lo que ella hizo, haced con ella;
porque contra Jehová se ensoberbeció,
contra el Santo de Israel (Jer. 50:29).

Y pagaré a Babilonia y a todos los moradores de Caldea, todo el mal que ellos hicieron en Sion delante de vuestros ojos, dice Jehová (Jer. 51:24).

Porque vino destruidor contra ella, contra Babilonia,
y sus valientes fueron apresados;
el arco de ellos fue quebrado;
porque Jehová, Dios de retribuciones, dará la pagas (Jer. 51:56).

Es importante observar que la venganza pertenece solo a Dios. La Biblia de modo explícito prohíbe a los cristianos tomar venganza por si mismos. El creyente no debe decir: "Yo me vengaré"; sino que debe "[esperar] a Jehová, y él [lo] salvará" (Pr. 20:22). Debe "[bendecir] a los que [lo] persiguen" (Ro. 12:14), "no [pagando] a nadie mal por mal" (Ro. 12:17). No debe "[vengarse él mismo]... sino [dejar] lugar a la ira de Dios; porque escrito está: Mía es la venganza, yo pagaré, dice el Señor. Así que, si [su] enemigo tuviere hambre, [debe darle] de comer; si tuviere sed, [debe darle] de beber; pues haciendo esto, ascuas de fuego [amontonará] sobre su cabeza". En vez de ser "vencido de lo malo... [debe vencer] con el bien el mal" (Ro. 12:19-21). El cristiano debe "[mirar] que ninguno pague a otro mal por mal; antes [seguir] siempre lo bueno unos para con otros, y para con todos" (1 Ts. 5:15), "no devolviendo mal por mal, ni maldición por maldición, sino por el contrario, bendiciendo" (1 P. 3:9). Pero estos mandamientos no imposibilitan los justos juicios del santo Dios contra los pecadores.

El pedido del ángel de que Dios **le pagara** a Babilonia **doble según sus obras** (literalmente en el griego "doble del doble de las cosas") es la petición de que el castigo de Babilonia esté de acuerdo con sus crímenes. Doble ha sido su iniquidad; doble debe ser su castigo. Los pecados de Babilonia se han desbordado, acumulándose tan alto como los cielos, y el ángel pide que el juicio de Dios se desborde sobre ella en igual magnitud.

Doble tiene el sentido de plenitud o totalidad. En la ley mosaica, a los malhechores se les exigía a menudo que pagaran doble por sus delitos:

Si fuere hallado con el hurto en la mano, vivo, sea buey o asno u oveja, pagará el doble...
Cuando alguno diere a su prójimo plata o alhajas a guardar, y fuere hurtado de la casa de aquel hombre, si el ladrón fuere hallado, pagará el doble... En toda clase de fraude, sobre buey, sobre asno, sobre oveja, sobre vestido, sobre toda cosa perdida, cuando alguno dijere: Esto es mío, la causa de ambos vendrá delante de los jueces; y el que los jueces condenaren, pagará el doble a su prójimo (Éx. 22:4, 7, 9).

Los profetas señalan que Israel recibió doble por sus pecados (Is. 40:1-2; Jer. 16:18). Jeremías oró para que a sus perseguidores Dios los "[quebrantara] con doble quebrantamiento" (Jer. 17:18).

Para poner aun más de manifiesto su petición de que Dios castigara plenamente a Babilonia, él ángel dice que **en el cáliz en que ella preparó bebida, Dios le prepararía a ella el doble**. Apropiadamente, en la misma copa que Babilonia usó para engañar a las naciones (v. 3; 14:8; 17:2, 4; Jer. 51:7) ella va a recibir una doble porción de la ira de Dios. La imagen de la copa de la ira de Dios también aparece en 14:10 y 16:19.

Luego el ángel clama a Dios una tercera vez, pidiendo una total venganza sobre Babilonia: **Cuanto ella se ha glorificado y ha vivido en deleites, tanto dadle de tormento y llanto; porque dice en su corazón: Yo estoy sentada como reina, y no soy viuda, y no veré llanto. Cuanto** es un llamado a equiparar el castigo con el delito, un principio bíblico (Is. 3:16ss.; Pr. 29:23; Lc. 1:51; 14:11). Tres pecados exigen el castigo de Babilonia. En primer lugar, era orgullosa; **ella se ha glorificado**. Dios, que dijo "a otro no daré mi gloria" (Is. 42:8), aborrece el orgullo (Pr. 6:16-17; Stg. 4:6). En segundo lugar, había ido tras la autosatisfacción; ella había **vivido en deleites**. La Biblia dictamina que los que así hacen están muertos, aun cuando estén vivos (1 Ti. 5:6). En tercer lugar, era culpable de autosuficiencia, de sobrestimar presuntuosamente su poder; **ella dijo en su corazón: Yo estoy sentada como reina, y no soy viuda, y no veré llanto**. Tal orgullosa jactancia imita la de la antigua Babilonia que dijo "Para siempre seré señora... no quedaré viuda, ni conoceré orfandad" (Is. 47:7, 8; cp. Ez. 27:3; 28:2; Sof. 2:15). Sin embargo, la devastadora respuesta de Dios fue: "Estas dos cosas te vendrán de repente en un mismo día, orfandad y viudez; en toda su fuerza vendrán sobre ti, a pesar de la multitud de tus hechizos y de tus muchos encantamientos" (Is. 47:9).

Por esos tres pecados Babilonia recibirá **tormento y llanto**. *Basanismos* (**tormento**) literalmente significa *tortura* (cp. vv. 10, 15; 9:5; 14:11). **Llanto** se refiere a la aflicción que ocasiona la tortura. El infierno será un lugar de tormento inimaginable (20:10; Lc. 16:23-24, 28) y aflicción aplastante (Mt. 8:12; 13:42, 50; 22:13; 24:51; 25:30).

Luego el ángel observa que **por lo cual**, los pecados descritos anteriormente, **en un solo día vendrán sus plagas**. La destrucción de Babilonia no será progresiva. La malvada ciudad será destruida instantáneamente (cp. vv. 10, 17, 19). Daniel 5 registra la suerte similar que le sobrevino a la antigua Babilonia; la ciudad cayó la misma noche que Dios escribió su condena en la pared del palacio del rey (cp. Dn. 5:30). Como se observó antes, las **plagas** que destruirán a Babilonia son juicios específicos sobre esa ciudad, posiblemente respecto a la séptima copa. Tres **plagas** traerán como resultado la devastación total de Babilonia: **muerte, llanto y hambre**, la apropiada respuesta del cielo a su orgullosa jactancia en el versículo 7. Después que esas tres plagas hayan transcurrido, Babilonia **será quemada con fuego.** La condenación de Babilonia es segura y no puede evitarse **porque es Dios el Señor que la juzga.** Nadie puede frustrar los planes de Dios, o impedir que Él cumpla su propósito. Job dijo a Dios: "Yo conozco que todo lo puedes, y que no hay pensamiento que se esconda de ti" (Job 42:2). A pesar de que "muchos pensamientos hay en el corazón del hombre... el consejo de Jehová permanecerá" (Pr. 19:21). "Porque Jehová de los ejércitos lo ha determinado", declaró Isaías, "¿y quién lo impedirá? Y su mano extendida, ¿quién la hará retroceder?" (Is.14:27). Un castigado y humillado Nabucodonosor afirmó que Dios "hace según su voluntad en el ejército del cielo, y en los habitantes de la tierra, y no hay quien detenga su mano, y le diga: ¿Qué haces?" (Dn. 4:35). Dios mismo declara que "no hay quien de mi mano libre. Lo que hago yo, ¿quién lo estorbará?... Mi consejo permanecerá, y haré todo lo que quiero" (Is. 43:13; 46:10). Todo el poder de los hombres malvados y los demonios no será suficiente para librar a Babilonia del castigo de Dios.

CASTIGO LAMENTADO

Y los reyes de la tierra que han fornicado con ella, y con ella han vivido en deleites, llorarán y harán lamentación sobre ella, cuando vean el humo de su incendio, parándose lejos por el temor de su tormento, diciendo: ¡Ay, ay, de la gran ciudad de Babilonia, la ciudad fuerte; porque en una hora vino tu juicio!

Y los mercaderes de la tierra lloran y hacen lamentación sobre ella, porque ninguno compra más sus mercaderías; mercadería de oro, de plata, de piedras preciosas, de perlas, de lino fino, de púrpura, de seda, de escarlata, de toda madera olorosa, de todo objeto de marfil, de todo objeto de madera preciosa, de cobre, de hierro y de mármol; y canela, especias aromáticas, incienso, mirra, olíbano, vino, aceite, flor de harina, trigo, bestias, ovejas, caballos y carros, y esclavos, almas de hombres. Los frutos codiciados por tu alma se apartaron de ti, y todas las cosas exquisitas y espléndidas te han faltado, y nunca más las hallarás. Los mercaderes de estas cosas, que se han enriquecido a costa de ella, se pararán lejos por el temor de su tormento, llorando y lamentando, y diciendo: ¡Ay, ay, de la gran ciudad, que estaba vestida de lino fino, de púrpura y de escarlata, y estaba adornada de oro, de piedras preciosas y de perlas! Porque en una hora han sido consumidas tantas riquezas. Y todo piloto, y todos los que viajan en naves, y marineros, y todos los que trabajan en el mar, se pararon lejos; y viendo el humo de su incendio, dieron voces, diciendo: ¿Qué ciudad era semejante a esta gran ciudad? Y echaron polvo sobre sus cabezas, y dieron voces, llorando y lamentando, diciendo: ¡Ay, ay de

la gran ciudad, en la cual todos los que tenían naves en el mar se habían enriquecido de sus riquezas; pues en una hora ha sido desolada! (18:9-19)

Nada revela tan claramente la dureza del corazón de los pecadores que su falta de pesar por su pecado. A través de los años de juicios devastadores, los pecadores en la tribulación rechazarán obstinadamente lamentarse por su pecado. Porque aunque no se lamentarán por su pecado, sí llorarán por la destrucción de Babilonia. Cuando la gloriosa pieza central, la cabeza del imperio del anticristo, sea juzgada y destruida, habrá lamento y consternación mundial.

Los primeros que se presentan lamentándose son los líderes, **los reyes de la tierra**. Este grupo incluye a los diez reyes que gobernaban el reino del anticristo bajo su autoridad (17:12), así como el resto de los líderes del mundo que están bajo ellos. Recibirán las noticias de la destrucción de Babilonia con sobrecogimiento y conmoción. La destrucción de la sede del poder político y económico del anticristo dará un golpe funesto a su imperio. La caída de Babilonia será un símbolo de la caída de todo ese malvado sistema mundial.

Estos líderes son los mismos **que han fornicado con ella, y con ella han vivido en deleites** (v. 3). Vuelve a describirse a Babilonia como una ramera (cp. 17:1, 15, 16), cuya muerte hace que sus amantes **lloren y hagan lamentación sobre ella**. Algunos de los que cruzan el Éufrates rumbo a Armagedón (16:12) pudieran **ver el humo** subiendo de la ciudad **incendiada** (cp. Gn. 19:28; Jos. 8:20-21; Is. 34:10). El resto verá la destrucción de Babilonia a través de los medios de comunicación del mundo. Todos tendrán cuidado de pararse **lejos** de la azotada ciudad. Estarán imposibilitados de ayudar y tendrán **temor** de que puedan compartir **su tormento**. Esta aterradora escena respalda la idea de que Babilonia es una verdadera ciudad, no un símbolo de todo el sistema mundial. Es obvio que todo el mundo no será destruido al llegar a este punto, ya que los que están mirando la quema de Babilonia están a salvos por el momento. Sin embargo, la destrucción de Babilonia es precursora de la condena que pronto caerá sobre todo el mundo.

Mientras la observan quemarse, los líderes gritarán angustiaos: **¡Ay, ay, de la gran ciudad de Babilonia, la ciudad fuerte; porque en una hora vino tu juicio!** Como la joya de la corona del imperio del anticristo, Babilonia será una **gran ciudad**. Y como ha sobrevivido a los devastadores juicios de la tribulación hasta ese punto, los líderes creerán que es una **ciudad fuerte**. Así que la rápida destrucción de Babilonia los sobrecogerá y asombrará, y alzarán la voz ante ella en sobrecogimiento, **porque en una hora vino tu juicio.** El castigo sobre Babilonia ocurrirá rápidamente, tal como lo predijo el versículo 8.

Los próximos que aparecerán en escena lamentándose son **los mercaderes de la tierra**. Estos hombres de negocio **lloran y hacen lamentación sobre** Babilonia **porque ninguno compra más sus mercaderías**. La destrucción de la capital del anticristo dará fin a toda apariencia de normalidad en el devastado planeta. Toda la actividad económica que se desarrollaba hasta entonces en la tierra, tambaleándose bajo las crecientes dificultades provocadas por los catastróficos castigos divinos, llegará a su fin.

Luego sigue una relación de veintiocho artículos o categorías que abarcaban las mercaderías de los negociantes: **de oro, de plata, de piedras preciosas, de perlas, de lino fino, de púrpura, de seda, de escarlata, de toda madera olorosa, de todo objeto de marfil, de todo objeto de madera preciosa, de cobre, de hierro y de mármol; y canela, especias aromáticas, incienso, mirra, olíbano, vino, aceite, flor de harina, trigo, bestias, ovejas, caballos y carros, y esclavos, almas de hombres** (lit. "cuerpos y almas de hombres"). Estos eran artículos comunes en el mundo antiguo (muchos de ellos están incluidos en la lista de Ez. 27:12-24) y fueron la fuente de gran provecho económico. Son solo representativos de la gran riqueza del futuro imperio comercial del anticristo. John Phillips escribe:

¡Qué catálogo de opulencia! Qué vívida imagen de una gran ciudad comercial, traficando con todo lujo que el corazón pudiera desear. Esta es la gran Feria de la Vanidad del mundo. Presenta artículos de adorno y ostentación, cosas bellas para agraciar las mansiones de los millonarios del mundo. En ella hay comercio de especias exóticas y perfumes, en exquisiteces para la mesa, en provisiones para banquetes, en esclavos, y en almas de hombres. Y Babilonia importaba todas estas cosas... La exigencia de Babilonia de los bienes de este mundo era insaciable; ¡siempre clamando por más y más! (*Exploring Revelation* [Explorando el Apocalipsis], edición revisada [Chicago: Moody, 1987; reimpreso, Neptune, N.J.: Loizeaux, 1991], 225)

Siguiendo con su lamento, los mercaderes ahora se dirigen directamente a Babilonia: **Los frutos codiciados por tu alma se apartaron de ti, y todas las cosas exquisitas y espléndidas te han faltado, y nunca más las hallarás**. Todas **las cosas exquisitas y espléndidas** (Gr., *lampros*, una palabra que pudiera referirse a prendas de vestir) de la ciudad le **han faltado** y **nunca más las hallará**. Se han ido para siempre al dejar Dios al sistema en bancarrota. Las palabras **nunca más** traducen una doble doble negación en el texto griego, que es la forma más enérgica de negar en ese idioma. Esto indica que esos artículos no se podrán encontrar nuevamente.

Uniéndose a los líderes, **los mercaderes de estas cosas, que se han enriquecido a costa de ella, se pararán lejos por el temor de su tormento, llorando y lamentando, y diciendo: ¡Ay, ay, de la gran ciudad, que estaba vestida de lino fino, de púrpura y de escarlata, y estaba adornada de oro, de** piedras preciosas y de perlas! Porque en una hora han sido consumidas tantas riquezas. El llanto y lamento no provienen de alguna simpatía emocional por la diezmada ciudad, sino porque con su caída se han visto despojados de la fuente de sus recursos económicos. Los mercaderes se lamentan porque ya no pueden realizarse sus pasiones materialistas. El llanto que comienza en ese momento durará por la eternidad en el infierno (Mt. 8:12; 13:42, 50; 22:13; 24:51; 25:30). Esos ambiciosos mercaderes son la típica ilustración de todos los que en todos los tiempos ganan todo el mundo, pero pierden su alma (Mr. 8:36).

Luego un tercer y final grupo en la visión se une a la endecha fúnebre por Babilonia: **todo piloto, y todos los que viajan en naves, y marineros, y todos los que trabajan en el mar.** Además de su importancia política y económica, Babilonia también será un importante centro de distribución. Con su destrucción, no habrá más bienes que transportar por **los que trabajan en el mar.** Como los reyes y los mercaderes, los marineros tuvieron el cuidado de pararse **lejos** de la ciudad. Contemplando la arruinada ciudad **y viendo el humo de su incendio, dieron voces, diciendo: ¿Qué ciudad era semejante a esta gran ciudad?** Su lamento recuerda la orgullosa jactancia de los engañados seguidores del anticristo en 13:4: "¿Quién como la bestia, y quién podrá luchar contra ella?" Pero la ciudad, al parecer indestructible, ya está destruida ante sus ojos, y su al parecer invencible gobernante, pronto tendrá igual fin (19:20).

Luego, en una típica expresión antigua de dolor, los marineros **echaron polvo sobre sus cabezas** (cp. Jos. 7:6; 1 S. 4:12; 2 S. 1:2; 15:32; Job 2:12; Lm. 2:10; Ez. 27:30). Como los reyes (vv. 9-10) y los mercaderes (vv. 15-16), ellos también clamarán: **Ay, ay de la gran ciudad.** Esta es una expresión de dolor, sufrimiento y aflicción, pero no de arrepentimiento. Los marineros no se lamentan por sus pecados, o por los de Babilonia, sino por perder sus negocios, ya que **todos los que tenían naves en el mar se habían enriquecido de** las **riquezas** de Babilonia. Como los reyes (v. 10) y los mercaderes (v. 17), los marineros también expresan asombro ante la rapidez de la caída de Babilonia, exclamando **en una hora ha sido desolada.** En un sorprendentemente corto período de tiempo, fue destruida la ciudad que era la fuente de sus riquezas.

CASTIGO DISFRUTADO

Alégrate sobre ella, cielo, y vosotros, santos, apóstoles y profetas; porque Dios os ha hecho justicia en ella. (18:20)

El cielo tendrá una perspectiva muy distinta acerca del castigo de Babilonia que la de los seguidores terrenales del anticristo. El ángel que comenzó a hablar en el versículo 4 se dirige entonces a los redimidos en el cielo: Los **santos** (un término general para todos los creyentes), **apóstoles y profetas** (la categoría especial de santos dada a la iglesia, como se indica en Ef. 2:20; 4:11). Él los llama a que **se alegren** por la caída de Babilonia, **porque Dios** les **ha hecho justicia en ella**. El muy anhelado momento de vindicación, retribución y venganza, por el que oraron los creyentes mártires de la tribulación (6:9-10) y que esperaban todos los redimidos, habrá llegado. El cielo se regocija, no por la condenación de los pecadores, sino por el triunfo de los justos, la exaltación de Jesucristo, la eliminación de sus enemigos y la llegada de su reino en la tierra.

CASTIGO COMPLETADO

Y un ángel poderoso tomó una piedra, como una gran piedra de molino, y la arrojó en el mar, diciendo: Con el mismo ímpetu será derribada Babilonia, la gran ciudad, y nunca más será hallada. Y voz de arpistas, de músicos, de flautistas y de trompeteros no se oirá más en ti; y ningún artífice de oficio alguno se hallará más en ti, ni ruido de molino se oirá más en ti. Luz de lámpara no alumbrará más en ti, ni voz de esposo y de esposa se oirá más en ti. (18:21-23*a*)

Otro **ángel poderoso** (cp. 5:2; 10:1) apareció ahora en la visión. En un dramático acto que describe la destrucción de Babilonia, **tomó una piedra, como una gran piedra de molino** (como esas usadas para moler granos; eran de un metro o metro y medio de diámetro, treinta centímetros de grosor, y muy pesadas), **y la arrojó en el mar**. El ángel explicó: **Con el mismo ímpetu será derribada Babilonia, la gran ciudad, y nunca más será hallada**. En un momento, mientras desaparecía esa piedra en el mar, Babilonia desaparecerá. Una similar demostración predijo la ruina de la antigua Babilonia:

> *Y dijo Jeremías a Seraías: Cuando llegues a Babilonia, y veas y leas todas estas cosas, dirás: Oh Jehová, tú has dicho contra este lugar que lo habías de destruir, hasta no quedar en él morador, ni hombre ni animal, sino que para siempre ha de ser asolado. Y cuando acabes de leer este libro, le atarás una piedra, y lo echarás en medio del Éufrates, y dirás: Así se hundirá Babilonia, y no se levantará del mal que yo traigo sobre ella; y serán rendidos (Jer. 51:61-64).*

Tan completa será la destrucción de Babilonia que ninguna de las actividades normales de la vida humana tendrán lugar. No habrá nadie haciendo algún tipo de música: **Y voz de arpistas, de músicos, de flautistas y de trompeteros no se oirá más**. Nadie estará trabajando: **ningún artífice de oficio alguno se hallará más**. No habrá nadie preparando comida: **ni ruido de molino se oirá más**. La ciudad estará tan completamente abandonada que aun **luz de lámpara**

no alumbrará más en ella. No habrá más enamoramientos: **ni voz de esposo y de esposa se oirá más en** ella. Babilonia estará tan completamente destruida que nunca más se levantará, como predijeron los profetas del Antiguo Testamento (Is. 13:19-22; 14:22-23; Jer. 50:13, 39; 51:37).

CASTIGO JUSTIFICADO

porque tus mercaderes eran los grandes de la tierra; pues por tus hechicerías fueron engañadas todas las naciones. Y en ella se halló la sangre de los profetas y de los santos, y de todos los que han sido muertos en la tierra. (18:23b-24)

Se dan tres razones para el castigo de Babilonia. La primera, que sus **mercaderes eran los grandes de la tierra**, usando sus riquezas para ascender a posiciones de poder, eminencia e influencia. Se ilustran muy bien en las Escrituras los maltratos de los ricos arrogantes y orgullosos. "¿No os oprimen los ricos, y no son ellos los mismos que os arrastran a los tribunales?" preguntaba Santiago (Stg. 2:6). Luego en su epístola Santiago sigue acusando a los ricos por el maltrato a los pobres:

> He aquí, clama el jornal de los obreros que han cosechado vuestras tierras, el cual por engaño no les ha sido pagado por vosotros; y los clamores de los que habían segado han entrado en los oídos del Señor de los ejércitos. Habéis vivido en deleites sobre la tierra, y sido disolutos; habéis engordado vuestros corazones como en día de matanza. Habéis condenado y dado muerte al justo, y él no os hace resistencia (Stg. 5:4-6).

Isaías (Is. 3:14-15; 5:8) y Amós (Am. 4:1; 5:11; 8:4-6) también condenaron a los ricos por su desmedido deseo de engrandecimiento y por el maltrato a los pobres.

Una segunda razón para que sea juzgada Babilonia es que **por** sus **hechicerías fueron engañadas todas las naciones**. **Hechicería** viene de *pharmakeia*, la raíz de las palabras españolas "farmacia" y "farmacéutico". Se emplea la palabra en el Nuevo Testamento para referirse a prácticas de magia y ocultismo (9:21; Gá. 5:20). La sujeción en que Babilonia tendrá al mundo no será total debido a su poder militar y económico, sino también a su influencia en el ocultismo.

Una última razón dada para el castigo de Babilonia es su sangrienta matanza del pueblo de Dios; **en ella se halló la sangre de los profetas y de los santos, y de todos los que han sido muertos en la tierra** (cp. 6:10; 11:7; 13:7, 15; 16:6; 17:6). El regocijo celestial por la caída de Babilonia también menciona esto: "Después de esto oí una gran voz de gran multitud en el cielo, que decía: ¡Aleluya! Salvación y honra y gloria y poder son del Señor Dios nuestro; porque sus juicios son verdaderos y justos; pues ha juzgado a la gran ramera que ha corrompido a la tierra con su fornicación, y ha vengado la sangre de sus siervos de la mano de ella" (19:1-2).

Las palabras de Jesús en Lucas 12:16-21 forman una apropiada conclusión al mensaje de juicio sobre la comercial Babilonia:

> *También les refirió una parábola, diciendo: La heredad de un hombre rico había producido mucho. Y él pensaba dentro de sí, diciendo: ¿Qué haré, porque no tengo dónde guardar mis frutos? Y dijo: Esto haré: derribaré mis graneros, y los edificaré mayores, y allí guardaré todos mis frutos y mis bienes; y diré a mi alma: Alma, muchos bienes tienes guardados para muchos años; repósate, come, bebe, regocíjate. Pero Dios le dijo: Necio, esta noche vienen a pedirte tu alma; y lo que has provisto, ¿de quién será? Así es el que hace para sí tesoro, y no es rico para con Dios.*

Aleluyas celestiales 14

Después de esto oí una gran voz de gran multitud en el cielo, que decía: ¡Aleluya! Salvación y honra y gloria y poder son del Señor Dios nuestro; porque sus juicios son verdaderos y justos; pues ha juzgado a la gran ramera que ha corrompido a la tierra con su fornicación, y ha vengado la sangre de sus siervos de la mano de ella. Otra vez dijeron: ¡Aleluya! Y el humo de ella sube por los siglos de los siglos. Y los veinticuatro ancianos y los cuatro seres vivientes se postraron en tierra y adoraron a Dios, que estaba sentado en el trono, y decían: ¡Amén! ¡Aleluya! Y salió del trono una voz que decía: Alabad a nuestro Dios todos sus siervos, y los que le teméis, así pequeños como grandes. Y oí como la voz de una gran multitud, como el estruendo de muchas aguas, y como la voz de grandes truenos, que decía: ¡Aleluya, porque el Señor nuestro Dios Todopoderoso reina! Gocémonos y alegrémonos y démosle gloria; porque han llegado las bodas del Cordero, y su esposa se ha preparado. Y a ella se le ha concedido que se vista de lino fino, limpio y resplandeciente; porque el lino fino es las acciones justas de los santos.

Y el ángel me dijo: Escribe: Bienaventurados los que son llamados a la cena de las bodas del Cordero. Y me dijo: Estas son palabras verdaderas de Dios. Yo me postré a sus pies para adorarle. Y él me dijo: Mira, no lo hagas; yo soy consiervo tuyo, y de tus hermanos que retienen el testimonio de Jesús. Adora a Dios; porque el testimonio de Jesús es el espíritu de la profecía. (19:1-10)

La Biblia menciona muchas razones para dar gracias a Dios. Debemos alabarle ante todo por todas las perfecciones de su glorioso ser. El escritor de Hebreos instaba: "Así que, ofrezcamos siempre a Dios, por medio de él, sacrificio de alabanza, es decir, fruto de labios que confiesan su nombre" (He. 13:15; cp. 2 S. 22:50; Sal. 7:17; 44:8; 122:4; 140:13). Una de las perfecciones de Dios por la que debemos alabarle es su santidad. En el Salmo 30:4 David declaró: "Cantad a Jehová, vosotros sus santos, y celebrad la memoria de su santidad" (cp. 1 Cr. 16:35; Sal. 97:12; 106:47). Debemos también alabar a Dios por su misericordia. Al finalizar un salmo en el cual se alaba a Dios por su misericordia en cada versículo, el Salmo 136:26 ordena: "Alabad al Dios de los cielos, porque para siempre es su misericordia" (cp. 1 Cr. 16:41; 2 Cr. 20:21;

Sal. 107:8, 15, 21, 31; 118:1, 29; Jer. 33:11). Las Escrituras también exaltan la bondad de Dios: "Aleluya", clamaba el salmista, "Alabad a Jehová, porque él es bueno" (Sal. 106:1; cp. 1 Cr. 16:34; Esd. 3:11; Sal. 54:6; 107:1). El alentador conocimiento de la cercanía de Dios hizo exclamar al salmista: "Gracias te damos, oh Dios, gracias te damos, pues cercano está tu nombre" (Sal. 75:1).

A Dios ha de alabársele no solo por sus atributos, sino también por sus obras poderosas. Isaías escribió: "Jehová, tú eres mi Dios; te exaltaré, alabaré tu nombre, porque has hecho maravillas" (Is. 25:1; cp. 1 Cr. 16:9; Sal. 9:1; 26:7; 89:5; 105:2; 107:8, 15, 21, 31). Dentro de esas grandes maravillas se destaca la creación (Sal. 139:14; Ap. 4:11) y la salvación (1 S. 2:1; Sal. 9:14; 13:5; 35:9; Hch. 11:21-23; 16:34; Ro. 6:17; 2 Ts. 2:13).

Las muy ricas bendiciones que Dios concede a su pueblo también motivan la alabanza, dentro de las cuales se destaca el don de su Hijo. Tal inigualable don hizo a Pablo exclamar: "¡Gracias a Dios por su don inefable!" (2 Co. 9:15; cp. Is. 9:6; Lc. 2:38; Jn. 3:16). Pablo también alababa a Dios por librarlo del pecado que moraba en él (Ro. 7:23-25), por el triunfo de los creyentes sobre la muerte y el sepulcro (1 Co. 15:57), y por el triunfo del evangelio (2 Co. 2:14; 4:15). Su llamamiento al ministerio (1 Ti. 1:12), la fe mostrada por otros (Ro. 1:8; 2 Ts. 1:3), y la gracia que Dios derramó sobre los creyentes (1 Co. 1:4) también hicieron dar gracias a Pablo. El apóstol fue también ejemplo y enseñó la verdad de que los cristianos deben dar gracias por todas las cosas indispensables de la vida (Hch. 27:35; Ro. 14:6; 1 Ti. 4:3-4), que son tangibles expresiones del amor y el cuidado de Dios por ellos. En resumen, debemos dar gracias a Dios siempre (Ef. 5:20) y por todo (1 Ts. 5:18).

Pero de todas las cosas por las que debemos dar gracias a Dios, tal vez la menos esperada es por la destrucción de los malos. Pero ese también es un tema importante en las Escrituras. Deuteronomio 32:43 dice: "Alabad, naciones, a su pueblo, Porque él vengará la sangre de sus siervos, y tomará venganza de sus enemigos". El Salmo 48:11 añade: "Se alegrará el monte de Sion; se gozarán las hijas de Judá por tus juicios", mientras que el Salmo 58:10-11 observa que "Se alegrará el justo cuando viere la venganza; sus pies lavará en la sangre del impío. Entonces dirá el hombre: Ciertamente hay galardón para el justo; ciertamente hay Dios que juzga en la tierra" En el Salmo 96:11-13 el salmista declaró: "Alégrense los cielos, y gócese la tierra; brame el mar y su plenitud. Regocíjese el campo, y todo lo que en él está; entonces todos los árboles del bosque rebosarán de contento, delante de Jehová que vino; porque vino a juzgar la tierra. Juzgará al mundo con justicia, y a los pueblos con su verdad". Al acercarse a su fin los días del hombre y al prepararse el verdadero Rey para volver a la tierra, los cielos se regocijarán. Los aleluyas celestiales resuenan en el capítulo 19 por la destrucción final del malvado sistema mundial y la gloriosa victoria del Mesías que regresa (cp. 5:9-14).

Al acercarse el tiempo tan esperado, la escena en Apocalipsis cambia de la tierra, donde ha estado desde el capítulo 6, al cielo. Los capítulos intermedios han detallado la catastrófica explosión de ira condenatoria de Dios sobre el mundo pecador. Esa ira comenzó a derramarse cuando el Señor Jesucristo, el legítimo heredero del universo, recibió el título de propiedad de la tierra de manos de su Padre (5:1-14). Mientras Él abría el libro y rompía sus siete sellos, juicios aterradores golpearon la tierra. A los juicios de los sellos le siguieron los igualmente devastadores juicios de las trompetas y las copas.

El blanco específico de la ira de Dios fue el imperio mundial religioso, político y económico del anticristo, simbolizado por su ciudad capital, Babilonia. La destrucción de Babilonia se describió en detalles en los capítulos 17 y 18. Tal destrucción, que provocó conmoción y lamento en la tierra (18:9-11, 15-19), ahora trae gozo al cielo. Con la devastación de su ciudad capital, el imperio del anticristo recibió un golpe mortal. La destrucción final de las fuerzas del mundo tendrá lugar brevemente en Armagedón (19:11-21).

Algunos pudieran pensar que el regocijo del cielo por la destrucción de Babilonia es muestra de insensibilidad y desinterés. Pero esa opinión tan corta de vista ignora la realidad de que esos pecadores habrán tenido la más grande oportunidad de arrepentirse de cualquier hombre que haya vivido jamás. Habrán experimentado los desastres sin precedente de la tribulación, que reconocerán que son los juicios de Dios (6:17). También escucharán la más poderosa predicación del evangelio en la historia por parte del los ciento cuarenta y cuatro mil evangelistas judíos, los dos testigos, las huestes de redimidos salvos durante la tribulación, e incluso por un poderoso ángel (14:6-7). Sin embargo, a pesar de todo eso, seguirán sin arrepentirse hasta el final (9:20-21; 16:9, 11), endurecidos en una incredulidad irreversible y un desafiante aborrecimiento de Dios.

La alabanza que se ve en el cielo en todo Apocalipsis (4:8-11; 5:9-14; 7:10-12; 11:15-18; 15:3-4; 16:5-6) alcanza un punto máximo en este texto. El regocijo del cielo no es por la condenación de quienes rechazan a Dios (cp. Ez. 18:23, 32; 33:11), sino porque Jesucristo pronto quitará a esos obstinados pecadores del mundo. Entonces Dios recibirá la adecuada honra, el Señor Jesucristo ocupará su trono y la tierra será restablecida a su gloria perdida. Los cielos se regocijan porque la historia finalmente va a llegar a su culminación, al establecer el verdadero Rey su reino en la tierra.

Al mostrarse el texto, se hacen evidentes cinco razones para el gozo en el cielo. Los cielos se alegran porque ha venido plena salvación, porque se ha impuesto justicia, porque ha finalizado la rebelión, porque Dios lo domina todo, y porque han llegado las bodas del Cordero.

PORQUE HA VENIDO PLENA SALVACIÓN

Después de esto oí una gran voz de gran multitud en el cielo, que decía: ¡Aleluya! Salvación y honra y gloria y poder son del Señor Dios nuestro; (19:1)

Como ocurre en todo Apocalipsis (cp. 4:1; 7:9; 15:5; 18:1), la frase **después de esto** marca el inicio de una nueva visión. Esta nueva visión tiene lugar después de la destrucción de Babilonia (caps. 17–18) y antes de la triunfante venida de Jesucristo (19:11-21) para establecer el reino milenario (20:1-10). Al apagarse los fuertes lamentos por la destrucción de Babilonia, resuenan fuertes aleluyas en el cielo.

En su visión Juan oyó **una gran voz de gran multitud en el cielo.** El texto no identifica a los que unieron sus voces para formar la **gran voz** que Juan oyó, pero es muy probable que sean ángeles. Esa **gran multitud** no parece incluir a los santos redimidos, ya que a ellos se les anima luego para que se unan en la alabanza (vv. 5-8). Los incontables millones de santos ángeles conformaron un coro majestuoso e impresionante.

El coro angelical comienza con la importante palabra **Aleluya,** una exclamación de alabanza a Dios. La palabra griega *Allēlouia* es una transliteración de una frase hebrea compuesta del verbo *halal* ("alabar") y del sustantivo *Yah* ("Dios"). Solo aparece en este capítulo en el Nuevo Testamento (cp. vv. 3-4, 6). La frase hebrea aparece por primera vez en el Salmo 104:35: "Sean consumidos de la tierra los pecadores, y los impíos dejen de ser. Bendice, alma mía, a Jehová. Aleluya". En su primera aparición en el Antiguo Testamento, como en su primera aparición en el Nuevo Testamento, **aleluya** expresa alabanza por el juicio de Dios sobre los opresores de su pueblo. La frase hebrea está relacionada con la liberación divina de su pueblo de Egipto en los Salmos 113–118, que se conocen como el *Hallel* egipcio. Es una palabra a menudo asociada con el juicio de los impíos y la salvación del pueblo de Dios.

El cielo se regocija específicamente porque ha venido la **salvación** para el pueblo de Dios, y con ella se han mostrado la **gloria y poder** que **son del Señor Dios** (cp. 1 Cr. 29:11). La palabra **salvación** no se centra en la justificación o en la santificación, sino que celebra el aspecto final de la historia de la salvación, la glorificación de los santos en el reino de Cristo. La llegada inminente de Jesucristo anima esa alabanza, al anunciar los ángeles la gloria de su reino.

PORQUE SE HA IMPUESTO JUSTICIA

porque sus juicios son verdaderos y justos; pues ha juzgado a la gran ramera que ha corrompido a la tierra con su fornicación, y ha vengado la sangre de sus siervos de la mano de ella. (19:2)

También el cielo se regocija **porque** los **juicios** de Dios **son verdaderos y justos** (cp. 16:7), como lo evidencia la destrucción de la malvada y merecedora Babilonia. Ese gozo por el triunfo inminente de la justicia de Dios es algo con lo que todos los que oran y obran por la justicia pueden relacionarse. A lo largo de la historia el pueblo de Dios ha sido perturbado por la desigualdad, la injusticia y la perversidad en el mundo, y ha anhelado que venga la justicia de Dios. Anunciando la venida del Mesías, Isaías escribió:

> *Porque un niño nos es nacido, hijo nos es dado,*
> *y el principado sobre su hombro;*
> *y se llamará su nombre Admirable, Consejero, Dios Fuerte,*
> *Padre Eterno, Príncipe de Paz.*
> *Lo dilatado de su imperio y la paz no tendrán límite,*
> *sobre el trono de David y sobre su reino,*
> *disponiéndolo y confirmándolo en juicio y en justicia*
> *desde ahora y para siempre.*
> *El celo de Jehová de los ejércitos hará esto (Is. 9:6-7).*

Jeremías también profetizó del tiempo en que el Mesías traería justicia y rectitud a la tierra: "He aquí que vienen días, dice Jehová, en que levantaré a David renuevo justo, y reinará como Rey, el cual será dichoso, y hará juicio y justicia en la tierra" (Jer. 23:5). Anteriormente en Apocalipsis los creyentes mártires de la tribulación "clamaban a gran voz, diciendo: ¿Hasta cuándo, Señor, santo y verdadero, no juzgas y vengas nuestra sangre en los que moran en la tierra?" (Ap. 6:10). Como Isaías y Jeremías, anhelaban el día en que triunfara la justicia de Dios. El pueblo de Dios aborrece el pecado, porque se burla de Dios, y ama la justicia, porque lo exalta. Ellos anhelan un mundo que se distinga por la santidad y la justicia. Pero esto solo ocurrirá cuando Cristo establezca su justo reino y gobierne con vara de hierro (v. 15; 2:27; 12:5; Sal. 2:9).

El escenario estaba listo para el establecimiento de ese reino, por cuanto Dios **ha juzgado a la gran ramera que ha corrompido a la tierra con su fornicación**. Se identifica a Babilonia como **la gran ramera** (cp. 17:1, 15-16), el sistema de Satanás y el anticristo que sedujo al mundo incrédulo a creer las mentiras de Satanás. Como ese sistema gobierna el mundo entero, es por lo tanto culpable de haber **corrompido a la tierra con su fornicación** (cp. 14:8; 17:2; 18:3, 9). La maldad de la Babilonia religiosa y comercial será muy abarcadora y dominante, conduciendo a una justa retribución de Dios.

Otra razón para el juicio de Babilonia fue por maltratar al pueblo de Dios (cp. 18:24). Como resultado, **ha vengado la sangre de sus siervos de la mano de ella.** El que Dios ejecutará venganza por su pueblo es una clara enseñanza en las Escrituras. Deuteronomio 32:42-43 dice:

Embriagaré de sangre mis saetas,
Y mi espada devorará carne;
En la sangre de los muertos y de los cautivos,
En las cabezas de larga cabellera del enemigo.
Alabad, naciones, a su pueblo,
Porque él vengará la sangre de sus siervos,
Y tomará venganza de sus enemigos,
Y hará expiación por la tierra de su pueblo.

"Porque es justo", escribió Pablo a los tesalonicenses, "delante de Dios pagar con tribulación a los que os atribulan, y a vosotros que sois atribulados, daros reposo con nosotros, cuando se manifieste el Señor Jesús desde el cielo con los ángeles de su poder, en llama de fuego, para dar retribución a los que no conocieron a Dios, ni obedecen al evangelio de nuestro Señor Jesucristo" (2 Ts. 1:6-8). Apocalipsis 18:20 ordena: "Alégrate sobre [Babilonia], cielo, y vosotros, santos, apóstoles y profetas; porque Dios os ha hecho justicia en ella" (cp. 16:5-6; 2 S. 22:48; Sal. 58:10-11; 79:10; 94:1-2; Jer. 15:15; 20:12; 51:36; Jl. 3:20-21). Es tanto apropiado como justo que quienes causaron la ruina moral del mundo y persiguieron al pueblo de Dios, deban enfrentar su venganza.

PORQUE HA FINALIZADO LA REBELIÓN

Otra vez dijeron: ¡Aleluya! Y el humo de ella sube por los siglos de los siglos. (19:3)

El juicio sobre Babilonia desencadenó la primera explosión de regocijo celestial; la repercusión de su destrucción impulsó al coro celestial otra vez a decir ¡**Aleluya!** En un momento culminante de su juicio, Babilonia fue "quemada con fuego" (18:8; cp. 17:16), y los pecadores lamentaron mientras veían la nube de humo subir al cielo (18:9, 18). El que **el humo de ella sube por los siglos de los siglos** indica que este castigo es definitivo, permanente e irreversible. La terminología es similar a la empleada para referirse a la destrucción que Dios realizó en Sodoma y Gomorra (Gn. 19:28), y Edom (Is. 34:10). Las llamas y el humo con el tiempo se acabarán, pero el juicio es eterno sobre las almas de los pecadores destruidos. Y el infierno es un lugar "donde el gusano de ellos no muere, y el fuego nunca se apaga" (Mr. 9:48); donde el condenado "será atormentado con fuego y azufre delante de los santos ángeles y del Cordero; y el humo de su tormento sube por los siglos de los siglos" (14:10-11).

La destrucción del último y más poderoso imperio en la historia humana señala el fin de los días del hombre. La rebelión que comenzó hace mucho tiempo en el huerto del Edén termina finalmente (a excepción de una inútil y corta rebelión al final del milenio; 20:7-10). No habrá más religión falsa, filosofía mundana, injusticia, perversidad; se triunfará sobre todo el pesar que ha resultado de la depravación humana.

PORQUE DIOS LO DOMINA TODO

Y los veinticuatro ancianos y los cuatro seres vivientes se postraron en tierra y adoraron a Dios, que estaba sentado en el trono, y decían: ¡Amén! ¡Aleluya! Y salió del trono una voz que decía: Alabad a nuestro Dios todos sus siervos, y los que le teméis, así pequeños como grandes. Y oí como la voz de una gran multitud, como el estruendo de muchas aguas, y como la voz de grandes truenos, que decía: ¡Aleluya, porque el Señor nuestro Dios Todopoderoso reina! (19:4-6)

De acuerdo con el coro angelical, resonaron aleluyas de otros moradores del cielo. A **los veinticuatro ancianos** es mejor verlos como representantes de la iglesia (para un análisis de la identidad de los veinticuatro ancianos, vea *Apocalipsis 1-11*, Comentario MacArthur del Nuevo Testamento [Grand Rapids: Editorial Portavoz, 2005]). Los **cuatro seres vivientes** son querubines, un orden exaltado de ángeles (para más información sobre los cuatro seres vivientes, vea *Apocalipsis 1-11*, 152-54). Esos dos grupos han adorado a Dios en todo Apocalipsis (cp. 4:8-11; 5:8-12, 14; 7:11; 11:16-18). Postrados delante del **trono** de Dios las dos nuevas adiciones al coro celestial gritaron **¡Amén! ¡Aleluya!** Esa frase viene del Salmo 106:48 e indica su solemne consentimiento (cp. el empleo de Amén, "que así sea", en 5:14; 7:12) con el regocijo celestial por la caída de Babilonia.

El texto no identifica de quién fue la **voz** que **salió del trono**, pero muy probablemente es de un ángel, ya que se refiere a Dios como **nuestro Dios**. La voz llama con autoridad a otro grupo para que se una al himno de alabanza, **que decía: Alabad a nuestro Dios todos sus siervos, y los que le teméis, así pequeños como grandes**. A los creyentes redimidos en el cielo se les describe como **siervos** de Dios (cp. v. 2; 1:1; 2:20; 7:3; 11:18; 15:3; 22:3, 6; Lc. 2:29; Hch. 4:29; 16:17; Ro. 1:1; Gá. 1:10; Fil. 1:1; Col. 1:7; 4:7; 2 Ti. 2:24; Tit. 1:1; Stg. 1:1; 2 P. 1:1; Jud. 1), y **los que le temen** (cp. Dt. 6:13; 8:6; 10:12, 20; 13:4; Jos. 24:14; 1 S. 12:14, 24; 2 R. 7:39; Sal. 22:23, 25; 25:14; 33:18; 34:7, 9; 85:9; 103:11, 13, 17; Lc. 1:50). La frase global **así pequeños como grandes** (cp. 11:18) trasciende todas las categorías y distinciones humanas para abarcar a todos. A todos los redimidos se les llama a alabar a Dios.

Cuando los redimidos obedecieron a la orden de la voz celestial y unieron sus voces al coro celeste, el impresionante sonido que escuchó Juan era **como la voz de una gran multitud**. El fuerte coro de alabanza creció de manera ensordecedora, que le pareció al apóstol como **el estruendo de muchas aguas** (cp. 1:15; 14:2) **y... la voz de grandes truenos** (cp. 6:1; 14:2). El apropiado final del oratorio celestial es un cuarto **Aleluya** seguido del motivo para él: **porque el Señor nuestro**

Dios Todopoderoso reina. El malvado sistema mundial ha sido completamente destruido, y el reino de Dios ha venido en su plenitud. Este empleo de **Aleluya** recuerda los Salmos 146–150, que repetidamente ofrecen alabanza por el soberano gobierno de Dios y por la eterna comunión de los redimidos. El título **Todopoderoso** se emplea nueve veces en Apocalipsis (v. 15; 1:8; 4:8; 11:17; 15:3; 16:7, 14; 21:22).

PORQUE HAN LLEGADO LAS BODAS DEL CORDERO

Gocémonos y alegrémonos y démosle gloria; porque han llegado las bodas del Cordero, y su esposa se ha preparado. Y a ella se le ha concedido que se vista de lino fino, limpio y resplandeciente; porque el lino fino es las acciones justas de los santos.
Y el ángel me dijo: Escribe: Bienaventurados los que son llamados a la cena de las bodas del Cordero. Y me dijo: Estas son palabras verdaderas de Dios. Yo me postré a sus pies para adorarle. Y él me dijo: Mira, no lo hagas; yo soy consiervo tuyo, y de tus hermanos que retienen el testimonio de Jesús. Adora a Dios; porque el testimonio de Jesús es el espíritu de la profecía. (19:7-10)

La alabanza celestial continúa con un llamado a la felicidad y el regocijo, y a dar a Dios gloria por una quinta razón, **las bodas del Cordero.** La imagen del matrimonio se emplea a menudo en las Escrituras. Un matrimonio era la más grande celebración y acontecimiento social del mundo bíblico. La preparación y celebración de las bodas en los tiempos antiguos eran aun más complejas y complicadas que las de nuestra época, y también duraban más. Constaban de tres etapas diferentes. Primero era el desposorio, o compromiso. Este era un acuerdo entre los padres de ambos, haciendo el contrato del matrimonio de sus hijos. Tenía fuerza legal y solo se podía romper con el divorcio (cp. Mt. 1:18-19). El contrato del desposorio muchas veces se firmaba mucho antes de que los hijos llegaran a la edad para casarse, a los trece o catorce. Como un matrimonio representaba la unión de dos familias, era lógico que los padres participaran. Y había años de preparación para el tiempo del matrimonio, mientras el muchacho preparaba para su prometida. La segunda etapa de una boda era la presentación, un tiempo de festividades antes de la verdadera ceremonia. Esas festividades podían durar hasta una semana o más, en dependencia de la condición económica y social de los novios. La tercera y más importante etapa de una boda era la ceremonia como tal, durante la cual se intercambiaban los votos. Al final de las festividades de presentación, el novio y sus ayudantes irían a la casa de la novia y la llevarían junto con sus damas de honor a la ceremonia. Después de la ceremonia vendría una comida final, a la que seguía la consumación del matrimonio.

Las Escrituras emplean la conocida imagen de una boda para representar la relación del Señor con su Iglesia. Segunda a los Corintios 11:2 menciona el desposorio de la Iglesia con Cristo. Pablo escribió: "Porque os celo con celo de Dios; pues os he desposado con un solo esposo, para presentaros como una virgen pura a Cristo". El contrato del desposorio de la Iglesia fue firmado en la eternidad pasada cuando el Padre prometió al Hijo un pueblo redimido y escribió sus nombres en el libro de la vida. El apóstol Pablo describió la presentación de la Iglesia en Efesios 5:25-27: "Maridos, amad a vuestras mujeres, así como Cristo amó a la iglesia, y se entregó a sí mismo por ella, para santificarla, habiéndola purificado en el lavamiento del agua por la palabra, a fin de presentársela a sí mismo, una iglesia gloriosa, que no tuviese mancha ni arruga ni cosa semejante, sino que fuese santa y sin mancha". Tal presentación tendrá lugar en el arrebatamiento. Hablando tanto del momento actual de preparación, mientras Él prepara lugar para su novia, como del momento de presentación, cuando Él venga por ella, Jesús dijo: "En la casa de mi Padre muchas moradas hay; si así no fuera, yo os lo hubiera dicho; voy, pues, a preparar lugar para vosotros. Y si me fuere y os preparare lugar, vendré otra vez, y os tomaré a mí mismo, para que donde yo estoy, vosotros también estéis" (Jn. 14:2-3). En la metáfora de una boda antigua, el arrebatamiento señala el tiempo en que el prometido, el Señor Jesucristo (cp. Mr. 2:19-20; Mt. 9:15; Lc. 5:34-35; Jn. 3:28-29), lleva a su novia a la casa de su Padre. Durante la tribulación, la iglesia arrebatada será presentada en el cielo. Pero al final de aquellos siete años de alegre comunión y maravillosa celebración, llegará el momento de la ceremonia nupcial, las bodas del Cordero. Esa unión definitiva del novio y la novia se distingue con una gran cena.

Algunos han intentado combinar las parábolas de matrimonio en Mateo 22:1-14 y Mateo 25:1-13 con Apocalipsis 19:7-10 para formar una especie de "teología del matrimonio". Pero eso viola el principio de la hermenéutica que una doctrina no se puede formular mezclando elementos de varias ilustraciones o parábolas. El matrimonio es incidental en las dos parábolas de Mateo; en realidad, ninguna siquiera menciona a la novia. El tema de la parábola de la fiesta de bodas (Mt. 22:1-14) es la apostasía de Israel y su rechazo a Dios. Los invitados que rechazaron la invitación del Rey a la gran celebración simbolizan a Israel; los participantes no invitados que se trajeron de las calles simbolizan a la iglesia gentil (cp. Mt. 8:11-12). Así que, en esa parábola la iglesia no representa a la novia, sino a los participantes de la celebración. La parábola de las diez vírgenes (Mt. 25:1-13) subraya la importancia de la preparación espiritual. Además, los creyentes en esa parábola no están representados por la novia, sino por las vírgenes (las que ayudaban a la novia). Las cinco vírgenes fatuas eran como los creyentes profesantes, no preparados para la venida de Cristo (es decir, no salvos); las cinco prudentes eran como los verdaderos creyentes, genuinamente preparados. La enseñanza de la parábola es que los creyentes profesantes deben estar listos (es decir, verdaderamente salvos) cuando vuelva Cristo a establecer su reino. No habrá una segunda oportunidad para los que no estén preparados (no salvos) porque el juicio del día del Señor es total y definitivo. Solamente los creyentes sobrevivirán para entrar en el reino.

Como el Nuevo Testamento emplea el matrimonio para ilustrar esta variedad de principios espirituales, tales ilustraciones no pueden usarse para interpretar Apocalipsis 19. Cada parábola o ilustración debe interpretarse en su propio contexto. Mezclar detalles de esas ilustraciones que no están relacionadas entre sí en un tema común, no es la forma de interpretar este texto (ni ningún texto).

A todo el coro celestial, incluso los ángeles (v. 1), los veinticuatro ancianos (v. 4), los cuatro seres vivientes (v. 4) y toda la multitud de los redimidos (v. 5), se les exhorta: **gocémonos y alegrémonos y démosle gloria** porque se ha completado la preparación y **han llegado las bodas del Cordero.** Desposada en la eternidad pasada, presentada en la casa del Padre desde el arrebatamiento, la iglesia ya está lista para el comienzo de la ceremonia nupcial. Esa ceremonia coincidirá con el establecimiento del reino milenario, y se extiende durante todo el período de mil años para al fin consumarse en el cielo nuevo y en la tierra nueva (cp. 21:1-2). La idea de una ceremonia de mil años pudiera parecer ilógica; sin embargo, es menos difícil que varios miles de años de desposorio. Y debe recordarse que "... mil años delante de... [los] ojos [de Dios] son como el día de ayer, que pasó" (Sal. 90:4), y que "para con el Señor un día es como mil años, y mil años como un día" (2 P. 3:8). En el cielo nuevo y en la tierra nueva, el concepto de la novia se extenderá para incluir no solo a la iglesia, sino también todos los redimidos de todas las épocas, al convertirse la nueva Jerusalén en la ciudad nupcial (21:1-2). Debe observarse que en el Antiguo Testamento, Dios es el novio de Israel (Is. 54:5-6; 62:5; Jer. 31:32; Ez. 16:7-14; Os. 2:16, 19).

Aprestándose para sus bodas con el Cordero, **su esposa se ha preparado.** Eso no fue, por supuesto, por sus propias obras, sino más bien por la obra de Dios en su gracia. Pablo enseñó que los creyentes, por la gracia de Dios, participan en su obra en la vida de ellos: "Por tanto, amados míos, como siempre habéis obedecido, no como en mi presencia solamente, sino mucho más ahora en mi ausencia, ocupaos en vuestra salvación con temor y temblor, porque Dios es el que en vosotros produce así el querer como el hacer, por su buena voluntad" (Fil. 2:12-13). Escribió a los colosenses: "trabajo, luchando según la potencia de él, la cual actúa poderosamente en mí" (Col. 1:29). La novia se ha alistado con el poder de Dios, por la gracia de Dios, a través de la obra del Espíritu de Dios. Purificada de todo pecado y contaminación (cp. 1 Co. 3:12-15), es una virgen perfecta, intachable e inmaculada.

Habiendo sido presentada glorificada, purificada y sin mancha delante del trono de Dios, **se le ha concedido** a la iglesia **que se vista de lino fino, limpio y resplandeciente.** El **lino fino** era una tela cara y hermosa (cp. 18:12, 16), como la que usaba José (Gn. 41:42), David (1 Cr. 15:27), y Mardoqueo (Est. 8:15); *lampros* (**resplandeciente**) significa reluciente, brillante o radiante (cp. sus usos en Hch. 10:30); *katharos* (**limpio**) se traduce "puro" en 21:18, 21. Tales deslumbrantes vestidos los usaron antes ángeles en Apocalipsis (15:6), y serán los que usarán los ejércitos del cielo (formados de ángeles y de santos redimidos) que acompañan a Cristo cuando Él vuelva a la tierra (v. 14).

El **lino fino** con el que estaba vestida la novia en la visión, representa **las acciones justas de los santos**. En la salvación, los creyentes son vestidos con la justicia de Cristo, que se les imputa (Ro. 3:21-24; 4:5; 5:19; 1 Co. 1:30; 2 Co. 5:21; Fil. 3:8-9). Pero ahora a la iglesia se le viste con su propia justicia; los creyentes glorificados son intrínsecamente justos, como los santos ángeles. Ya la iglesia no tendrá solo una justicia imputada, sino también entonces una santa perfección que se le ha impartido. Se cumple entonces la promesa de 1 Juan 3:2: "Amados, ahora somos hijos de Dios, y aún no se ha manifestado lo que hemos de ser; pero sabemos que cuando él se manifieste, seremos semejantes a él, porque le veremos tal como él es" (cp. Ro. 8:19-21).

Y el ángel que había estado hablando con Juan (cp. 17:1,15) le **dijo** al apóstol: **Escribe: Bienaventurados los que son llamados a la cena de las bodas del Cordero**. Esta es la cuarta de siete bienaventuranzas en Apocalipsis (cp. 1:3; 14:13; 16:15; 20:6; 22:7, 14), todas presentadas por la palabra **bienaventurados**, que significa "feliz", "gozoso", "satisfecho" y "complacido". Los beneficiarios de esa bienaventuranza son **los que son llamados a la cena de las bodas del Cordero**. El que sean **llamados** los distingue como un grupo diferente de la iglesia, ya que es improbable que una novia fuera invitada a su propia boda.

Esos invitados representan a los creyentes del Antiguo Testamento. Mateo 8:11 y Lucas 13:28 se refieren ambos a Abraham, Isaac y Jacob como en el reino, y Lucas 13:28 menciona también a los profetas. Todos los héroes de la fe mencionados en Hebreos 11 estarán entre los invitados. También lo estará Juan el Bautista, el más grande de todos los creyentes del Antiguo Testamento (Mt. 11:11), que se describió a sí mismo como el amigo del novio (Jn. 3:29) y por lo tanto uno de los invitados. Todos los santos de la tribulación, glorificados y aun vivos en la tierra y entrando en el reino milenario, serán invitados.

Algunos pudieran preguntarse por qué a los creyentes de la época de la iglesia se les debe conceder el honor de ser la novia, mientras que los creyentes de otras épocas, simplemente invitados. Pero uno igualmente pudiera preguntarse por qué Dios escogió a Israel para ser el pueblo del pacto. La única respuesta a ambas preguntas es el propósito soberano de Dios al hacerlo así (cp. Dt. 7:7-8). Debe recordarse que la imagen de la boda es solo eso; una imagen que no es realidad, sino que representa la íntima unión de Dios con su pueblo. No habrá "ciudadanos de segunda clase" en el reino de Dios, de igual manera que todos los participantes en la boda disfrutan de la fiesta. Y en el cielo nuevo y en la tierra nueva, como se observó antes, la imagen de la novia se extenderá para abarcar a todos los redimidos de todas las épocas (21:1-2). Israel anhelaba ese gran banquete de bodas:

> *Y Jehová de los ejércitos hará en este monte a todos los pueblos banquete de manjares suculentos,*
> *banquete de vinos refinados, de gruesos tuétanos*
> *y de vinos purificados.*
> *Y destruirá en este monte la cubierta con que están cubiertos todos los pueblos,*
> *y el velo que envuelve a todas las naciones.*
> *Destruirá a la muerte para siempre; y enjugará Jehová el Señor toda lágrima de todos los rostros;*
> *y quitará la afrenta de su pueblo de toda la tierra;*
> *porque Jehová lo ha dicho.*
> *Y se dirá en aquel día:*
> *He aquí, éste es nuestro Dios, le hemos esperado, y nos salvará;*
> *éste es Jehová a quien hemos esperado,*
> *nos gozaremos y nos alegraremos en su salvación.*
> *Porque la mano de Jehová reposará en este monte;*
> *pero Moab será hollado en su mismo sitio, como es hollada la paja en el muladar (Is. 25:6-10).*

Isaías 26:1-4 registra una de las alegres canciones que los redimidos de Israel cantarán:

> *En aquel día cantarán este cántico en tierra de Judá:*
> *Fuerte ciudad tenemos;*
> *salvación puso Dios por muros y antemuro.*
> *Abrid las puertas, y entrará la gente justa,*
> *guardadora de verdades.*
> *Tú guardarás en completa paz a aquel cuyo pensamiento en ti persevera;*
> *porque en ti ha confiado.*
> *Confiad en Jehová perpetuamente,*
> *porque en Jehová el Señor está la fortaleza de los siglos.*

El versículo 19 de ese capítulo describe la resurrección que llevará al banquete a los santos del Antiguo Testamento: "Tus muertos vivirán; sus cadáveres resucitarán. ¡Despertad y cantad, moradores del polvo! porque tu rocío es cual rocío de hortalizas, y la tierra dará sus muertos".

Daniel 12:2 promete la resurrección de los creyentes del Antiguo Testamento, cuyos cuerpos han estado por mucho tiempo descompuestos: "Y muchos de los que duermen en el polvo de la tierra serán despertados, unos para vida eterna, y otros para vergüenza y confusión perpetua". Las almas de esos creyentes ya están con el Señor. Sus cuerpos se levantarán para el reino. Daniel 12:1 relaciona la resurrección con la tribulación: "En aquel tiempo se levantará Miguel, el gran príncipe que está de parte de los hijos de tu pueblo; y será tiempo de angustia, cual nunca fue desde que hubo gente hasta entonces; pero en aquel tiempo será libertado tu pueblo, todos los que se hallen escritos en el libro". Es mejor ubicar esa resurrección al final de la tribulación. Son resucitados para ser invitados a las bodas y disfrutar de todas las festividades de la gloria del reino.

La inclusión de Israel en las festividades es un testimonio de la promesa de Dios por gracia de restaurarlo. A Israel se le representa como la esposa de Dios en el Antiguo Testamento (Is. 54:5-6), trágicamente, la infiel y apóstata esposa de Dios, como ilustra el libro de Oseas. Sin embargo, el alejamiento de Israel no será permanente. En Oseas 14:4 Dios promete: "Yo sanaré su rebelión, los amaré de pura gracia; porque mi ira se apartó de ellos". En el reino, Dios restaurará su relación con su infiel esposa. E Israel tendrá un lugar destacado en la nueva Jerusalén, como revela la descripción dada de ella en Apocalipsis 21:10-14:

> *Y me llevó en el Espíritu a un monte grande y alto, y me mostró la gran ciudad santa de Jerusalén, que descendía del cielo, de Dios, teniendo la gloria de Dios. Y su fulgor era semejante al de una piedra preciosísima, como piedra de jaspe, diáfana como el cristal. Tenía un muro grande y alto con doce puertas; y en las puertas, doce ángeles, y nombres inscritos, que son los de las doce tribus de los hijos de Israel; al oriente tres puertas; al norte tres puertas; al sur tres puertas; al occidente tres puertas. Y el muro de la ciudad tenía doce cimientos, y sobre ellos los doce nombres de los doce apóstoles del Cordero.*

Cualesquiera sean las distinciones que se hagan en las Escrituras, todos los creyentes de todas las épocas disfrutarán plenamente de las glorias de la eternidad. Henry Morris escribe:

> Cualesquiera que sean las distinciones que pudieran existir entre los santos del período anterior a Abraham, los santos en Israel antes de Cristo, los santos entre los gentiles desde Abraham a Cristo, los santos de la tribulación, y los santos en las iglesias desde Cristo al arrebatamiento... tales distinciones son secundarias ante la gran verdad fundamental de que todos estarán allí en virtud de la obra salvadora de Cristo y su confianza personal en el verdadero Creador Dios y en su provisión de salvación. (*The Revelation Record* [El registro de Apocalipsis] [Wheaton, Ill.: Tyndale, 1983], 389)

La bendita verdad de que Dios tendrá comunión personal por siempre con todos los santos redimidos de todas las épocas es tan significativa, que el ángel le aseguró solemnemente a Juan: **Estas son palabras verdaderas de Dios.** Para el hostigado y anciano apóstol, exiliado en la áspera y desértica isla de Patmos, pudiera haber parecido asombroso, casi imposible que el reino de Dios finalmente triunfara. En la época de Juan, se estaba persiguiendo a la iglesia desde afuera, y esta recibía el ataque de las herejías desde adentro, y se estaba desmoronando (vea el análisis de las siete iglesias en *Apocalipsis 1-11*, Comentario MacArthur del Nuevo Testamento [Grand Rapids: Editorial Portavoz, 2005], capítulos 4-10). La revelación de que el plan redentor de Dios no puede frustrarse, ni se frustrará, trajo gran alivio, consuelo y gozo al apóstol.

Tan grande fue el asombro de Juan ante el mensaje del ángel, que involuntaria e inconscientemente se postró **a sus pies para adorarle** (cp. 22:8), una práctica estrictamente prohibida en las Escrituras (Col. 2:18; cp. Mt. 4:10). Llamándolo a reconsiderar lo que ya sabía con una tajante reprensión, el ángel dijo: **Mira, no lo hagas; yo soy consiervo tuyo, y de tus hermanos que retienen el testimonio de Jesús. Adora a Dios.** Al igual que Juan, el ángel era un siervo de Dios, enviado a servir a Juan y a sus **hermanos que retienen el testimonio de Jesús.** Los ángeles sirven a todos los creyentes (cp. He. 1:14), particularmente a los que, como Juan, están inmersos en la predicación del evangelio (cp. 22:9). El ángel le recuerda a Juan que solo **adore a Dios.** La adoración es el tema de la historia de la redención, y el propósito para el que los creyentes fueron redimidos (Jn. 4:23). Será también su ocupación por toda la eternidad.

La última palabra del ángel para Juan es un recordatorio de que **el testimonio de Jesús es el espíritu de la profecía.** El tema central de la profecía del Antiguo Testamento y de la predicación del Nuevo Testamento es el Señor Jesucristo. Hasta la venida de su reino, todos los que proclaman el evangelio deben ser fieles al **testimonio de Jesús**, el mensaje del evangelio salvador, que era su mensaje. Los que no lo sean perderán el derecho a la confirmación celestial de su ministerio.

La gloriosa realidad de que Dios juzgará a los malos y conducirá a los creyentes a su reino debe inspirar regocijo en todos los creyentes. "Porque es justo delante de Dios", escribió Pablo, "pagar con tribulación a los que os atribulan, y a vosotros que sois atribulados, daros reposo con nosotros, cuando se manifieste el Señor Jesús desde el cielo con los ángeles de su poder, en llama de fuego, para dar retribución a los que no conocieron a Dios, ni obedecen al evangelio de nuestro Señor Jesucristo" (2 Ts. 1:6-8). Como a los creyentes se les define como aquellos "que aman su venida" (2 Ti. 4:8), deben esperar con entusiasmo su venida desde el cielo (Fil. 3:20).

La gloriosa venida de Jesucristo

Entonces vi el cielo abierto; y he aquí un caballo blanco, y el que lo montaba se llamaba Fiel y Verdadero, y con justicia juzga y pelea. Sus ojos eran como llama de fuego, y había en su cabeza muchas diademas; y tenía un nombre escrito que ninguno conocía sino él mismo. Estaba vestido de una ropa teñida en sangre; y su nombre es: EL VERBO DE DIOS. Y los ejércitos celestiales, vestidos de lino finísimo, blanco y limpio, le seguían en caballos blancos. De su boca sale una espada aguda, para herir con ella a las naciones, y él las regirá con vara de hierro; y él pisa el lagar del vino del furor y de la ira del Dios Todopoderoso. Y en su vestidura y en su muslo tiene escrito este nombre: REY DE REYES Y SEÑOR DE SEÑORES.

Y vi a un ángel que estaba en pie en el sol, y clamó a gran voz, diciendo a todas las aves que vuelan en medio del cielo: Venid, y congregaos a la gran cena de Dios, para que comáis carnes de reyes y de capitanes, y carnes de fuertes, carnes de caballos y de sus jinetes, y carnes de todos, libres y esclavos, pequeños y grandes.

Y vi a la bestia, a los reyes de la tierra y a sus ejércitos, reunidos para guerrear contra el que montaba el caballo, y contra su ejército. Y la bestia fue apresada, y con ella el falso profeta que había hecho delante de ella las señales con las cuales había engañado a los que recibieron la marca de la bestia, y habían adorado su imagen. Estos dos fueron lanzados vivos dentro de un lago de fuego que arde con azufre. Y los demás fueron muertos con la espada que salía de la boca del que montaba el caballo, y todas las aves se saciaron de las carnes de ellos. (19:11-21)

Hace un siglo la mayoría creía que la historia iba progresando inexorablemente hacia una utopía hecha por el hombre. La revolución industrial, el paso de los descubrimientos científicos y el creciente ritmo de reformas sociales parecían augurar nada más que días más luminosos en el porvenir. Sin embargo, en la actualidad, dos guerras mundiales; innumerables guerras regionales, civiles y nacionales; incontables actos de terrorismo y una violencia sin sentido; y el casi total derrumbamiento de los valores morales, hacen que tal optimismo parezca algo ingenuo.

La Biblia enseña que las cosas estarán maravillosamente mejor, pero solo después que lleguen a estar increíblemente malas. Solo hay una solución para los problemas del mundo: el regreso de su verdadero Rey, el Señor Jesucristo, para establecer monarquía absoluta y autoridad unilateral en su reino terrenal. Solo bajo su gobierno habrá paz en vez de guerra, justicia en vez de desigualdad y rectitud en vez de maldad. Pero ese acontecimiento glorioso no ocurrirá sin la feroz oposición de Satanás, sus huestes de demonios y el mundo de malvados pecadores. La tribulación, el período de siete años inmediatamente antes de la venida de Cristo, verá el mayor de todos los imperios humanos, encabezado por el malvado genio conocido como el anticristo. La tierra estará llena de demonios, los que han estado desde el principio, los expulsados del cielo con Satanás (12:9), y los liberados de su encarcelamiento durante la tribulación (9:1-10, 14-20). La tribulación será también un tiempo de incremento de la maldad humana, a pesar del derramamiento sin precedentes de la ira de Dios en los juicios de los sellos, las trompetas y las copas. Endureciendo obstinadamente su corazón contra la verdad del evangelio, las personas, a pesar de eso, no querrán arrepentirse (9:20-21; 16:9, 11). Incluso la destrucción de la magnifica ciudad capital del anticristo, Babilonia (caps. 17–18) provocará fuertes lamentos, pero no arrepentimiento.

Pero mientras el caos y la confusión reinan sobre la tierra durante la tribulación, la Iglesia arrebatada estará presente en el cielo. La Iglesia, la novia del Cordero, estará esperando anhelante la cena de las bodas del Cordero en la milenaria tierra (19:7). Pero antes de esa maravillosa celebración, el guerrero Rey debe ganar la batalla final. Las fuerzas del cielo y del infierno se enfrentarán en la matanza culminante de la historia humana, la batalla de Armagedón. Con esa final conflagración, terminarán los días del hombre, todos los adversarios de Cristo serán derrotados, y se establecerá su reino.

El pueblo de Dios, a lo largo de la historia de la redención, ha anhelado la venida del Señor Jesucristo para que derrote a sus enemigos y establezca su reino. Ese será el tiempo en que habrá llegado la destrucción de Satanás (Gn. 3:15; Ro. 16:20), cuando el verdadero Rey reciba el cetro para reinar (Gn. 49:10); cuando Dios establecerá el trono del gran Hijo de David (2 S. 7:13; Is. 9:7); cuando el Hijo dominará sobre la tierra con vara de hierro (Sal. 2:6-9); cuando los ejércitos de Gog y Magog serán destrozados (Ez. 38–39); cuando las naciones serán juzgadas (Jl. 3:1-2, 12-14) luego de su derrota en batalla ante el Rey que regresa (Zac. 14:3-4); cuando Jerusalén será el centro del reino del Mesías (Zac. 12:3-9); cuando los ángeles reunirán a los malvados para juicio (Mt. 13:41-42; 25:41); cuando los malos enfrentarán la ira y la indignación de Dios (Ro. 2:5-9), y cuando el Señor Jesucristo descenderá en forma visible (Ap. 1:7) desde el cielo en una llama de fuego, trayendo retribución sobre los que perseguían a su pueblo (2 Ts. 1:6-9; cp. Ap. 6:9-11).

La segunda venida de Jesucristo es, por consiguiente, la culminación de la historia de la redención. Creyentes de todas las épocas han anhelado ese glorioso acontecimiento (cp. Is. 64:1-2). En realidad, el apóstol Pablo definió a los cristianos como "los que aman su venida" (2 Ti. 4:8). Sin embargo, muchos creyentes están cautivados por las cosas del mundo y no aman la llegada de Cristo como debieran. De seguro los creyentes de la tribulación no tendrán tal problema. Serán perseguidos, tenidos por parias (cp. 13:17), viviendo constantemente bajo sentencia de muerte (13:15) en un mundo indeciblemente perverso y poblado de demonios. La venida de Cristo será lo que ellos esperan y por lo que oran.

Es tan importante la segunda venida de Cristo que la Biblia relaciona varias apremiantes razones por las que Jesucristo debe volver a la tierra. En primer lugar, las numerosas promesas de Dios en las Escrituras, como las mencionadas anteriormente, exigen la venida de Cristo. De igual modo, las promesas de Jesucristo mismo también exigen su venida (p.ej., 3:11; 22:7, 12, 20; Mt. 24:27, 30, 37-44; 25:31; 26:64). La garantía del Espíritu Santo, el Espíritu de verdad (Jn. 14:17; 15:26; 16:13), es otra razón para que Jesucristo regrese, ya que Él inspiró a los escritores del Nuevo Testamento a escribir sobre la venida de Cristo (cp. 1 Co. 1:7; Fil. 3:20; Col. 3:4; 1 Ts. 4:16-17; He. 9:28; Stg. 5:7-8; 1 P. 1:13; 5:4; 1 Jn. 3:2). Si Cristo no regresa, el Padre, el Hijo y el Espíritu Santo serían culpables de hacer falsas promesas, lo cual, por supuesto, es imposible, ya que Dios es incapaz de mentir (Nm. 23:19; Tit. 1:2; He. 6:18). El plan de Dios para la iglesia también necesita de la venida de Cristo. Él debe llevarla al cielo para presentarla en preparación para la cena de las bodas del Cordero (19:7-10). Jesucristo también debe venir debido al plan de Dios para las naciones, su juicio (14:14-20; Jl. 3:1-2, 12-14; Mt. 25:31-46); y para Israel, la salvación del remanente de judíos creyentes (Ez. 36:25-35; 37:1ss.; Ro. 11:25-27). La humillación de Cristo en su primera venida, cuando lo despreciaron, aborrecieron y desdeñaron (Is. 53:3; Mt. 26:67; 27:27-31), exigen su venida para mostrar su gloria (Mt. 25:31). La exaltación de Satanás es otra razón por la que Jesucristo debe volver a la tierra. Al "dios de este siglo" (2 Co. 4:4; cp. Jn. 12:31; 14:30; 16:11; 1 Jn. 5:19) no se le permitirá mantener para siempre su trono usurpado (cp. Lc. 4:5-6). El legítimo heredero del trono de la tierra debe volver, derrotar al usurpador y tomar lo que legítimamente le pertenece (cp. 20:1-3, 10). Por último, la esperanza y la expectativa del pueblo de Dios exigen que Cristo regrese (6:9-10; Tit. 2:13; 1 Jn. 3:2-3).

La Segunda Venida debe distinguirse del arrebatamiento de la iglesia anterior a la tribulación de siete años; las diferentes descripciones bíblicas de los dos acontecimientos indican que son dos sucesos distintos. En el arrebatamiento, Cristo viene por sus santos (Jn. 14:3; 1 Ts. 4:16-17); en la Segunda Venida, Él viene con ellos (vea el análisis del v. 14 más adelante). Además, en el arrebatamiento, Cristo se encuentra con sus santos en el aire (1 Ts. 4:17) para llevarlos al cielo (Jn. 14:2-3); en la Segunda Venida, Él desciende con ellos del cielo a la tierra (Zac. 14:4).

Algunos tratan de armonizar esas diferencias alegando que los creyentes se encuentran con Cristo en el aire, luego descienden a la tierra con Él. Al hacer esto, hacen en esencia del arrebatamiento y la Segunda Venida el mismo suceso. Pero este punto de vista, defendido por los postribulacionistas, quita importancia o relega el arrebatamiento y lo hace no tener sentido, como observa Thomas R. Edgar:

> ¿Cuál puede ser el propósito de un remanente vivo durante la tribulación a fin de que algunos de la iglesia sobrevivan y entonces sacarlos de su situación y hacer con ellos lo mismo que a los que no sobrevivieron? ¿Por qué guardarlos para eso? [La] explicación de que proveen una escolta para Jesucristo no tiene apoyo. Los santos vivientes que sean arrebatados serán exactamente los mismos que los santos muertos que hayan resucitado. ¿Por qué no pueden cumplir ese propósito los creyentes muertos? ¿Por qué guardar un remanente vivo [durante la tribulación], luego arrebatarlos y dejarlos morir? No hay objetivo o logro en tal arrebatamiento.
>
> Con todos los santos de todas las épocas pasadas y los ejércitos [de ángeles] en el cielo disponibles como escolta y el hecho de que los santos [arrebatados] no proveen una escolta diferente de la que fueran si hubieran muerto, ¿por qué permitir que la iglesia sufra inmensamente, que casi todos los creyentes mueran, y mantener algunos para un arrebatamiento sin aparente propósito, inmediatamente antes de que termine el período [de la tribulación]? ... ¿Es esa la promesa? Sufrirás, te matarán, pero mantendré vivos a algunos, y los sacaré antes de que lleguen los buenos tiempos. Tal razonamiento, por supuesto, exige alguna explicación de la aparente falta de propósito para un arrebatamiento postribulacionista de cualquier tipo.

Podemos observar lo siguiente:

(1) Un suceso especial, portentoso, excepcional como el arrebatamiento, debe tener un propósito específico. Dios tiene propósitos para sus acciones. Este propósito debe lograrse solo por medio de un suceso especial como un arrebatamiento de santos vivos.

(2) Este propósito debe estar de acuerdo con los principios generales de acción de Dios.

(3) Hay poca o ninguna aparente razón para arrebatar a los creyentes
      cuando el Señor vuelva y justo antes del establecimiento del tan an-
      helado reino con todas sus alegres esperanzas.

(4) Hay buena razón para librar a todos lo que ya son creyentes de la
      tribulación, donde serían blancos señalados de la persecución.

(5) Librar de un período de juicio universal y destrucción física como la
      tribulación, requiere una remoción de la tierra por muerte o arreba-
      tamiento. La muerte no es adecuada como promesa en Apocalipsis 3:10.

(6) La liberación de la tribulación antes de que esta comience está de
      acuerdo con la forma en que anteriormente Dios actuó con Noé y
      Lot y se declara directamente como un principio de la acción de
      Dios hacia los creyentes en 2 Pedro 2:9. ("Robert H. Gundry y
      Apocalipsis 3:10", *Grace Theological Journal* 3 [Spring 1982]: 43–44)

Richard L. Mayhue da otra razón por la que un arrebatamiento postribulacionista (el que ocurre en la Segunda Venida) no tiene sentido: "Si el
arrebatamiento tuvo lugar respecto a la venida postribulacionista [segunda] de
nuestro Señor, la subsiguiente separación de las ovejas de los cabritos (ver Mt.
25:31 y siguientes) sería redundante. La separación habría tenido lugar en el
acto mismo del arrebatamiento" (*Snatched Before the Storm!* A Case for
Pretribulationism ¡Arrebatado antes de la tormenta! Una defensa para el
pretribulacionismo] [Winona Lake, Ind.: BMH, 1980], 9).

No hay siquiera un asomo de juicio en pasajes que describen el arrebatamiento
(Jn. 14:1-3; 1 Ts. 4:13-18), pero el juicio tiene una función eminente en la Segunda
Venida (cp. 19:11, 15, 17-21).

Las señales espectaculares que acompañan a la Segunda Venida, el oscurecimiento del sol y de la luna y el quebrantamiento de las "potencias de los cielos"
(Mt. 24:29-30), no se mencionan en los pasajes que describen el arrebatamiento.

En su descripción de la Segunda Venida, Apocalipsis 19 no menciona ni una
transformación (arrebatamiento) de creyentes vivos (1 Co. 15:51-52), ni una
resurrección de creyentes muertos (cp. 1 Ts. 4:16).

Este monumental y culminante pasaje puede dividirse en cuatro secciones:
el retorno del vencedor, los regimientos del vencedor, el dominio del vencedor
y la victoria del vencedor.

EL RETORNO DEL VENCEDOR

**Entonces vi el cielo abierto; y he aquí un caballo blanco, y el que lo montaba
se llamaba Fiel y Verdadero, y con justicia juzga y pelea. Sus ojos eran como
llama de fuego, y había en su cabeza muchas diademas; y tenía un nombre**

217

escrito que ninguno conocía sino él mismo. Estaba vestido de una ropa teñida en sangre; y su nombre es: **EL VERBO DE DIOS.** (19:11-13).

Como ocurrió en 4:1, estaba el cielo abierto ante los admirados ojos de Juan.
Pero a diferencia de 4:1, esta vez el cielo se abre no para que Juan entre, sino
para que Jesucristo salga. Se ha cumplido el tiempo al fin para la revelación
plena y gloriosa del soberano Señor. Este es el momento al cual todo Apocalipsis
(así como toda la historia de la redención) ha estado señalando, el tiempo del
cual Jesucristo mismo habló en Mateo 24:27-31:

> *Porque como el relámpago que sale del oriente y se muestra hasta el occidente,*
> *así será también la venida del Hijo del Hombre. Porque dondequiera que*
> *estuviere el cuerpo muerto, allí se juntarán las águilas. E inmediatamente*
> *después de la tribulación de aquellos días, el sol se oscurecerá, y la luna no*
> *dará su resplandor, y las estrellas caerán del cielo, y las potencias de los cielos*
> *serán conmovidas. Entonces aparecerá la señal del Hijo del Hombre en el cielo;*
> *y entonces lamentarán todas las tribus de la tierra, y verán al Hijo del Hombre*
> *viniendo sobre las nubes del cielo, con poder y gran gloria. Y enviará sus*
> *ángeles con gran voz de trompeta, y juntarán a sus escogidos, de los cuatro*
> *vientos, desde un extremo del cielo hasta el otro.*

Al revelarse la dramática escena, Juan se queda pasmado, su atención es
cautivada por el majestuoso, regio y poderoso jinete. Jesús, aquel que ascendió
al cielo (Hch. 1:9-11) donde ha estado sentado a la diestra del Padre (Hch. 5:31;
7:55-56; Ro. 8:34; Ef. 1:20; Col. 3:1; He. 1:3, 13; 8:1; 10:12; 12:2; 1 P. 3:22), está
a punto de recibir el reino que el Padre le prometió. En una visión anterior,
Juan vio a Jesús recibir el título de propiedad de la tierra:

> *Y vi en la mano derecha del que estaba sentado en el trono un libro escrito por*
> *dentro y por fuera, sellado con siete sellos. Y vi a un ángel fuerte que pregonaba*
> *a gran voz: ¿Quién es digno de abrir el libro y desatar sus sellos? Y ninguno, ni*
> *en el cielo ni en la tierra ni debajo de la tierra, podía abrir el libro, ni aun*
> *mirarlo. Y lloraba yo mucho, porque no se había hallado a ninguno digno de*
> *abrir el libro, ni de leerlo, ni de mirarlo. Y uno de los ancianos me dijo: No*
> *llores. He aquí que el León de la tribu de Judá, la raíz de David, ha vencido*
> *para abrir el libro y desatar sus siete sellos.*
>
> *Y miré, y vi que en medio del trono y de los cuatro seres vivientes, y en*
> *medio de los ancianos, estaba en pie un Cordero como inmolado, que tenía*
> *siete cuernos, y siete ojos, los cuales son los siete espíritus de Dios enviados por*
> *toda la tierra. Y vino, y tomó el libro de la mano derecha del que estaba sentado*
> *en el trono (5:1-7).*

El Cordero de aquella visión se ha convertido en el victorioso Rey. Ya nunca más se describirá a Jesús en su humillación, "humilde, y cabalgando sobre un asno, sobre un pollino hijo de asna" (Zac. 9:9). En vez de esto, Él monta el tradicional **caballo blanco** que montaban los victoriosos generales romanos en sus procesiones triunfales por las calles de Roma. **Blanco** también simboliza el absoluto carácter santo, inmaculado, sin tacha del jinete. El **caballo**, como las diademas (v. 12), la espada aguda (v. 15), la vara de hierro (v. 15), y el lagar (v. 15) es simbólico; la venida de Cristo es real. El lenguaje simbólico representa los diversos aspectos de esa realidad: la victoria de Cristo sobre sus enemigos, su gobierno soberano, y su juicio de los pecadores.

Continuando su descripción de la asombrosa escena que estaba delante de él, Juan observa que **el que montaba** el caballo blanco **se llamaba Fiel y Verdadero**. No hay un nombre más apropiado para el Señor Jesucristo, a quien antes en el Apocalipsis se le llama "el testigo fiel y verdadero" (3:14). Él es **fiel** a sus promesas (cp. 2 Co. 1:20) y lo que dice es siempre verdad (Jn. 8:45-46; Tit. 1:2). Aunque a algunos les gustaría poder seleccionar cuáles enseñanzas de Jesús quieren aceptar, Él es igualmente fiel a sus promesas de ira y juicio como lo es a sus promesas de gracia y salvación. La descripción de Jesucristo como **Fiel y Verdadero** está en marcado contraste con la infidelidad y las mentiras de Satanás (12:9), el malvado imperio del anticristo (18:23), y los hombres malos (2 Ti. 3:13). El hecho mismo de que viene otra vez como prometió, confirma que Jesucristo es **Fiel y Verdadero**.

Como Jesucristo es fiel a su palabra y a su recto carácter, el resultado es que **con justicia juzga**. Su santa naturaleza exige una reacción santa y justa hacia el pecado. Y como Él siempre hace lo que dice, Él debe juzgar a los malos (Mt. 16:27; 25:31-46; Jn. 5:22, 27; cp. Hch. 10:42; 17:31; Ro. 2:16; 2 Ts. 1:7-9; 2 Ti. 4:1). Jesucristo vino la primera vez como Salvador; Él volverá como Juez. Cuando vino la primera vez, lo juzgaron hombres malos, como a Pilatos, Herodes, Anás y Caifás; cuando Él vuelva, juzgará a los malos (Hch. 17:31). Y no solo será su juez, sino también quien ejecute su condena (vv. 15, 21). Los ángeles reunirán a los malos para el juicio (Mt. 13:41), pero será el Señor Jesucristo quien los condene.

Ya no aparece más en esta visión el siervo sufriente, el encarnado el Señor Jesucristo, como el Rey guerrero que **pelea** contra sus enemigos. Él es ahora el que ejecuta la condena de todos los incrédulos impíos y pecadores. La única otra referencia en las Escrituras a Jesucristo peleando, está en 2:16, cuando Él advirtió a la mundanal iglesia de Pérgamo: "arrepiéntete; pues si no, vendré a ti pronto, y pelearé contra ellos con la espada de mi boca". Sin embargo, esto no está en contradicción con el carácter de Dios. Luego de su liberación de las fuerzas egipcias en el Mar Rojo, Israel cantó: "Jehová es varón de guerra" (Éx. 15:3; cp. Sal. 24:8; 45:3-5). John Phillips escribe:

¡Jehová es varón de guerra! Este es un asombroso título para el Hijo de Dios. Dice Alexander White, al comentar sobre *Holy War* [La guerra santa] de Bunyan,

Las Sagradas Escrituras están plenas de guerras y rumores de guerras; las batallas de Jehová; las batallas de Josué y los jueces; las batallas de David, con grandiosas canciones de guerra de él y de otros; tanto que el nombre más conocido del Dios de Israel en el Antiguo Testamento es Jehová de los ejércitos; y luego en el Nuevo Testamento se nos describe a Jesucristo como el autor de nuestra salvación... Y luego toda la Biblia se culmina con un libro lleno de gritos de batallas... hasta que termina con esa ciudad de paz donde ellos cuelgan la trompeta y nunca más verán guerra.

¡Jehová es varón de guerra! En rectitud Él juzga y hace la guerra. El juicio ha estado cumpliéndose a través de la ruptura de los sellos, el sonido de las trompetas y el derramamiento de las copas. Ahora Él hace la guerra. Él, quien por muchos siglos ha soportado pacientemente las burlas, los insultos y la mala actitud de los hombres; quien por generaciones ha contemplado el Calvario y todo lo que él mostraba de odio y desprecio de la humanidad; y quien, a través del milenio ha hecho la paz mediante la sangre de esa cruz, ahora hace la guerra por esa sangre. (*Exploring Revelation*, [Explorando el Apocalipsis] edición revisada [Chicago: Moody, 1987; reimpreso, Neptune, N.J.: Loizeaux, 1991], 232)

Los adversarios de Jesucristo esta vez serán pecadores endurecidos que han desafiado sus juicios y se han burlado del mensaje del evangelio durante la tribulación. A pesar de todos los devastadores juicios que han experimentado y la poderosa predicación del evangelio que han escuchado, tercamente rechazarán el arrepentirse (9:20-21; 16:9, 11). Como ni el juicio ni la predicación los mueven a arrepentimiento, Jesucristo volverá para destruirlos y enviarlos al infierno.

A diferencia de otros conquistadores que el mundo ha visto, la codicia, la ambición, el orgullo, o el poder, no serán las motivaciones de este conquistador. Él vendrá en total rectitud, en perfecta santidad y en estricta armonía con todo santo propósito. El cielo no puede estar en paz con el pecado, porque Dios "muy limpio [es] de ojos para ver el mal, ni [puede] ver el agravio" (Hab. 1:13). Hay un límite para la paciencia de Dios. La justicia no siempre puede tolerar la injusticia; la verdad no siempre puede tolerar las mentiras; no se puede permitir que la rebelión continúe por siempre. Los incorregibles, incurables y endurecidos pecadores enfrentarán destrucción; el abuso de la misericordia y el rechazo de la gracia traerán ciertamente juicio.

Al describir la apariencia personal del majestuoso e imponente Jinete, Juan escribe que **sus ojos eran como llama de fuego** (vea el análisis de 1:14 en *Apocalipsis 1–11*, Comentario MacArthur del Nuevo Testamento [Grand Rapids: Editorial Portavoz, 2005]). Nada escapa a su mirada penetrante. Puede ver dentro de los más profundos escondites del corazón humano, porque "todas las cosas están desnudas y abiertas a los ojos de aquel a quien tenemos que dar cuenta" (He. 4:13). Esos ojos que reflejaron ternura y gozo al reunir a sus hijos para Sí. Habían reflejado compasión cuando observaba a personas angustiadas y deprimidas, vagando sin rumbo por la vida como ovejas sin un pastor. Y habían reflejado perdón cuando restauró a Pedro, quien había sido destrozado por su culpa ante aquella traumática negación de su Maestro. Los ojos que lloraron por la suerte de la no arrepentida Jerusalén y por el dolor, el sufrimiento y la muerte en este mundo maldecido por el pecado, ahora Juan los ve brillando con el fuego del juicio.

En su cabeza Juan observó que Cristo tenía **muchas diademas**, una transliteración de la palabra griega *diadēma*, que se refiere a la corona de un rey (cp. 12:3; 13:1). En este caso, significan el rango de Jesucristo y su autoridad real. **Muchas** indica que Él tomará las coronas de todos los reyes, dando a entender que Él solo es el soberano de la tierra. Tomar las coronas de los reyes derrotados era costumbre en el mundo antiguo. Después de derrotar a los amonitas, David "quitó la corona de la cabeza de su rey... y fue puesta sobre la cabeza de David" (2 S. 12:30). Solo Cristo será soberano, ya que solo Él es "Rey de reyes y Señor de señores" (v. 16), y "los reinos del mundo han venido a ser de nuestro Señor y de su Cristo; y él reinará por los siglos de los siglos" (11:15). Las muchas coronas que usará Cristo son el justo cambio por una corona de espinas (cp. Fil. 2:8-11).

Además de eso, Juan observa que Jesucristo tenía **un nombre escrito que ninguno conocía sino él mismo**. Toda especulación con relación al significado de ese **nombre** carece de sentido, ya que el texto explícitamente declara que **ninguno conocía,** salvo Jesucristo **mismo**. Incluso el inspirado apóstol Juan no podía comprenderlo. Quizá sea dado a conocer después de su venida.

Al describir el elemento final de la llegada de Cristo, Juan escribe que **estaba vestido de una ropa teñida en sangre**. La **sangre** no representa la que Él derramó en la cruz; esta es una figura de juicio, no de redención. La **sangre** es la sangre de sus enemigos muertos. La imagen de este pasaje es similar a la de Isaías 63:1-6:

¿Quién es éste que viene de Edom,
de Bosra, con vestidos rojos?
¿éste hermoso en su vestido,
que marcha en la grandeza de su poder?
Yo, el que hablo en justicia, grande para salvar.

¿Por qué es rojo tu vestido,
y tus ropas como del que ha pisado en lagar?
He pisado yo solo el lagar,
y de los pueblos nadie había conmigo;
los pisé con mi ira,
y los hollé con mi furor;
y su sangre salpicó mis vestidos,
y manché todas mis ropas.
Porque el día de la venganza está en mi corazón,
y el año de mis redimidos ha llegado.
Miré, y no había quien ayudara,
y me maravillé que no hubiera quien sustentase;
y me salvó mi brazo,
y me sostuvo mi ira.
Y con mi ira hollé los pueblos,
y los embriagué en mi furor,
y derramé en tierra su sangre.

La pregunta que surge es por qué sus vestidos estaban salpicados de sangre antes de que comenzara la batalla. Pero esta no es su primera batalla; es su batalla final. Él ha peleado por su pueblo a lo largo de la historia de la redención, y sus ropas de guerra llevan las manchas de muchas matanzas anteriores. En ese día, estarán manchadas como nunca antes, cuando Él "él pisa el lagar del vino del furor y de la ira del Dios Todopoderoso" (v. 15).

Que el **nombre** del jinete sea **El Verbo de Dios** lo identifica inconfundiblemente como el Señor Jesucristo (Jn. 1:1, 14; 1 Jn. 1:1). A la segunda persona de la Trinidad, al encarnado Hijo de Dios, se le llama **El Verbo de Dios** porque Él es la revelación de Dios. Él es la plena expresión de la mente, la voluntad y el propósito de Dios, "el resplandor de su gloria, y la imagen misma de su sustancia" (He. 1:3).

LOS REGIMIENTOS DEL VENCEDOR

Y los ejércitos celestiales, vestidos de lino finísimo, blanco y limpio, le seguían en caballos blancos. (19:14)

El Señor Jesucristo no volverá solo, sino que estará acompañado de **los ejércitos celestiales** (cp. 17:14). Cuatro divisiones conforman estas glorificadas tropas. Al comienzo del capítulo 19, a la esposa del Cordero (la Iglesia) se le describe usando **lino finísimo, blanco y limpio** (vv. 7-8). Estos creyentes glorificados acompañarán a Cristo. También lo harán los creyentes de la tribulación, a quienes también se les representa en el cielo usando ropas blancas (7:9). El tercer grupo es el de los santos del Antiguo Testamento, quienes resucitan al final de la tribulación (Dn. 12:1-2). Por último, los santos ángeles también acompañarán a Cristo (Mt. 25:31). Los **caballos blancos** que monta la caballería celestial no son caballos literales, como no los son los de la caballería del infierno en 9:7 y 16. A diferencia del Señor Jesucristo, el ejército celestial está desarmado; Él solo destruirá a sus enemigos. Los santos vendrán, no para luchar con Jesucristo, sino para reinar con Él (20: 4-6; 1 Co. 6:2).

EL DOMINIO DEL VENCEDOR

De su boca sale una espada aguda, para herir con ella a las naciones, y él las regirá con vara de hierro; y él pisa el lagar del vino del furor y de la ira del Dios Todopoderoso. Y en su vestidura y en su muslo tiene escrito este nombre: REY DE REYES Y SEÑOR DE SEÑORES. (19:15-16)

El dominio del Rey se describe en una imagen gráfica poderosa. Juan describe primeramente que de **su boca sale una espada aguda.** El apóstol había visto esa espada en una visión anterior (1:16), donde se usaba para defender la iglesia contra la acometida de las fuerzas satánicas. Aquí es la espada de juicio, la llameante espada que lleva la muerte a los adversarios del Rey. El que la espada sale de su boca simboliza el poder mortal de las palabras de Cristo. Una vez Él habló palabras de consuelo, pero ahora habla palabras de muerte. Como se observó antes, los ejércitos que acompañan a Cristo cuando Él regresa, no usan armas. Solo Él blande la espada con la cual quitará la vida a los malos.

Y Cristo esgrimirá esa **espada** con efectos mortales para **herir con ella a las naciones.** Sus escogidos, tanto de los gentiles como de Israel, serán guardados; a los malos Él los matará instantáneamente. La muerte incluirá a todos los reunidos para la batalla en Armagedón; ninguno escapará. El resto de las personas no redimidas del mundo será juzgado y ejecutado en el juicio de las ovejas y los cabritos (Mt. 25:31-46), que sigue a la venida de Cristo. Este es el último golpe de muerte en el día del Señor (cp. Is. 66:15-16; Ez. 39:1-4, 17-20; Jl. 3:12-21; Mt. 25:31-46; 2 Ts. 1:6-9; 2:8).

El severo y rápido juicio que marca el comienzo del reino de Cristo será la norma de su dominio durante el milenio. Durante su reino de mil años, **Él regirá** a las naciones **con vara de hierro** (cp. 12:5; Sal. 2:8-9); juzgará rápidamente todo pecado e instantáneamente doblegará cualquier rebelión. Todas las personas tendrán que conformarse a su ley o enfrentar juicio inmediato. Empleando la misma imagen de regir **con vara de hierro,** Jesús prometió que los creyentes reinarían con Él en el reino: "Al que venciere y guardare mis obras hasta el fin, yo le daré autoridad sobre las naciones, y las regirá con vara de hierro, y serán quebradas como vaso de alfarero; como yo también la he recibido de mi Padre" (2:26-27).

Regresando al juicio al principio del gobierno de Cristo, Juan escribe que **él pisa el lagar del vino del furor y de la ira del Dios Todopoderoso.** Este vívido símbolo de la ira de Dios viene de una antigua práctica de pisar las uvas como parte del proceso de elaboración del vino. La salpicadura del jugo de la uva representa el derramamiento de la sangre de los enemigos de Cristo (cp. 14:18-20). La imagen de un **lagar** también representa juicio en el Antiguo Testamento. Isaías 63:1-3 describe la destrucción que hará el Mesías del implacable enemigo de Israel, Edom, que representa al mundo que aborrece a Dios: grandeza

> *¿Quién es éste que viene de Edom,*
> *de Bosra, con vestidos rojos?*
> *¿éste hermoso en su vestido,*
> *que marcha en la de su poder?*
> *Yo, el que hablo en justicia, grande para salvar.*
> *¿Por qué es rojo tu vestido,*
> *y tus ropas como del que ha pisado en lagar?*
> *He pisado yo solo el lagar,*
> *y de los pueblos nadie había conmigo;*
> *los pisé con mi ira,*
> *y los hollé con mi furor;*
> *y su sangre salpicó mis vestidos,*
> *y manché todas mis ropas.*

Joel 3:12-14 también usa la imagen del lagar para describir el juicio del Mesías sobre sus enemigos:

> *Despiértense las naciones,*
> *y suban al valle de Josafat;*
> *porque allí me sentaré para juzgar*
> *a todas las naciones de alrededor.*
> *Echad la hoz, porque la mies está ya madura.*
> *Venid, descended, porque el lagar está lleno,*
> *rebosan las cubas; porque mucha es la maldad de ellos.*
> *Muchos pueblos en el valle de la decisión;*
> *porque cercano está el día de Jehová en el valle de la decisión.*

En una última mirada al regreso del Rey, Juan vio en su visión que Cristo usaba una insignia alrededor de **su vestidura y [de] su muslo** (a lo largo de su pecho y colgando sobre su muslo mientras cabalga), en la cual **tiene escrito**

este nombre: **REY DE REYES Y SEÑOR DE SEÑORES** (cp. 17:14; Dt. 10:17; 1
Ti. 6:15). Este es el tercer nombre que se le da al Señor Jesucristo en este pasaje.
El incomprensible nombre del versículo 12 pudiera expresar el misterio de su
esencial deidad. El versículo 13 lo llama El VERBO DE DIOS, expresando su
encarnación como el Hijo de Dios. El nombre **REY DE REYES Y SEÑOR DE
SEÑORES** expresa su triunfo soberano sobre todos los enemigos y su dominio
absoluto en su reino que pronto se establecerá.

LA VICTORIA DEL VENCEDOR

**Y vi a un ángel que estaba en pie en el sol, y clamó a gran voz, diciendo a
todas las aves que vuelan en medio del cielo: Venid, y congregaos a la gran
cena de Dios, para que comáis carnes de reyes y de capitanes, y carnes de
fuertes, carnes de caballos y de sus jinetes, y carnes de todos, libres y esclavos,
pequeños y grandes.**

**Y vi a la bestia, a los reyes de la tierra y a sus ejércitos, reunidos para gue-
rrear contra el que montaba el caballo, y contra su ejército. Y la bestia fue
apresada, y con ella el falso profeta que había hecho delante de ella las señales
con las cuales había engañado a los que recibieron la marca de la bestia, y
habían adorado su imagen. Estos dos fueron lanzados vivos dentro de un lago
de fuego que arde con azufre. Y los demás fueron muertos con la espada que
salía de la boca del que montaba el caballo, y todas las aves se saciaron de las
carnes de ellos.** (19:17-21)

Otra vez **un ángel** desempeña una función principal en uno de los escenarios
de los postreros tiempos descritos en el Apocalipsis. Juan vio a este ángel **que
estaba en pie en el sol;** es decir, en las proximidades del sol, posiblemente
frente a él, eclipsándolo parcialmente. Se paró en un lugar destacado, claramente visible, para hacer su importante anuncio. Es evidente que las tinieblas
generalizadas asociadas con la quinta copa (16:10) se habían disipado, ya que el
sol es otra vez visible. La remoción de esa previa oscuridad explicaría también
por qué el humo de Babilonia pudo verse a la distancia (18:9-19). Sin embargo,
las tinieblas cubrirán nuevamente la tierra muy pronto, acentuando la radiante
y brillante gloria del regreso de Cristo (Mt. 24:29).

Como a menudo han hecho los ángeles en Apocalipsis (7:2; 10:1-3; 14:15; 18:1-
2), el ángel **clamó a gran voz.** Se dirige **a todas las aves que vuelan en medio del
cielo** (cp. 8:13; 14:6), invitándolas a alimentarse con los resultados de la carnicería
que pronto acontecerá. De este modo el ángel declara la victoria de Cristo antes de
que se libre la batalla. Su invitación a las **aves** recuerda las palabras de Jesús en
Mateo 24:27-28: "Porque como el relámpago que sale del oriente y se muestra hasta
el occidente, así será también la venida del Hijo del Hombre. Porque dondequiera

que estuviere el cuerpo muerto, allí se juntarán las águilas" (cp. Lc. 17:37). El ángel les ordena a las **aves** que **vengan** y se **congreguen a la gran cena de Dios**. Esa no será la primera vez que las aves hagan festín con carroña humana en las Escrituras. Isaías 18:6, describiendo los resultados del juicio contra Cus (la moderna Etiopía), dice: "Y serán dejados todos para las aves de los montes y para las bestias de la tierra; sobre ellos tendrán el verano las aves, e invernarán todas las bestias de la tierra". Jeremías relata que, después que Babilonia destruyó a Jerusalén, "Y serán los cuerpos muertos de este pueblo para comida de las aves del cielo y de las bestias de la tierra; y no habrá quien las espante" (Jer. 7:33). En un impresionante paralelo con el pasaje que se analiza Ezequiel escribió:

Y tú, hijo de hombre, así ha dicho Jehová el Señor: Di a las aves de toda especie, y a toda fiera del campo: Juntaos, y venid; reuníos de todas partes a mi víctima que sacrifico para vosotros, un sacrificio grande sobre los montes de Israel; y comeréis carne y beberéis sangre. Comeréis carne de fuertes, y beberéis sangre de príncipes de la tierra; de carneros, de corderos, de machos cabríos, de bueyes y de toros, engordados todos en Basán. Comeréis grosura hasta saciaros, y beberéis hasta embriagaros de sangre de las víctimas que para vosotros sacrifiqué. Y os saciaréis sobre mi mesa, de caballos y de jinetes fuertes y de todos los hombres de guerra, dice Jehová el Señor (Ez. 39:17-20).

La breve pero catastrófica destrucción en el Día del Señor traerá como resultado una matanza sin precedentes, con incontables millones de cuerpos muertos esparcidos por más de trescientos kilómetros (14:20). Aun después que las **aves** se hayan saciado, llevará aun siete meses para enterrar los cadáveres restantes (Ez. 39:12).

Es un hecho importante a considerar el que cada año millones de aves de muchas especies emigran hacia el sur desde Europa hasta África. Vuelan sobre la tierra de Israel en su viaje. La cantidad de esas aves y sus patrones migratorios han sido motivo de especial estudio por parte del gobierno israelí por la amenaza que presentan para la aviación. Esto puede ciertamente responder la pregunta de cuán vasto puede ser el número de aves que vengan. La ubicación geográfica de Israel, situada entre el mar Mediterráneo al occidente y la vasta extensión de estéril desierto al este, forma el corredor natural para esas aves migratorias.

En la gran cena, las aves comerán **carnes de reyes y de capitanes, y carnes de fuertes, carnes de caballos y de sus jinetes, y carnes de todos, libres y esclavos, pequeños y grandes**. Esta afirmación tan abarcadora revela la magnitud mundial de la matanza. Dejar un cadáver sin enterrar como comida para las aves es una indignidad extrema, en especial para **reyes** orgullosos y **capitanes** poderosos. La misma ignominiosa suerte espera a todos los rebeldes orgullosos y que aborrecen a Dios en todos los lugares del mundo, **libres y esclavos,**

pequeños y grandes (cp. 11:18; 13:16). El comentarista Joseph Seiss escribe acerca de esa asombrosa escena:

> Esto nos habla ya de una temible historia. Nos habla de los más grandes entre los hombres convertidos en comida para los buitres; de reyes y líderes, fuertes y confiados, devorados en el campo, sin nadie que los entierre; de los que pensaron conquistar al ungido Rey del cielo y quedaron indefensos incluso contra las tímidas aves; de jactanciosos dioses de la naturaleza convertidos en sus más mancillados desechos. Así lo que se dio a entender con anterioridad pronto se hace realidad. El Gran Conquistador inclina los cielos y desciende. Él cabalga sobre un querubín y vuela sobre las alas del viento. Humo sube de su nariz, y fuego devorador sale de su boca. Se mueve en medio de tormentas y oscuridad, desde donde los relámpagos lanzan sus rayos, y granizos se entremezclan con fuego. Él ruge desde Sion, y hace oír su voz desde Jerusalén, hasta que los cielos y la tierra se estremecen. Él marcha en la furia de su encolerizada grandeza entre nubes, y fuego, y columnas de humo. El sol muestra su desagrado. El día no es ni claro ni oscuro. Las montañas se derriten y se parten en pedazos ante su presencia. Los montes saltan y brincan como corderos. Las aguas son desplazadas de sus canales. El mar se enrolla con aullante trepidación. El cielo es rasgado y se dobla sobre sí mismo como una casa de campaña que se ha caído. Es el día para ejecutar a un mundo armado, un mundo en pacto con el infierno para derrocar la autoridad y el trono de Dios, y todo en la aterrorizada Naturaleza se une para señalar la merecida venganza. (*The Apocalypse* [El Apocalipsis] [reimpreso; Grand Rapids: Kregel, 1987], 441)

Sofonías también profetizó sobre esta aterradora escena:

> *Cercano está el día grande de Jehová,*
> *cercano y muy próximo;*
> *es amarga la voz del día de Jehová;*
> *gritará allí el valiente.*
> *Día de ira aquel día,*
> *día de angustia y de aprieto,*
> *día de alboroto y de asolamiento,*
> *día de tiniebla y de oscuridad,*
> *día de nublado y de entenebrecimiento,*
> *día de trompeta y de algazara*
> *sobre las ciudades fortificadas,*
> *y sobre las altas torres.*
> *Y atribularé a los hombres,*

y andarán como ciegos,
porque pecaron contra Jehová;
y la sangre de ellos será derramada como polvo,
y su carne como estiércol.
Ni su plata ni su oro podrá librarlos
en el día de la ira de Jehová,
pues toda la tierra será consumida
con el fuego de su celo;
porque ciertamente destrucción apresurada
hará de todos los habitantes de la tierra (Sof. 1:14-18).

Al mostrarse la próxima fase en su increíble visión, Juan vio **a la bestia, a los reyes de la tierra y a sus ejércitos, reunidos para guerrear contra el que montaba el caballo, y contra su ejército.** La **bestia** es el anticristo (11:7; 13:1-8), líder del último y más grande imperio en la historia humana. Los **reyes de la tierra** son los diez reyes que gobiernan los diez sectores en los que se divide el imperio mundial del anticristo (17:12-14). **Su ejército se ha reunido para guerrear contra el que montaba el caballo** (v. 11), **y contra su ejército** (v. 14; Zac. 14:5). El extraordinario y al parecer invencible poderío armado de la bestia, con su potencia de fuego, aguarda la llegada del Jinete.

Pero antes que haya batalla alguna, todo ha terminado. En un instante, **la bestia fue apresada, y con ella el falso profeta que había hecho delante de ella las señales con las cuales había engañado a los que recibieron la marca de la bestia, y habían adorado su imagen** (13:11-17). Estos dos guías políticos y religiosos del mundo, que reciben poder de los demonios, cosechan un horrible golpe; **estos dos fueron lanzados vivos dentro de un lago de fuego.** Esta es la primera mención en las Escrituras del **lago de fuego,** el infierno final, el destino definitivo de Satanás, y sus ángeles, y los no redimidos (Mt. 25:41). Isaías lo describió como un lugar donde "su gusano nunca morirá, ni su fuego se apagará" (Is. 66:24), una descripción de la que se hizo eco el Señor Jesucristo en Marcos 9:48. En Mateo 13:42 Jesús añadió que será un lugar donde "será el lloro y el crujir de dientes". Apocalipsis 14:11 dice de los que sufren allí, "el humo de su tormento sube por los siglos de los siglos. Y no tienen reposo de día ni de noche". Por lo visto, estos dos no mueren, sino que son transformados milagrosamente de forma eterna para arder en el infierno. Ellos son los primeros de millones de hombres (20:15) y ángeles (Mt. 25:41) en llegar al **lago de fuego.**

Siempre ha habido infierno, pero esta es su forma final. A diferencia del Hades, el **lago de fuego** no es un lugar temporal donde estar (cp. Lc. 16:23) sino un lugar permanente de encarcelamiento y castigo. Se asocia a menudo el **azufre** con el fuego de juicio (cp. 9:17; 14:10; 20:10; Lc. 17:29). El que la **bestia** y el **falso profeta** estén todavía en el **lago de fuego** mil años después, cuando a

Satanás se le echa allí (20:10) es una convincente refutación de la falsa doctrina de la aniquilación. Como las dos personas más malvadas, viles y blasfemas que hayan vivido jamás, es justo que sean ellos dos los primeros en llegar a ese horrible lugar. El Nuevo Testamento es claro con relación a lo eterno del castigo (cp. 14:10-11; Mt. 13:40-42; 25:41; Mr. 9:43-48; Lc. 3:17; 12:47-48).

Y los demás fueron muertos con la espada que salía de la boca del que montaba el caballo, y todas las aves se saciaron de las carnes de ellos. Privadas de sus comandantes, las fuerzas sin liderazgo del anticristo serán destruidas, mientras **los demás** de los reunidos para luchar contra Cristo **fueron muertos con la espada que salía de la boca del que montaba el caballo.** Como se observó antes en el análisis del versículo 15, el resto de los no redimidos en todo el mundo será juzgado en el juicio de las ovejas y los cabritos, que tiene lugar en ese tiempo. Luego, tal y como el ángel lo predijo, **todas las aves se saciaron de las carnes de ellos.** Describiendo la carnicería casi inconcebible, John Phillips escribe:

Entonces de repente todo habrá terminado. En realidad, no habrá guerra alguna, en el sentido en que pensamos en una guerra. Solo habrá una palabra que dirá el que está sentado a horcajadas en el gran caballo blanco. Una vez le habló a una higuera, y esta se secó. Una vez habló a los violentos vientos y encrespadas olas, y las nubes de la tormenta se desvanecieron y las olas quedaron tranquilas. Una vez habló a una legión de demonios que colmaban el alma de un pobre hombre, y estos huyeron instantáneamente. Ahora Él habla una palabra, y la guerra termina. La blasfema bestia que habla grandes cosas es herida en el lugar donde está. El falso profeta, el charlatán obrador de milagros. A ambos se les ata y se les lanza de cabeza en las llamas eternas. Otra palabra, y los ejércitos llenos de pánico se tambalean y caen muertos. Los mariscales de campo, los generales, los almirantes y los comandantes de fuerzas aéreas, soldados y marineros, soldados rasos, sin excepción, todos caen. Y los buitres descienden y cubren la escena. (*Exploring Revelation* [Exploremos el Apocalipsis], 236)

El profeta Zacarías completó los detalles de esta aterradora escena:

He aquí, el día de Jehová viene, y en medio de ti serán repartidos tus despojos. Porque yo reuniré a todas las naciones para combatir contra Jerusalén; y la ciudad será tomada, y serán saqueadas las casas, y violadas las mujeres; y la mitad de la ciudad irá en cautiverio, mas el resto del pueblo no será cortado de la ciudad. Después saldrá Jehová y peleará con aquellas naciones, como peleó en el día de la batalla. Y se afirmarán sus pies en aquel día sobre el Monte de los Olivos, que está en frente de Jerusalén al oriente; y el Monte de los Olivos se partirá por en medio, hacia el oriente y hacia el occidente, haciendo un valle muy grande; y la mitad del monte se apartará hacia el norte, y la otra mitad hacia el sur. Y huiréis al valle de los montes, porque el valle de los montes llegará hasta Azal; huiréis de la manera que huisteis por causa del terremoto en los días de Uzías rey de Judá; y vendrá Jehová mi Dios, y con él todos los santos. Y acontecerá que en ese día no habrá luz clara, ni oscura. Será un día, el cual es conocido de Jehová, que no será ni día ni noche; pero sucederá que al caer la tarde habrá luz.

Acontecerá también en aquel día, que saldrán de Jerusalén aguas vivas, la mitad de ellas hacia el mar oriental, y la otra mitad hacia el mar occidental, en verano y en invierno. Y Jehová será rey sobre toda la tierra. En aquel día Jehová será uno, y uno su nombre.

Toda la tierra se volverá como llanura desde Geba hasta Rimón al sur de Jerusalén; y ésta será enaltecida, y habitada en su lugar desde la puerta de Benjamín hasta el lugar de la puerta primera, hasta la puerta del Angulo, y desde la torre de Hananeel hasta los lagares del rey. Y morarán en ella, y no habrá nunca más maldición, sino que Jerusalén será habitada confiadamente.

Y esta será la plaga con que herirá Jehová a todos los pueblos que pelearon contra Jerusalén: la carne de ellos se corromperá estando ellos sobre sus pies, y se consumirán en las cuencas sus ojos, y la lengua se les deshará en su boca. Y acontecerá en aquel día que habrá entre ellos gran pánico enviado por Jehová; y trabará cada uno de la mano de su compañero, y levantará su mano contra la mano de su compañero (Zac. 14:1-13).

Esas verdades solemnes sirven de advertencia a los incrédulos para que se arrepientan (2 P. 3:9), y también estimulan a los creyentes a una vida de santidad (2 P. 3:11). "La noche está avanzada, y se acerca el día. Desechemos, pues, las obras de las tinieblas, y vistámonos las armas de la luz. Andemos como de día, honestamente; no en glotonerías y borracheras, no en lujurias y lascivias, no en contiendas y envidia, sino vestíos del Señor Jesucristo, y no proveáis para los deseos de la carne" (Ro. 13:12-14).

El venidero reino terrenal del Señor Jesucristo   16

Vi a un ángel que descendía del cielo, con la llave del abismo, y una gran cadena en la mano. Y prendió al dragón, la serpiente antigua, que es el diablo y Satanás, y lo ató por mil años; y lo arrojó al abismo, y lo encerró, y puso su sello sobre él, para que no engañase más a las naciones, hasta que fuesen cumplidos mil años; y después de esto debe ser desatado por un poco de tiempo.

Y vi tronos, y se sentaron sobre ellos los que recibieron facultad de juzgar; y vi las almas de los decapitados por causa del testimonio de Jesús y por la palabra de Dios, los que no habían adorado a la bestia ni a su imagen, y que no recibieron la marca en sus frentes ni en sus manos; y vivieron y reinaron con Cristo mil años. Pero los otros muertos no volvieron a vivir hasta que se cumplieron mil años. Esta es la primera resurrección. Bienaventurado y santo el que tiene parte en la primera resurrección; la segunda muerte no tiene potestad sobre éstos, sino que serán sacerdotes de Dios y de Cristo, y reinarán con él mil años.

Cuando los mil años se cumplan, Satanás será suelto de su prisión, y saldrá a engañar a las naciones que están en los cuatro ángulos de la tierra, a Gog y a Magog, a fin de reunirlos para la batalla; el número de los cuales es como la arena del mar. Y subieron sobre la anchura de la tierra, y rodearon el campamento de los santos y la ciudad amada; y de Dios descendió fuego del cielo, y los consumió. Y el diablo que los engañaba fue lanzado en el lago de fuego y azufre, donde estaban la bestia y el falso profeta; y serán atormentados día y noche por los siglos de los siglos. (20:1-10)

Imaginemos un mundo regido por la justicia y la bondad, un mundo en el que no haya injusticia, donde ningún tribunal dicte un veredicto injusto, y donde a todos se les trate con justicia. Imaginemos un mundo donde lo que es verdadero, recto y digno influye en todos los aspectos de la vida, incluso en las relaciones interpersonales, en el comercio, en la educación y en el gobierno. Imaginemos un mundo donde hay impuesta una paz completa, total y permanente y donde abunda el gozo, y prevalece la buena salud, tanto que las personas viven durante siglos. Imaginemos un mundo donde no hay maldición, donde se restaura el medio ambiente a la original pureza del huerto del Edén, donde reina la paz en el reino animal, de modo que "Morará el lobo con el cordero, y el leopardo con el cabrito se acostará; el becerro y el león y la bestia doméstica andarán juntos, y un niño los pastoreará" (Is. 11:6). Imaginemos un mundo gobernado por un perfecto y glorioso Gobernante, que combate instantánea y firmemente el pecado.

Desde el punto de vista humano, tal descripción pudiera parecer ilógica, una ilusoria fantasía que nunca pudiera convertirse en realidad. Sin embargo, describe exactamente la situación que habrá durante el futuro reino terrenal del Señor Jesucristo. La tierra restaurada y radicalmente reconstruida del reino milenario constituirá el paraíso recobrado. El reino de mil años del Salvador sobre la tierra es la divinamente planeada culminación de toda la historia de la redención y la realización de la esperanza de todos los santos de todas las épocas.

Al reino milenario se le da varios nombres en las Escrituras. En Mateo 19:28 Jesús lo llama "la regeneración". Hechos 3:19 describe el reino como "tiempos de refrigerio", mientras que el versículo 21 de ese capítulo lo llama "los tiempos de la restauración de todas las cosas". El apóstol Pablo se refiere a él en Efesios 1:10 como "la dispensación del cumplimiento de los tiempos".

La enseñanza bíblica acerca del reino no se limita al Nuevo Testamento. El reino es un tema importante a lo largo de las Escrituras; es la meta a la que se dirige toda la historia de la redención. Como dice John Bright: "La Biblia es *un* libro. Si tuviéramos que dar un título a ese libro, pudiéramos con justicia llamarlo 'El libro del reino venidero de Dios'" (*El reino de Dios* [Nashville: Abingdon, 1953], 197; cursivas en el original). Entre los muchos pasajes del Antiguo Testamento que refieren al reino terrenal están Deuteronomio 30:1-5; 2 Samuel 7:12-16; Salmo 2:6-12; Isaías 2:2-4; 11:1-10; 12:1-6; 24:23; 32:15-20; 35:1-2; 60:10-18; 65:20-22; Jeremías 3:14-18; 23:5-6; 30:3; 31:35-40; 33:14-18; Ezequiel 34:23-24; 36:16-38; 37:15-28; Daniel 2:44-45; Oseas 3:4-5; Joel 3:18-21; Amós 9:11-15; Miqueas 4:1-8; Sofonías 3:14-20 y Zacarías 14:9-11.

El reino de Dios pudiera definirse en general como el campo de acción donde Él reina. En su sentido universal y eterno, el reino de Dios abarca todo lo que existe, porque Dios es el que gobierna soberano sobre toda su creación. David declaró esa verdad en el Salmo 103:19: "Jehová estableció en los cielos su trono, y su reino domina sobre todos". Desde la perspectiva histórica, Dios ha usado para su gobierno en la tierra a su pueblo, primero a través de Adán y Eva, luego Abel, Set, Enoc, Noé, Abraham, Isaac, Jacob, José, Moisés, Josué, los jueces de Israel (incluso Samuel), y los reyes de Israel y Judá. En la era actual, Dios usa políticamente a los gobiernos humanos (Ro. 13:1-7) y espiritualmente a la iglesia (Hch. 20:25; Ro.

14:17; Col. 1:13). En el reino milenario, los elementos políticos y religiosos del gobierno terrenal y temporal de Dios se unificarán en la persona del Señor Jesucristo. Tomar el texto de Apocalipsis 20 (y muchos otros pasajes bíblicos que se refieren al reino terrenal) tal y como está conduce a una interpretación premilenaria de la escatología. Es decir, Cristo vendrá y entonces establecerá un reino literal en la tierra, que durará por mil años. Hay dos otras interpretaciones principales del milenio, además del premilenarismo: el posmilenarismo y el amilenarismo.

El posmilenarismo es, en ciertos aspectos, lo opuesto al premilenarismo. El premilenarismo enseña que Cristo volverá antes del milenio; el posmilenarismo enseña que Él volverá al final del milenio. El premilenarismo enseña que el período inmediatamente antes de la venida de Cristo será el peor de la historia humana; el posmilenarismo enseña que antes de su venida vendrá el mejor período de la historia, de modo que Cristo vendrá al final de una prolongada era dorada de paz y armonía. (La mayoría de los posmilenaristas niegan que el milenio durará realmente 1000 años; arbitrariamente ven ese número como un símbolo de un largo período de tiempo.) "El milenio que esperan los posmilenaristas es, por lo tanto, una época de oro de prosperidad durante esta presente dispensación, es decir, durante la época de la Iglesia" (Loraine Boettner, "Posmilenarismo", en *The Meaning of the Millennium* [El significado del milenio]: Four Views Robert G. Clouse, ed. [Downers Grove, Ill: InterVarsity, 1977], 117). Esa época de oro, según el posmilenarismo, será el resultado de la difusión del evangelio en todo el mundo y de la conversión de una mayoría del género humano al cristianismo. Por lo tanto "Cristo volverá a un mundo verdaderamente cristianizado" (Boettner, "Posmilenarismo", 118). El reino milenario, según los posmilenaristas, lo establecerá la iglesia, no será por la intervención personal de Jesucristo. Tampoco Cristo reinará personalmente en la tierra durante el milenio, sino que lo hará a través de su iglesia.

En armonía con los puntos de vista por lo general optimistas de esas épocas, el posmilenarismo floreció en los siglos dieciocho y diecinueve. La influencia del siglo de las luces, la revolución industrial, el rápido ritmo de los descubrimientos científicos y la teoría de la evolución de Darwin convencieron a muchos de que la sociedad estaba avanzando inevitablemente hacia una utopía. Este punto de vista optimista estaba en armonía con el posmilenarismo, que también enseña que el mundo va a ser cada vez mejor (aunque por medios diferentes). Pero el escalofriante horror de la Primera Guerra Mundial, la decadencia moral de los tormentosos años veinte, los tiempos difíciles de la Gran Depresión, la locura de la matanza de judíos por parte de los Nazis, y la catástrofe mundial de la Segunda Guerra Mundial dieron fin al ingenuo optimismo que había prevalecido antes de la Primera Guerra Mundial. En consecuencia, cayó mucho la popularidad del posmilenarismo. Sin embargo, en los últimos años ha habido un resurgir del posmilenarismo en movimientos como la Teología de la Liberación, la Teología del Reino y la Teonomía.

El nombre "amilenarismo" es un poco engañoso, ya que da a entender que los amilenaristas no creen en un milenio. Aunque es cierto que rechazan el concepto de un milenio terrenal, y sobre todo uno que sea realmente un milenio (mil años de duración), los amilenaristas sí creen en un reino. Ellos creen que las profecías del Antiguo Testamento sobre el reino del Mesías se están cumpliendo ahora, tanto por los santos que reinan con Cristo en el cielo, como (espiritualmente, no literalmente) por la iglesia en la tierra. (Los amilenaristas también aplicarían algunas de esas profecías del Antiguo Testamento al estado eterno.) Lejos de no creer en el milenio, los amilenaristas creen que ya estamos en él: "En cuanto a los mil años de Apocalipsis 20, estamos ahora en el milenio" (Anthony A. Hoekema, "Amilenarismo", en *The Meaning of the Millenium* [El significado del milenio]: Four Views, ed. Clouse, 181).

No hay ninguna razón ni fuente exegética para esa conclusión, y no hay autorización para abandonar la hermenéutica histórica y gramatical cuando se interpreta profecía. Tal es un arbitrario acto por parte del intérprete, teniendo como base sus presuposiciones. Además, no hay razón para negar los mil años literales como la duración del reino de Cristo en la tierra. Robert L. Thomas escribe:

> Si el escritor deseara un número muy grande para que fuera simbólico, ¿por qué no usó ciento cuarenta y cuatro mil (7:1ss; 14:1ss;), 200.000.000 (9:16), "millones de millones" (5:11), o un número que nadie podía contar (7:9)? El hecho es que no hay ningún número en Apocalipsis que pueda verificarse que es un número simbólico. Por otra parte, la regla es el uso de números no simbólicos. Se requiere la multiplicación de un literal 12,000 por un literal doce para llegar a los ciento cuarenta y cuatro mil en 7:4-8. Las iglesias, sellos, trompetas y copas son todas literalmente siete. Los tres espíritus inmundos de 16:13 son realmente tres. Los tres ángeles relacionados con los tres ayes finales (8:13) se suman al total de tres. Las últimas siete plagas son exactamente siete. La equivalencia de 1,260 días y tres años y medio necesita que se comprendan estos números de forma no simbólica. Los doce apóstoles y las doce tribus de Israel son literalmente doce (21:12-14). Las siete iglesias están en siete ciudades literales. La confirmación de un solo número en Apocalipsis como simbólico es imposible. (*Revelation 8–22: An Exegetical Commentary* [Apocalipsis 8–22: Un comentario exegético] [Chicago: Moody, 1995], 408-9)

Es muy improbable que algún número simbólico pudiera repetirse seis veces en un texto, como se repite el *mil* aquí.

En el primer siglo y medio después de terminada la época del Nuevo Testamento, la iglesia era mayormente premilenaria. Entre los padres de la iglesia de ese período, que creían en un milenio terrenal de mil años literales, estaban Papías (un discípulo del apóstol Juan), Ireneo, Justino Mártir, Tertuliano y el autor de la Epístola de Bernabé. Este consenso premilenario sufrió el desafío de los miembros de las escuela alejandrina (el más notable fue Orígenes), quienes abogaban por una interpretación alegórica de las Escrituras. El famoso historiador de la iglesia, Eusebio, rechazó también un milenio terrenal y literal, al igual que el destacado erudito bíblico Jerónimo. Pero fue la influencia de Agustín, el más grande teólogo de la iglesia primitiva, la que aseguró que el amilenarismo dominara la iglesia durante siglos. El amilenarismo fue el punto de vista de los reformadores, y hoy muchos eruditos en la tradición reformada son amilenaristas.

En el corazón del debate sobre los distintos puntos de vista con relación al milenio, está el tema de la hermenéutica. Todas las partes en debate están de acuerdo en que interpretar la profecía del Antiguo Testamento literalmente conduce naturalmente al premilenarismo. El amilenarista Floyd E. Hamilton con franqueza reconoce esa verdad: "Debemos admitir con franqueza que una interpretación literal de las profecías del Antiguo Testamento nos presenta un cuadro de un reinado terrenal del Mesías como los cuadros premilenaristas" (*The Basis of Millennial Faith* [El fundamento de la fe milenaria] [Grand Rapids: Eerdmans, 1942], 38). La posmilenarista Loraine Boettner concuerda con la aseveración de Hamilton: "Se acepta por lo general que si las profecías se toman literalmente, ellas sí predicen una restauración de la nación de Israel en la tierra de Palestina, con los judíos teniendo un lugar destacado en ese reino y gobernando sobre el resto de las naciones" ("A Postmillennial Response [to Dispensational Premillennialism]" [Una respuesta posmilenaria [al premilenarismo dispensacional]], en *The Meaning of the Millennium* [El significado del milenio]: Four Views, ed. Clouse, 95).

A la luz de las confesiones mencionadas, la pregunta que surge naturalmente es "¿Por qué no tomar literalmente las profecías del Antiguo Testamento sobre el milenio?" Quienes rechazan una interpretación literal sostienen que el Nuevo Testamento parece interpretar algunas profecías del Antiguo Testamento no literalmente. Pero en la mayoría de los casos, el Nuevo Testamento no está interpretando esas profecías, sino simplemente aplicando principios que hay en ellas. En realidad, veintenas de profecías del Antiguo Testamento relacionadas con la primera venida de Cristo se cumplieron literalmente.

Hay varias razones convincentes para interpretar literalmente las profecías del Antiguo Testamento.

En primer lugar, si se rechaza el sentido literal de un pasaje, ¿quién debe determinar cuál es el sentido no literal o espiritual, ya que no se pueden aplicar las reglas regulares de interpretación? Walter C. Kaiser, Jr., presenta el dilema:

> ¿Quién o qué hará de árbitro entre los diferentes [no literales] significados sugeridos y decidirá cuál debe aceptarse como autoritativo y cuál como falso? Aparte de decir que la preferencia de cada persona es su propia regla, no parece haber ningún tribunal de apelaciones... Simplemente no hay criterio justificable para establecer límites, una vez que el intérprete se aparta del uso regular del lenguaje. (*Back Toward the Future* [De regreso hacia el futuro] [Grand Rapids: Baker, 1989], 129-30)

En segundo lugar, el adoptar un punto de vista no literal de las profecías del reino en el Antiguo Testamento plantea algunas preguntas inquietantes: ¿Qué significaron esas profecías para aquellos a quienes fueron dirigidas? Si las profecías al parecer dirigidas a Israel estaban realmente dirigidas a la iglesia (que no existía en aquel tiempo), ¿se equivocó Dios al dar tal revelación? Y si esas profecías tenían la intención de aplicarse simbólicamente a la iglesia, ¿por qué se dirigieron a Israel? ¿Qué significado pudieran tener esas profecías en su trasfondo histórico? Irónicamente, muchos que espiritualizan las profecías del Antiguo Testamento, rechazan la interpretación futurista de Apocalipsis, porque ésta presuntamente roba al libro su significado para aquellos a quienes se escribió. Sin embargo, hacen lo mismo con las profecías del reino del Antiguo Testamento.

En tercer lugar, espiritualizar esas profecías conduce a algunas manifiestas inconsecuencias. Es inconsecuente sostener que las maldiciones que ellas pronuncian se aplican literalmente a Israel, mientras que las bendiciones que ellas prometen se aplican simbólica y espiritualmente a la iglesia. Un ejemplo de inconsecuencia en el espiritualizar como método de interpretar profecías, viene de las palabras del ángel Gabriel a María en Lucas 1:31-33: "Y ahora, concebirás en tu vientre, y darás a luz un hijo, y llamarás su nombre JESÚS. Este será grande, y será llamado Hijo del Altísimo; y el Señor Dios le dará el trono de David su padre; y reinará sobre la casa de Jacob para siempre, y su reino no tendrá fin". Si, como todos los eruditos conservadores concuerdan, Jesús fue literalmente concebido en el vientre de María, literalmente se llamó "Jesús", literalmente llegó a ser grande, fue literalmente "el Hijo del Altísimo"; ¿no reinará también literalmente en el trono de David sobre Israel? ¿Puede el mismo pasaje interpretarse literalmente y no literalmente? Además de eso, tanto amilenaristas como posmilenaristas interpretan algunos sucesos proféticos literalmente, como la segunda venida de Cristo, el juicio ante el gran trono blanco, y el cielo nuevo y la tierra nueva. ¿Por qué no interpretar el reino milenario literalmente? Por último, los amilenaristas y posmilenaristas interpretan las porciones no proféticas de la Biblia según los métodos literal, histórico, gramatical, y contextual de la hermenéutica; ¿por qué emplear un método diferente para interpretar la profecía? El hacerlo es totalmente arbitrario. Aunque no es una exhaustiva descripción del reino terrenal, Apocalipsis 20:1-10 sella toda la revelación bíblica sobre el milenio, al mostrar cuatro verdades esenciales sobre él: la reclusión de Satanás, el reinado de los santos, el regreso de Satanás y la rebelión de la sociedad.

LA RECLUSIÓN DE SATANÁS

Vi a un ángel que descendía del cielo, con la llave del abismo, y una gran cadena en la mano. Y prendió al dragón, la serpiente antigua, que es el diablo y Satanás, y lo ató por mil años; y lo arrojó al abismo, y lo encerró, y puso su sello sobre él, para que no engañase más a las naciones, hasta que fuesen cumplidos mil años; y después de esto debe ser desatado por un poco de tiempo. (20:1-3)

El primer asunto que ocupa la atención del Rey al establecer su reino es el confinamiento del cabecilla de los rebeldes. La reclusión del "dios de este siglo" (2 Co. 4:4), "el príncipe de la potestad del aire... el espíritu que ahora obra en los hijos de desobediencia" (Ef. 2:2), cambiará radicalmente al mundo. Por ese tiempo, Dios habrá destruido a todos los rebeldes humanos. Los que sobrevivieron a los juicios de la tribulación habrán sido ejecutados en Armagedón (19:11-21) o en el juicio de los cabritos (Mt. 25:41-46). Los líderes de la rebelión mundial, la bestia (el anticristo) y el falso profeta, habrán sido lanzados al lago de fuego (19:20). El paso final en la preparación del reino será la exclusión de Satanás y sus huestes de demonios, de modo que Cristo reine sin la oposición de enemigos sobrenaturales.

Como ocurre a menudo en Apocalipsis (cp. vv. 4, 11; 6:1, 2, 5, 8, 12; 7:2; 8:2, 13; 9:1; 10:1; 13:1, 11; 14:1, 6, 14; 15:1; 16:13; 17:3; 19:11, 17, 19; 21:1), la frase *kai eidon* ([Y] **vi**) indica progresión cronológica. El lugar de este pasaje en el curso cronológico de Apocalipsis concuerda con un punto de vista premilenario del reino. Después de la tribulación (caps. 6–19) Cristo vendrá (19:11-21) y establecerá su reino (20:1-10), al cual seguirán el cielo nuevo y la tierra nueva (21:1). Así el reino milenario viene después de la segunda venida de Cristo, pero antes del establecimiento del cielo nuevo y de la tierra nueva. El amilenarista Anthony Hoekema tiene que reconocer que, vista literalmente, la cronología de Apocalipsis apoya el premilenarismo. Él escribe:

Supongamos, por ejemplo, que el libro de Apocalipsis se interpretara en un sentido exclusivamente futurista... Supongamos además que lo que se presenta en Apocalipsis 20 debe necesariamente seguir el curso, en orden cronológico, de lo que se describe en el capítulo 19. Entonces estamos prácticamente obligados a creer que el reino de mil años descrito en 20:4 debe venir después de la venida de Cristo descrita en 19:11. ("Amilenarismo", en *The Meaning of the Millennium* [El significado del milenio]: Four Views, ed. Clouse, 156)

El pasaje enseña con toda claridad que la venida de Cristo precede al reino milenario, un argumento incompatible con el posmilenarismo y el amilenarismo, pero exactamente lo que enseña el premilenarismo. Para bordear la dificultad que la cronología de Apocalipsis presenta para sus puntos de vista, los posmilenaristas y amilenaristas deben negar que el capítulo 20 sigue al capítulo 19 cronológicamente. Pero tal negación pasa por alto la importancia cronológica de la frase *kai eidon*, como se observó antes. También ignora la continuidad del contexto: Habiéndose encargado del anticristo y del falso profeta en el capítulo 19, Cristo se encarga de su malvado amo, Satanás, en el capítulo 20. ¿Por qué rechazar tan obvia cronología? Se hace, al parecer, por ninguna otra razón que para eliminar el premilenarismo, no porque haya justificación alguna en las Escrituras.

No se revela la identidad del **ángel** que Juan vio descender **del cielo** para atar a Satanás, pero pudiera ser el arcángel Miguel, el gran adversario de Satanás (12:7; cp. Dn. 10:13, 21; 12:1; Jud. 9). Quienquiera que sea el ángel, posee gran poder. Se le envía a la tierra con un plan específico: aprisionar a Satanás por los mil años que durará el reino, atarlo, lanzarlo al abismo y sellarlo, y luego liberarlo al final de los mil años.

Abussos (**abismo**) aparece siete veces en Apocalipsis (cp. 9:1, 2, 11; 11:7; 17:8), siempre respecto al lugar temporal de encarcelamiento de ciertos demonios. El abismo no es su lugar definitivo de castigo; es el lago de fuego (Mt. 25:41). No obstante, es un lugar de tormento a donde los demonios temen ser enviados (Lc. 8:31). Los encarcelados en el abismo están entre los más malvados y perversos de todos los demonios, e incluyen a los "espíritus encarcelados, los que en otro tiempo desobedecieron, cuando una vez esperaba la paciencia de Dios en los días de Noé" (1 P. 3:19-20). Esos demonios, que intentaron corromper el género humano al cohabitar con mujeres (Gn. 6:1-4), nunca serán liberados (Jud. 6). Serán transferidos directamente de su encarcelamiento temporal en el **abismo** a su lugar permanente de castigo, el lago de fuego (cp. Is. 24:21-22). Otros demonios sentenciados al abismo, serán liberados en el juicio de la quinta trompeta, para atormentar a los pecadores (9:1-12). (Para más información sobre el **abismo**, vea *Apocalipsis 1-11*, Comentario MacArthur del Nuevo Testamento [Grand Rapids: Editorial Portavoz, 2005].)

La **llave** dada al ángel por Dios da muestras de la autoridad que se le delegó (cp. 9:1); él tiene el poder de abrir el **abismo**, y de cerrarlo luego de lanzar en él a Satanás. La metáfora de atar demonios con una **cadena** también aparece en Judas 6. Esa **cadena** es **grande**, debido a la grandeza y el poder de Satanás como el más sublime de los seres creados (cp. Ez. 28:14). El ángel **prendió** a Satanás, a quien inequívocamente se le identifica con los mismos cuatro títulos dados a él en 12:9. En primer lugar, se le llama **el dragón**, un título dado a él doce veces en Apocalipsis (cp. 12:3, 4, 7, 9, 13, 16, 17; 13:1, 2, 4; 16:13). Este subraya su naturaleza brutal, su ferocidad y abusiva crueldad. El título **serpiente antigua** nos lleva de regreso al huerto del Edén y la tentación de Satanás a Eva (Gn. 3:1-6; 2 Co. 11:3). *Diabolos* (**diablo**) significa "calumniador", o "chisme malicioso" (1 Ti. 3:11; 2 Ti. 3:3; Tit. 2:3), un título apropiado para el "acusador de nuestros hermanos" (12:10). Satanás es un maligno mentiroso; en realidad, es el "padre de mentira" (Jn. 8:44). *Satanas* (**Satanás**) y su raíz hebrea *Satan* se emplean cincuenta y tres veces en las Escrituras. Ambas palabras significan "adversario", ya que Satanás se opone a Dios, a Cristo y a todos los creyentes.

La duración del tiempo por el cual Satanás estará **atado** está definido como **mil años**, la primera de seis precisas e importantes referencias a la duración del milenio (cp. vv. 3, 4, 5, 6, 7). El arresto de Satanás presenta una seria dificultad tanto para posmilenaristas como para amilenaristas. Los amilenaristas dicen que Satanás ya está **atado**, porque, como se observó antes, ellos creen que ya estamos en el milenio (aunque ellos no lo ven como de mil años literales). Muchos posmilenaristas también creen que Satanás está **atado**, porque de otra manera es difícil ver cómo la iglesia pudiera acomodarse en el milenio. Sin embargo, la descripción bíblica de la actividad de Satanás en la época actual, hace imposible creer que ya ha sido **atado**. Satanás siembra mentirosos hipócritas en la iglesia (Hch. 5:3), maquinaciones contra los creyentes (2 Co. 2:11; Ef. 6:11), se disfraza como ángel de luz para engañar a las personas (2 Co. 11:14), ataca a los creyentes (2 Co. 12:7; Ef. 4:27) y se le debe resistir (Stg. 4:7); pone trabas a los que están en el ministerio (1 Ts. 2:18), y desvía a los creyentes (1 Ti. 5:15). Los amilenaristas y posmilenaristas por lo general plantean que Satanás fue atado en la cruz, y que sus ataduras simplemente significan que ya no puede engañar a las naciones e impedir que vengan al conocimiento de la verdad de Dios (p.ej., Anthony A. Hoekema, *The Bible and the Future* [La Biblia y el futuro] [Grand Rapids: Eerdmans, 1979], 228). Pero Satanás no impidió a las naciones gentiles venir al conocimiento de la verdad antes de ser presuntamente atado en la cruz. Los egipcios oyeron acerca del Dios verdadero en boca de José y de los israelitas durante los cuatrocientos años que vivieron en Egipto. Los asirios de Nínive no solo escucharon la verdad en boca de Jonás, sino que también se arrepintieron (Mt. 12:41). La reina de Sabá escuchó acerca del Dios verdadero por Salomón (1 R. 10:1-9); los babilonios por Daniel y sus amigos judíos; y los persas por Ester, Mardoqueo y Nehemías. Además de eso, ¿en qué sentido se impide que Satanás engañe a las naciones cuando sabemos que él ciega la mente de los incrédulos (2 Co. 4:4); "ahora opera en los hijos de desobediencia" (Ef. 2:2), y mantiene cautivos a los inconversos (2 Ti. 2:26) en su reino (Col. 1:13)?

El testimonio de las Escrituras es que Satanás no está en modo alguno atado en la época actual, sino que lo estará durante el venidero reino terrenal del Señor Jesucristo. Es solo entonces que será encarcelado en **el abismo,** donde **lo encerró... y puso su sello sobre él... para que** no pueda **engañar más a las naciones.** Su actividad en el mundo no será simplemente restringida o refrenada, sino totalmente reprimida; no se le permitirá tener ningún tipo de influencia en el mundo. Como se explicará luego, eso no quiere decir que las personas que vivan en el milenio serán incapaces de pecar. Asombrosamente, gran parte de la población, nacida de los creyentes que fueron los únicos que entraron en el reino, amará su pecado en tal perfecto ambiente y rechazarán al Rey. Ellos serán juzgados con vara de hierro (2:27; 12:5; Sal. 2:9), y los que participen en franca rebelión bajo el liderazgo de Satanás, cuando se hayan **cumplido mil años** y **deba ser desatado** Satanás **por un poco de tiempo,** serán totalmente destruidos (vea el análisis de los vv. 8-10 más adelante).

EL REINADO DE LOS SANTOS

Y vi tronos, y se sentaron sobre ellos los que recibieron facultad de juzgar; y vi las almas de los decapitados por causa del testimonio de Jesús y por la palabra de Dios, los que no habían adorado a la bestia ni a su imagen, y que no recibieron la marca en sus frentes ni en sus manos; y vivieron y reinaron con Cristo mil años. Pero los otros muertos no volvieron a vivir hasta que se cumplieron mil años. Esta es la primera resurrección. Bienaventurado y santo el que tiene parte en la primera resurrección; la segunda muerte no tiene potestad sobre éstos, sino que serán sacerdotes de Dios y de Cristo, y reinarán con él mil años. (20:4-6)

Con Satanás, sus huestes de demonios y todos los pecadores que rechazan a Dios fuera del camino, se establecerá el reino milenario de paz y justicia. El supremo gobernante en ese reino será, por supuesto, el Señor Jesucristo. Solo Él es "REY DE REYES Y SEÑOR DE SEÑORES" (19:16), y "el Señor Dios le dará [solo a Él] el trono de David su padre" (Lc. 1:32). Sin embargo, en su gracia ha prometido que sus santos reinarán con Él. Reinarán subordinadamente sobre todos los aspectos de la vida en el reino, y al ser glorificados y perfectos, llevarán a cabo su voluntad de manera perfecta.

En esta visión, Juan ve el panorama del pueblo de Dios resucitado, recompensado y reinando con Cristo. Él vio **tronos,** que simbolizan tanto la autoridad judicial como la real, **y se sentaron sobre ellos los que recibieron**

facultad de juzgar. Los santos glorificados harán cumplir la voluntad de Dios y dictarán sentencias en las disputas.

Se han presentado varias sugerencias en cuanto a la identidad de los santos que **se sentaron sobre** los **tronos**, pero es mejor identificarlos al determinar a quienes les dijo Dios que reinarían. En Daniel 7:27 se promete que los santos del Antiguo Testamento reinarán en el reino milenario: "y que el reino, y el dominio y la majestad de los reinos debajo de todo el cielo, sea dado al pueblo de los santos del Altísimo, cuyo reino es reino eterno, y todos los dominios le servirán y obedecerán". Jesús prometió a los apóstoles que "vosotros que me habéis seguido también os sentaréis sobre doce tronos, para juzgar a las doce tribus de Israel" (Mt. 19:28). A los creyentes neotestamentarios se les promete también que reinarán con Cristo. En 1 Corintios 6:2 Pablo escribió: "¿O no sabéis que los santos han de juzgar al mundo?", mientras 2 Timoteo 2:12 declara: "Si sufrimos, también reinaremos con él". En Apocalipsis 2:26 Jesucristo promete: "Al que venciere y guardare mis obras hasta el fin, yo le daré autoridad sobre las naciones", y en Apocalipsis 3:21 añade: "Al que venciere, le daré que se siente conmigo en mi trono, así como yo he vencido, y me he sentado con mi Padre en su trono". Apocalipsis 5:10 pone en claro que los santos reinarán en la tierra, no en un sentido espiritual ni en la esfera celestial: "nos has hecho para nuestro Dios reyes y sacerdotes, y reinaremos sobre la tierra".

El presente pasaje presenta al último grupo de santos que reinarán con Cristo en su reino. Mientras continuaba la visión, Juan vio **las almas de los decapitados por causa del testimonio de Jesús y por la palabra de Dios, los que no habían adorado a la bestia ni a su imagen, y que no recibieron la marca en sus frentes ni en sus manos**. Estos son las creyentes mártires de la tribulación (6:9; 7:9-17; 12:11). *Pelekizō* (**decapitados**) literalmente significa "cortar con un hacha", y es una figura de dicción que significa "ajusticiar", o "ejecutar". El imperio del anticristo exterminó a los santos de la tribulación **por causa del testimonio de Jesús** (cp. 1:9; 12:17; 19:10), **por** haber proclamado fielmente la **palabra de Dios** (cp. 1:2; 6:9), **y porque no habían adorado a la bestia ni a su imagen, y que no recibieron la marca en sus frentes ni en sus manos** (cp. 13:16-17; 14:9-11; 16:2; 19:20).

Como los santos de la tribulación fueron fieles hasta la muerte, dando pruebas de su verdadera salvación (cp. Mt. 24:13; Col. 1:21-23; He. 3:14), también **vivieron y reinaron con Cristo mil años**. *Ezēsan* (**vivieron**) no puede referirse a una resurrección espiritual (la regeneración o el nuevo nacimiento), ya que los mártires de la tribulación ya estaban espiritualmente vivos. Cuando se usa con relación a la muerte física, la raíz de *ezēsan* (*zaō*) se emplea a lo largo del Nuevo Testamento para describir resurrección corporal y física (cp. 1:18; 2:8; 13:14; 20:5; Mt. 9:18; 27:63; Mr. 5:23; Lc. 24:23; Jn. 11:25; Hch. 1:3; 9:41; Ro. 14:9; 2 Co. 13:4).

Luego Juan añade una nota, a modo de paréntesis, diciendo que **los otros muertos no volvieron a vivir hasta que se cumplieron mil años.** Esos son los muertos incrédulos de todas las épocas, cuya resurrección para juicio y condenación se describe en los versículos 11-15. Juan llama a la resurrección de los santos de todas las épocas **la primera resurrección.** A esa resurrección también se le llama en la Biblia la "resurrección de los justos" (Lc. 14:14; Hch. 24:15), la "resurrección de vida" (Jn. 5:29), la resurrección de "los que son de Cristo, en su venida" (1 Co. 15:23), y la "mejor resurrección" (He. 11:35). El empleo de *anastasis* (**resurrección**) presenta evidencia adicional de que la resurrección descrita en el versículo 4 es una resurrección física. Se emplea la palabra cuarenta y dos veces en el Nuevo Testamento, siempre refiriéndose a resurrección física (salvo en Lc. 2:34, donde el contexto exige claramente otro significado).

La frase **bienaventurado y santo el que tiene parte en la primera resurrección** presenta la quinta de siete bienaventuranzas en Apocalipsis (cp. 1:3; 14:13; 16:15; 19:9; 22:7, 14). Los que tienen **parte en la primera resurrección** son bienaventurados, ante todo porque **la segunda muerte no tiene potestad sobre** ellos. La **segunda muerte,** definida en el versículo 14 como el "lago de fuego", es el infierno eterno. La consoladora verdad es que ningún verdadero hijo de Dios enfrentará su eterna ira. "Estando ya justificados en su sangre", Pablo escribió, "por él seremos salvos de la ira" (Ro. 5:9). A los tesalonicenses añadió: "Jesús... nos libra de la ira venidera... Porque no nos ha puesto Dios para ira, sino para alcanzar salvación por medio de nuestro Señor Jesucristo" (1 Ts. 1:10; 5:9).

Los que tienen parte en la **primera resurrección** también son bienaventurados, porque **serán sacerdotes de Dios y de Cristo** (cp. 1:6; 5:10). Ya los creyentes son "real sacerdocio", llamados para "[anunciar] las virtudes de aquel que [los] llamó de las tinieblas a su luz admirable" (1 P. 2:9). Los creyentes sirven ahora como sacerdotes, al adorar a Dios y conducir a otros al conocimiento de Él, y también servirán como tales durante el reino milenario.

Una última bendición para los que tienen parte en la **primera resurrección** es que **reinarán con** el Señor Jesucristo **mil años,** junto con los creyentes que sobrevivieron a la tribulación. Política y socialmente, el gobierno de Cristo y sus santos será universal (Sal. 2:6-8; Dn. 2:35), absoluto (Sal. 2:9; Is. 11:4), y justo (Is. 11:3-5). Espiritualmente, su gobierno será un tiempo en que el remanente creyente de Israel se convertirá (Jer. 30:5-8; Ro. 11:26) y la nación será restaurada a la tierra que Dios le prometió a Abraham (Gn. 13:14-15; 15:18). Será un tiempo en que las naciones gentiles también adorarán al Rey (Is. 11:9; Miq. 4:2; Zac. 14:16). El gobierno milenario de Cristo y de los santos también se distinguirá por la presencia de justicia y paz (Is. 32:17) y gozo (Is. 12:3-4; 61:3, 7). Físicamente, será un tiempo en que no habrá maldición (Is. 11:7-9; 30:23-24; 35:1-2, 7), donde habrá abundancia de alimentos (Jl. 2:21-27), y donde habrá salud física y bienestar (Is. 33:24; 35:5-6), lo que conducirá a una larga vida (Is. 65:20).

EL REGRESO DE SATANÁS

Cuando los mil años se cumplan, Satanás será suelto de su prisión, (20:7)

Como se observó antes, Satanás y sus huestes de demonios serán encarcelados en el abismo por toda la duración del milenio, en el cual el Señor Jesucristo gobernará con soberanía que no tendrá oposición. No se les permitirá interferir en manera alguna en los asuntos del reino. Sin embargo, la atadura de Satanás terminará cuando los mil años se cumplan y él sea suelto de su prisión para guiar la rebelión final de los pecadores.

Para repasar brevemente, la Biblia enseña que ninguna persona no salva entrará en el reino. Solamente los redimidos de entre los judíos (12:6, 13-17; Is. 60:21; Ro. 11:26) y gentiles (7:9-17) sobrevivientes de la tribulación entrarán en el reino con su cuerpo físico normal. Las condiciones perfectas del medioambiente y sociales del milenio, unido a la prolongación de la duración de la vida (Is. 65:20), hará que los hijos proliferen.

Aunque los habitantes iniciales del reino milenario serán todos redimidos, aun tendrán la pecaminosa naturaleza humana. Y como han hecho todos los padres desde la caída, ellos pasarán esa naturaleza pecaminosa a su descendencia. Cada generación sucesiva, a lo largo de los mil años, estará constituida por pecadores necesitados de salvación. Muchos vendrán a la fe salvadora en el Señor Jesucristo. Pero asombrosamente, a pesar del dominio en persona de Cristo sobre la tierra, a pesar de la sociedad más moral que el mundo haya jamás conocido, muchos otros amarán su pecado y rechazarán a Cristo (cp. Ro. 8:7). Incluso en las condiciones utópicas del milenio, no cambiará la triste realidad de la depravación humana. Como hicieron mientras Él estuvo hecho carne en la tierra, los pecadores rechazarán la gracia y el señorío del rey de toda la tierra. Esto no es sorprendente, ya que incluso las perfectas condiciones del huerto del Edén no fueron suficientes para mantener sin pecado a Adán y Eva y evitar que se rebelaran contra Dios. El asunto de la salvación no está relacionado con la falta de información (cp. Ro. 1:18-20); es amor al pecado (Jn. 3:19). Los que abiertamente se rebelan, enfrentarán un repentino juicio (2:27; 12:5; 19:15; Sal. 2:9), que incluye la desaparición de la lluvia en su tierra (Zac. 14:16-19). Pero habrá, al final del milenio, suficientes pecadores incontritos vivos para que Satanás guíe una rebelión mundial.

Cuando se libere a Satanás, él proporcionará el liderazgo sobrenatural y aglutinador que se necesita para traer a la superficie todo el pecado latente y la rebelión que queda en el universo. Él reunirá a todos los rebeldes, revelando el

verdadero carácter e intención de los pecadores que rechazan a Cristo y haciendo evidente que el juicio de Dios contra ellos es justo. La desesperada maldad
de Satanás y su violento odio hacia Dios y Cristo no cambiarán con los mil años
de prisión en el abismo. Al ser liberado, de inmediato comenzará a fomentar su
acto final de rebelión.

LA REBELIÓN DE LA SOCIEDAD

**[Satanás] saldrá a engañar a las naciones que están en los cuatro ángulos de
la tierra, a Gog y a Magog, a fin de reunirlos para la batalla; el número de los
cuales es como la arena del mar. Y subieron sobre la anchura de la tierra, y
rodearon el campamento de los santos y la ciudad amada; y de Dios descendió
fuego del cielo, y los consumió. Y el diablo que los engañaba fue lanzado en
el lago de fuego y azufre, donde estaban la bestia y el falso profeta; y serán
atormentados día y noche por los siglos de los siglos (20:8-10).**

Al final de su encarcelamiento de mil años, Satanás **saldrá a engañar a las
naciones** (cp. vv. 3, 10; 12:9). Como se observó antes, el encarcelamiento de
Satanás no puede alterar su naturaleza de aborrecimiento a Dios. En realidad,
odiará a Cristo más que nunca. Y como se señaló anteriormente, Satanás
encontrará terreno fértil en el cual sembrar sus semillas de rebelión. Muchos
descendientes no salvos de los que entraron en el reino milenario con su cuerpo
físico (todos los cuales estarán redimidos) amarán su pecado y rechazarán a
Cristo. Serán insensibles ante la paz, el gozo y la justicia del milenio, como los
pecadores estuvieron ante los devastadores juicios de la tribulación (cp. 9:20-
21; 16:9, 11, 21).

La actual estrategia y método del engaño de Satanás no se revela, pero tendrá
éxito en su intento de seducir a las personas no regeneradas del mundo e
incitarlas para la rebelión contra el Señor Jesucristo. Sin embargo, su engaño se
ajustará al propósito de Dios, el cual, como se observó antes, es manifestar su
justicia cuando destruya a los rebeldes. Las acciones de Satanás siempre están
bajo el control soberano de Dios (cp. Job 1:12; 2:6), y el hecho de reunir a estos
malvados rebeldes no será la excepción.

Satanás congregará a las **naciones** engañadas de **los cuatro ángulos de la
tierra** (cp. 7:1; Is. 11:12), una expresión que se refiere no a una tierra plana,
sino a los cuatro puntos principales de la brújula: norte, sur, este y oeste. En
otras palabras, los rebeldes vendrán de todo el planeta.

Juan da a estos enemigos del Rey de reyes el simbólico título de **Gog y Magog**,
poniendo nombre a la fuerza invasora que atacará a Israel durante la tribulación
(Ez. 38–39). Algunos creen que Ezequiel 38 y 39 describen esa batalla al final
del milenio. Hay, sin embargo, importantes discrepancias que presentan

elementos en contra de igualar esos dos sucesos. Ezequiel 39:4 y 17 describen a los invasores pereciendo en las montañas de Israel, pero según Apocalipsis 20:9 los rebeldes, al final del milenio, serán destruidos en la "anchura de la tierra". Además, el lenguaje de Ezequiel 39:17-20 parece describir el mismo acontecimiento descrito en Apocalipsis 19:17-18. Por último, los acontecimientos de Ezequiel 38–39 se ubican cronológicamente antes de la descripción del templo milenario, dada en los capítulos 40–48, mientras que la batalla descrita en Apocalipsis 20:7-10 tiene lugar después del milenio.

El nombre **Gog** parece emplearse en las Escrituras como un título general para un enemigo del pueblo de Dios (la Septuaginta lo emplea para traducir "Agag" en Nm. 24:7). En Ezequiel 38–39, el nombre **Gog** describe al último anticristo de la tribulación. Lo más probable entonces es que **Gog** se emplea en el versículo 8 para describir al líder humano de las fuerzas de Satanás. Algunos creen que el pueblo conocido como **Magog** sea el de los descendientes del nieto de Noé del mismo nombre (Gn. 10:2). A ellos se les conoció más tarde como los escitas y ocuparon la región norte de los mares Negro y Caspio. Otros los identifican con un pueblo que vivió más lejos al sur en Asia Menor. Quienquiera que haya sido el pueblo histórico conocido como **Magog**, el término se emplea en ese pasaje para describir a los rebeldes pecadores de todas las naciones que se **reunirán para la** última **batalla** de la historia humana.

Asombrosamente, Juan vio que **el número de** los rebeldes será **como la arena del mar**, una figura de dicción empleada en las Escrituras para describir una enorme e incontable multitud (Gn. 22:17; Jos. 11:4; Jue. 7:12; 1 S. 13:5; 1 R. 4:20; He. 11:12). Como se observó antes, las condiciones ideales de salud, prosperidad, seguridad y paz que prevalecerán durante el milenio, unido a la larga duración de la vida de sus habitantes, conducirá a una gran explosión demográfica. Increíblemente, muchas de esas personas se unirán a Satanás en su último acto de rebelión contra Dios.

La topografía de la tierra habrá sufrido cambios drásticos por los catastróficos sucesos de la tribulación (cp. 16:20; Zac. 14:4, 9-11). Eso permitirá que las fuerza rebeldes suban **sobre la anchura de la tierra** y rodeen **el campamento de los santos y la ciudad amada**. *Parembolē* (**campamento**) se emplea seis veces en Hechos para describir una fortaleza militar romana (Hch. 21:34, 37; 22:24; 23:10, 16, 32). Los santos estarán acampados alrededor de **la ciudad amada** de Jerusalén (cp. Sal. 78:68; 87:2), que es el lugar donde está el trono del Mesías y el centro del mundo milenario (cp. Is. 24:23; Ez. 38:12; 43:7; Miq. 4:7; Zac. 14:9-11), disfrutando de la gloriosa presencia del Señor Jesucristo (Is. 24:23; Jer. 3:17) cuando llegue el ataque.

Como en Armagedón mil años antes (19:11-21), la "batalla" será en realidad una ejecución. Cuando las fuerzas rebeldes se movieron para el ataque, **descendió fuego del cielo, y los consumió**. Serán instantánea y totalmente exterminados.

El enviar **fuego del cielo** es a menudo la forma en que Dios juzga a los pecadores (cp. Gn. 19:24; Lv. 10:2; 2 R. 1:10, 12; Lc. 9:54). Las fuerzas de Satanás morirán físicamente, y sus almas irán al lugar de castigo, esperando su sentencia final al infierno eterno, que tendrá lugar en breve (20:11-15). Tampoco su malvado líder escapará a esta suerte: **el diablo que los engañaba fue lanzado en el lago de fuego y azufre.** Allí se unirá a sus compinches **la bestia y el falso profeta,** quienes para entonces habrán estado en ese lugar de tormentos por mil años (19:20). El que esos dos seres humanos estén aun allí después de ese tiempo, refuta la falsa doctrina de la aniquilación.

El infierno es un lugar tanto de tormento mental (Dn. 12:2; Mt. 8:12; 13:42, 50; 22:13; 24:51; 25:30; Lc. 13:28) como físico (14:10-11; Mt. 25:41; Mr. 9:43-44; Lc. 16:23-24). Los sentenciados a ese terrible lugar **serán atormentados día y noche.** No habrá un momento de alivio **por los siglos de los siglos.** La Biblia de modo explícito enseña que el infierno es eterno. La misma frase griega traducida **por los siglos de los siglos** se emplea en 1:18 para referirse a la eternidad de Cristo; en 4:9-10, 10:6 y 15:7 a la eternidad de Dios; y en 11:15 a la duración del reinado de Cristo. Los incrédulos "[serán atormentados] con fuego y azufre delante de los santos ángeles y del Cordero; y el humo de su tormento sube por los siglos de los siglos. Y no tienen reposo de día ni de noche" (14:10-11). Jesús enseñó que el castigo de los malos es tan eterno como la vida eterna de los justos (Mt. 25:46). También enseñó que el infierno es un lugar de "fuego que no puede ser apagado" (Mr. 9:43), "donde el gusano de ellos no muere" (Mr. 9:48). Segunda a los Tesalonicenses 1:9 enseña que la destrucción de los malos en el infierno es por toda la eternidad. (Para un resumen de los argumentos a favor de que el castigo en el infierno es eterno, ver Richard L. Mayhue, *"Hell: Never, Forever, or Just for Awhile?"* [El infierno: ¿Nunca, siempre, o solo por un momento?], The Master's Seminary Journal 9 [Otoño 1998]: 129–45. Todo este ejemplar del The Master's Seminary Journal está dedicado al asunto de la eternidad del infierno.)

Los creyentes ya son ciudadanos del reino de Dios (Fil. 3:20; Col. 1:13; 1 Ts. 2:12), bienaventurados por estar en comunión con el Rey. Pero les espera una herencia futura gloriosa, "incorruptible, incontaminada e inmarcesible" (1 P. 1:4).

El último día del hombre ante el tribunal de Dios

17

Y vi un gran trono blanco y al que estaba sentado en él, de delante del cual huyeron la tierra y el cielo, y ningún lugar se encontró para ellos. Y vi a los muertos, grandes y pequeños, de pie ante Dios; y los libros fueron abiertos, y otro libro fue abierto, el cual es el libro de la vida; y fueron juzgados los muertos por las cosas que estaban escritas en los libros, según sus obras. Y el mar entregó los muertos que había en él; y la muerte y el Hades entregaron los muertos que había en ellos; y fueron juzgados cada uno según sus obras. Y la muerte y el Hades fueron lanzados al lago de fuego. Esta es la muerte segunda. Y el que no se halló inscrito en el libro de la vida fue lanzado al lago de fuego. (20:11-15)

Este pasaje describe la sentencia final de los perdidos y es el pasaje más serio, solemne y trágico de toda la Biblia. Conocido por lo general como el juicio ante el gran trono blanco, es la última escena de una sala de justicia que tendrá lugar. Después de este, nunca más habrá un juicio, y Dios nunca más tendrá que actuar como juez. Los acusados, todos los inconversos que alguna vez hayan vivido, resucitarán para afrontar un juicio como jamás ha habido ningún otro. No se debatirá su culpabilidad ni su inocencia. Habrá un fiscal, pero no un defensor; un acusado, pero no un abogado. Habrá una acusación, pero no una defensa preparada por el acusado; la evidencia de culpabilidad se presentará y no habrá impugnación ni contrainterrogatorio. Habrá un Juez totalmente incompasivo y no habrá jurado, y no habrá apelación a la sentencia que Él pronuncie. El culpable será castigado eternamente sin posibilidad de libertad condicional, en una cárcel de donde no hay escapatoria.

El lenguaje de este pasaje es claro, severo y sin adornos. Se dan pocos detalles, y la descripción está completamente carente de los modificadores vívidos y elocuentes que pudieran esperarse. Pero la escena es suficientemente aterradora descrita directamente, por lo que tal lenguaje sería superfluo. El amado apóstol Juan,

247

registrando esta visión en una cueva o en una ladera en la isla de Patmos, sin dudas se estremeció al escribir de la condenación a castigo eterno de los malos. Desde la caída, Satanás, el padre de mentira (Jn. 8:44), ha intentado engañar a las personas sobre la realidad del juicio venidero. Ha hecho todo lo posible para convencer a las personas de que no habrá un tribunal final. Satanás ha engañado a los pecadores y les ha hecho creer que pueden vivir como les plazca, sin temor a tener que dar cuentas, o a un castigo futuro. Satanás le dijo a Eva: "No moriréis" (Gn. 3:4), expresando de esta forma su engaño con relación al juicio sobre el pecado. Los principales medios que usa el diablo en su engaño son el ateísmo (en particular la atea teoría de la evolución) y la religión falsa. La negación que hace el ateísmo de la existencia de Dios trata de decir que no hay un Juez moral a quien las personas tengan que dar cuentas después que mueran. Ellos erróneamente creen que son libres para pecar como les plazca y que luego simplemente dejan de existir. Los dioses de la mayoría de las religiones falsas no son santos, no requieren que haya justicia interior ni obediencia de corazón, se les apacigua con rituales y ceremonias; de este modo estos dioses no inspiran temor a rendir cuentas en sus adoradores.

A pesar de las vanas y absurdas especulaciones de los hombres, el Dios vivo y verdadero es el Supremo Juez del universo. El juicio que hará contra los incrédulos será justo, porque Él es justo. Deuteronomio 32:4 dice de Dios: "El es la Roca, cuya obra es perfecta, porque todos sus caminos son rectitud; Dios de verdad, y sin ninguna iniquidad en él; es justo y recto". Job 37:23-24 declara: "El es Todopoderoso, al cual no alcanzamos, grande en poder; Y en juicio y en multitud de justicia no afligirá. Lo temerán por tanto los hombres". Dios no puede dejar de ser justo, porque la perfección absolutamente santa de su naturaleza no le permitirá hacer otra cosa que lo que es correcto. La voluntad de Dios es la norma suprema de justicia y equidad, y Él hará nada más lo que es justo, recto y verdadero. Nada fuera de Él lo obligará a actuar con justicia; la justicia es su propia naturaleza. Así que, todos los actos de Dios hacia las personas son perfectamente justos; los pecadores han agraviado la justicia de Dios, pero la justicia de Dios no los ha agraviado a ellos, ni lo podrá hacer nunca.

Nadie en el juicio ante el gran trono blanco tendrá el más leve fundamento para quejarse por su sentencia. Los que rechazan la gracia y la misericordia de Dios en esta vida inevitablemente enfrentarán su justicia en la vida venidera. Dios dijo de su descarriado Israel: "Mi pueblo no oyó mi voz, e Israel no me quiso a mí" (Sal. 81:11). A sus descendientes, igualmente duros de cerviz, Jesús declaró: "No queréis venir a mí para que tengáis vida" (Jn. 5:40) y "moriréis en vuestros pecados; porque si no creéis que yo soy, en vuestros pecados moriréis" (Jn. 8:24). Los pecadores incontritos experimentarán la justicia de Dios en el juicio ante el gran trono blanco.

Este sencillo, pero poderoso texto, describe la realidad espantosa del veredicto y la sentencia final sobre los pecadores en cuatro temas: la escena, la comparecencia, la norma y la sentencia.

LA ESCENA

Y vi un gran trono blanco y al que estaba sentado en él, de delante del cual huyeron la tierra y el cielo, y ningún lugar se encontró para ellos. Y vi a los muertos, grandes y pequeños, de pie ante Dios; (20:11-12*a*).

En una declaración breve, directa y sin adornos, Juan describe la espantosa y aterradora escena que estaba ante él. Al apóstol se le muestra al juez sentado en su trono de juicio, y a todos los acusados ante Él. La conocida frase *kai eidon* presenta una vez más una nueva visión en Apocalipsis (cp. vv. 1, 4; 6:1; 7:2; 8:2; 10:1; 13:1, 11; 14:1, 6, 14; 15:1; 17:3; 19:11; 21:1). Esta visión del juicio ante el gran trono blanco sigue a aquellas del milenio (20:1-10), y la Segunda Venida (19:11-21), y de inmediato precede a la del cielo nuevo y de la tierra nueva (21:1ss.).

Lo primero que Juan vio fue **un gran trono blanco**. Casi cincuenta veces en Apocalipsis se menciona un trono. En este caso es el asiento del gobierno soberano de Dios (cp. 4:2-6, 9; 5:1-7, 13; 6:16; 7:10, 15; 19:4; 21:5). Se le llama **gran** no solo por su tamaño como más grande que los tronos mencionados en 20:4, sino también por su importancia, majestad y autoridad. El que sea **blanco** simboliza su pureza, santidad y justicia. El veredicto que saldrá de este **trono** será absolutamente imparcial, justo y recto. "Jehová permanecerá para siempre"; escribió David: "Ha dispuesto su trono para juicio. El juzgará al mundo con justicia, y a los pueblos con rectitud" (Sal. 9:7-8). Daniel describió esta escena en Daniel 7:9-10:

> *Estuve mirando*
> *hasta que fueron puestos tronos,*
> *y se sentó un Anciano de días,*
> *cuyo vestido era blanco como la nieve,*
> *y el pelo de su cabeza como lana limpia;*
> *su trono llama de fuego,*
> *y las ruedas del mismo, fuego ardiente.*
> *Un río de fuego procedía*
> *y salía de delante de él;*
> *millares de millares le servían,*
> *y millones de millones asistían delante de él;*
> *el Juez se sentó,*
> *y los libros fueron abiertos.*

Jesús describió esta escena como la "resurrección de condenación" (Jn. 5:29). De este juicio, el apóstol Pablo escribió: "por tu dureza y por tu corazón no arrepentido, atesoras para ti mismo ira para el día de la ira y de la revelación del justo juicio de Dios" (Ro. 2:5). Aun más imponente que el **trono** era la visión del **que estaba sentado en él.** El juez que está en el trono es nada menos que el Dios Todopoderoso y eterno, descrito en la escena del trono de 4:8-11:

Y los cuatro seres vivientes tenían cada uno seis alas, y alrededor y por dentro estaban llenos de ojos; y no cesaban día y noche de decir: Santo, santo, santo es el Señor Dios Todopoderoso, el que era, el que es, y el que ha de venir. Y siempre que aquellos seres vivientes dan gloria y honra y acción de gracias al que está sentado en el trono, al que vive por los siglos de los siglos, los veinticuatro ancianos se postran delante del que está sentado en el trono, y adoran al que vive por los siglos de los siglos, y echan sus coronas delante del trono, diciendo: Señor, digno eres de recibir la gloria y la honra y el poder; porque tú creaste todas las cosas, y por tu voluntad existen y fueron creadas.

Antes, en Apocalipsis, los mártires de la tribulación clamaron: "La salvación pertenece a nuestro Dios que está sentado en el trono, y al Cordero" (7:10). En 19:4 "Y los veinticuatro ancianos y los cuatro seres vivientes se postraron en tierra y adoraron a Dios, que estaba sentado en el trono, y decían: ¡Amén! ¡Aleluya!'" (cp. 1:4; 4: 9-10; 5:6-7, 13; 6:16). Compartiendo el trono con el Padre está el Señor Jesucristo. En 3:21 Jesús prometió: "Al que venciere, le daré que se siente conmigo en mi trono, así como yo he vencido, y me he sentado con mi Padre en su trono". En la visión que tuvo Juan del cielo nuevo y de la tierra nueva, vio "el trono de Dios y del Cordero" (22:1, 3).

Aunque el Padre y el Hijo comparten el trono, solamente se habla aquí del Hijo, ya que la Biblia enseña que Él juzgará a los pecadores. En Juan 5:22 Jesús dijo: "Porque el Padre a nadie juzga, sino que todo el juicio dio al Hijo". Mientras que en los versículos 26-27 añadió: "Porque como el Padre tiene vida en sí mismo, así también ha dado al Hijo el tener vida en sí mismo; y también le dio autoridad de hacer juicio, por cuanto es el Hijo del Hombre". En Hechos 10:42 Pedro declaró que Jesucristo "es el que Dios ha puesto por Juez de vivos y muertos". El apóstol Pablo advirtió a los filósofos paganos de Atenas que Dios "ha establecido un día en el cual juzgará al mundo con justicia, por aquel varón a quien designó, dando fe a todos con haberle levantado de los muertos" (Hch. 17:31). En Romanos él escribió de "el día en que Dios juzgará por Jesucristo los secretos de los hombres" (Ro. 2:16), mientras que a Timoteo él le decía que "Jesucristo... juzgará a los vivos y a los muertos" (2 Ti. 4:1). Es Dios en la persona del Señor Jesucristo glorificado quien se sentará en el juicio final de los incrédulos.

Después de describir la visión del juez en su trono, Juan observó la pasmosa realidad de que **delante** de Él **huyeron la tierra y el cielo.** Esta asombrosa e increíble declaración describe la "descreación" del universo. La tierra cambiará su forma por los devastadores juicios de la tribulación y será restaurada durante el reino milenario. Sin embargo, aun estará con la mancha del pecado y sujeta a las consecuencias del pecado original, decadencia y muerte; por lo tanto, debe ser destruida, ya que a nada corrupto por el pecado se le permitirá existir en el estado eterno (2 P. 3:13). Dios en su lugar pondrá "cielo nuevo y una tierra nueva; porque el primer cielo y la primera tierra pasaron" (21:1; cp. 21:5; Is. 65:17, 22; 2 P. 3:13). **La tierra y el cielo** actuales no serán simplemente movidos o rediseñados, ya que Juan vio en su visión que **ningún lugar se encontró para ellos.** Serán "descreados" y dejarán por completo de existir. Esto no es nada menos que la repentina y violenta extinción del universo (cp. Sal. 102:25-26; Is. 51:6; Mt. 5:18; 24:35; Lc. 16:17; 21:33; He. 1:11-12; 12:26-27). Barnhouse escribió: "Habrá un final para los cielos y la tierra materiales que conocemos. No es que deban ser purificados y restaurados, sino que tendrá lugar el reverso de la creación. Deben ser "descreados". De la misma forma en que surgieron de la nada por la palabra de Dios, deben ser sorbidos hasta llegar a ser nada por esa misma palabra de Dios" (*Revelation: An Expository Commentary* [Apocalipsis: Un comentario expositivo] [Grand Rapids: Zondervan, 1971], 391).

Los detalles de esta obra de Dios con el universo se presentan en 2 Pedro 3:10-13, que describe la última expresión del día del Señor:

> *Pero el día del Señor vendrá como ladrón en la noche; en el cual los cielos pasarán con grande estruendo, y los elementos ardiendo serán deshechos, y la tierra y las obras que en ella hay serán quemadas. Puesto que todas estas cosas han de ser deshechas, ¿cómo no debéis vosotros andar en santa y piadosa manera de vivir, esperando y apresurándoos para la venida del día de Dios, en el cual los cielos, encendiéndose, serán deshechos, y los elementos, siendo quemados, se fundirán! Pero nosotros esperamos, según sus promesas, cielos nuevos y tierra nueva, en los cuales mora la justicia.*

El día del Señor vendrá de repente, sin esperarlo y con desastrosas consecuencias para los que no estén preparados, al igual que la llegada de un ladrón. Cuando llegue ese día, sucederán varias cosas. En primer lugar, "los cielos pasarán con grande estruendo". *Rhoizedon* ("estruendo") es una palabra onomatopéyica, es decir, una palabra que suena como lo que significa. Describe el crujiente sonido que resulta cuando "los elementos ardiendo serán deshechos, y la tierra y las obras que en ella hay serán quemadas... [cuando] los cielos, encendiéndose, serán deshechos, y los elementos, siendo quemados, se fundirán". *Stoicheion* ("elementos") se refiere a las partículas fundamentales que componen la materia, como las partículas atómicas y subatómicas. "Deshechos" viene del verbo *luō*, y pudiera traducirse "disueltos". El universo actual explotará como una gigantesca bomba nuclear, y el intenso calor resultante literalmente disolverá todo lo que en él hay. Las leyes actuales de la termodinámica, que establecen que la materia no puede ser creada ni destruida, quedarán sin efecto. Como resultado, las cosas que están en el universo "serán quemadas"; serán totalmente consumidas. Ocurrirá el reverso absoluto de la creación. No necesitó eras de evolución la creación del universo, tampoco necesitará eras para el proceso inverso. Esto, como la creación, ocurrirá por la palabra de Dios.

Al presentar el último elemento en esta horrible escena, Juan escribe que vio **a los muertos, grandes y pequeños, de pie ante Dios**. El escenario es el indescriptible vacío, la nada inconcebible entre el fin del universo actual y la creación del cielo nuevo y de la tierra nueva. Los presos ante el Juez estarán todos físicamente **muertos**, ya que no habrá ningún ser vivo que pueda haber sobrevivido a la destrucción del universo actual. Los últimos incrédulos habrían perecido al aplastar Dios la rebelión al final del milenio (20:8-9). Los últimos cristianos que estén vivos serán trasladados y transformados en sus cuerpos eternos, como Enoc (Gn. 5:24), Elías (2 R. 2:11) y la iglesia arrebatada (1 Ts. 4:13-18).

Los **muertos** descritos aquí **de pie ante Dios** en el juicio divino no son solo de la rebelión del milenio, sino que incluyen todos los incrédulos que alguna vez hayan vivido. Esta es la "resurrección de condenación" (Jn. 5:29), la resurrección "para vergüenza y confusión perpetua" (Dn. 12:2), la "resurrección... de injustos" (Hch. 24:15). La Biblia enseña que ningún creyente será sometido al juicio de Dios, ya que "ninguna condenación hay para los que están en Cristo Jesús" (Ro. 8:1). Todo "el que en él cree, no es condenado" (Jn. 3:18); "tiene vida eterna; y no vendrá a condenación, mas ha pasado de muerte a vida" (Jn. 5:24). Lejos de ser condenados, todos los santos participantes en la primera resurrección (20:6) ya habrán recibido sus recompensas (cp. v. 4; 19:7-9; 1 Co. 3:12-15; 2 Co. 5:10).

A fin de subrayar el alcance global del juicio, Juan observa que el grupo de incrédulos delante del trono de Dios incluye a **grandes y pequeños**. Todos enfrentarán juicio, las personas de influencia y las personas sin importancia, "porque no hay acepción de personas para con Dios" (Ro. 2:11; cp. Dt. 10:17; Job 34:19; Ef. 6:9; Col. 3:25; 1 P. 1:17). John Phillips escribió:

Hay una terrible compañía allí... Los muertos, pequeños y grandes, están delante de Dios. Las almas muertas están unidas a los cuerpos muertos en una compañía de horror y desesperación. Hombres y mujeres miserables, cuya vida estaba llena de mezquindad, egoísmo y pecados obscenos, estarán allí. Aquellos cuya vida no llegó a nada, estarán allí, cuyos propios pecados eran oscuros y desaliñados, perversos, rencorosos, testarudos, serviles, vulgares, groseros y mezquinos. El grande estará allí, hombres que pecaron con poder, con brío, y valor y talento. Hombres como Alejandro y Napoleón, Hitler y Stalin estarán presentes, hombres que se dedicaron a la maldad en gran escala, con el mundo como su escenario, y que al final murieron sin arrepentirse. Ahora todos sin excepción están compareciendo y en rumbo a la condenación: una horrible compañía congregada por primera y última vez. (*Exploring Revelation*, [Explorando el Apocalipsis] edición revisada [Chicago: Moody, 1987; reimpreso, Neptune, N.J.: Loizeaux, 1991], 242–43)

LA COMPARECENCIA

Y el mar entregó los muertos que había en él; y la muerte y el Hades entregaron los muertos que había en ellos; (20:13*a*)

Al mostrarse la próxima escena en este último drama de una sala de tribunal, a los prisioneros se les manda a comparecer desde sus celdas ante el Juez. Desde su muerte, sus almas han sido atormentadas en un lugar de castigo; ahora ha llegado el tiempo de que sean sentenciados al infierno eterno y final. Antes de que **el mar** dejara de existir (cp. 21:1), **entregó los muertos que había en él.** El mar pudiera ser distinguido porque es, al parecer, el lugar más difícil de donde pudieran resucitar los cuerpos. Pero Dios llamará de sus profundidades nuevos cuerpos para todos los que perecieron en el mar a lo largo de la historia humana, entre ellos los que se ahogaron en el diluvio, los que se hundieron con el Titanic, el Lusitania, el Arizona, y muchos otros barcos que han naufragado, así como todos los millones de personas que hallaron su fin en el mar. La muerte simboliza todos los lugares en la tierra desde los cuales Dios resucitará nuevos cuerpos para los injustos muertos. El mar y la muerte se representan como voraces monstruos que se han tragado esos cuerpos y serán obligados a devolverlos antes de dejar de existir.

Hades es el equivalente griego de la palabra hebrea *sheol*. Ambas palabras describen el reino de los muertos. *Sheol*, empleada sesenta y siete veces en el Antiguo Testamento, describe el reino de los muertos en general. **Hades** se emplea diez veces en el Nuevo Testamento, siempre respecto al lugar de castigo (cp. Lc. 16:23), donde están guardados los impíos muertos pendientes de ser sentenciados al infierno. En esta increíble escena, se deja vacío al **Hades** de sus espíritus cautivos, quienes se unen a cuerpos resucitados ante el tribunal de la justicia de Dios. Los incrédulos, dentro de cuerpos resucitados apropiados para el infierno, estarán entonces listos para su sentencia al lago de fuego, donde su castigo, a diferencia que en el **Hades**, durará por siempre.

LA NORMA

y los libros fueron abiertos, y otro libro fue abierto, el cual es el libro de la vida; y fueron juzgados los muertos por las cosas que estaban escritas en los libros, según sus obras... y fueron juzgados cada uno según sus obras. (20:12*b*, 13*b*)

Al comenzar el juicio, el Juez abre los libros. La escena recuerda la descrita por Daniel:

> *Estuve mirando hasta que fueron puestos tronos,*
> *y se sentó un Anciano de días,*
> *cuyo vestido era blanco como la nieve,*
> *y el pelo de su cabeza como lana limpia;*
> *su trono llama de fuego,*
> *y las ruedas del mismo, fuego ardiente.*
> *Un río de fuego procedía*
> *y salía de delante de él;*
> *millares de millares le servían,*
> *y millones de millones asistían delante de él;*
> *el Juez se sentó, y los libros fueron abiertos (Dn. 7:9-10).*

Los **libros** contienen el registro de cada pensamiento, palabra y hechos de cada persona no salva que ha vivido. Dios ha guardado registros perfectos, precisos y de gran amplitud de la vida de cada persona, y serán **juzgados los muertos por las cosas que estaban escritas en los libros, según sus obras**. Las **obras** de los pecadores se medirán con la norma perfecta y santa de Dios, que Jesús definió en Mateo 5:48: "Sed, pues, vosotros perfectos, como vuestro Padre que está en los cielos es perfecto". En su primera epístola Pedro escribió: "como aquel que os llamó es santo, sed también vosotros santos en toda vuestra manera de vivir; porque escrito está: Sed santos, porque yo soy santo" (1 P. 1:15-16). A los gálatas Pablo escribió: "Porque todos los que dependen de las obras de la ley están bajo maldición, pues escrito está: Maldito todo aquel que no permaneciere en todas las cosas escritas en el libro de la ley, para hacerlas" (Gá. 3:10), una verdad enseñada también por Santiago: "Porque cualquiera que guardare toda la ley, pero ofendiere en un punto, se hace culpable de todos"

(Stg. 2:10). Ningún prisionero ante el tribunal de la justicia divina podrá reclamar la perfecta obediencia a las normas santas de Dios que Él exige. "Todos pecaron, y están destituidos de la gloria de Dios" (Ro. 3:23), y están "muertos en [sus] delitos y pecados" (Ef. 2:1). La justicia de Dios exige un pago por los pecados de cada persona. Cristo pagó ese castigo por los creyentes: "él herido fue por nuestras rebeliones, molido por nuestros pecados; el castigo de nuestra paz fue sobre él, y por su llaga fuimos nosotros curados. Todos nosotros nos descarriamos como ovejas, cada cual se apartó por su camino; mas Jehová cargó en él el pecado de todos nosotros". (Is. 53:5-6). "Cristo nos redimió de la maldición de la ley, hecho por nosotros maldición (porque está escrito: Maldito todo el que es colgado en un madero)" (Gá. 3:13). Dios "al que no conoció pecado, por nosotros lo hizo pecado, para que nosotros fuésemos hechos justicia de Dios en él" (2 Co. 5:21). "[Cristo] llevó él mismo nuestros pecados en su cuerpo sobre el madero, para que nosotros, estando muertos a los pecados, vivamos a la justicia" (1 P. 2:24). Pero los incrédulos, a quienes no se les ha imputado la justicia de Cristo (Fil. 3:9), pagarán ellos mismos la culpa de violar la ley de Dios, con eterna destrucción en el infierno (2 Ts. 1:9).

El juicio de Dios sobre las **obras** malvadas de los pecadores incrédulos y no arrepentidos incluirá sus pensamientos. "Él conoce los secretos del corazón" (Sal. 44:21), y "Dios juzgará por Jesucristo los secretos de los hombres" (Ro. 2:16). "Porque nada hay oculto, que no haya de ser manifestado; ni escondido, que no haya de ser conocido, y de salir a luz" (Lc. 8:17). Los pecadores serán juzgados también por sus palabras. Jesús dijo en Mateo 12:37: "Por tus palabras serás justificado, y por tus palabras serás condenado". Por último, los incrédulos serán juzgados por sus acciones: "Dios traerá toda obra a juicio, juntamente con toda cosa encubierta, sea buena o sea mala" (Ec. 12:14); "el Hijo del Hombre vendrá en la gloria de su Padre con sus ángeles, y entonces pagará a cada uno conforme a sus obras" (Mt. 16:27). Tampoco podrá nadie reclamar ignorancia de las normas de Dios, porque tanto la creación (Ro. 1:20) como la conciencia (Ro. 2:14-15) revelan la justicia de Dios. Los que no tengan conocimiento de la ley de Dios, serán juzgados en base al conocimiento que sí tienen (Ro. 2:12).

La absoluta e infalible precisión del juicio de Dios asegurará que el castigo de los incrédulos en el infierno se ajuste a su iniquidad. La vida de cada persona se evaluará de modo individual, y el castigo de cada persona será consecuente con esa evaluación. De modo que la Biblia enseña que habrá varios grados de castigo en el infierno. Cuando envió los doce a predicar, Jesús les dijo: "Y si alguno no os recibiere, ni oyere vuestras palabras, salid de aquella casa o ciudad, y sacudid el polvo de vuestros pies. De cierto os digo que en el día del juicio, será más tolerable el castigo para la tierra de Sodoma y de Gomorra, que para aquella ciudad" (Mt. 10:14-15). Reprendiendo a varias ciudades por su incredulidad, Jesús declaró:

> *¡Ay de ti, Corazín! ¡Ay de ti, Betsaida! Porque si en Tiro y en Sidón se hubieran hecho los milagros que han sido hechos en vosotras, tiempo ha que se hubieran arrepentido en cilicio y en ceniza. Por tanto os digo que en el día del juicio, será más tolerable el castigo para Tiro y para Sidón, que para vosotras. Y tú, Capernaum, que eres levantada hasta el cielo, hasta el Hades serás abatida; porque si en Sodoma se hubieran hecho los milagros que han sido hechos en ti, habría permanecido hasta el día de hoy. Por tanto os digo que en el día del juicio, será más tolerable el castigo para la tierra de Sodoma, que para ti (Mt. 11:21-24).*

Los escribas hipócritas "que gustan de andar con largas ropas, y aman las salutaciones en las plazas, y las primeras sillas en las sinagogas, y los primeros asientos en las cenas; que devoran las casas de las viudas, y por pretexto hacen largas oraciones. Estos recibirán mayor condenación" (Mr. 12:38-40). Al describir el juicio final, en la parábola del siervo infiel, Jesús enseñó que "[el] siervo que conociendo la voluntad de su señor, no se preparó, ni hizo conforme a su voluntad, recibirá muchos azotes. Mas el que sin conocerla hizo cosas dignas de azotes, será azotado poco" (Lc. 12:47-48). El escritor de Hebreos pregunta: "¿Cuánto mayor castigo pensáis que merecerá el que pisoteare al Hijo de Dios, y tuviere por inmunda la sangre del pacto en la cual fue santificado, e hiciere afrenta al Espíritu de gracia?" (He. 10:29).

Debe observarse que aunque hay varios grados de castigo en el infierno, todos los que estén allí sufrirán intolerable e indescriptible desdicha y tormento. Todos los pecadores en el infierno estarán definitivamente separados de Dios y de todo lo que proviene de su bondad. De modo que serán miserables, pero no igualmente miserables.

Después que fueron abiertos los **libros** que tenían las **obras** malvadas de los prisioneros, **otro libro fue abierto, el cual es el libro de la vida**. La imagen de este libro corresponde al registro de ciudadanos que se guardaban en las ciudades antiguas; este contiene los nombres de todos aquellos cuya "ciudadanía está en el cielo" (Fil. 3:20). Hay varias referencias a él en Apocalipsis (v. 15; 3:5; 13:8; 17:8; 21:27). El **libro de la vida** es el registro de los escogidos por Dios (cp. Dn. 12:1; Mal. 3:16; Lc. 10:20; Fil. 4:3; He. 12:23), y aquellos cuyos nombres no estén recogidos en este libro, recibirán condenación eterna.

Como sus nombres no estaban en el **libro de la vida**, los prisioneros ante el gran trono blanco **fueron juzgados cada uno según sus obras**. Algunos, espantados y horrorizados, protestarán: "Señor, Señor, ¿no profetizamos en tu nombre, y en tu nombre echamos fuera demonios, y en tu nombre hicimos muchos milagros?" (Mt. 7:22). Pero en respuesta escucharán las más escalofriantes y aterradoras palabras que alguien haya jamás oído: "Nunca os conocí; apartaos de mí, hacedores de maldad" (Mt. 7:23). Los que no quieran declararse culpables de sus pecados en este mundo, arrepentirse y pedir perdón a Dios, teniendo como base la obra sustituta de Cristo, enfrentarán un juicio después de la muerte. Y aquel día, se les declarará culpables.

LA SENTENCIA

Y la muerte y el Hades fueron lanzados al lago de fuego. Esta es la muerte segunda. Y el que no se halló inscrito en el libro de la vida fue lanzado al lago de fuego. (20:14-15)

La evidencia es irrefutable, ya el veredicto está dado; el juicio se llevará a cabo muy pronto. Al dictarse la sentencia, **la muerte y el Hades** (el sepulcro y el lugar temporal de castigo para todo aquel cuyo nombre **no se halló inscrito en el libro de la vida**) fueron lanzados al lago de fuego, dando a entender que dejarán de existir, tragados por el último infierno. Los que están allí, sufriendo actualmente solo en sus espíritus, recibirán un cuerpo resucitado, especialmente diseñado, y se les lanzará al infierno eterno (cp. Mt. 10:28). Este infierno final, descrito como el lago de fuego, pudiera ya existir (cp. Mt. 25:41), pero de ser así, está desocupado en la actualidad. Sus dos primeros ocupantes, la bestia y el falso profeta, no llegarán hasta el final de la tribulación (19:20).

El término más claro y vívido que emplea el Nuevo Testamento para describir el infierno final, el **lago de fuego**, es *geenna* (Gehena). Gehena es la palabra del Nuevo Testamento para el valle del hijo de Hinom (también llamado Tofet; 2 R. 23:10; Is. 30:33; Jer. 7:31-32; 19:6), ubicado al suroeste de Jerusalén. En la época del Antiguo Testamento, los israelitas idólatras quemaban sus hijos al fuego allí, como sacrificios a los falsos dioses (Jer. 19:2-6). En la época de Cristo, era el lugar donde las personas arrojaban la basura. El fuego se mantenía quemando constantemente, lanzando al aire un humo de mal olor, y el basurero estaba infestado de gusanos. A veces se lanzaban allí los cuerpos de los criminales. De modo que el valle del hijo de Hinom era una representación apropiada del infierno eterno, la cual usó Jesús repetidamente (Mt. 5:22, 29, 30; 10:28; 18:9; 23:15, 33; Mr. 9:43, 45, 47; Lc. 12:5). El infierno será el eterno basurero cósmico de Dios; sus residentes estarán quemándose como basura para siempre.

Los bienaventurados y santos que participen en la primera resurrección, no experimentarán la segunda muerte (20:6). Pero el resto de los muertos, que no participaron en la primera resurrección (20:5), enfrentarán **la muerte segunda**, que se define aquí como el **lago de fuego**. Quienes mueren en sus pecados en este mundo real de tiempo y espacio, morirán una **muerte segunda** en la eternidad; serán condenados **al lago de fuego** para siempre.

Las Escrituras describen vívidamente los diversos aspectos del ardiente infierno final. **Fuego** se emplea más de veinte veces en el Nuevo Testamento para describir el tormento del infierno (cp. vv. 10, 15; 14:10; 19:20; 21:8; Mt. 3:10-12; 5:22; 7:19; 13:40, 42, 50; 18:8-9; 25:41; Mr. 9:44; Lc. 3:9, 16-17; Jn. 15:6; He. 10:27; Jud. 7). No se sabe si el **fuego** del infierno es literal, físico, ya que el **lago de fuego** existe fuera del universo creado tal y como lo conocemos. Si el fuego aquí es simbólico, la realidad que representa será con más razón horrenda y dolorosa. También la Biblia describe al infierno como un lugar de total oscuridad, que aislará a sus ocupantes unos de otros (Mt. 8:12; 22:13; 25:30; 2 P. 2:17; Jud. 13); como un lugar donde el gusano (posiblemente emblemático de una conciencia acusadora) que devora a los malos nunca morirá (Is. 66:24; Mr. 9:44); como un lugar de destierro del reino de Dios (Mt. 8:12; 22:13); y un lugar de interminable pesar, donde hay "lloro y crujir de dientes" (Mt. 8:12; 13:42, 50; 22:13; 24:51; 25:30; Lc. 13:28).

Solo hay una manera de evitar la realidad espantosa del infierno. Quienes confiesan sus pecados y piden a Dios que los perdone, basándose en la muerte expiatoria de Cristo en su lugar, serán librados de la ira eterna de Dios (Ro. 5:9; 1 Ts. 1:10; 5:9). Para quienes se niegan a arrepentirse, se aplicará la grave advertencia expresada por el escritor de Hebreos:

Porque si pecáremos voluntariamente después de haber recibido el conocimiento de la verdad, ya no queda más sacrificio por los pecados, sino una horrenda expectación de juicio, y de hervor de fuego que ha de devorar a los adversarios. El que viola la ley de Moisés, por el testimonio de dos o de tres testigos muere irremisiblemente. ¿Cuánto mayor castigo pensáis que merecerá el que pisoteare al Hijo de Dios, y tuviere por inmunda la sangre del pacto en la cual fue santificado, e hiciere afrenta al Espíritu de gracia? Pues conocemos al que dijo: Mía es la venganza, yo daré el pago, dice el Señor. Y otra vez: El Señor juzgará a su pueblo. ¡Horrenda cosa es caer en manos del Dios vivo! (He. 10:26-31).

El cielo nuevo y la tierra nueva

18

Vi un cielo nuevo y una tierra nueva; porque el primer cielo y la primera tierra pasaron, y el mar ya no existía más. Y yo Juan vi la santa ciudad, la nueva Jerusalén, descender del cielo, de Dios, dispuesta como una esposa ataviada para su marido. Y oí una gran voz del cielo que decía: He aquí el tabernáculo de Dios con los hombres, y él morará con ellos; y ellos serán su pueblo, y Dios mismo estará con ellos como su Dios. Enjugará Dios toda lágrima de los ojos de ellos; y ya no habrá muerte, ni habrá más llanto, ni clamor, ni dolor; porque las primeras cosas pasaron.

Y el que estaba sentado en el trono dijo: He aquí, yo hago nuevas todas las cosas. Y me dijo: Escribe; porque estas palabras son fieles y verdaderas. Y me dijo: Hecho está. Yo soy el Alfa y la Omega, el principio y el fin. Al que tuviere sed, yo le daré gratuitamente de la fuente del agua de la vida. El que venciere heredará todas las cosas, y yo seré su Dios, y él será mi hijo. Pero los cobardes e incrédulos, los abominables y homicidas, los fornicarios y hechiceros, los idólatras y todos los mentirosos tendrán su parte en el lago que arde con fuego y azufre, que es la muerte segunda. (21:1-8)

A lo largo de la historia de la iglesia, el pueblo de Dios ha estado debidamente preocupado con el cielo. Los cristianos han anhelado su gozo, porque no están fuertemente atados a esta tierra. Se han considerado "extranjeros y peregrinos sobre la tierra" que "anhelaban una mejor, esto es, celestial" (He. 11:13, 16). Con el salmista le han dicho a Dios: "¿A quién tengo yo en los cielos sino a ti? Y fuera de ti nada deseo en la tierra. Mi carne y mi corazón desfallecen; mas la roca de mi corazón y mi porción es Dios para siempre" (Sal. 73:25-26); y "Como el ciervo brama por las corrientes de las aguas, así clama por ti, oh Dios, el alma mía. Mi alma tiene sed de Dios, del Dios vivo; ¿cuándo vendré, y me presentaré delante de Dios?" (Sal. 42:1-2). A través de los siglos, ese deseo de ver a Dios (Mt. 5:8) y estar en su presencia y disfrutar de Él por siempre (Sal. 16:11), ese intenso anhelo que nada en la tierra puede satisfacer (He. 11:13-16), ha distinguido a los creyentes.

Lamentablemente, esto ya no es verdad para muchos en la iglesia actual. Atrapada en la locura de nuestra sociedad, que corre tras la satisfacción inmediata, el bienestar material y la indulgencia narcisista, la iglesia se ha vuelto mundana. Nada muestra más gráficamente esa mundanalidad que la actual falta de interés en el cielo. La iglesia no canta ni predica mucho acerca del cielo, los creyentes casi nunca lo analizan, ya no se escriben canciones sobre él, y los libros sobre el cielo son muy pocos. Los creyentes que no tienen el cielo en su mente, dan poca importancia a su vida, detienen el poder de la iglesia y las cosas vanas de este mundo los absorben.

La Biblia pone en claro que los creyentes deben tener su vista puesta en el cielo. En Filipenses 3:20 Pablo señala: "nuestra ciudadanía está en el cielo". A los colosenses escribió: "Si, pues, habéis resucitado con Cristo, buscad las cosas de arriba, donde está Cristo sentado a la diestra de Dios. Poned la mira en las cosas de arriba, no en las de la tierra" (Col. 3:1-2). Santiago reprende la mundanalidad con toda claridad: "¡Oh almas adúlteras! ¿No sabéis que la amistad del mundo es enemistad contra Dios? Cualquiera, pues, que quiera ser amigo del mundo, se constituye enemigo de Dios" (Stg. 4:4). El apóstol Juan añade: "No améis al mundo, ni las cosas que están en el mundo. Si alguno ama al mundo, el amor del Padre no está en él. Porque todo lo que hay en el mundo, los deseos de la carne, los deseos de los ojos, y la vanagloria de la vida, no proviene del Padre, sino del mundo. Y el mundo pasa, y sus deseos; pero el que hace la voluntad de Dios permanece para siempre" (1 Jn. 2:15-17).

Es esenial una perspectiva del cielo, ya que allí está todo lo relacionado con la vida espiritual y el destino de los creyentes. Su Padre está allí, como están su Salvador y su Consolador. Los miles y miles de sus hermanos en la fe que han corrido con éxito su carrera terrenal están allí (He. 12:23). Los nombres de los creyentes están registrados en los cielos (3:5; 13:8; 17:8; 20:12, 15; 21:27; Fil. 4:3), ellos son ciudadanos del cielo (Fil. 3:20), su herencia está allí (1 P. 1:4), y su recompensa (Mt. 5:12) y tesoros (Mt. 19:21) están allí. En resumen, todo lo de importancia duradera está en el cielo; ese es su hogar, y ellos son extranjeros y peregrinos en la tierra (1 Cr. 29:15; Sal. 119:19; He. 11:13-16; 1 P. 2:11). Incluso la muerte, el postrer enemigo (1 Co. 15:26), simplemente conduce a los creyentes a la presencia de Dios. Las palabras del predicador en Eclesiastés 7:1, aunque cínicas y pesimistas, son no obstante verdaderas para el creyente: "mejor el día de la muerte que el día del nacimiento". Su intenso deseo por el cielo llevó a Pablo a escribir: "para mí el vivir es Cristo, y el morir es ganancia... [tengo] deseo de partir y estar con Cristo, lo cual es muchísimo mejor" (Fil. 1:21, 23).

El anhelo del cielo ejerce una poderosa influencia en la vida de los creyentes en la tierra. En su primera epístola el apóstol Juan describe una de las principales razones por las que los cristianos desean el cielo: "sabemos que cuando él se manifieste, seremos semejantes a él, porque le veremos tal como él es" (1 Jn.

3:2; cp. Fil. 3:21). Los creyentes recibirán cuerpos glorificados, similares al cuerpo resucitado de Cristo, en el cual ellos "le [verán] tal como él es" (cp. 1 Co. 13:12). Luego Juan habló del efecto práctico que tal conocimiento debe tener en la vida de los creyentes: "todo aquel que tiene esta esperanza en él, se purifica a sí mismo, así como él es puro" (1 Jn. 3:3; cp. 2 P. 3:14).

Un genuino e intenso anhelo del cielo tiene importantes implicaciones y beneficios para el cristiano. Tal anhelo es uno de los indicadores más ciertos de la genuina salvación, "porque donde esté tu tesoro, allí estará también tu corazón" (Lc. 12:34).

Un genuino e intenso anhelo del cielo también contribuye a la formación del más elevado y noble carácter cristiano. Quienes dedican mucho tiempo a meditar sobre las cosas celestiales, no pueden menos que tener su vida transformada.

Un genuino e intenso anhelo del cielo también trae gozo y consuelo en las pruebas. Los que tienen su mira puesta en las glorias del cielo, pueden soportar cualquier cosa en esta vida sin perder su gozo. Cuando sufren, pueden decir con Pablo: "porque esta leve tribulación momentánea produce en nosotros un cada vez más excelente y eterno peso de gloria" (2 Co. 4:17).

Un genuino e intenso anhelo del cielo nos ayuda también contra el pecado. Los que tienen su mente en las cosas de arriba, son menos propensos a caer en las trampas de las tentaciones terrenales. "Porque los que son de la carne piensan en las cosas de la carne; pero los que son del Espíritu, en las cosas del Espíritu. Porque el ocuparse de la carne es muerte, pero el ocuparse del Espíritu es vida y paz" (Ro. 8:5-6).

Un genuino e intenso anhelo del cielo mantendrá también el vigor del servicio espiritual de los creyentes. Los que son negligentes en la obra del Señor y solo hacen un mínimo o simbólico esfuerzo para servirle, muestran poco interés por las cosas eternas. De manera insensata piensan que la recompensa al perseguir las cosas terrenales es mayor que la de andar tras las cosas espirituales.

Por último, un genuino e intenso anhelo del cielo honra a Dios por encima de todo lo demás. Los que se centran en el cielo lo hacen en el Dios Supremo que está en el cielo. Al poner el corazón en Él, honran a aquel cuyo corazón está puesto en ellos.

Las Escrituras se refieren al cielo más de quinientas veces. Solamente Apocalipsis menciona el cielo más de cincuenta veces. La Biblia habla de tres cielos (2 Co. 12:2). El primer cielo es la atmósfera de la tierra (Gn. 1:20; Job 12:7; Ez. 38:20); el segundo cielo es el espacio interplanetario e interestelar (Gn. 15:5; 22:17; Dt. 1:10; 4:19; Sal. 8:3; Is. 13:10); el tercer cielo es la morada de Dios (Dt. 4:39; 1 R. 8:30; Job 22:12; Sal. 14:2; Dn. 2:28; Mt. 5:34; Hch. 7:55; He. 9:24; 1 P. 3:22).

El cielo es un lugar real, no un estado de conciencia espiritual. Esto se hace evidente por el hecho de que algunos han ido allá en cuerpos glorificados, como Enoc (Gn. 5:24), Elías (2 R. 2:11), y el Señor Jesucristo (Hch. 1:9). El que Cristo esté actualmente preparando un lugar para los creyentes y un día vendrá para llevarlos al cielo (Jn. 14:2-3; 1 Ts. 4:16-17) presenta prueba adicional de que es un lugar. La Biblia no da la ubicación del cielo, pero lo ve, desde la perspectiva de la tierra, como arriba (4:1; 2 Co. 12:2). Aunque el cielo está más allá del mundo creado en otra dimensión, cuando los creyentes mueren van allá de inmediato (Lc. 23:43; 2 Co. 5:8). Los creyentes que estén vivos cuando ocurra el arrebatamiento, también serán trasladados inmediatamente al cielo (1 Ts. 4:13-18; 1 Co. 15:51-55).

Este texto revela seis características del cielo final y eterno, llamado el cielo nuevo y la tierra nueva: la apariencia del cielo nuevo y de la tierra nueva, la capital del cielo nuevo y de la tierra nueva, la realidad suprema del cielo nuevo y de la tierra nueva, los cambios en el cielo nuevo y en la tierra nueva, los residentes del cielo nuevo y de la tierra nueva, y los excluidos del cielo nuevo y la tierra nueva.

LA APARIENCIA DEL CIELO NUEVO Y DE LA TIERRA NUEVA

Vi un cielo nuevo y una tierra nueva; porque el primer cielo y la primera tierra pasaron, y el mar ya no existía más. (21:1)

La frase *kai eidon* ([Y] Vi) se emplea en todo Apocalipsis para indicar secuencia cronológica (cp. 6:1, 2, 5, 8, 12; 7:2; 8:2, 13; 9:1; 10:1; 13:1, 11; 14:1, 6, 14; 15:1; 16:13; 17:3; 19:11, 17, 19; 20:1, 4, 11). Ha presentado cada uno de los acontecimientos culminantes comenzando con la venida del Señor Jesucristo en 19:11. Cuando comienza el capítulo 21, todos los pecadores de todas las épocas, así como Satanás y sus demonios, han sido condenados al lago de fuego (20:10-15). Con todos los hombres y ángeles impíos desterrados para siempre y el presente universo destruido (20:11), Dios creará un nuevo reino donde los redimidos y los santos ángeles moren por siempre.

La frase **un cielo nuevo y una tierra nueva** se deriva de dos pasajes en Isaías. En Isaías 65:17 Dios declaró: "Porque he aquí que yo crearé nuevos cielos y nueva tierra; y de lo primero no habrá memoria, ni más vendrá al pensamiento". En Isaías 66:22 añadió: "'Porque como los cielos nuevos y la nueva tierra que yo hago permanecerán delante de mí, dice Jehová, así permanecerá vuestra descendencia y vuestro nombre". Lo que profetizó Isaías es ahora una realidad en la visión de Juan.

Kainos (**nuevo**) no significa nuevo en un sentido cronológico, sino nuevo en un sentido cualitativo. El **cielo nuevo** y la **tierra nueva** no sucederán simplemente al universo actual en secuencia cronológica; será algo completamente nuevo, original, nunca antes visto. Dios debe crear **un cielo nuevo y una tierra nueva** porque **el primer cielo y la primera tierra pasaron**. Dios creó originalmente la tierra adecuada para ser la morada permanente de la humanidad. Sin embargo, la entrada del pecado, corrompió la tierra y el universo, y Dios los destruirá (cp. 20:11). A lo que la tierra se enfrentará no es a un holocausto nuclear o ecológico, sino al juicio divino.

El Antiguo Testamento describe la contaminación y destrucción del universo actual. Job 15:15 declara que "ni aun los cielos son limpios delante de sus ojos". Isaías 24:5 añade: "la tierra se contaminó bajo sus moradores; porque traspasaron las leyes, falsearon el derecho, quebrantaron el pacto sempiterno". El salmista escribe: "Desde el principio tú fundaste la tierra, y los cielos son obra de tus manos. Ellos perecerán, mas tú permanecerás; y todos ellos como una vestidura se envejecerán; como un vestido los mudarás, y serán mudados" (Sal. 102:25-26). El Señor Jesucristo confirmó esta enseñanza del Antiguo Testamento cuando declaró: "El cielo y la tierra pasarán" (Lc. 21:33).

El primer indicio de cómo serán el **cielo nuevo** y la **tierra nueva** nos llega en la observación de Juan de que **el mar ya no** existirá **más**. Este será un cambio sorprendente para la tierra actual, que tiene cerca de tres cuartas partes cubiertas por agua. El **mar** es emblemático del medio ambiente actual que tiene como base el agua. Toda la vida en la tierra depende del agua para su subsistencia, y la tierra es el único lugar que se conoce en el universo con agua suficiente para sostener la vida. Pero el cuerpo glorificado de los creyentes no requerirá de agua, a diferencia del cuerpo humano actual, cuya sangre es un 90 por ciento agua, y cuyo cuerpo es un 65 por ciento agua. Así que, el **cielo nuevo** y la **tierra nueva** estarán basados en un principio de vida completamente diferente del que muestra el universo actual. Habrá un río en el cielo, no de agua, sino de "agua de vida" (22:1, 17). Sin el mar, no habrá ciclo hidrológico, de modo que todas las características de la vida y del clima serán totalmente distintas.

Desde una perspectiva metafórica, los comentaristas han visto la ausencia del mar como simbólico de la ausencia de la maldad. Robert L. Thomas resume:

Es más justificable ver este vacío como representando una arquetípica connotación en el mar (cp. 13:1; 20:13), un principio de desorden, violencia, o inquietud que caracteriza la vieja creación (cp. Is. 57:20; Sal. 107:25-28; Ez. 28:8)... No es que el mar sea malo en sí, sino que su aspecto es de hostilidad a la humanidad. Por ejemplo, el mar sirvió de guardia a Juan en su prisión en Patmos, separado de las iglesias de Asia...El mar fue el primero de los siete flagelos que Juan vio que no existirían más, siendo los otros seis la muerte, el duelo, el llanto, el dolor (21:4), la maldición (22:3) y la noche (21:25; 22:5). (*Revelation 8–22: An Exegetical Commentary* [Apocalipsis 8-22: Un comentario exegético] [Chicago: Moody, 1995], 440)

LA CAPITAL DEL CIELO NUEVO Y DE LA TIERRA NUEVA

Y yo Juan vi la santa ciudad, la nueva Jerusalén, descender del cielo, de Dios, dispuesta como una esposa ataviada para su marido. (21:2)

Al revelarse la próxima etapa en su visión, el apóstol Juan va de una descripción del cielo nuevo y de la tierra nueva en general, a una descripción de la ciudad capital del estado eterno. Como el texto explícitamente la identifica como tal, no hay razón para dudar que **la santa ciudad, la nueva Jerusalén,** sea una ciudad real. La nueva Jerusalén no es el cielo, sino la capital del cielo. No es sinónimo de cielo, porque se dan sus dimensiones en 21:16. Será la tercera ciudad nombrada Jerusalén en la historia de la redención. La primera es la histórica Jerusalén, la ciudad de David, que está actualmente en Palestina. Las Escrituras la llaman repetidamente la ciudad santa (11:2; Neh. 11:1; Is. 52:1; Dn. 9:24; Mt. 4:5; 27:53) porque fue apartada para los propósitos de Dios. La segunda Jerusalén será la restaurada Jerusalén, cuando Cristo reine durante el reino milenario.

Pero la **nueva Jerusalén** no pertenece a la primera creación, de modo que no es la ciudad histórica ni la ciudad milenaria; es del todo una nueva ciudad eterna (cp. v. 10; 3:12; He. 11:10; 12:22-24; 13:14). La antigua Jerusalén, en ruinas durante veinticinco años cuando Juan recibió esta visión, está muy manchada por el pecado, demasiado vinculada con la vieja creación para sobrevivir en el estado eterno. A la **nueva Jerusalén** se le llama **la santa ciudad** porque todo lo que hay en ella es santo, ya que "bienaventurado y santo [es] el que tiene parte en la primera resurrección" (20:6). El concepto de una ciudad incluye relaciones, actividad, responsabilidad, unidad, socialización, comunión y cooperación. A diferencias de lo que ocurre en las malas ciudades de la era actual, las personas perfectas y santas en la nueva Jerusalén vivirán y trabajarán juntas en perfecta armonía.

En su visión, Juan vio la **nueva Jerusalén, descender del cielo, de Dios**, su "arquitecto y constructor" (He. 11:10). La implicación es que ya existe, una verdad destacada en Hebreos 12:22-23: "os habéis acercado al monte de Sion, a la ciudad del Dios vivo, Jerusalén la celestial, a la compañía de muchos millares de ángeles, a la congregación de los primogénitos que están inscritos en los cielos, a Dios el Juez de todos, a los espíritus de los justos hechos perfectos". Todo el cielo está contenido en la **nueva Jerusalén**; está separada del universo actual, que está manchado por el pecado. Los creyentes que mueren van a la "Jerusalén la celestial", a donde Jesucristo fue antes que ellos a prepararles un lugar (Jn. 14:1-3). Pero cuando Dios cree el cielo nuevo y la tierra nueva, la **nueva Jerusalén** descenderá en medio de ese nuevo universo santo (21:10), y servirá como morada de los redimidos por toda la eternidad. Como el trono de Dios estará en la nueva Jerusalén, que descenderá a la nueva tierra, esa ciudad será el vínculo entre la nueva tierra y el nuevo cielo. (Para una descripción de la **nueva Jerusalén**, vea el capítulo 19 de este volumen). Al dar más detalles de la ciudad capital del cielo, Juan observa que estaba **dispuesta como una esposa ataviada para su marido**. Se describe la ciudad como una **esposa** porque contiene a la novia y toma su carácter. La imagen se toma de una boda judía, que típicamente tenía tres partes. Primero estaba el desposorio, que era parecido a un compromiso moderno, pero con más obligaciones legales. El desposorio de la **esposa** del Señor se llevó a cabo en la eternidad pasada, cuando Dios comprometió con su Hijo a un pueblo redimido. La próxima etapa era la presentación, una época de celebración y fiestas que conducía a la verdadera ceremonia nupcial. La presentación de la **esposa** ocurrió después del arrebatamiento de la iglesia, cuando a los creyentes se les llevó al cielo. La tercera etapa era la ceremonia, que para la **esposa** del Señor comenzó en la cena de las bodas del Cordero (19:7-9) y se extendió por todo el reino milenario. La etapa final fue la consumación, que corresponde al estado eterno. Juan vio a la **esposa ataviada para su marido** porque era el tiempo de la consumación. **Ataviada** viene del verbo *kosmeō* ("ordenar", o "arreglar"); el sustantivo asociado *kosmos* (traducido "adornos" en 1 P. 3:3) es la raíz de la palabra española "cosmético". La **esposa** se ha arreglado debidamente en toda su belleza. Para ese momento en Apocalipsis, el concepto de **esposa** se extiende para incluir no solo a la iglesia (como ha sido desde Hechos 2), sino también al resto de los redimidos de todas las épocas que viven para siempre en esa ciudad eterna (vea el análisis de 19:9 en el capítulo 14 de este volumen). Este es el momento descrito por Pablo en 1 Corintios 15:28: "Pero luego que todas las cosas le estén sujetas, entonces también el Hijo mismo se sujetará al que le sujetó a él todas las cosas, para que Dios sea todo en todos".

LA REALIDAD SUPREMA DEL CIELO NUEVO Y DE LA TIERRA NUEVA

Y oí una gran voz del cielo que decía: He aquí el tabernáculo de Dios con los hombres, y él morará con ellos; y ellos serán su pueblo, y Dios mismo estará con ellos como su Dios. (21:3)

La gloria y gozo supremos del cielo están en la Persona de Dios (cp. Sal. 73:25). Aquí, como en veinte veces anteriores en Apocalipsis, **una gran voz** hace un anuncio de gran importancia. No se revela el origen de la voz. No es Dios (que habla en el v. 5), sino que probablemente sea un ángel (cp. 5:2; 7:2; 14:9, 15, 18; 19:17). El portentoso anuncio que hace aquí es **He aquí el tabernáculo de Dios con los hombres.** *Skenē* (tabernáculo) también puede significar "tienda", o "morada". Dios armará su tienda entre su pueblo; ya nunca más estará lejos, distante, trascendente. Nunca más su presencia estará velada en la forma humana de Jesucristo, incluso en su majestad del milenio, o en la nube y columna de fuego, o dentro del lugar santísimo. La asombrosa realidad de que "los puros de corazón... verán a Dios" (Mt. 5:8) vendrá a ser una realidad. La oración de Cristo, que se registra en Juan 17:24, encontrará respuesta: "Padre, aquellos que me has dado, quiero que donde yo estoy, también ellos estén conmigo, para que vean mi gloria que me has dado" (cp. Jn. 14:1-3; 1 Ts. 4:13-17). En el cielo no habrá "templo; porque el Señor Dios Todopoderoso es el templo de ella, y el Cordero" (21:22). Su presencia impregnará el cielo y no estará confinada a un lugar de manifestación.

Tan asombrosa es esta verdad, que la voz celestial la repite en varias formas. A la sorprendente realidad de que **el tabernáculo de Dios [está] con los hombres** añade la declaración de que Dios **morará con ellos; y ellos serán su pueblo, y Dios mismo estará con ellos** (cp. 22:3-4). Esta será una manifestación de la gloriosa presencia de Dios con **su pueblo,** como ninguna otra en la historia de la redención y la culminación de toda promesa divina y esperanza humana (Lv. 26:11-12; Jer. 24:7; 30:22; 31:1, 33; 32:38; Ez. 37:27; 48:35; Zac. 2:10; 8:8; 2 Co. 6:16).

¿Cómo será vivir en la gloriosa presencia de Dios en el cielo? En primer lugar, los creyentes disfrutarán de la comunión con Él. La comunión imperfecta, obstaculizada por el pecado que tienen los creyentes con Dios en esta vida (1 Jn. 1:3), será ahora plena, completa e ilimitada. En su clásico libro acerca del cielo intitulado *The Saints' Everlasting Rest* [El descanso eterno de los santos], el puritano del siglo XVII Richard Baxter describe la íntima comunión con Dios que los creyentes disfrutarán en el cielo:

> Indudablemente al poner de manifiesto Dios nuestros sentidos, y aumentar nuestra capacidad, también pondrá de manifiesto la felicidad de esos sentidos y llenará con él mismo toda esa capacidad... Entonces tendremos luz sin una vela, y día perpetuo sin el sol... Entonces tendremos comprensión diáfana sin las Escrituras, y seremos gobernados sin una ley escrita; porque el Señor perfeccionará su ley en nuestro corazón, y todos seremos perfectamente enseñados por el Señor. Tendremos gozo, que no será resultado de promesas, ni se nos traerá por la fe o la esperanza. Tendremos comunión sin sacramentos, sin ese fruto de la vid, cuando Cristo lo beba nuevo con nosotros en el reino de su Padre y nos renueve con el reconfortante vino de inmediato disfrute. Tener necesidades, pero no suministros, es la situación de ellos en el infierno. Tener necesidades suplidas por medio de las criaturas, es la situación de nosotros en la tierra. Tener necesidades suplidas de inmediato por Dios es la situación de los santos en el cielo.

No tener ninguna necesidad es la prerrogativa de Dios mismo. (*The Practical Works of Richard Baxter* [Las obras prácticas de Richard Baxter] [reimpreso; Grand Rapids: Baker, 1981], 7, 16)

En segundo lugar, los creyentes verán a Dios como Él es. En 1 Juan 3:2 el apóstol Juan escribe: "Amados, ahora somos hijos de Dios, y aún no se ha manifestado lo que hemos de ser; pero sabemos que cuando él se manifieste, seremos semejantes a él, porque le veremos tal como él es". Ver a Dios de esa forma es imposible para los hombres mortales. Ninguna persona viviente ha visto jamás a Dios en la plenitud de su gloria (Jn. 1:18; 6:46; 1 Jn. 4:12); Él es invisible (Col. 1:15; 1 Ti. 1.17) y "habita en luz inaccesible" (1 Ti. 6:16; cp. Sal. 104:2), la exposición a la cual implica muerte instantánea para toda persona viviente (Éx. 33:20). Pero en el cielo, "los puros de corazón... verán a Dios" (Mt. 5:8), ya que serán perfectamente santos. Se les dará una visión amplia y eterna de la manifestación de Dios en su resplandeciente gloria (21:11, 23; 22:5). Incluso los santos en la gloria celestial no podrán comprender toda la infinita majestad de la admirable existencia de Dios. Pero verán todo lo que los seres glorificados pueden comprender. ¿Acaso es de extrañarse que Pablo, pensando en la gloria del cielo, tuviera "deseo de partir y estar con Cristo, lo cual es muchísimo mejor" (Fil. 1:23)?

En su himno maravilloso, que pocas veces se canta, "Yo podré reconocerlo", Fanny Crosby se hizo eco de los sentimientos de Pablo:

Cuando al fin se termine nuestra vida terrenal,
Y el río oscuro tenga que cruzar,
En lejana rivera al Salvador conoceré,
Con sonrisa bienvenida me dará.

Por los bellos portales me conducirá Jesús,
No habrá pecado, ni ningún dolor;
Gozaré con los suyos alabanzas entonar,
Mas primero quiero ver a mi Señor.

En tercer lugar, los creyentes adorarán a Dios. Cada vistazo del cielo en Apocalipsis revela a los redimidos y a los ángeles en adoración (4:10; 5:14; 7:11; 11:1, 16; 19:4). Esto no es sorprendente, ya que Jesús dijo en Juan 4:23 que "los verdaderos adoradores adorarán al Padre en espíritu y en verdad; porque también el Padre tales adoradores busca que le adoren". En el cielo, los santos glorificados y perfectos ofrecerán a Dios perfecta adoración.

En cuarto lugar, los creyentes servirán a Dios (22:3). Se dice de los santos en el cielo descritos en 7:15 que "le sirven día y noche en su templo". La capacidad de los creyentes para el servicio celestial se reflejará en su fidelidad en esta vida.

Todos los creyentes serán recompensados con habilidades para su servicio celestial, pero esas habilidades serán distintas (1 Co. 3:12-15; 4:5).

Por último, y lo más asombroso de todo, el Señor servirá a los creyentes. Jesús contó una parábola que refleja esa verdad en Lucas 12:35-40:

> *Estén ceñidos vuestros lomos, y vuestras lámparas encendidas; y vosotros sed semejantes a hombres que aguardan a que su señor regrese de las bodas, para que cuando llegue y llame, le abran en seguida. Bienaventurados aquellos siervos a los cuales su señor, cuando venga, halle velando; de cierto os digo que se ceñirá, y hará que se sienten a la mesa, y vendrá a servirles. Y aunque venga a la segunda vigilia, y aunque venga a la tercera vigilia, si los hallare así, bienaventurados son aquellos siervos. Pero sabed esto, que si supiese el padre de familia a qué hora el ladrón había de venir, velaría ciertamente, y no dejaría minar su casa. Vosotros, pues, también, estad preparados, porque a la hora que no penséis, el Hijo del Hombre vendrá.*

Jesús se describe a sí mismo como un noble rico, que vuelve a su propiedad luego de un largo viaje. Al hallar que sus siervos ministraron fielmente en su ausencia, Él los recompensa tomando el lugar de un siervo y preparando un banquete para ellos. Así será con los creyentes en el cielo, disfrutarán por siempre de un banquete celestial servido por su Señor.

LOS CAMBIOS EN EL CIELO NUEVO Y EN LA TIERRA NUEVA

Enjugará Dios toda lágrima de los ojos de ellos; y ya no habrá muerte, ni habrá más llanto, ni clamor, ni dolor; porque las primeras cosas pasaron. Y el que estaba sentado en el trono dijo: He aquí, yo hago nuevas todas las cosas. Y me dijo: Escribe; porque estas palabras son fieles y verdaderas. Y me dijo: Hecho está. Yo soy el Alfa y la Omega, el principio y el fin. (21:4-6a)

El cielo será tan diferente al del mundo actual, que para describirlo se requiere de expresiones negativas, así como también de las anteriores cosas positivas. El describir lo que está totalmente fuera del alcance del entendimiento humano, también requiere señalar cuánto difiere de la presente experiencia humana.

El primer cambio que experimentarán los creyentes en el cielo, con relación a su vida terrenal, es que **enjugará Dios toda lágrima de los ojos de ellos** (cp. 7:17; Is. 25:8). Eso no quiere decir que las personas que lleguen al cielo estarán llorando y Dios las consolará. No estarán, como algunos piensan, llorando al enfrentar el registro de sus pecados. No hay tal registro, porque "ninguna condenación hay para los que están en Cristo Jesús" (Ro. 8:1), ya que Cristo "llevó él mismo nuestros pecados en su cuerpo sobre el madero, para que nosotros, estando muertos a los pecados, vivamos a la justicia; y por cuya herida fuisteis sanados" (1 P. 2:24). Lo que declara es la ausencia de cualquier cosa por la que sentir pesar; no habrá tristezas, ni desconsuelos, ni dolor. No habrá lágrimas por desgracias, lágrimas por amores perdidos, lágrimas de remordimiento, lágrimas de arrepentimiento, lágrimas por la muerte de seres queridos, o lágrimas por cualquier otra razón.

Otra notable diferencia del mundo actual será que en el cielo **ya no habrá muerte** (cp. Is. 25:8). Ya no habrá esa gran maldición sobre la humanidad. Como prometió Pablo, "sorbida es la muerte en victoria" (1 Co. 15:54). Tanto Satanás, que tenía el poder de la muerte (He. 2:14), como la misma muerte, habrán sido lanzados al lago de fuego (20:10, 14).

Ni **habrá más llanto, ni clamor** en el cielo. La aflicción, la tristeza y la angustia, que producen **llanto,** y su manifestación externa, el **clamor,** no existirán en el cielo. Esa gloriosa realidad será el cumplimiento de Isaías 53:3-4: "Despreciado y desechado entre los hombres, varón de dolores, experimentado en quebranto; y como que escondimos de él el rostro, fue menospreciado, y no lo estimamos. Ciertamente llevó él nuestras enfermedades, y sufrió nuestros dolores; y nosotros le tuvimos por azotado, por herido de Dios y abatido". Cuando Cristo llevó los pecados de los creyentes en la cruz, también llevó sus tristezas, ya que el pecado es la causa de la tristeza.

La santidad perfecta y la ausencia de pecado que distinguirán al cielo, harán también que no haya más **dolor.** En la cruz, Jesús "herido fue por nuestras rebeliones, molido por nuestros pecados; el castigo de nuestra paz fue sobre él, y por su llaga fuimos nosotros curados" (Is. 53:5). Aunque el versículo trata principalmente la sanidad espiritual, también incluye la sanidad física. Comentando sobre la sanidad que Jesús hiciera en la suegra de Pedro, Mateo 8:17 dice: "para que se cumpliese lo dicho por el profeta Isaías, cuando dijo: El mismo tomó nuestras enfermedades, y llevó nuestras dolencias". El ministerio de sanidad de Jesús fue un avance del bienestar que distinguirá el reino milenario y el estado eterno. Los cuerpos glorificados, libres de pecado, que poseerán los creyentes en el cielo, no estarán sujetos a **dolor** de ningún tipo.

Todos estos cambios que distinguirán al cielo nuevo y la tierra nueva, indican que **las primeras cosas pasaron.** Toda antigua experiencia humana relacionada con la creación original y la caída, ha desaparecido por siempre, y con ella todo el pesar, el sufrimiento, la tristeza, la enfermedad, el dolor y la muerte que la ha caracterizado desde la caída. Resumiendo todos estos cambios de una forma positiva, **el que estaba sentado en el trono dijo: He aquí, yo hago nuevas todas las cosas. El que estaba sentado en el trono** es el mismo "de delante del cual huyeron la tierra y el cielo, y ningún lugar se encontró para ellos" (20:11). Como se observa en el capítulo 17 de este volumen, el universo actual será "descreado". El cielo nuevo y la tierra nueva serán en realidad una nueva creación, y no simplemente una restauración del cielo y de la tierra actuales. En esta nueva y perpetua creación, no habrá entropía, ni atrofia, ni decadencia, ni deterioro, ni desperdicios.

Abrumado por todo lo que ha visto, Juan parece haber perdido su concentración, por lo que el mismo Dios glorioso y majestuoso que se sienta en el trono le **dijo: Escribe; porque estas palabras son fieles y verdaderas** (cp. 1:19). Las **palabras** que Dios le dijo a Juan que escribiera, son tan **fieles y verdaderas** (cp. 22:6) como el mismo que se las revelaba (3:14; 19:11). Aunque los actuales "cielo y tierra pasarán", a pesar de eso, sus "palabras no pasarán" (Lc. 21:33). El universo llegará a su fin, pero no sucederá así con la verdad que Dios revela a su pueblo. Sea que los hombres entiendan o no esa verdad, y la crean o no, ocurrirá de todos modos.

También, a modo de resumen, la majestuosa voz del que está sentado **en el trono** del cielo le **dijo** a Juan: **Hecho está.** Esas palabras recuerdan las palabras de Jesús en la cruz: "Consumado es" (Jn. 19:30). Las palabras de Jesús señalaron la conclusión de la obra de redención; esas palabras marcan el fin de la historia de la redención. Es el tiempo del que escribió Pablo en 1 Corintios 15:24-28:

> *Luego el fin, cuando entregue el reino al Dios y Padre, cuando haya suprimido todo dominio, toda autoridad y potencia. Porque preciso es que él reine hasta que haya puesto a todos sus enemigos debajo de sus pies. Y el postrer enemigo que será destruido es la muerte. Porque todas las cosas las sujetó debajo de sus pies. Y cuando dice que todas las cosas han sido sujetadas a él, claramente se exceptúa aquel que sujetó a él todas las cosas. Pero luego que todas las cosas le estén sujetas, entonces también el Hijo mismo se sujetará al que le sujetó a él todas las cosas, para que Dios sea todo en todos.*

El **que estaba sentado en el trono** es competente para declarar el fin de la historia de la redención, porque Él es **el Alfa y la Omega** (la primera y última letras del alfabeto griego; cp. 1:8), **el principio y el fin** (cp. Is. 44:6; 48:12). Dios dio inicio a la historia, y Él la hará terminar, y toda ella se ha desarrollado según su plan soberano. Que esta misma frase se aplique al Señor Jesucristo en 22:13 presenta una prueba de su plena deidad e igualdad con el Padre.

LOS RESIDENTES DEL CIELO NUEVO Y DE LA TIERRA NUEVA

Al que tuviere sed, yo le daré gratuitamente de la fuente del agua de la vida. El que venciere heredará todas las cosas, y yo seré su Dios, y él será mi hijo. (21:6b-7)

Dos frases descriptivas revelan quiénes vivirán en los gloriosos cielo nuevo y tierra nueva. En primer lugar, se describe a un ciudadano del cielo como que tiene sed. Esa frase representa a los que, reconociendo su desesperada necesidad espiritual, tienen "hambre y sed de justicia" (Mt. 5:6). Ellos son aquellos a quienes Isaías clamó: "A todos los sedientos: Venid a las aguas; y los que no tienen dinero, venid, comprad y comed. Venid, comprad sin dinero y sin precio, vino y leche" (Is. 55:1). Los redimidos que entrarán en el cielo son los que están inconformes con su condición perdida y sin esperanza y desean ardientemente la justicia de Dios con cada parte de su ser. El salmista expresó este profundo deseo en el Salmo 42:1-2: "Como el ciervo brama por las corrientes de las aguas, así clama por ti, oh Dios, el alma mía. Mi alma tiene sed de Dios, del Dios vivo; ¿cuándo vendré, y me presentaré delante de Dios?" La promesa para estos fervorosos buscadores es que su sed será satisfecha. Dios dará al que tuviere sed... gratuitamente de la fuente del agua de la vida. A la mujer samaritana en el pozo de Jacob, Jesús le prometió: "Cualquiera que bebiere de esta agua, volverá a tener sed; mas el que bebiere del agua que yo le daré, no tendrá sed jamás; sino que el agua que yo le daré será en él una fuente de agua que salte para vida eterna" (Jn. 4:13-14). Es el agua de la que habló en Juan 7:37-38: "En el último y gran día de la fiesta, Jesús se puso en pie y alzó la voz, diciendo: Si alguno tiene sed, venga a mí y beba. El que cree en mí, como dice la Escritura, de su interior correrán ríos de agua viva". Esa misma promesa también se repite en 22:17 (cp. 7:17): "Y el Espíritu y la Esposa dicen: Ven. Y el que oye, diga: Ven. Y el que tiene sed, venga; y el que quiera, tome del agua de la vida gratuitamente". El agua en todos estos pasajes simboliza la vida eterna. Los que tienen sed de la salvación y la buscan con pasión, son los que la recibirán y disfrutarán de la bendición eterna del cielo.

En segundo lugar, el cielo es de los que **vencen**. Un vencedor, según 1 Juan 5:4-5, es uno que pone en práctica la fe salvadora en el Señor Jesucristo. El vencedor es la persona que en fe bebe del agua de la salvación que ofrece Dios gratuitamente. Juan emplea ese término distintivo para los creyentes en la promesa que cierra cada una de las cartas a las siete iglesias (vea el análisis de 2:7, 11, 17, 26; 3:5, 12, 21 en *Apocalipsis 1-11*, Comentario MacArthur del Nuevo Testamento [Grand Rapids: Editorial Portavoz, 2005]). Aquí la promesa a los que vencen es que **heredarán todas las cosas**. Ellos recibirán "una herencia incorruptible, incontaminada e inmarcesible, reservada en los cielos para [ellos]" (1 P. 1:4). Disfrutarán de la perfección del alma (He. 12:23) y del cuerpo (20:6; Jn. 5:28-29; Ro. 8:23; 1 Co. 15:35-44; 2 Co. 5:2; Fil. 3:21; 1 Jn. 3:2) para siempre en la dicha del cielo nuevo y de la tierra nueva.

Pero la promesa más maravillosa para el que venciere, que tiene sed de justicia, es la promesa de Dios: **Yo seré su Dios** (cp. Gn. 17:7-8; Éx. 6:7; 29:45; Lv. 26:12; Dt. 29:13; 2 S. 7:24; Jer. 7:23; 11:4; 24:7; 30:22; Ez. 11:20; 34:24; 36:28; 37:23, 27;

Zac. 8:8). Igualmente asombrosa es la promesa de Dios de que el que vence **será mi hijo**. Incluso en esta vida es el privilegio del creyente ser el hijo adoptado del Dios del universo (Jn. 1:12; Ro. 8:14-17; 2 Co. 6:18; Gá. 4:5; Ef. 1:5; He. 12:5-9; 1 Jn. 3:1). Pero solo en el cielo, cuando los creyentes reciban su herencia (1 P. 1:4), se realizará plenamente esta adopción (Ro. 8:23).

LOS EXCLUIDOS DEL CIELO NUEVO Y LA TIERRA NUEVA

Pero los cobardes e incrédulos, los abominables y homicidas, los fornicarios y hechiceros, los idólatras y todos los mentirosos tendrán su parte en el lago que arde con fuego y azufre, que es la muerte segunda. (21:8)

Juan concluye su visión de conjunto del cielo nuevo y de la tierra nueva con una seria y solemne advertencia. Señala a los que serán excluidos de toda participación en las bendiciones del cielo, todos los pecadores sin perdón ni redención. Hay una relación similar de tales pecadores en 22:15; Romanos 1:28-32; 1 Corintios 6:9-10; Gálatas 5:19-21; y 2 Timoteo 3:2-5.

El primer grupo excluido del cielo son los **cobardes**. Estos son los faltos de constancia (cp. Mt. 24:13; Mr. 8:35). Cayeron y se alejaron cuando su fe fue sometida a prueba, o encontró opositores, porque su fe no era genuina. Jesús describió a tales personas en la parábola del sembrador: "Y el que fue sembrado en pedregales, éste es el que oye la palabra, y al momento la recibe con gozo; pero no tiene raíz en sí, sino que es de corta duración, pues al venir la aflicción o la persecución por causa de la palabra, luego tropieza" (Mt. 13:20-21). Estos son los que "retroceden para perdición" (He. 10:39). En Juan 8:31 Jesús definió a aquellos cuya fe es genuina como los que perseveran en su Palabra. (Para análisis adicional de este tema, véanse mis libros *The Gospel According to Jesus* [El evangelio según Jesús] [edición revisada, Grand Rapids: Zondervan, 1994], y *The Gospel According to Apostles* [El evangelio según los apóstoles] [Nashville: Word, 2000]).

Como no tienen fe salvadora y son **incrédulos**, su deslealtad los excluye del cielo. También son **abominables** (perversos, corrompidos, detestables, totalmente atrapados en la iniquidad y la maldad), **y homicidas, los fornicarios y hechiceros** (de la palabra griega *pharmakos*, de la que se derivan las palabras españolas "farmacia" y "farmacéutico"; que indica la inclusión de los que usan drogas que dañan la mente en religiones ocultas), **los idólatras** y **los mentirosos**. Aquellos cuya vida está caracterizada por tales cosas, dan evidencia de que no son salvos y nunca entrarán en la ciudad celestial. Por el contrario, **tendrán su parte en el lago que arde con fuego y azufre, que es la muerte segunda**. En contraste con la bendición eterna de los justos en el cielo, los malos sufrirán tormento eterno en el infierno. (Para un análisis adicional del **lago que arde con fuego y azufre, que es la muerte segunda**, vea el capítulo 17 de este volumen). El cielo nuevo y la tierra nueva aguarda a los creyentes, y el infierno final aguarda a los incrédulos resucitados. Para los creyentes, será un universo de felicidad eterna, al morar por siempre en la gloriosa presencia de Dios. Para los incrédulos, será un lugar aterrador de insoportable tormento y desventura, sin consuelo, lejos de la presencia de Dios (2 Ts. 1:9). Las decisiones que toman hombres y mujeres en esta vida, determinan en cuáles de esos reinos vivirán para siempre.

La ciudad capital del cielo **19**

Vino entonces a mí uno de los siete ángeles que tenían las siete copas llenas de las siete plagas postreras, y habló conmigo, diciendo: Ven acá, yo te mostraré la desposada, la esposa del Cordero. Y me llevó en el Espíritu a un monte grande y alto, y me mostró la gran ciudad santa de Jerusalén, que descendía del cielo, de Dios, teniendo la gloria de Dios. Y su fulgor era semejante al de una piedra preciosísima, como piedra de jaspe, diáfana como el cristal. Tenía un muro grande y alto con doce puertas; y en las puertas, doce ángeles, y nombres inscritos, que son los de las doce tribus de los hijos de Israel; al oriente tres puertas; al norte tres puertas; al sur tres puertas; al occidente tres puertas. Y el muro de la ciudad tenía doce cimientos, y sobre ellos los doce nombres de los doce apóstoles del Cordero.

El que hablaba conmigo tenía una caña de medir, de oro, para medir la ciudad, sus puertas y su muro. La ciudad se halla establecida en cuadro, y su longitud es igual a su anchura; y él midió la ciudad con la caña, doce mil estadios; la longitud, la altura y la anchura de ella son iguales. Y midió su muro, ciento cuarenta y cuatro codos, de medida de hombre, la cual es de ángel. El material de su muro era de jaspe; pero la ciudad era de oro puro, semejante al vidrio limpio; y los cimientos del muro de la ciudad estaban adornados con toda piedra preciosa. El primer cimiento era jaspe; el segundo, zafiro; el tercero, ágata; el cuarto, esmeralda; el quinto, ónice; el sexto, cornalina; el séptimo, crisólito; el octavo, berilo; el noveno, topacio; el décimo, crisopraso; el undécimo, jacinto; el duodécimo, amatista. Las doce puertas eran doce perlas; cada una de las puertas era una perla. Y la calle de la ciudad era de oro puro, transparente como vidrio.

Y no vi en ella templo; porque el Señor Dios Todopoderoso es el templo de ella, y el Cordero. La ciudad no tiene necesidad de sol ni de luna que brillen en ella; porque la gloria de Dios la ilumina, y el Cordero es su lumbrera. Y las naciones que hubieren sido salvas andarán a la luz de ella; y los reyes de la tierra traerán su gloria y honor a ella. Sus puertas nunca serán cerradas de día, pues allí no habrá noche. Y llevarán la gloria y la honra de las naciones a ella. No entrará en ella ninguna cosa inmunda, o que hace abominación y mentira, sino solamente los que están inscritos en el libro de la vida del Cordero.

Después me mostró un río limpio de agua de vida, resplandeciente como cristal, que salía del trono de Dios y del Cordero. En medio de la calle de la ciudad, y a uno y otro lado del río, estaba el árbol de la vida, que produce doce frutos, dando cada mes su fruto; y las hojas del árbol eran para la sanidad de las naciones. Y no habrá más maldición; y el trono de Dios y del Cordero estará en ella, y sus siervos le servirán, y verán su rostro, y su nombre estará en sus frentes. No habrá allí más noche; y no tienen necesidad de luz de lámpara, ni de luz del sol, porque Dios el Señor los iluminará; y reinarán por los siglos de los siglos. (21:9–22:5)

La noche antes de su muerte, el Señor Jesucristo hizo una promesa admirable a todos los que creen en Él, al decir: "No se turbe vuestro corazón; creéis en Dios, creed también en mí. En la casa de mi Padre muchas moradas hay; si así no fuera, yo os lo hubiera dicho; voy, pues, a preparar lugar para vosotros. Y si me fuere y os preparare lugar, vendré otra vez, y os tomaré a mí mismo, para que donde yo estoy, vosotros también estéis" (Jn. 14:1-3). La "casa de mi Padre" a la que Jesús se refirió es la nueva Jerusalén, donde Dios vivirá para siempre con su pueblo. Es el cielo actual donde Dios mora con sus santos ángeles, y a donde van los redimidos cuando mueren. Como se observa en el capítulo anterior de este volumen, el lugar que el Señor ha preparado para ellos descenderá en el estado eterno, y será la ciudad capital del cielo nuevo y de la tierra nueva.

Al igual que una persona que prepara un viaje a otro país, desea información sobre ese país, los creyentes anhelan un vistazo de ese glorioso lugar donde vivirán por la eternidad. Conocedor de esa profunda expectativa, Dios les ha dado a los creyentes una descripción del cielo. Aunque solo se dan algunos detalles, ellos son asombrosos, sorprendentes e impresionantes.

Al revelarse la visión de la nueva Jerusalén, la historia ha terminado, y el tiempo no será más. A Juan y a sus lectores se les traslada al estado eterno. Después de describir el terrible destino eterno de los condenados, el lago de fuego (v. 8; 20:14-15), la visión lleva al amado y desterrado apóstol al bienaventurado y eterno lugar de descanso de los redimidos. Como es la ciudad capital del cielo y el vínculo entre el cielo nuevo y la tierra nueva, la nueva Jerusalén es fundamental para la visión y se describe en mucho más detalle que el resto del estado eterno.

El libro de Hebreos también menciona la gloriosa ciudad capital del cielo. Describiendo la fe de Abraham, el escritor de Hebreos afirmó que:

Por la fe Abraham, siendo llamado, obedeció para salir al lugar que había de recibir como herencia; y salió sin saber a dónde iba. Por la fe habitó como extranjero en la tierra prometida como en tierra ajena, morando en tiendas con Isaac y Jacob, coherederos de la misma promesa; porque esperaba la ciudad que tiene fundamentos, cuyo arquitecto y constructor es Dios (He. 11:8-10).

En el capítulo siguiente, el escritor presenta la siguiente descripción de la nueva Jerusalén:

sino que os habéis acercado al monte de Sion, a la ciudad del Dios vivo, Jerusalén la celestial, a la compañía de muchos millares de ángeles, a la congregación de los primogénitos que están inscritos en los cielos, a Dios el Juez de todos, a los espíritus de los justos hechos perfectos, a Jesús el Mediador del nuevo pacto, y a la sangre rociada que habla mejor que la de Abel (He. 12:22-24).

Al finalizar esa epístola, les recordó a sus lectores que "porque no tenemos aquí ciudad permanente, sino que buscamos la por venir" (He. 13:14).

Lo que Abraham, el escritor de Hebreos, y el resto de los redimidos han esperado por la fe, le fue revelado a Juan para que lo describiera. Su visión de la capital del cielo incluye varias características: su apariencia general, el diseño exterior, el carácter interno y los privilegios de sus habitantes.

SU APARIENCIA GENERAL

Vino entonces a mí uno de los siete ángeles que tenían las siete copas llenas de las siete plagas postreras, y habló conmigo, diciendo: Ven acá, yo te mostraré la desposada, la esposa del Cordero. Y me llevó en el Espíritu a un monte grande y alto, y me mostró la gran ciudad santa de Jerusalén, que descendía del cielo, de Dios, teniendo la gloria de Dios. Y su fulgor era semejante al de una piedra preciosísima, como piedra de jaspe, diáfana como el cristal. (21:9-11)

Al mostrarse la visión, apareció un ángel para llamar la atención de Juan a la ciudad. La última aparición de un ángel fue mil años antes, en el comienzo del milenio (20:1). Los ángeles desempeñan una función importante en Apocalipsis, y este ángel particular estuvo implicado en los juicios de la tribulación. Estos juicios se revelaron en una triple secuencia: los juicios de los sellos, las trompetas y las copas. Este ángel era uno de los siete ángeles que tenían las siete copas llenas de las siete plagas postreras (cp. 15:1). Él u otro de esos siete ángeles presentó también el juicio inminente de la ramera ciudad de Babilonia (17:1), manifestando el contraste entre las dos ciudades.

Para comenzar la travesía personal de Juan por la ciudad capital del cielo, el ángel **vino... y habló** con el apóstol, **diciendo: Ven acá, yo te mostraré la desposada, la esposa del Cordero.** Como se observa en el análisis de 21:2 en el capítulo 18 de este volumen, la nueva Jerusalén se describe como una **esposa** porque toma el carácter de sus ocupantes. Los ocupantes son los llamados la **esposa** del **Cordero**, un título dado originalmente a la iglesia (19:7), pero que ahora se ha ampliado para abarcar a todos los redimidos de todas las épocas, que viven para siempre. Se compara a la nueva Jerusalén con una **esposa** porque los redimidos están unidos para siempre a Dios y al Cordero. Además, se le define como **la esposa del Cordero** porque el matrimonio ha tenido lugar (19:7).

La increíble visión de Juan comenzó cuando el ángel lo **llevó en el Espíritu**. Cuando recibió las visiones que comprenden el libro de Apocalipsis, los romanos tenían al anciano apóstol preso en la isla de Patmos (1:9). Pero fue trasladado desde allí en un asombroso viaje espiritual para que viera lo que los ojos nunca pudieran ver por sí mismos. Las visiones de Juan no fueron sueños, sino realidades espirituales, como las que Pablo vio cuando también fue arrebatado al tercer cielo (2 Co. 12:2-4).

La primera parada fue **un monte grande y alto**. Desde esa posición ventajosa, el ángel le **mostró** a Juan **la gran ciudad santa de Jerusalén**. El apóstol repite su observación del versículo 2 de que la nueva Jerusalén **descendía del cielo, de Dios**. Eso destaca su origen divino; es la ciudad "cuyo arquitecto y constructor es Dios" (He. 11:10). Debe observarse que lo que aquí se describe no es la creación del cielo; es sencillamente el descenso de lo que ya existía desde la eternidad pasada, y se sitúa ahora en el centro del cielo nuevo y de la tierra nueva.

La característica más significativa de la ciudad capital de la eternidad es que es el trono del Eterno y Todopoderoso, y por lo tanto tenía **la gloria de Dios** en ella. Esa **gloria** alcanzará su expresión plena allí (Jn. 17:24); no tendrá limites, brillando desde esa ciudad por todo el nuevo universo creado. La **gloria de Dios** es la suma total de sus atributos (cp. Éx. 33:18-19) y se manifiesta como luz resplandeciente (Éx. 13:21; 19:18; 24:17; 34:29-30, 35; 40:34; 1 R. 8:10-11; Sal. 104:2; Is. 4:5; Ez. 10:4; Hab. 3:3-4; Lc. 2:9) y en su Hijo (Mt. 17:2; 24:27, 30; 1 Ti. 6:16). Lamentablemente, aunque Dios reveló su gloria, personas desobedientes y rebeldes lo rechazaron. Incluso el Señor Jesucristo, la encarnación de la gloria de Dios en forma humana (Jn. 1:14), fue "despreciado y desechado entre los hombres" (Is. 53:3). Resplandeciendo desde la nueva Jerusalén estará el resplandor de la plena manifestación de gloria de Dios, tanto que "la ciudad no tiene necesidad de sol ni de luna que brillen en ella; porque la gloria de Dios la ilumina, y el Cordero es su lumbrera" (v. 23). Isaías vislumbró la misma realidad: "El sol nunca más te servirá de luz para el día, ni el resplandor de la luna te alumbrará, sino que Jehová te será por luz perpetua, y el Dios tuyo por tu gloria" (Is. 60:19).

Al describir el efecto de la gloria de Dios resplandeciendo desde la nueva Jerusalén, Juan observa que **su fulgor era semejante al de una piedra preciosí-**

sima, como piedra de jaspe. *Phōstēr* (**fulgor**) se refiere a algo desde donde irradia luz. La Septuaginta, la traducción griega del Antiguo Testamento, la usa en Génesis 1:14 y 16 para describir objetos celestiales que producen luz. Para Juan, la ciudad celestial parecía como un gigantesco bombillo desde donde se irradia la brillante luz de la gloria de Dios. Pero esa luz no brilla a través del delgado vidrio de un bombillo, sino a través de lo que pareció a Juan como **una piedra preciosísima, como piedra de jaspe.** La ciudad parecía al apóstol como una gigantesca piedra preciosa. **Jaspe** no se refiere a la piedra moderna del mismo nombre, que es opaca; es una transliteración de la palabra griega *iaspis*, que describe una piedra transparente. Es mejor entender la palabra **jaspe** en este pasaje como refiriéndose a un diamante, **una piedra preciosísima** porque es **diáfana como el cristal** y sin mancha. De modo que se describe la ciudad capital del cielo como enorme y perfecto diamante, refractando la gloria brillante y resplandeciente de Dios por todo el cielo nuevo y la tierra nueva.

SU DISEÑO EXTERIOR

Tenía un muro grande y alto con doce puertas; y en las puertas, doce ángeles, y nombres inscritos, que son los de las doce tribus de los hijos de Israel; al oriente tres puertas; al norte tres puertas; al sur tres puertas; al occidente tres puertas. Y el muro de la ciudad tenía doce cimientos, y sobre ellos los doce nombres de los doce apóstoles del Cordero.

El que hablaba conmigo tenía una caña de medir, de oro, para medir la ciudad, sus puertas y su muro. La ciudad se halla establecida en cuadro, y su longitud es igual a su anchura; y él midió la ciudad con la caña, doce mil estadios; la longitud, la altura y la anchura de ella son iguales. Y midió su muro, ciento cuarenta y cuatro codos, de medida de hombre, la cual es de ángel. El material de su muro era de jaspe; pero la ciudad era de oro puro, semejante al vidrio limpio; y los cimientos del muro de la ciudad estaban adornados con toda piedra preciosa. El primer cimiento era jaspe; el segundo, zafiro; el tercero, ágata; el cuarto, esmeralda; el quinto, ónice; el sexto, cornalina; el séptimo, crisólito; el octavo, berilo; el noveno, topacio; el décimo, crisopraso; el undécimo, jacinto; el duodécimo, amatista. Las doce puertas eran doce perlas; cada una de las puertas era una perla. (21:12-21*a*)

El lenguaje humano es insuficiente para describir la inimaginable magnificencia de la indescriptible morada eterna de los creyentes. Renuentes a tomar el lenguaje de la Biblia en forma literal, muchos buscan algún significado oculto tras la descripción de Juan. Pero si las palabras no significan lo que dicen, ¿quién tiene la autoridad para decir lo que significan? Abandonar el sentido literal del texto conduce solo a especulaciones infundadas e inútiles. La verdad acerca de la ciudad celestial es más de lo que se describe, pero no menos y no diferente de lo que se describe. Es una creación material; sin embargo, tan exclusiva como para que no lo podamos imaginar. Las palabras de Juan proporcionan todos los detalles que Dios nos ha dado para estimular nuestra esperanza.

El que esa ciudad tuviera **un muro grande y alto** indica que no es un lugar amorfo, nebuloso, flotante. Tiene dimensiones específicas; tiene límites; se puede entrar y salir de ella a través de sus **doce puertas**. En esas **puertas, doce ángeles** estaban parados, para encargarse de la gloria de Dios y servir a su pueblo (cp. He. 1:14). Las **puertas** tenían **nombres inscritos, que son los de las doce tribus de los hijos de Israel**, celebrando por toda la eternidad la relación de pacto de Dios con Israel, el pueblo de las promesas, los pactos, las Escrituras y el Mesías. Estaban dispuestas de modo simétrico; **al oriente tres puertas; al norte tres puertas; al sur tres puertas; al occidente tres puertas.** Tal disposición es evocadora de la forma en que las doce tribus acampaban alrededor del tabernáculo (Nm. 2), y de la distribución de las tierras de las tribus alrededor del templo del milenio (Ez. 48).

El macizo **muro de la ciudad** estaba afirmado por **doce cimientos, y sobre ellos los doce nombres de los doce apóstoles del Cordero.** Esos **cimientos** conmemoran la relación de pacto de Dios con la Iglesia, de la cual los apóstoles son el cimiento (Ef. 2:20). En la parte superior de cada puerta estaba el nombre de una de las tribus de Israel; debajo de cada puerta estaba el nombre de uno de los apóstoles. De esta forma, la distribución de las puertas de la ciudad muestra el favor de Dios para todo su pueblo redimido, tanto para los que estaban bajo el antiguo pacto, como para los que estaban bajo el nuevo pacto.

Entonces ocurrió algo curioso. El ángel **que hablaba** con Juan **tenía una caña de medir, de oro, para medir la ciudad, sus puertas y su muro.** Este interesante acontecimiento recuerda las mediciones del templo milenario (Ez. 40:3ss.) y las mediciones del templo de la tribulación (11:1). La importancia de las tres mediciones es que señalan lo que pertenece a Dios.

Los resultados de las mediciones del ángel revelan que **la ciudad se halla establecida en cuadro, y su longitud es igual a su anchura; y él midió la ciudad con la caña, doce mil estadios** (lit. "12,000 *stadia*"; un estadio era unos ciento ochenta metros. Así que los muros de la ciudad tenían unos dos mil doscientos veinte kilómetros en cada dirección); **la longitud, la altura y la anchura de ella son iguales.** Algunos comentaristas han sugerido que la ciudad está en forma de pirámide. Sin embargo, es mejor verla como un cubo, como señala Henry M. Morris:

> Sin embargo, tal interpretación es muy forzada, siendo mucho más natural entender el lenguaje del pasaje como un cubo, con la misma longitud, anchura y altura...

La forma piramidal... (en Egipto, en México, o en las torres por escalones de casi todas las naciones antiguas), parece siempre haber estado relacionada con el paganismo, con la cima de la pirámide dedicada a la adoración del sol, o al patrón de los cielos. La primera de esas estructuras fue la torre de Babel, y la Biblia siempre condena posteriormente la adoración que se realizaba en los lugares altos (Lv. 26:30) ya fueran simples lugares altos naturales o lugares construidos artificialmente en la forma de una pirámide o un zigurat.

El cubo... fue la forma que Dios especificó para el lugar santo... en el templo de Salomón (1 R. 6:20), donde Dios iba a "morar" entre los querubines. De esta manera, tanto el lenguaje como la simbología favorecen la forma cúbica por encima de la piramidal. (*The Revelation Record* [El registro de Apocalipsis] [Wheaton, Ill.: Tyndale, 1983], 450)

Morris señala también que una ciudad de forma cúbica es muy apropiada para la existencia de seres glorificados:

También debe recordarse que los nuevos cuerpos de los santos resucitados serán como los de los ángeles, sin los límites de las fuerzas gravitacionales o electromagnéticas como en la actualidad. Así que será muy fácil para los habitantes viajar tanto vertical como horizontalmente, en la nueva Jerusalén. Por consiguiente, las "calles" de la ciudad (v. 21) bien pudieran incluir corredores verticales así como avenidas horizontales, y las "manzanas" serán realmente cúbicas en vez de áreas cuadradas entre calles, como en las ciudades terrenales de nuestra época. (*The Revelation Record* [El registro de Apocalipsis], 451)

Basado en ciertas suposiciones sobre el diseño de la ciudad y el número de los redimidos que vivirán en ella, Morris calcula que el "cubo" de cada persona sería aproximadamente de unas treinta hectáreas por cada lado (*The Revelation Record* [El registro de Apocalipsis], 451). Si la ciudad fuera superpuesta sobre el territorio actual de los Estados Unidos, se extendería desde Canadá hasta el Golfo de México, y desde Colorado hasta el Océano Atlántico (*The Revelation Record* [El registro de Apocalipsis], 450). Es obvio que Dios diseñará la nueva Jerusalén con espacio suficiente para todos los redimidos (cp. Jn. 14:2-3).

Luego el ángel **midió** el muro de la ciudad en **ciento cuarenta y cuatro codos** (lo más probable es que fuera su espesor). Entonces, como para subrayar que las dimensiones de la ciudad son literales y no místicas, Juan añade una nota aclaratoria para decir que las dimensiones estaban dadas en **medida de hombre, la cual es de ángel**. Una yarda es una yarda, un metro es un metro y un kilómetro es un kilómetro, tanto para los seres humanos como para los ángeles.

El **material** de que estaba hecho el macizo **muro** de la ciudad **era de jaspe**, la misma piedra como diamante que se mencionó en el versículo 11. No solo el muro era transparente, sino que también **la ciudad** misma **era de oro puro, semejante al vidrio limpio.** Los muros y edificios de la nueva Jerusalén deben ser limpios para que la ciudad irradie la gloria de Dios. Algunos pudieran estar preocupados pensando que la transparencia de la ciudad imposibilitaría toda privacidad. Sin embargo, no habrá nada en el cielo que requiera privacidad.

A continuación Juan vuelve su atención a la visión a **los cimientos del muro de la ciudad**, que él describe con asombrosos detalles. **Estaban adornados con toda piedra preciosa**, doce de las cuales con los nombres de los apóstoles. Los nombres de algunas de las piedras han cambiado a través de los siglos, haciendo incierta su identificación. Ocho de esas piedras estaban en el efod del sumo sacerdote (Éx. 28:17-20; 39:10-13). **El primer cimiento era jaspe** que, como se observó anteriormente, se le identifica mejor como diamante; **el segundo** era **zafiro**, una brillante piedra azul; **el tercero** era **ágata**, una piedra ágata de la región de Calcedonia, en lo que es ahora la moderna Turquía, de color azul celeste con franjas de colores; **el cuarto** era **esmeralda**, una brillante piedra verde; **el quinto** era **ónice**, una piedra roja y de franjas blancas; **el sexto** era **cornalina**, una piedra común de cuarzo que se encuentra en varios matices de rojo; **el séptimo** era **crisólito**, una piedra dorada o de tono amarillo; **el octavo** era **berilo**, una piedra que se encuentra en varios colores, incluso matices de verde, amarillo y azul; **el noveno** era **topacio**, una piedra verde amarilla; **el décimo** era **crisopraso**, una piedra verde con tonos dorados; **el undécimo** era **jacinto**, una piedra de color azul o violeta en la época de Juan, aunque el equivalente moderno es un zircón rojo o rojizo pardo; **el duodécimo** era **amatista**, una piedra púrpura. Estas piedras de colores brillantes refractan la refulgente brillantez de la gloria de Dios en una amplia variedad de maravillosos colores. La escena era de conmovedora belleza, un espectro de deslumbrantes colores brillando desde la nueva Jerusalén en todo el recién creado universo.

El otro aspecto de la ciudad celestial que captó la atención de Juan fue **las doce puertas**, que **eran doce perlas**. Las perlas eran altamente apreciadas y de gran valor en la época de Juan. Pero esas **perlas** no eran como cualquiera de las perlas que pueda producir una ostra, ya que **cada una de las puertas era una perla** gigantesca de casi dos mil doscientos kilómetros de altura. Hay una verdad espiritual que se ilustra por el hecho de que las **puertas** estaban hechas de **perlas**, como explica John Phillips:

> ¡Cuán apropiado! Todas las demás piedras preciosas son metales o piedras, pero una perla es una gema que se forma dentro de la ostra, la

única que se forma dentro de un ser viviente. La humilde ostra recibe una irritación o una herida, y alrededor del artículo ofensor que ha penetrado y la ha herido, la ostra construye una perla. La perla, pudiéramos decir, es la respuesta de la ostra a lo que le ha causado daño. La tierra gloriosa es la respuesta de Dios, en Cristo, a hombres malvados que crucificaron al amado del cielo y lo expusieron a vergüenza pública. Es algo muy propio de Dios hacer las puertas de la nueva Jerusalén de perlas. Los santos, en su andar, recordarán siempre, al pasar por las puertas de gloria, que el acceso a la casa de Dios es solo gracias al Calvario. ¡Piense en el tamaño de esas puertas! ¡Piense en las perlas sobrenaturales de que están hechas! ¡Qué sufrimiento tan gigantesco simbolizan esas puertas de perlas! Por todos los siglos sin fin esas puertas de perlas nos recordarán la inmensidad del sufrimiento de Cristo. Esas perlas, colgando eternamente en la ruta de acceso a la gloria, nos recordarán por siempre a Aquel a quien colgaron en un madero y cuya respuesta a los que le hicieron mal fue invitarlos a compartir su hogar. (*Exploring Revelation*, [Explorando el Apocalipsis] edición revisada [Chicago: Moody, 1987; reimpreso, Neptune, N.J.: Loizeaux, 1991], 254)

SU CARÁCTER INTERNO

Y la calle de la ciudad era de oro puro, transparente como vidrio.

Y no vi en ella templo; porque el Señor Dios Todopoderoso es el templo de ella, y el Cordero. La ciudad no tiene necesidad de sol ni de luna que brillen en ella; porque la gloria de Dios la ilumina, y el Cordero es su lumbrera. Y las naciones que hubieren sido salvas andarán a la luz de ella; y los reyes de la tierra traerán su gloria y honor a ella. Sus puertas nunca serán cerradas de día, pues allí no habrá noche. Y llevarán la gloria y la honra de las naciones a ella. No entrará en ella ninguna cosa inmunda, o que hace abominación y mentira, sino solamente los que están inscritos en el libro de la vida del Cordero.

Después me mostró un río limpio de agua de vida, resplandeciente como cristal, que salía del trono de Dios y del Cordero. En medio de la calle de la ciudad, y a uno y otro lado del río, estaba el árbol de la vida, que produce doce frutos, dando cada mes su fruto; y las hojas del árbol eran para la sanidad de las naciones. (21:21*b*–22:2)

Como si solo ver la espléndida ciudad capital del cielo desde lejos no fuera privilegio suficiente, el guía angelical de Juan lo llevó a su interior. Al entrar en la ciudad, el apóstol observó que **la calle de la ciudad era de oro puro, transparente como vidrio.** Las calles en la nueva Jerusalén estaban hechas de oro puro de la más alta calidad, que, como todo el resto de las cosas en la ciudad celestial, era transparente como vidrio. El oro transparente no es un material que conozcamos en la tierra. Pero todo allí es transparente para dejar que la luz de la gloria de Dios brille sin restricciones.

Una vez dentro de la ciudad, lo primero que Juan observó fue que **en ella** no había **templo.** Hasta este punto, ha habido un templo en el cielo (cp. 7:15; 11:19; 14:15, 17; 15:5-8; 16:1, 17). Pero no habrá necesidad de templo en la nueva Jerusalén, **porque el Señor Dios Todopoderoso es el templo de ella, y el Cordero.** Su gloria resplandeciente llenará el cielo nuevo y la tierra nueva, y no habrá necesidad de que alguien vaya a algún lugar para adorar a Dios. La vida será la adoración y la adoración será la vida. Los creyentes estarán constantemente en su presencia (cp. 21:3); nunca habrá un momento en que no estén en comunión santa y perfecta con **el Señor Dios Todopoderoso... y el Cordero.** Así que no habrá necesidad de un **templo,** catedral, iglesia, capilla, o ningún otro lugar de adoración. Los creyentes serán los verdaderos adoradores que Dios siempre ha buscado (Jn. 4:23).

Regresando al tema de la gloria resplandeciente y brillante de Dios, Juan observa que **la ciudad no tiene necesidad de sol ni de luna que brillen en ella; porque la gloria de Dios la ilumina, y el Cordero es su lumbrera.** El cielo nuevo y la tierra nueva serán radicalmente diferentes de lo que tenemos en la tierra actual, que es totalmente dependiente del sol y la luna. Proporcionan los ciclos de la luz y las tinieblas, y la luna provoca las mareas de los océanos. Pero en el cielo nuevo y en la tierra nueva, serán innecesarios. No habrá mar (21:1) y por lo tanto no habrá mareas. Ni se necesitará el **sol** ni la **luna** para que den luz, **porque la gloria de Dios... ilumina** a la nueva Jerusalén y **su lumbrera** será **el Cordero.** Una vez más en Apocalipsis, **Dios** el Padre y el **Cordero,** el Señor Jesucristo, comparten autoridad (cp. 3:21).

Comentando acerca de la luz brillante que emana de la nueva Jerusalén, J. A. Seiss escribe:

> Ese resplandor no es producto de la combustión de algún material, ni por el consumo de combustible que necesita remplazarse cuando se quema un suministro; porque es la luz no creada de Aquel que es luz, otorgada por y por medio del Cordero como la Lámpara eterna, a los hogares, corazones y entendimientos de sus santos glorificados. Cuando Pablo y Silas yacían heridos y atados en la celda más recóndita de la prisión de Filipos, aun tenían luz sagrada que les capacitaba para pasar las noches con alegres canciones. Cuando Pablo estaba en su camino a Damasco, brilló a su alrededor una luz más brillante que el sol al mediodía, irradiando todo su

ser con nueva visión y comprensión, y haciendo que después de eso su alma y su cuerpo brillaran en el Señor. Cuando Moisés bajó del monte, luego de su comunión con Dios, su rostro estaba tan resplandeciente que sus hermanos no podían mirarlo. Él estuvo en una comunión tan estrecha con la luz que llegó a ser partícipe de la luz, y vino al campamento como la misma lámpara de Dios, resplandeciendo con la gloria de Dios. En el monte de la transfiguración, la misma luz fluyó de todo el cuerpo y las vestiduras del bendito Jesús. Y con referencia al tiempo mismo en que aparece esta ciudad, Isaías dice: "la luna se avergonzará, y el sol se confundirá", avergonzados por la resplandeciente gloria que aparecerá en la nueva Jerusalén, eliminando la necesidad de que ellos brillen en ella, ya que la gloria de Dios la ilumina, y el Cordero es la luz de la misma. (*The Apocalypse* [El Apocalipsis] [reimpreso, Grand Rapids: Kregel, 1987], 499)

La alusión a las **naciones... y los reyes de la tierra** ha llevado a algunos a considerar este pasaje como una recapitulación del reino milenario. Pero tal interpretación no hace justicia a la cronología de Apocalipsis, en particular al repetido uso de *kai eidon* para indicar la secuencia cronológica (vea el análisis de 21:1 en el capítulo 18 de este volumen). Habrá seres humanos vivos en el milenio (Is. 65:20-23), pero ninguna persona físicamente viva pudiera existir en un ambiente sin mar (v. 1), sol, o luna (v. 23). **Naciones** traduce *ethnos*, que también puede significar "pueblo", y se traduce con más frecuencia "gentiles". La idea no es que se mantendrán las identidades nacionales en el estado eterno, sino más bien lo opuesto. Pueblos de toda lengua, tribu y nación —tanto judíos como gentiles— estarán unidos como pueblo de Dios. Cada creyente será totalmente igual en la eterna ciudad capital.

Pudiera ser que la verdad de que **los reyes de la tierra traerán su gloria y honor a ella** ofrezca una prueba adicional de la absoluta igualdad en el cielo. Esa frase pudiera indicar que no habrá estructura social o clasista, que los que entren en la ciudad renunciarán a su **gloria** terrenal. De este modo, todos estarán al mismo nivel. Otra posible interpretación es que esa frase se refiera a los creyentes que vivan al final del milenio. Según ese punto de vista, la declaración de que **los reyes de la tierra traerán su gloria y honor a** la nueva Jerusalén se refiere al traslado de esos creyentes antes de la desaparición del universo actual (vea el análisis de 20:11 en el capítulo 17 de este volumen).

Luego Juan añade otro detalle a su descripción de la nueva Jerusalén. Por todo el interminable **día** del estado eterno (**pues allí no habrá noche**) **sus puertas nunca serán cerradas**. En una antigua ciudad amurallada se cerraban las puertas al anochecer, a fin de impedir que entraran en la ciudad invasores, merodeadores, delincuentes y otros individuos potencialmente peligrosos, al abrigo de las tinieblas. El que **no habrá noche** en la eternidad, y el que las **puertas** de la nueva

Jerusalén **nunca serán cerradas**, refleja la completa seguridad de la ciudad. Será un lugar de descanso, seguridad y solaz, donde el pueblo de Dios "descansará de sus trabajos" (14:13).

Los reyes no serán los únicos que rendirán su prestigio y gloria terrenales cuando entren en el cielo. **La gloria y la honra de las naciones** también se acabará, por decirlo así, ante la eterna adoración de Dios el Padre y del Señor Jesucristo. Al igual que los veinticuatro ancianos, todos los que entren en el cielo "[echarán] sus coronas delante del trono" de Dios (4:10).

Todo en el cielo será perfectamente santo. Así que **no entrará en** la nueva Jerusalén **ninguna cosa inmunda, o que hace abominación y mentira** (véanse los análisis de 21:7-8 en el capítulo 18 de este volumen y 22:15 en el capítulo 21). Los únicos allí serán aquellos cuyos nombres están escritos en el libro de la vida del Cordero. (Para un análisis del libro de la vida, vea 3:5; 13:8; y los comentarios sobre 20:12 en el cap. 17 de este volumen).

El ángel que guía a Juan ahora le **mostró un río limpio de agua de vida.** Con ningún mar en el estado eterno (21:1), no puede haber ciclo hidrológico alguno, y por lo tanto no hay lluvia para llenar un río. Así que, el **agua de vida** no es agua como la conocemos; es un símbolo de la vida eterna (cp. Is. 12:3; Jn. 4:13-14; 7:38). Como todo lo demás en la nueva Jerusalén, el **río** era **resplandeciente como cristal,** de modo que pueda reflejar la gloria de Dios. Cae en forma de cascada **del trono de Dios y del Cordero** en una corriente deslumbrante, reluciente y si fin. Su fluir puro, incontaminado y despejado simboliza el constante fluir de la vida eterna desde el trono de Dios hacia el pueblo de Dios.

La frase **en medio de la calle** se traduce mejor "en medio de su senda" y relacionada con la frase siguiente **y a uno y otro lado del río, estaba el árbol de la vida.** El **árbol de la vida** es el equivalente celestial del árbol de la vida en Edén (Gn. 2:9; 3:22-24), y este árbol provee para los que son inmortales. El **árbol de la vida** era un conocido concepto judío que expresaba bendición (cp. 2:7; Pr. 3:18; 11:30; 13:12; 15:4), y el árbol celestial simboliza las bendiciones de vida eterna. El que el **árbol** produzca **doce frutos, dando cada mes su fruto** subraya la infinita variedad que llenará el cielo. El empleo del término **mes** no se refiere a tiempo, ya que este es el estado eterno y ya no existe el tiempo. Es una expresión antropomórfica de la gozosa provisión de eternidad, expresada en términos de tiempo conocidos.

Luego Juan hace la intrigante observación de que **las hojas del árbol eran para la sanidad de las naciones.** A primera vista, esto parece confundir, ya que obviamente no habrá enfermedades ni heridas en el cielo que requieran de **sanidad.** Sin embargo, *therapeia* (**sanidad**) no implica enfermedad. Tal vez una mejor forma de traducirlo sería "dar vida", "dar salud", o "terapéuticas". Las **hojas del árbol** se pueden comparar con vitaminas sobrenaturales, ya que las vitaminas no se toman para tratar enfermedades, sino para proporcionar una salud general. La vida en el cielo será totalmente llena de energía, rica y emocionante.

El texto no dice si los santos se comerán realmente las **hojas del árbol**, aunque eso es posible. Los ángeles comieron comida con Abraham y Sara (Gn. 18:1-8), como hizo el Señor Jesucristo con sus discípulos después de su resurrección (Lc. 24:42-43; Hch. 10:41). Es posible que los santos en el cielo coman, no por necesidad, sino por disfrute.

LOS PRIVILEGIOS DE SUS HABITANTES

Y no habrá más maldición; y el trono de Dios y del Cordero estará en ella, y sus siervos le servirán, y verán su rostro, y su nombre estará en sus frentes. No habrá allí más noche; y no tienen necesidad de luz de lámpara, ni de luz del sol, porque Dios el Señor los iluminará; y reinarán por los siglos de los siglos. (22:3-5)

Mientras Juan recorría la nueva Jerusalén, no pudo menos que observar que la vida era muy diferente para sus habitantes. El cambio más radical con relación a la tierra actual es que **no habrá más maldición.** Como se observa en el análisis de 21:4, en el capítulo 18 de este volumen, la eliminación de la maldición traerá como resultado el fin del sufrimiento, del dolor y sobre todo de la muerte, el aspecto más terrible de la maldición (Gn. 2:17).

Aunque, como se observó antes, no habrá templo en la nueva Jerusalén, **el trono de Dios y del Cordero estará en ella** (cp. la descripción detallada de la escena del trono en 4:2-11). **Dios** el Padre y el **Cordero**, el Señor Jesucristo, reinarán por toda la eternidad. Como Dios seguirá por siempre siendo el soberano del cielo, **sus siervos le servirán** (cp. 7:15). Dedicarán toda la eternidad a llevar a cabo la infinidad de tareas que la ilimitada mente de Dios pueda concebir. Increíblemente, como indica la parábola en Lucas 12:35-40, el Señor también les servirá a ellos.

Los santos en la nueva Jerusalén también **verán** el **rostro** de Dios (cp. Mt. 5:8). Al ser perfectamente santos y justos, podrán soportar el nivel celestial de la luz gloriosa y resplandeciente de la presencia de Dios, sin ser consumidos, algo imposible para los hombres mortales (Éx. 33:20; Jn. 1:18; 6:46; 1 Ti. 6:16; 1 Jn. 4:12).

Además, los redimidos serán la posesión personal de Dios; **su nombre estará en sus frentes** (cp. 3:12; 14:1). Tal identificación no dejará dudas de a quién le pertenecen por siempre. Juan repite la anterior descripción de la magnificencia del cielo: **No habrá allí más noche; y no tienen necesidad de luz de lámpara, ni de luz del sol, porque Dios el Señor los iluminará** (cp. 21:22-26). Luego añade un emotivo final que describe la experiencia celestial de los santos: nunca terminará, ya que **reinarán por los siglos de los siglos.** Esto será el cumplimiento de la promesa de Cristo en 3:21: "Al que venciere, le daré que se siente conmigo en mi trono, así como yo he vencido, y me he sentado con mi Padre en su trono". "Si sufrimos", Pablo le escribió a Timoteo, "también reinaremos con él" (2 Ti. 2:12).

La eterna ciudad capital del cielo, la nueva Jerusalén, será un lugar de indescriptible e inimaginable belleza. Desde su centro, la resplandeciente gloria de Dios brillará a través del oro y las piedras preciosas, para iluminar el cielo nuevo y la tierra nueva. Pero la más gloriosa realidad de todas será que rebeldes pecadores serán hechos justos, disfrutarán de íntima comunión con Dios y con el Cordero, les servirán, y reinarán con ellos para siempre en completo gozo e incesante alabanza.

La reacción inmediata del creyente ante la inminente venida de Cristo

20

Y me dijo: Estas palabras son fieles y verdaderas. Y el Señor, el Dios de los espíritus de los profetas, ha enviado su ángel, para mostrar a sus siervos las cosas que deben suceder pronto. ¡He aquí, vengo pronto! Bienaventurado el que guarda las palabras de la profecía de este libro.

Yo Juan soy el que oyó y vio estas cosas. Y después que las hube oído y visto, me postré para adorar a los pies del ángel que me mostraba estas cosas. Pero él me dijo: Mira, no lo hagas; porque yo soy consiervo tuyo, de tus hermanos los profetas, y de los que guardan las palabras de este libro. Adora a Dios.

Y me dijo: No selles las palabras de la profecía de este libro, porque el tiempo está cerca. El que es injusto, sea injusto todavía; y el que es inmundo, sea inmundo todavía; y el que es justo, practique la justicia todavía; y el que es santo, santifíquese todavía.

He aquí yo vengo pronto, y mi galardón conmigo, para recompensar a cada uno según sea su obra. (22:6-12)

Los versículos 6-21 de este capítulo forman el epílogo del libro de Apocalipsis. Luego de llevar al lector a través del asombroso recorrido por la historia futura hasta el final del estado eterno, todo lo que le queda a Juan por registrar es esta posdata divina. En este punto en el Apocalipsis, se habrá cumplido todo el propósito glorioso y de gracia que Dios decretó antes de la fundación del mundo. Los juicios devastadores de la tribulación ya se habrán realizado, y la memoria de ellos quedará solo en el tormento de los condenados. El Señor Jesucristo habrá regresado en resplandeciente gloria, ejecutado a sus enemigos, y reinado en la tierra por mil años. Todos los rebeldes, ángeles y humanos, habrán sido sentenciados a su castigo final y eterno en el lago de fuego. El universo actual habrá sido "descreado", y creados los eternos nuevo cielo y la nueva tierra en la cual el Rey de reyes estará reinando con su Padre. Los santos ángeles y los redimidos de todas las épocas morarán en eterna bendición con Él en la nueva creación, particularmente en la ciudad capital del cielo, la nueva Jerusalén. Desde su trono en el centro de esa majestuosa ciudad, la brillante y resplandeciente gloria de Dios irradiará por todo el nuevo universo. La santidad absoluta y constante caracterizará a todo el que more en el universal y eterno reino de Dios. Ellos le alabarán, adorarán y servirán por toda la eternidad en un ambiente de perfecta paz, gozo y contentamiento.

Encerrando el libro de Apocalipsis, junto con el epílogo está el prólogo, presentado en 1:1-3:

> *La revelación de Jesucristo, que Dios le dio, para manifestar a sus siervos las cosas que deben suceder pronto; y la declaró enviándola por medio de su ángel a su siervo Juan, que ha dado testimonio de la palabra de Dios, y del testimonio de Jesucristo, y de todas las cosas que ha visto. Bienaventurado el que lee, y los que oyen las palabras de esta profecía, y guardan las cosas en ella escritas; porque el tiempo está cerca.*

El prólogo presenta el tema de Apocalipsis, la segunda venida de Jesucristo. El epílogo da una apropiada conclusión al Apocalipsis, al señalar lo que ha de ser la reacción de los creyentes ante la Segunda Venida (vv. 6-12). También esta posdata, una última vez en las Escrituras, invita a los inconversos a aceptar la fe salvadora en Cristo, antes que sea demasiado tarde (vv. 13-21).

En una serie de afirmaciones vibrantes y marcadas que se mueven intensamente de un tema a otro tema, los versículos 6-12 esbozan las respuestas que cada creyente debe tener sobre la inminente venida del Señor Jesucristo. Estos versículos comunican un enfurecido arranque de energía, un indomable remolino de ardoroso esfuerzo, para lograr una inmediata reacción ante la trascendental verdad que comunican. El texto está impregnado de urgencia, haciendo presión sobre cada lector para que responda ante las verdades que presenta.

Nada transmite con más claridad ese sentido de urgencia que la repetición de la frase "¡He aquí, vengo pronto!" (vv. 7, 12; cp. v. 20). Esa declaración es el estribillo de ese pasaje. La frase aparece otras tres veces en Apocalipsis; en 3:11 es una promesa de bendición, como lo es en sus tres usos en el capítulo 22. En 2:5 y 2:16, por otra parte, la frase advierte de la venida de Jesucristo en juicio. En 3:3 y 16:15, Jesús compara su venida con la llegada inesperada de un ladrón. (A diferencia de un ladrón, por supuesto, Jesucristo no vendrá para robar, sino para recuperar lo que legítimamente es suyo.) Como Jesucristo pudiera arrebatar a su iglesia en cualquier momento, desencadenando todos los acontecimientos de los postreros tiempos que culminan con su venida, los creyentes (y los incrédulos) tienen que estar listos.

Al leer el Nuevo Testamento, resalta la verdad de que para la iglesia primitiva era inminente la venida de Cristo, es decir, que pudiera ocurrir en cualquier momento. Creían que pudiera venir por ellos mientras estuvieran vivos. Para la iglesia primitiva, la inminencia contenía elementos de certeza y de incertidumbre. Ellos estaban seguros de que un día Jesucristo vendría, pero (a diferencia de muchos que ponen fechas en nuestra época) no estaban seguros de cuándo. Al no saber cuándo Él pudiera venir, sabiamente vivían preparados para el regreso de Jesucristo de un momento a otro, y esperándolo ardientemente.

Hay varios pasajes del Nuevo Testamento que reflejan la creencia de la iglesia primitiva en la inminencia. Pablo encomió a los corintios porque ellos estaban "esperando la manifestación de nuestro Señor Jesucristo" (1 Co. 1:7). Además los exhortó: "Así que, no juzguéis nada antes de tiempo, hasta que venga el Señor, el cual aclarará también lo oculto de las tinieblas, y manifestará las intenciones de los corazones; y entonces cada uno recibirá su alabanza de Dios" (1 Co. 4:5). El apóstol incluyó sin traducir la palabra aramea *maran-ata* ("El Señor viene") en una carta a los corintios, cuyo idioma era el griego (1 Co. 16:22). Es evidente que esa palabra llegó a ser una expresión conocida, que manifiesta el anhelo de los creyentes de la inminente venida de Cristo. Pablo escribió a los filipenses: "Mas nuestra ciudadanía está en los cielos, de donde también esperamos al Salvador, al Señor Jesucristo" (Fil. 3:20). Elogió a los tesalonicenses porque ellos "[se convirtieron] de los ídolos a Dios, para servir al Dios vivo y verdadero, y esperar de los cielos a su Hijo, al cual resucitó de los muertos, a Jesús, quien [los] libra de la ira venidera" (1 Ts. 1:9-10). Luego en esa misma epístola, Pablo expresó su propia esperanza de estar vivo cuando sucediera la venida del Señor: "Por lo cual os decimos esto en palabra del Señor: que nosotros que vivimos, que habremos quedado hasta la venida del Señor, no precederemos a los que durmieron" (1 Ts. 4:15). El apóstol reprendió a los creyentes en Tesalónica que estaban preocupados con la Segunda Venida, porque no estaban trabajando:

Porque también cuando estábamos con vosotros, os ordenábamos esto: Si alguno no quiere trabajar, tampoco coma. Porque oímos que algunos de entre vosotros andan desordenadamente, no trabajando en nada, sino entremetiéndose en lo ajeno. A los tales mandamos y exhortamos por nuestro Señor Jesucristo, que trabajando sosegadamente, coman su propio pans (2 Ts. 3:10-12).

Aunque llegaron a conclusiones erróneas, ellos, no obstante, creían en la inminente venida de Cristo. Pablo recordó a Tito que los cristianos deben estar "aguardando la esperanza bienaventurada y la manifestación gloriosa de nuestro gran Dios y Salvador Jesucristo" (Tit. 2:13). Santiago animó a sus lectores a "[tener] paciencia hasta la venida del Señor" (Stg. 5:7). En su primera epístola el apóstol Juan exhortó a sus lectores: "Y ahora, hijitos, permaneced en él, para que cuando se manifieste, tengamos confianza, para que en su venida no nos alejemos de él avergonzados... Amados, ahora somos hijos de Dios, y aún no se ha manifestado lo que hemos de ser; pero sabemos que cuando él se manifieste, seremos semejantes a él, porque le veremos tal como él es" (1 Jn. 2:28; 3:2). Esos pasajes muestran la expectativa de los primeros creyentes con relación al regreso de su Salvador.

La triple repetición de la frase "He aquí, vengo pronto" en este pasaje (vv. 7, 12, 20) destaca la realidad de la inminente venida. El adverbio *tachu* ("pronto") no se refiere a la velocidad a la que Cristo viajará del cielo a la tierra cuando venga; más bien tiene la connotación de "en breve". El caso es que "el juez está delante de la puerta" (Stg. 5:9), listo para volver de un momento a otro.

Cuando comienza el epílogo, Juan observa que el ángel que le había mostrado la nueva Jerusalén (21:9; 22:1) le **dijo: Estas palabras son fieles y verdaderas.** Las **palabras** del ángel dan comprobación celestial a la validez de todo lo que Juan había oído y visto a lo largo del Apocalipsis. El ángel repite la misma afirmación dada antes a Juan por Dios mismo: "el que estaba sentado en el trono dijo... escribe; porque estas palabras son fieles y verdaderas" (21:5). La frase **fieles y verdaderas** también aparece dos veces en Apocalipsis como título del Señor Jesucristo (3:14; 19:11). Las palabras del Apocalipsis son tan fieles y verdaderas como Aquel que las reveló a Juan.

El mensaje del ángel destaca una verdad esencial: Ocurrirá todo lo que Juan ha visto en Apocalipsis. Lo que ha escrito el inspirado apóstol no es místico; el Apocalipsis no es un registro de sueños extravagantes o el resultado de una imaginación hiperactiva. No es una alegoría de donde los lectores pueden extraer mensajes ocultos de su propia trama. Es una descripción precisa de acontecimientos y personas todavía venideros. Los versículos 18 y 19 de este capítulo presentan una solemne advertencia contra el intento de forzar el Apocalipsis: "Yo testifico a todo aquel que oye las palabras de la profecía de este libro: Si alguno añadiere a estas cosas, Dios traerá sobre él las plagas que están escritas en este libro. Y si alguno quitare de las palabras del libro de esta profecía, Dios quitará su parte del libro de la vida, y de la santa ciudad y de las cosas que están escritas en este libro".

Juan confirmó el testimonio enfático del ángel sobre la veracidad de lo que él había visto y escuchado, escribiendo que **el Señor, el Dios de los espíritus de los profetas, ha enviado su ángel, para mostrar a sus siervos las cosas que deben suceder pronto.** El **Dios** que movió **el espíritu de** sus voceros **los profetas** para inspirar, tanto el Antiguo como el Nuevo Testamento, es el mismo Dios que **ha enviado su ángel, para mostrar a sus siervos** (creyentes; cp. v. 3; 1:1; 2:20; 7:3; 11:18; 15:3; 19:2, 5; Lc. 2:29; Hch. 4:29; 16:17; Ro. 1:1; Gá. 1:10; Fil. 1:1; Col. 1:7; 4:7; Stg. 1:1; 2 P. 1:1; Jud. 1) **las cosas que deben suceder pronto** (cp. Lc. 1:70; 2 P. 3:2). Esto es nada menos que un reclamo por parte de Juan de la plena y completa inspiración de Apocalipsis. Las profecías que registraron esos anteriores **profetas** bíblicos se cumplieron literalmente, y estas de Apocalipsis también se cumplirán (vea el análisis en el capítulo 16 de este volumen).

La exactitud, detalles y precisión con que se cumplieron las profecías anteriores, forman la norma para las que están por cumplirse. El registro profético de Dios es perfecto. Él predijo que Israel iría a cautividad, y así sucedió (Lv. 26:33-39). Predijo la destrucción de Babilonia (Is. 13:1–14:27; Jer. 50–51) y de Tiro (Is. 23:1ss.), y esas ciudades fueron destruidas. Predijo que el Mesías nacería en Belén (Miq. 5:2), de una virgen (Is. 7:14), y que sería muerto a manos de pecadores (Is. 53:7-10) y así fue. Por lo tanto, cuando Dios predice los acontecimientos futuros, como el arrebatamiento de la iglesia, el surgimiento del anticristo, los juicios de los sellos, las trompetas y las copas, la batalla de Armagedón, la venida de Jesucristo, y el reino terrenal de mil años, esos acontecimientos ocurrirán de igual manera. Dios hará exactamente lo que dice que hará, como Él mismo declara en Isaías 46:9-11:

Acordaos de las cosas pasadas desde los tiempos antiguos;
porque yo soy Dios, y no hay otro Dios,
y nada hay semejante a mí,
que anuncio lo por venir desde el principio,
y desde la antigüedad lo que aún no era hecho;
que digo: Mi consejo permanecerá,
y haré todo lo que quiero;...
yo hablé, y lo haré venir;
lo he pensado, y también lo haré.

La realidad de la inminente venida de nuestro Señor exige cuatro respuestas de parte de todo creyente: obediencia inmediata, adoración inmediata, proclamación inmediata y servicio inmediato.

OBEDIENCIA INMEDIATA

¡He aquí, vengo pronto! Bienaventurado el que guarda las palabras de la profecía de este libro. (22:7)

En el original, este versículo comienza con la conjunción *kai* (y) indicando un cambio en el que habla (cp. vv. 8, 9). Ya quien habla no es el ángel que habló en el versículo 6, sino el Señor Jesucristo, el que viene pronto. Él pronuncia la sexta de siete bienaventuranzas en Apocalipsis (cp. v. 14; 1:3; 14:13; 16:15; 19:9; 20:6): **Bienaventurado el que guarda las palabras de la profecía de este libro.** Otras tres veces a las palabras de... este libro (Apocalipsis) se les llama profecía (vv. 10, 18, 19). Aunque profecía por definición puede referirse a cualquier mensaje acerca del pasado, del presente o del futuro, Apocalipsis es un libro que contiene mayormente predicciones del futuro y promesas. Guarda traduce una forma participial del verbo *tēreō*, que significa "conservar", "asegurar", o "proteger". El mismo término se emplea en 14:12 para describir "la paciencia de los santos, los que guardan los mandamientos de Dios y la fe de Jesús".

A los creyentes se les llama a guardar o proteger el libro de Apocalipsis. Debe defenderse contra los detractores que niegan su importancia, contra los críticos que niegan su veracidad y autoridad, así como contra los intérpretes confundidos que oscurecen su significado. En realidad, toda la Biblia debe guardarse así. Pablo ordenó a Timoteo: "Guarda lo que se te ha encomendado... Retén la forma de las sanas palabras que de mí oíste, en la fe y amor que es en Cristo Jesús. Guarda el buen depósito por el Espíritu Santo que mora en nosotros" (1 Ti. 6:20; 2 Ti. 1:13-14).

Pero a los creyentes se les llama no solo a guardar las Escrituras, sino también a obedecerlas. Jesús dijo: "Si me amáis, guardad mis mandamientos... Si guardareis mis mandamientos, permaneceréis en mi amor; así como yo he guardado los mandamientos de mi Padre, y permanezco en su amor" (Jn. 14:15; 15:10; cp. Jn. 14:21, 23). La necesidad de obedecer los mandamientos de la Biblia era un tema principal en la primera epístola de Juan: "Y en esto sabemos que nosotros le conocemos, si guardamos sus mandamientos. El que dice: Yo le conozco, y no guarda sus mandamientos, el tal es mentiroso, y la verdad no está en él" (1 Jn. 2:3-4); "En esto conocemos que amamos a los hijos de Dios, cuando amamos a Dios, y guardamos sus mandamientos. Pues este es el amor a Dios, que guardemos sus mandamientos; y sus mandamientos no son gravosos" (1 Jn. 5:2-3). Los que viven como si Jesucristo pudiera venir de un momento a otro, vivirán en obediencia a las Escrituras.

Surge la pregunta en cuanto a qué **palabras** en Apocalipsis se les ordena guardar a los creyentes. Antes de este mandamiento, no hay mandamientos específicos dirigidos a los cristianos en la parte del Apocalipsis que abarca los acontecimientos futuros (capítulos 4–22), aunque hay algunos dirigidos a las siete iglesias (capítulos 2–3). ¿Qué significa entonces prestar atención al libro de Apocalipsis? Es un mandamiento general de anhelar la venida de Cristo y nuestra eterna comunión con Él. Es un llamado a los creyentes a anhelar el cielo, a desear la santidad, a desear ver a Cristo vindicado y triunfante sobre sus enemigos, a desear el fin de la maldición, y a desear las glorias del reino terrenal de Cristo y el cielo nuevo y la tierra nueva. Después de leer Apocalipsis, los cristianos debieran amar más a Cristo, anhelar verlo vindicado en su gloria, vivir en la luz de la realidad de que un día le verán, alejarse del maligno sistema del mundo, buscar las realidades celestiales y el ser como Cristo, esperar sus cuerpos resucitados y esperar sus recompensas eternas. También deben comprender el temible juicio que aguarda a los que no son cristianos, y llamar a esos pecadores a arrepentimiento y a la fe salvadora en el Señor Jesucristo.

Dios no manda a los creyentes a leer el Apocalipsis simplemente para satisfacer su curiosidad acerca del futuro. Él no lo inspiró para proporcionar material para un cuadro cronológico detallado de los acontecimientos de los postreros tiempos. Hay, al parecer, una lista interminable de libros sobre profecía por doquier, con especulativos esquemas proféticos y que proliferan hasta el infinito. Pero no fue el propósito de Dios dar a los cristianos un detallado análisis del significado profético (si hay alguno) de acontecimientos o tendencias contemporáneas en lo cultural, político, militar y social. Dios inspiró Apocalipsis con un propósito: revelar la gloria de su Hijo y llamar a los creyentes a vivir de manera santa y obediente a la luz de su pronto regreso. El propósito de Apocalipsis no es proporcionar entretenimiento, sino motivación para una vida santa.

El apóstol Pedro enseñó también que el conocimiento de los creyentes sobre los acontecimientos de los postreros tiempos debe hacerles vivir vidas santas. En un pasaje que describe el futuro día del Señor, la destrucción del universo actual y la llegada del cielo nuevo y de la tierra nueva, Pedro escribió: "Puesto que todas estas cosas han de ser deshechas, ¡cómo no debéis vosotros andar en santa y piadosa manera de vivir, esperando y apresurándoos para la venida del día de Dios... Por lo cual, oh amados, estando en espera de estas cosas, procurad con diligencia ser hallados por él sin mancha e irreprensibles, en paz" (2 P. 3:11-12, 14). Las gloriosas realidades futuras descritas en Apocalipsis obligan a un compromiso por parte de los creyentes a llevar una vida santa. La inminente venida de Cristo exige inmediata obediencia.

ADORACIÓN INMEDIATA

Yo Juan soy el que oyó y vio estas cosas. Y después que las hube oído y visto, me postré para adorar a los pies del ángel que me mostraba estas cosas. Pero él me dijo: Mira, no lo hagas; porque yo soy consiervo tuyo, de tus hermanos los profetas, y de los que guardan las palabras de este libro. Adora a Dios. (22:8-9)

Aunque no se traduce en la *Reina Valera*, la forma de *kai* (*kagō*; de *kai*, "y", y *egō*, "yo") comienza el versículo 8. Como lo hizo en el versículo 7, indica un cambio en el que habla; ahora ya no es Cristo, sino Juan, quien se nombra por primera vez desde 1:9. El inspirado apóstol añade su testimonio a la veracidad de Apocalipsis, al del ángel (v. 6), declarando **Yo Juan soy el que oyó y vio estas cosas.** Luego, anonadado por lo que oyó y vio, Juan se postró para adorar a los pies del ángel que le mostraba estas cosas. Él tuvo la respuesta apropiada, adoración, pero estando abrumado por el asombro, Juan, en un descuido, la dirige equivocadamente. El apóstol sabía que a los ángeles no se les debe rendir adoración; en realidad, anteriormente se le había reprendido por tratar de hacerlo (19:10). Pero como Ezequiel (Ez. 1:28), Daniel (Dn. 8:17; 10:9), y Pedro, Jacobo y él mismo en la transfiguración (Mt. 17:6), Juan simplemente se desplomó en admiración y adoración.

Como solamente se debe adorar a Dios (Éx. 34:14; Mt. 4:10), el ángel le **dijo** a Juan: **Mira, no lo hagas.** Rápidamente le recordó al apóstol que él también era un ser creado, al declarar **yo soy consiervo tuyo, de tus hermanos los profetas, y de los que guardan las palabras de este libro.** Lejos de ser un legítimo objeto de adoración para Juan, el ángel era realmente su creado **consiervo**, y no solo de él, sino también de los hermanos de Juan, los profetas, y de todos los creyentes, definidos aquí como **los que guardan las palabras de este libro.** A lo largo de las Escrituras, se ven a los ángeles sirviendo al pueblo de Dios. Estuvieron cuando le fue dada la ley a Israel (Hch. 7:53; Gá. 3:19; He. 2:2) y se ven con frecuencia protegiendo a los creyentes (cp. Éx. 23:20; 2 Cr. 32:21; Sal. 91:11; Dn. 3:28; 6:22; Hch. 5:19; 12:7-11). Resumiendo el ministerio de los ángeles a favor de los creyentes, el autor de Hebreos pregunta retóricamente: "¿No son todos espíritus ministradores, enviados para servicio a favor de los que serán herederos de la salvación?" (He. 1:14).

Haciendo volver al desconcertado apóstol al único verdadero objeto de adoración, el ángel le ordenó a Juan que **adorara a Dios.** Una comprensión adecuada de Apocalipsis debe producir, como respuesta, adoración; así que la adoración es un tema principal en el Apocalipsis (cp. 4:8-11; 5:8-14; 7:9-12; 15:2-4; 19:1-6). Como se observó antes, solo **Dios** es la única persona digna de adorar. La Biblia prohíbe la adoración de cualquier otra, incluso los ángeles, los santos, la virgen María, o cualquier otro ser creado (cp. Col. 2:18).

PROCLAMACIÓN INMEDIATA

Y me dijo: No selles las palabras de la profecía de este libro, porque el tiempo está cerca. El que es injusto, sea injusto todavía; y el que es inmundo, sea inmundo todavía; y el que es justo, practique la justicia todavía; y el que es santo, santifíquese todavía. (22:10-11)

Continuando con su mensaje para Juan, el ángel le ordena: **No selles las palabras de la profecía de este libro.** No ha de ocultarse el mensaje del Apocalipsis (cp. 10:11); es un mensaje que debe esparcirse y proclamarse para producir obediencia y adoración. De modo que, a diferencia de Daniel (Dn. 8:26; 12:4-10), a Juan se le ordenó que no sellara las palabras de Apocalipsis. Hay un llamado a la inmediata proclamación de **este libro,** porque la venida de Cristo ha sido inminente para cada generación, desde Juan hasta nuestros días.

El que no han de sellarse las **palabras** específicas de Apocalipsis destaca una vez más que no hay significados ocultos y secretos aparte del sentido normal del texto. Si la verdad no está clara en esas **palabras** entonces esta orden no tiene sentido. Si la comprensión normal y simple de las **palabras** de Apocalipsis no tiene el significado que Dios quería que entendieran sus lectores, entonces esas **palabras** están selladas.

Al comienzo de Apocalipsis, a Juan se le ordenó: "Escribe en un libro lo que ves, y envíalo a las siete iglesias" (1:11). El mensaje del Apocalipsis, que Jesucristo volverá trayendo bendición para los suyos, y terribles juicios para los impíos, es demasiado crucial para no diseminarlo. De modo que, no predicar Apocalipsis no solo es insensato (cp. 1:3), sino que es pecado. Cualquier cristiano que no aprenda sus verdades, pierde bendiciones; cualquier predicador que no proclame sus verdades, está siendo pecaminosamente infiel a su mandato. No predicar el libro de Apocalipsis es dejar de exaltar al Señor Jesucristo con la gloria que merece. Más que un simple dejar de enseñar todo el consejo de Dios (Hch. 20:27), es absoluta desobediencia al mandato de no **sellar las palabras** del Apocalipsis. Esto priva a los creyentes del fin de la historia divina en todas sus maravillas y plenitud. No debiera predicar nadie que no comparta y proclame correctamente este libro.

La próxima declaración del ángel parece extrañamente fuera de lugar en este contexto: **El que es injusto, sea injusto todavía; y el que es inmundo, sea inmundo todavía; y el que es justo, practique la justicia todavía; y el que es santo, santifíquese todavía.** Algunos pudieran pensar que la conexión de este pasaje con el mandamiento que le precede no es apreciable de inmediato. Pero la verdad que comunica es que la respuesta de las personas a la proclamación de la verdad, determinará su destino eterno. Quien oye la verdad pero sigue siendo **injusto** e **inmundo,** determinará por su endurecida respuesta su destino eterno en el infierno. Por otra parte, el que sigue practicando la **justicia** y sigue siendo **santo,** da testimonio de la genuina fe salvadora. El adverbio *eti* (**todavía**) pudiera tener el sentido de "aun más". En ese caso, el sentido es que quienes son **injustos** e **inmundos** en esta vida, lo serán aun más en el infierno eterno, donde no habrá ninguna influencia positiva para mitigar su maldad. Por el contrario, quienes son **justos** y **santos** en esta vida, serán perfectamente santos en el cielo con sus cuerpos glorificados.

Es algo muy serio el comprender que la respuesta de las personas a la verdad del evangelio de Dios en esta vida, determinará su destino eterno. Cuando ellas mueran, o cuando el Señor vuelva, su carácter quedará fijo para siempre. Los que respondan a las advertencias del Apocalipsis, vivirán por siempre en el cielo. Pero los que no quieran prestar atención a esas advertencias y arrepentirse, permanecerán para siempre en su condición pecaminosa. También es verdad que el Espíritu de Dios no llamará por siempre a los pecadores al arrepentimiento, y las Escrituras advierten a los pecadores que no endurezcan su corazón hasta el punto que Dios los abandone (Sal. 95:7-8; He. 3:15; 4:7). Sin embargo, trágicamente, a esas advertencias muchas veces no se les presta atención, y se desperdicia la oportunidad de arrepentirse y creer el evangelio (cp. Mt. 25:1-13; Lc. 13:24-25). Hablando de los obstinados pecadores del reino del norte (Israel), Dios declaró: "Efraín es dado a ídolos; déjalo" (Os. 4:17). Jesús dijo de los igualmente endurecidos fariseos: "Dejadlos; son ciegos guías de ciegos" (Mt. 15:14; cp. Mt. 23:16, 24; Lc. 6:39). Ambos pasajes expresan la ira de Dios manifestada en su abandono (Ro. 1:18-32), cuando Él haga enfrentar a los endurecidos pecadores con las consecuencias de sus propias decisiones.

La predicación de Apocalipsis traza la línea. Sus verdades derretirán el corazón de los arrepentidos y endurecerán el corazón de los no arrepentidos. Esas mismas verdades, por lo tanto, se convierten en un instrumento de salvación o en un instrumento de condenación (cp. 1 Co. 1:18; 2 Co. 2:15-16). Deben proclamarse de modo que hombres y mujeres puedan escuchar mientras todavía hay tiempo.

SERVICIO INMEDIATO

He aquí yo vengo pronto, y mi galardón conmigo, para recompensar a cada uno según sea su obra. (22:12)

El que habla ya no es el ángel, sino el Señor Jesucristo, que repite su declaración del versículo 7: He aquí, yo vengo pronto. Como se observa en la introducción de este capítulo, la declaración de Jesucristo significa entonces que su venida es inminente. Enseña la misma verdad que expresó en Marcos 13:33-37:

Mirad, velad y orad; porque no sabéis cuándo será el tiempo. Es como el hombre que yéndose lejos, dejó su casa, y dio autoridad a sus siervos, y a cada uno su obra, y al portero mandó que velase. Velad, pues, porque no sabéis cuándo vendrá el señor de la casa; si al anochecer, o a la medianoche, o al canto del gallo, o a la mañana; para que cuando venga de repente, no os halle durmiendo. Y lo que a vosotros digo, a todos lo digo: Velad.

Cuando venga, Jesucristo traerá su **galardón** consigo, **para recompensar a cada uno según sea su obra**. Las eternas recompensas de los creyentes se basarán en su fidelidad en servir a Cristo en esta vida. Se probarán sus obras, y sobrevivirán solo aquellas con valor eterno (1 Co. 3:9-15; 2 Co. 5:9-10). Las recompensas de las que los creyentes disfrutan en el cielo serán talentos para servir a Dios; cuanto mayor sea su fidelidad en esta vida, tanto mayor será su oportunidad de servir en el cielo (cp. Mt. 25:14-30). Sabiendo eso, Juan exhortó a los creyentes: "Mirad por vosotros mismos, para que no perdáis el fruto de vuestro trabajo, sino que recibáis galardón completo" (2 Jn. 8).

El conocimiento de que Cristo pudiera volver de un momento a otro, no debe conducir a los cristianos a esperar ociosamente su venida (cp. 2 Ts. 3:10-12). Más bien debe producir el servicio diligente, obediente y reverente a Dios, y la urgente proclamación del evangelio a los incrédulos.

La última invitación de Dios

21

Yo soy el Alfa y la Omega, el principio y el fin, el primero y el último. Bienaventurados los que lavan sus ropas, para tener derecho al árbol de la vida, y para entrar por las puertas en la ciudad. Mas los perros estarán fuera, y los hechiceros, los fornicarios, los homicidas, los idólatras, y todo aquel que ama y hace mentira.

Yo Jesús he enviado mi ángel para daros testimonio de estas cosas en las iglesias. Yo soy la raíz y el linaje de David, la estrella resplandeciente de la mañana.

Y el Espíritu y la Esposa dicen: Ven. Y el que oye, diga: Ven. Y el que tiene sed, venga; y el que quiera, tome del agua de la vida gratuitamente.

Yo testifico a todo aquel que oye las palabras de la profecía de este libro: Si alguno añadiere a estas cosas, Dios traerá sobre él las plagas que están escritas en este libro. Y si alguno quitare de las palabras del libro de esta profecía, Dios quitará su parte del libro de la vida, y de la santa ciudad y de las cosas que están escritas en este libro.

El que da testimonio de estas cosas dice: Ciertamente vengo en breve. Amén; sí, ven, Señor Jesús.

La gracia de nuestro Señor Jesucristo sea con todos vosotros. Amén. (22:13-21)

En estos versículos finales, la Biblia cierra el círculo. Comenzó con la promesa de un Salvador futuro, que libraría a su pueblo de sus pecados. Esa promesa, que vino inmediatamente después de la caída, aparece en Génesis 3:15: "Y pondré enemistad entre ti y la mujer, y entre tu simiente y la simiente suya; ésta te herirá en la cabeza, y tú le herirás en el calcañar". Así como la Biblia comienza con la promesa de la primera venida de Cristo, termina con la promesa de su Segunda Venida. El fiel expositor de los bautistas del sur W. A. Criswell escribe:

En primer lugar, el Salvador debe venir para ser aplastado, lastimado, crucificado y constituirse en ofrenda por el pecado. Debe venir para morir como Redentor del alma de los hombres. Después que Dios hizo esa promesa en Edén, pasaron siglos, pasaron milenios, y el Señor no vino. Cuando finalmente llegó Él, a lo suyo vino, y los suyos no le recibieron. En el mundo estaba, y el mundo por él fue hecho; pero el mundo no le conoció. Millares de personas se han olvidado de la promesa o se han burlado por causa de su cumplimiento. Cuando finalmente llegó el anuncio de que había llegado, los instruidos escribas señalaron el lugar donde Él debía nacer, pero nunca dedicaron tiempo para hacer el recorrido de siete kilómetros y medio desde Jerusalén hasta Belén, para dar la bienvenida al prometido Salvador del mundo. A pesar de la demora, y a pesar del olvido y la burla de los hombres, y a pesar del péquelo grupo de fieles que esperaban la consolación de Israel, como el anciano Simeón, Él vino. En armonía con la santa y fiel promesa de Dios, el Señor Jesús vino. Es así que en el texto Dios habla al terminar su Biblia: "Ciertamente vengo en breve". Aquí una segunda vez, y a pesar de que los infieles puedan burlarse, y a pesar de que otros puedan rechazar, y a pesar de que los siglos puedan llegar a ser milenios, esta es la inmutable Palabra y promesa del Señor Dios: "Ciertamente vengo" (*Expository Sermons on Revelation* [Sermones expositivos sobre Apocalipsis] [Grand Rapids: Zondervan, 1969], 5:176–77)

La segunda venida del Señor Jesucristo es un tema obligatorio, tanto en el Antiguo como en el Nuevo Testamento (p.ej., Zac. 14:4; Mal. 3:2; 4:5; Mt. 16:28; 24:27; 1 Co. 1:7; 15:23; 1 Ts. 2:19; 3:13; 4:15; 5:23; 2 Ts. 2:1; Stg. 5:8; Jud. 14). Pero en ningún lugar recibe mayor énfasis que en el Apocalipsis, "la revelación de Jesucristo" (1:1). Es más que apropiado que este libro, cuya mira está puesta en la Segunda Venida, termine con una invitación final a la luz de tan gloriosa realidad. Los versículos 6-12 de este capítulo se dirigen a los creyentes, exigiendo su debida reacción ante la inminente venida de Cristo (vea el análisis en el capítulo 20 de este volumen). Los versículos 13-21 llaman a los incrédulos al arrepentimiento. El canon inspirado de la Biblia termina con una invitación apremiante, suplicando a los pecadores que vengan a Jesucristo y reciban el don de vida eterna antes de que sea demasiado tarde.

La invitación final de Dios a los pecadores está en el versículo 17. Pero rodeando a esta invitación, se hallan varios incentivos destinados a motivar a las personas a que respondan a ella.

LA INVITACIÓN

Y el Espíritu y la Esposa dicen: Ven. Y el que oye, diga: Ven. Y el que tiene sed, venga; y el que quiera, tome del agua de la vida gratuitamente. (22:17)

Hay dos invitaciones diferentes en este versículo, determinadas por dos exclamaciones Ven. La primera parte del versículo es una oración dirigida a Cristo; la segunda parte es una invitación dirigida a los pecadores. La primera parte exige la venida de Cristo; la segunda parte es el último llamado a los pecadores a venir a la fe en Cristo.

A la promesa de Jesucristo de su inminente regreso (vv. 7, 12, 20), el **Espíritu** Santo, la tercera Persona de la Trinidad, responde **Ven**. El texto no especifica por qué el **Espíritu** desea el regreso de Jesucristo, pero el resto de la Biblia sugiere tanto una razón positiva como una negativa.

Los hombres y mujeres a lo largo de la historia han rechazado, ignorado y negado a Cristo. Han blasfemado y se han burlado de la obra del **Espíritu** (Mt. 12:31), cuyo ministerio es mostrarles a Cristo (Jn. 15:26; 16:8). Al referirse a los malvados pecadores antes del diluvio, Dios dijo: "No contenderá mi espíritu con el hombre para siempre, porque ciertamente él es carne; mas serán sus días ciento veinte años" (Gn. 6:3). Los israelitas, tercos, duros de cerviz, y duros de corazón, afrentaron al **Espíritu** repetidamente durante sus cuarenta años vagando por el desierto (He. 3:7-8), algo que siguieron haciendo a lo largo de su historia (cp. Neh. 9:30; Is. 63:10; Hch. 7:51). El pecaminoso y blasfemo rechazo mundial a Jesucristo llegará a su punto máximo durante la tribulación. Ese período de siete años verá a Satanás llevar al poder a los dos blasfemos más inicuos y malvados que habrán vivido jamás: la bestia (el anticristo) y el falso profeta. A esos dos miserables pecadores, poseídos por demonios, les corresponderá el dudoso honor de ser las primeras personas lanzadas al infierno final, el lago de fuego (19:20).

Durante los largos y oscuros siglos de pecado y rebeldía de la humanidad, el **Espíritu** ha obrado convicción y arrepentimiento (cp. Jn. 16:8-11). Así que cuando el Señor Jesucristo dice que Él viene, el **Espíritu** Santo, que tanto ha sufrido tristezas y blasfemias, repetirá **Ven**. Él le suplicará a Cristo que regrese, doblegue a sus enemigos, juzgue a los pecadores, y dé por terminada su duradera batalla para producir convicción en los tercos pecadores de corazones endurecidos.

En la parte positiva, es el deseo y ministerio del **Espíritu** glorificar al Señor Jesucristo (Jn. 16:14). Pero la última vez que el mundo vio a Jesús, fue en una cruz entre dos delincuentes, rechazado, despreciado y burlado. El **Espíritu** anhela ver a la segunda Persona de la Trinidad exaltado en belleza, esplendor, poder y majestad. Esto ocurrirá cuando vuelva Cristo en triunfo en su Segunda Venida. El **Espíritu** Santo no es el único que anhela la venida de Cristo. Haciéndose eco de su súplica de que Cristo **venga**, está la **Esposa** (la Iglesia; vea el análisis de 19:7 en el capítulo 14 de este volumen). A través de los siglos, el pueblo de Dios ha esperado, orado, anhelado y velado por la venida de Cristo. Están cansados de la batalla contra el pecado y anhelan ver a Jesucristo exaltado, glorificado y honrado. Anhelan su venida, y que los lleve al cielo para vivir por siempre con Él (Jn. 14:3; 1 Ts. 4:17). Anhelan el día cuando sus cuerpos mortales y perecederos serán transformados en los cuerpos resucitados, imperecederos e inmortales (1 Co. 15:53-54). Saben que en aquel día glorioso no habrá más tristeza, ni más lágrimas, ni más llanto, ni más dolor, ni más muerte. La rebelión será repentinamente sofocada; Dios y el Cordero serán glorificados y reinarán por siempre en el cielo nuevo y la tierra nueva.

Los creyentes son, según las palabras de Pablo, "los que aman su venida" (2 Ti. 4:8). Es absurdo que algunos digan amar a Jesucristo y que no deseen su venida. Los creyentes tienen como destino la eterna comunión con Él, y la esperanza de esa comunión debe ser su gozo supremo. La iglesia nunca estará satisfecha hasta que sea presentada a Dios como "una iglesia gloriosa, que no [tenga] mancha ni arruga ni cosa semejante, sino que [sea] santa y sin mancha" (Ef. 5:27).

El segundo uso de la exclamación **Ven** señala un cambio en perspectiva. La invitación ya no es al regreso de Cristo, sino a los pecadores a que vengan a la fe salvadora en Él. La frase **el que tiene sed, venga** invita a los que oyen al **Espíritu** y a la **Esposa** a unirse a ellos, solicitando la venida de Cristo. Es obvio que ellos no pueden hacerlo hasta que vengan a la fe en Él; solamente los redimidos pueden de veras anhelar su aparición. La advertencia implícita es: no ser como los que "teniendo oídos no [oyen]" (Mr. 8:18; cp. Dt. 29:4; Jer. 5:21; 6:10; Ez. 12:2). El **que oye** con fe y cree, es el que será salvo, porque "la fe es por el oír, y el oír, por la palabra de Dios" (Ro. 10:17). El oír se asocia a menudo con la obediencia en las Escrituras (p.ej., Mt. 7:24; Lc. 6:47; 8:21; 11:28; Jn. 5:24; 18:37). Los que oyen y obedecen el evangelio, se unirán al **Espíritu** y a la **Esposa,** solicitando la venida de Jesucristo, porque desean su gloria —y su propia liberación de la presencia del pecado— en el reino de perfecta santidad.

Se define además al **que oye** como **el que tiene sed**. La sed es una metáfora bíblica conocida que describe un fuerte sentido de necesidad espiritual, y que es un requisito previo para el arrepentimiento. En Isaías Dios llama "a todos los sedientos: Venid a las aguas" de salvación (Is. 55:1). Jesús llamó "bienaventurados [a] los que tienen hambre y sed de justicia, porque ellos serán saciados" (Mt. 5:6). En Juan 7:37 hizo la invitación: "Si alguno tiene sed, venga a mí y beba", mientras que en Apocalipsis prometió: "Al que tuviere sed, yo le daré gratuitamente de la fuente del agua de la vida" (21:6; cp. Sal. 107:9; Jn. 4:14; 6:35).

Añadiendo otra dimensión a la invitación, Juan escribe: **el que quiera, tome del agua de la vida gratuitamente.** Esta ilimitada invitación es típica del amplio, abarcador y gratuito ofrecimiento de salvación que se encuentra en las Escrituras (cp. Is. 45:22; 55:1; Mt. 11:28; Jn. 3:15-16). También ilustra la verdad bíblica de que la salvación implica tanto la decisión soberana de Dios (cp. Jn. 6:44) como la voluntad humana. Dios salva a los pecadores, pero solo a los que reconocen su necesidad y se arrepienten. El **agua de la vida** (o el lavamiento de la regeneración, Tit. 3:5) se ofrece **gratuitamente** (cp. Is. 55:1) al pecador, porque Cristo pagó el precio por ella mediante su muerte expiatoria en la cruz (Ro. 3:24). Dios ofrece gratuitamente el **agua de la vida** a aquellos cuyo corazón está sediento de perdón, cuya mente está sedienta de la verdad, y cuya alma está sedienta de Él.

LOS INCENTIVOS

Yo soy el Alfa y la Omega, el principio y el fin, el primero y el último.

Bienaventurados los que lavan sus ropas, para tener derecho al árbol de la vida, y para entrar por las puertas en la ciudad. Mas los perros estarán fuera, y los hechiceros, los fornicarios, los homicidas, los idólatras, y todo aquel que ama y hace mentira.

Yo Jesús he enviado mi ángel para daros testimonio de estas cosas en las iglesias. Yo soy la raíz y el linaje de David, la estrella resplandeciente de la mañana...

Yo testifico a todo aquel que oye las palabras de la profecía de este libro: Si alguno añadiere a estas cosas, Dios traerá sobre él las plagas que están escritas en este libro. Y si alguno quitare de las palabras del libro de esta profecía, Dios quitará su parte del libro de la vida, y de la santa ciudad y de las cosas que están escritas en este libro.

El que da testimonio de estas cosas dice: Ciertamente vengo en breve. Amén; sí, ven, Señor Jesús.

La gracia de nuestro Señor Jesucristo sea con todos vosotros. Amén. (22:13-16, 18-21)

Rodeando la invitación en el versículo 17, hay cuatro incentivos para los pecadores a que lo acepten: por la Persona del Señor, por la exclusividad del cielo, por la veracidad de las Escrituras, y por la certeza de la venida del Salvador.

POR LA PERSONA DE CRISTO

Yo soy el Alfa y la Omega, el principio y el fin, el primero y el último...
Yo Jesús he enviado mi ángel para daros testimonio de estas cosas en las
iglesias. Yo soy la raíz y el linaje de David, la estrella resplandeciente de la
mañana. (22:13, 16)

La primera razón para que los pecadores acepten la invitación final de Dios es
porque viene personalmente del exaltado, majestuoso y glorioso Señor Jesucristo.
La triple identificación del Señor de sí mismo repite la misma verdad de una
manera enfática. Como los lectores originales de Apocalipsis hablaban griego,
Jesucristo se identifica primero como **el Alfa y la Omega** (cp. 1:8; 21:6). Alfa y
Omega son, respectivamente, la primera y la última letras del alfabeto griego.
Junto con las frases paralelas **el primero y el último** (cp. 1:17) y el principio (el
origen de todas las cosas) y el fin (el objetivo de todas las cosas), representan la
infinidad y eternidad de Cristo y su vida sin límites, que trascienden todos los
límites. Esta triple descripción describe la plenitud, eternidad y soberana
autoridad del Señor Jesucristo.

Esta descripción de Jesucristo es también una declaración de su deidad. Es
obvio que solo puede haber un **Alfa** y **Omega, primero** y **último,** y **principio** y
fin: Dios. En 1:8 Dios dice: "Yo soy el Alfa y la Omega", mientras que en 21:6 se
le describe como "el principio y el fin". En Isaías 44:6 Dios declara: "Yo soy el
primero, y yo soy el postrero" (cp. Is. 41:4; 48:12). El que estos tres títulos, que
solo se pueden aplicar a Dios, se usan aquí con relación a Jesucristo, da testimonio
convincente de su deidad. Él no es un ser creado; no es simplemente un gran
profeta o un gran maestro moral; no es un mártir equivocado. Él es Dios el
Hijo, la segunda persona de la eterna Trinidad.

La salvación en Jesucristo es el tema de la Biblia. En el Antiguo Testamento,
el arca en la que se salvaron Noé y su familia, el cordero pascual y el pariente
redentor, son todas imágenes de Cristo. Además, Cristo cumplió más de
trescientas profecías del Antiguo Testamento en su primera venida. Él es también
el punto central del Nuevo Testamento. Los Evangelios cuentan su vida y su
ministerio, y el resto del Nuevo Testamento expone sus implicaciones doctrinales
y prácticas. Ser salvo es ser salvado por Cristo; ser cristiano es estar en Cristo;
tener perdón es ser perdonado por Cristo; tener esperanza es tener esperanza
en Cristo; en resumen, para el cristiano "el vivir es Cristo" (Fil. 1:21).

Además, Cristo se identifica con sus propias palabras en el versículo 16. Pero
antes de hacerlo le dice a Juan: **Yo Jesús he enviado mi ángel para daros testimonio**. Aunque los ángeles transmitieron el Apocalipsis a Juan (v. 6; 1:1; 17:1,
7; 21:9), su fuente era Jesucristo. La expresión **Yo Jesús** solo aparece aquí en la
Biblia. Establece que esta última invitación en las Escrituras no es una invitación

humana, sino un llamado divino hecho personalmente a los pecadores por el Señor Jesucristo. El Apocalipsis se dirige a **las iglesias** (1:11), pero aunque se escribe para creyentes (1:1), ellos deben proclamarlo a todo el mundo (cp. 22:10).

Luego, en una asombrosa y al parecer paradójica declaración, Jesús declara que Él mismo es tanto **la raíz** (antepasado) como **el linaje de David**. Esa frase resume la enseñanza bíblica sobre las dos naturalezas de Cristo; solo el Dios-Hombre puede ser tanto el antepasado de David y su descendiente. En su deidad, Cristo es la **raíz** de David (cp. Mr. 12:35-37); en su humanidad, Él es del **linaje** de David (2 S. 7:12-16; Sal. 132:11-12; Mt. 1:1; Ro. 1:3; 2 Ti. 2:8).

Por último, Jesús se describe a sí mismo como **la estrella resplandeciente de la mañana**. Llamar a alguien una estrella era en los tiempos bíblicos (como lo es hoy) exaltarlo (cp. Dn. 12:3). En escritos judíos no bíblicos, al Mesías venidero se le llamaba **estrella** (Robert H. Mounce, *The Book of Revelation* [El libro de Apocalipsis], The New International Commentary on the New Testament [El nuevo comentario internacional sobre el Nuevo testamento] [Grand Rapids: Eerdmans, 1977], 395). Aunque Balaam fue un ambicioso profeta a sueldo, no obstante Dios lo usó para hacer una predicción precisa del Mesías venidero: "Saldrá ESTRELLA de Jacob, y se levantará cetro de Israel" (Nm. 24:17). Pedro escribió acerca del tiempo en que "el día esclarezca y el lucero de la mañana salga en vuestros corazones" (2 P. 1:19). Jesús prometió dar a los vencedores de Tiatira "la estrella de la mañana" (2:28), es decir, Él mismo. Como la estrella de la mañana proclama la llegada del día, así la llegada de Jesús proclamará el fin de las tinieblas de la noche del hombre, y el glorioso amanecer de su reino. Cristo es la "luz del mundo" (Jn. 8:12), quien llama a los pecadores a beber del agua de vida. Y a los que escuchan ese llamado Él promete: "Venid a mí todos los que estáis trabajados y cargados, y yo os haré descansar" (Mt. 11:28); y "al que a mí viene, no le echo fuera" (Jn. 6:37).

POR LA EXCLUSIVIDAD DEL CIELO

Bienaventurados los que lavan sus ropas, para tener derecho al árbol de la vida, y para entrar por las puertas en la ciudad. Mas los perros estarán fuera, y los hechiceros, los fornicarios, los homicidas, los idólatras, y todo aquel que ama y hace mentira. (22:14-15)

Esta sección comienza con la última de las siete bienaventuranzas en Apocalipsis (v. 7; 1:3; 14:13; 16:15; 19:9; 20:6), cada una presentada por la declaración de **biena-venturados**. Esta bendición (probablemente del propio Señor Jesucristo) es para **los que lavan sus ropas**. Esta frase describe gráficamente la participación del creyente en la muerte de Cristo. En 7:14, uno de los veinticuatro ancianos le dijo a

Juan: "Estos [los mártires de la tribulación; 7:9] son los que han salido de la gran tribulación, y han lavado sus ropas, y las han emblanquecido en la sangre del Cordero". Las ropas sucias representan el carácter pecaminoso en Isaías 64:6 y Zacarías 3:3, mientras que en el Salmo 51:7; Isaías 1:18; y Tito 3:5 se refiere a la purificación del pecado que acompaña la salvación. El medio por el cual llega esa purificación es la sangre de Cristo (1:5; 5:9; 7:14; Mt. 26:28; Hch. 20:28; Ro. 3:24-25; 5:9; Ef. 1:7; 2:13; Col. 1:20; He. 9:12, 14; 10:19; 13:12; 1 P. 1:2, 18-19; 1 Jn. 1:7).

Los que han experimentado la purificación de los pecados, que señala la salvación eterna, tendrán **derecho al árbol de la vida**. Como se observa en el análisis de 22:2 en el capítulo 19 de este volumen, el **árbol de la vida** está situado en la ciudad capital del cielo, la nueva Jerusalén. Esto será el cumplimiento de la promesa de Jesús: "Al que venciere, le daré a comer del árbol de la vida, el cual está en medio del paraíso de Dios" (2:7). A todos los que se les da acceso al **árbol de la vida,** se les permitirá **entrar por las puertas en la ciudad** (cp. el análisis de 21:21 en el capítulo 19 de este volumen).

El cielo es exclusivamente para quienes han sido limpios de sus pecados por la fe en la sangre de Cristo, y cuyos nombres han estado "escritos en el libro de la vida del Cordero que fue inmolado desde el principio del mundo" (13:8). En cambio, todos los demás seguirán por siempre **fuera** de la nueva Jerusalén, en el lago de fuego (20:15; 21:8), porque "no entrará en ella ninguna cosa inmunda, o que hace abominación y mentira, sino solamente los que están inscritos en el libro de la vida del Cordero" (21:27). Como en 21:8, Juan presenta una lista representativa (aunque no exhaustiva) de los tipos de pecados que excluyen a las personas de su entrada al cielo.

La inclusión de **perros** en la lista parece enigmática a primera vista. Pero en los tiempos antiguos los **perros** no eran las conocidas mascotas que son hoy. Eran despreciados, animales carroñeros que merodeaban los basureros de las ciudades (cp. Éx. 22:31; 1 R. 14:11; 16:4; 21:19, 23-24; 22:38). Así que, llamar a una persona perro era describirla como alguien de baja condición (cp. 1 S. 17:43; 24:14; 2 S. 3:8; 9:8; 16:9; 2 R. 8:13; Fil. 3:2); en realidad, la primera vez que de modo flagrante se les llama perros a pecadores impuros, es en Deuteronomio 23:18, donde se habla de hombres homosexuales prostituidos. **Hechiceros** (de *pharmakos*, la raíz de la palabra española "farmacia") se refiere a los que estaban implicados en prácticas ocultas y en el uso de drogas, que muchas veces acompañaba a esas prácticas (cp. 9:21; 21:8; Gá. 5:20). Los **fornicarios** (de *pornos*, la raíz de la palabra española "pornografía") son los que se ocupan de actividades sexuales ilícitas. Los **homicidas** se excluyen también del cielo en la lista que se presenta en 21:8 (cp. 9:21; Ro. 1:29). Los **idólatras** son los que adoran dioses falsos, o que adoran al verdadero Dios de una manera inaceptable (cp. 21:8). El grupo final de los excluidos del cielo también incluye a **todo aquel que ama y hace mentira.** No son todos los que alguna vez han cometido alguno de esos pecados los que se excluyen del cielo (cp. 1 Co. 6:11). Más bien, son los que aman y practican por lo general cualquiera de esos pecados, aferrados tercamente a ellos, y rechazan la invitación de Cristo a salvación, quienes serán echados al lago de fuego.

POR LA VERACIDAD DE LAS ESCRITURAS

Yo testifico a todo aquel que oye las palabras de la profecía de este libro: Si alguno añadiere a estas cosas, Dios traerá sobre él las plagas que están escritas en este libro. Y si alguno quitare de las palabras del libro de esta profecía, Dios quitará su parte del libro de la vida, y de la santa ciudad y de las cosas que están escritas en este libro. (22:18-19)

Es de gran importancia que la Biblia termine con una confirmación de su veracidad. Como las palabras de la Biblia son "fieles y verdaderas" (22:6), no deben sellarse, sino proclamarse (22:10). Se debe llamar a los pecadores a responder a la advertencia de la Palabra del Dios viviente, o sufrir las consecuencias. Todas las profecías de Apocalipsis con relación a la condenación de los pecadores, se harán realidad. Esta aterradora certeza debe conducir a las personas a Jesucristo para que puedan escapar de la ira venidera (1 Ts. 1:10).

El que habla y testifica de la autoridad y carácter definitivo de **las palabras de la profecía de este libro** es nada menos que el Señor Jesucristo (cp. v. 20). Su solemne advertencia contra la adulteración de las Escrituras es, ante todo, con relación a la **profecía** del **libro** de Apocalipsis (cp. 1:3). Su severa represión a Jezabel y sus seguidores (2:20-23), a los que han aceptado "las profundidades de Satanás" (2:24), y a los de la "sinagoga de Satanás" (3:9) los habrían incitado a atacarla. A través de los siglos ha habido otros que han atacado el Apocalipsis y lo han interpretado mal. Pero a la luz de repetidas advertencias contra la alteración de la Palabra de Dios, la advertencia de Cristo debe ampliarse a toda la Biblia. En Deuteronomio 4:2 Moisés advirtió: "No añadiréis a la palabra que yo os mando, ni disminuiréis de ella, para que guardéis los mandamientos de Jehová vuestro Dios que yo os ordeno". En Deuteronomio 12:32 añadió: "Cuidarás de hacer todo lo que yo te mando; no añadirás a ello, ni de ello quitarás". Proverbios 30:5-6 advierte: "Toda palabra de Dios es limpia; él es escudo a los que en él esperan. No añadas a sus palabras, para que no te reprenda, y seas hallado mentiroso". Por lo tanto, la prohibición de alterar el Apocalipsis, por implicación se extiende a toda la Biblia. Como Apocalipsis describe toda la historia desde el fin de la era apostólica hasta el estado eterno, cualquier alteración que sufra sería una alteración de la Biblia, como observa Robert L. Thomas:

Las porciones proféticas se extienden desde la época en que vivía Juan hasta el estado eterno. Cualquier tipo de expresión profética invadiría el dominio de lo que ellas abarcan y constituiría, o una adición, o una sustracción del contenido de Apocalipsis. De modo que el último libro de la Biblia es también el producto conclusivo de la profecía del Nuevo Testamento. También marca el cierre del canon neotestamentario, ya que el don profético fue el medio divinamente escogido para comunicar los libros inspirados del canon. (*Revelation 8–22: An Exegetical Commentary* [Apocalipsis 8–22: Un comentario exegético] [Chicago: Moody, 1995], 517)

El canon bíblico se cerró a fines del primer siglo, cuando se terminó Apocalipsis. Por lo tanto, cualquier falso profeta, embustero o charlatán que le **añadiere** presuntas nuevas revelaciones (como hicieron los montanistas en la iglesia primitiva, y José Smith, Mary Baker Eddy y otros falsos profetas han hecho en épocas recientes) enfrentarán la venganza divina. **Dios traerá sobre** esas personas **las plagas que están escritas** en el **libro** de Apocalipsis. El juicio de Dios será igualmente severo sobre **alguno** que **quitare de las palabras** de la Biblia (como hizo el hereje Marción en la iglesia primitiva, y como ha hecho la alta crítica liberal en los tiempos modernos); **Dios quitará** su **parte del libro de la vida, y de la santa ciudad.** Ambas advertencias contienen un juego de palabras. A los que añaden a las Escrituras, se les añadirán plagas; a los que quitan de las Escrituras, se les quitarán las bendiciones del cielo.

Ningún verdadero creyente adulteraría deliberadamente las Escrituras. Los que conocen y aman a Dios tratarán su Palabra con sumo respeto. Dirán con el salmista: "¡Oh, cuánto amo yo tu ley!" (Sal. 119:97; cp. Sal. 119:113, 163, 167; Jn. 14:23); y, "yo en tu ley me he regocijado" (Sal. 119:70; cp. Sal. 1:2; 119:77, 92, 174). Esto no significa, por supuesto, que los creyentes nunca cometan errores en juicios, o que por error interpreten incorrectamente o de manera inadecuada las Escrituras. La advertencia del Señor aquí está dirigida a los que se vinculan en deliberada falsificación o mala interpretación de la Biblia, aquellos a quienes Pablo denuncia como falsificadores de la Palabra de Dios (2 Co. 2:17).

En la conclusión de su comentario sobre Apocalipsis, J. A. Seiss expresó la humilde reverencia por las Escrituras que distingue a los verdaderos creyentes:

Ah, mis amigos, es algo horrible suprimir o enturbiar la palabra de Dios, y sobre todo "las palabras de la profecía de este libro". Publicar como verdad lo que no es verdad; denunciar como error, condenar, repudiar, o suprimir a lo que el propio Dios ha puesto su sello, como su intención y propósito, es uno de esos grandes delitos, no solo contra Dios, sino contra el alma de los hombres, que no puede quedar sin castigo. Con un corazón sincero y devoto, y con estas solemnes y temibles advertencias siempre delante de mis ojos, me he empeñado en averiguar e indicar en estas conferencias lo que nuestro Señor y Maestro, en su gracia, ha sido tan específico en hacernos saber y defender. Si he leído en este libro algo que él no ha puesto allí, o si he dejado de leer alguna cosa que él ha puesto allí, con el más profundo pesar me retractaría, y de buena gana quemaría los libros que contienen tal dañina maldad. Si he ido en alguna cosa más allá de los límites de la debida sujeción a lo que está escrito, o cercenado en forma alguna la profundidad y medida de lo que Jesús, por su ángel ha dado a entender para la enseñanza a las iglesias, no necesito la condena de hombres que echen sobre mí la carga de la censura que merezco. Si la debilidad, o la imprudencia, o una arrogante confianza en mi propia comprensión ha distorsionado algo, solo puedo deplorar la falla y orar para que Dios envíe a un hombre más competente que nos muestre las poderosas verdades que aquí están escritas. Según la gracia y la luz que me han sido dadas, he hablado... Si yerro, ¡que Dios me perdone! Si tengo razón, ¡que Dios bendiga mi débil testimonio! En cualquier caso, ¡que Dios apresure su eterna verdad! (*The Apocalypse* [El Apocalipsis] [reimpreso, Grand Rapids: Kregel, 1987], 527)

Apocalipsis y el resto de la Biblia son verdaderos, y los redimidos creerán la Biblia, guardarán la Biblia, amarán la Biblia, y obedecerán la Biblia. El que las Escrituras hablen en verdad cuando describen el gozo del cielo y los horrores del infierno, debe motivar a los pecadores a prestar atención al llamado de salvación que Dios hace en su gracia.

POR LA CERTEZA DE LA VENIDA DE CRISTO

El que da testimonio de estas cosas dice: Ciertamente vengo en breve. Amén; sí, ven, Señor Jesús. La gracia de nuestro Señor Jesucristo sea con todos vosotros. Amén. (22:20-21)

El libro de Apocalipsis y la Biblia terminan con un recordatorio final y una bendición. En las últimas palabras que se registran en las Escrituras el Señor Jesucristo, el que da testimonio de estas cosas, afirma: Ciertamente vengo en breve. Su venida es inminente, tal como enseña Apocalipsis (y los demás escritos del Nuevo Testamento). Juan habla por todos los verdaderos creyentes cuando responde: Amén; sí, ven, Señor Jesús, ya que los cristianos son aquellos "que aman su venida" (2 Ti. 4:8). Los burladores pudieran con mofa preguntar: "¿Dónde está la promesa de su advenimiento? Porque desde el día en que los padres durmieron, todas las cosas permanecen así como desde el principio de la creación" (2 P. 3:4). Pero las cosas no estarán por siempre como están. Jesucristo volverá, como lo predice

Apocalipsis. Si la certeza de la venida de Cristo para juzgar a los pecadores no motiva a las personas a arrepentirse, entonces nada lo hará.

La gloriosa y alentadora verdad es que los que se humillan y aceptan el ofrecimiento de salvación de Dios, alcanzarán su gracia. Apropiadamente, las últimas palabras de la Biblia: **la gracia de nuestro Señor Jesucristo sea con todos vosotros. Amén**, son una expresión de la **gracia** de Dios hacia la humanidad caída. El Señor de la gloria, como prometió en las Escrituras, les ofrece el cielo exclusivamente a quienes, a la luz de su seguro regreso, aceptan su gratuita invitación y se vuelven a Él.

Bibliografía

Allen, James. *What the Bible Teaches: Revelation* [Lo que la Biblia enseña: Apocalipsis]. Kilmarnock, Scotland: John Ritchie, 1997.

Barclay, William. *The Revelation of John* [El Apocalipsis de Juan]. Vol. 2. Philadelphia: Westminster, 1976.

Beasley-Murray, G. R. *The Book of Revelation* [El Libro de Apocalipsis]. The New Century Bible. Londres: Oliphants, 1974.

Beckwith, Isbon T. *The Apocalypse of John* [El Apocalipsis de Juan]. Nueva York: Macmillan, 1919.

Criswell, W. A. *Expository Sermons on Revelation.* [Sermones expositivos sobre Apocalipsis] Grand Rapids: Zondervan, 1969.

Erdman, Charles R. *The Revelation of John.* [El Apocalipsis de Juan] Reimpreso. Philadelphia: Westminster, 1977.

Johnson, Alan F. *Revelation.* The Expositor's Bible Commentary. [Apocalipsis. El comentario bíblico del expositor] Grand Rapids: Zondervan, 1996.

Lenski, R. C. H. *The Interpretation of St. John's Revelation* [La interpretación del Apocalipsis de San Juan]. Minneapolis: Augsburg, 1943.

MacArthur, John F. *Apocalipsis 1-11.* Comentario MacArthur del Nuevo Testamento. Grand Rapids: Editorial Portavoz, 2005.

Morris, Henry M. *The Revelation Record* [El registro de Apocalipsis]. Wheaton, Ill.: Tyndale, 1983.

Morris, Leon. *The Revelation of St. John.* The Tyndale New Testament Commentaries. [El Apocalipsis de San Juan. Los comentarios del Nuevo Testamento Tyndale] Grand Rapids: Eerdmans, 1969.

Mounce, Robert H. *The Book of Revelation.* The New International Commentary on the New Testament. [El libro de Apocalipsis. El nuevo comentario internacional sobre el Nuevo Testamento] Grand Rapids: Eerdmans, 1977.

Phillips, John. *Exploring Revelation.* [Explorando el Apocalipsis] edición revisada. Chicago: Moody, 1987; reimpreso; Neptune, N.J.: Loizeaux, 1991.

Ryrie, Charles C. *Revelation.* Everyman's Bible Commentary. [Apocalipsis. Comentario bíblico Portavoz] (Publicado en castellano por Editorial Portavoz).

313

Seiss, Joseph A. *The Apocalypse* [El Apocalipsis]. Reimpreso, Grand Rapids: Kregel, 1987.

Swete, Henry Barclay. *Commentary on Revelation*. [Comentario sobre Apocalipsis] Reimpreso, Grand Rapids: Kregel, 1977.

Tenney, Merrill C. *Interpreting Revelation*. [Interpretación de Apocalipsis] Grand Rapids: Eerdmans, 1957.

Thomas, Robert L. *Revelation 1–7: An Exegetical Commentary*. [Apocalipsis 1–7: Un comentario exegético] Chicago: Moody, 1992.

_____. *Revelation 8–22: An Exegetical Commentary*. [Apocalipsis 8–22: Un comentario exegético] Chicago: Moody, 1995.

Trench, Richard C. *Synonyms of the Greek New Testament*. [Sinónimos del griego del Nuevo testamento] Reimpreso, Grand Rapids: Eerdmans, 1983.

Vincent, Marvin R. *Word Studies in the Greek New Testament*. [Estudio de palabras en el griego del Nuevo testamento] Reimpreso, Grand Rapids: Eerdmans, 1946.

Walvoord, John F. *The Revelation of Jesus Christ*. [La revelación de Jesucristo] Chicago: Moody, 1966.

Índice de palabras griegas

abussos, 238
aetos, 41
allēlouia, 202
allos, 68, 184, 185
anastasis, 242
angelos, 92

basanismos, 190
bios, 71

charagma, 72
charassō, 72

diabolos, 29, 239
diadēma, 118, 221
diōkō, 39

egō, 296
entolas, 44
erēmos, 168
erga, 112
ethnos, 285
eti, 297
euangelion, 93
ezēsan, 241

geenna, 257
gegonen, 157

hallel, 202
helkos, 145
heteros, 184

iaspis, 279

kagō, 296
kai, 294, 296
kai eidon, 237, 238, 249, 262, 285
kainos, 262
kakos, 145
katharos, 209
kollaō, 187
kopos, 112
kosmeō, 265
kosmos, 265
krima, 95
krisis, 95

lampros, 193, 209
luō, 252

makarios, 101
maran-ata, 291
mega, 13
megalē, 144
mesouranēma, 93
myriad, 17

nai, 112
naos, 137

parembolē, 245
pelekizō, 241
pharmakeia, 196

pharmakos, 272, 308
phialas, 138
phōstēr, 279
plēgē, 128
planaō, 29, 70
pneuma, 71
poieō, 70
poimainō, 20
ponēros, 145
porneuō, 167
pornos, 308

rhoizedon, 251

satanas, 239
sēmeion, 13
skenē, 265
stadia, 122, 280
stephanos, 15, 118
stoicheion, 252

tachu, 292
tēreō, 294
thērion, 50
therapeia, 286
thumos, 33, 98, 129

zaō, 241
zōē, 71

315

Índice de palabras hebreas

halal, 202

nachash, 16

Satan, 29, 239
sheol, 253

tannin, 16

Yah, 202

Índice temático

Abismo, 238-239
Abominación
desoladora, 21, 38,
42, 58, 67
Allen, James (sobre la
frase "siete montes"),
175
Amilenarismo. Vea
milenio, puntos de
vista del
Ángeles santos
función en los
acontecimientos de
los postreros
tiempos, 92
ministerio de los, 296
sirven como
mensajeros de Dios,
92
Anticristo
adoración del, 55-56,
67, 71, 98, 167-168,
177-178
carácter del, 174
reino del, 97-98, 182-
183
su persecución del
pueblo de Dios, 57-58
presunta
resurrección del, 54-
55, 69, 174
Antisemitismo, 35-38
Apóstatas. Vea
Creyentes, falsos

Arrebatamiento de la
iglesia, 26-27, 60, 215-
217
Babilonia (antigua
ciudad de)
el origen de la
religión falsa, 97-98,
163-166
profecías respecto a
la destrucción de,
172-173
Babilonia (ciudad
capital del imperio
del anticristo), 172-
173, 182-183
destrucción de, 196
Babilonia, final. Vea
Anticristo, reino del
Barnhouse, Donald
Grey
sobre la
"descreación" del
universo, 251
sobre la copa llena
de abominaciones,
170
Batalla del Armagedón,
122-123, 155, 176-177
Baxter, Richard (sobre
la comunión de los
creyentes con Dios
en el cielo), 266-267
Biblia

defensa de los
creyentes, 294
interpretación literal
de, 13
obediencia de los
creyentes, 294
Boettner, Loraine
(sobre el punto de
vista posmilenario
del milenio), 233
Bright, John (sobre el
reino de Dios), 232
Bunyan, Juan (sobre los
falsos creyentes), 109-
110

Caída del hombre, la,
12
Caso Dreyfus. Vea
Antisemitismo
"Castillo fuerte es
nuestro Dios", 33
Castigo eterno. Vea
Infierno, eternidad
del
Ceremonia de matrimo-
nio (en los tiempos
bíblicos), 206
Cielo
descripción bíblica
de, 261-262
deseo de los
creyentes del, 294

los creyentes deben fijar su atención en, 294

Creyentes
abnegación requerida de, 87-88
aman la Palabra de Dios, 310
desean la venida de Cristo, 311
elección de, 177
falsos, 109-110
felicidad de, 101-103
futura herencia de, 246
no deben conformarse al mundo, 186
no deben tomar venganza por sí mismos, 189
no enfrentarán el juicio de Dios, 252-253
no enfrentarán la eterna ira de Dios, 242
protección divina de, 78-80
pureza sexual requerida de, 86
recompensas de, 112
reinarán con Cristo, 241, 242
resurrección de, 242
seguridad eterna de, 82-83, 103-111
veracidad requerida de, 89
viven en santidad a la luz de la venida de Cristo, 230
Cristianos. Vea Creyentes

Cristo. Vea Jesucristo

Criswell, W. A.
sobre la marca de la bestia, 72-73
sobre la promesa de la segunda venida de Cristo, 301-302

Demonios (ángeles caídos), 11-12, 17-18
Día del Señor, 126, 127, 151
Diluvio, el, 126, 164

Dios
adoración de, 84-85, 296
como Creador, 96-97
como Juez, 97
gloria de, 177-178, 267, 278
gracia de, 108
ira de, 99
juicio de, 91-92, 95, 114-117, 119, 126-127, 128, 142, 149, 181-182
justicia de, 248
majestad de, 181
poder de, 107-108
razones para dar gracias a, 199-200
reino de, 232-233
sus propósitos no pueden frustrarse, 191
temor de, 95
venganza de, 203-204

Dragón. Vea Satanás

Edgar, Thomas R.
(sobre la falta de sentido de un arrebatamiento postribulacionista), 216-217
Escrituras. Vea Biblia

Evangelio, 93-94

Falsos profetas
carácter de, 66
ejemplos de, 66
peligro de, 66, 68

Feinberg, Charles L.
(sobre los altares babilonios a Istar), 164

Fornicación espiritual, 90, 98, 166-167

Gehena, 257

Hitler, Adolfo, 36

Hoekema, Anthony A.
sobre el punto de vista amilenario del milenio, 234
sobre la cronología de Apocalipsis 19 y 20, 237-238

Holocausto. Vea Antisemitismo

Hombre de pecado. Vea Anticristo

Imperio Romano (resurgimiento al final de los tiempo de), 52

Incrédulos
excluidos del cielo, 272-273
juicio de, 252-253
la blasfemia de los, 303

Infierno
aspectos del, 258
eternidad del, 100, 204, 246
varios grados de castigo en, 256

Inminencia, doctrina de

la, 291-292
Ireneo (acerca del número 666), 73
Israel
como la esposa del Señor, 13
como nación escogida de Dios, 14
escape durante la tribulación, 39-40, 41-42
la persecución de Satanás de, 13-22, 37-38
la protección de Dios de, 42
las promesas de Dios a, 14
salvación de, 21-22, 44

Jesucristo
como juez, 219
encarnación de, 20, 113
exaltación de, 20, 218
expiación de, 94, 255, 269-270
gobierno terrenal de, 20-21
nombres y títulos de, 118, 222, 225, 306-307
segunda venida de, 113, 154-155, 215-216, 302
su juicio sobre los malos, 219
Jezabel, 13
José (sueño de), 14-15
Juicio ante el gran trono blanco, 247
Juicio de las ovejas y los cabritos, 223, 229, 237

Kaiser, Walter C, hijo (sobre la interpretación literal de la profecía), 236

Lago de fuego. Vea Infierno
Lewis, C. S. (sobre los demonios), 23
Libro de la vida, 59, 257

Marca de la bestia, 71-73, 99, 130-131, 186
Marx, Carlos (sobre la religión), 162
Mayhue, Richard L. (sobre la falta de sentido de un arrebatamiento postribulacionista), 217
McCheyne, Robert Murray (su consejo a un joven aspirante a ministro), 86-87
Miguel el arcángel, 27
Milenio
nombres del, 232
puntos de vista del, 233-235
referencias en la Antiguo Testamento al, 232
salvación en el, 82-83
sus profecías deben interpretarse literalmente, 235-237
Morris, Henry M.
sobre el cántico de los ciento cuarenta y cuatro mil, 85
sobre la forma de la nueva Jerusalén, 280-281

sobre la guerra angelical, 26
sobre la igualdad de todos los creyentes en el cielo, 211
sobre la muerte de todo ser viviente en los océanos, 147
sobre las profecías de la destrucción de Babilonia, 173
sobre los cambios topográficos durante la tribulación, 158
sobre los seis primeros imperios mundiales, 175-176
Mounce, Robert H. (sobre el juicio de los perdidos), 99-100

Perseverancia de los santos. Vea Creyentes, seguridad eterna de
Phillips, John
sobre el juicio de los incrédulos, 252-253
sobre el último falso profeta, 66-67
sobre Jesucristo como hombre de guerra, 219-220
sobre la batalla de Armagedón, 229
sobre la ira de Satanás, 33
sobre la lealtad a Cristo de los ciento cuarenta y cuatro mil, 87
sobre la marea roja, 146
sobre la protección

de Dios de Israel, 36-37
sobre la riqueza del reino del anticristo, 193
sobre las puertas de perla de la nueva Jerusalén, 282-283
sobre los cánticos de Moisés y del Cordero, 135-136
sobre los ciento cuarenta y cuatro mil, 81
Posesión demoniaca, 50
Posmilenarismo. Vea Milenio, puntos de vista del
Pozo sin fondo. Vea Abismo
Premilenarismo. Vea Milenio, puntos de vista del
Primera resurrección. Vea Creyentes, resurrección de
Profecía interpretación literal de, 293

Regreso de Jesucristo. Vea Jesucristo, segunda venida de
Reina del cielo, 164-165
Reino milenario. Vea Milenio
Resurrección de juicio. Vea Incrédulos, juicio de

Salvación
comprada por la sangre de Cristo, 308

invitación bíblica a, 304-305
Santos. Vea Creyentes
Satanás
actividad actual de, 26
acusa al pueblo de Dios, 23-24, 29
ataca a Jesucristo, 20
ataduras de, 239-240
derrota de, 12, 25, 28
engaño de, 23-24, 30, 63, 70, 162, 248
nombres y títulos de, 16, 29, 239
orgullo de, 11
persecución del pueblo de Dios por, 18
rebelión de, 12, 17-18
victoria de los creyentes sobre, 32
Segunda Venida. Vea Jesucristo, segunda venida de
Seiss, Joseph
sobre la batalla de Armagedón, 227
sobre la brillante luz que emana de la nueva Jerusalén, 284-285
su preocupación por una acertada interpretación de las Escrituras, 310-311
Séptima trompeta, 12-13, 25

Thomas, Robert L
sobre el cierre del canon bíblico, 309-310
sobre el número 666, 73-74

sobre el tomar literalmente los números en Apocalipsis, 234
sobre la ausencia del mar en el cielo, 263
Torre de Babel, 163-164, 180
Tribulación, la, 12-13, 14, 79, 104

Victoria sobre Satanás. Vea Satanás, victoria de los creyentes sobre

"El *Comentario MacArthur del Nuevo Testamento* es la culminación de los comentarios bíblicos, así de sencillo. No se había visto desde los tiempos de Juan Calvino en Ginebra que un pastor permaneciera en el púlpito y produjera un conjunto teológico semejante a este. Hay aquí exégesis, exposición, doctrina, homilética, hermenéutica, revelación, pastoral y práctica; todo en esta serie. Si me encerrara en una habitación para preparar un sermón y solo tuviera una Biblia y una herramienta de referencia, esta sería la herramienta: el *Comentario MacArthur del Nuevo Testamento*, un tesoro expositivo sin par. No volveremos a ver en esta generación una obra de esta magnitud producida por un solo hombre".

  —*Dr. Steven J. Lawson,*
  Pastor principal, Christ Fellowship Baptist Church, Mobile, AL (USA)

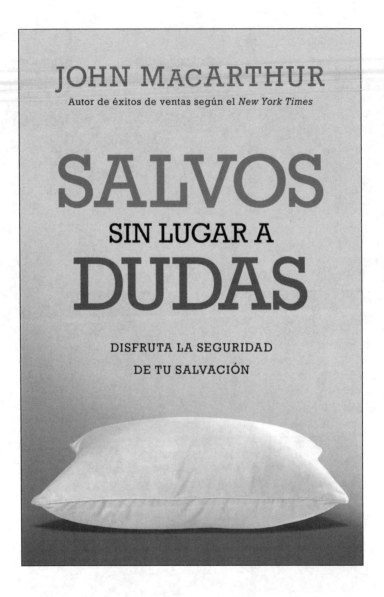

JOHN MACARTHUR

Autor de éxitos de ventas según el *New York Times*

SALVOS
SIN LUGAR A
DUDAS

DISFRUTA LA SEGURIDAD
DE TU SALVACIÓN

Todos los creyentes han luchado con estas preguntas en algún momento de su vida. *Salvos sin lugar a dudas* trata este tema difícil, examinando las Escrituras para descubrir la verdad sobre la salvación, y a la vez analizando cuestiones difíciles que pueden obstaculizar nuestra fe. Los lectores podrán desarrollar una teología de la salvación basada en la Biblia, y ser alentados a descansar de forma segura en su relación personal con Cristo.

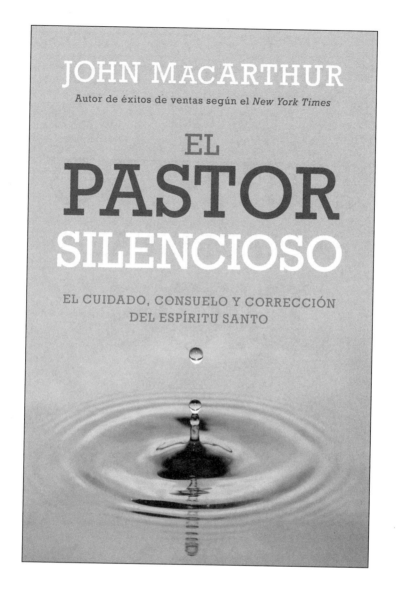

JOHN MACARTHUR
Autor de éxitos de ventas según el *New York Times*

EL
PASTOR
SILENCIOSO

EL CUIDADO, CONSUELO Y CORRECCIÓN DEL ESPÍRITU SANTO

La función del Espíritu Santo en la vida cristiana es a menudo malentendida. Algunos creyentes se enfocan únicamente en los dones espirituales y otros evitan el tema por completo. No obstante, la verdad es que el Espíritu de Dios es indispensable para el corazón y la vida del creyente, y obra de buen grado en él.

Por más de treinta años, el reconocido pastor y maestro John MacArthur ha impartido enseñanza bíblica práctica, a fin de ayudar a los cristianos a crecer en su camino de fe.

JOHN MACARTHUR

Autor de éxitos de ventas según el *New York Times*

NUESTRO

EXTRAORDINARIO

DIOS

Con sinceridad e integridad, John MacArthur examina opiniones falsas pero comunes acerca de Dios y nos ayuda a enfocarnos en Dios como realmente es. Con abundantes referencias bíblicas y aplicaciones sabias, esta mirada a los atributos de Dios ayudará a todo cristiano a entender con más claridad el carácter de Dios.

DISTINTOS POR DISEÑO

Cómo descubrir
la voluntad de Dios
para el hombre
y la mujer

JOHN MACARTHUR

Descubra la belleza, la armonía y los beneficios de las fronteras bíblicas diseñadas por Dios entre hombres y mujeres.La sociedad moderna ha reemplazado el punto de vista bíblico de la diferencia entre hombres y mujeres con una tesis secular y confusa. Este libro pone a un lado las normas culturales preponderantes y le ayuda a entender y aplicar los principios bíblicos a su propia vida.